Михаэль Лайтман

НАУКА КАББАЛА

том I

серия
КАББАЛА. ТАЙНОЕ УЧЕНИЕ

ISBN 978-1-77228-169-9
Laitman Kabbalah
Publishers 2023

ОГЛАВЛЕНИЕ

К читателю 4

Язык Каббалы 7

От автора 8

Введение в науку Каббала 11
    Вступление к статье «Введение в науку Каббала» 13
    Предисловие 74
    Три основных понятия, пп. 1-16 84
    Пять уровней в масахе, пп. 17-25 138
    Пять парцуфим мира Адам Кадмон, пп. 26-29 166
    Ослабление масаха для создания парцуфа, пп. 30-45 177
    Таамим, некудот, тагин и отиет, пп. 46-49 217
    Рош, тох, соф и облачения парцуфим друг в друга, пп. 50-55 226
    Цимцум Бэт, называемый Цимцум НеХ"И дэ-А"К, пп. 56-64 236
    Место четырех миров АБЕ"А, пп. 65-68 263
    Состояния катнут и гадлут в мире Некудим, пп. 69-78 270
    Подъем МА"Н и гадлут мира Некудим, пп. 79-85 288
    Некудот: холам, шурук, хирик, пп. 86-91 304
    Подъем МА"Н ЗА"Т дэ-Некудим к Аба ве Има, пп. 92-100 315
    Разбиение сосудов и их падение в миры БЕ"А, пп. 101-111 328
    Мир исправления, пп. 112-119 354
    Пять парцуфим мира Ацилут, пп. 120-133 367
    Неизменное состояние и подъемы миров БЕ"А, пп. 134-143 389
    Миры Брия, Ецира, Асия, пп. 144-154 403
    Подъемы миров, пп. 155-179 425
    Деление каждого парцуфа на кэтэр и АБЕ"А, пп. 180-188 460
    Контрольные вопросы 467

Краткое повторение 473

Устройство духовных миров 489

Введение к комментарию «Сулам» 563

Альбом чертежей Духовных Миров 579

Сэфэр аИлан 619

От издателя 633

К ЧИТАТЕЛЮ

Известно, что Каббала является тайным учением. Именно её скрытность, тайность послужила поводом для возникновения вокруг Каббалы множества легенд, фальсификаций, профанаций, досужих разговоров, слухов, невежественных рассуждений и выводов. Лишь в конце XX столетия получено разрешение на открытие знаний науки Каббалы всем и даже на распространение их по миру. И потому в начале этой книги я вынужден в этом обращении к читателю сорвать вековые наслоения с древней общечеловеческой науки Каббала.

Наука Каббала никак не связана с религией. То есть связана в той же самой степени, что, скажем, физика, химия, математика, но не более. Каббала – не религия, и это легко обнаружить хотя бы из того факта, что никто из религиозных людей не знает ее и не понимает в ней ни одного слова. Глубочайшие знания основ мироздания, его Законов, методику познания мира, достижение Цели творения Каббала скрывала в первую очередь от религиозных масс. Ибо ждала времени, когда разовьется основная часть человечества до такого уровня, что сможет принять каббалистические Знания и правильно использовать их. Каббала – это наука управления судьбой, это Знание, которое передано всему человечеству, для всех народов земли.

Каббала – это наука о скрытом от глаз человека, от наших пяти органов чувств. Она оперирует только духовными понятиями, т.е. тем, что происходит неощутимо для наших пяти чувств, что находится вне их, как мы говорим, в высшем мире. Но названия каббалистических обозначений и терминов взяты Каббалой из нашего земного языка. Это значит, что хотя предметом изучения науки Каббала являются высшие, духовные миры, но объяснения, выводы исследователь-каббалист выражает названиями, словами нашего мира. Знакомые слова обманывают человека, представляя ему якобы земную картину, хотя Каббала описывает происходящее в высшем мире. Использование знакомых слов-понятий приводит к недоразумениям, к неправильным представлениям, неверным измышлениям, воображениям. Поэтому сама же Каббала запрещает представлять себе какую-либо связь между названиями, взятыми из нашего мира, и их духовными корнями. Это является самой грубой ошибкой в Каббале.

И потому Каббала была запрещена столько лет, вплоть до нашего времени: развитие человека было недостаточным для того, чтобы перестал он представлять себе всяких духов, ведьм, ангелов и прочую чертовщину там, где говорится совершенно о другом.

Только с 90-х годов XX века разрешено и рекомендуется распространение науки Каббала. Почему? Потому что люди уже более не связаны с религией, стали выше примитивных представлений о силах природы как о человекоподобных существах, русалках, кентаврах и пр. Люди готовы представить себе Высший мир как мир сил, силовых полей, мир выше материи. Вот этим-то миром сил, мыслей и оперирует наука Каббала.

С пожеланием успеха в открытии Высшего мира,
Михаэль Лайтман

ЯЗЫК КАББАЛЫ*

Когда необходимо описать высший мир, неощущаемое пространство, каббалисты используют для описания слова нашего мира. Потому что в высшем мире нет названий. Но поскольку оттуда, как из корня ветви, нисходят силы, рождающие в нашем мире объекты и действия, то для отображения корней, объектов и сил высшего мира, применяются названия ветвей, их следствий, объектов и действий нашего мира. Такой язык называется «язык ветвей». На нем написаны Пятикнижие, Пророки, Святые писания – вся Библия и многие другие книги. Все они описывают высший мир, а не историю еврейского народа, как может показаться из буквального понимания текста.

Все святые книги говорят о законах высшего мира. Законы высшего мира называются Заповедями. Их всего 613. В мере выполнения этих законов, человек входит в ощущение высшего мира, ощущение вечности и совершенства, достигает уровня Творца. Выполнение достигается использованием высшей силы, называемой Высшим светом или Торой. Все книги говорят о обретении веры, под этим в Каббале подразумевается не существование в потемках, а именно явное ощущение Творца.

Желающему войти в ощущение высшего мира ни в коем случае нельзя понимать тексты буквально, а только пользуясь языком ветвей. Иначе он останется в своем понимании на уровне этого мира.

Принятые у религиозных евреев ритуалы, в обиходе также называются заповедями и описываются тем же языком, что и духовные действия и процессы. Ритуалы были введены в народ для оформления границ поведения, позволявших сохранять народ в изгнании.

Кроме истинной, духовной трактовки понятия Заповедь, начинающему необходима адаптация к духовной интерпретации слов: поцелуй, гой, объятие, Израиль, беременность, иудей, роды, изгнание, народы мира, освобождение, пловой акт, вскармливание и пр. Время постепенно рождает в человеке новые определения и сквозь них начинает ощущаться высший, вечный мир.

---

* см. также: «Учение Десяти Сфирот», Вступление.

●

Если вы еще спрашиваете себя: «Откуда я?»,
«Откуда все это вокруг взялось?» –
вы не обойдетесь без этой книги.

●

Если вас интересует мир, в котором вы живете,
каков он – вы не обойдетесь без этой книги.

●

Если вы хотите изучать Каббалу
или хотя бы интересуетесь ею –
вы не обойдетесь без этой книги.

●

Если вы изучаете Каббалу уже давно
или даже уже сами преподаете –
вы, опять же, не обойдетесь без этой книги.

●

ОТ АВТОРА

«Введение в науку Каббала» – это основная статья, по которой человек входит в мир Каббалы. Величайший каббалист всех времен, рав Йегуда Лейб Алеви Ашлаг написал эту статью как одно из предисловий к книге «Зоар». Не освоив изложенного в этой статье материала, невозможно правильно понять ни одного слова в книге «Зоар».

Без этой книги невозможно продвинуться в Каббале. Она – ключ ко всей каббалистической литературе: к «Талмуд Десяти Сфирот», основному современному каббалистическому учебнику, к книге «Зоар», к книгам Ари. Она ключ к дверце, ведущей из нашего мира в духовный мир.

Долгое время я не мог приступить к ее переводу и комментариям. Правда, уже моя вторая книга была попыткой передать основы строения мироздания. Это было в 1983 году. Но в последние годы возникла безотлагательная необходимость в выпуске на русском языке учебника по основам рождения, строения и исправления миров и душ.

Сложно и «неуклюже» описывать каббалистические термины в переводе, излагать каббалистические понятия на ином языке. Само слово на иврите обладает бесконечной информационной емкостью: его цифровое значение, перестановки букв, их начертание, замена одних букв другими по определенным законам – все это невозможно передать на ином языке.

Не скрою, для работы над книгой я должен был получить разрешение у своего Учителя. Мой Учитель – старший сын Бааль аСулама, рав Барух Шалом Алеви Ашлаг, последний из каббалистов прошлого. Им закончился период нисхождения Высшей мудрости в наш мир и начался период личного и группового постижения творения снизу вверх, последний этап исправления – его явное проявление.

От автора

В течение 12 лет я находился рядом и вместе с моим Учителем, завещавшим мне продолжать великое дело распространения Каббалы в мире. В честь его я назвал свою каббалистическую школу «Бней Барух». Эта школа открыта для всех, истинно желающих посвятить себя духовному восхождению в высшие миры.

Весь изложенный в книге материал был записан на магнитофон во время моих занятий с группой начинающих, переведен с иврита, отпечатан, проверен, обработан, подготовлен к изданию десятками моих учеников. Я очень рад их участию в издании этой и остальных книг, ведь распространяющий Каббалу получает свыше духовное вознаграждение, т.е. продвижение.

В книге приводится оригинальный текст (на иврите) статьи «Введение в науку Каббала» раби Й. Ашлага, перевод (*курсивом*), дополненный моими пояснениями (обычным шрифтом).

Специально для книги были изготовлены чертежи каждого изучаемого духовного процесса. В книгу вошел материал 52 лекций, прочитанных мною по статье «Введение в науку Каббала», 14 занятий по «Введению в комментарий Сулам», четыре беседы по «Предисловию к Введению в науку Каббала» и пр. В книге заложен огромный духовный пласт, необходимый для самопознания и продвижения в духовное. Остальное зависит от самого читателя!

Я и мои ученики, все мы благодарны Творцу за возможность издания этой книги, за возможность открыть Каббалу русскоязычному читателю, открыть источник познания Совершенства, Счастья и Вечности. Мы приглашаем вас в путешествие в неведомые высшие миры, которые ждут вашего прихода и открываются всем, кто по-настоящему желает этого.

Михаэль Лайтман

Введение в науку Каббала

ОГЛАВЛЕНИЕ

Вступление к статье «Введение в науку Каббала»	13
Предисловие	74
Три основных понятия, пп. 1–16	84
Пять уровней в масахе, пп. 17–25	138
Пять парцуфим мира Адам Кадмон, пп. 26–29	166
Ослабление масаха для создания парцуфа, пп. 30–45	177
Таамим, некудот, тагин и отиет, пп. 46–49	217
Рош, тох, соф и облачения парцуфим друг в друга, пп. 50–55	226
Цимцум Бэт, называемый Цимцум НеХ"И дэ-А"К, пп. 56–64	236
Место четырех миров АБЕ"А, пп. 65–68	263
Состояния катнут и гадлут в мире Некудим, пп. 69–78	270
Подъем МА"Н и гадлут мира Некудим, пп. 79–85	288
Некудот: холам, шурук, хирик, пп. 86–91	304
Подъем МА"Н ЗА"Т дэ-Некудим к Аба ве Има, пп. 92–100	315
Разбиение сосудов и их падение в миры БЕ"А, пп. 101–111	328
Мир исправления, пп. 112–119	354
Пять парцуфим мира Ацилут, пп. 120–133	367
Неизменное состояние и подъемы миров БЕ"А, пп. 134–143	389
Миры Брия, Ецира, Асия, пп. 144–154	403
Подъемы миров, пп. 155–179	425
Деление каждого парцуфа на кэтэр и АБЕ"А, пп. 180–188	460
Контрольные вопросы	467

ВСТУПЛЕНИЕ К СТАТЬЕ «ВВЕДЕНИЕ В НАУКУ КАББАЛА»

Все предисловия рава Й.Ашлага (Бааль аСулама) написаны таким образом, чтобы правильно настроить читателя на вхождение в основной материал, чтобы тот верно понял этот материал, вобрал в себя, впитал. Кроме того, все предисловия являются самостоятельными каббалистическими произведениями, обладающими собственной духовной силой и глубиной.

א) איתא בזוהר (ויקרא פרשת תזריע דף מ') תא חזי די כל מה די בעלמא לא הוי אלא בגיניה דאדם, וכלהו בגיניה מתקיימי וכו', הדא הוא דכתיב וייצר ה' אלקים את האדם, בשם מלא כמה דאוקימנא, דאיהו שלימותא דכלא וכללא דכלא וכו', וכל מה דלעילא ותתא וכו' כלילן בהאי דיוקנא. עיין שם היטב.
הרי מפורש, שכל העולמות העליונים והתחתונים כלולים כולם באדם, וכן כל המציאיות הנמצאת בעולמות ההם אינם רק בשביל האדם. ויש להבין הדברים, המעט לאדם העולם הזה וכל אשר בו בכדי לשמשו ולהועילו, אלא שהוא נצרך גם לכל העולמות העליונים וכל אשר בהם, כי לא נבראו אלא לצרכיו.

1) Сказано в книге «Зоар» (недельная глава «Тазриа», стр. 40): «Все миры, как высшие, так и низшие, находятся в человеке. Все, что создано в мире, создано ради человека, и все живет и развивается благодаря человеку.

И необходимо понять, неужели недостаточно человеку этого мира и всего находящегося в нем, существующего для того, чтобы его обслуживать и развивать, а необходимы ему еще и высшие миры?

Тора – это одна из каббалистических книг. Ее написал самый великий каббалист Моше Рабэйну. Книга «Зоар» представляет собой каббалистический комментарий на Тору. Книга «Зоар», так же как и Тора, разделена на пять книг и недельные главы. Одна из недельных глав называется «Тазриа».

Сказано: «И создал Творец человека полным именем. И все, что создано, создано в полном совершенстве, и все находится и содержится в нем». Отсюда мы видим, что все миры, высшие и низшие, все, что их наполняет, все, что их оживляет, – **все, кроме Творца, находится внутри человека.**

ב) והנה בכדי להסביר הענין הזה על מילואו הייתי נצרך להביא כאן לפנינו את כל חכמת הקבלה, אמנם בדרך כלל בשיעור המספיק להביא את פתיחת הדברים יתבאר לפניך בפנים הספר.

והתמצית הוא, כי כוונת ה' יתברך בבריאה היתה כדי להנות לנבראיו. והנה ודאי הוא, שבעת שעלה במחשבה לברוא את הנשמות ולהנותם מכל טוב, הנה תיכף נמשכו ויצאו מלפניו בכל צביונם וקומתם ובכל גבהם של התענוגים שחשב להנותם, כי אצלו יתברך המחשבה לבדה גומרת ואינו צריך לכלי מעשה כמונו. ולפי זה יש לשאול למה ברא העולמות צמצום אחר צמצום עד לעולם הזה העכור והלביש הנשמות בהגופים העכורים של העולם הזה.

2) Для того чтобы объяснить это, нужно было бы изложить здесь всю науку Каббала, но в таком общем и сжатом виде, чтобы все те вещи, которые раскроются нам далее, стали понятны.

Суть в том, что намерение Создателя в творении состояло в наслаждении творения. И как только появилась у Творца эта мысль – создать души и насладить их, тут же появились они перед Творцом в своем совершенстве и величии, заполненные бесконечным наслаждением, которым задумал Творец насладить их. Потому что у Него сама мысль завершает все Творение, и нет необходимости в каких-либо физических действиях, как у нас.

В связи с этим напрашивается вопрос: зачем же Он создал миры – сокращение после сокращения – до нашего серого, ничтожного мира и поместил души-творения в ничтожные тела этого мира?

Вступление к статье «Введение в науку Каббала»

Если Творец всесилен и все может, почему же не дал человеку сразу все, что надо? Дал бы любому из нас возможность своим желанием что-то сделать. И если бы одного только желания было достаточно, каждый из нас сотворил бы намного лучший мир, чем этот. Почему же Творец сделал все таким образом?

Ведь если мы страдаем сейчас, чтобы заслужить награду впоследствии, – это также указывает на отсутствие совершенства.

ג) והתשובה על זה איתא בעץ חיים, שהוא כדי להוציא לאור שלמות פעולותיו (עץ חיים ענף א') ויש אמנם להבין איך אפשר זה שמהשלם יצאו פעולות בלתי שלמות עד שיהיו צריכים להשלימם ע"י פועל ומעשה שבעולם הזה.

3) Ответ находится в книге «Эц Хаим» АР"И. «...Все создано Творцом таким образом, чтобы проявить совершенство своих действий». И все-таки необходимо понять: как же это возможно, что от совершенного Творца исходит действие, столь несовершенное? Вплоть до того, что творения должны сами себя дополнить, исправить, поднять духовно посредством работы в этом мире.

Для чего же создавать такой низкий мир, такие низкие тела, вкладывать в них души? Для того, чтобы потом они узнали, что значит состояние совершенства? То есть Творец сделал самый ничтожный мир, создал самого ничтожного человека, а человек в этом мире должен тяжело трудиться для того, чтобы довести себя до совершенства? И это называется совершенством действий Творца?

והעניין הוא כי יש להבחין בהנשמות בחינת אור ובחינת כלי, כי עצם הנשמות שנבראו הוא הכלי שבהם. וכל השפע שחשב יתברך להנותם ולענגם הוא האור שבהם. כי מאחר שחשב יתברך להנותם הרי עשה אותם בהכרח בבחינת רצון לקבל הנאתו, שהרי לפי מידת הרצון לקבל את השפע כן יגדל ההנאה והתענוג. ותדע שהרצון לקבל ההוא הוא כל עצמותה של הנשמה מבחינת התחדשות ויציאת יש מאין ונבחן לבחינת כלי של הנשמה. ובחינת ההנאה והשפע נבחן לבחינת אור של הנשמה הנמשך יש מיש מעצמותו.

Дело в том, что необходимо различать в душах две части: свет и сосуд. Потому как суть души – это ее сосуд (кли), а изобилие, которым Творец задумал насладить души, – это свет, заполняющий сосуд.

Поскольку Творец задумал насладить души, то Он обязан был сделать их в виде желания получить наслаждение. Потому что величина желания получить наслаждение определяет величину получаемого наслаждения. И знай, что желание получить наслаждение является сутью самой души, сотворенной из ничего, и называется «кли» – сосуд души. А наслаждение – изобилие, наполняющее сосуд, определяется как свет души, исходящий из самого Творца.

Этот свет распространяется от самого Творца. Создано только желание-кли-сосуд. А свет исходит как наслаждение из самого Творца и наполняет этот сосуд. То есть первичным является желание насладить, вторичным – необходимость создать того, кто хотел бы насладиться. Всего в творении есть два компонента:

1) сосуд – желание насладиться, душа, Адам аРишон, творение;
2) само наслаждение, исходящее от Творца.

ד) ביאור הדברים. כי בריאה פירושו התחדשות דבר מה שלא היה מקודם שהוא הנבחן ליש מאין, אמנם איך נצייר זה שיהיה דבר מה שאינו כלול בו ית׳. הלא כל יכול וכוללם יחד, וכן אין לך נותן מה שאין בו. ובאמור אשר כלל כל הבריאה שברא ית׳ אינו אלא בחינת הכלים של הנשמות שהוא הרצון לקבל, מובן זה היטב, שהרי הכרח הוא שאינו כלול ח״ו מהרצון לקבל כי ממי יקבל. וא״כ הוא בריאה חדשה ממש שלא היה אף זכר ממנו מקודם לכן, וע״כ נבחן ליש מאין.

4) Творение – это появление того, чего не было раньше. То есть появление чего-то из ничего. Но как можно представить, что есть что-то, чего нет в Творце? Он ведь должен включать в Себя совершенно все. И как может быть, что кто-то создает то, чего нет в Нем? Как сказано, все Творение, созданное Творцом, – это не более чем сосуд (кли) души, представляющий собой желание насладиться, получить (наслаждение). Поэтому совершенно ясно, что в Творце

Вступление к статье «Введение в науку Каббала»

такого желания нет. И потому желание получить является абсолютно новым творением, тем, чего не было прежде, и оно определяется как возникшее из ничего.

Мы не можем себе представить, что значит «из ничего». Все, что есть в нашем мире, имеет какую-то свою предысторию, свой предыдущий вид, рождается из чего-то, как, например, появляется твердый материал из газа. Что значит появление из ничего – мы понять не можем. Но затем, постигая духовное пространство, мы станем участниками этого процесса.

ה) ויש לדעת, שהחיבור ופירוד הנוהג ברוחניים אינו אלא בהשואת הצורה ובשינוי הצורה, כי אם ב' רוחניים הם בצורה אחת הרי הם מחוברים יחד והם אחד ולא שניים. שהרי אין מה שיבדילם זה מזה, ואי אפשר להבחינם לשניים זולת בהמצא שינוי צורה מזה לזה.
וכן לפי מידת גודלה של השתנות הצורה ביניהם כן שיעור התרחקותם זה מזה, עד שאם הם נמצאים בהפכיות הצורה זה מזה אז נבחנים מרוחקים כרחוק מזרח ממערב, דהיינו בתכלית המרחק המצויר לנו בהמציאות.

5) Необходимо знать, что соединение и разделение, имеющие место в духовном, сводятся к совпадению (подобию) или отличию свойств. Если два духовных объекта имеют одну форму, т.е. одни свойства, то они соединены вместе и представляют собой одно целое. Ведь если нет ничего отличающего два объекта друг от друга, невозможно разделить их на два, а разделение возможно, только если мы найдем различие свойств между ними.

И в мере отличия их по свойствам определяется величина их взаимного удаления: настолько, что если все свойства двух духовных объектов противоположны друг другу, то они духовно бесконечно удалены друг от друга, т.е. находятся в столь абсолютном удалении, какое только можно себе представить.

В нашем мире, если мы говорим, что один похож на другого, то существуют один и другой, но они идентичны. В духовном мире такого быть не может. Там все разделяется только отличием свойств. Если отличия в свойствах нет, то эти два объекта сливаются в один. Если есть частичное подобие свойств, то в общих свойствах они также сливаются между собой. Например, как два наложенных друг на друга круга. Сектор одного накладывается на сектор другого, и они представляют собой общую площадь.

В духовном мире есть свойство «получать наслаждение» и свойство «давать наслаждение». Кроме этих двух свойств больше нет ничего. Если эти два свойства сопоставить друг с другом, то они будут абсолютно противоположны. И нет между ними никаких точек соприкосновения. Но если свойство «получать» изменится на свойство «отдавать», т.е. возникнут какие-то общие желания у творения и Творца, то они сблизятся и соединятся этими свойствами, желаниями друг с другом. А остальные желания, не подобные друг другу, будут отдалены. Но изначально творение создано абсолютно противоположным Творцу.

ו) והנה בהבורא יתברך לית מחשבה תפיסא ביה כלל וכלל, ואין לנו בו חס ושלום שום הגה או מילה. אמנם מבחינת ממעשיך היכרנוך, יש לנו להבין בו יתברך, שהוא בבחינת רצון להשפיע, שהרי ברא הכל בכדי להנות לנבראיו, ולהשפיע לנו מטובו יתברך.

ולפי זה נמצאים הנשמות בבחינת הפכיות הצורה אליו יתברך שהרי הוא כולו רק להשפיע ואין בו חס ושלום רצון לקבל משהו, והנשמות נטבעו ברצון לקבל לעצמם, כנ"ל שאין הפכיות הצורה רחוקה מזו. ונמצא אם היו הנשמות נשארים בפועל בבחינת הרצון לקבל היו נשארים נפרדים ממנו יתברך חס ושלום לעולמי עד.

6) Наша человеческая мысль не может постичь совершенство Творца. Нет возможности выразить и описать Его. Но из ощущения воздействия Творца на нас мы можем понять, что у Него есть только желание дать нам наслаждение. Потому что Он создал все исключительно для того, чтобы насладить нас — Свои творения, наполнить нас всем самым хорошим.

Души абсолютно противоположны по своим свойствам Творцу. Потому что Он — дающий и нет в Нем совершенно никакого желания получить наслаждение. А сотворенные Им души имеют только желание самонасладиться, и нет большей противоположности свойств, большего удаления друг от друга. Поэтому если бы души действительно остались в этом своем эгоистическом желании самонасладиться, то они были бы навечно и полностью отделены от Творца.

В нашем языке не может быть никаких слов, определяющих Его, никакого представления о Нем, потому что мы абсолютно разделены с Ним свойствами, не соприкасаемся ни в чем, никак не можем Его ощутить.

Здесь надо заметить, что данное предисловие пишет Человек, который все это постиг на себе. Он говорит о том, что ощутил Творца, почувствовал на себе Его воздействие, увидел, что Творец абсолютно добр. Мы пока еще не можем этого ощутить.

Почему для того, чтобы наслаждаться, недостаточно одного только желания? Почему для этого мне необходимо сблизиться с Творцом, достичь соответствия Ему по свойствам, слиться с Ним полностью? Создал бы Творец сразу такое состояние, чтобы творение, с одной стороны, было получающим наслаждение, а с другой – чтобы было в роли дающего наслаждение, как Творец. И сразу же произошел бы конец исправления – Творец и творение слились бы воедино. Когда творение полностью наполняется светом Творца, оно равно Ему.

Зачем мы должны на себе прочувствовать весь этот путь развития, ощутить каждое свое желание как эгоистическое, противоположное Творцу, а затем исправить, сделать его альтруистическим, подобным Творцу? Зачем должны мы почувствовать, что приближаемся к Творцу, затем сливаемся с Ним, зачем проходить весь этот путь на себе? Что это нам дает?

ז) עתה תבין מה שכתוב (בעץ חיים ענף א' הנ"ל) שסיבת בריאת העולמות הוא לפי שהנה הוא יתברך מוכרח שיהיה שלם בכל פעולותיו וכוחותיו וכו׳ ואם לא היה מוציא כוחותיו ופעולותיו לידי פועל ומעשה לא היה כביכול נקרא שלם וכו׳, עד כאן לשונו. שלכאורה תמוהים הדברים, כי איך אפשר שמתחילה יצאו פעולות בלתי שלמות מפועל השלם עד שיהיו צריכים לתיקון.

ובהמתבאר תבין זה כיון שעיקר כלל הבריאה אינו, רק הרצון לקבל, הנה הגם שמצד אחד הוא בלתי שלם מאוד להיותו בהפכיות הצורה מהמאציל שהוא בחינת פירוד ממנו יתברך, הנה מצד הב' הרי זה כל החידוש והיש מאין שברא כדי לקבל ממנו יתברך מה שחשב להנותם ולהשפיע אליהם. אלא עם כל זאת אם היו נשארים כך בפירודא מהמאציל

לא היה כביכול נקרא שלם, כי סוף סוף מהפועל השלם צריכים לצאת פעולות שלמות. ולפיכך צמצם אורו יתברך וברא העולמות בצמצום אחר צמצום עד לעולם הזה, והלביש הנשמה בגוף מעולם הזה וע"י העסק בתורה ומצוות משיג הנשמה את השלמות שהיה חסר לה מטרם הבריאה, שהוא בחינת השוואת הצורה אליו יתברך. באופן, שתהיה ראויה לקבל כל הטוב והעונג הכלול במחשבת הבריאה, וגם תמצא עמו יתברך בתכלית הדבקות, פירושו השוואת הצורה, כנ"ל.

7) *А теперь пойми, что написано в первой части книги «Эц хаим»: «Причина создания всех миров в том, что Творец обязан быть совершенным во всех Своих действиях. А если бы Он не проявлял Свои силы и действия в самих творениях, то не смог бы называться «совершенным».*

На первый взгляд непонятно, как же можно, чтобы от совершенного Создателя исходили изначально несовершенные действия, причем настолько, что нуждались бы в исправлении человеком. Из сказанного ранее пойми: поскольку основой творения является только желание получить наслаждение, то, с одной стороны, творение (желание получить) абсолютно несовершенно, потому что абсолютно противоположно Творцу, и, следовательно, бесконечно удалено от Него противостоянием свойств одного и другого – Творца и творения. Но, с другой стороны, именно это и является тем самым новым – появившимся из ничего. Творение было создано, чтобы получить все то наслаждение, которым Творец задумал усладить и наполнить его.

У нас возникает такой вопрос: «Для чего вообще Творец все создал?» Каббалисты, говорящие только на основе своих духовных постижений, непосредственно из своих ощущений, утверждают, что Творец создал нас для того, чтобы насладить.

Например, я прихожу в гости, вижу перед собой роскошный дворец. Выходит навстречу хозяин и говорит: «Я тебя ждал всю жизнь, иди сюда и посмотри, что я для тебя приготовил». И начинает мне все показывать, предлагать, угощать. Я спрашиваю у него:

– Зачем ты это делаешь?
– Я это делаю для того, чтобы доставить тебе наслаждение.
– А что тебе будет от того, что я наслаждаюсь?

Вступление к статье «Введение в науку Каббала»

– Мне ничего не надо, только одно – чтобы ты наслаждался.
– Как может быть такое, чтобы тебе ничего не надо было?
– У тебя есть желание насладиться, а у меня этого желания нет. Поэтому мое наслаждение в том, что я даю наслаждение тебе.

Нам не понять, что значит давать, не получая ничего взамен. Это абсолютно противоположное нам свойство. Поэтому и сказано: «Только из своих ощущений я могу познать, кто Он такой».

Если у Творца есть какие-то намерения относительно нас, но Он не проявляет нам их, то мы не можем постичь эти намерения. Мы созданы как сосуд и можем понять только то, что входит в этот сосуд (в наше кли), и только это будет у нас в голове и в сердце. Когда мы разовьем свое собственное кли до самого большого уровня, то получим в него все, что исходит из Творца. И тогда мы увидим и почувствуем, что Творец абсолютно добр, т.е. никаких других мыслей, кроме как насладить человека, у Творца нет.

Существуют так называемые седьмое, восьмое, девятое, десятое тысячелетия после шести тысяч лет – шести тысяч ступеней, когда творение постигает самого Творца, Его замыслы, сливается с Ним настолько, что у постигающего не остается вопросов.

Совпадение свойств может быть двояким: или мы будем свои свойства улучшать, или Творец будет Свои свойства ухудшать. Все исправление душ заключается в том, что Творец спускается к ним, ухудшает Свои свойства, нисходит таким образом до уровня душ, сливается с ними, а потом начинает Свои свойства улучшать и одновременно улучшает свойства душ, как бы вытаскивая их из испорченности.

Например, воспитатель входит в группу подростков, притворяется таким же легкомысленным, как они, начинает якобы сливаться с ними свойствами, а потом, улучшая себя, начинает улучшать немножко и их. И таким образом исправляет их, вытаскивает из низин к свету. Следовательно, необходимо первоначальное изменение свойств Творца на худшие – для того чтобы сравняться с творением, а затем изменение свойств Творца на лучшие, чтобы исправить нас.

Этот процесс зависит от Творца, проводится Им и называется поэтому «Работа Творца» (Аводат Ашем). Но человек должен захотеть пройти этот процесс, чтобы Творец совершил с ним это изменение. И человек должен подготовить себя к этому процессу, чтобы возникли у него осознание и силы оправдать происходящее. Такой человек называется «праведник», потому что он оправдывает действия Творца, происходящие с ним.

Желания получать и отдавать – это два противоположных направления, два моральных, духовных вектора, два намерения. Одно – «интра», другое – «экстра». Но дело в том, что эти желания потом, по мере развития творения, приобретают множество всевозможных разновидностей. Каждая сфира, парцуф – это различного вида желания. Мы изучаем желания в «чистом» виде, а на самом деле в ощущениях постигающего их каббалиста они не такие, а намного более сложные. Но всегда в основе творения лежит желание насладиться, а в основе воздействия на творение Творца – желание насладить.

Нам внешне может показаться, будто Творец хочет что-то получить. Как в примере гостя с хозяином. Это пример Бааль аСулама, и в этом примере есть все элементы наших отношений с Творцом. Хозяин говорит: «Я для тебя все приготовил, искал то, что ты любишь, приготовил это специально для тебя. Для меня все наслаждение – смотреть, как ты ешь. Тебе тяжело дать мне это наслаждение?» Таким образом он может заставить гостя сесть за стол и есть. После такого разговора гость чувствует, что обязан есть и наслаждаться. А иначе как гость рассчитается с хозяином за все вложенные им усилия?

Но у гостя проблема другая: что бы он ни делал, внутри него всегда «горит» желание насладиться. Таким он создан, и от этого никуда не деться. Он может насладиться только от того, что получает. А как он может отдавать? Тоже получая: отдавать, чтобы получить, т.е. преследуя цель получить. В итоге его отдача – не более чем средство получить желаемое.

Получать я могу и в действии, и в намерении – согласно своей природе. Мое действие может быть любым – давать или брать, но цель одна – насладиться. Человек желает насладиться совершенно бессознательно, это наше естественное желание. То есть смысл, суть моего действия зависит не от механического действия, а от намерения.

С помощью намерения я могу кардинально изменить суть своего действия. Могу получать, отдавая. Как на примере гостя с хозяином. То есть все равно получать я обязан, отдавать же не могу ничего. Я могу только с помощью своего намерения получать «ради себя» или «ради кого-то».

Поэтому в отношениях между Творцом и человеком возможно бесконечное множество вариаций. Их отношения меняются на каждой ступеньке духовного роста человека. Творец меняется относительно нас через систему Своих скрытий, проявляя нам то одно Свое свойство, то другое, в соответствии с нашими силами и возможностью сравняться с Ним.

Если Творец покажет нам Себя таким, каков Он есть на самом деле – Свои истинные, абсолютно совершенные свойства, – у нас не будет никакой возможности уподобиться Ему. Поэтому Он уменьшает Свои свойства, огрубляет, облачает Себя якобы в такого же, как мы. И мы должны только вскочить на эту маленькую ступеньку, сравняться с Творцом по одному маленькому свойству.

Как только мы совершаем подобное сравнение свойств, Творец начинает показывать Себя немножко выше в этом свойстве, и то же с другими свойствами. То есть Он со Своей стороны – сверху вниз через систему миров – скрывает Свое совершенство и позволяет нам с Ним сравниться, и таким образом дает нам возможность подняться.

«Олам азэ» (наш мир) – это такое **внутреннее** состояние человека, когда он ощущает себя находящимся в абсолютно эгоистическом состоянии. В таком состоянии человек ощущает, что существует Творец, который от него абсолютно удален и скрыт.

И человек при этом, ввиду своих качеств, абсолютно противоположен и поэтому духовно удален от Творца. Такое познание, внутреннее ощущение человека, называется «олам азэ». Можно сидеть в своей комнате и одновременно находиться в олам азэ, в мирах Асия, Ецира, Брия, Ацилут – так будут называться **внутренние** состояния человека.

Творец находится в абсолютном покое. Что это значит? Хозяин узнал все, что ты любишь, приготовил соответствующий обед, ждет тебя. Ты приходишь, Он уговаривает тебя принять угощение. При всех этих действиях Творца мы говорим, что Он находится в покое, потому что Его намерение «насладить творение» неизменно.

Абсолютным покоем называется постоянное, неизменяемое желание. Оно существует только у Творца, оно находится внутри всех Его действий. Действия Творца огромны, бесконечны, многочисленны. И поскольку они преследуют только одну цель во всех своих вариациях и не меняются по величине и направлению, то мы называем это абсолютным покоем.

Здесь мы видим отсутствие движения, потому что движения нет, если нет изменения. Но будем ли мы отдавать ради наслаждения? В нашем мире мы это делаем постоянно. Например, кто-то принес мне чай. Для чего он это сделал? Потому что он от этого получает наслаждение, иначе бы не принес. Наше действие не имеет значения – отдаю я или беру. Механическое действие ничего не значит.

Все определяется только намерением. Существует четыре вида сочетаний намерения и действия:

– получать ради получения;
– отдавать ради получения;
– отдавать ради отдачи;
– получать ради отдачи.

Первые два сочетания «действие-намерение» существуют в нашем мире. Третье и четвертое сочетания «действие-намерение» существуют в духовном мире. То есть если человек в состоянии достичь такого намерения, это значит, что он находится в духовном мире. Духовное начинается с того, что ты отдаешь ради услаждения. Эта вещь нам уже непонятна. Отдавать для того, чтобы услаждать? А где тут я? Я вообще «отрезан» от себя, своего желания получить. Отдаю что-то, услаждаю кого-то, а обратно не получаю... Разве это возможно?

А потом есть еще даже «получать и при этом отдавать». Когда мы изучаем это на духовных объектах – Гальгальта, А"Б, СА"Г, то нам кажется, что это просто. На самом деле мы не в состоянии представить в жизни такое явление.

Отдавать ради отдачи – это период 6000 лет. Получать ради отдачи – это «тхият аметим» (воскрешение мертвых). Если я – это желание насладиться, то как я могу двигаться, думать, что-то отдавать и при этом не иметь никакого желания что-то получить?

Дело в том, что не запрещено получать наслаждение от отдачи. Только надо, чтобы это была отдача чисто духовная, без всякого намерения для себя. Сначала человек делает Цимцум

(Сокращение), «восходит» на такой духовный уровень, обретает такое свойство, когда у него отсутствует всякая забота о себе. И только после этого он может отдавать и наслаждаться. Наслаждаться от того, что отдает. Итак, наслаждение, которое он получает, является не следствием того, что он отдал, а следствием того, что кто-то наслаждается от его действия.

Цимцум Алеф (Первое сокращение) – это не только то действие, которое произошло в мире Бесконечности: если человек в состоянии сделать на себя Цимцум Алеф, т.е. совершенно не думать о собственной выгоде, то после этого он уже начинает подниматься, «считать» свои духовные ступеньки.

Движение определяется как изменение желания. То есть если твое желание неизменно по величине и направлению, считается, что ты находишься в покое. Допустим, ты желаешь мне добра только на 20 кг. Если твое желание только таково, то считается, что ты находишься в абсолютном покое. Если твое желание меняется в большую-меньшую сторону относительно меня, тогда ты находишься в движении ближе-дальше относительно меня.

Человек, поднимаясь по духовным ступеням, находится в непрерывном движении относительно Творца. И ему кажется, что Творец тоже находится в непрерывном движении относительно него, что Творец идет навстречу человеку. Потому что, когда человек поднимается на более высокую ступеньку, Творец больше раскрывается ему. И человек видит, что Творец еще более добр, еще больше желает ему дать. То есть в ощущениях человека сближение идет якобы с двух сторон.

Но мы говорим, что «Высший свет находится в абсолютном покое» («Ор Элион нимца бэ менуха мухлетэт»), высший свет, а не тот, который приходит к человеку, – т.е. намерение самого Творца, а не Его свет. Высший свет мы не ощущаем, пока он не облачается в кли. В кли мы ощущаем различные его вариации, его воздействия на нас. Но Творец, высший свет, находится в абсолютнейшем покое, потому что Его единственное желание – полностью нас насладить, и это желание неизменно.

Каким образом мы это можем знать? Есть люди, которые поднялись на такой уровень, что смогли полностью постичь желание Творца относительно творения. Они достигли самого большого кли и наполнили его всем светом, исходящим от

Творца. Выше этого они подняться не могут, но они видят: все, что исходит от Творца к творению, – это абсолютнейшее добро.

«Из Твоего воздействия на меня я узнаю Тебя» («мимаасэйха икарнуха») – я не могу знать, какие мысли у хозяина, а могу только проверить, проявляется ли его абсолютная доброта во всем, что он сделал, сотворил для меня. Тогда я могу сказать, что отношение Творца ко мне – абсолютная доброта.

Что значит абсолютно добр? – Не Он Сам, а Его свойства относительно меня. А сам Творец для меня непостижим. Если человек в своем кли – даже Бааль аСулам, АР"И, рабби Шимон – достиг Окончательного Исправления (Гмар Тикун) и все, что только мог получить от Творца, – получил, так это же он получил! Может, только к нему так относится Творец, а к остальным не так? Мы же видим: в нашем мире Творец относится к одному лучше, к другому хуже. Как же можно утверждать, что Творец абсолютно добр ко всем?

Дело в том, что, поднимаясь по духовным ступенькам, человек вбирает в себя все келим всех душ, подключает к себе все сотворенные души. Поднимаясь по духовной лестнице наверх, он вбирает в себя кли, страдания всех душ и сам же производит их исправления. Это называется «страдающий вместе со всем миром получает вознаграждение всего мира»; он получает свет, нисходящий на все души, в себя. Таким образом, каждый каббалист достигает в конечном своем состоянии такого ощущения, будто бы только он один создан, он – Адам аРишон. Вследствие этого он знает, ощущает на себе все, что Творец делает с каждой душой, чем Творец наполняет каждую душу.

Все мы существуем только в одном, совершенном состоянии. Но это не в нашем ощущении. Наши ощущения не исправлены, искажены, из-за них мы существуем в несовершенном состоянии. Наши внутренние чувства неисправленны настолько, что мы ощущаем свое самое совершенное состояние несовершенным.

Мы и сейчас все находимся в абсолютно совершенном состоянии. Только на нас наведены свыше такие мысли и ощущения, что нам кажется, будто мы находимся в другом, нехорошем состоянии, как сказано: «Когда вернет нас Творец к Себе, увидим, что были во сне».

Тогда мы осознаем, что ранее находились в совершенно неправильных ощущениях, представляли себе совершенно не ту действительность, в которой находились в то время на самом деле. Мы ее неправильно в себе ощущали, потому что наши органы ощущений были неверно настроены на происходящее.

На самом деле все души находятся в совершенном состоянии. Творец не создал никакого плохого состояния. Творец создал душу, которая находится в самом совершенном состоянии, в полном слиянии с Ним, которая целиком наполнена светом, наслаждается величием, могуществом – находится в таком же состоянии, как и Творец.

Почему же существуют еще и другие состояния? Потому что в нас самих нет сейчас возможности ощутить это совершенство. Почему внутри нас находятся все миры? Потому что нам надо внутри себя исправить эти скрытия, неисправности, и тогда мы ощутим, где находимся на самом деле.

А мы на самом деле находимся в абсолютно совершенном состоянии, но пока не ощущаем этого. Каббалист в нашем мире ежесекундно делает исправления. Он страдает, переживает, проходит эти исправления на себе. Кроме того, в нашем мире есть особые души, которые берут на себя общие исправления всего мира и таким образом «тянут» мир вперед к всеобщему исправлению и благу.

Даже в самых своих «неживых» состояниях, когда, как нам кажется, ничего не меняется, на самом деле происходят огромные изменения. Мы этого не чувствуем. Часто день проходит как миг, а иногда тянется как вечность...

Вопрос: «Что значит: парцуф принимает свет, а потом исторгает его обратно?» В нашем мире уже принятое в себя невозможно вернуть. Но когда мы говорим о духовном, то имеем в виду ощущение. Представь себе, что ты находишься в каких-то хороших ощущениях, потом в плохих, потом снова в хороших, снова в плохих. Вот это и можно каким-то образом представить как получение света и его исторжение. На данном примере видно, что мы не можем никоим образом сопоставить духовные действия с нашим организмом. Они совершенно иного типа.

То, что кли после Первого Сокращения вдруг пожелало обрести экран и свои свойства изменить на подобные Творцу, – это все «внешние» исправления, оболочки, так называемые «одеяния». А внутреннее свойство – желание насладиться все равно остается. Так нас создал Творец сверху вниз, и это неизменно.

С помощью экрана – противоэгоистического намерения кли получает наполнение и таким образом реализует свое желание, намерение. Желание насладиться все равно остается в соответствии с духовным законом «авиют ло Миздахэхет» (желание не исчезает). То есть величина желания, которую создал Творец, ни в коем случае не изменяется.

Творец создал желание определенным образом: точно под тот свет, которым желает наполнить Творение. Это желание по емкости, по качеству не меняется. Меняется только намерение, с которым творение получает. Можно получать только «ради Творца» или «для себя» – есть хозяин, но я его не вижу, не ощущаю, все, что передо мной, я использую для себя. Такое состояние называется «наш мир».

Если я начинаю ощущать Творца и могу оттолкнуть то, что Он мне предлагает, это значит, что я уже прошел махсом – разделительную перегородку между нашим миром и духовным. То есть я уже имею намерение не использовать свой эгоизм: желание остается и ни в коем случае не уменьшается, но изменилось его использование с «ради себя» на «ради Творца».

Поначалу я только «сдерживаю» себя, чтобы не получать «ради себя», а затем могу исправить свое намерение так, что сумею еще увеличить свой экран настолько, чтобы использовать свой эгоизм «ради Творца», т.е. начать получать «ради Творца».

Мой духовный уровень – место в духовных мирах – зависит от того, сколько я могу получить ради Него. Если я могу получить ради Него одну пятую часть света, предназначенного мне, то я нахожусь в мире Асия, две пятых – в мире Ецира, три пятых – в мире Брия, четыре пятых – в мире Ацилут, пять пятых – в мире Адам Кадмон. И когда я в состоянии получать все, исходящее от Творца, то снова попадаю в олам Эйн Соф, Мир Бесконечности, т.е. в мир Неограниченного Получения.

Он был миром Неограниченного Получения без экрана и до Цимцум Алеф (Ц"А). Теперь я тоже неограниченно получаю свет, но уже с помощью экрана. Это состояние кардинально отличается от получения до Ц"А, называется Окончательное Исправление и характерно тем, что человеку открываются все новые и новые возможности получения, возвышения, постижения.

Но мы не изучаем состояние творения после достижения им Мира Бесконечности, так как все, что относится к состоянию после Окончательного Исправления, называется «Ситрей Тора» (тайны Торы). А все, что относится к нашему пути до Окончательного Исправления, называется «таамей Тора» (вкусы Торы). Таамей Тора можно и нужно изучать всем, и каждый обязан их постичь. Это постижение может происходить двумя путями (а чаще их сочетанием): путем страданий или путем Торы. В любом случае результат будет один, отличие – только во времени и ощущении. Но все должны будут постичь таамей Тора, т.е. освоить науку постижения света Торы – Каббалу.

Как уже было сказано, само желание неизменно, меняется только экран. В соответствии с величиной экрана я беру из всего своего желания только ту часть, которую могу использовать ради Хозяина. Но в любом случае, какой бы частью своего желания я ни пользовался, я всегда получаю определенную порцию света во все свои пять частей.

Допустим, передо мной стоят пять блюд. Так вот, я обязательно должен срезать с каждого блюда какой-то слой, при этом «толщина» этого слоя зависит от величины моего экрана. У меня всегда есть НаРаНХа"Й – пять светов-наслаждений (нэфеш, руах, нэшама, хая, ехида), ощущаемых в моих пяти частях желания насладиться (кэтэр, хохма, бина, зэир анпин, малхут).

Если я принял свет в одно свое желание, это значит, что я получил его в пять частей желания (в пять сфирот), находящихся на одном уровне авиут. Это значит, что данный прием света (парцуф) возник (родился) в результате одного зивуг дэ-акаа (взаимодействия экрана со светом).

Это подобно заказу комплексного обеда. Есть разные комплексные обеды: за 10 шекелей, за 20, за 30, за 100, за 1000 и т.д., но каждый состоят из пяти блюд, потому что у меня всегда есть комплект из пяти желаний. Так изначально устроено мое желание насладиться. Это подобно тому, как есть во мне пять органов чувств. В каждом «обеде» есть пять моих желаний: кэтэр, хохма, бина, З"А, малхут, и я получаю в них света: нэфеш, руах, нэшама, хая, ехида.

Сосуд и свет – это общие названия, но существуют и определенные названия парцуфим. Например, в мире Адам Кадмон парцуфим называются: Гальгальта, А"Б, СА"Г, М"А и БО"Н, в мире Ацилут – Атик, Арих Анпин, Аба вэ Има, ЗО"Н и т.д.

После грехопадения Адам аРишон – творение, душа – разбился на тысячи душ. По мере исправления они поднимаются и занимают определенные места в духовных мирах. Для того чтобы нам покороче и поточнее назвать ступени, по которым они поднимаются и где находятся, этим ступеням даются определенные имена: Авраам, Ицхак, Яаков, Бейт а-Микдаш, Коэн Гадоль (Первосвященник), Шемеш (Солнце), Яреах (Луна). В соответствии с этими ступенями и состояниями даны названия дням, субботам, праздникам и т.д. в зависимости от того, как опускаются и поднимаются миры и души в них.

Теперь мы можем понять, о чем на самом деле говорится в Торе: там говорится только о духовном – о мирах, парцуфим, сфирот, душах и никогда о нашем мире! Но для описания происходящего с душами применяется язык, называющийся «языком ветвей», взятый из нашего мира. И поэтому в Торе нет каббалистических названий – кэтэр, хохма, бина, Атик, Арих Анпин... Там уже применяются более локальные, точные названия, которые имеют в виду только эту, определенную ступень, или часть этой ступени в определенном состоянии. Тогда эта ступень будет называться, например, определенным местом остановки в определенной пустыне, определенным действием и т.д.

Опускается мир или поднимается, душа всегда находится в какой-то определенной внешней оболочке. Сейчас наша оболочка такая, что мы называем ее «наш мир», «этот мир». Если человек будет работать над собой и пройдет махсом, то он будет кроме этого мира ощущать еще один мир, т.е. более внешние силы, большее проявление Творца, будет явно видеть свет, который исходит от Него, будет явно взаимодействовать с Создателем.

Человек достигает той или иной ступени в зависимости от того, какой величины экран он приобрел, потому что каждый мир и каждая ступень представляют собой фильтр: от Мира Бесконечности до нашего мира расположены 125 ступеней, т.е. 125 фильтров между миром Бесконечности и нашим миром.

В Мире Бесконечности я был полностью наполнен светом. В «нашем мире» я полностью лишен света, не вижу и не ощущаю его. Потому что все эти фильтры скрывают от меня свет. Допустим, каждый фильтр скрывает сто двадцать пятую часть света. Так как есть 5 миров, в каждом из которых есть 5 парцуфим, в каждом парцуфе есть 5 сфирот, т.е. 5 х 5 х 5=125 ступеней. Что значат эти ступени?

Каждая из них задерживает свет. Как стекло: поставь определенное стекло, и ты увидишь, что оно, например, красное. Почему оно красное? Потому что оно задерживает именно красный свет. А как сделать, чтобы эта ступень не задерживала для меня свет? Очень просто. Мне надо сравняться по свойствам с этой ступенью. То есть она задерживает этот свет для меня потому, что мне нельзя этот свет получить.

Если он дойдет до меня, не задержавшись в фильтре, то я получу его «ради себя», так как у меня нет на него экрана. Значит, мой экран должен быть равен свойствам фильтра этой ступени – в таком случае я смогу ослабить свет сам. Значит, если я приобретаю экран, равный силе этой ступени, то сравниваюсь с ней по свойствам, и она, ее ограничения в качестве фильтра пропадают для меня, исчезают.

И так постепенно, ступень за ступенью, я аннулирую все эти ступени-фильтры, пока они не исчезают, и остается только свет. Это состояние означает достижение Мира Бесконечности – т.е. такого состояния, в котором нет ограничений, конца, потому что я все их принял на себя.

Когда я поднимаюсь на какую-нибудь ступень, то все, что находится на этой ступени, для меня становится абсолютно явным, ощущаемым, постигаемым. Я сам становлюсь свойством этой ступени. Поэтому в Торе сказано: «Каждый должен быть как Моше Рабейну», т.е. достичь той ступени, которой достиг он, потому что в духовных мирах «Моше Рабейну» означает название ступени, и все, кто ее достигает, считаются ставшими как Моше Рабейну.

Моше – от глагола «лимшох», «вытаскивать» человека из уровня нашего мира в высший мир. Рабейну – от слова «рав», «большой» – большого состояния души, когда она получает наполнение полным светом.

Каждый раз человек увеличивает экран в соответствии со свойствами той ступени, которая находится перед ним. Любая вышестоящая ступень для меня всегда называется Творцом. Поскольку я ничего не вижу выше нее, для меня она – проявление Творца. Поэтому каждый раз я должен сравняться свойствами с тем Творцом, который находится передо мной. И на каждой ступени для меня Творец иной, Он открывается мне все больше и больше.

В какой мере? Допустим, человек может украсть 1000 долларов, которые перед ним лежат, а если будут лежать 100, то он их не украдет. Значит, на 100 долларов у него уже есть экран, эту сумму можно положить перед ним, он ее оттолкнет, сможет с ней работать альтруистически. Значит, на него запрет «не укради» на 100 долларов уже не действует, он сам его выполняет, но действует закон («давит» запрет) на 1000 долларов.

А если он сможет увеличить экран – и 1000 долларов не украдет, то и 1000 долларов для него уже не будут ограничением, тогда перед ним можно будет положить 10 000 долларов – и так далее, пока перед ним не «положат» весь тот бесконечный свет, который должен его наполнить.

Когда человек сможет получить ради Творца весь этот свет, он получит в 625 раз большее наслаждение, чем малхут (творение) получала в Мире Бесконечности. Почему он получит большее наслаждение? Зачем нужен спуск малхут (души) из Мира Бесконечности до нашего мира, отдаление от Творца, а затем постепенное к Нему приближение?

Именно для того, чтобы с помощью свободы выбора – собственной воли – своими силами достичь такого состояния, как Мир Бесконечности. Ведь начальное нахождение в Мире Бесконечности было предопределено Творцом, а не человеком. Если человек достигает такого состояния сам, то у него появляются собственные сосуды, собственный экран, ощущения, он сам зарабатывает свою вечность и совершенство.

В результате самостоятельных усилий у человека появляется необходимая подготовка, позволяющая ощутить то, что действительно дается ему в Мире Бесконечности. Когда Малхут Мира Бесконечности родилась мыслью Творца и получила свет, а потом сделала на него Цимцум, она ощутила только очень маленькую его часть, потому что ее сосуд еще не был подготовлен.

Когда же творение начинает подниматься из совершенно противоположной Творцу точки, из совершенной тьмы, когда голод – желание насладиться этим светом – накапливается постепенно, в результате этого творение начинает испытывать наслаждение тем же светом, но уже в 625 раз большее, чем до начала исправления.

Свет не изменяется, все зависит от голода, от желания получить этот свет. Если человек сыт, он не получит удовольствие даже от самой изысканной еды. Если же он голоден, то и черствый хлеб станет источником огромного удовольствия. То есть все зависит только от величины голода, а не от света. Света можно получить мизерную дозу, но сосуд при этом испытает огромнейшее наслаждение.

И наоборот, свет может заполнять все вокруг, но если у сосуда не будет голода, он ощутит из всего света только ор нэфеш – слабенький свет. Все Мироздание и управление устроено именно так, чтобы наилучшим способом подготовить кли к совершенному наслаждению, чтобы оно действительно ощутило, что ему дает Творец. Для этого необходимо удаление эгоизма, исчезновение его из ощущения человека, а затем его постепенное возрождение в мере возможности исправления.

«Язык ветвей» существует только на иврите, но можно было бы создать его и на базе любого другого языка. В других языках не прослеживается связь между духовным корнем и его следствием в нашем мире. Этого нет даже в современном иврите. Если же мы возьмем основной иврит, базисный, со всеми корнями, то в нем существует четкая связь между корнем и следствием.

Такая связь существует в любом языке, но в других языках никто не занимался поисками этой связи. Нет каббалистов, которые указали бы, какая есть связь между духовным и материальным в китайских иероглифах, латинских буквах и т.д. В иврите же, благодаря каббалистам, мы знаем эти соответствия, например, почему буква «алеф» написана именно таким образом.

Что, собственно говоря, мы выражаем? Мы выражаем человеческие ощущения. Можно взять язык музыки, цвета, любой другой язык. Все, чем можно точно выразить человеческие ощущения, человеческие понятия, познание, все это можно использовать как язык. На любом языке можно рассказать о духовном. Иврит уникален тем, что нам уже дан готовый код. А если появится каббалист, который будет прекрасно знать корни любого другого языка, то он сможет сделать то же самое и с любым другим языком.

Силы и свойства, изображаемые ивритскими буквами, их связи и сочетания выражаются в определенной форме букв ивритского алфавита. Но и на других языках мы могли бы выразить те же сочетания. Иврит является корнем для других языков. Начертания букв других языков происходят, в принципе, из того же корня, что и буквы иврита. Однако они видоизменены, поэтому связь между буквами в других языках и духовными корнями иная.

Когда мы постигаем какой-то духовный уровень, какую-то ступень, какое-то ощущение в духовном мире, то знаем, как назвать это ощущение. Что же делать, если мы еще не постигли духовное, если для нас практически невозможно выразить словами свои ощущения, если у нас еще нет соответствующего языка? Что необходимо сделать, чтобы этот язык найти?

В духовном мире нет языка, нет слов, нет букв, есть только ощущение сосудом света. Дело в том, что каждый духовный сосуд имеет свою ветвь в этом мире, т.е. все спускается из Мира Бесконечности в наш мир, вниз, а затем все ощущения нашего мира поднимаются в Мир Бесконечности. Поэтому если взять любую точку в мире Бесконечности, то можно из этой точки, как из корня, провести прямую линию, проходящую через все миры, вплоть до нашего мира, до ее ветви.

Таким образом, можно сказать, что душа Адам аРишон, расколовшаяся на 600 тысяч частей, существует в каждом из духовных миров. Устройство духовных миров абсолютно одинаково. Разница только в материале, из которого они созданы. В любом мире душа ощущает свое состояние, воздействие на себя, свое взаимодействие с соответствующей духовной ступенью.

Если взять проекцию этой души на наш мир, то мы найдем в иврите понятия, соответствующие духовным состояниям. Тогда мы можем взять слова из нашего мира, подразумевая, что при этом мы говорим не об объектах нашего мира, а словами нашего мира выражаем объекты, силы, действия духовного мира. Такое полное соответствие получается потому, что мы используем один и тот же язык. Отличие только в плоскости этого или «того» мира, где подразумеваемое находится.

Наш язык – это описание объектов, действий, ощущений, реакций, взаимодействий. Все, что есть в нашем мире, – есть также в духовных мирах; и подобная картина наблюдается на всех 5 этажах. Поэтому на каждом этапе, на любой из 125 ступеней, где бы ты ни был, ты всегда можешь использовать наш язык, чтобы рассказать о том, что происходит на твоей ступени. Но по-настоящему понять тебя сможет только тот, кто на этой ступени уже был. А тот, кто еще не был, подумает, что ты говоришь о нашем мире или о той ступени, на которой он находится в момент чтения или слушания твоего рассказа.

Тора написана на языке ветвей на уровне мира Ацилут. Неподготовленные же люди буквально понимают написанное в Торе, считают, что в Торе речь идет о нашем мире. Они воспринимают ее как исторические рассказы. Итак, язык ветвей – это язык, описывающий духовные действия, которые параллельно происходят на всех ступенях.

Во «Введении в науку Каббала» изучается рождение, распространение, строение миров сверху вниз. А затем, когда все миры распространились сверху вниз до нашего мира, души начинают подниматься из нашего мира наверх, в Мир Бесконечности.

Душа поднимается потому, что вбирает в себя все свойства, все знания, все раскрытия предыдущих ступеней. И поэтому она, конечно, знает все, что происходит на всех нижних ступенях. Каббалисты находятся в мире Ацилут. Каким же образом они описывают действия, происходящие там, словами нашего мира? Дело в том, что они не теряют связь с нашим миром, ведь они живут одновременно в обоих мирах, ощущая и то, что происходит в мире Ацилут, и то, что происходит в нашем мире.

Они точно знают соответствие одного другому и поэтому называют объекты в мире Ацилут по свойствам тех объектов, которые возникли в нашем мире из проекций, идущих из духовных миров. В мире Ацилут нет предметов, искусственно созданных человеком (например, транзисторов, компьютеров и т.д.), все же остальные объекты и силы там есть. Каббалист видит, что данный объект нашего мира является следствием такого же определенного объекта в мире Ацилут. Поэтому он дает объекту (корню) в мире Ацилут такое же имя, которое носит соответствующий ему объект (ветвь) нашего мира.

Нет никакой связи между каббалистическим постижением и медитацией и прочими «мистическими» понятиями. Все, чем занимаются эзотерики, мистики и лже-каббалисты, имеет отношение только к человеческой психике, но ни в коем случае не имеет никакого отношения к духовному пространству, к постижению Творца, к Каббале.

Подавляющее большинство таких людей не имеют даже понятия, что такое экран, а без экрана абсолютно невозможно постичь духовное. Лже-каббалистам, которые слышали об экране, кажется, что он у них уже есть, что они уже находятся в мире Бесконечности. Каббала – это тайная наука, ее невозможно никому «рассказать». Только тот, кто ощущает, тот и понимает.

Поэтому все методы, методики, учения относятся к постижению скрытых свойств психики человека, к продукту деятельности мозга человека. Люди, ими владеющие, могут очень многое. Они могут лечить, предсказывать будущее, угадывать прошлое – все, что происходит с телом, все, кроме духовного. У человека есть силы, с помощью которых он может сделать с биологическим телом все, что угодно.

Но для выхода в духовное пространство нужен экран. И поэтому нельзя путать всякие предсказания, фокусы, чудеса, в том числе и действительно имеющие место, с Каббалой. Можно предсказывать будущее, как Вольф Мессинг и Нострадамус, можно знать прошлое, глядя на человека, но к духовному это никакого отношения не имеет.

Все, что относится к телу, к нашему миру, человек в силах предугадать и изменить, и нет в этом ничего сверхъестественного. Любой из нас, если захочет, может уйти куда-нибудь подальше от помех цивилизации и заново начать культивировать в себе подобные силы, возможности. Они у нас пропали потому, что мы вытеснили их продуктами цивилизации.

Эти природные задатки есть у каждого человека. Люди, обладающие такого рода способностями и умеющие критически оценивать их, говорят, что существует Творец, но они о Нем ничего не знают, никакой связи с Ним не имеют, а сами не понимая как обладают способностями видеть будущее или прошлое человека. Они же сами и утверждают, что их возможности к духовному отношения не имеют. А поскольку эти способности не имеют к душе никакого отношения, т.е. не развились вследствие обретения экрана, то они умирают вместе с человеком.

Душа – это сосуд, создаваемый с помощью экрана. Если нет экрана, то нет и души. Пока нет экрана, есть только «точка в сердце» – зародыш души. По мере обретения экрана в этой точке начинают зарождаться первые, пока еще маленькие десять сфирот. Чуть больше экран – чуть большие десять сфирот возникают под ним и т.д., но их всегда десять.

Если у человека нет экрана, то как он родился, так и умер, какие бы ни были у него большие способности и чем бы ни занимался он в этом мире. Если, подобно трупу, йог не дышит, становится ли он от этого духовным? Для того чтобы попасть в духовные миры, человек должен отдать все свои силы, все свое время, все свои желания, кроме тех, которые ему нужны для существования в этом мире. Для того чтобы духовный мир раскрылся, необходимо только настоящее желание. Только тот, у кого есть действительно серьезное желание, войдет в духовный мир. Если ты одновременно с Каббалой занимаешься еще чем-то, кроме необходимого для существования, это значит, что твое желание разбито на несколько.

Сейчас человек может рассуждать только с позиций той ступени, на которой находится в данный момент. Он не может знать, каким будет на следующей ступени. На другой ступени меняется абсолютно все, весь внутренний мир человека. Мысли, желания, взгляд на мир, реакции – все. Из тебя вытаскивают все, оставляя только твое мясо, твою внешнюю оболочку, все же остальное вставляют заново.

Поэтому сейчас мы не можем понять, как желание к духовному может быть единственным, стопроцентным. Мы сейчас не можем этого понять потому, что еще не находимся на этом уровне. Когда мы постепенно поднимемся на соответствующий уровень, то почувствуем, что это желание действительно сформировалось. Оно является единственным условием для того, чтобы попасть в духовные миры, и когда ты выполнишь это условие, то перед тобой откроются врата в духовное.

Следует отметить, что даже большой каббалист не может определить потенциальные возможности другого человека. Гадалки могут правильно предсказать земное, материальное будущее человека. А вот духовное будущее человека они предсказать не смогут. Более того, столкнувшись с каббалистом, предсказатели чувствуют, что предсказание его будущего выходит за рамки их возможностей.

Каббалиста не интересует развитие способностей для того, чтобы знать свое будущее. Для этого нужны силы нашего мира, а у каббалиста они, как правило, совершенно не развиты. Гадалка может назвать все болезни и телесные проблемы каббалиста.

Но о его «я» она ничего сказать не может. Она может только определить физическое состояние его организма в данный момент.

Каббалист занимается тем, что постоянно ищет связь с Творцом, а не пытается заранее разгадать, что и как он должен сделать, чтобы получить лучшее будущее. Каббалисту даже в голову не придет узнавать свое будущее. Такое желание относится не к Каббале, а к нечистым силам. Но, постигая высшее, каббалист постигает пути исправления каждой души.

В духовном мире любая информация состоит из 5 частей (бхинот). Один зивуг дэ-акаа в пэ дэ-рош, хотя и происходит на один свет, но приводит к возникновению парцуфа, состоящего из пяти частей. Что значит один свет? Один свет – это общее состояние. Оно состоит из 5 подчастей, которые отличаются друг от друга количественно и качественно. Но они всегда должны идти вместе, целым набором, подобно тому, как ощущение состоит из 5 ощущений в 5 органах чувств: осязания, обоняния, зрения, слуха, вкуса.

Поскольку ко мне приходят 5 светов, то во мне должно быть 5 желаний. Разница между ними должна быть по величине и по качеству. Но все они в итоге все равно действуют вместе. Я не могу сделать одно желание большим, а другое меньшим. Между ними существует определенное соотношение. Свет, который приходит в сосуд, проходит 4 ступени, и поэтому сосуд, в свою очередь, состоит из 5 ступеней желания насладиться.

Повторим теперь пункт 7:

7) А теперь пойми, что написано в первой части книги «Эц хаим»: «Причина создания миров в том, что Творец обязан быть совершенным во всех Своих действиях и силах. А если бы Он не проявил Свои действия и силы в самих творениях, то не смог бы называться Совершенным».

Иными словами, поскольку Творец совершенен, то все Его действия должны быть совершенными. И поэтому Он создал миры. Но ведь миры – это скрытие Творца, удаление от Него? Как же они помогают постичь совершенство действий Творца?

На первый взгляд непонятно, как же можно, чтобы от совершенного Создателя изначально исходили действия несовершенные, причем настолько, что нуждались бы в исправлении человеком. *Из сказанного ранее пойми: поскольку основой творения является только желание получить наслаждение, то, с одной стороны, творение (желание получить) абсолютно несовершенно, поскольку абсолютно противоположно Творцу (если Творец – совершенный, дающий, то творение – получающее, несовершенное, противоположное Ему по свойствам) и потому бесконечно удалено от Него противостоянием свойств одного и другого – Творца и творения. Но, с другой стороны, именно это и есть то самое новое, появившееся из ничего. Творение было создано для получения всего того наслаждения, которым Творец задумал усладить и наполнить его.*

Это значит, что желание насладиться, хотя оно и абсолютно противоположно Творцу и абсолютно несовершенно, с другой стороны, и есть то необходимое, что Творец обязан был создать.

Но если бы при этом творения оставались отделенными своими свойствами от Творца, то и Он не смог бы называться Совершенным. Потому что от Совершенного не могут произойти несовершенные действия. И поэтому Творец сократил Свой свет и сотворил миры, сокращение за сокращением, вплоть до нашего мира. После этого Творец поместил душу в тело нашего мира.

Под нашим миром понимается не физический мир, а набор эгоистических желаний, соответствующих самой низкой стадии развития миров.

Занимаясь Торой и соблюдая мицвот (это понятия особые: заниматься Торой означает – изучать ради исправления, а не читать книгу, которая называется «Тора». Соблюдать мицвот означает выполнять действия с экраном, а не соблюдать и выполнять механически какие-то действия), *душа достигает того совершенства, которого не хватало ей в начале Творения. Это означает, что ее свойства совпадут со свойствами Творца. Она станет достойной получить все то наслаждение, которое заложено уже в самом замысле Творения. Тогда она будет находиться с Творцом в абсолютном слиянии.*

Значит, кроме наслаждения, есть еще какой-то вид дополнительного вознаграждения, который уготован душе, и это вознаграждение называется «слияние с Творцом». Это не просто получение всего света, а получение света в слиянии с Творцом – получение света, возникшего в результате совпадения свойств.

Совпадение по свойствам, слияние с Творцом – намного выше, чем просто получение света. Потому что в результате совпадения свойств душа поднимается на уровень Творца. Она становится не просто получающей от Творца, а поднимается на Его уровень. То есть поднимается со ступени творения – получающего – на ступень Создателя и таким образом постигает в том числе и находящееся выше своей природы.

ח) וענין הסגולה שבתורה ומצוות להביא את הנשמה לדבקה בו יתברך, הוא רק בבחינת העסק בהם שלא לקבל שום פרס רק בכדי להשפיע נחת רוח ליוצרו בלבד, כי אז לאט לאט הולכת הנשמה וקונית השואת הצורה ליוצרה, כמ"ש לפנינו במאמר ר' חנינא בן עקשיא בהתחלת הספר (פתיחה לחכמת הקבלה), עיין שם היטב.

כי יש בזה ה' מדרגות כוללות נפש רוח נשמה חיה יחידה המקובלים מה' העולמות הנקראים א"ק, אצילות, בריאה, יצירה, עשיה.

8) Только в занятиях Торой и Заповедями с намерением не получать от этого совершенно никакого вознаграждения, а лишь для того, чтобы доставить этим наслаждение Творцу, заключается особая сила («сгула»), которая способна привести душу к состоянию полного слияния с Ним. Постепенно душа продвигается вперед и приобретает все новые и новые свойства подобия Творцу (как сказано в начале статьи «Введение в науку Каббала» рабби Хананией бен Акашией).

В этом подъеме, в слиянии с Творцом есть пять последовательных ступеней – нэфеш, руах, нэшама, хая и ехида, – получаемых от пяти миров, называемых А"К, Ацилут, Брия, Ецира, Асия.

Когда душа поднимается в мир Асия, она получает свет нэфеш, поднимается в мир Ецира – получает свет руах, в мир

Брия – свет нэшама, в мир Ацилут – свет хая, в мир А"К – свет ехида.

וכן יש ה' מדרגות נרנח"י פרטיות המקובלים מפרטיות ה' פרצופין שיש בכל עולם מה' העולמות, וכן יש נרנח"י דפרטי פרטיות המקובלים מהעשר ספירות שבכל פרצוף כמ"ש בפנים הספר.
שע"י תורה ומצוות להשפיע נחת רוח ליוצרו זוכים ומשיגים לאט לאט לכלים מבחינת הרצון להשפיע הבאים בהמדרגות האלו מדרגה אחר מדרגה עד שבאים בהשוואת הצורה לגמרי אליו יתברך.

Каждая из этих пяти ступеней, в свою очередь, имеет собственные пять ступеней, также называющиеся нэфеш, руах, нэшама, хая и ехида и получающие свет от пяти парцуфим, из которых состоит каждый из этих пяти миров. Каждая из этих подступеней тоже имеет свои НаРаН-Ха"Й, полученные ею от десяти сфирот, из которых состоит каждый парцуф.

С помощью занятий Торой и Заповедями с намерением доставить этим удовольствие Творцу творения постепенно приобретают сосуды – кли, желания от вышеперечисленных ступеней, пока не достигают полного слияния с Творцом.

Таким образом, в душе возникает все большее и большее желание отдавать. В соответствии с этим она наполняется все большим и большим светом. Пока не достигает полного совпадения по свойствам с Творцом.

ואז מקויימת בהם מחשבת הבריאה לקבל כל העונג והרוך והטוב שחשב יתברך בעדם, ועוד נוסף להם רווח הכי גדול, כי זוכים גם לדבקות אמיתי מכח שהשיגו הרצון להשפיע כיוצרם.

Именно тогда в душах и происходит осуществление Замысла Творения: получить все то наслаждение, которое Творец для них приготовил. Более того, поскольку души приобрели желание отдавать, они достигают полного слияния (двекут) с Творцом, что является совершенным, вечным и неограниченным наслаждением, гораздо большим, чем получение света.

Итак, творение достигает:
1) получения наслаждения, которое ей уготовано в виде НаРаНХа"Й;
2) сходства по свойствам с Творцом, т.е. оно поднимается на уровень Творца, обретая при этом совершенство, равное Ему.

Мы пока не можем себе представить такой уровень. Мы привыкли оперировать понятиями: жизнь, смерть, время, наслаждение. Когда же речь идет о духовных ступенях, то нам не хватает ни ощущений, чтобы представить себе такие состояния, ни слов, чтобы описать их.

По мере того как человек обретает экран, он начинает менять свои свойства и в соответствии с этим получать свет, постепенно продвигаясь по ступеням снизу вверх. Пять больших ступеней (миров) делятся на пять подступеней (парцуфим), которые в свою очередь имеют свои пять ступеней (сфирот) – и все эти ступени характеризуются все большим и большим подобием Творцу (если рассматривать их снизу вверх).

Пока человек еще не исправлен, каждая из этих ступеней является для него скрытием Творца. Когда же человек исправляется, то эта же ступень превращается для него в раскрытие Творца, света. То есть каждая ступень является, с одной стороны, скрытием Творца, но, с другой стороны, она же является Его раскрытием.

Каждая ступень представляет собой определенный уровень свойств Творца. Допустим, что Мир Бесконечности соответствует 100% свойств Творца, и это является высшей ступенью. Тогда наш мир соответствует 0% свойств Творца. Все остальное духовное Мироздание, находящееся между ними, проградуировано на 125 ступеней, которые соответствуют 125 мерам свойств Творца.

Как уже было сказано, мы должны избавиться от эгоизма, потому что эгоизм – это неполноценное кли. Как только оно начинает ощущать наслаждение, ощущение наслаждения сразу же убивает само желание, вследствие чего угасает и само наслаждение. Получается, что при наполнении желания наслаждение немедленно исчезает. То есть эгоистическое кли – это кли, которое никогда не может ощутить насыщение наслаждением. Поэтому эгоизм нам дан только для того, чтобы мы исправили его до такого вида, что смогли бы ощущать в нем вечное, совершенное наслаждение.

Человек чувствует, что достиг какой-то ступени, только когда он на нее поднялся. Тогда он знает, на какой ступени находится и какие ступени прошел. Перед собой он видит следующую ступень, на которую ему еще предстоит подняться. По мере того как он серьезно занимается истинной Каббалой по настоящим книгам, в настоящей группе, у него возникает понимание следующей ступени, которая находится перед ним.

Сначала он ощущает только скрытие этой ступени, т.е. что Творец скрывается от него в ней. Потом человек начинает понимать, какие свойства есть у Творца и как ему эти свойства приобрести. На этом пути много этапов, но самая тяжелая ступень – это первая. По сравнению с первой постижение остальных ступеней происходит намного легче.

Причина этого явления в том, что на первой ступени рождаются самые большие келим – желания: именно те келим, которые возникают на первой ступени, проявляются затем на последней, потому что есть так называемая обратная зависимость между светами и сосудами.

Мы находимся сейчас в таком состоянии, что не знаем, какими же келим на самом деле мы пользуемся. Хотя уже сейчас мы пользуемся очень большими келим, в наших ощущениях они пока не проявляются. Самая большая авиют из **шореш, алеф, бэт, гимел, далет** – в мире Асия. Но самый большой экран находится в мире А"К – это экран далет, в Ацилут – гимел, в Брия – бэт, в Ецира – алеф, в Асия – шореш.

Всегда надо обращать внимание на то, о чем мы говорим – об экране или о желании, на которое «одет» этот экран. Поэтому наша работа на данном этапе – самая тяжелая. Выйти из этого мира в мир духовный – самая большая проблема во всей духовной работе человека.

А потом у человека появляются уже другие проблемы, и работа у него совершенно другая: уже известно, что надо делать, уже есть представление о своих 10 сфирот, которые он приобрел, есть некоторое истинное представление обо всем Мироздании. Ведь все Мироздание построено по одному принципу, и если человек обрел свои 10, даже самых маленьких, сфирот, он уже знает, о чем говорится во всей Торе, хотя бы на уровне своих 10 сфирот.

Если, например, привести человека из джунглей в цивилизованный мир, то он не будет знать, как обращаться с техникой. Человек же, выросший в развитой стране, может не знать, как протекают внутренние процессы в механизмах, но как пользоваться бытовой техникой, он знает, поскольку живет окруженный ею. Так и человек, вышедший на самый минимальный уровень духовного мира, имеет минимальное представление о духовном. У него уже есть для этого определенные, пусть самые маленькие келим. А более глубокие процессы постигаются на более высоких ступенях.

Если у человека появился экран, то он делает зивуг дэ-акаа и получает в себя внутренний свет, который и дает ему представление о духовном. Извне мы не ощущаем ничего: даже этот мир мы тоже ощущаем внутри себя. Тем более, внутри себя мы ощущаем духовный мир. Вот этот внутренний свет, который заполняет кли, и дает ту меру, которую мы называем «ступенью», или светом, уровнем «нэфеш», «руах», «нэшама», «хая», «ехида».

Чтобы идти вперед, человек должен постоянно впитывать, пропускать через себя каббалистические тексты, все время быть этим наполненным. Нет никакого другого метода, кроме изучения Каббалы по правильным книгам, корректировки Учителем и, естественно, наличия группы. Значение общих усилий огромно. Даже группа начинающих – это уже духовная сила, несмотря на то что ее члены еще весьма смутно представляют себе, зачем изучают Каббалу и какие цели стоят перед ними. Все равно, это уже потенциальная духовная сила, которая в будущем сама по себе сможет притягивать на себя очень сильный духовный свет.

Царем Давидом описаны совершенно все духовные состояния, в которых может находиться душа, человек, – от наименьшего до наивысшего. Царь Давид (Давид аМелех, малхут) называется именно так, потому что сам прошел все духовные состояния и описал их. Его книга «Теилим» (Псалмы) – высшая ступень Каббалы, включающая в себя все возможные состояния души.

Если человек приобрел абсолютно все свойства Творца, все Его желания, все Его привычки, все Его возможности, то такое состояние называется слиянием человека с Творцом. Это означает, что человек становится совершенно равным Ему. Что же он творит? Тем, что он отдает Творцу, он творит себя, творит экран. Точнее, он становится полноправным партнером Творца по созданию самого себя.

Творец создал эгоизм – человека, а человек делает из эгоизма – из себя – альтруизм, Творца. Естественно, что он не создает Его из ничего (еш ми айн), как Творец создал наше желание получать, эгоизм, из ничего. Но обратить это желание в противоположное – задача человека. Этот процесс называется «исправление» (тикун). Но на самом деле – это рождение совершенно нового качества, свойства. То есть фактически Творец создал эгоизм в человеке, а человек из него создает подобие Творцу!

Что значит: творение создано из ничего? Мы знаем это от каббалистов. Они исследуют все свойства Творца и видят, что Он абсолютно добр. Вследствие этого Он создал Творение из ничего. Когда человек поднимается, совпадая по свойствам с Творцом, на высокие ступени, которые называются «десятое тысячелетие» – туда, где постигаются тайны Торы, – то видит само творение и постигает, каким образом Творец его создавал.

Для нас единственными источниками являются книга «Зоар», книги АР"И, книги Бааль аСулама и РАБАШ"а. Не рекомендуется читать никаких иных источников до тех пор, пока человек не постиг внутренний, каббалистический смысл текстов.

Проходит много времени, пока человек начинает автоматически видеть за словами Торы духовные действия. Лучше читать псалмы – там, по крайней мере, идет речь о чувствах человека. Хотя чувства там имеются в виду духовные, но в нашем мире они более-менее адекватны. Человек не будет так грубо ошибаться, как читая Тору.

ט) ומעתה לא יקשה לך להבין דברי הזוהר הנ"ל, אשר כל העולמות העליונים והתחתונים וכל אשר בתוכם לא נבראו אלא בשביל האדם. כי כל אלו המדרגות והעולמות לא באו אלא כדי להשלים הנשמות במידת הדביקות שהיה חסר להם מבחינת מחשבת הבריאה, כנ"ל.

שמתחילה נצטמצמו ונשתלשלו מדרגה אחר מדרגה ועולם אחר עולם עד לעולם החומרי שלנו בכדי להביא את הנשמה בהגוף של עוה"ז, שהוא כולו לקבל ולא להשפיע, כמו בהמות וחית הארץ, כמ"ש עייר פרא אדם יולד, שהוא בחינת הרצון לקבל הגמור שאין בו מבחינת השפעה ולא כלום, שאז נבחן האדם להפכי גמור אליו ית', שאין התרחקות יותר מזה.

ואח"ז בכח הנשמה המתלבשת בו הולך ועוסק בתורה ומצוות שאז משיג צורת ההשפעה כיוצרו לאט לאט בדרך המדרגות ממטה למעלה דרך כל אותם הבחינות שירדו בעת השתלשלותם מלמעלה למטה, שהם רק מדות ושיעורים בצורת הרצון להשפיע, שכל מדרגה עליונה פירושה שהיא יותר רחוקה מבחינת הרצון לקבל ויותר קרובה רק להשפיע, עד שזוכה להיות כולו להשפיע ולא לקבל כלום לעצמו, ואז נשלם האדם בדבקות אמיתי בו ית', כי רק בשביל זה נברא. הרי שכל העולמות ומלואם רק בשביל האדם נבראו.

9) Теперь тебе не будет тяжело понять то, что сказано в книге «Зоар», что все миры, высшие и низшие, и все, что находится внутри них, созданы только ради человека. Все эти ступени созданы только для того, чтобы привести души к совершенству, к той степени слияния с Творцом, которая отсутствует в них с момента замысла Творения.

В начале Творения образовались ступени пяти миров от Творца и до нашего материального мира для того, чтобы поместить душу в материальное тело нашего мира. Материальным телом нашего мира называется желание получать, ничего не отдавая взамен. Это и есть окончательная форма желания самонасладиться. Поэтому человек, находящийся в нашем мире, по своим свойствам абсолютно противоположен Творцу.

Занимаясь Каббалой, человек начинает постепенно обретать свойство отдавать и, соответственно, постепенно подниматься снизу вверх, обретая свойства ступеней, нисходящих сверху вниз, характеризующихся свойством отдавать – вплоть до свойства отдавать, ничего не получая *для себя взамен. В результате этого человек полностью сливается с Творцом, т.е. достигает такого состояния, для которого и был создан. Поэтому все миры и были сотворены ради человека.*

Итак, все миры созданы для того, чтобы помогать человеку подниматься, начиная с нулевой, самой противоположной Творцу точки и в конце концов достичь самой последней точки – слияния с Творцом, т.е. проделать весь тот путь, который человек должен пройти, начиная от состояния полного скрытия Творца, затем пройти 125 ступеней, каждая из которых представляет собой все большее и большее раскрытие Творца.

Мы уже говорили о том, что Творец специально скрыл Себя за пятью мирами, каждый из которых состоит из пяти парцуфим, а каждый парцуф из пяти сфирот – всего 125 ступеней скрытия. И все это для того, чтобы привести человека в состояние полного удаления от Творца.

Человек совершенно не ощущает Творца, он якобы не находится под Его властью, он, как ему кажется, обладает свободой воли – свободой самостоятельно развивать и использовать свой эгоизм, как считает нужным. Такие условия называются «наш мир» и на самом деле являются силами Творца, действующими на нас в состоянии абсолютного Его скрытия.

Все, что нас окружает в этом мире, – лишь последняя ступень всевозможных сил, воздействующих на нас со стороны Творца. То, что человек ощущает в себе и вокруг себя, все, что мы называем «нашим миром», является относительно Творца самой последней ступенькой, какая только может существовать в мироздании.

Как только человеку с помощью внутренней работы над собой удается аннулировать ближайшую к нему ступень скрытия Создателя, отодвинуть этот занавес, он сразу же начинает чувствовать Его в этой минимальной 125-й доле.

Это не значит, что 125 ступеней скрывают от нас Творца в равной мере. Чем ступени ниже, тем больше они скрывают. Как только человек отодвигает самый нижний из занавесов, отделяющих его от следующей ступени, ему сразу же начинает светить свет Творца, и он начинает видеть за всем, что есть вокруг него в этом мире, проявления Творца.

Природа (неживая, растительная, животная, человеческая), все, что находится вокруг человека и в нем самом, все его желания к животным наслаждениям, к власти, к почету, к известности, стремление к знаниям, науке – все это теперь для него проявления Творца.

Он чувствует, как Творец воздействует на него, на его «я» посредством окружающей среды и свойств высшего света. Первая ступень раскрытия, хотя и самая тяжелая, самая важная для человека, потому что, преодолев ее, он сразу же приобретает, пусть минимальную, но связь с Творцом, и уже не лишается ее никогда. Назад дороги нет.

Иногда человеку кажется, что он лишился достигнутого, что он падает со своей ступеньки вниз. Но это ощущение посылается ему специально для того, чтобы затем человек смог подняться еще выше. Духовные ступени построены таким образом, что скрытие Творца на каждой из них зависит от степени исправленности человека. Скрытие дается ему в той степени, в какой он может это скрытие преодолеть.

Допустим, человек исправил свое намерение получать на 10%. Это значит, что теперь на эти 10% он получает наслаждение не ради себя, а ради Творца. Тогда на эти же 10% он получает раскрытие Творца. То есть мера скрытия Творца и мера раскрытия – это одна и та же ступень, обратная и лицевая ее части. Другими словами, вне человека нет ничего, все ступени созданы для человека, и все они находятся внутри человека.

Все духовные миры находятся в душе человека, образуя лестницу между ним и Творцом. То есть все они являются сто двадцатью пятью ступенями неисправленности наших свойств. Вокруг нас есть только одно – абсолютно альтруистическое свойство отдавать и наслаждать нас. Это свойство мы называем Творцом. Внутри же нас есть абсолютно эгоистическое свойство.

Постепенное исправление внутренних свойств человека и является целью его существования в нашем мире. И каждый человек обязан исправить себя. Ощущение Творца, которым человек наполняется по мере своего исправления, называется «духовным подъемом» с одной ступеньки на другую, из одного мира в другой. И все это происходит исключительно внутри человека.

Вступление к статье «Введение в науку Каббала»

Мы уже не раз говорили, что окружающий нас мир является лишь реакцией наших внутренних свойств на воздействие Творца, т.е. все миры, все парцуфим, все сфирот – все, о чем бы мы ни говорили, находится внутри человека, снаружи нет ничего. Можно сказать, что снаружи существуют только четыре свойства прямого света.

Свет, приходящий к человеку, создает его самого и все его внутренние свойства. Все духовные миры внутри нас являются лишь мерами ощущения Творца внутри человека. Все ангелы, черти, темные и светлые силы являются не более чем внутренними силами человека, которые созданы в нем Творцом специально для того, чтобы помогать ему все время исправляться и преодолевать свой природный эгоизм.

Они изначально сократились, ступень за ступенью, мир за миром, и опустились до уровня нашего материального мира для того, чтобы поместить душу в тело нашего мира, облачить «я» человека в абсолютно эгоистические качества – самые удаленные от Творца, самые противоположные Ему свойства.

Они и называются «качества этого мира». Имеются в виду не материальные объекты, окружающие нас, – жидкие, газообразные, твердые; под материальным миром подразумеваются абсолютно эгоистические свойства, от самого незначительного до самого большого, неважно, маленький ли это ребенок или самый эгоистичный в мире взрослый человек.

Когда каббалисты говорят «тело этого мира», то имеют в виду желание получать. Есть тело нашего мира – эгоистическое желание получать, есть тело духовное – это уже желание получить с экраном, т.е. эгоистическое желание, обращенное в желание альтруистическое.

Как уже было сказано, для того чтобы человек хотел только получать, а не отдавать, Творец поместил душу в тело нашего мира. Такое состояние называется «животным», как сказано: «диким ослом рождается человек». Таким образом, когда человек нисходит в этот мир, он получает эгоистическое желание, называемое «телом», и становится абсолютно противоположным Творцу по свойствам, максимально удаленным от Него.

Творец дает человеку лишь одно маленькое альтруистическое свойство, которое называется «душа». Если человек начинает заниматься Торой и заповедями с правильным намерением, то он постепенно приобретает желание Творца «отдавать». Все те свойства, которые спустились к нему сверху вниз, вплоть до его сегодняшнего состояния, он начинает постепенно постигать снизу вверх, и они являются для него сейчас лишь различными мерами желания отдавать.

Высшая ступень – это желание только отдавать и совершенно ничего не получать для себя. Достигнув такого состояния, человек завершает свое движение к Творцу слиянием с Ним. Сближение и удаление духовных объектов происходит в зависимости от сходства или различия их свойств. Поэтому, достигнув абсолютного желания отдавать, т.е. последней, 125-й ступени, человек удостаивается полного раскрытия Творца, полного слияния с Ним по свойствам.

Таким образом, все миры и все, что их наполняет, созданы только для человека и его исправления. Выполнение Торы и заповедей с намерением доставить этим удовольствие Творцу, ничего не получая взамен, означает выполнение духовных законов, которые предстают перед человеком, когда он идет по этим ступеням.

Каждый раз, когда он находится в определенной внутренней духовной ситуации, у него неизменно есть какой-то выбор: как поступить, как думать, как чувствовать, каким образом избирать свои мысли, намерения, внутренние решения. Хотя Творец нам еще не открылся, мы должны стараться сверять все наши мысли, решения, мнения с нашим стремлением приобрести Его желание отдавать.

То, как мы анализируем и как выбираем каждое свое мнение, решение – все это и называется «заповедь» (мицва). И если человек правильно выполняет эту заповедь, этот закон, то он как бы зажигает свечку – позволяет еще какому-то маленькому количеству света войти в духовное желание.

А на более высоких ступенях, находясь уже в духовных мирах, человек свое неисправленное, абсолютно эгоистическое желание исправляет и в это исправленное желание с помощью зивуг дэ-акаа (ударного совокупления) получает порцию света. Этот свет, который человек получает внутри себя, называется «Тора», или «Творец», или «свет души» – что одно и то же.

Существует так называемая Сущность Творца (Ацмут аБорэ). Мы же ощущаем не Сущность Творца, а только Его воздействие на нас. Мы, как черный ящик: все, что попадает в нас через пять органов чувств – зрение, слух, осязание, обоняние, вкус, а также с помощью тех приборов, которые только расширяют диапазон наших ощущений, – создает в нас картину мира, якобы находящегося вне нас.

Но этот мир – всего лишь наши внутренние ощущения, нечто давящее на нас снаружи. Подобно тому, как если бы я, допустим, вылепил какое-то тело из куска глины и дал бы ему какую-то меру чувствительности. Потом нажал бы на него – оно как-то внутренне отреагировало бы. Вот это нажатие, оно и воспринимает своими чувствами, оно в нем отражается каким-то образом. И это внешнее воздействие, вернее, свою реакцию на него, оно называет каким-либо свойством.

Если же уколоть его, оно назовет это внешнее возмущение, вернее, свою реакцию на него, каким-то другим свойством. И не знает, что именно на него воздействует снаружи, а ощущает только свои реакции на то, что давит на него. Все реакции творения на внешние воздействия, а их множество, составляют внутри творения ощущение «окружающего» мира.

Человек, лишенный с рождения одного из органов чувств, скажем, зрения, строит картину окружающего мира с помощью остальных четырех. И эта картина отличается от нашей, она другая. И наоборот, если мы каким-то образом сможем расширить диапазон восприятия наших органов чувств (добавить орган мы не в состоянии), то картина мира также мгновенно изменится. Но, все равно, мы будем воспринимать только то, что «входит» в нас (так мы называем свои реакции на воздействия извне), а не то, что вне нас.

В нас войдет еще одно дополнительное возмущение, называемое свет Творца. Он сам войдет в нас, а не только будет давить снаружи, как на кусок глины. Он войдет внутрь и начнет наполнять нас в соответствии с мерой подобия наших свойств Его свойствам. Все наше существо – это «кусок эгоистической глины», и если этот «кусок» приобретет свойства Творца, т.е. научится отдавать, тогда между ними не будет никакой разницы, исчезнет внешняя граница между Ним и этим «куском», они сольются в одно целое и Творец заполнит эту «глину» изнутри, и она будет находиться в полной гармонии, в полном слиянии с тем, что снаружи.

Это состояние самое совершенное, самое комфортное, вечное и абсолютно благое. Вот к этому состоянию «кусок глины» и должен прийти. Человек должен достичь этого состояния, начиная со своей самой нижней ступеньки, которая называется «наш мир». Душа, облачаясь в тело, вынуждает это тело работать.

На нулевом этапе душа – это эгоистическое свойство, и оно в конечном своем состоянии должно исправиться на альтруистическое. И если сам человек добровольно не хочет это делать, то ему помогут свыше, подстегнут страданиями, и тогда он «захочет». И каждый из этих «кусочков эгоизма» (душ) должен преодолеть все 125 ступеней. Эти «кусочки» разделены только потому, что каждый из них чувствует только свое маленькое желание.

Но по мере уподобления их свойств свойствам Творца они начинают ощущать общность и неразрывность своей массы, абсолютную общность всех этих эгоистических осколочков, они видят, что представляют собой одно целое. Насколько человек себя исправил, настолько он и видит себя как совершенно неразрывную часть общего, т.е. он зависит от всех и все зависят от него.

Если Творение является единым организмом, то не имеет никакого значения, какая его часть получила, а какая отдала. Маленьким кусочкам легче исправиться, и когда все они исправляются, то сливаются в своих ощущениях в одно целое – это и называется слиянием душ.

Есть очень много помех, и все они специально посылаются нам. В конечном итоге только упорство побеждает. Не надо иметь никаких специальных задатков, ни особого интеллекта, ни особых качеств или свойств, нужно иметь только упорство, а вернее, способность, мужество выстоять, только оно ведет к победе.

Каждый из нас таков, каким его создал Творец, ничего с этим мы поделать не можем. Все наши внутренние изменения в мыслях, желаниях, амбициях – это все задано нам свыше, и все это подлежит исправлению. Это как раз тот самый материал, тот «кусок глины», над которым надо работать.

Исправленное эгоистическое свойство, в которое входит свет Творца, называется «кли» (сосуд). Человеку, только начавшему изучать Каббалу, можно говорить все – все входит в него, ничто не забывается, ничто не исчезает. Когда будет нужно, он об этом вспомнит, но лишь настолько, насколько в состоянии исправиться. Когда у него будут внутренние минимальные келим и эта информация понадобится для работы, она выйдет, «всплывет» из подсознания в сознание.

Тогда человек должен будет сам сортировать эту информацию и работать с ней. На этом этапе уже нельзя давать ему готовые ответы на вопросы, теперь он сам может и должен находить ответы на возникающие у него вопросы.

Человек, находящийся на высоких ступенях духовного развития, страдает не оттого, что плохо душам, находящимся на более низких ступенях. Он страдает оттого, что нельзя выполнить желание Творца по отношению к этим душам, к их теперешнему состоянию, т.е. что не все души испытывают хотя бы то состояние слияния с Творцом, которое испытывает он. И он, естественно, желает ускорить этот процесс и потому занимается распространением Каббалы, знаний о необходимости исправления.

Для того чтобы человек мог выполнить свою духовную работу, ему нужен весь мир, потому что работа заключается не только в том, чтобы исправить себя, но и в том, чтобы на каждой ступени вести также определенную совместную работу с другими душами.

Каббалист должен чувствовать весь мир, испытывать страдания всего мира, включать их в себя на своем уровне и исправлять их. И так на каждом этапе, на каждой стадии происходит включение всех в его душу и его во все остальные души.

י) ועתה אחר שזכית להבין ולדעת כל זה, כבר מותר לך ללמוד חכמה זו בלי שום פחד של הגשמה ח"ו. כי המעיינים מתבלבלים מאד, שמצד אחד נאמר שכל הע"ס והפרצופין מתחילת ע"ס האצילות עד סוף הע"ס דעשיה הוא אלוקיות ואחדות גמור. (ע"ח שער מ"ד שער השמות פרק א').
ומצד הב' נאמר שכל אלו העולמות מחודשים ובאים אחר הצימצום, ואיך יתכן אפילו להרהר זה באלוקיות. וכן בחינת מספרים ומעלה ומטה וכדומה מהשנוים ועליות וירידות וזווגים, ומקרא כתוב אני הויה לא שניתי וכו'.

10) А теперь, после того как удостоился ты понять все это, можешь изучать Каббалу без опасений, что каким-то образом овеществишь, материализуешь духовное.

Начинающие изучать Каббалу путаются, потому что сказано, что, с одной стороны, все 10 сфирот и парцуфим, начиная с мира Ацилут и вплоть до 10 сфирот мира Асия, — это абсолютная божественность и духовность, т.е. фактически сам Творец.

А с другой стороны, сказано, что все эти миры были созданы в результате Цимцума (сокращения). Как же тогда можно утверждать, что божественные сфирот, относящиеся к самому Творцу, появились после Цимцума? Кроме того, как воспринимать такие понятия, как числа, номера, верх, низ, подъем, спуск, духовные слияния, разделения и т.д., как все это можно говорить о божественном, о совершенном?

Ведь сказано: «Я ничего не меняю, везде только Я, Один, Творец неизменный». Как же тогда мы говорим о том, что в духовном существуют какие-то изменения, сокращения, как можно говорить об изменениях в совершенном, ведь любое изменение говорит о несовершенстве?

Вопрос простой: то, что мы называем мирами, — это Творец или творение? Почему начинающие путаются в этом? Потому что, как правило, овеществляют эти понятия. Они пытаются нарисовать себе миры в виде материальных объектов. Это естественно для человека, ограниченного нашей реальностью. Но каким же образом дать ему правильное представление, и возможно ли это в принципе?

Именно из опасений, что люди, изучающие Каббалу без настоящего руководителя, который постоянно направлял бы их, не позволяя отклоняться от верного пути, станут овеществлять духовное, и был веками наложен запрет на массовое ее изучение. Ведь если человек вначале отклоняется на миллионную долю градуса, то по мере продвижения это отклонение от цели все увеличивается.

Чем дальше он идет и чем ближе, как ему кажется, к Цели, тем на самом деле он все больше и больше удаляется от нее. Поэтому каббалисты предъявляли особые требования к изучающим Каббалу и создавали для них ограничения. Человеку предпочтительней оставаться на механическом уровне выполнения заповедей (при этом ему светит общий окружающий свет и медленно его очищает), чем самому изучать Каббалу.

Вступление к статье «Введение в науку Каббала»

Мы можем, к сожалению, наблюдать самоучек и то, к чему это приводит, – они выдумывают свои представления о духовном мире, населяют его какими-то телами, взаимодействующими силами, ангелами с крылышками, чертями, ведьмами, адом и раем и т.д., не понимая, что духовный мир находится только внутри души человека, а вне ее – только Творец.

Всего этого и опасались каббалисты. Основная заповедь – не делать из своего эгоизма идола. Хочешь того или нет, ты все равно ему поклоняешься – это уже созданный внутри тебя идол: со дня твоего рождения ты поклоняешься только своим желаниям, только их и выполняешь, только об их наполнении и думаешь.

Не сотворить кумира значит не поставить на место Творца своего идола. Если хочешь каким-то образом проникнуть в духовное, иметь с ним контакт, то не строй себе неверную картину, потому что это уводит тебя в сторону. Сказано: «Сиди и ничего не делай – это предпочтительней, чем ошибаться».

Возникает вопрос: может ли человек, который изучает Каббалу, вмешиваться в дела посторонних людей? Может ли он им что-то объяснить? Делать это нужно, но очень осторожно. Можно дать почитать книгу, немного рассказать о Каббале, но ни в коем случае не спорить.

Это очень вредно для вас. Вы потеряете все, что заработали своими усилиями, учебой. Популяризировать Каббалу нужно ненавязчиво, ни в коем случае не убеждать человека. Это все равно не поможет. Эгоизм любого человека сильнее любого воздействия извне. Вы ни в коем случае его не переубедите. Вы можете его направить, только если он сам этого захочет. Человек воспринимает что-то только тогда, когда чувствует, что может наполнить свое желание.

יא) ובהמתבאר לפנינו מובן היטב כי כל אלו העליות וירידות והצמצומים, והמספר, אינם נבחנים אלא בבחינת הכלים של המקבלים, שהם הנשמות.

אלא שיש להבחין בהם בחינת כח ובחינת פועל, בדומה לאדם הבונה בית שסוף מעשה במחשבתו תחילה.

אמנם תכונת הבית שיש לו במחשבה אין לו שום דמיון להבית הצריך לצאת בפועל, כי בעוד הבית במחשבה הוא רוחניות מבחינת חומר

מחשבתי, ונחשבת לבחינת החומר של האדם החושב, כי אז נמצא הבית רק בבחינת "כח", משא"כ בעת שמלאכת הבית מתחילה לצאת בפועל כבר מקבלת חומר אחר לגמרי דהיינו חומר של עצים ואבנים.

כן יש להבחין בבחינת הנשמות כח ופועל, אשר בחינת התחלת יציאתם מכלל מאציל לבחינת נשמות "בפועל" מתחיל רק בעולם הבריאה, ועניין התכללותם בא"ס ב"ה מטרם הצמצום בבחינת מחשבת הבריאה, כנ"ל באות ב'.

הנה זה אמור רק בבחי' "הכח" בלי שום הכר ממשי כלל וכלל. ומבחינה זו נאמר שכל הנשמות היו כלולים במלכות דא"ס מכונה נקודה האמצעית, כי נקודה זו כלולה ב"כח" מכל הכלים של הנשמות העתידות לצאת ב"פועל" מעולם הבריאה ולמטה.

11) Из всего вышесказанного мы можем сделать вывод, что все эти миры, парцуфим и все происходящие в них процессы (подъемы, спуски, сокращения и т.д.) — все это внутренние получающие сосуды человека, свойства его души.

То есть все, о чем мы читаем в Каббале, происходит внутри души человека и все это делится на два типа: то, что происходит в замысле, и то, что происходит в действии, подобно тому, как человек строит дом — окончание его действия уже заложено в начале замысла.

Образ дома, само понятие «дом», которое есть в мыслях человека, совершенно не похоже на настоящий дом, потому что дом, который существует пока только в замысле, состоит из «материала» его мыслей. По мере того как начинается строительство дома, замысел приобретает другие качества, другие свойства, он постепенно материализуется, превращаясь в строение из дерева и камня.

Мысль все больше овеществляется, огрубляется, пока не приходит к своему окончательному виду, воплощенному в материализованную идею — жилой дом. Так же и в душах необходимо разделять две части: замысел и действие. Состояние душ в Мире Бесконечности, т.е. когда они еще не отделены от Творца, когда сокращения еще не произошли, когда они еще слиты с Замыслом Творения, называется «души в замысле творения».

В Замысле Творения эти души находятся в самом Творце без всякого различия между Ним и этими душами. Такое состояние называется Эйн Соф – Мир Бесконечности. Подобное состояние продолжается и в мирах Адам Кадмон и Ацилут. Состояние же, когда души отделяются от Творца, называется «душами в действии творения», это отделение происходит на уровне мира Брия.

Мир Брия (слово «брия» является однокоренным со словом «бар», что значит «вне», «кроме»; т.е. «бар ле мадрега» – находящийся вне Божественной ступени) – первый, находящийся под миром Ацилут. Начиная с мира Брия, существует переход душ в состояние «действия».

Мир Брия – это первый мир, в котором души как бы выходят из замысла Творца и становятся уже более овеществленными, «самостоятельно» существующими. Все мысли и желания в нашем мире и в духовных мирах приходят к человеку свыше. Что он должен делать с этими приходящими мыслями и желаниями в нашем мире и в мире духовном – это мы и изучаем.

Все, что есть внутри тебя и вокруг тебя, сделал не ты. Ты реагируешь на любое внешнее раздражение согласно своей животной природе. Любую твою реакцию можно просчитать заранее и сказать, что ты будешь делать в данной ситуации. Так где же здесь хоть какая-то свобода выбора, свобода воли? Свобода воли только в том, чтобы узнать, исходя из всех этих внешних и внутренних свойств, обстоятельств и данных, как бы на моем месте поступил Творец, – и поступить так же.

Так или иначе, весь мир выполняет волю Творца, ни один атом не может двигаться вопреки этой воле, разница лишь в том, что каббалист осознанно пытается сопоставить свои движения с тем, что делает Творец. То есть он хочет сам внутренне, всеми своими желаниями точно плыть по тому течению, которое задает Творец всему Мирозданию. И таким образом он попадает в самое комфортное состояние абсолютного «расслабления» (свободы, вечного покоя).

Пропадает время, пропадает все, кроме ощущения бесконечности, так как нет никаких погрешностей, никаких противоречий между тобой, всем остальным Мирозданием и Творцом. Сказано, что все души включены в Малхут Мира Бесконечности, называемой «центральной точкой» (некуда мерказит), потому что эта точка и является Замыслом, из нее и выходят затем все сосуды, все свойства души в действии, но это действие начинается в мире Брия и продолжается в мирах Ецира и Асия.

Все, что находится в мирах Бесконечности – Адам Кадмон и Ацилут, еще относится к Замыслу Творца. Мы это знаем из четырех стадий нисхождения прямого света. Свет, исходящий из Творца, называется «бхина шореш», далее свет полностью создает кли, но оно еще не имеет никаких самостоятельных ощущений – эта стадия называется «бхина алеф». В стадии бхина шореш свет вышел из Творца, в стадии бхина алеф кли вышло из Творца. Оба эти состояния еще находятся полностью под властью Творца, полностью в Его Замысле, они еще не оторваны от Него. Мир Адам Кадмон соответствует стадии шореш, мир Ацилут соответствует стадии алеф. (Гальгальта шореш ле орот, А"Б – шореш ле келим.)

ועניין הצמצום א' לא נעשה רק בנקודה האמצעית הזו, והיינו רק בדיוק באותו הבחינה והשיעור שהיא נחשבת לבחינת "כח" לנשמות העתידים, ולא כלום בעצמותה.
ותדע כי כל הכלים של הספירות והעולמות עד לעולם הבריאה המשתלשלים ויוצאים מנקודה זו או בסבת הזווג דהכאה שלה הנק' או"ח המה ג"כ בבחינת כח לבד בלי שום מהות של הנשמות. אלא שהשינויים הללו עתידים לפעול אח"כ על הנשמות שמהותם מתחיל לצאת מעולם הבריאה ולמטה כי שם עדיין לא יצאו ממהות המאציל ית'.

Цимцум Алеф (Первое сокращение) произошел именно на эту центральную точку, т.е. на то ее свойство и в той мере, в какой она является замыслом относительно будущих душ. Относительно Творца нет никакого сокращения в этой точке, но только относительно тех душ, которые выходят из этой центральной точки.

И знай, что все эти келим, сфирот и миры до мира Брия, которые нисходят вниз из этой центральной точки вследствие зивуг дэ-акаа, называемые «ор хозер» (отраженный свет), – все они считаются Замыслом Творения без выделения их в самостоятельные души. Но эти изменения, которые уже есть в замысле, затем воплощаются в дей-

ствие в процессе нисхождения душ из мира Брия вниз, а до мира Брия они еще неотделимы от свойств Творца.

Предисловия к каббалистическим книгам очень сложны, поскольку их предназначение – правильно настроить изучающего, направить его внутренние усилия по верному курсу. Стоит свернуть с этого курса – и невозможно понять каббалистическую книгу.

Задача человека состоит в том, чтобы осознать, что происходит с ним, каким образом с ним свыше работает Творец, и сделать так, чтобы он был полностью согласен с действиями Творца по отношению к нему. Праведник – это тот, кто оправдывает действия Творца. Когда человек находится в полной самоотдаче и наслаждении, он пропускает через себя весь высший свет, который, проходя через человека, возвращается к тому же Источнику, – это и есть отраженный свет (ор хозер), который приходит сверху вниз как прямой свет (ор яшар) и отражается обратно, заполняя все кли, полностью. Ор яшар облачается в ор хозер, и человек становится единым целым с Творцом.

Есть два основных подхода человека к Мирозданию: один называется «даат балабайтим» – мнение мелких хозяев, т.е. мнение эгоистических масс, а второй – «даат Тора». Тора – от слова свет (ор, ораа – путь к Творцу). Эти два подхода абсолютно противоположны друг другу.

Проблема заключается в том, что пока мы находимся в рамках нашего мира, пока еще не вышли за его пределы, не получили духовные свойства, мы не можем понять, что эти два отношения к Мирозданию противоположны. Это происходит потому, что когда человек получает духовные свойства, время и расстояние для него сливаются в точку, отсутствует движение.

Вот тут-то он и начинает видеть все совершенно статично, т.е. вокруг него совершенно ничего не происходит, а происходит все только внутри него. В зависимости от своего внутреннего духовного состояния, от своих духовных свойств, качеств человек начинает видеть вокруг себя совершенно другой мир.

И каждый раз, когда в нем меняются эти качества, он видит совсем другую картину. И тогда он открывает для себя, что вообще вся картина вокруг него абсолютно статична и только внутри него она постоянно меняется в зависимости от изменения его свойств, органов получения «внешней» информации (внешняя – кажущаяся, а на самом деле меняется только человек).

То есть вокруг нас существует неизменный, аморфный, однородный духовный свет, который называется «Творец». У нас существует, подобно физическим органам чувств, пять духовных органов ощущения: духовные глаза (зрение), уши (слух), нос (обоняние), рот (вкус), руки (осязание). В зависимости от того какими качествами, какой пропускной способностью, какой чувствительностью они будут обладать, мы будем постоянно получать различные впечатления от этого однородного духовного света. Самое примитивное впечатление – наше сегодняшнее.

Однородный духовный свет воспринимается нашими органами ощущений, создающими в нашем сознании совокупную картину мироздания, которую мы называем «наш мир», «этот мир». Если наши органы немного изменятся, т.е. станут не настолько противоположны этому свету, станут по своим свойствам ближе к нему, а значит, приобретут альтруистические свойства, они начнут воспринимать его вернее, более похожим на то, что он есть на самом деле.

Такое совокупное ощущение самого себя, допустим, – мир Асия. То есть мир Асия становится не более чем мерой ощущения своей исправленности или отличия от света, Творца. Поэтому и говорится, что все миры находятся внутри человека.

Если мы еще более усовершенствуем свои органы восприятия изменением эгоизма на духовный альтруизм, то получим еще более верную, адекватную свету картину, называемую мир Ецира, и т.д. На самом высоком уровне, когда полностью исправляем себя, мы воспринимаем эту картину, простой высший свет, без всяких искажений, т.е. однородный свет заполнит нас, войдет через наши пять органов чувств, не искажаясь в них, и тогда мы ощутим самого Творца во всех Его истинных свойствах, мыслях, желаниях относительно нас.

Этого состояния полного слияния с Творцом человек должен достичь, еще находясь в нашем мире. Человек относится ко всему так, поступает так, как его вынуждает, обязывает та ступень, на которой он находится, как его обязывают его внутренние свойства, имеющиеся в данный момент: частично исправленные и не исправленные.

Вступление к статье «Введение в науку Каббала»

Вы не можете изменить свое отношение к происходящему, не можете поступать иначе, до тех пор пока не измените себя, и тогда ваше лучшее новое внутреннее свойство даст вам, естественно, иное, лучшее отношение к действительности.

Когда человек начинает изучать Каббалу, ему кажется, что он сможет продвигаться с помощью разума, анализируя, исследуя, делая выводы. Один ведет конспект, другой записывает уроки на магнитофон. Это естественно, потому что разум – наше орудие восприятия и анализа мира. Но это верно только в рамках нашего мира.

На самом деле духовное постижение происходит иначе. Когда человек прикладывает усилия, даже если его намерения сугубо эгоистические, он вызывает на себя повышенное излучение окружающего света (ор макиф). Это окружающее излучение идет уже на определенную личность, а не на массы.

Человек, занимающийся по каббалистической методике, вызывает на себя личное излучение окружающего света. И это личное излучение окружающего света начинает данного человека продвигать вперед, к духовному – свет «тянет» к себе. И это совсем другой путь: не путь с помощью разума, а путь, на котором человека как раз «лишают» его земного разума, ему постепенно «подбрасывают» такие обстоятельства, что он вынужден как-то с ними бороться; не он диктует, как ему поступить, а окружающий свет начинает им командовать, «бросать» из стороны в сторону, из одних обстоятельств в другие, чтобы вызвать в человеке новые ощущения, подготовить его к ощущению духовного.

Повышается излучение окружающего света – и мы чувствуем себя хуже. Почему? Потому что чувствуем: есть что-то внешнее, сильное, хорошее, которое в нас войти не может. И у нас наступают периоды упадка. Так вот, на самом деле причиной упадка является большее излучение свыше.

Человек своим разумом никак не может предусмотреть последующую ступень своего духовного развития. Пропадает возможность каким-то образом разумно контролировать свои духовные состояния (на самом деле они еще не являются духовными). В принципе, все это делается специально для того, чтобы привести человека именно к разрыву с его земным разумом, чтобы он приобрел разум другого типа – веру выше знания.

Это называется «войти в ибур» (войти в зарождение) внутри более высокого духовного парцуфа.

Это можно сделать только тогда, когда человек полностью перекрывает свои рассудочные, аналитические свойства, относящиеся к нашему миру, т.е. он полностью отдается высшей силе, хочет полностью быть включенным в нее. Такой подход абсолютно отсутствует у масс. В Каббале, когда человек продвигается верой выше знания, он сначала контролирует, что с ним происходит, а потом отключает свой разум сознательно.

У масс вера ниже знания. «Зоар» называет их «домом дэкдуша». «Домом» – неживое, «кдуша» – святое, т.е. святой неживой уровень. Что это значит? Во всем Мироздании существуют пять уровней:

– неживой;
– растительный;
– животный;
– человеческий;
– и еще один, высший уровень – **Божественный.**

Это пять уровней природы. В духовном мире, соответственно, тоже существуют пять ступеней развития внутренних свойств человека.

Что значит самый низкий «духовно неживой» уровень? Вы находитесь в одном и том же, неизменном, «неподвижном» состоянии, как объекты неживой природы, – допустим, как камень, – потому что вас таким создали и сказали, как и что надо выполнять. То есть вы все выполняете на неживом уровне, без своего собственного отношения, без личного духовного намерения, выполняете определенные духовные действия, которые соответствуют духовным законам, но выполняете их «механически», без личного «я».

В духовном мире происходят процессы взаимодействия души человека с Творцом. Общее взаимодействие человека с Творцом разделяется на 620 различных действий, которые называются заповедями; 620 законов, духовных действий, которые человек выполняет, когда проходит все ступеньки, начиная от нашего мира до полного слияния с Творцом.

От нас до полного слияния с Творцом есть 620 ступенек, и каждая из них преодолевается выполнением определенного духовного действия, которое называется заповедь (закон, условие).

Выполняется это действие только намерением человека, вернее, изменением его намерения «делать ради себя» на намерение «делать ради Творца» («аль менат леашпиа»). Величина этого альтруистического намерения, с которым человек выполняет действие, определяет, какой духовной ступени он при этом достигнет.

Если все 620 духовных действий мы будем выполнять только механически, не исправляя свои намерения (так делают массы), то вызовем на себя определенный окружающий свет, ор макиф, который сохраняет эти массы, как сохраняет неживую природу в определенном виде: этот свет вдохновляет их и дальше выполнять то, чему их научили, но не продвигает их, не превращает их духовно неживую природу в растительную.

Чтобы перейти из духовно неживой природы в духовно растительную, нужна особая методика, которую мы здесь и изучаем. Как только человек переходит эту грань и становится «духовно растительным», он выходит уже в духовный мир. И дальше он развивается сначала как растительная природа, т.е. совершает определенные духовные действия, постоянно исправляя свои намерения, и таким образом выполняет, допустим, 100 заповедей, которые относятся к растительному духовному слою, затем еще, например, 100 – 150 заповедей, которые относятся к животному духовному слою, затем еще, например, 200 – 300 заповедей, которые относятся к человеческому духовному слою, а потом все оставшиеся мицвот, относящиеся к Божественному слою – **кэтэр**. Это приводится мною как иллюстрация, а не точный пример.

Все духовные ступени, от нулевой до 620-й, построены на том, что человек внутренне изменяет себя, улучшается постоянно, все более и более уподобляясь Творцу, пока полностью не станет подобен Ему.

А на самой низшей ступени, на которой мы сегодня находимся, мы можем выполнять заповеди только механически. Но механическое действие никогда не приведет к переходу с духовно неживого уровня на растительный. Вырваться из этого состояния можно только под воздействием Каббалы – методики, которая вызывает на нас особый окружающий свет, «вытаскивающий» нас из этого мира и делающий из «камня» «растение».

Человек рождается как любое другое животное в этом мире, и ничего духовного при этом в нем нет. Все, что вы можете сказать о человеке, со всеми «премудростями», которых можно набраться из всевозможных, в основном восточных, учений – все это относится к внутреннему «душевному» (давайте так его назовем) уровню животного, носящего имя «человек нашего мира». Все эти премудрости говорят о силах, которые сопровождают наше физическое тело.

Ауры, чакры и прочее – все это существует, но все это является биологическими, биоэнергетическими структурами человеческого тела. У животных они тоже есть, у них даже, как правило, большая чувствительность к био- и психополям, чем у человека. Любой человек может развить в себе эти способности.

Все они относятся к физическому телу, а наука их еще не раскрыла, потому что пренебрегала ими. В наше время эти ее области начинают все больше развиваться и, хотя многое еще не выяснено, вполне подвластны научным исследованиям без всяких духовных исправлений человеком самого себя. Конечно же, морально человек влияет на эти поля, но все равно остается эгоистом, вернее, становится «эгоистическим альтруистом» (отдает, но ради себя).

Таким образом, человек рождается со всеми этими душевными задатками, которые может в себе развить. Есть только еще одна особенность: кроме эгоистических желаний человеку можно придать еще одно желание, которое в нашем мире не существует. Это – желание отдавать, которое является **духовным** желанием. Оно называется «некуда ше балев» (точка в сердце).

Мы с вами рассмотрим, как она попадает в человеческое сердце. Она помещается в эгоистическое «я» человека – ведь весь наш организм построен на эгоистическом «я». Вдруг в это эгоистическое «я» попадает точка, которая является зародышем духовного «я», т.е. альтруистическим «я». В принципе, эта точка к человеку отношения не имеет, потому что человек – это сугубо эгоистическое творение.

В биологическом смысле человек ничем не отличается от животных. Он отличается от них только этой точкой – «некуда ше балев», черной точкой. Почему она называется «черная»? Ведь она духовная? Потому что она пока не наполнена светом.

Когда с помощью Каббалы начинает светить индивидуальный окружающий свет, он светит в эту черную точку, и таким образом она начинает чувствовать напряжение, несоответствие между собой и этим светом.

И тогда человек, продолжая заниматься, начинает постепенно развивать эту точку, она как бы расширяется, вплоть до того, что в ней появляются десять сфирот. Как только появляются в ней первые десять сфирот, они включаются в состав более высшего духовного парцуфа, и это уже называется «ибур» (зарождение). Эта точка и есть зародыш души. Первые десять сфирот, которые появляются у человека, называются душой, сосудом души, а свет, который их наполняет, называется «светом души».

Человек должен развить в себе эту точку до таких размеров, чтобы он смог заменить полностью все свои эгоистические свойства на альтруистические. Черная точка начинает «разбухать», потому что человек присоединяет к ней эгоизм, обращая его в альтруизм. Эта точка – **сфират кэтэр**. Из нее, с помощью добавки эгоизма, начинают развиваться десять сфирот. И чем больший эгоизм человек к ней присоединяет, тем большее духовное кли, называемое «душа», он получает.

А если этого не происходит – как человек родился животным, так он им и умирает. Если же он хоть немного развил в себе духовное кли – даже если и не достиг духовного мира, но хоть немного ощутил на себе влияние духовного света, – это уже остается в нем навсегда, потому что возникшее новое качество не относится к телу, не умирает вместе с ним, оно относится к черной точке, которая духовна, а значит, вечна, и потому эта работа, это усилие не пропадает.

Как из этой точки сделать десять самых маленьких сфирот? Допустим, мы берем один грамм от своего эгоизма, приобретаем на него экран, эгоизм плюс экран вместе с этой точкой дают нам самое маленькое духовное кли. На саму точку не надо никакого экрана, она дается человеку свыше.

Вернемся теперь к вопросу о свободе воли. В книге Бааль аСулама «Плоды мудрости. Письма» написано: «Как я уже сказал от имени Бааль Шем Това, прежде чем делать какое-то духовное действие (имеется в виду заповедь), совершенно не надо думать о личном управлении Творца на человека, а наоборот, человек обязан сказать: «Если не я, то кто поможет мне?»

Но после того как человек сделает это действие в полной уверенности, что все зависит лишь от него самого, а Творца вообще не существует, он обязан собраться с мыслями и поверить, что не своими усилиями сделал это духовное действие, а только благодаря присутствию силы Творца, потому что именно так все было задумано Им заранее.

Так же надо поступать и в обычных, будничных делах, потому что духовное и земное подобны. Поэтому, прежде чем человек выходит из дома, чтобы заработать то, что должен заработать за день, он обязан полностью отключиться от мысли о личном управлении Творца над собой и сказать: «Если не я, то кто поможет мне?» – и делать то же самое, что все остальные в мире, которые зарабатывают себе на жизнь.

Но вечером, вернувшись домой с тем, что заработал, он ни в коем случае не должен думать, что заработал это своими усилиями, но должен считать, что даже если бы и не выходил из дома, все равно получил бы то же самое. Потому что Творцом было решено заранее, что он за сегодняшний день должен заработать, и вечером в любом случае он должен был это получить».

Несмотря на то что в нашем уме эти два подхода к одному и тому же действию абсолютно противоположны и противоречат один другому и ни разум, ни сердце их не воспринимают, все равно человек обязан верить в это. Нам же это кажется противоречием, потому что наши свойства противоположны свойствам Творца и не выходят в духовное пространство, в котором все противоположности соединяются в одно целое и все противоречия пропадают, «тонут» в Единстве.

Есть управление, называемое АВА"Я, – это значит, что Творец управляет совершенно всем, и человек никак и ничем не может участвовать в этом управлении: все его мысли, желания, поступки и т.д. – все дается ему извне. И есть управление, называемое «Элоким», с гематрией «тэва» (природа). Это управление – через природу, когда человек поступает соответственно своей природе, находясь под абсолютным управлением Творца.

Если человек пытается совместить эти два вида управления в себе (хотя они не совмещаются ни в мозгу, ни в сердце), но идет выше своего разума, эти попытки приводят в конце концов к тому, что те совмещаются, и тогда он видит, что это – истина и не существует никакого противоречия. Но до тех пор, пока мы не дошли до этого слияния, у нас всегда будет один и тот же вопрос: кто это сделал – Творец или я? И от этих вопросов никуда не деться, пока мы не выйдем на уровень совпадения АВА"Я – Элоким.

Речь идет об отношении человека к действию. Перед любым своим действием человек сознательно решает быть под управлением Элоким, это дает ему возможность анализировать свои поступки, свое отношение к ним. Таким образом он сопоставляет эти две системы и, постоянно помня об их наличии, приводит свое «я» к подобию Творцу.

Если же человек забывает или вообще не знает о существовании двух систем, то на него действует только природа (Элоким), а не личное управление Творцом (АВА"Я). Если человек не сопоставляет две системы управления в себе, а принимает только одну из них: или только Творец всем управляет, или только я все делаю, – тогда нет либо человека, либо Творца. Движение человека к Творцу может быть только тогда, когда он сумеет силой намерения совмещать эти две системы управления в себе.

יב) ואמשול לך מהויות דעולם הזה, למשל האדם המתכסה ומעלים את עצמו במיני כיסוים ולבושים שלו יראנו חברו ולא ירגישו, הכי יעלה על הדעת שהוא עצמו יש לו איזה התפעלות משהו של העלמה וכדומה מחמת ריבוי הכסוים שמתכסה, כן למשל הע"ס שאנו קוראים בשמות כתר חכמה בינה חסד גבורה ת"ת נצח הוד יסוד מלכות, הם רק עשר כסוים שא"ס מתכסה ומתעלם בהם, אשר הנשמות העתידים לקבל ממנו יהיו מחויבים לקבל באותם השיעורים והע"ס מודדים להם.

12) И приведу тебе пример из нашего мира. Допустим, человек скрывается от посторонних всеми способами, чтобы никто не мог видеть и чувствовать его, но от себя-то он не скрывается. Так и десять сфирот, которые мы называем кэтэр, хохма, бина, хэсэд, гвура, тифэрэт, нэцах, ход, есод, малхут, – это всего лишь десять занавесей, за которыми скрывается Мир Бесконечности, а души в будущем должны будут получить в той мере, в которой эти десять сфирот отмеряют им от Бесконечности.

Итак, существуют: Бесконечность, 10 скрывающих экранов, Души.

Если душа находится за всеми десятью «покрывалами», она совершенно не чувствует Мир Бесконечности. По мере того как душа «снимает» эти «покрывала», она приближается к миру Бесконечности и все больше его ощущает.

Меры ощущения Мира Бесконечности называются мирами: Адам Кадмон, Ацилут, Брия, Ецира, Асия, или ступенями духовной лестницы. 620 ступеней, 125 ступеней, 10 ступеней, сфирот – это можно назвать как угодно, не имеет значения: путь и расстояние – одно.

ונמצאים המקבלים מתפעלים על ידי המספר הזה שבע"ס, ולא כלל אורו ית' שהוא אחד יחיד בלי שינוי, משא"כ המקבלים נחלקים לעשר מדרגות ממש לפי תכונת השמות הללו.

Души приобретают свойства света в зависимости от того, сколько света получают и от какой ступени из десяти сфирот, а также за каким из «покрывал» находятся. Но сам свет внутри десяти сфирот абсолютно един, неизменяем на всех ступенях всех миров. Тогда как души, получающие этот свет, делятся на десять ступеней, соответствующих свойствам имен этих ступеней.

Имеется в виду, что Творец един и неизменяем в Бесконечности. А вот когда душа получает свет, находясь на какой-то ступени, то она получает через экраны-скрытия Творца и, естественно, получает уже искаженный свет.

Каждое из этих имен – кэтэр, хохма, бина, хэсэд, гвура, тифэрэт, нэцах, ход, есод и малхут – обозначает определенное свойство, скрывающее и раскрывающее. С одной стороны, каждое имя говорит о том, насколько оно скрывает Творца, с другой стороны, оно говорит о том, насколько я раскрываю для себя Творца, если поднимаюсь на нее. Это два противоположных направления – мера скрытия и мера раскрытия.

ולא עוד אלא אפילו אלו בחינות הכיסויים שאמרנו אינם בערך האמור רק מעולם הבריאה ולמטה, כי רק שם כבר נמצאות הנשמות המקבלות מהעשר ספירות ההם.

Вступление к статье «Введение в науку Каббала»

Но все эти скрывающие экраны, о которых мы сейчас говорим, действуют только в мире Брия и ниже, потому что лишь в этих трех мирах – Брия, Ецира, Асия – находятся души, получающие этот свет.

Как это понимать? Души могут находиться и выше, чем находятся миры Брия, Ецира, Асия, но только когда они поднимаются с этими мирами. То есть души всегда находятся в этих трех мирах. Есть такое понятие, как «подъем миров», и если человек вышел из этого мира, он может находиться в мире Асия, затем Ецира, затем Брия, но выше мира Брия подняться не может. Если он поднимается, то только внутри этих миров. Своей работой он заставляет эти миры подняться вместе с ним. Они являются его оболочкой. И тогда он вместе с этими мирами поднимается в мир Ацилут, потом в мир Адам Кадмон, а затем уже в Мир Бесконечности.

משא"כ בעולמות א"ק אצילות עוד אין שום מציאות אפילו להנשמות כי שם הם רק בבחינת הכח. ולפיכך ענין העשר כיסוים האמורים בע"ס הם שולטים רק בג' עולמות התחתונים הנק' בריאה יצירה עשיה. אמנם גם בעולמות בי"ע נבחנים העשר ספירות לאלקיות עד סוף עשיה, ממש כמו בא"ק ואבי"ע וכמו מטרם הצמצום.
רק ההפרש הוא בהכלים של הע"ס, אשר בא"ק ואצילות אין להם עוד אפילו בחינת גילוי של שליטה, להיותם שם רק בבחי' "כח" כנ"ל, ורק בבי"ע מתחילים הכלים של הע"ס לגלות כח ההעלמה והכיסוי שבהם.
אמנם באור שבע"ס אין שום שינוי של משהו מחמת הכסוים הללו כנ"ל במשל וז"ס אני הוי"ה לא שניתי וכו'.

В мирах Адам Кадмон и Ацилут души существуют только в замысле, там они еще не отделены от Творца. И поэтому десять «покрывал» действуют только в десяти сфирот, находящихся в трех мирах – Брия, Ецира, Асия. Но даже в упомянутых мирах эти десять «покрывал» считаются абсолютно божественными, до самого конца мира Асия.

То есть нет никаких различий между сфирот и Творцом – совершенно как до всяких сокращений. Разница только в келим, из которых состоят эти десять сфирот, потому что в мирах Адам Кадмон и Ацилут нет еще в достаточной мере проявления власти десяти сфирот, поскольку эти десять сфирот находятся там в замысле. Только в мирах Брия, Ецира, Асия келим десяти сфирот начинают проявлять свою скрывающую силу.

Но в свете, находящемся в этих десяти сфирот, нет совершенно никаких изменений от этих покрывал, экранов, как сказано: «Я себя не меняю, – это Творец говорит о себе, – Я присутствую абсолютно везде одинаково, а «меняюсь» Я лишь в глазах человека, только в зависимости от того, насколько он меня сможет ощутить, насколько исправлены его свойства, его глаза».

יג) ואין לשאול, כיון שבא״ק ואצילות אין עוד שם שום גילוי למהות הנשמות המקבלים, א״כ מה משמשים הכלים ההם הנק׳ ע״ס ולמי המה מעלימים ומכסים בשיעוריהם הללו. ויש בזה ב׳ תשובות: הא׳, שכן דרך ההשתלשלות כמו שתמצא בפנים הספר. והב׳ הוא כי גם הנשמות עתידים לקבל מהע״ס ההם שבא״ק ואצילות, דהיינו בדרך עליית הג׳ העולמות בי״ע אליהם, כמ״ש להלן באות קסג, ולפיכך יש להבחין גם בא״ק ואצילות אלו השינוים שבע״ס, כפי מה שהם עתידים להאיר להנשמות בשעה שהם יעלו שמה עם העולמות בי״ע, כי אז יקבלו לפי המדרגה שבע״ס ההם.

13) Но возникает вопрос: если в мирах Адам Кадмон и Ацилут нет еще никакого проявления душ, получающих свет, то для чего же там находятся эти десять сфирот, десять келим, для чег, вообще существуют миры Адам Кадмон и Ацилут, если там нет душ? Если эти миры ничего не скрывают, не задерживают, то какова их роль? А если они задерживают там свой свет в различных мерах, то для кого? На это есть два ответа:

а) таким путем должны развиваться все миры и сфирот;
б) души в будущем должны получить от десять сфирот, находящихся в мирах Адам Кадмон и Ацилут, вследствие подъема трех миров Брия, Ецира, Асия в мир Ацилут, а затем в мир Адам Кадмон, потому в этих мирах должны быть заготовленные заранее ступени, места, для того чтобы эти три мира –

> *Брия, Ецира и Асия* – *могли туда подняться, включиться в них и получить большее раскрытие Творца.*

Иначе душа не может подняться – она поднимается только вместе с мирами Брия, Ецира, Асия. Потому что именно таким образом души должны подняться туда, и эти миры будут светить душам в то время, когда те поднимутся туда вместе с мирами Брия, Ецира, Асия. И тогда получат они там каждый свою ступень из этих десяти сфирот.

יד) הרי נתבאר היטב, שעניין העולמות ובחינת החידוש והשינויים ומספר מדרגות וכדומה, כל זה לא נאמר אלא בבחינת הכלים המשפיעים להנשמות ומעלימים ומודדים להם שיכלו לקבל מאור א"ס ב"ה שבהם בדרך המדרגה, והם אינם עושים שום התפעלות של משהו באור א"ס ב"ה עצמו, כי אין כיסויים פועלים על המתכסה רק על השני הרוצה להרגיש אותו ולקבל ממנו כנ"ל במשל.

14) Таким образом, мы видим, что в Каббале говорится обо всех мирах и ступенях, обо всем, кроме Творца, – говорится только относительно келим, сосудов, которые отмеряют душам состояния скрытия, чтобы эти души смогли затем получить свет из Мира Бесконечности в соответствии со своим подъемом по ступеням. Все эти скрывающие занавесы воздействуют только на того, к кому должны провести свет, а не на того, кто как Источник скрывается за ними, т.е. не воздействуют на самого Творца.

Миры-ступени, как и в нашем мире, – неживые фильтры, задерживают свет, но в отличие от живых душ, не могут сознательно участвовать в процессе связи с Творцом. Сфира (экран, мир) сама по себе – это неживое устройство скрытия духовного света от душ. Что это за устройство – мы уже говорили; это устройство, которое находится в нас самих, это – наш эгоизм.

טו) ובדרך כלל, יש להבחין בהספירות ובפרצופין, בכל מקום שהם, את ג' בחינות הללו: עצמותו ית', כלים ואורות. אשר בעצמותו ית' לית מחשבה תפיסא בו כלל.

ובכלים יש תמיד ב' הבחנות הפכים זה לזה, שהם העלמה וגילוי, כי ענין הכלי מתחילתו הוא מעלים על עצמותו ית', באופן שאלו העשרה כלים שבע"ס הם עשר מדרגות של העלמות. אמנם אחר שהנשמות מקבלים להכלים הללו בכל התנאים שבהם הנה אז נעשים אלו ההעלמות לבחי' של גילויים להשגות הנשמות.

הרי שהכלים כוללים ב' הבחנות הפכיות זו לזו שהם אחת, כי מדת הגילוי שבכלי הוא ממש כפי מדת ההעלמה שבהכלי וכל שהכלי יותר עב, דהיינו שהוא יותר מעלים על עצמותו ית' הוא מגלה קומה יותר גדולה הרי שב' הפכים הללו הם אחת.

וענין האורות שבהספירות פירושן, אותו שיעור קומה הראוי להתגלות להשגת הנשמות. כי מתוך שהכל נמשך מעצמותו ית' ועם זה אין השגה בו רק בתכונתם של הכלים כנ"ל, ע"כ יש בהכרח עשרה אורות בעשרה כלים הללו, דהיינו עשר מדרגות של גילויים אל המקבלים בתכונת אותם הכלים.

באופן שאין להבדיל בין אורו ית' לעצמותו ית' רק בזה, אשר בעצמותו ית' לית השגה תפיסא ביה כלל זולת המגיע אלינו ממנו ית' דרך התלבשותו בהכלים שלהע"ס, ומבחינה זו כל הבא בהשגה אנו מכנים בשם אורות.

15) И потому мы можем эти сфирот, парцуфим в любом духовном месте разделить на три составные части: Сущность Творца, сосуды и свет. Самого Творца мы никоим образом не можем ни понять, ни ощутить: ни чувствами, ни разумом – ничем.

А в сосудах всегда есть два противоположных свойства, называемые «скрытие» и «раскрытие». Потому что сосуд вначале скрывает Творца таким образом, что эти 10 сосудов, называемых 10 сфирот, представляют собой ступени скрытия. Но после того как души получают свои исправления, – согласно духовным условиям, диктующимся десятью сфирот, – каждой свое, обращаются эти ступени скрытия в ступени раскрытия, постижения Творца.

Таким образом, получается, что сосуды состоят из двух свойств, обратных, противоположных друг другу, и мера раскрытия, находящаяся в самом сосуде, в человеке, в нашей душе, такая же, как мера скрытия. И насколько сосуд – душа грубее, т.е. больше скрывает Творца, более эгоистична в процессе исправления, настолько в ней и раскрывается – по окончании исправления – больший свет Творца. Потому получается, что эти два противоположных свойства – на самом деле одно.

Вступление к статье «Введение в науку Каббала»

Свет, находящийся в сфирот, – это та мера света Творца, которую души получают согласно их исправленным свойствам. Потому что все исходит от Творца – и сами сосуды, и свет, который их наполняет. И поэтому всегда есть десять светов в десяти сосудах, т.е. десять ступеней раскрытия согласно свойствам сосудов.

Мы не можем разделить свет Творца и Его Самого. Сам Творец вне сосуда абсолютно неощутим, мы никак не можем Его постичь. Мы постигаем только то, что входит в наши келим, в наши исправленные свойства. Мы постигаем только то, что приходит от Него к нам, одевается в наши сосуды, т.е. в наши свойства, состоящие из десяти сфирот. И поэтому то, что мы воспринимаем от Творца, названо нами «светом», но это субъективное ощущение внутри исправленных свойств наших душ.

Сосуд ощущает себя самостоятельно существующим, и это – его иллюзия. Что мы можем раскрыть в Творце? Мы раскрываем наши же исправленные свойства. И по тому, как мы называем наши исправленные свойства: милосердие, доброта и т.д., – этими свойствами мы называем Творца. Именно в полном подобии Творцу, в обретении всего Его величия, вечности и совершенства и заключается цель творения, мера нашего слияния с Ним.

ПРЕДИСЛОВИЕ

«Введение в науку Каббала» – «Птиха леХохмат аКаббала» – написал Бааль аСулам в качестве одного из предисловий к книге «Зоар». В общей сложности Бааль аСулам написал три предисловия к книге «Зоар»: «Предисловие к книге «Зоар», «Вступление к книге «Зоар», «Введение в науку Каббала».

Для понимания книги «Зоар» нам необходимо знание всей структуры творения: каким образом созданы все миры; каковы законы их функционирования, их влияние на души и, наоборот, влияние душ на миры, каким образом Творец управляет всем Мирозданием и как творения влияют на Его управление.

Задача изучения Каббалы заключается в том, чтобы, находясь еще в этом мире, ощутить духовные миры в полной мере, во всем объеме мироздания, получить такие ощущения, над которыми не властны ни рождение, ни смерть; выйти из-под власти времени; достичь в одном из своих кругооборотов такого состояния, когда человек может жить одновременно во всех мирах, полностью слившись с Высшей силой, полностью постигнув Творца, – т.е. достичь цели существования человека в этом мире.

Изучение Каббалы дает человеку ответы на все вопросы. Он исследует все причинно-следственные связи этого мира, изучает высший мир, из которого все нисходит в наш мир. Раскрытие высших миров происходит постоянно, постепенно, причем все это происходит внутри самого человека. Человек создает внутри себя дополнительные органы восприятия, более чувствительные, чем данные ему от рождения, позволяющие ощущать дополнительные силы мироздания, ту его часть, которая скрыта от обычного человека.

Каббала называется тайной наукой, т.к. только постигающий ощущает истинную картину мироздания, и лишь для него эта наука становится явной. Каббала всегда была в стороне

Предисловие

от обычной религии, потому что она занимается совсем иным воспитанием человека, развивая в нем способность к критике, анализу и четкому интуитивному и сознательному исследованию себя и окружающего мира. Без этих свойств человек не может исследовать ни этот мир, ни тем более высший.

Насколько Каббала далека от обычной религии, можно убедиться на примере того, что великие знатоки религиозных законов и заповедей в нашем мире – раввины, руководители религиозных масс – не изучают и не знают Каббалу. Незнание Каббалы совершенно не мешает религиозному человеку соблюдать заповеди, вести религиозный образ жизни. Это связано с тем, что Каббала говорит не о выполнении ритуалов, а о том, как создать в себе правильное намерение «ради Творца» (ли шма), что к обычной религии не имеет никакого отношения.

Каббалистическое воспитание индивидуально и этим совершенно противоположно воспитанию масс. Каббалисту нужно дать свободу самопостижения, орудие, средства, с помощью которых он может постоянно развиваться. Ни в коем случае нельзя ограничивать его внутреннее развитие. Если же давать человеку какие-то указания, то этим он лишается свободы воли, накладывается чужой штамп на его «Я». Как сказано в Торе: «Знание, мнение Торы противоположны знанию (мнению) эгоистических масс». Поэтому каббалисты – это совершенно отдельная, автономная группа, лишь формально относящаяся к религиозным.

За последние годы отношение к каббалистам претерпело кардинальные изменения. Если во все прошлые века их книги сжигались и сами они подвергались гонениям со стороны тех же верующих, сегодня положение изменилось – религиозный мир относится к каббалистам гораздо более терпимо. На это есть духовные причины: ведь все, что происходит в нашем мире, является следствием духовных явлений в высших мирах.

Мы находимся на самом последнем отрезке пути развития человечества, у входа всего человечества в духовный мир. Никогда не существовало такого большого количества людей, которые интересовались бы Каббалой. Сегодня занятие Каббалой считается почетным и престижным. Все это говорит о том, что происходят большие изменения свыше.

Еще 200 лет тому назад, в период Просвещения (Аскалы) начался отход от традиционной религии. Это произошло свыше для

Наука Каббала

того, чтобы впоследствии те же души сами пришли к Торе, причем уже не только к ее открытой части, но и к Каббале.

Каждое поколение – это души предыдущих поколений, обретшие новую телесную оболочку. Души облачаются в новые тела и нисходят в наш мир. С каждым таким перевоплощением у них накапливается опыт. Кроме того, со временем меняются и внешние духовные условия.

400 лет назад появился великий каббалист АР"И, создавший современную Каббалу. Его сочинения предназначены для душ, которые начали нисходить в этот мир начиная с его времени и далее: с этого времени начинается качественное изменение в душах, нисходящих в наш мир. В них появляется явное стремление к духовному. Потому и отменяется запрет на изучение Каббалы. В «Предисловии к книге «Врата вступления» АР"И сказано, что начиная с его времени и далее Каббалу может изучать каждый, кто пожелает.

Сейчас, в наше время, должно начаться массовое распространение Каббалы во всем мире. Мир подошел к тому моменту, когда свыше уже снизошли все духовные корни, произошло все описанное в Торе, все, что должно было произойти в нашем мире. Уже были изгнания, разрушения; единственное, чего еще не было, – это постижения духовного пространства душами, возвышения этого мира до уровня мира духовного и слияния двух этих миров. Процесс этот начался еще в 20-х годах XX века, а сейчас разрастается, как снежный ком.

Пользуясь Интернетом **http://kabbalah.info** , мы видим, как во всем мире стремительно растет интерес к Каббале тех, кто еще совсем недавно не имел к ней никакого отношения. Люди уже понимают, что Каббала – это не учение о каких-то звездах, планетах или потусторонних силах. Они начинают явно осознавать, что Каббала дает понимание всего мироздания, всех сил, которые управляют миром, они осознают, что только эти знания спасут человечество от угрожающих ему катастроф.

В Каббалу приходят люди, не находящие удовлетворения в земном, те, кто надеется с помощью Каббалы получить ответы на волнующие их вопросы. В будущем миллионы людей будут учить Каббалу. Те же, кто изучает Каббалу сегодня, будут преподавать ее грядущим поколениям.

На протяжении жизни намерения человека постоянно меняются от животных желаний получше устроиться в этом мире,

Предисловие

извлечь из всего выгоду до стремления к познанию, а затем и к духовному возвышению. Так мы устроены. Постепенно, изучая Каббалу, человек меняет желания этого мира на все более высшие, на желания духовные, для того чтобы открыть духовный мир и выйти в него.

Его свойства меняются на альтруистические. Эгоистический сосуд души очень мал и не может включить в себя всего наслаждения, которое уготовил нам Творец. Поэтому, меняя эгоистические свойства на альтруистические, мы этим самым неограниченно расширяем объем нашего сосуда получения и можем получить в него всю духовную информацию, вечное и совершенное состояние.

Существует ошибочное мнение о том, что если человек постигает духовное, а тем более находится уже на определенной духовной ступени, он и внешне должен как бы парить, быть «не от мира сего», в нем якобы не могут проявляться никакие отрицательные свойства.

Человек поднимается внутренне в духовный мир в той мере, в которой он «опускается», в той мере, в которой он ощущает и осознает свой эгоизм. То есть подъем происходит оттого, что в человеке все в большей степени раскрывается его природный эгоизм. Исправляя его в определенной мере, человек поднимается на соответствующий этой мере более высокий духовный уровень.

Чем человек выше, тем больше в нем эгоистических качеств. Но они исправляются. Мой Рав был величайшим каббалистом. При этом он мог раздражаться, радоваться, наслаждаться во много раз сильнее, чем обычный человек.

Мы все построены на эгоизме, это наш материал. Его и только его создал Творец, и только из этого эгоистического материала создано все Мироздание. Мы можем исправлять не сам эгоизм, а его применение. Исправляясь, человек не отсекает от себя эгоистическое кли, но меняет намерение, с которым он его применяет. Кли с альтруистическим намерением называется духовным. Кли – это сосуд получения наслаждения и познания, сосуд, который при духовном развитии видоизменяется, исправляется, становясь все больше.

Каббалиста нельзя узнать по внешнему виду. Все они – люди энергичные, целеустремленные, не отказываются от этого мира, не скрываются (за исключением особых случаев прямого указания Творца). В духовном продвижении каббалиста подстерегает много соблазнов, на него сваливаются неприятности. И только поднимаясь на более высокую ступень, он видит, почему ему дали все эти неприятности. Ничего не делается зря, все дается только для дальнейшего духовного продвижения, а то, что дается на данной ступени, человек обязан принять верой выше знания.

Человек от всего отрешенный, которому ничего не надо в этом мире, не может продвигаться вперед. По мере того как человек занимается Каббалой, вскрываются его отрицательные качества, он становится все более эгоистичным, плохим в собственных глазах. И так до тех пор, пока его свойства не станут ему настолько невыносимыми, что он вынужден будет вскричать к Творцу о помощи, прося избавить его от эгоизма и заменить его на альтруизм, ибо теперь он сам явно ощущает страдания от своих эгоистических качеств.

Но тот, кто этого не ощущает, не видит в себе столь отрицательные свойства, не может даже поверить в то, что человек способен дойти до таких просьб. Поэтому в Каббале отсутствуют метод понукания, силовые методы воспитания, а существует только метод доведения ученика до осознания отрицательности эгоистических свойств путем ощущения своей противоположности вечности, совершенству.

Привести человека к тому, чтобы его свойства изменились на противоположные, пришли в соответствие с высшими духовными свойствами, может только Каббала. В Торе есть две части: явная, открытая, и скрытая, тайная. Открытая часть Торы говорит о механическом выполнении заповедей. Она называется явной потому, что явно видно, как человек выполняет ее. Эта часть Торы изучается и выполняется массами.

Потому на эту часть распространяется ограничение «ничего не добавлять и не уменьшать». Так, например, нельзя добавить еще цицит на одежду или еще одну мезузу на дверь, проверять годность продукта с микроскопом там, где указано проверять его невооруженным глазом, и пр. Зачастую те, кто не понимает сути Торы, цели ее вручения человеку в этом мире, преувеличивают именно механическое выполнение.

Вторая часть Торы, скрытая, говорит о намерении (кавана) человека во всех его действиях. Только намерение может изменить действие человека на обратное, не подавляя, а именно используя естественный эгоизм. Поскольку намерение человека не видно окружающим, то часть Торы, обучающая правильному намерению, называется тайной частью, или Каббалой, потому что учит, как получить (лекабель) все уготованное человеку Творцом.

Именно эта часть Торы поощряет постоянное увеличение намерения, и чем оно больше, тем больше человек постигает духовный мир. Он ощущает высший мир в меру своего намерения, начиная от низшей ступени мироздания до полного намерения на весь свой истинный эгоизм – высшей ступени мироздания, полного слияния с Творцом.

В течение 6000 лет в наш мир спускаются различные типы душ: от наиболее чистых в первых поколениях мира до самых испорченных в наше время. Для исправления первых душ не нужна была даже Тора. Сам факт их существования, их животного страдания на этой земле уже являлся исправлением. Ибо процесс накапливающихся страданий во время существования души в теле нашего мира приводил ее к скрытой от самой души необходимости выхода в духовный мир еще в течение жизни в этом мире.

Но у первых душ еще не накопилось столько страданий, чтобы они почувствовали явную необходимость отказаться от собственного эгоизма. Их примитивный, животный образ мышления (недостаточный **авиют**) не создавал в них необходимости в духовном возвышении, не подталкивал их к Творцу.

Все частные переживания, страдания и опыт нисходящих душ накапливаются вместе в общем духовном сосуде, общей душе, называемой «Адам». Через две тысячи лет накопления этого общего опыта у человечества уже возникла необходимость в механическом, хоть и неосознанном, выполнении заповедей, правил духовного мира, не имеющих никакого отношения к нашему миру и никоим образом с этим миром не связанных.

Поэтому тем, кто не знает их истинного духовного происхождения, они представляются такими нелепыми. В этот период человечеству была вручена Тора. Правда, пока только небольшой группе людей. В следующем и последнем, третьем двухтысячелетии проявляется сознательное желание к духовному, к необходимости себя исправлять. Оно становится особенно сильным со времени появления великого каббалиста АР"И и продолжается вплоть до нашего поколения.

Конечное состояние всего мироздания – Полное Исправление (Гмар Тикун), когда самая низшая точка творения достигает того же состояния, что и самая высшая. Это состояние было сразу же создано Творцом. Мы все уже находимся в нем. Зачем же тогда нам дают инструкцию для его достижения? Это связано с тем, что мы не можем ощутить наше истинное состояние в своих теперешних эгоистических желаниях.

А если мы не развиваемся, не исправляем свои органы ощущения по инструкции (Тора – от слова «ораа», инструкция), по Каббале, нас гонят, вынуждают к этому силой, страданиями. Инструкция же дана для того, чтобы сократить страдания увеличением скорости прохождения этого пути, сделать страдания иными по характеру, заменить страдания ненависти на страдания любви.

Зачем Творцу нужны наши страдания? Ведь Он мог сделать этот процесс нашего духовного роста безболезненным. Да, конечно же мог. Но Он хотел, чтобы мы, имея к Нему какие-то претензии, были вынуждены обратиться к Нему, вошли с Ним в контакт, вознуждались в Нем, потому как связь с Ним – это и есть истинная Цель творения, а исправление – лишь средство.

Возникновение потребности в помощи Творца, в связи с Ним возможно только тогда, когда у нас проявится истинный голод по духовному наслаждению. Ощущение отсутствия совершенства должно предшествовать ощущению совершенства – все в творении постигается только из противоположного состояния, вначале создается желание, и только затем можно ощутить наслаждение в наполнении желаемым. Свое конечное, самое совершенное состояние, в котором мы все находимся, мы не можем ощутить без предварительно перенесенных страданий от отсутствия этого совершенства.

Свое сегодняшнее состояние мы все ощущаем несовершенным из-за отсутствия соответствующих исправленных келим (желаний). Если мы начнем их исправлять, то каждым исправленным кли начнем ощущать часть истинного совершенного состояния. А когда исправим все келим, то полностью ощутим совершенство. Мы должны создать в себе возможность ощущения всех оттенков совершенства.

Этот процесс занимает 6000 лет, т.е. 6000 ступеней исправления, – то, что называется периодом существования мира, иначе говоря, ощущения себя в несовершенном виде. Мы все существуем в биологическом теле, в которое вложен «биологический компьютер». У нас он более умный, чем в животных организмах, потому что обслуживает больший эгоизм. Это и есть – наш разум. Это всего лишь механический вычислитель, позволяющий выбрать наилучшее, наиболее комфортное состояние.

Никакого отношения к духовному он не имеет. А духовное начинается тогда, когда в человека свыше помещают «черную точку в сердце», стремление к духовному. Ее нужно развивать до состояния полного духовного желания – «парцуфа», в который потом и получают духовную информацию, духовное ощущение. Если такой точки нет в человеке, он может быть гением и при этом относительно духовных критериев оставаться всего лишь высокоразвитым животным.

Мы уже говорили о том, что Каббала занимается самым важным вопросом в жизни человека. Мы находимся в совершенно непонятном для нас мире, который мы исследуем с помощью наших пяти органов чувств. То, что входит извне в наши органы чувств, обрабатывается у нас в мозгу, который синтезирует и представляет нам эту информацию в виде картины мира. Таким образом, то, что представляется нам как окружающая нас действительность, – не более чем интерпретация внешнего света в наших неисправных органах ощущений.

На самом деле это лишь фрагмент общего мироздания. То есть то, что мы воспринимаем, – это маленькая часть окружающего нас. Если бы у нас были другие органы чувств, мы бы из всего окружающего воспринимали иной фрагмент, т.е. воспринимали бы этот мир иначе. Нам бы казалось, что мир вокруг нас изменился. А на самом деле менялись бы мы, наши восприятия, а мир оставался бы тем же, потому что вне нас существует только простой, высший свет Творца.

Мы ощущаем, как реагирует наш организм на внешнее воздействие. Все зависит от чувствительности наших органов чувств. Если бы они были более чувствительны, мы бы ощущали удары атомов о наше тело. Мы можем выяснить, ощутить, осознать не сами объекты, а их взаимодействие, не суть, а ее внешнюю форму и материал. Так же и все создаваемые нами приборы регистрируют не само действие, а лишь реакцию на него.

Все, что мы хотели бы знать о нашем мире для того, чтобы понять смысл нашего существования в нем, зависит от тех рамок познания, в которых мы находимся, от наших вопросов. То есть наша природа, наши врожденные свойства диктуют нам степень нашей любознательности. Творец, запрограммировав наши свойства, как бы диктует нам изнутри, чем интересоваться, что исследовать, познавать, раскрывать. В итоге же Творец ведет нас к раскрытию Себя.

Всевозможные науки о человеке выясняют лишь что-то о нем самом. Все же, что находится вне человека, остается недоступным. Поэтому вопрос о смысле нашей жизни не может быть разрешен с помощью земных наук. Ведь науки не раскрывают ничего находящегося вне нас, а лишь то, что непосредственно связано с нами, с нашими органами ощущений, их реакциями или данными (то есть тоже реакциями) приборов, которые лишь расширяют диапазон наших реакций на внешний мир.

Самые глобальные человеческие вопросы – рождение, смысл жизни, смерть – могут решиться только получением информации, лежащей за пределами наших реакций, за пределами нашего «Я». Не обнаружением и исследованием наших реакций на внешний мир, а объективным знанием о внешнем мире. Но именно это и недоступно научным исследованиям. Только после того как человек выходит в духовный мир, ему как подарок дается познание объективной реальности: что и как на самом деле существует вне его.

Есть метод, с помощью которого можно получить полную информацию обо всем мироздании, т.е. выйти из рамок человеческих ощущений и ощутить происходящее вне себя. Этот метод и называется Каббалой. Освоивший его называется каббалистом.

Методика эта особая, очень древняя. Создали ее люди, которые, живя в нашем мире, смогли одновременно ощутить духовные миры и передать нам свои ощущения. Метод, которым они пользовались в течение веков, описывался ими все более и более скрупулезно, с учетом свойств того поколения, для которого он предназначался. И так, пока он не предстал перед нами в том виде, в котором мы можем его изучать сегодня. Это плод пятитысячелетнего духовного развития.

Каждое последующее поколение каббалистов, основываясь на опыте предыдущего, разрабатывало методику освоения духовного, внешнего мира, подходящую данному поколению. Те учебники, по которым Каббала изучалась 2 – 3 тысячи лет

Предисловие

назад и даже 400 – 500 лет назад, для нас сегодня непригодны. Ими мы можем пользоваться в очень ограниченном объеме.

Последний великий каббалист, который приспособил Каббалу для использования нашими поколениями, – рабби Йегуда Лейб Алеви Ашлаг (1885 – 1955). Он написал комментарий к книге «Зоар» и к трудам АР"И. Его шеститомник «Талмуд Десяти Сфирот» (ТЭ"С) – основной труд по Каббале и единственная практическая инструкция для нас в освоении духовного пространства.

Для того чтобы помочь начинающим в освоении этого фундаментального труда, рав Йегуда Ашлаг написал «Введение в науку Каббала», которое является кратким изложением того, что написано в ТЭ"С, дает понимание о строении всего мироздания, приоткрывает завесу в постижении нашего и высшего миров, объясняет, какую роль выполняет наш мир в постижении общего мироздания.

Михаэль Лайтман

ТРИ ОСНОВНЫХ ПОНЯТИЯ

ג' יסודות הראשונים שבחכמה

א) "רבי חנניא בן עקשיא אומר: רצה הקב"ה לזכות את ישראל, לפיכך הרבה להם תורה ומצות, שנאמר ה' חפץ למען צדקו יגדיל תורה ויאדיר" (מכות כ"ג ע"ב). ונודע שזכות הוא מלשון הזדככות. והוא ע"ד שאמרו ז"ל "לא נתנו מצות אלא לצרף בהן את ישראל" (ב"ר רפמ"ד). ויש להבין ענין הזכות הזה, שאנו משיגים ע"י תורה ומצות. וכן מהי העביות שבנו, שאנו צריכים לזכותה ע"י התורה ומצות.

וכבר דברנו מזה בספרי "פנים מסבירות" ו"תלמוד עשר הספירות". ונחזור כאן בקיצור, כי מחשבת הבריאה היתה כדי להנות לנבראים, כפי מתנת ידו הרחבה ית' וית'. ומכאן הוטבע בהנשמות רצון וחשק גדול לקבל את שפעו ית'. כי הרצון לקבל הוא הכלי על מדת התענוג שבהשפע.

כי לפי מדת גדלו ותוקפו של הרצון לקבל את השפע, כן הוא מדת התענוג והחמדה שבשפע. לא פחות ולא יותר. והם מקושרים זה בזה, עד שאין לחלק ביניהם. זולת בהיחס, שהתענוג מיוחס להשפע, והרצון הגדול לקבל את השפע מיוחס לנברא המקבל. ובהכרח ב' אלה נמשכים מהבורא ית'. ובאו בהכרח במחשבת הבריאה. אלא שיש לחלק בהם על דרך הנזכר, אשר השפע הוא מעצמותו ית', כלומר שהוא נמשך יש מיש, והרצון לקבל הכלול שם, הוא השורש של הנבראים, כלומר הוא השורש של חידוש, שפירושו יציאת יש מאין. כי בעצמותו ית' ודאי שאין שם בחינת הרצון לקבל ח"ו. וע"כ נבחן שהרצון לקבל האמור, הוא כל חומר של הבריאה, מראשה עד סופה. עד שכל מיני הבריות המרובות ומקריהן, שאין להן שיעור, ודרכי הנהגתן, שכבר נתגלו והעתידים להתגלות, אינם רק שיעורים ושינוי ערכים של הרצון לקבל.

וכל מה שיש בהן באותן הבריות, דהיינו כל מה שמקובל ברצון לקבל המוטבע בהן, כל זה הוא נמשך מעצמותו ית' יש מיש, ואינו כלום מבחינת הבריאה המחודשת יש מאין, כי אינו מחודש כלל. והוא נמשך מנצחיותו ית' יש מיש.

1. Рабби Ханания бен Акашия сказал: «Захотел Творец удостоить Израиль, для этого он дал им Тору и Заповеди...» В иврите слово «удостоить» (лизкот) похоже на слово «очистить» (лезакот). В мидраше «Берейшит Раба» сказано: «Заповеди даны только для того, чтобы с их помощью очистить Израиль». Отсюда возникают два вопроса:

1) Что это за привилегия, которой нас хочет удостоить Творец?
2) Что это за «нечистота», «грубость», которая есть в нас и которую мы должны исправить с помощью Торы и Заповедей?

Мы говорили уже об этом в моих книгах «Паним Масбирот уМеирот» и «Талмуд Десяти Сфирот». Повторим сейчас это вкратце. Замысел Творения заключается в том, что Творец захотел насладить создания своей щедрой рукой. Для этого Он создал в душах огромное желание получить это удовольствие, содержащееся в изобилии (шефа, изобилие – то, чем Творец хочет нас насладить). Желание получить как раз и является сосудом для получения удовольствия, заключенного в шефа.

Чем больше желание получить, тем больше удовольствия входит в сосуд. Эти понятия настолько взаимосвязаны, что невозможно их разделить. Можно только указать на то, что удовольствие относится к шефа (т.е. к Творцу), а желание получить относится к творению. Оба эти понятия на самом деле исходят от Создателя и включены в Замысел творения, но если шефа напрямую исходит из Творца, то желание получать, которое тоже заключено в шефа, является корнем, источником творений.

Желание получать – это принципиально новое, то, чего раньше не существовало. Потому что у Творца нет даже намека на желание получать. Выходит, что это желание является сутью творения от начала и до конца, единственным «материалом», из которого оно состоит. Все многочисленные разновидности творения – это лишь разные «порции» желания получать, а все события, происходящие с ними, – это изменения, происходящие с этим желанием.

Все, что есть у творений, все, что наполняет и удовлетворяет их желание получать, исходит напрямую из Творца.

Итак, все, что существует вокруг нас, на самом деле исходит из Создателя либо напрямую, как шефа, либо опосредованно, как, например, желание получить, которое у самого Творца отсутствует, но было создано Им для наслаждения творений.

Поскольку желанием Творца было насладить творения, то он обязан был создать того, кто бы мог получить это благо, поэтому вложил в творение желание и стремление к наслаждению. Почему? Есть правило: все, что есть в нашей природе, создано Творцом. Вопрос: «Почему заложил в нас такую природу?» – относится к состоянию до начала творения, этого мы постичь не в состоянии. Мы постигаем только то, что относится к творению, но не до или после него. Поэтому наша природа такова, что мы можем получить наслаждение только в соответствии со своим желанием и стремлением к нему.

Например, если человек голоден, то он наслаждается от трапезы, а если ему подают еду, но нет у него аппетита, то не может получить удовольствие. Поэтому во всем есть недостаток и его наполнение. Насколько сильно было желание, настолько велико наслаждение при его наполнении.

ב) וכפי האמור, כלול הרצון לקבל בהכרח תכף במחשבת הבריאה, בכל ריבוי ערכים שבו, ביחד עם השפע הגדול שחשב להנותם ולהענייקם. ותדע שז"ס אור וכלי, שאנו מבחינים בעולמות עליונים. כי הם באים בהכרח כרוכים יחד, ומשתלשלים יחד ממדרגה למדרגה.

ובשיעור שהמדרגות יורדות מאת אור פניו ומתרחקות ממנו ית', כן הוא שיעור ההתגשמות של הרצון לקבל בשפע. וכן אפשר לומר להיפך, אשר כפי שיעור התגשמות של הרצון לקבל בשפע, כן הולך ויורד ממדרגה למדרגה. עד המקום הנמוך מכולם, דהיינו שהרצון שם מתגשם שם בכל שיעורו הראוי.

נבחן המקום ההוא בשם "עולם העשיה". והרצון לקבל נבחן לבחינת "גופו של אדם". והשפע שמקבל נבחן למדת תוכנו של "החיים שבגוף" ההוא. ועד"ז גם בשאר בריות שבעוה"ז. באופן, שכל ההבחן שבין העולמות העליונים לעוה"ז הוא, כי כל עוד שהרצון לקבל הכלול בשפעו ית' לא נתגשם בצורתו הסופית, נבחן שעודנו נמצא בעולמות הרוחנים, העליונים מעוה"ז, ואחר שהרצון לקבל נתגשם בצורתו הסופית, הוא נבחן שכבר הוא מצוי בעוה"ז.

2. Как было сказано выше, желание получить со всеми его разновидностями было заключено в Замысле творения с самого начала. Оно было неразрывно связано с шефа – удовольствием, которое Творец приготовил для нас. Желание получать – это сосуд, а шефа – это свет, который наполняет этот сосуд. Свет и сосуд – это то, что составляет духовные миры. Они неразрывно связаны между собой. Они вместе спускаются сверху вниз со ступени на ступень.

Чем больше эти ступени отдаляются от Творца, тем больше огрубляется и увеличивается желание получать. Можно сказать и наоборот, что чем больше желание получать огрубляется и увеличивается, тем больше оно удаляется от Творца. Это происходит до тех пор, пока не доходит до самого низкого места, где желание получать достигает максимального размера. Это состояние является желательным и необходимым для начала подъема, т.е. исправления.

Это место называется «мир Асия». В этом мире желание получать называется «телом человека», а шефа, свет, называется «жизнью человека». Все различие между высшими мирами и этим миром (олам аЗэ) заключается в том, что в высших мирах желание получать еще не полностью огрубилось, оно еще не полностью отделено от света. В нашем же мире желание получать достигло своего окончательного развития и полностью отделилось от света.

ג) וסדר השתלשלות האמור עד להביא את הרצון לקבל על צורתו הסופית שבעוה"ז, הוא על סדר ד' בחינות שיש בד' אותיות של השם בן ד'. כי ד' אותיות הוי"ה שבשמו ית' כוללות את כל המציאות כולה, מבלי יוצא ממנה אף משהו מן המשהו. ומבחינת הכלל הן מתבארות בהע"ס: חכמה, בינה, ת"ת, מלכות, ושרשם. והם עשר ספירות, כי ספירת התפארת כוללת בעצמה ששה ספירות, הנקראות חג"ת נה"י.

והשורש נקרא כתר. אמנם בעיקרם הם נקראים חו"ב תו"מ. והן ד' עולמות הנקראות: אצילות, בריאה, יצירה, עשיה. ועולם העשיה כולל בתוכו גם את עוה"ז. באופן, שאין לך בריה בעוה"ז, שלא תהיה מחודשת מא"ס ב"ה, דהיינו במחשבת הבריאה, שהיא בכדי להנות לנבראיו.

והיא בהכרח כלולה תיכף מאור וכלי. כלומר, מאיזה שיעור של שפע עם בחינת רצון לקבל את השפע ההוא. אשר שיעור השפע הוא נמשך מעצמותו ית' יש מיש, והרצון לקבל השפע הוא מחודש יש מאין. ובכדי שהרצון לקבל ההוא יבא על תכונתו הסופית, הוא מחויב להשתלשל עם השפע שבו דרך הד' עולמות אצילות, בריאה, יצירה, עשיה. ואז נגמרת הבריה באור וכלי, הנקרא "גוף" ו"אור החיים" שבו.

3. Вышеприведенный порядок развития желания получать сверху вниз подчиняется порядку 4 уровней (бхинот). Этот порядок закодирован в тайне четырехбуквенного Имени Творца. Порядку этих четырех букв АВА"Я («йуд-хэй-вав-хэй») подчинено все Мироздание. Эти буквы соответствуют десяти сфирот: хохма, бина, тифэрэт (или зэир анпин), малхут и их корень. Почему десять? Потому что сфира тифэрэт включает в себя шесть сфирот: хэсэд, гвура, тифэрэт, нэцах, ход и есод.

Корень этих сфирот называется «кэтэр», но часто он не входит в перечисление сфирот, и поэтому говорят: ХУ"Б ТУ"М (хохма и бина, тифэрэт и малхут). Эти четыре бхины соответствуют четырем мирам: Ацилут, Брия, Ецира и Асия. Мир Асия включает в себя также и этот мир (олам аЗэ). Не существует ни одного создания, которое бы не имело корень в мире Бесконечности, в Замысле творения. Замысел творения – это желание Творца насладить создания.

Он включает в себя и свет, и сосуд. Свет исходит напрямую от Творца, в то время как желание получать было создано Творцом заново, из ничего. Для того чтобы желание получать достигло своего окончательного развития, оно должно вместе со светом пройти через четыре мира: Ацилут, Брия, Ецира и Асия (АБЕ"А). И тогда заканчивается развитие творения созданием сосуда и света, называемых, соответственно, «тело» и «свет Жизни в нем».

Связь, существующая между Творцом и творением, называется «Мир Бесконечности» (Эйн Соф). Имена высшему свету дают низшие при постижении его. Поскольку желанием Творца было насладить творения, поэтому сотворил того, кто мог бы получить от Него благо, и для этого было достаточно сотворить желание получить наслаждение, называемое «малхут», или «Мир Бесконечности». Бесконечность – потому что малхут в этом состоянии получает ради себя, не делая никакого ограничения на получение. Впоследствии малхут делает ограничение и сокращение на получение света-наслаждения.

Сказано, что окончательно желание получить сформировалось в мире Асия. Значит, самое большое желание получить находится в мире Асия?! Но ведь Асия – это бхинат шореш, имеет самый слабый свет, тогда как в мире А"К светит ор кэтэр. Понятие «мир Асия» имеет два смысла:

1) вся бхина далет называется миром Асия;
2) мир Асия сам по себе.

Чтобы понять смысл первого понятия, необходимо знать, что законченный сосуд называется «бхина далет», но в действительности настоящий сосуд (кли) находится уже в бхине алеф. Кэтэр – это «желание насладить творения», хохма – «желание получить это наслаждение», сразу полностью наполнена светом. Однако кли должно пройти еще четыре ступени до своего окончательного развития.

Мы изучаем все исходя из нашей природы, поскольку все законы исходят из духовных корней. В нашем мире величина наслаждения человека зависит от силы его стремления к нему, при страстном желании велико и наслаждение, маленькое желание – наслаждение небольшое. Для того чтобы человек постиг настоящее желание, необходимы два условия:

1) человек не может стремиться к тому, о чем никогда не слышал ранее, он должен знать, чего он хочет, значит, должен однажды иметь это;
2) но не может у него возникнуть стремления к тому, что и так находится в его руках. Поэтому необходимы четыре ступени развития кли для принятия им окончательной формы.

Малхут получила весь свет в Мире Бесконечности. Но сосуд характеризуется отличием свойств от качеств Творца, чего не было в Мире Бесконечности. При последующем развитии сосуда мы убеждаемся, что настоящим сосудом является недостаток, не получение света, а, наоборот, его нехватка. В мире Асия кли вообще ничего не получает. Потому что хочет только взять, поэтому и является настоящим сосудом. И настолько далеко оно от Творца, что не знает о своем корне ничего, и приходится верить человеку, что он сотворен Создателем, однако ощутить этого не в состоянии.

Вывод: сосудом называется не тот, кто много имеет, а, наоборот, находящийся в крайнем удалении. И нет у него никакой связи со светом. Получая только ради себя, не имеет ни малейшего желания отдавать, настолько, что приходится ему только верить в существование такого желания... Человек просто не в состоянии понять, зачем он должен стремиться к отдаче.

В чем же смысл появления такого сосуда, не имеющего даже искры света и находящегося в крайнем удалении от Творца? Это необходимо для того, чтобы смогли начать свою работу ради отдачи пока с ненастоящими предметами-игрушками. Бааль аСулам приводит такой пример. Раньше все было дорого, поэтому детей учили писать сначала на черной доске мелками, чтобы могли стирать написанное неправильно, и только тем, кто научился писать правильно, вручали настоящую бумагу.

Также и мы: сначала нам дают игрушки, и если научимся к своему желанию прилагать намерение ради Творца, тогда сможем увидеть истинный свет. Поэтому сотворено кли в таком состоянии, для того чтобы приучить нас к настоящей работе.

Все действия до появления душ производятся Творцом, этим Он показывает душам пример – как они должны действовать. Например, как обучают игре в шахматы? Делают ходы за обучаемого, так он учится. В этом смысл порядка спускания миров сверху вниз. Творец выполняет все действия, относящиеся к высшим ступеням, а также все действия за нижних. Потом наступает вторая стадия, когда души начинают самостоятельно подниматься снизу вверх.

Но мы пока еще стремимся к игрушкам, а не к духовному, и свет, заключенный в Торе, скрыт от нас. Ведь если бы человеку открылись огромные наслаждения, то не смог бы получить их ради Творца.

Бааль аСулам приводит такой пример. Человек разложил на столе драгоценности – серебро, золото, бриллианты. Вдруг заходят к нему чужие люди. Страшно человеку, как бы не украли его сокровища. Что делать? Он тушит свет, теперь нет возможности увидеть, что в доме есть драгоценности.

В нас нет желания к духовному не потому, что отсутствует желание получить, просто ничего не видим. Насколько «очищается» человек, настолько начинает видеть. И тогда постепенно растет его кли, желание получить, ведь хочет ощутить все большие удовольствия. Например, если смог получить 0,5 кг удовольствия ради отдачи, дают ему наслаждение величиной в 1 кг, если и на него смог приложить намерение ради Творца, дают ему 2 кг удовольствий и т.д.

Об этом сказано мудрецами: «Кто более велик в Торе, у того и желания больше». Но пока нет у наших желаний намерения получить ради отдачи – ничего не видим. И в этом смысле нет никакой разницы между человеком светским и религиозным. А различие только в том, что обычный человек стремится получить удовольствия только этого мира, а верующий хочет получить наслаждение также и в будущем.

Желание получить властвует над всеми творениями настолько, что сказано мудрецами: «Закон, господствующий над людьми, гласит: «Мое – мое и твое – мое». Только слабый человек из боязни говорит: «Мое – мое, твое – твое», и только страх не дает ему сказать: «Твое – мое».

ד) והצורך להשתלשלות הרצון לקבל על ד' בחינות האמורות שבאבי"ע, הוא מפני שיש כלל גדול בעניין הכלים, אשר התפשטות האור והסתלקותו הוא עושה את הכלי רצוי לתפקידו.

פרוש, כי כל עוד שהכלי לא נפרד פעם מהאור שלו, הרי הוא נכלל עם האור "ובטל אליו כנר בפני האבוקה".

ועניין הביטול הזה הוא, מפני שיש הפכיות ביניהם הרחוקה מקצה אל הקצה. כי האור הוא שפע הנמשך מעצמותו ית' יש מיש. ומבחינת מחשבת הבריאה שבא"ס ית' הוא כולו להשפיע, ואין בו מבחינת רצון לקבל אף משהו.

והפכי אליו הוא הכלי, שהוא הרצון הגדול לקבל את השפע ההוא, שהוא כל שורשו של הנברא המחודש. הנה אין בו עניין של השפעה כלום. ולפיכך בהיותם קרובים זה בזה יחד, מתבטל הרצון לקבל באור שבו, ואינו יכול לקבוע את צורתו, אלא אחר הסתלקות האור ממנו פעם אחת. כי אחר הסתלקות האור ממנו, הוא מתחיל להשתוקק לקבל מאד אחריו. והשתוקקות הזאת קובעת ומחליטה את צורת הרצון לקבל כראוי. ואח"ז, כשהאור חוזר ומתלבש בו, הוא נבחן מעתה לב' עניינים נבדלים: כלי ואור, או גוף וחיים.

ושים כאן עיניך, כי הוא עמוק מכל עמוק.

4. Необходимость развития желания получать из четырех уровней (бхинот) и необходимость прохождения его через четыре мира АБЕ"А вызвана правилом, согласно которому только распространение света с последующим его выталкиванием, исчезновением, делают сосуд пригодным для его предназначения.

Объяснение: пока свет наполняет сосуд, свет и сосуд неразрывно связаны между собой, сосуда как такового фактически нет – он уничтожает сам себя, подобно тому как огонек свечи меркнет при пламени факела.

Желание удовлетворено – следовательно, его фактически не существует. Оно сможет снова проявиться только тогда, когда свет выйдет из него, перестанет его заполнять. Причиной этого самоуничтожения сосуда является полная противоположность между светом и сосудом – ведь свет напрямую исходит от Сущности Творца, из Замысла творения. Свет – это желание отдавать, он не имеет ничего относящегося к желанию получать. Сосуд же является его полной противоположностью – это огромное желание получать свет.

Сосуд – это корень, источник чего-то принципиально нового, чего раньше не существовало: творения. Сосуд не имеет ни малейшего желания отдавать. Так как свет и сосуд тесно связаны между собой, то желание получать аннулируется относительно света. Сосуд приобретает определенную форму только после исторжения из него света. Только после выхода света сосуд начинает страстно желать получить его. Это страстное желание и определяет необходимую форму желания получать. После того как свет снова входит в сосуд, они становятся уже разными объектами – сосуд и свет, или тело и жизнь. И обрати внимание на это, потому что это – глубочайшие понятия.

Когда кли начинает получать, оно должно ощутить: «Я получаю сейчас удовольствие и наслаждение». Но свет, несущий наслаждение, не дает этому «я» раскрыться и быть ощущаемым кли. Поэтому «я» самоаннулируется. Это означает, что кли не ощущает себя получающим, несмотря на то что получает.

Барух Ашлаг приводит пример: один старик выиграл в лотерею 100 000 фунтов стерлингов. Товарищи опасались передать ему эту весть из боязни, чтоб не получил разрыв сердца от большой радости и не умер.

Один человек вызвался передать ему эту новость таким образом, чтобы ничего с ним не случилось. Пришел этот человек к старику и спрашивает его: «Если бы ты выиграл 10 фунтов стерлингов в лотерею, ты бы смог разделить со мной выигрыш?» –

«Конечно!» – ответил старик. «А если ты выиграешь 100, в таком случае ты тоже готов разделить со мной выигрыш?» – «Почему нет?» – ответил старик. Так спрашивал и продолжал поднимать сумму, пока не дошел до 100 000, и тогда спросил: «Готов ли старик подтвердить это письменно?» – «Почему нет?» – ответил старик. И в ту же секунду упал тот человек и умер.

Мы видим, что человек может умереть также и от большой радости, т.к. большой свет аннулирует желание получить. Поэтому в этом случае кли аннулируется, и свет обязан исчезнуть, чтобы кли теперь само стремилось к нему.

Почему после того как свет возвращается и облачается в кли, бхина далет, он его не отменяет? Когда ор и кли приходят вместе в бхина алеф, желание отдать должно распространиться в бхина алеф и желание получить должно распространиться там же. Но поскольку они противоположны, то желание отдавать аннулирует желание получать, т.е. не дает ему распространиться.

Но после того как бхина далет уже сформировалась и существует, свет не может ее аннулировать, т.к. это уже две существующие силы. В бхине алеф свет не дает желанию получить распространиться и вырасти, но после того как тот развился – не может помешать ему.

Например, борются два человека, первый не хочет дать другому войти в свой дом. Есть разница, борются ли они снаружи или второму удалось проникнуть в дом? Если мы говорим, что нет ничего, кроме Творца, который желает дать наслаждение, и творения, стремящегося получить это наслаждение, то достаточны кэтэр – дающий и хохма – получающая!

В стадии хохма желание получить находится вместе со светом, и свет не дает творению ощутить, что оно получает. Но это несовершенное состояние, поскольку кли должно почувствовать себя получающим. Например, если человек дает что-нибудь товарищу, а тот этого не ощущает, то первый нарушает заповедь: «Не уничтожь».

Поэтому понятно, почему не дают нам важные (ценные) вещи. Поскольку мы довольствуемся мизерными наслаждениями, то не стоит нам давать серьезных вещей. Поэтому необходимо распространение четырех ступеней, пока не родится кли, ощущающее себя получающим.

ה) ולפיכך צריכים לד' בחינות שבשם הוי"ה, הנקראות חכמה בינה ת"ת מלכות. כי בחי"א, הנקראת חכמה, היא באמת כל כללותו של הנאצל, אור וכלי. כי בו הרצון לקבל הגדול עם כל כללות האור שבו, הנקרא אור החכמה או אור החיה, כי הוא כל אור החיים שבהנאצל המלובש בהכלי שלו.

אמנם בחינה הא' הזו נבחנת לכלו אור, והכלי שבה כמעט שאינו ניכר, כי הוא מעורב עם האור ובטל בו כנר בפני האבוקה. ואחריה באה בחי"ב. והוא, כי כלי החכמה בסופו הוא מתגבר בהשואת הצורה לאור העליון שבו. דהיינו שמתעורר בו רצון להשפיע אל המאציל, כטבע האור שבתוכו, שהוא כולו להשפיע.

ואז ע"י הרצון הזה שנתעורר בו, נמשך אליו מהמאציל אור חדש, הנקרא "אור חסדים". ומשום זה כמעט שנפרש לגמרי מאור החכמה, שהשפיע בו המאציל. כי אין אור החכמה מקובל רק בהכלי שלו, שהוא הרצון לקבל הגדול בכל שיעורו. באופן, שהאור וכלי שבבחי"ב משונים לגמרי מבחי"א. כי הכלי שבה הוא הרצון להשפיע, והאור שבה נבחן לאור החסדים, שפירושו אור הנמשך מכח הדבקות של הנאצל בהמאציל. כי הרצון להשפיע גורם לו השואת הצורה למאציל. והשואת הצורה ברוחניות הוא דבקות.

ואחריה באה בחינה ג'. והוא כי אחר שנתמעט האור שבהנאצל לבחינת אור חסדים בלי חכמה כלל, ונודע שאור החכמה הוא עיקר חיותו של הנאצל, ע"כ הבחי"ב בסופה התעוררה והמשיכה בקרבה שיעור מאור החכמה, להאיר תוך אור החסדים שבה. והנה התעוררות הזו המשיכה מחדש שיעור מסוים מהרצון לקבל, שהוא צורת כלי חדש, הנקרא בחינה ג' או ת"ת. ובחינת האור שבה נקרא "אור חסדים בהארת חכמה". כי עיקר האור הזה הוא אור חסדים, ומיעוטו הוא אור חכמה.

ואחריה באה בחינה ד'. והוא כי גם הכלי דבחי"ג בסופו התעורר להמשיך אור חכמה במילואו, כמו שהיה בבחי"א. ונמצא התעוררות הזו היא בחינת השתוקקות, בשיעור הרצון לקבל שבבחי"א ונוסף עליו. כי עתה כבר נפרד מאור ההוא. כי עתה אין אור החכמה מלובש בו, אלא שמשתוקק אחריו. ע"כ נקבע צורת הרצון לקבל על כל שלימותו. כי אחר התפשטות האור והסתלקותו משם, נקבע הכלי. וכשיחזור אח"כ ויקבל בחזרה את האור, נמצא הכלי מוקדם להאור. וע"כ נבחנת בחינה ד' הזאת לגמר כלי. והיא נקראת "מלכות".

5. Как было сказано выше, творение развивается согласно четырем стадиям, бхинот, которые закодированы в имени АВА"Я и называются хохма, бина, тифэрэт и малхут. Бхина Алеф (1), которая называется «хохма», содержит в себе и свет, и сосуд, состоящий из желания получать. Этот сосуд содержит в себе весь свет, который

называется ор хохма (свет мудрости), или ор хая (свет жизни). Потому что это весь свет жизни, который находится внутри творения.

Тем не менее бхина Алеф все же еще считается светом, а сосуд, заключенный в ней, еще почти не проявляется, он находится в ней как бы в потенциале. Он еще очень тесно переплетен и связан со светом, самоаннулируясь по отношению к нему. После нее идет бхина Бэт (2), которая возникла в результате того, что хохма в конце своего развития захотела приобрести сходство свойств со светом, находящимся внутри нее. В ней пробудилось желание отдавать Творцу.

Ведь природа света – это чистое желание отдавать. В ответ на возникновение этого желания, которое пробудилось в ней, от Творца пришел новый, качественно другой свет, который называется «ор хасадим» (свет милосердия). Поэтому бхина Алеф почти избавилась от ор хохма, который давал ей Творец. Ор хохма может находиться только внутри подходящего сосуда, т.е. желания получать. Итак, и свет, и сосуд в бхине Бэт полностью отличаются от тех, которые были в бхине Алеф. Ведь сосудом в бхине Бэт является желание отдавать, а светом – ор хасадим. Ор хасадим – это удовольствие от сходства свойств с Творцом.

Желание отдавать приводит к сходству свойств с Творцом, а сходство свойств в духовных мирах ведет к слиянию. Потом идет бхина Гимел. После того как свет внутри творения уменьшился до уровня ор хасадим при практически полном отсутствии ор хохма (а, как известно, именно ор хохма является основной жизненной силой в творении), бхина Бэт почувствовала его недостаток. В конце своего развития она притянула к себе определенную порцию света ор хохма, чтобы он начал светить внутри ее ор хасадим.

Для этого она снова пробудила внутри себя определенную порцию желания получать, которая и сформировала новый сосуд, называемый «бхина Гимел», или «тифэрэт». А свет, который находится в нем, называется «ор хасадим со свечением ор хохма», потому что главной частью в этом свете является ор хасадим, а меньшей частью является ор хохма. После нее идет бхина Далет. Потому что сосуд бхины Гимэл в конце своего развития тоже захотел притянуть к себе ор хохма, но уже во всей полноте, во всем том размере, который был у бхины Алеф.

Получается, что это вновь проснувшееся желание ведет к тому, что у бхины Далет появляется и то страстное желание получать, которое было у бхины Алеф, к которому добавляется и то, что творение уже один раз изгоняло из себя свет, и теперь оно знает, как это плохо – быть без света хохма, и потому желает этот свет намного больше, чем на стадии бхина Алеф.

Итак, распространение света, а затем его изгнание создают сосуд. Получается, что если сейчас сосуд снова примет свет, то он будет первичным по отношению к нему, предшествовать свету. Поэтому бхина Далет является окончательной стадией создания сосуда, называемой «малхут».

Почему сам свет стал причиной того, что кли захотело отдавать? Мы наблюдаем в нашей природе такой закон: каждая ветвь стремится быть похожей на свой корень. Поэтому, когда пришел свет хохма, кли получило этот свет. Но когда ощутило, что свет пришел от Дающего, захотело походить на Источник и не получать. Выходит, что из кэтэр исходят два действия:

1) желание насладить творения создало желание получить, это – бхина алеф;
2) желание отдавать действует в творении, поскольку оно ощущает, что свет, который оно получает, приходит от желания высшего давать, поэтому он также желает давать.

Пример этому мы можем наблюдать в материальном мире. Один человек дает другому подарок, и тот его принимает. Потом второй начинает размышлять и понимает: «Он – дающий! А я – получающий? Не стоит мне брать!» Поэтому возвращает подарок. Вначале, когда получал подарок, находился под влиянием дающего и не чувствовал себя получающим. Но после получения ощутил себя получающим, поэтому отказывается от подарка.

Необходимо отметить, что у этого человека есть желание получить – ведь получил вначале. Но просить – не просил! Поэтому не называется кли. Кли называется, когда ощущает, что есть наслаждение и наполнение, и он просит и умоляет дающего, чтобы дал ему.

Почему у бины авиют больший, чем у хохма, т.е. имеет большее желание получить, ведь она желает отдавать? Хохма – это кли, еще не ощущающее себя получающим, дающий полностью властвует над ним. Но бина уже ощущает себя получающей, поэтому имеет больший авиют, чем хохма.

Есть два вида света:
1) свет Цели творения, называемый «свет хохма», он исходит от Творца – желания насладить творения; это бхина алеф;
2) свет Исправления творения, называемый «свет хасадим», распространяющийся благодаря творению; это бхина бэт.

Как можно сказать, что свет хасадим распространяется благодаря творению, разве не Творец – источник света и наслаждения? Потому что благодаря слиянию творения с Источником наслаждения приходит к нему наслаждение от Творца.

Начало Творения происходит так: из Творца исходит свет, ор – наслаждение. Это нисхождение света из Творца называется нулевой стадией (0), корнем (шореш).

Под это наслаждение свет создает сосуд, кли, способное ощутить, вместить в себя все наслаждение, находящееся в свете. Допустим, Творец захотел насладить творение на величину 1 кг, тогда Он должен создать творение, желание насладиться, кли, емкостью в 1 кг, способное вместить в себя полностью все наслаждения, которые Он создал.

Такое состояние полного насыщения кли от наполнения светом Творца называется стадией Алеф (1). Эта стадия характеризуется желанием получать наслаждение (рацон лекабель). Свет, несущий наслаждение, называется «ор хохма». Так как кли в этой стадии получает свет хохма, то и сама стадия называется «хохма».

Кли получает весь свет Творца, ощущает полное наслаждение светом и приобретает его свойство – желание отдавать, наслаждать. Вследствие этого кли из получающего наслаждение превращается в желающего отдавать и поэтому перестает получать свет. Поскольку в кли возникает новое, противоположное первоначальному желание, оно переходит в новое состояние, которое называется стадия Бэт (2), желание отдавать (рацон леашпиа), или бина.

Итак, кли перестало получать свет. Свет продолжает взаимодействовать с кли и говорит ему, что тем, что оно отказывается принимать свет, оно не выполняет Цель творения, не выполняет желание Творца. Кли анализирует эту информацию и приходит к выводу, что действительно не выполняет желание Творца, который хочет, чтобы оно наслаждалось светом.

Кроме того, кли чувствует, что свет является жизненной силой и что оно не может жить без него. Поэтому кли, желая по-прежнему отдавать, решает все же начать получать хоть какую-то жизненно необходимую порцию света. Получается, что кли соглашается принять свет по двум причинам: первая – из-за того, что оно хочет выполнить желание Творца, и эта причина является главной; вторая причина – это ощущение того, что оно действительно не может жить без света.

Это возникновение в кли нового небольшого желания получить свет создает новую стадию, которая называется бхина Гимэл (3), или Зэир Анпин.

Одновременно отдавая и немного получая в стадии Гимел, кли начинает сознавать, что желанием Творца является полное наполнение кли светом, так, чтобы кли могло бесконечно наслаждаться им. Поскольку кли уже получило немного света хохма, необходимого ему для существования, теперь оно уже само решает принять остальной свет, потому что так желает Творец. Кли вновь начинает принимать в себя весь свет Творца, как в стадии (1).

Новая стадия называется бхина Далет (4). От стадии (1) она отличается тем, что она сама проявила желание получать. Первая стадия была заполнена светом неосознанно, по желанию Творца. Собственного, личного желания у нее не было. Четвертая стадия называется «царством желаний», или малхут. Это состояние, малхут, называется «миром Бесконечности» (олам Эйн Соф) – бесконечное, неограниченное желание насладиться, заполненное светом, наслаждением.

Бхинат шореш (0) – это желание Творца создать творение и доставить ему максимальное удовольствие. В этой стадии, как в зерне или зародыше, заключено все последующее творение от начала и до конца, все отношение Творца к будущему творению.

Бхинат шореш (0) является Замыслом всего творения (Махшевет аБрия). Все последующие процессы являются лишь осуществлением этого Замысла. Причем каждая последующая стадия является логическим следствием предыдущей. Развитие происходит сверху вниз, при этом каждая предыдущая стадия находится выше, чем последующая, т.е. она включает в себя все последующие, которые являются ее развитием.

По мере этого развития сверху вниз, от Творца до нашего мира, возникают новые, все более нисходящие ступени, все идет от совершенного к несовершенному. Творец создал свет, наслаждение, из Самого Себя, из своей Сущности, поэтому сказано, что свет создан «йеш ми йеш» (сущее из сущего), т.е. свет всегда существовал. А появление стадии (1), желания получить наслаждение, сосуда, кли, называется «еш ми айн» (сущее из ничего), т.е. Творец создал ее из «ничего», так как у Творца не может быть даже тени желания получать.

Первое самостоятельное желание творения – это стадия (2). В этой стадии впервые проявилось желание отдавать. Желание это возникло под влиянием света, полученного от Творца, и было заложено еще в Замысле творения. Но самим кли это желание ощущается как его личное, самостоятельное. Так же наши желания: все они нисходят свыше, от Творца, но мы считаем их своими, принятыми самостоятельно.

Ощутив желание отдавать в стадии (2), противоположное желанию получать, кли перестает ощущать наслаждение от получения, перестает ощущать свет как наслаждение, свет как бы покидает его, и оно остается пустым.

В стадии (1) было создано желание насладиться. Это единственное желание, которого нет у Творца. Именно это желание и является собственно творением. Далее во всем Мироздании существуют только варианты этого желания стадии (1): насладиться от получения или от отдачи, либо смешение этих двух желаний. Но кроме Творца существует только одно: желание насладиться.

Сосуд (кли) всегда остается желающим получить. Материал его не меняется. Понять это человеку удается только тогда, когда он осознает зло, осознает нашу эгоистическую природу. Все, что заложено в нашей природе, в любой нашей клетке, – не более чем желание насладиться в той или иной степени.

Стадия (2), оставшись пустой, перестает ощущать, что она существует: она создана светом и, оставшись без него, как бы умирает. Поэтому в ней возникает желание получить хоть немного света Творца. Наслаждение от получения света называется «ор хохма», наслаждение от отдачи – «ор хасадим».

Стадия (2) (Бина) хочет отдавать, но тут она обнаруживает, что отдавать-то ей нечего, что она «умирает» без ор хохма. Поэтому она решает принять в себя немного ор хохма.

Это и создает третью стадию, бхина Гимэл (3). В этой стадии у сосуда есть два противоположных желания: желание получать и желание отдавать. Преобладает все же желание отдавать. Несмотря на то что отдавать ему нечего, это желание отдать Творцу все же существует. Это желание заполнено светом хасадим. В нем есть также небольшое количество ор хохма, которое заполняет желание получать.

Четвертая стадия, малхут, постепенно рождается из третьей стадии. Желание получить усиливается, вытесняя желание отдавать, через некоторое время оно остается единственным. Поэтому эта стадия и называется «малхут», т.е. царство желания, желание вобрать в себя все, все удовольствия, весь свет хохма.

Эта стадия является завершением создания творения, а так как она получает в себя все бесконечно, без ограничения, без конца, то она называется «миром Бесконечности».

Эти четыре стадии называются «арба бхинот дэ-ор яшар» – четыре стадии прямого, исходящего прямо из Творца света. Все остальное творение, все миры, ангелы, сфирот, души – все является лишь частью малхут. Поскольку малхут затем желает быть подобной предыдущим ей стадиям, то все творение является отражением этих четырех стадий.

Понять это, объяснить, как в каждом из миров отражаются эти четыре стадии, как это влияет на наш мир, как мы, действуя активно, с помощью обратной связи можем влиять на них, включиться в общий процесс Мироздания, – в этом заключается вся наука Каббала. Наша задача – постичь это.

א) ואלו ד' ההבחנות הנ"ל ה"ס עשר ספירות, הנבחנות בכל נאצל וכל נברא. הן בכלל כולו, שהן ד' העולמות, והן בפרט קטן ביותר שבמציאות. ובחי"א נקראת "חכמה" או "עולם האצילות". ובחי"ב נקרא "בינה" או "עולם הבריאה". ובחי"ג נקרא "תפארת" או "עולם היצירה". ובחי"ד נקרא "מלכות" או "עולם העשיה".

Три основных понятия

ונבאר את הד' בחינות הנוהגות בכל נשמה. כי כשהנשמה נמשכת מא"ס
ב"ה ובאה לעולם האצילות, היא בחי"א של הנשמה. ושם עוד אינה נבחנת
בשם הזה. כי השם "נשמה" יורה שיש בה איזה הפרש מהמאציל ב"ה, שע"י
ההפרש הזה יצאה מבחינת א"ס ובאה לאיזה גילוי לרשות בפני עצמה. וכל
עוד שאין בה צורת כלי, אין מה שיפריד אותה מעצמותו ית', עד שתהיה
ראויה להקרא בשם בפני עצמה.
וכבר ידעת שבחי"א של הכלי אינה ניכרת כלל לכלי וכולה בטלה
להאור. וז"ס הנאמר בעולם אצילות שכולו אלקיות גמור, בסוד "איהו
וחיוהי וגרמוהי חד בהון". ואפילו נשמות שאר בעלי החיים, בהיותם
עוברים את עולם אצילות, נחשבים כעודם דבוקים בעצמותו ית'.

6. Вышеперечисленные четыре стадии соответствуют десяти сфирот, на которые делится любое творение. Эти четыре бхинот соответствуют четырем мирам АБЕ"А, включающим в себя все Мироздание, каждую деталь, которая существует в реальности. Бхина Алеф называется хохма, или мир Ацилут. Бхина Бэт называется бина, или мир Брия. Бхина Гимэл называется тифэрэт, или мир Ецира. Бхина Далет называется малхут, или мир Асия.

Выясним теперь природу этих четырех бхинот, существующих в каждой душе. Каждая душа (нэшама) выходит из Мира Бесконечности и спускается в мир Ацилут, приобретая там свойства бхины Алеф. В мире Ацилут она еще не называется «неэшама», потому что это название указывает на определенную отделенность от Творца, в результате которой она выходит из уровня Бесконечности, отсутствия границ, полного слияния с Творцом, и приобретает некоторую «самостоятельность». Но пока она еще не является сформировавшимся, законченным сосудом, и поэтому ее еще ничего не отделяет от Сущности Творца.

Как мы уже знаем, находясь в бхина Алеф, сосуд еще не является таковым, потому что на этой стадии он полностью самоаннулируется по отношению к свету. Поэтому говорят, что в мире Ацилут все еще является полностью Божественным – «Он един и Имя Его едино». И даже души других, отличных от человека существ, которые проходят через этот мир, слиты с Творцом.

ז) ובעולם הבריאה כבר שולטת בחינה הב' הנ"ל, דהיינו בחינת הכלי
של הרצון להשפיע. וע"כ כשהנשמה משתלשלת ובאה לעולם הבריאה,

ומשגת בחינת הכלי ההוא אשר שם, אז נבחנת בשם "נשמה". דהיינו, שכבר יצאה ונתפרדה מבחינת עצמותו ית' והיא עולה בשם בפני עצמה, להקרא "נשמה". אמנם כלי זה זך מאוד, להיותו בהשוואת הצורה להמאציל, וע"כ נחשבת לרוחניות גמורה.

7. В мире Брия уже правит бхина Бэт, т.е. ее сосудом является желание отдавать. Поэтому когда душа прибывает в мир Брия, она приобретает эту стадию развития сосуда, и теперь она уже называется «нэшама». Это значит, что она уже отделилась от Сущности Творца и приобрела определенную самостоятельность. Тем не менее пока этот сосуд еще очень «чист», «прозрачен», т.е. он еще очень близок по своим свойствам к Творцу, и поэтому считается, что он еще полностью духовен.

ח) ובעולם היצירה כבר שולטת בחינה הג' הנ"ל, שהיא כלולה מעט מצורת הרצון לקבל. וע"כ כשהנשמה משתלשלת ובאה לעולם היצירה, ומשגת הכלי ההוא, יצאה מבחינת הרוחניות של הנשמה, ונקראת בשם "רוח". כי כאן הכלי שלו כבר מעורב בעביות מועטת, דהיינו מעט מהרצון לקבל שיש בו. אמנם עדיין נבחנת לרוחני, כי אין שיעור עביות זאת מספיק להבדילו לגמרי מן עצמותו ית', להקרא בשם "גוף, עומד ברשות עצמו".

8. В мире Ецира уже правит Бхина Гимел, которая включает в себя определенную, небольшую порцию желания получать. Поэтому, когда душа спускается в мир Ецира и приобретает эту стадию развития сосуда, она выходит из состояния «нэшама», и теперь она уже называется «руах». Этот сосуд уже имеет определенную авиют, т.е. некоторую порцию желания получать. Тем не менее этот сосуд все еще считается духовным, потому что такого количества и качества желания получать еще недостаточно для того, чтобы полностью отделиться по своим свойствам от Сущности Творца. Полным отделением от Сущности Творца является тело, которое уже имеет полную видимую «самостоятельность».

ט) ובעולם עשיה כבר שולטת בחינה הד', שהיא גמר הכלי של הרצון לקבל הגדול. וע"כ משגת בחינת גוף נפרד ונבדל לגמרי מעצמותו ית', העומד ברשות עצמו. והאור שבו נקרא "נפש", המורה על אור בלי תנועה מעצמו. ותדע, שאין לך פרט קטן במציאות, שלא יהיה כלול מכל האבי"ע.

Три основных понятия

9. В мире Асия уже властвует бхина Далет, которая является окончательной стадией развития сосуда. На этой стадии желание получать достигает своего максимального развития. Сосуд превращается в тело, которое полностью отделено от Сущности Творца. Свет, находящийся в бхине Далет, называется «нэфеш». Это название указывает на отсутствие у этого вида света собственного движения. И знай, что не существует ничего, что не состояло бы из своего АБЕ"А (или четырех бхинот).

В чем разница между желанием получить и душой? Желанием получить называется бхина Далет, являющаяся основой всего, и она ощущает и постигает все ступени. Душой, как правило, называют «свет». Свет без постигающего называется «свет». Свет вместе с его постигающим называется «душа». Например: пять человек рассматривают самолет в бинокль, и у каждого бинокль один лучше другого, поэтому первый говорит, что размер самолета – 20 см, второй – что размер самолета – метр. Каждый говорит правду, ведь они рассуждают на основании того, что постигли, но на самолете никак не отражаются их мнения.

Причина различий – разница в качестве линз биноклей. Так же и у нас: в свете нет изменений, все изменения у постигающих, и то, что постигаем, называется «душа». В нашем примере бинокль – это совпадение свойств, и в этом смысле есть различия между постигающими и тем более в постигаемом, в душе.

י) והנך מוצא, איך שהנפש הזאת, שהיא אור החיים המלובש בהגוף, נמשכת יש מיש מעצמותו ית' ממש. ובעברה דרך ד' עולמות אבי"ע, כן היא הולכת ומתרחקת מאור פניו ית'. עד שבאה בכלי המיוחד לה, הנקרא "גוף". ואז נבחן הכלי לגמר צורתו הרצוי. ואם אמנם גם האור שבה נתמעט מאד, עד שאין ניכר בו עוד שורש מוצאו.

עכ"ז ע"י העסק בתורה ומצות ע"מ להשפיע נחת רוח ליוצרו, הוא הולך ומזכך את הכלי שלו, הנקרא "גוף", עד שנעשה ראוי לקבל את השפע הגדול בכל השיעור, הכלול במחשבת הבריאה בעת שבראה. וזה שאמר ר' חנניא בן עקשיא: "רצה הקב"ה לזכות את ישראל, לפיכך הרבה להם תורה ומצוות".

10. Нэфеш, являющаяся светом жизни, который заключен в тело, напрямую выходит из Сущности Творца. Проходя через четыре мира АБЕ"А, она все больше и больше отдаляется от Творца, пока не достигает сосуда, предназначенного для нее тела; только тогда считается, что сосуд окончательно сформировался. На этой стадии развития сосуда свет, который находится в нем, настолько мал, что его источник уже не ощущается, т.е. творение (сосуд) перестает ощущать Творца.

Однако с помощью занятий Торой и Заповедями с намерением доставить этим удовольствие Творцу, творение может очистить свой сосуд, называемый телом, и тогда оно сможет получить весь свет, уготованный ему Творцом еще в Замысле творения. Именно это имел в виду рабби Ханания бен Акашия, говоря: «Захотел Творец удостоить Израиль, для этого Он дал им Тору и Заповеди...»*

Здесь он объясняет нам понятие «авиют», которое мы должны «лезакот», очистить. Авиютом называется бхина Далет, получающая ради самонаслаждения. Цель – достичь сходства свойств, т.е. получать ради отдачи, это и называется «закут» – очищение. Как достичь этой ступени? Посредством изучения Торы с намерением достичь желания отдавать.

В кли одновременно не может быть два противоположных желания: либо желание получить, либо желание отдать. Если в каком-либо кли появляются два желания, то оно делится на две части, на два кли, в соответствующей пропорции.

Под временем в духовном мире понимается причинно-следственная связь между духовными объектами, рождение низшего из высшего. В духовных мирах есть причина и следствие и нет времени, каких-то временных промежутков между ними. В нашем же мире между причиной и следствием, как правило, проходит какое-то время.

Если мы говорим «раньше», то имеем в виду причину, «позже» – следствие. К понятиям «отсутствие времени и пространства» мы постепенно привыкнем. Еще Рамба"м писал о том, что вся наша материя, вся Вселенная, находится ниже скорости света. При скорости выше скорости света время становится равным нулю, пространство сжимается в точку. Это также известно из теории Эйнштейна.

А что за этим? А дальше уже находится духовный мир, когда пространства и времени не существует, т.е. они принимаются

Три основных понятия

постигающим их человеком равными нулю. Духовное пространство можно уподобить нашему внутреннему духовному миру, когда вы чувствуете себя внутренне чем-то наполненными или опустошенными.

В мире существует только Творец и творение. Творение — это желание получить свет, наслаждение от Творца. В нашем мире это желание неосознанное, мы не ощущаем источник жизни — наслаждения. Желание насладиться в нашем мире эгоистическое. Если человек может его исправить, чтобы использовать его альтруистически, он в этом же желании начинает ощущать свет, Творца, духовный мир. Духовный мир и Творец — это одно и то же.

Исправленное желание человека называется «душа». Душа делится на определенные частички, частные души. Затем они уменьшаются и отдаляются по своим качествам от Творца и помещаются в человека, родившегося в нашем мире. Душа может вселиться во взрослого человека в любое время его жизни. Это происходит по программе, заданной свыше.

Души сменяют одна другую в человеке в течение всей его жизни. В принципе это подобно одежде, которую человек меняет постоянно, — так и душа меняет свое материальное одеяние, наше физиологическое тело, уходя из него, заменяясь другой душой. Тело умирает, а душа меняет свое одеяние на иное.

Задача человека — живя в нашем мире, находясь в теле, вопреки эгоистическим желаниям тела, достичь того духовного уровня, с которого спустилась его душа. Выполнив эту задачу, человек достигает духовного уровня, который выше настоящего в 620 раз. Это соответствует 613 основным и 7 дополнительным заповедям.

Все души имеют одну и ту же задачу: достичь своего полного исправления. А это соответствует подъему в 620 раз. Именно с помощью помех со стороны тела можно подняться на этот уровень. В этом заключается весь смысл пребывания в нашем мире, в нашем теле. Единственная разница между душами — в начальных и конечных условиях, в зависимости от характера души, из какой частички общей души она выделена. Когда все души соединяются воедино, то возникает уже совершенно новое состояние величины и качества общего желания и объема информации.

Есть определенные типы душ, которые уже достигли своего собственного исправления и спускаются в наш мир, чтобы исправлять других. Это душа типа рабби Шимона бар Йохая, которая потом переселилась в АР"И, а затем в Бааль аСулама. Иногда такая душа спускается, чтобы воздействовать на мир в целом, иногда – чтобы взрастить будущих каббалистов.

После окончательного исправления не будет никакой разницы между душами. Отличие между ними существует только на пути к Цели. Сказано, что народ Израиля вышел в изгнание для того, чтобы распространить знания о духовном и таким образом присоединить к пути исправления иные народы, ту часть из них, которые достойны исправления и возвышения.

В нашем же мире, в телах, происходит материальное действие, которое лишь подобно духовному. Связь между духовным и материальным односторонняя – она идет сверху вниз, от духовного к материальному. Человек подгоняется вперед ощущением стыда. Ощутив стыд, Малхут Мира Бесконечности сократилась и перестала получать наслаждение. Стыд был настолько непереносим, что был больше, чем наслаждение.

Что такое стыд? Это совершенно не то ощущение, которое возникает у нас. Духовный стыд возникает исключительно тогда, когда человек ощущает Творца. Это чувство духовного несоответствия между Творцом и человеком, когда человек, получая от Творца все, не может Ему ответить тем же. Стыд характерен только для высоких душ, вышедших уже в духовный мир и поднявшихся на соответствующие ступени, где ощущается Творец.

Ощущения невозможно передать. Если человеку знакомо то или иное чувство, то его можно возбудить в нем извне, но не создать заново. Духовные ощущения тем более непередаваемы, потому что ощущаются только тем, кто их постигает. И в нашем мире, и в духовном если человек что-то ощутил, то другому свои ощущения он ни передать, ни доказать не может.

Мы ощущаем только то, что попадает в нас. Мы не знаем того, что находится вне нас, того, что не проходит через наши органы чувств. Каждый раз наука открывает что-то новое, но мы не знаем того, что еще не открыто, и знать это заранее не можем. Это еще находится вне нас, вокруг нас, не вошло в наш разум и ощущения.

Три основных понятия

Наука своими «открытиями» только констатирует наличие фактов в природе. А еще не раскрытое остается существовать вокруг нас, вне наших ощущений. Каббала тоже наука, но она исследует не наш мир, а мир духовный, давая человеку дополнительный орган чувств. Выходя в духовный мир, мы лучше можем понять и наш мир, потому что в него спускаются все события, происходящие в духовном мире, а все следствия нашего мира поднимаются в духовный по закону постоянного кругооборота и взаимодействия всей информации.

Наш мир является последней, самой низшей ступенью всех миров. Поэтому каббалист, который выходит в духовный мир, видит нисхождение душ, восхождение душ, причины и следствия всех духовных и материальных процессов.

Истинна ли наука Каббала? Глядя сверху на наш мир, видно, что все учения и все религии кончаются там, где кончается внутренний мир, внутренняя психология человека. Поскольку показать в нашем мире, на этом уровне ничего невозможно, то и доказать ничего нельзя. Только тот, кто поднимется, увидит это. Поэтому Каббала и называется тайной наукой. Если в нашем мире родился человек, не знающий, что такое зрение, то ему невозможно объяснить, что такое «видеть».

В Каббале есть метод чисто научного, разумного, критического постижения на самом себе. Когда появляется дополнительный орган чувств, человек начинает говорить с Творцом, ощущать Его. Творец начинает раскрывать человеку его собственный внутренний мир – то единственное, что человек может чувствовать и понимать. Человек, да и вообще любое творение может ощущать только то, что нисходит к нему от Творца.

Может быть, у Творца есть еще что-то, о чем Он не говорит? Конечно же, есть. Ведь и мы постоянно получаем все новую информацию, все новые ощущения, которые он ранее не вводил в нас. Но о том, что еще не было получено человеком от Творца, невозможно судить.

Все, что человек постигает в Каббале, он постигает на протяжении 6000 ступеней, называемых «шесть тысячелетий». Затем, пройдя путь духовного восхождения, состоящий из 6000 ступеней, человек поднимается на более высокую ступень познания – наступает VII тысячелетие, которое называется «Шабат».

Затем следуют еще три восхождения – VIII, IX и X тысячелетия, когда человек постигает наивысшие сфирот: Бина,

Хохма, Кэтэр. Эти ступени находятся выше творения. Они полностью относятся к Творцу, который в виде подарка дает исправленным душам такие постижения, такие виды слияния с Ним.

Об этом нигде не пишется, нет языка, на котором можно было бы это описать. Это относится к тайнам Торы. Поэтому, когда спрашивают о самом Творце, мы ничего ответить не можем. Мы говорим только о свете, который распространяется от Него. Мы постигаем Свет и таким образом постигаем Творца. То, что мы постигаем, мы называем словом «Творец»; это то, что создало нас. Получается, что мы, в принципе, познаем самих себя, свой внутренний мир, а не Его самого.

После полного наполнения светом малхут почувствовала, что хотя и дает наслаждение Творцу тем, что приняла в себя весь Его свет, она полностью противоположна Творцу по свойствам, так как она желает получать наслаждение, а Творец хочет доставлять наслаждение.

Находясь на этом этапе развития, малхут впервые испытала чувство жгучего стыда оттого, что увидела Дающего и Его свойство отдавать, все отличие между Ним и ею самой. В результате возникшего в ней ощущения малхут принимает решение полностью освободиться от света, как в стадии 2 (Бина), с той разницей, что здесь творение четко ощущает свое страстное желание насладиться и то, насколько это желание противоположно желаниям Творца.

Исторжение света из малхут называется «Цимцум Алеф» (Ц"А). Вследствие Ц"А малхут остается полностью пустой. До четвертой стадии действовал Творец. Начиная с момента ощущения стыда творение начинает действовать как бы само по себе, причем его движущей силой является это самое ощущение стыда.

После своего сокращения малхут не желает больше принимать свет. Но она ощущает свою противоположность Творцу, ведь это Он дает ей удовольствие. Если в состоянии наполнения светом она получала, выполняя этим желание Творца, то сейчас она окончательно противоположна Творцу. Как же сделать так, чтобы не испытывать стыд и быть подобной Творцу, т.е. получать, потому что Он так желает, но и отдавать, как делает Он?

Малхут может достичь такого состояния, если она будет получать не ради себя, не для того, чтобы утолить свое желание насладиться, а ради Творца. Это значит, что теперь она будет принимать свет только потому, что этим она доставляет удовольствие Творцу. Это подобно гостю, который, хотя и голоден, но отказывается принимать угощение ради себя, а получает его только для того, чтобы этим порадовать хозяина.

Для этого малхут создает экран – силу, которая сопротивляется эгоистическому желанию насладить себя, не обращая никакого внимания на дающего. Эта сила отталкивает весь приходящий к ней свет. Затем с помощью того же экрана малхут рассчитывает, какую часть света она сможет принять ради Творца.

Малхут приоткрывает себя только на эту, отмеренную экраном часть света, которую она может получить ради Творца. Остальная же часть малхут, т.е. остальные ее желания, остаются пустыми. Если бы она могла полностью наполнить себя светом, получая ради отдачи, она полностью уподобилась бы по своим свойствам Творцу, закончила бы исправление своего эгоизма и использовала бы его только для того, чтобы доставлять удовольствие Творцу.

Такое полностью исправленное состояние малхут является «Целью творения» и называется «Конец Исправления» (эгоистического желания самонасладиться). Однако достичь такого состояния в один момент, за одно действие нельзя, потому что оно полностью противоположно эгоистической природе малхут. Малхут достигает своего исправления по частям, порциями.

Свет, который приходит к кли, называется «ор яшар» (прямой свет). Намерение кли получать свет только ради Творца называется «ор хозер» (обратный свет). Именно с помощью этого намерения кли «отражает» свет. Та часть кли, в которую оно получает свет, называется «тох» (внутренняя часть). Оставшаяся пустой часть кли называется «конец» (соф). Тох и соф вместе составляют «гуф» (тело) – желание получить наслаждение. Следует иметь в виду, что когда в каббалистических книгах речь идет о «теле», всегда подразумевается желание получать.

На этом принципе получения только ради Творца устроено все духовное Мироздание – все, кроме нашего мира. Получается, что все Мироздание – это лишь вариации опустошенной в Ц"А малхут, которая теперь наполняет себя с помощью экрана. Внешняя, менее важная часть этой малхут называется мирами Адам Кадмон, Ацилут, Брия, Ецира, Асия. А оставшаяся, внутренняя, более важная часть малхут называется «душа», Адам.

Процесс заполнения малхут светом – это процесс количественный и качественный. Этот процесс мы и будем изучать. Он состоит из того, что каждая отдельная частичка малхут, которая спустилась в наш мир, должна исправить себя, чтобы слиться с Творцом. И эта частичка находится в человеке. Это и есть его настоящее «Я».

Та часть малхут, где она еще не получает свет, а только предварительно анализирует, сколько света она может получить не ради себя, а ради Творца, называется «рош» (голова). Сколько света малхут может принять, столько наслаждения она может доставить Творцу.

Малхут имеет полнейшую свободу воли, она свободна в выборе: она может вообще не получать или получать столько, сколько захочет. Она властвует над своим эгоизмом, а не он над ней. И она выбирает именно это состояние, чтобы быть похожей на Творца; она работает со своим эгоизмом, т.е. не только не получает ради себя, а получает ради Творца.

Малхут должна ощущать наслаждение, ведь именно в этом заключается желание Творца, только намерение должно быть альтруистическим. Поэтому она не может сразу принять весь приходящий свет ради Творца. Возникает противоречие между намерением и самим наслаждением. Если малхут не будет наслаждаться, то Творец тоже не будет наслаждаться. Все Его наслаждение заключается в наслаждении малхут.

Свет, который вошел в тох малхут, называется «ор пними» (внутренний свет). Место нахождения экрана называется «пэ» (рот). Экран на иврите «масах». Граница в кли, где кончается получение света, называется «табур» (пуп). Линия окончания кли называется «сиюм» (завершение), или «эцбаот реглин» (пальцы ног).

Часть света, которую малхут не смогла принять вследствие слабости своего экрана, остается снаружи и называется «ор макиф» (окружающий свет). Свет, который малхут получает внутрь, должен соответствовать ее намерению: получить этот свет ради Творца. Это намерение, как известно, называется «отраженный свет». Поэтому из головы в тело прямой свет входит перемешанный с отраженным светом.

Тох, наполненный светом, полностью подобен Творцу и находится с Ним в состоянии постоянной передачи наслаждения друг другу. От Творца исходит наслаждение, которое ощущается душами соответственно мере их «голода», желанию получить его. Проблема в том, чтобы пожелать ощутить Творца и насладиться Им. Этому и обучает Каббала.

Ощутить Творца можно только в мере сходства, подобия свойств с Ним. Орган чувств, который воспринимает, ощущает Творца, называется «масах» (экран). Вход в духовный мир начинается с появления в человеке минимального экрана, когда человек начинает ощущать внешний мир и понимает, что это – Творец.

Затем, по мере занятия Каббалой, человек увеличивает свой экран и все более и более ощущает Творца. Экран – это сила сопротивления эгоизму и мера подобия Творцу, позволяющая настроить свое намерение согласно намерению Творца. В мере сходства желаний человек начинает ощущать Творца.

В мироздании не существует ничего, кроме желания Творца «дать» и первоначального желания творения «получить». Весь дальнейший процесс – это исправление желания «получить» с помощью желания «отдать». Но как человек может изменить созданное Творцом желание «получить», если это сама суть человека?

Ответ: только с помощью намерения «получать, чтобы отдать» творение становится равным Творцу по свойствам, по уровню духовности. Этого состояния каждое творение обязано достичь либо за одну жизнь, либо за несколько. Процесс этот идет на протяжении поколений. Мы являемся следствием, продуктом предыдущих поколений, наши души уже не раз побывали здесь и снова спустились. У них накоплен опыт страданий и готовность сблизиться с духовным...

Человеку свойственно чувство лени, и это очень хорошее чувство. Если бы его не было, человек бы распылялся на разного рода занятия, не уделяя чему-либо предпочтение. Не надо бояться лени, она защищает нас от ненужных занятий.

Действия Творца проявляются в двух первых стадиях:

1) **Нулевая стадия,** называемая «корень», – это свет, исходящий из Творца.

2) **Первая стадия**, называемая «хохма», – это желание получить свет, сосуд (кли), созданный самим светом для себя, для того чтобы он, этот сосуд, мог получить наслаждение, заключенное в свете. Далее, до конца всего творения, все происходит только вследствие реакции кли на свет в нем. Все происходит только от взаимосвязи между этими двумя единственными компонентами мироздания: Творец и творение, свет и сосуд, желание насладить и желание насладиться.

3) **Вторая стадия**, называемая «бина», – это первая реакция кли на наполняющий его свет: кли перенимает от света его свойство «отдавать» и само желает быть таким же. Поэтому оно изгоняет из себя свет.

4) **Третья стадия**, называемая «тифэрэт», или «Зэир Анпин» – это первое действие кли. Оно понимает, что Творец желает, чтобы оно получило свет и наслаждалось им. Поэтому оно начинает получать немного света. Это желание получить немного света и является третьей стадией.

5) **Четвертая стадия**, называемая «малхут». На третьей стадии в кли развивается желание получить весь свет хохма, исходящий от Творца, и это желание получить весь свет хохма называется малхут.

Эта четвертая стадия и есть законченное желание, которое и является единственным творением. Отсюда видно, что у творения существует только одно-единственное желание – получить свет хохма, чтобы насладиться им, и единственная возможность отдавать – это получать не ради себя, а ради Творца.

Но чтобы стать дающим, необходимо ощущать Дающего тебе и получать только потому, чтобы этим доставить Ему наслаждение. Вы становитесь партнерами: Он дает вам, а вы даете Ему. Вы становитесь равными по свойствам и стремлениям: вы страдаете, если Он не получает наслаждение, но и Он тоже страдает, если вы не наслаждаетесь тем, что он вам предназначил. Он и вы становитесь одним целым.

Четвертая стадия, малхут, затем делится на части. Это происходит потому, что она не может сразу исправить весь свой эгоизм, т.е. она не в состоянии получить ради Творца весь уготованный ей свет. Желание получать не ради себя противоестественно, поэтому творение должно постепенно «приучить» себя к этому желанию.

Малхут желает быть подобной предыдущим стадиям. Поэтому она делится на пять частей, каждая из которых подобна одной из стадий:

1) корневая часть в малхут подобна корневой стадии прямого света;
2) первая часть в малхут подобна первой стадии прямого света;
3) вторая часть малхут подобна второй стадии прямого света;
4) третья часть малхут подобна третьей стадии прямого света;
5) четвертая часть малхут является сама собой, не подобна ни одному свойству выше нее, потому совершенно эгоистична.

Эти же стадии называются соответственно:
1) неживая;
2) растительная;
3) животная;
4) человеческая;
5) духовная.

Из последней части малхут создаются души. Из предыдущих частей малхут создается все остальное, внешнее относительно душ Мироздание: миры и все, что их наполняет и населяет. Отличие одного творения от другого выражается лишь в уровне желания насладиться: от наименьшего в неживом до наибольшего в человеке и самого большого в душах.

В кругооборотах своих жизней человек испытывает на себе все виды желаний. В человеке, у которого присутствует пусть еще даже не осознанное желание приблизиться к Творцу, есть и все остальные, более грубые желания. Весь вопрос в том, в какой пропорции эти желания находятся в нем и какое желание он выбирает для своих действий.

Помощь группы и Рава заключается в том, чтобы заменить все остальные желания одним-единственным: постичь Творца. По мере продвижения к Творцу все остальные желания возрастают, мешая этому продвижению. Появляется то желание к деньгам, то к власти, то к почету, то к знаниям, то к противоположному полу.

Человеку поставляют свыше соблазны, манят его возможностью разбогатеть, получить руководящую должность и т.д. Это происходит для того, чтобы человек изучил себя, осознал свои стремления и слабости, свою ничтожность в противостоянии манящим его наслаждениям, чтобы изучил, что такое желание насладиться, созданное Творцом.

Каббала – это наука о самопознании, о раскрытии Творца в себе. Человек сам осознает, что является для него самым необходимым. Важно, что человек делает со своим свободным временем, о чем думает в остальное время. Каббалист должен работать. Свободное время можно правильно использовать, только если его заранее спланировать. Важна интенсивность его заполнения. Если вы в свободное время думаете над вопросом «для чего я живу?», это дает вам возможность правильно мыслить и все остальное время.

Для того чтобы духовно возвышаться, нужно иметь то, что необходимо исправлять, т.е. нужно иметь желание получать, эгоизм. Именно желание получать, исправленное с помощью намерения получать во имя Творца, становится тем сосудом, в который входит свет, предназначенный Творцом. Получается, что чем большим эгоистом становится человек, – а эгоизм по мере продвижения человека вперед, к Творцу, растет, – тем лучше. Нужно сделать человека еще большим эгоистом, чтобы он почувствовал, что в нем есть что-то, нуждающееся в исправлении.

Эгоизм заставляет человека ощущать положительные проявления Творца как отрицательные. Тем не менее именно это отрицательное ощущение Творца и приводит нас к Нему. По мере духовного возвышения, сближения с Творцом все отрицательные эмоции превращаются в положительные.

«Я» человека – это сам Творец. Почему же мы воспринимаем себя отделенными от Творца? Только из-за того, что наш эгоизм еще не исправлен.

Все творение состоит из пяти бхинот: кэтэр, хохма, бина, тифэрэт, или Зэир Анпин, и малхут, которым соответствуют 10 сфирот. Почему 10? Дело в том, что тифэрэт в свою очередь состоит из 6 сфирот: хэсэд, гвура, тифэрэт, нэцах, ход, есод. Отметим, что именем «тифэрэт», называется и бхина, входящая в состав пяти, и одна из ее частных сфирот.

Потому что эта частная, одна из шести сфирот, является основной, определяющей весь характер общей тифэрэт. Но обычно мы вместо названия «тифэрэт» употребляем название Зэир Анпин (З"А). Это название более принято, особенно у школы АР"И. Эти десять сфирот включают в себя все Мироздание.

Эти пять бхинот: кэтэр, хохма, бина, З"А, малхут являются также пятью мирами, которые мы по-другому называем четырехбуквенным именем Творца (йуд – хей – вав – хей). Это имя произносится обычно как АВА"Я. У него есть бесконечное множество значений, потому что оно составляет скелет, основу всех имен всех творений:

СФИРА	МИР	БУКВА
КЭТЭР	АДАМ КАДМОН	ТОЧКА БУКВЫ ЙУД (КУЦО ШЕЛЬ ЙУД)
ХОХМА	АЦИЛУТ	БУКВА ЙУД
БИНА	БРИЯ	БУКВА ХЭЙ
З"А	ЕЦИРА	БУКВА ВАВ
МАЛХУТ	АСИЯ	БУКВА ХЭЙ

Наш мир является частью мира Асия. Хотя формально он находится под ним, под его самой последней духовной ступенью, поскольку в духовном пространстве нет места для такого эгоистического свойства, какое властвует в нашем мире, он считается последней ступенькой мира Асия.

Вся причина создания миров заключается в том, что для того чтобы насладить творение, Творец должен создать в нем несколько условий:

– творение должно желать насладиться;
– это желание должно исходить от самого творения;
– оно должно быть самостоятельным, это не одно и то же с предыдущим;
– у творения должны быть силы руководить этим желанием, чтобы желание не властвовало над творением и не диктовало его поведение;

— творение должно иметь возможность самостоятельно, независимо выбрать между наслаждением от того, чтобы быть творением, и наслаждением быть подобным Творцу.

У творения должны быть возможность и силы свободно действовать между двумя противоположными силами: своим эгоизмом и Творцом, и самостоятельно выбирать свой путь, и самостоятельно идти им.

Для того чтобы предоставить в распоряжение творения, т.е. человека, эти условия, Творец должен:
— полностью удалить творение от себя, т.е. от света;
— создать ему условие свободы воли;
— создать ему возможность развития и постижения Мироздания;
— создать ему возможность (какая разница между условием и возможностью?) свободы действия.

Творец создает такие условия творению постепенно. Под творением имеется в виду человек, находящийся в нашем мире, в таком состоянии, когда он уже начинает осознавать себя относительно Мироздания или уже начинает подниматься по духовным ступеням. Такое состояние считается желательным для начала духовной работы человека и называется «этот мир».

Зачем Творец, находящийся на наивысшем духовном уровне, должен был создать творение из противоположного Ему эгоистического свойства, полностью наполнить его светом, затем опустошить от света, этим опустив его до состояния «этот мир» (олам аЗэ)?

Дело в том, что творение, наполненное светом, не является самостоятельным. Оно полностью подавлено светом, свет диктует творению, желанию насладиться, кли, свои условия, передает ему свои свойства.

Для создания самостоятельного кли, совершенно независимого от света, свет должен полностью удалиться из него. Существует простое правило: распространение света в кли с последующим его исторжением делает кли пригодным для своей функции, роли самостоятельно осознающего и выбирающего способ наполнения. Такое настоящее, самостоятельное кли может появиться только в нашем мире.

Три основных понятия

Нисхождение света сверху вниз через все миры до человека, находящегося в этом мире, является подготовительной стадией образования настоящего кли. На каждом этапе только свет определяет все формы, стадии, характер кли. Как только кли полностью освобождается от света, оно становится совершенно самостоятельным и может принимать различные решения.

Любая душа (это еще одно название кли), которая спускается сверху вниз с определенного духовного уровня, до тех пор, пока не одевается в тело-желания человека в нашем мире и пока человек не начинает с ней работать, считается частью Творца и наполнена Его светом.

И только когда душа нисходит до нашего мира и в результате изучения Каббалы осознает свое истинное состояние, тогда человек, у которого появляется желание духовно продвигаться, может просить Творца, чтобы Он наполнил его духовным светом, который его поднимет. Причем тогда человек духовно поднимается не на тот уровень, с которого спустилась его душа, а на уровень в 620 раз больший.

Как продвигается человек? Если ему свыше дан стимул постигать духовное, то он должен его развивать, а не терять. Свыше человека могут подтолкнуть несколько раз, дав интерес к духовному. Но если человек не использует правильно это возникшее в нем желание, его через некоторое время оставят в покое до его следующего воплощения.

Духовно подняться кли вынуждает окружающий свет, ор макиф. Он светит снаружи, т.к. еще не может войти в эгоистическое кли. Но влияние этого света таково, что под его воздействием желания человека к духовному возрастают настолько, что он желает только духовного подъема. И тогда ему помогают свыше. Увеличить влияние на себя окружающего света и таким образом начать испытывать духовные ощущения, выйти в духовное пространство можно только:

а) под руководством настоящего каббалиста;
б) с помощью изучения истинных книг;
в) благодаря общению в группе учеников (совместные занятия, работа, трапезы).

Олам аЗэ («этот мир») — это состояние, когда человек уже ощущает, что Творец от него скрывается. Сегодня мы этого пока не чувствуем. Нам говорят, что Творец существует, мы слышим об этом, но все равно не ощущаем этого. Когда человек начинает чувствовать, что есть нечто вне нашего мира, но скрывается от него, это называется двойным сокрытием Творца.

Эгоизм означает свойство человека, автоматически заставляющее его изо всего, что он делает, извлекать пользу и только в этом видеть цель своих действий. Альтруизм – совершенно непонятное нам свойство, когда человек, что-то делая, совершенно не преследует никакой собственной выгоды. Мы наделены от природы только эгоистическим свойством. Альтруистическое свойство вообще непонятно нам.

Это свойство может обрести лишь тот, кто ощущает Творца. Говоря языком Каббалы, когда свет войдет в кли, он передаст кли свои альтруистические свойства. Сам человек исправиться не может, и от него этого и не требуется. Он должен под руководством Рава, во время групповых занятий, возбудить такие желания к духовному, чтобы свет вошел в него.

Для этого нужно много работать над своими мыслями и желаниями, чтобы четко знать, что именно необходимо, хотя желать этого он еще не может. Если человек в нашем мире совершает поступок, который внешне выглядит альтруистическим, на самом деле это означает, что он заранее сделал расчет о будущем вознаграждении от совершаемого действия.

Любое, даже малейшее движение совершается только на основе расчета, в результате которого человеку кажется, что ему будет лучше, чем сейчас. Если бы человек не делал такого расчета, он бы не смог сдвинуться с места, потому что даже на атомно-молекулярном уровне природе необходима энергия для движения, а этой энергией и является эгоизм, т.е. желание получить наслаждение. Этот закон затем «одевается» в обычные физико-химические законы. В нашем мире человек может только получать либо отдавать ради получения.

Стоит написать здесь, что желания типа осчастливить все человечество тоже являются эгоистическими, потому что человек представляет себя как часть этого человечества и эту свою часть он и наслаждает.

Каббала позволяет описывать и внутренние действия человека над самим собой, и действия Творца над ним, т.е. их взаимные действия. «Аппарат» Каббалы представляет собой физико-математическое описание действий духовных объектов в виде предложений, которые можно свести к формулам, графикам и таблицам.

Все они описывают внутренние духовные действия каббалиста, и то, что стоит за ними, может знать только тот, кто может воспроизвести эти действия в себе и так понять, что эти формулы означают.

Передать эту информацию ученику каббалист может только тогда, когда ученик выйдет хотя бы на первый духовный уровень. Передается такая информация «из уст в уста» (ми пэ ле пэ), потому что на уровне «пэ» духовного парцуфа находится экран. Если ученик еще не обрел экран, он пока не в состоянии ничего понять в истинном виде, он еще ничего не может воспринять от своего учителя.

Когда каббалист читает каббалистическую книгу, он должен каждое слово и каждую букву прочувствовать в себе, подобно тому как слепые ощущают буквы алфавита по системе Брайля.

Мы прошли четыре стадии образования кли (0 – Шореш или Кэтэр, 1 – Хохма, 2 – Бина, 3 – Тифэрэт). Почему их четыре, а не пять? Потому что пятая стадия – это уже само кли, а не стадия его образования. Начиная с малхут, нет уже более стадий, кли полностью создано, рождено, сформировано в своем эгоистическом желании получать наслаждение от света хохма. Кли самостоятельно не только в своем желании, но и по воплощению в действие своего желания.

Но если свет, наслаждение наполняет кли, оно диктует кли образ действия, так как оно подавляет его, наполняя своим наслаждением. Поэтому только тогда, когда кли не наполнено светом, оно действительно свободно в своем намерении. Но и этого недостаточно: свет вообще не должен ощущаться даже издали. То есть Творец должен полностью скрыться от кли, малхут. И только тогда малхут сможет быть самостоятельной, свободной в своих решениях и действиях.

Такое состояние, когда кли само может реализовать свои желания, когда оно полностью свободно от влияния света, наслаждения и свет не может диктовать кли свои условия, называется «наш мир», или «этот мир». Этого состояния можно достичь, если удалить свет не только изнутри кли, но и постепенно отдалить его снаружи. Человек в нашем мире не ощущает Творца не только в себе, но и вне себя, т.е. не верит в Его существование.

Удаление света изнутри кли называется сокращением желания насладиться, или просто сокращением, Цимцум Алеф. Отдаление света снаружи кли достигается с помощью системы затемняющих экранов, называемых мирами. Таких экранов всего пять, т.е. существует пять миров. Каждый из миров состоит из пяти частей, называемых «парцуфим» (мн. ч. от парцуф). В каждом парцуфе есть пять частей, называемых «сфирот» (мн. ч. от сфира). В итоге малхут удаляется от света настолько, что совершенно не ощущает свет. Это и есть человек в нашем мире.

Хотя в Каббале мы изучаем свойства миров, парцуфим, сфирот, т.е. свойства экранов, заслоняющих от нас духовное, Творца, цель этого обучения – знать, какие свойства человек должен приобрести, для того чтобы нейтрализовать скрывающее действие всех этих миров, парцуфим, сфирот, чтобы подняться до уровня той или иной духовной ступени – сфиры, парцуфа, мира.

Приобретая свойство определенной сфиры определенного парцуфа в определенном мире, человек этим моментально нейтрализует скрывающее действие этой ступени и сам как бы восходит на нее. Теперь уже только высшие ступени скрывают от него свет, Творца. Постепенно он должен постичь все свойства всех ступеней, начиная от первой снизу, находящейся непосредственно над нашим миром, и до самой высшей, до своего окончательного исправления.

Теперь вернемся к малхут, пятой стадии развития кли. Когда малхут ощущает себя получающей, а Творца дающим, она воспринимает противоположность своего состояния Творцу настолько отвратительной, что решает прекратить получать наслаждение. И поскольку в духовном мире нет насилия, а наслаждение не может ощущаться, если нет желания, свет как бы исчезает, перестает ощущаться в кли.

Малхут делает Цимцум Алеф (Ц"А). В предыдущих стадиях кли еще не ощущало себя получающим, и только в пятой стадии, когда оно само решает получать, кли ощущает свою противоположность Творцу. Только малхут может совершить Ц"А, поскольку для того, чтобы сделать Цимцум, нужно сначала почувствовать свою полную противоположность Творцу.

Малхут еще называется душой, но название «душа» может относиться как к кли, так и к свету в нем. Читая текст, всегда нужно понимать, идет ли речь о творении или о том, чем оно наполнено. В первом случае это часть самого творения, желание, во втором – часть Творца, свет.

Когда душа спускается из Мира Бесконечности в мир Ацилут, она становится душой стадии Алеф, но еще не настоящей душой, т.к. еще не ощущается ее отличие от Творца. Это подобно ребенку во чреве матери, которого еще нельзя назвать самостоятельным, хотя он уже существует. Он пока еще находится в промежуточном состоянии.

Мир Ацилут абсолютно духовен, потому как в нем кли не ощущается, оно полностью подавлено светом и составляет со светом единое целое. Души остальных творений, например животных, проходящие сверху вниз через мир Ацилут, также считаются слитыми воедино с Творцом. В нашем же мире творения полностью опустошены от света и бесконечно удалены от Творца.

Миры являются ступеньками приближения к Творцу при подъеме человека снизу вверх и мерой удаления от Творца при нисхождении души сверху вниз. При этом неважно, о каких типах душ идет речь. Хотя вся природа составляет единое целое, в ней можно выделить виды творений, отличающиеся друг от друга по степени свободы выбора: более свободные в выборе Цели и менее свободные.

Из всех творений только человек обладает истинной свободой воли, вся остальная природа поднимается или опускается вместе с ним, так как все в нашей Вселенной связано с человеком. Невозможно говорить об определенном количестве душ, которые проходят этот путь, потому что трудно дать душам количественную оценку.

В каждом из нас неожиданно могут появиться частички других душ, более сильных и высоких. Они начинают говорить в нас и подталкивать нас вперед. На самом деле душа не есть что-то заранее определенное, постоянное, что-то, что сопровождает наше физиологическое тело в течение всей его биологической жизни. АР"И, к примеру, в своей книге «Шаар аГильгулим» («Врата перевоплощений») описывает, какие души и в какой последовательности в него вселялись.

Душа также не является чем-то неделимым. Она сама постоянно сливается и разделяется, образует все новые части постольку, поскольку это необходимо для исправления всей общей души. Даже в течение жизни человека в него вселяются и из него удаляются какие-то частички душ, души постоянно переливаются с другими душами.

Мир Брия соответствует стадии Бэт – бине, желанию отдавать, услаждать. Кли в мире Брия называется «нэшама», оно впервые имеет свое собственное желание, хотя это желание отдавать, и поэтому оно очень «светлое», неэгоистическое по своим желаниям и считается абсолютно духовным.

Мир Ецира соответствует стадии Гимэл – тифэрэт, или З"А, в которой проявляется как желание отдавать (приблизительно 90%), так и желание получать (приблизительно 10%), т.е. небольшое свечение света хохма на ярком фоне света хасадим. Кли в этой стадии переходит из состояния нэшама в состояние руах. Хотя желания кли уже в какой-то степени эгоистичны, желание отдавать все же преобладает, поэтому кли в мире Ецира еще вполне духовно.

В мире Асия властвует четвертая стадия, малхут, полностью эгоистическая. Само желание получать здесь – это гуф (тело), которое совершенно удалено от Творца. Свет, наполняющий кли в мире Асия, называется «нэфеш», это название говорит о том, что и кли, и свет находятся без всякого духовного движения, подобно неживой природе нашего мира.

Таким образом, постепенно нисходя по ступеням миров, кли все больше и больше огрубляется, отдаляясь от света, пока не остается совсем опустошенным, т.е. не ощущает свет, а потому становится совершенно свободным в своих мыслях и действиях от света, Творца.

Если теперь кли само предпочтет путь духовного развития «мелким» эгоистическим наслаждениям, оно сможет, постепенно поднимаясь снизу вверх по ступеням миров Асия, Ецира, Брия, Ацилут, Адам Кадмон, достичь Мира Бесконечности, т.е. бесконечного слияния с Творцом, равенства с Ним.

В каждом человеке имеется черная точка, зародыш будущего духовного состояния. У разных людей эта точка находится в состоянии различной готовности к духовному восприятию. Есть люди, совершенно не воспринимающие духовные понятия, они не испытывают ни малейшего интереса к ним. А есть люди, которые вдруг пробуждаются, причем даже им самим совершенно непонятно, почему они вдруг начали интересоваться настолько «абстрактными» вещами.

Подобно всем животным, человек живет под влиянием родителей, общества, черт своего характера. У него нет никакой свободы воли, он только перерабатывает доступную ему информацию в соответствии с внешними и внутренними факторами и затем совершает те поступки, которые кажутся ему наилучшими, наиболее выгодными.

Но все изменяется, когда Творец начинает будить человека. Человек пробуждается под действием маленькой порции света, которую Творец посылает ему как бы авансом. Получив эту порцию, его внутренняя точка начинает требовать дальнейшего наполнения, заставляя человека искать свет. И он начинает искать. Он ищет его в различных занятиях, идеях, философии, учениях, кружках до тех пор, пока не приходит к Каббале. Такой путь должна пройти каждая душа на земле!

До тех пор пока с помощью экрана его черная точка не разрастается до размеров маленького парцуфа, считается, что у человека нет души, нет кли и, соответственно, в нем нет света. Наличие даже самого маленького духовного парцуфа со светами нэфеш, руах, нэшама, хая, ехида (НаРаНХа"Й) уже свидетельствует о рождении человека, о его выходе из животного состояния (которое мы, впрочем, привыкли считать человеческим).

Под понятием «человек» имеется в виду такое духовное состояние, когда он уже прошел духовный барьер (махсом) между этим миром и миром духовным, миром Асия, получив при этом духовное кли, являющееся его душой.

Опыт, накопленный душой в каждом перевоплощении в этом мире, остается в ней и переходит из поколения в поколение, лишь меняя при этом физиологические тела, как рубашки. Все телесные физические страдания также записываются в душе и в один прекрасный момент приводят его к желанию постичь духовное.

Облачение души в женское тело говорит о том, что на данную душу в этом перевоплощении не возложено личного духовного исправления. Такая личность может духовно продвигаться не самостоятельно, а своим содействием распространению Каббалы, получением духовного возвышения через мужа.

Сказано в Торе, что сердца управляющих миром находятся в руках Творца. Это относится ко всем политикам, правителям, диктаторам, ко всем, от кого зависит человечество, все они являются лишь марионетками в руках Творца, через которых Он проводит свое управление.

В духовном пространстве существует только один закон – закон подобия духовных свойств: если свойства одного человека равны, подобны свойствам другого, то эти люди духовно близки. Если люди отличаются друг от друга по мыслям, взглядам, они чувствуют друг друга разобщенными и отдаленными, даже если они находятся физически близко.

Духовная близость или удаление зависят от подобия свойств объектов. Если объекты полностью совпадают по своим свойствам, желаниям, они сливаются воедино. Если два желания противоположны друг другу, говорят, что они абсолютно удалены друг от друга. Чем более схожи между собой два желания, тем ближе они находятся по отношению друг к другу в духовном мире.

Если лишь одно из многочисленных желаний объектов совпадает, эти два объекта касаются друг друга только в одной точке. Если ни одно наше желание не подобно желанию Творца, это означает, что мы абсолютно удалены от Него и нам нечем Его ощутить. Если у меня появится хоть одно желание, подобное Творцу, то именно в нем я смогу почувствовать Творца.

Задача человека заключается в том, чтобы постепенно превратить все свои желания в подобные желаниям Творца. Тогда он полностью сольется с Создателем в один духовный объект, и между ними не будет никакой разницы. Тогда человек достигнет всего того, что есть у Творца: вечности, абсолютного знания, совершенства. В этом и есть конечная цель исправления всех природных желаний человека.

Малхут, которая исторгла весь свет в Ц"А, решила принимать его с помощью экрана. К ней приходит прямой свет, который давит на экран и желает проникнуть вовнутрь. Малхут отказывается от получения света, помня, какой жгучий стыд она испытала, когда была наполнена им. Отказ от света – это отражение его с помощью экрана. Такой свет называется «ор хозер» (отраженный свет). Само отражение света называется «акаа» (удар) света в экран.

Отражение наслаждения, света происходит внутри человека с помощью намерения принять это наслаждение только ради Творца. Затем человек производит расчет, сколько он может получить, чтобы этим доставить наслаждение Творцу. Он как бы одевает наслаждение, которое желает получить, в намерение отдать Творцу, получить, насладиться ради Творца.

Облачение прямого света в отраженный позволяет малхут после Ц"А расшириться, принять внутрь себя какую-то часть света. Это означает, что в этом месте она подобна Творцу, сливается с Ним. Целью творения является полное наполнение малхут светом Творца. Тогда все получение света будет равносильно отдаче и будет означать полное слияние всего творения с Творцом.

Одевая приходящее наслаждение в свое намерение, в отраженный свет, малхут как бы говорит, что хочет ощутить получаемое наслаждение только потому, что этим доставляет радость Создателю. В этом случае получение эквивалентно отдаче, потому что смысл действия определяется намерением кли, а не механическим направлением движения, совершается ли оно внутрь или наружу. Ощущаемое при этом наслаждение будет двойным: от получения наслаждения и от услаждения Творца.

Рабби Ашлаг приводит пример отношений гостя и хозяина, прекрасно иллюстрирующий ситуацию, когда гость, получая наслаждение от хозяина, как бы обращает его в отдачу. Человек приходит в гости к хозяину, который точно знает, какие блюда тот любит. Гость садится перед хозяином, и хозяин ставит на стол 5 самых любимых блюд гостя, как раз в таком количестве, которое соответствует его аппетиту.

Если бы гость не видел дающего, хозяина, он не испытывал бы чувства стыда и набросился бы на еду, поглотив все блюда без остатка, поскольку они точно соответствуют его желанию. Но сидящий перед ним хозяин смущает его, и гость отказывается от еды. Хозяин настаивает, рассказывая, как он старался для него, как хотел ему угодить, дать ему наслаждение.

Наконец, уговаривая гостя, хозяин говорит ему, что страдает оттого, что гость отказывается поесть. Лишь когда гость понимает, что, съев обед, он доставит этим наслаждение хозяину и превратится из получающего наслаждение в дающего, т.е.

сравняется по намерениям и свойствам с хозяином, он соглашается начать есть.

Если возникает ситуация, когда хозяин желает насладить гостя выставленным перед ним угощением, а гость, в свою очередь, съедает это с намерением вернуть наслаждение хозяину, сам при этом получая наслаждение, это состояние называется ударное слияние (зивуг дэ-акаа). Однако наступить оно может только после первоначального полного отказа гостя от наслаждения.

Только убедившись, что при помощи получения он доставляет наслаждение хозяину, как бы делая ему одолжение, гость начинает принимать угощение, и принимает его только в той мере, в которой он может думать не о собственном удовольствии, а о наслаждении Творца.

Казалось бы, зачем нужны наслаждения в нашем мире, если они базируются на страданиях? Если желание наполнено, то наслаждение «гасится», исчезает. Удовольствие же ощущается, только когда есть жгучее желание его получить. С помощью исправления желаний, добавляя к ним намерение «ради Творца», мы можем наслаждаться безгранично, не ощущая «голод» перед наслаждением. Мы можем получать огромное удовольствие, даря наслаждение Творцу, с помощью того, что будем постоянно увеличивать в себе ощущение Его величия.

И поскольку Творец вечен и безграничен, то, ощущая Его величие, мы рождаем в себе бесконечное и постоянное кли – голод по Нему. Поэтому мы можем наслаждаться вечно и безгранично. В духовном мире любое получение наслаждения способствует еще большему желанию его получить, и так продолжается до бесконечности.

Наполнение становится равносильно отдаче: отдал, увидел, как Он насладился, и приобрел еще большее желание отдать. Но и наслаждение от отдачи должно быть тоже альтруистическим, т.е. ради отдачи, а не ради наслаждения от нее. В противном случае это будет отдачей для самонаслаждения, подобно тому как мы даем, преследуя при этом какую-нибудь собственную выгоду.

Каббала учит человека наслаждаться светом с намерением ради Творца. Если человек на все желания этого мира может поставить экран, то он моментально сможет ощутить духовный мир. Затем человек попадает под влияние духовно нечистых сил. Они постепенно добавляют человеку духовный эгоизм. На него он строит новый экран с помощью чистых сил, и тогда он может получить внутрь новую порцию света, которая соответствует количеству исправленного им эгоизма. Таким образом, у человека всегда есть свобода воли.

В понятии «экран» заключается все отличие духовного от материального. Наслаждение, полученное без экрана, является обычным эгоистическим наслаждением нашего мира. Смысл в том, чтобы предпочесть этим наслаждениям духовные и, развивая экран, получить то вечное наслаждение, которое предназначено нам согласно Замыслу творения.

Однако экран может появиться только под воздействием Творца, света на эгоистическое кли, желание. Как только Творец раскрывается человеку, у него сразу пропадает вопрос, кому нужны его усилия. Вся наша работа, таким образом, сводится только к одному: достичь ощущения Творца.

Для того чтобы преодолеть какую-либо ступень сокрытия, человеку необходимо приобрести свойства этой ступени. Этим он «нейтрализует», берет на себя ограничение, воздействие на себя сокрытия этой ступени, и тогда это сокрытие обращается для него в раскрытие и постижение.

Возьмем, например, человека, который всеми своими свойствами находится в нашем мире. Его свойства неисправлены настолько, что на него действует сокрытие всех пяти миров. Если в результате исправления его свойства станут подобны свойствам мира Асия, мир Асия перестанет скрывать от него свет Творца, и это будет означать, что человек духовно поднялся на уровень мира Асия.

Человек, который уже находится своими свойствами и ощущениями в мире Асия, ощущает на себе сокрытие Творца на уровне мира Ецира. Исправляя свои свойства на свойства, подобные миру Ецира, он нейтрализует сокрытие света Творца на этой ступени и начинает ощущать Его на уровне мира Ецира. Выходит, что миры – это экраны, скрывающие от нас Творца, и когда человек ставит на свой эгоизм экран, подобный им, он тем самым раскрывает ту часть света Творца, которую этот экран, мир задерживал в себе.

Тот, кто находится в определенном мире, ощущает скрытие на этом уровне и выше, но не ниже. Так, если человек находится на уровне сфиры хэсэд парцуфа З"А в мире Брия, то, начиная с этой ступени и вниз, все миры, все парцуфим и все сфирот находятся в нем в уже исправленном состоянии. Эти пройденные ступени являются для него ступенями раскрытия, он вобрал в себя их эгоизм и исправил их с помощью экрана и, следовательно, раскрыл для себя Творца на этой ступени.

Но на всех ступенях выше этой точки Творец еще скрывается от него. Всего же от нашего мира до Творца есть 125 ступеней: 5 миров, по 5 парцуфим в каждом мире, по 5 сфирот в каждом парцуфе.

Самое главное – это сделать первый шаг в духовный мир, а дальше намного проще. Ведь все ступени подобны одна другой, и их отличие только в материале, но не в устройстве. Мир Адам Кадмон состоит из пяти парцуфим: Кэтэр (Гальгальта), Хохма (А"Б), Бина (СА"Г или Аба ве Има, сокращенно АВ"И), З"А (иногда он называется Кадош Барух Ху, Исраэль), Малхут (Шхина, Лея, Рахель).

На каждой духовной ступеньке человек как бы меняет свое имя и, в зависимости от того где он сейчас находится, называется то Фараоном, то Моше, то Исраэлем. Все эти имена – это имена Творца, уровни Его постижения. Каббалистические источники написаны, как правило, теми каббалистами, которые прошли все ступени исправления.

Далее идут ступени не исправления, а личного постижения, личного контакта с Творцом. Их не изучают. Они относятся к так называемым «тайнам Торы» (содот Тора). Их получает как подарок тот, кто уже полностью себя исправил. В отличие от них, ступени исправления относятся к таамей Тора (вкусы Торы), их необходимо изучать и постигать.

Передача каббалистической информации – это передача света. Передача свойств от высшего к низшему называется «нисхождением», или «влиянием», а от низшего к высшему «просьбой», «молитвой», МА"Н. Связь существует только между двумя парцуфим, которые находятся рядом, один над другим. Через ступеньку общаться невозможно. Каждая высшая ступень называется Творцом по отношению к нижней, ее отношение к нижестоящей ступени можно уподобить всей Вселенной по отношению к одной песчинке.

Три основных понятия

יא) ועם זה תבין גדר האמיתי להבחין בין רוחניות לגשמיות: כי כל שיש בו רצון לקבל מושלם בכל בחינותיו, שהוא בחי"ד, הוא נקרא "גשמי". והוא נמצא בפרטי כל המציאות הערוכה לעיניני בעוה"ז. וכל שהוא למעלה משיעור הגדול הזה של הרצון לקבל, נבחן בשם "רוחניות". שהם העולמות אבי"ע, הגבוהים מעוה"ז, וכל המציאות שבהם.
ובזה תבין, שכל ענין עליות וירידות האמורות בעולמות העליונים, אינן בבחינת מקום מדומה ח"ו, רק בענין ד' הבחינות שברצון לקבל. כי כל הרחוק ביותר מבחי"ד, נבחן למקום יותר גבוה. וכל המתקרב אל בחינה ד', נבחן למקום יותר תחתון.

11. Теперь мы сможем понять разницу между духовным и материальным. Если желание получить достигло своего окончательного развития, т.е. стадии бхина Далет, то такое желание называется «материальным» и находится в нашем мире (олам а-зэ). Если же желание получать еще не достигло своего окончательного развития, то такое желание считается духовным и оно соответствует четырем мирам АБЕ"А, которые находятся выше нашего мира.

И теперь ты сможешь понять, что все подъемы и спуски, которые происходят в высших мирах, ни в коем случае не являются перемещениями в каком-то мнимом пространстве, а являются только изменениями в размере желания получать. Самый удаленный от бхины Далет объект находится на самом высоком месте. Чем больше объект приближается к бхине Далет, тем на более низком месте он находится.

Здесь под названием «олам аЗэ» подразумевается мир Асия. Желание получить в бхине Далет является абсолютно законченным: это желание только получать, ничего не отдавая. Все подъемы и спуски (нисхождения) в духовном ни в коем случае не связаны с понятием места, а говорят исключительно об увеличении или уменьшении сходства внутренних свойств человека со свойствами Творца.

Если сравнивать, уподобить с нашим миром, то можно себе представить, что подъем – это всплеск, улучшение настроения, а спуск – это его ухудшение, хотя речь идет о сходстве свойств, а настроение является сопутствующим осознанию духовного возвышения. Все действия в Каббале – это действия над внутренними ощущениями человека.

То, каким своим свойством человек пользуется, зависит от него самого. Важно, с какой мерой эгоизма человек сейчас работает и «на кого»: на Творца, и тогда это будет подъемом, или на себя, что соответствует падению. То есть важно, как он использует свой эгоизм и в каком направлении.

> **יב)** אמנם יש להבין: כיון שכל עיקרו של הנברא ושל כל הבריאה בכללה, הוא רק הרצון לקבל בלבד, ומה שיותר מזה אינו לגמרי בכלל בריאה, אלא נמשך יש מיש מעצמותו ית', א"כ למה אנו מבחינים את הרצון לקבל הזה לעוביות ועכירות, ואנו מצווים לזכות אותו על ידי תורה ומצות, עד שזולת זה לא נגיע אל המטרה הנעלה של מחשבת הבריאה?

12. Следует понять, что сутью каждого сосуда и сутью всего Творения в общем является только желание получать. Все, что выходит за рамки желания получать, никакого отношения к творению не имеет, а относится к Сущности Творца. Почему же мы рассматриваем желание получать как нечто грубое, отвратительное, требующее исправления? Нам заповедано «очистить» его с помощью Торы и Заповедей, в противном случае мы не сможем достигнуть высшей цели Замысла творения.

Желание насладиться, получать, создал Творец, и потому оно неизменно. Человек же только может выбирать, какой величиной желания ему сейчас воспользоваться и «во имя чего». Если любое свое желание он использует только для своей пользы, то это эгоизм, или «духовная нечистота». Если же человек хочет использовать свои желания для того, чтобы наслаждаться, доставляя этим удовольствие Творцу, то он должен выбирать только такие свои желания, с которыми он действительно в состоянии так поступить.

Поэтому, желая поступать альтруистически, человек вначале должен проверить себя, какими желаниями он может наслаждаться, чтобы это наслаждение вернулось к Творцу, а только затем начинать наполнять их наслаждением. Все желания человека – это желания малхут. Они делятся на 125 частей, называемых ступенями. Постепенно используя все большее эгоистическое желание ради Творца, человек духовно поднимается. Использование всех 125 частных желаний малхут называется полным исправлением эгоизма.

Иногда желания малхут удобнее разделить не на 125, а на 620 частей. Такие части желания, вернее, их использование ради

Творца, называются «заповедями», действиями ради Творца. Выполнив 620 таких действий, заповедей, человек достигает того же подъема на 125 ступеней.

יג) והענין הוא, כי כמו שהגשמיים נפרדים זה מזה ע"י ריחוק מקום, כן נפרדים הרוחנים זה מזה ע"י שינוי הצורה שבהם. ותמצא זה גם בעוה"ז. למשל שני בני אדם, הקרובים בדעתם זה לזה, הם אוהבים זה את זה. ואין ריחוק מקום פועל עליהם, שיתרחקו זה מזה. ובהפך, כשהם רחוקים זה מזה בדעותיהם, הרי הם שונאים זה את זה, וקרבת המקום לא תקרב אותם במאומה.

הרי ששינוי הצורה שבדעתם, מרחקם זה מזה, וקרבת הצורה שבדעתם, מקרבם זה אל זה. ואם למשל, טבעו של האחד הוא הפוך בכל בחינותיו כנגד טבעו של השני, הרי הם רחוקים זה מזה כרחוק המזרח ממערב. ועד"ז תשכיל ברוחניות, שכל הענינים של התרחקות והתקרבות וזווג ויחוד, הנבחנים בהם, הם משקלים של שינוי צורה בלבד. שלפי מדת שינוי הצורה, הם מתפרדים זה מי זה, ולפי מדת השואת הצורה, הם מתדבקים זה בזה.

ועם זה תבין, שהגם שהרצון לקבל הוא חוק מחויב בהנברא, כי הוא כל בחינת נברא שבו, והוא הכלי הראוי לקבל המטרה שבמחשבת הבריאה, עכ"ז הוא נעשה ע"ז נפרד לגמרי מהמאציל, כי יש שינוי צורה עד למדת הפכיות בינו לבין המאציל. כי המאציל הוא כולו להשפיע, ואין בו מנצוצי קבלה אפילו משהו ח"ו. והוא כולו לקבל, ואין בו מנצוצי השפעה אף משהו. הרי אין לך הפכיות הצורה רחוקה יותר מזה. ונמצא ע"כ בהכרח כי הפכיות הצורה הזו מפרידה אותו מהמאציל.

13. Подобно тому как материальные объекты отделяются друг от друга расстоянием в пространстве, духовные объекты отделяются друг от друга в результате различия внутренних свойств. Нечто подобное происходит и в этом мире. Допустим, два человека имеют сходные взгляды, они симпатизируют друг другу, и никакие расстояния не могут повлиять на симпатию между ними. И наоборот, когда их взгляды принципиально отличаются, они ненавидят друг друга, и никакая близость расстояний не сможет их соединить.

Таким образом, сходство во взглядах сближает людей, тогда как различия во взглядах разделяют их. Если же природа одного из них совершенно противоположна природе другого, то эти люди далеки друг от друга, как восток от запада. Так же и в духовных мирах: удаление, сближение, слияние – все эти процессы происходят только согласно различию или сходству внутренних свойств духовных объектов. Разница в свойствах отделяет их друг от друга, сходство же свойств сближает их и ведет к слиянию.

Желание получить – это главное, что есть в творении, это и есть сосуд, который необходим для осуществления Цели, заключенной в Замысле творения. Именно это желание полностью отделяет творение от Творца. Ведь Творец – это абсолютное желание отдавать, и у Него нет даже намека на желание получить. Невозможно представить бо́льшую противоположность, чем эта: между Творцом и творением, между желанием отдавать и желанием получить.

Духовное место – это нахождение своими свойствами на одной из ступеней 125-ступенчатой лестницы. Отсюда понятно, что под понятием «место» имеется в виду качество, свойство, мера исправленности. Даже в нашем мире сближение в физическом пространстве не сближает два разных характера, и только сходство свойств, мыслей и желаний может их сблизить. Разница же в свойствах, желаниях, наоборот, отдаляет духовные объекты друг от друга.

יד) ובכדי להציל את הנבראים מגודל הפירוד הרחוק הזה, נעשה סוד הצמצום הא', שעניינו הוא, שהפריד הבחי"ד מן כל פרצופי הקדושה. באופן, שמדת גדלות הקבלה ההיא נשארה בבחינת חלל פנוי וריקן מכל אור. כי כל פרצופי הקדושה יצאו בבחינת מסך מתוקן בכלי מלכות שלהם, שלא יקבלו אור בבחי"ד הזו.

ואז, בעת שהאור העליון נמשך ונתפשט אל הנאצל, והמסך הזה דוחה אותו לאחוריו, הנה זה נבחן כמו הכאה בין אור העליון ובין המסך, המעלה אור חוזר ממטה למעלה, ומלביש הע"ס דאור העליון. כי אותו חלק האור הנדחה לאחוריו, נקרא "אור חוזר". ובהלבשתו לאור העליון, נעשה אח"כ כלי קבלה על האור העליון במקום הבחי"ד.

כי אח"ז התרחבה כלי המלכות, באותו שיעור האו"ח, שהוא אור הנדחה, שעלה והלביש לאור העליון ממטה למעלה, והתפשטה גם ממעלה למטה, שבזה נתלבשו האורות בכלים, דהיינו בתוך אור חוזר ההוא. וה"ס ראש וגוף שבכל מדרגה. כי הזווג דהכאה מאור העליון במסך, מעלה אור חוזר ממטה למעלה, ומלביש הע"ס דאור העליון בבחינת ע"ס דראש, שפירושו שרשי כלים.

כי שם עוד לא יכולה להיות הלבשה ממש. ואח"ז כשהמלכות מתפשטת עם האו"ח ההוא ממעלה למטה, אז נגמר האור חוזר, ונעשה לבחינת כלים על אור העליון. ואז נעשית התלבשות האורות בכלים. ונקראת "גוף של מדרגה" ההיא, שפירושו כלים גמורים.

14. Для того чтобы избавить творения от такой удаленности от Творца, произошел Цимцум Алеф, Ц"А (Первое Сокращение), который отделил бхину Далет от духовных объектов. Это произошло таким образом, что желание получать превратилось в пустое от света пространство. После Цимцум Алеф все духовные объекты имеют экран на свой сосуд-малхут, для того чтобы не получать свет внутрь бхины Далет.

В тот момент, когда высший свет пытается войти внутрь творения, экран отталкивает его назад, и этот процесс называется ударом (акаа) между высшим светом и экраном. В результате этого удара отраженный свет поднимается снизу вверх и надевается на десять сфирот высшего света. Отраженный свет, надеваясь на высший свет, становится сосудом получения вместо бхины Далет.

После этого малхут расширилась в соответствии с величиной отраженного снизу вверх света и распространилась сверху вниз, впустив этим внутрь себя свет. Говорят, что высший свет оделся в отраженный свет. И это называется «рош» (голова) и «гуф» (тело) каждой ступени. Ударное взаимодействие высшего света с экраном вызывает подъем отраженного света снизу вверх. Последний надевается на 10 сфирот высшего света, образуя этим десять сфирот дэ-рош.

Эти 10 сфирот дэ-рош еще не являются настоящими сосудами, а считаются только их корнями, зародышами. Только после того как малхут вместе с отраженным светом распространяется теперь уже сверху вниз, отраженный свет превращается в сосуды для получения высшего света, и тогда происходит одевание светов в сосуды, которые называются «телом» данной ступени. Телом называются настоящие, законченные сосуды.

Творение создано абсолютно эгоистическим, и по этому своему свойству оно предельно отдалено от Творца. Для того чтобы вывести творение из такого состояния, Творец создал в малхут желание совершить Ц"А, т.е. отделить бхину Далет от всех чистых бхинот, оставив ее абсолютно пустой в ничем не заполненном пространстве.

На своем пути к творению высший свет (ор эльон) сталкивается с экраном, который находится перед желанием бхины

Далет насладиться, и полностью отталкивается им обратно. Это явление определяется как ударное взаимодействие между высшим светом и экраном и называется «акаа» (ударом). Отраженный свет (ор хозер), разделенный экраном на 10 частей, сфирот, надевается на высший свет и этим делит его тоже на 10 сфирот. 10 сфирот отраженного света и 10 сфирот высшего света вместе взятые образуют рош (голову) парцуфа (духовного объекта).

Таким образом, отраженный свет, желание вернуть Творцу получаемое от Него наслаждение, становится условием получения в себя этого наслаждения, т.е. сосудом получения (кли каббала) вместо бхины Далет. Бхина Далет же не в состоянии получать наслаждение без экрана из-за своих эгоистических желаний. Мы видим, что экран может изменить ее намерение с эгоистического на альтруистическое, на желание получить ради Творца. Только после того как творение построит такое намерение, высший свет может распространиться сверху вниз в сосуд и одеться в желания-келим, которые образованы отраженным светом.

טו) הרי שנעשו בחינת כלים חדשים בפרצופי דקדושה במקום בחי"ד אחר הצמצום א', שהם נעשו מאור חוזר של זווג דהכאה בהמסך. ויש אמנם להבין את אור חוזר הזה: איך הוא נעשה לבחינת כלי קבלה, אחר שהוא מתחילתו רק אור נדחה מקבלה, ונמצא שמשמש תפקיד הפוך מעניינו עצמו?

ואסביר לך במשל מהויות דחיי העולם. כי מטבע האדם לחבב ולהוקיר מדת ההשפעה. ומאוס ושפל בעיניו מדת הקבלה מחברו. ולפיכך, הבא לבית חברו, והוא מבקשו שיאכל אצלו, הרי אפילו בעת שהוא רעב ביותר, יסרב לאכול. כי נבזה ושפל בעיניו להיות מקבל מתנה מחברו.

אכן בעת שחברו מרבה להפציר בו בשיעור מספיק, דהיינו עד שיהיה גלוי לו לעינים, שיעשה לחברו טובה גדולה עם אכילתו זו, הנה אז מתרצה ואוכל אצלו. כי כבר אינו מרגיש את עצמו למקבל מתנה, ואת חברו להמשפיע. אלא להיפך, כי הוא המשפיע ועושה טובה לחברו, ע"י קבלתו ממנו את הטובה הזאת. והנך מוצא, שהגם שהרעב והתאבון הוא כלי קבלה המיוחד לאכילה, והאדם ההוא היה לו רעבון ותאבון במדה מספקת לקבל סעודת חברו, עכ"ז לא היה יכול לטעום אצלו אף משהו, מחמת הבושה.

אלא כשחברו מתחיל להפציר בו, והוא הולך ודוחה אותו, הרי אז התחיל להתרקם בו כלי קבלה חדשים על האכילה. כי כחות ההפצרה של

חברו וכחות הדחיה שלו, בעת שהולכים ומתרבים, סופם להצטרף לשיעור מספיק, המהפכים לו מדת הקבלה למדת השפעה. עד שיוכל לצייר בעיניו, שיעשה טובה ונחת רוח גדולה לחברו עם אכילתו. אשר אז נולדו לו כלי קבלה על סעודת חבירו. ונבחן עתה, שכח הדחיה שלו נעשה לעיקר כלי קבלה על הסעודה, ולא הרעב והתאבון, אע"פ שהם באמת כלי קבלה הרגילים.

15. Итак, после Ц"А вместо бхины Далет возникают новые сосуды получения. Они возникли из отраженного света в результате ударного взаимодействия высшего света с экраном. Но нам еще нужно понять, каким образом этот свет стал сосудом получения, ведь вначале он был всего лишь светом, отраженным от сосуда получения. У нас получилось, что свет стал сосудом, т.е. он начинает выполнять прямо противоположную функцию.

Чтобы объяснить это, рассмотрим пример из нашего мира. Человеку по своей природе свойственно уважать желание отдавать, и наоборот, ему неприятно получать от кого-нибудь другого, ничего не отдавая взамен. Допустим, человек попадает в дом к своему товарищу, и тот предлагает ему пообедать. Естественно, что гость, как бы он ни был голоден, откажется от еды, потому что ему неприятно ощущать себя получателем, который ничего не дает взамен.

Хозяин, однако, начинает его уговаривать, убеждая, что тем, что он съест его еду, гость доставит ему большое удовольствие. Когда гость почувствует, что это действительно так, он согласится съесть предложенную еду, потому что больше не будет чувствовать себя получателем. Более того, теперь гость чувствует, что он дает хозяину, доставляя ему удовольствие тем, что соглашается поесть. Получается, что несмотря на то что гость был голоден (а именно голод – истинный сосуд получения еды), тем не менее из-за своего стыда он не смог даже отведать яств до тех пор, пока хозяин его не уговорил.

Итак, мы видим, как появляется новый сосуд получения еды. Сила убеждения со стороны хозяина и сила сопротивления со стороны гостя, нарастая, в конце концов превращают получение в отдачу. Факт получения остался, все, что изменилось, это только намерение. Именно сила отталкивания, а не чувство голода, которое является настоящим сосудом получения, стала основой для получения угощения.

Всюду, где написано бхина Далет, имеется в виду малхут, т.е. получение ради получения. Существует действие и причина этого действия. Какова причина получения до Сокращения? Желание и стремление к наслаждению. Выходит: получает – действие, ради получения – причина. После Сокращения парцуфим не используют бхину Далет, а весь получаемый ею свет – экран и отраженный свет.

Причина получения, бывшая до Сокращения, осталась и после него, ведь если нет желания и стремления к чему-нибудь, невозможно получить. Но эта причина недостаточна, чтобы получать, и должна сопровождаться дополнительной причиной, т.е. намерением ради отдачи.

Малхут готова отказаться от животных наслаждений, она делает на них Сокращение. Она получает только потому, что таково желание Творца. В соответствии с этим получение ради отдачи выглядит по-другому. Действие, являющееся получением, исходит не из первой причины, а из второй – получение ради отдачи, но первая причина обязана сопровождать вторую, поскольку если нет желания и стремления получить наслаждение, как сможет наслаждаться?

Например, есть заповедь наслаждаться субботней трапезой, но если нет голода, как можно получить удовольствие от еды? Поэтому первая причина – желание получить – должна присутствовать, но из-за «стыда» не может просто получить, а только при дополнительной причине – желании отдавать.

טז) ומדמיון הנ"ל בין אדם לחברו אפשר להבין ענין הזווג דהכאה ואת האו"ח העולה על ידו, שהוא נעשה כלי קבלה חדשים על אור העליון במקום בחי"ד. כי ענין ההכאה של אור העליון, המכה בהמסך ורוצה להתפשט אל בחי"ד, יש לדמותו לענין ההפצרה לאכול אצלו. כי כמו שהוא רוצה מאד שחברו יקבל את סעודתו, כן אור העליון רוצה להתפשט למקבל. וענין המסך, המכה באור ומחזירו לאחוריו, יש לדמותו לדבר הדחיה והסירוב של חברו לקבל את סעודתו. כי דוחה את טובתו לאחור. וכמו שתמצא כאן, אשר דוקא הסירוב והדחיה נתהפכו ונעשו לכלי קבלה נכונים לקבל את סעודת חברו, כן תוכל לדמות לך, כי האו"ח, העולה ע"י הכאת המסך ודחייתו את אור העליון, הוא שנעשה לכלי קבלה חדשים על אור העליון, במקום הבחי"ד ששמשה לכלי קבלה מטרם הצמצום א'.

אמנם זה נתקן רק בפרצופי הקדושה דאבי"ע. אבל לא בפרצופי הקליפות ובעוה"ז, שבהם משמשת הבחי"ד עצמה לכלי קבלה. וע"כ הם

Три основных понятия

נפרדים מאור העליון, כי שינוי הצורה של הבחי"ד מפריד אותם. וע"כ נבחנים הקליפות וכן הרשעים למתים, כי הם נפרדים מחיי החיים ע"י הרצון לקבל שבהם.

16. С помощью этого примера о хозяине и госте мы можем понять, что такое зивуг дэ акаа (ударное взаимодействие), в результате которого вместо бхины Далет возникают новые сосуды для получения высшего света. Удар происходит из-за того, что высший свет бьет в экран, желая войти внутрь бхины Далет. Это подобно тому, как хозяин уговаривает гостя принять трапезу. Та сила, с которой гость отказывается от еды, напоминает экран. Подобно тому как отказ принимать еду превратился в новый сосуд, так и отраженный свет стал новым сосудом получения вместо бхины Далет, которая была сосудом до Ц"А.

Однако следует иметь в виду, что так происходит только в духовных объектах миров АБЕ"А; в объектах же, относящихся к системе нечистых сил, и в нашем мире бхина Далет продолжает быть сосудом получения. Поэтому ни в системе нечистых сил, ни в нашем мире нет света, и причина этого в отличии свойств бхины Далет от свойств Творца, света. Поэтому клипот (нечистые силы, желание получить свет без экрана) и грешники называются мертвыми, ведь желание получить свет без экрана приводит к тому, что они отделены от Жизни Жизней, Света Творца.

ПЯТЬ УРОВНЕЙ В МАСАХЕ

ה' בחינות שבמסך

יז) והנה נתבאר עד הנה ג' יסודות הראשונים שבחכמה; הא' ענין אור וכלי, שהאור הוא המשכה ישרה מעצמותו ית', והכלי הוא בחינת הרצון לקבל הכלול בהכרח באור ההוא, שבשיעור הרצון הזה יצא מכלל מאציל לנאצל. והרצון לקבל הזה היא בחינת המלכות הנבחנת באור העליון, וע״כ נק' מלכות, שמו, בסוד הוא ושמו אחד, כי שמו בגימטריא רצון. ענין הב', הוא ביאור הע״ס וד' עולמות אבי״ע, שהם ד' מדרגות זו למטה מזו. שהרצון לקבל מחויב להשתלשל על ידיהן עד לקביעות כלי על תוכנו. ענין הג', הוא ענין הצמצום ומסך שנעשה על כלי הקבלה הזה שהוא בחי״ד, ותמורתו נתהוו כלי קבלה חדשים בע״ס הנק' אור חוזר. והבן ושנן היטב אלו הג' יסודות הם ונימוקיהם כפי שנתבארו לפניך, כי זולתם אין הבנה אף במלה אחת בחכמה הזו.

17. Мы выяснили три первых основополагающих понятия: 1) ор и кли, где ор – прямое распространение света от Творца, а кли – это желание получить, создаваемое светом. Сначала свет содержит в себе еще не проявленное желание получить, но по мере развития этого желания сосуд (малхут) отделяется от света. Малхут называется «Имя Его» (Шмо) («Он Один и Имя Его Одно»). Слово «Шмо» имеет ту же гематрию, что и слово «рацон» – желание; 2) 10 сфирот, или 4 мира АБЕ״А, которые соответствуют четырем бхинот (уровням). Они обязаны присутствовать в каждом творении. Желание получить, кли, «спускается» по этим четырем мирам от Творца и достигает своего полного развития в нашем мире; 3) Ц״А и масах на бхина Далет. На этой основе рождается новый сосуд вместо бхины Далет. Этот сосуд называется «ор хозер», намерение насладить Творца. От величины намерения зависит количество принятого света.

Пять уровней в масахе

יח) ועתה נבאר ה' בחינות שיש בהמסך, שעל פיהם משתנים שיעורי הקומה בעת הזווג דהכאה שעושה עם אור העליון.

ויש להבין תחלה היטב, כי אע"פ שלאחר הצמצום נפסלה הבחי"ד מלהיות כלי קבלה על הע"ס, והאו"ח העולה מהמסך ע"י זווג דהכאה, נעשה לכלי קבלה בתמורתה, עכ"ז היא מוכרחת להתלוות עם כח הקבלה שבה אל האו"ח. וזולת זה לא היה האו"ח מוכשר כלל להיות כלי קבלה.

ותבין זה ג"כ מהמשל הנ"ל באות ט"ו. כי הוכחנו שם, אשר כח הדחיה והסירוב לקבל הסעודה, נעשה לכלי קבלה במקום הרעב והתאבון. כי הרעב והתאבון, שהם כלי קבלה הרגילים, נפסלו כאן מלהיות כלי קבלה, מחמת הבושה והבזיון להיות מקבל מתנה מחברו. ורק כחות הדחיה והסירוב נעשו במקומם לכלי קבלה. כי מתוך הדחיה והסירוב נתהפכה הקבלה להיות השפעה. והשיג על ידם כלי קבלה מוכשרים לקבל סעודת חברו. ועכ"ז אי אפשר לומר, שעתה כבר אינו צריך לכלי הקבלה הרגילים, שהם הרעב והתאבון. כי זה ברור, שבלי תאבון לאכילה לא יוכל למלאות רצון חברו ולעשות לו נחת רוח עם אכילתו אצלו.

אלא העניין הוא, כי הרעב והתאבון, שנפסלו בצורתם הרגילה, נתגלגלו עתה, מחמת כח הדחיה והסירוב, וקבלו צורה חדשה, שהוא קבלה ע"מ להשפיע. וע"ז נהפך הבזיון להיות כבוד. הרי, אשר הכלי קבלה הרגילים עדיין פועלים עתה כמו תמיד, אלא שקבלו צורה חדשה. וכן תקיש בעניננו כאן: כי אמת הוא שבחי"ד נפסלה מלהיות כלי קבלה על הע"ס, שהוא מחמת העוביות שבה. שפירושו שינוי הצורה כלפי המשפיע, המפריד מהמשפיע.

אמנם ע"י תיקון המסך בהבחי"ד, המכה על אור העליון ומחזירו לאחוריו, הנה נתגלגלה צורתה הקודמת הפסולה, וקבלה צורה חדשה, הנקראת "או"ח", בדומה לגלגול צורת הקבלה בצורת השפעה. אשר התוכן של צורה הראשונה לא נשתנה שם, כי גם עתה אינו אוכל בלי תאבון. כן גם כאן, כל העוביות, שהיא כח הקבלה שהיה בבחי"ד, נתגלגל ובא תוך האו"ח. וע"כ נעשה האו"ח מוכשר להיות כלי קבלה.

ולפיכך יש להבחין תמיד בהמסך ב' כחות: א. קשיות, שהוא כח הדחיה שבו כלפי האור העליון, ב. עוביות, שהוא שיעור הרצון לקבל מבחי"ד הנכלל בהמסך, אשר ע"י זווג דהכאה מכח הקשיות שבו, נתהפכה העוביות שבו להיות זכות, דהיינו התהפכות הקבלה להשפעה. ואלו ב' הכחות שבהמסך פועלים בה' בחינות, שהם ד' הבחינות חו"ב תו"מ, ושורשם הנקרא "כתר".

18. Сейчас мы выясним пять бхинот экрана, согласно которым изменяется величина кли во время ударного взаимодействия с высшим светом.

После Ц"А бхина Далет перестала быть сосудом получения. Вместо нее эту роль теперь играет отраженный свет (ор хозер), поднимающийся от экрана вследствие ударного взаимодействия. Тем не менее бхина Далет со всей своей силой желания получать должна сопровождать ор хозер. Без участия этой силы ор хозер вообще не может быть сосудом получения.

Вспомним пример о хозяине и госте (см. п. 15). Сила, с которой гость отказывался есть, стала сосудом получения и играет роль чувства голода, которое перестало выполнять эту функцию из-за чувства стыда от получения. Во время этого отказа получение, по сути дела, превратилось в отдачу. Тем не менее нельзя сказать, что гость уже не нуждается в обычных сосудах получения, ведь без них он не сможет доставить хозяину удовольствие тем, что он у него ест.

Голод (желание получать) с помощью отказа приобрел новую форму — желание получать ради отдачи, ради Хозяина, Творца. Стыд превратился в доблесть. Получается, что обычные сосуды получения продолжают функционировать, как и прежде, но приобретают новое намерение получать не ради себя, а ради Творца. Бхина Далет из-за своей грубости, которая означает ее отличие от Творца, не может больше быть получающим сосудом.

Но благодаря экрану, установленному в бхине Далет, ударяющему и отбрасывающему свет, она приобрела новую форму, называемую ор хозер — обратный свет, наподобие превращения получения в отдачу в примере гость и хозяин. Причем содержание предыдущей формы не изменилось, потому что и теперь гость не станет есть без аппетита. Однако сейчас вся та сила желания получить, которая есть в бхине Далет, включается в обратный свет, придавая тому способность быть сосудом.

В экране всегда существуют две силы: первая — кашиют — это сила отталкивания высшего света, вторая — авиют — это сила желания бхины Далет получать, которая заключена в экране. После ударного сочетания высшего света с кашиют, жесткостью экрана, авиют меняет свои свойства на противоположные, и получение превращается в отдачу. Эти две силы экрана работают во всех его пяти частях: кэтэр, хохма, бина, тифэрэт, малхут.

В экране есть 5 частей, с помощью которых он 5 раз получает свет (5 зивугей дэ-акаа). Ор хозер, намерение, не является сосудом, он может только способствовать получению света. Желание насладиться, бхина Далет, как было сосудом до Ц"А, так и остается им после него, все, что меняется, это только намерение.

Чем больше эгоизм человека, тем больше его возможность получить свет Творца при наличии соответствующего этому эгоизму экрана. Никогда нельзя укорять себя за недостойные желания, но необходимо просить Творца о приобретении экрана, который позволит исправить намерения на альтруистические.

Подчас мы не знаем ни мотивации наших поступков, ни наших истинных желаний. Порой мы ощущаем, что нам чего-то хочется, но мы не знаем, чего конкретно. Человек все время находится как во сне, до тех пор пока Каббала не пробуждает его, раскрывая ему глаза. Изначально в нас нет даже настоящего желания насладиться. Каббала же вообще оперирует не нашими желаниями, а желаниями духовными, несравненно более сильными, чем желания нашего мира.

Благодаря новому намерению кли желание насладиться получило новую форму: желание отдавать, точнее, желание получать во имя Творца. Теперь человек начинает получать с целью дать наслаждение Создателю. Ощутив отличие своих свойств от свойств Творца, бхина Далет испытала стыд. Экран, установленный малхут, отразил свет, изменив этим намерение. Суть же самого желания получить осталась, но это уже получение ради Творца.

Каббала — наука логическая, здесь каждое явление имеет свое следствие, которое, в свою очередь, является причиной нового следствия, таким образом выстраивается цепочка причинно-следственных связей. Однако наша проблема заключается в том, что мы пока еще непосредственно не связаны с тем, что изучаем. То есть, читая о духовных мирах, парцуфим, сфирот, мы пока еще не ощущаем их.

Существует два уровня изучения Каббалы. Первый уровень — уровень начинающих, когда еще отсутствует ощущение изучаемого. Однако в дальнейшем каббалист приобретает ощущения, которые адекватны явлениям и понятиям, описанным в книге.

Надо сказать, что на самом деле свет неподвижен, он никуда не входит и ниоткуда не выходит. Тем не менее, сосуд, в зависимости от своих внутренних свойств, ощущает свет по-разному, различает в нем разные «вкусы», т.е. разные виды удовольствия, наслаждения. Если сосуд получает удовольствие от прямого получения света, то такое удовольствие называется ор хохма. Если же творение получает удовольствие от сходства своих свойств со свойствами Творца, то такое удовольствие называется ор хасадим. Попеременное получение то света хохма, то света хасадим вызывает «движение».

Когда человек начинает свой духовный путь, он вначале опускается в своих ощущениях, для того чтобы осознать, что его эгоистическая природа является злом. Это осознание приводит его к тому, что он начинает исправлять свою природу. Благодаря этому он возвышается, начинает ощущать все более тонкие воздействия высших сил.

Свет, нисходящий от Творца после Ц"А, представляет собой тонкий луч, проходящий от Бесконечности к центральной точке мироздания. На него надеваются все духовные миры: А"К и АБЕ"А. С точки зрения влияния Творца на нас сверху вниз мы находимся в самом центре всех миров.

Частное управление Творца осуществляется с помощью луча света. Этот луч идет к определенной душе, облачая ее во все миры, начиная с Адам Кадмон (А"К), далее Ацилут, Брия, Ецира и самый наружный Асия.

Разница между обычным человеком и каббалистом заключается в том, что у обычного человека нет экрана, и поэтому он не может ощутить и отразить свет, создать свой духовный сосуд. Таким сосудом является тох, внутренность парцуфа, куда творение получает свет Творца. Собственно говоря, Творцом для нас как раз и является Его свет, ибо Сущность Творца нами непостигаема.

На всех людей, кроме каббалистов, Творец воздействует так, как будто они еще не вышли из Мира Бесконечности (Эйн Соф), т.е. находятся в неосознанном состоянии. Такое воздействие называется «дерех игулим», с помощью кругов, сфер, т.е. через общий свет, окружающий все творение. Распространение света в виде, обозначаемом кругом, означает отсутствие ограничивающей силы, экрана.

Задачей человека является взять часть управления собой в свои руки, стать партнером Творца, и тогда Творец начнет заниматься им не как всеми остальными существами, а индивидуально, с помощью луча света (дерех кав). Тогда управление исходит не от Творца, а от самого человека.

> **יט)** כי הגם שביארנו שג' בחינות הראשונות אינן נחשבות עוד לבחינת כלי, אלא רק הבחי"ד לבדה נחשבת לכלי, עכ"ז מתוך שג' בחינות הראשונות הן סבות וגורמות להשלמת הבחי"ד, באופן שהבחי"ד אחר שנשלמה, נתרשמו בה ד' שעורים במדת הקבלה שבה: החל מבחי"א, שהוא שיעור היותר קלוש שבה ממדת הקבלה, ואח"כ בחי"ב, שהיא משהו עב ביותר מבחי"א במדת הקבלה שבה.
>
> ואח"כ בחי"ג, העבה יותר מבחי"ב במדת הקבלה שבה, ולבסוף בחי"ד, שהיא בחינתה עצמה העבה יותר מכולם, שמדת הקבלה שלה מושלמת בכל תוכנה. גם יש להבחין בה עוד, אשר גם השורש של הד' בחינות כלול בה, שהוא הזך מכולם. ואלו הן ה' בחינות הקבלה הכלליות בבחי"ד. ונקראות ג"כ בשמות הע"ס כח"ב תו"מ, הכלולות בבחי"ד. כי הד' בחינות הם חו"ב תו"מ והשורש נקרא "כתר".

19. Как мы уже говорили, три первые Бхины еще не считаются сосудами, и только бхина Далет является настоящим сосудом (см. п. 5). Так как эти три первые Бхины являются причинами, стадиями, предшествующими созданию бхины Далет, то после окончания своего развития она переняла их свойства. Они как бы отпечатались в ней, создав внутри бхины Далет ее собственные частные четыре уровня желания получать. Все начинается с бхины Алеф – самого «чистого», самого «слабого» желания получать, потом идет бхина Бэт, которая несколько более «грубая» и имеет бо́льшую авиют, чем бхина Алеф, т.е. больший уровень желания получать.

За ней следует бхина Гимел, которая имеет еще бо́льшую авиют, чем бхина Бэт. И в конце сама бхина Далет, которая имеет самую большую авиют, т.е. самое большое желание получать. Ее желание получать достигло максимального, совершенного и законченного уровня. Следует отметить, что корень (шореш) всех этих четырех бхинот кэтэр (а он, как известно, самый возвышенный и находится ближе всех к Творцу) тоже оставил свой отпечаток в бхине Далет. Итак, мы перечислили все пять уровней желания получать, которые заключены в бхине Далет, иначе они называются кэтэр, хохма, бина, тифэрэт и малхут.

Три предшествующие малхут бхинот называются «свет», и только малхут – кли, потому что она хочет получить ради себя и этим становится самостоятельной частью, существующей отдельно. Предшествующие ей бхинот не являются отдельными от Создателя, поэтому называются свет.

Когда последняя стадия далет, или малхут, полностью наполняется светом, она начинает ощущать в нем свойства всех предыдущих бхинот: сначала ближайшую к ней тифэрэт, затем она постигает бину, создавшую тифэрэт, затем хохму, создавшую бину, и затем источник (шореш) и замысел всего кэтэр.

Это означает, что все предыдущие свойства всех бхинот вошли в малхут и влияют на нее. Сама она бхина Далет дэ-Далет (т.е. последняя часть – Далет всей бхины Далет), а все предыдущие свойства она приобрела от света. По мере постижения света, наполняющего ее, бхина Далет постигает величие Творца. В ней появляется стремление уподобиться желанию отдавать, тому, как это делает Творец.

Что значит понятие «отдавать»? Источник света – Творец. Кли не может ничего отдавать, а может лишь только намереваться отдавать. Творец создал желание получить, а все остальное – это только различные меры желания получить. Меняться может лишь намерение: с «ради себя» на «ради Творца».

Чем отличаются авиют кэтэр от авиют бина, ведь оба называются «желание отдавать»? Кэтэр – желание отдать, хохма получает, бина, после того как получила свет, возвращает его Создателю. Это можно понять на примере из Мишны. «Учит Тору ради Творца» означает, что ничего не хочет получать; это соответствует авиют кэтэр. «Открывают ему тайны Торы» означает, что он не просил это, а получил сверху – бхинат хохма.

После того как получил, должен преодолеть себя и сказать: «Я отказываюсь от этого, потому что хочу только отдавать». Теперь посмотри, какая разница: желает отдавать после того, как удостоился света, или до того!

כ) ומה שה' בחינות הקבלה שבבחי"ד נקראות בשם הספירות כח"ב תו"מ הוא, כי הבחי"ד מטרם הצמצום, דהיינו בעוד שהבחי"ד היתה כלי

הקבלה על הע"ס הכלולות באור העליון בסוד "הוא אחד ושמו אחד", כי כל העולמות נכללים שם, נבחן שם הלבשתה להע"ס ע"פ אותן ה' הבחינות. שכל בחינה מה' הבחינות שבה הלבישה הבחינה שכנגדה בהע"ס שבאור העליון: כי ב' בחינת השורש שבבחינה ד' הלבישה לאור הכתר שבע"ס, ובחי"א שבבחי"ד הלבישה לאור החכמה שבעשר ספרוש, ובחי"ב שבה הלבישה לאור הבינה, ובחי"ג שבה הלבישה לאור הת"ת, ובחינתה עצמה הלבישה לאור המלכות. ולפיכך גם עתה אחר הצמצום א', אחר שהבחי"ד נפסלה מלהיות עוד כלי קבלה, נקראות ג"כ ה' בחינות העוביות שבה על שם ה' הספירות כח"ב תו"מ.

20. Причиной того, что пять уровней желания получать, которые заключены в бхине Далет, называются по именам десяти сфирот высшего света, является то, что бхина Далет была сосудом получения этого высшего света еще до Ц"А («Он Один и Имя Его Одно»). Все миры, все Мироздание было заключено тогда в бхине Далет прямого света (Малхут Мира Бесконечности).

Каждая бхина, содержащаяся в малхут, переняла свойства соответствующей ей Бхины из десяти сфирот высшего света. Бхина шореш бхины Далет переняла свойства света кэтэр, «наделась на него», одного из десяти сфирот высшего света. Бхина Алеф бхины Далет «оделась» на свет хохма из десяти сфирот и т.д. Итак, даже сейчас, уже после Ц"А, когда бхина Далет перестала быть сосудом получения, ее пять уровней желания получать все равно называются по именам пяти сфирот: кэтэр, хохма, бина, тифэрэт и малхут.

Бхина Далет дэ-Далет – это мы, тогда как все предыдущие 4 сфирот – это миры. Взаимодействуя с мирами, мы можем получить от них их свойства с тем, чтобы исправить бхину Далет. Все миры находятся внутри нас, вся духовная работа тоже происходит внутри нас. Наша задача заключается в том, чтобы ощутить свет Творца, как это сделала малхут в Мире Бесконечности, и благодаря этому исправиться.

Что значит, что бхина Далет постигает свойства предыдущих бхинот? Это означает, что она начинает ощущать, что кроме желания получать существует еще и желание отдавать, которое совершенно отсутствовало в ней самой. Малхут по-прежнему хочет насладиться, но в данный момент она также проникается желанием отдавать, т.е. теперь она стремится наслаждаться от отдачи.

Внутри кли происходит постепенное изменение свойств, желаний: от стремления насладиться простым получением света до желания все отдать. Эти изменения в кли вызываются светом, и только от его воздействия зависит поведение кли.

Мы изучаем 10 сфирот, 10 аспектов отношений Творца и творения. Сначала малхут полностью отражает свет, а потом взвешивает, что она может принять в себя. Если бы она работала со всеми своими пятью желаниями, то могла бы принять свет во все свои 5 частей. Если в малхут нет достаточно антиэгоистической силы, чтобы принять весь свет ради Творца, она принимает только ту порцию, только ту долю из 5 частей света, на которую у нее есть экран.

Способность противостоять желаниям насладиться, сила воли, сила сопротивления желанию, т.е. сила отражения экрана, называется жесткостью (кашиют). Сила желания насладиться, страсть к наполнению называется толщиной (авиют). Внутри экрана сталкиваются свойства самой малхут «получить» и антиэгоистическая сила экрана «отдать». Если мое эгоистическое желание получить, авиют, равно 100%, а сила отражения, жесткость экрана только 20%, то я могу принять ради Творца не более этих 20%. Только кашиют определяет, каким количеством эгоизма я могу пользоваться.

После Ц'А малхут хочет изменить только метод применения своего желания. Она понимает, что является «эгоисткой», понимает, что желание насладиться – это ее природа. Но это свойство не является отрицательным, все зависит лишь от метода его использования. Внутри эгоистического желания, бхины Далет, возникает ощущение свойств Творца, желания отдавать, предыдущих бхинот. И теперь остается только уподобиться им, т.е. уподобить им применение своего желания насладиться.

Для этого она отталкивает от своего эгоизма весь свет, делает Цимцум, Сокращение, на самое себя, а затем производит расчет, в какой мере она может быть подобна свойствам Творца, – бхинот 0, 1, 2, 3.

Экран точно знает, сколько света он может пропустить согласно своему эгоизму. Кашиют экрана, сила воли, сила противостояния соблазну насладиться должна точно соответствовать авиют, желанию получить.

Воспоминания, оставшиеся от предыдущего, наполненного светом состояния, помогающие малхут делать расчет, как вести себя далее, называются «записью», «воспоминанием» (решимот). Постижение в духовном называется облачением.

כא) וכבר ידעת, שחומר המסך בכללו מתבאר בהשם "קשיות", שפירושו כמו דבר קשה מאד, שאינו מניח למי שהוא לדחוק במשהו תוך גבולו. כן המסך אינו מניח משהו מאור העליון לעבור דרכו אל המלכות, שהיא בחי"ד. שעם זה נבחן, שכל שיעור האור הראוי להתלבש בכלי המלכות, מעכב עליו המסך ומחזירו לאחוריו. גם נתבאר, שאותן ה' בחינות העביות שבבחי"ד, נכללות ובאות בהמסך ומתחברות במדת הקשיות שבו. ולפיכך נבחנים בהמסך ה' מינים של זווגים דהכאה ע"פ ה' שיעורי עביות שבו.

שזיווג דהכאה על מסך שלם מכל ה' בחינות העביות, מעלה או"ח המספיק להלביש הע"ס כולן, דהיינו עד קומת כתר, וזווג דהכאה על מסך החסר מעביות דבחי"ד, שאין בו רק ד' עביות דבחי"ג, הנה האו"ח שהוא מעלה, מספיק להלביש הע"ס רק עד קומת חכמה, וחסר מכתר.

ואם אין בו אלא עביות דבחי"ב, הנה או"ח שלו קטן יותר ואינו מספיק להלביש הע"ס רק עד קומת בינה, וחסר מכתר חכמה, ואם אין בו אלא עביות דבחי"א, הנה האו"ח שלו מוקטן יותר, ומספיק להלביש רק עד לקומת ת"ת, וחסר מכח"ב, ואם הוא חסר גם מעביות דבחי"א, ולא נשאר בו אלא עביות דבחינת שורש, הנה ההכאה שלו קלושה מאוד, ומספיק להלביש רק לקומת מלכות בלבדה, וחסר מט"ס הראשונות, שהם כח"ב ות"ת.

21. *Как мы уже знаем, материал экрана называется кашиют (жесткость). Это подобно очень твердому телу, которое не позволяет чему-либо проникнуть внутрь его границ. Также и экран не позволяет высшему свету проникнуть через него в малхут, т.е. в бхину Далет. Весь свет, предназначенный наполнить малхут, экран задерживает и возвращает назад. Пять бхинот авиют, находящиеся в бхине Далет, включаются в экран в соответствии с его кашиютом. Поэтому экран производит пять ударных сопряжений (зивугей дэ-акаа) со светом, согласно пяти бхинот авиют, которые есть в нем.*

Свет, отраженный от экрана, состоящего из всех пяти бхинот авиют, поднимается обратно и, полностью одевая в себя приходящий свет, достигает самого источника света, бхины шореш. Но если в экране отсутствует 5 частей авиют, а есть только 4 части, то его отраженный свет «увидит» перед собой только 4, а не 5 частей наслаждения.

При отсутствии бхины далет и гимел, 5 и 4 частей жесткости в экране, он способен отразить ор хозер только до уровня бина. Если в экране есть только бхина алеф, его ор хозер очень маленький и способен облачить прямой свет только до бхинат тифэрэт, и отсутствуют кэтэр, хохма, бина. Ну а если в экране осталась только бхина шореш кашиюта, то его отталкивающая сила очень слабая, и ор хозер одевает только один приходящий свет малхут, а первые девять сфирот отсутствуют.

Экран характеризуется двумя свойствами. Одно из них – его кашиют (прочность), она не позволяет свету проникнуть сквозь него в малхут. Любая мера света, которая приходит к экрану, отталкивается им и отражается.

Вторым свойством масаха является его грубость, эгоизм, авиют (толщина), то, что можно присоединить к жесткости экрана из всей бхины далет и использовать для получения ради Творца.

Поскольку в малхут есть 5 желаний на 5 видов ощущаемого наслаждения, то она отражает их все, предотвращая самонаслаждение.

Экран похож на занавес: когда солнечный свет мешает мне, я закрываю окно занавесом, препятствуя проникновению солнечного света. В материальном мы знаем, из чего сделан занавес, а в духовном? Материалом экрана в духовном мире называется «кашиют», жесткость. Говорят про человека – очень жесткий, т.е. не принимающий мнения других людей, с упорством отстаивающий свое мнение и не меняющий своего решения.

Вывод: Создатель – желание дать наслаждение творениям – сотворил желание его получить и жаждет наполнить это желание. Но творение стоит на своем и решило вообще ничего не получать ради себя; это и называется экран и жесткость.

Необходимо уточнить: нет сокращения на желание! Если человек видит перед собой наслаждение, он тут же хочет получить его полностью. Но поскольку может получить только в мере возможности приложить намерение ради отдачи, поэтому только в этой мере может воспользоваться желанием получить, но это не означает, что нет у него желания на все наслаждение. В соответствии с этим выводим закон: на то наслаждение, от которого не может отказаться, делает Сокращение, а то, от чего может отказаться, – получает.

Пример: В Йом Кипур говорит человек своему телу: «Знай, что сегодня нельзя кушать, так что не будь голодно!» Но тело не слушает... Почему же оно так устроено? Творец создал желание получить, поэтому оно неизменно. Если оно исчезает, значит, человек мертв.

Некоторые представители течения «Мусар» говорят об уничтожении желаний. На это есть высказывание раби Исраэля из Ружин: «Человек, уничтоживший одно свое желание, получает два других». Невозможно уничтожить желание получить и не нужно его уничтожать, а только молиться о том, чтобы получить возможность использовать его с намерением ради Творца.

В зависимости от величины желания получить существуют различия между творениями: большим называют человека, у которого есть большие устремления – большое желание получить, маленький человек – желание получить маленькое.

Мой духовный уровень определяется тем, насколько полно мой отраженный свет может одеть весь приходящий ко мне свет, все предвкушаемые мной наслаждения, чтобы я мог их принять ради Творца. Я могу быть или на уровне малхут, или З"А, или бина, а может быть, на уровне хохма или даже кэтэр.

Малхут Мира Бесконечности делится на множество частей, но все они различаются между собой только свойствами экрана: в мире Асия малхут подобна Творцу, допустим, на 20%, в мире Ецира на 40%, в мире Брия на 60%, в Ацилут на 80%, а в мире Адам Кадмон (А"К) малхут подобна Творцу на все 100%.

Ступени отличаются друг от друга только силой экрана. В нашем мире совершенно нет экрана. Поэтому мы не ощущаем Творца и находимся в абсолютно пустом пространстве. Как только человек создает экран, он ощущает себя уже в духовном мире, на первой снизу ступени мира Асия. Мы поднимаемся с помощью увеличения жесткости экрана.

Что значит переходить со ступени на ступень? Это значит приобретать свойства новой, вышестоящей ступени. Если, находясь на определенной ступени, человек может вызвать увеличение жесткости экрана, через это он сможет подняться на следующую ступень. Чем выше ступень, тем больше меняется качественное ощущение, постижение Мироздания.

Мы говорили, что когда в экране есть все 5 бхинот авиют, ор хозер достигает самой высокой ступени, света кэтэр, ор ехида. Тогда кли принимает в себя все света: кэтэр, хохма, бина, тифэрэт и малхут со всех предыдущих ей бхинот.

При отсутствии наиболее грубой бхины в экране, бхины далет, т.е. намерения ради Творца на самые сильные желания, в кли отсутствует наивысший свет, свет кэтэр, свет ехида, а экран достигает уровня света хохма, ор хая. При отсутствии в масахе авиют далет и гимэл в кли отсутствуют света кэтэр и хохма, ор ехида и хая, кли работает с авиют бэт и со светом бина, ор нэшама.

А если авиют масаха алеф, то присутствует свет тифэрэт и малхут, ор руах и нэфеш. Наконец, масах с авиют шореш поднимает ор хозер только до уровня света малхут, ор нэфеш, и только этот свет есть в кли. Обычно для облегчения мы говорим, что масах стоит перед малхут, но необходимо понимать, что масах распространяется на всю малхут, на все желания кли.

Почему при отсутствии авиют далет отсутствует наиболее высокий свет? Потому что существует обратная зависимость между ор и кли, светом и сосудом. Если у экрана максимальный авиют, то он поднимает ор хозер на наивысшую высоту, т.е. к свету кэтэр. Это значит, что при самом «сильном» экране ор хозер может облачить все наслаждения, стоящие перед экраном, и пропустить их внутрь парцуфа.

כב) והנך רואה איך ה' שיעורי קומות של ע"ס יוצאים ע"י ה' מיני זווג דהכאה של המסך, המשוערים על ה' בחינות עוביות שבו. ועתה אודיעך טעם הדברים, כי נודע שאין אור מושג בלי כלי.

גם ידעת שה' בחינות עוביות הללו, באות מה' בחינות העוביות שבבחי"ד, שמטרם הצמצום היו ה' כלים בהבחי"ד, שהלבישו להע"ס כח"ב תו"מ (אות י"ח), ואחר הצמצום א' נכללו בה' בחינות של המסד. אשר עם האו"ח שהוא מעלה, הם חוזרים להיות ה' כלים מבחינת או"ח על הע"ס כח"ב תו"מ, במקום הה' כלים שבבחי"ד עצמה שמטרם הצמצום.

ועל פי זה מובן מאליו, שאם יש במסך כל ה' בחינות עביות הללו, אז יש בו ה' כלים להלבשת הע"ס. אבל בעת שאין בו כל הה' בחינות, כי חסר לו העביות דבחי"ד, הרי אין בו אלא ד' כלים. וע"כ אינו יכול להלביש רק ד' אורות חו"ב תו"מ. והוא חסר מאור אחד, שהוא אור הכתר, כמו שחסר לו כלי אחד, שהוא העביות דבחי"ד.

Пять уровней в масахе

וכמו כן בעת שחסר בו גם בחי"ג, שאין בהמסך רק ג' בחינות עביות, דהיינו רק עד בחי"ב, הרי אז אין בו רק ג' כלים. וע"כ אינו יכול להלביש רק ג' אורות, שהם בינה ת"ת ומלכות. והקומה חסרה אז מב' האורות כתר וחכמה, כמו שחסרה מב' הכלים בחי"ג ובחי"ד.

ובעת שאין בהמסך רק ב' בחינות עוביות, דהיינו מבחינת שורש ומבחי"א, הרי אין בו אלא ב' כלים. וע"כ אינו מלביש רק ב' אורות, שהם אור ת"ת ואור מלכות. ונמצאת הקומה חסרה מג' אורות בח"ב, כמו שחסרה ג' הכלים, שהם בחי"ב ובחי"ג ובחי"ד.

ובעת שאין בהמסך רק בחינה אחת דעביות, שהיא בחינת שורש העביות לבד, הרי אין לו אלא כלי אחד. לכן אינו יכול להלביש רק אור אחד, שהוא אור המלכות. וקומה זו חסרה מד' אורות כח"ב ות"ת, כמו שחסרה מד' הכלים, שהם עוביות דבחי"ד ודבחי"ג ודבחי"ב ודבחי"א.

הרי שששיעור הקומה של כל פרצוף תלוי בדיוק נמרץ בשיעור העביות שיש במסך: שהמסך דבחי"ד מוציא קומת כתר, ודבחי"ג מוציא קומת חכמה, ודבחי"ב מוציא קומת בינה, ודבחי"א מוציא קומת ת"ת, ודבחינת שורש מוציא קומת מלכות.

22. *Пять уровней, бхинот десяти сфирот отраженного света возникают в результате пяти видов зивугей дэ акаа (ударного взаимодействия) высшего света с пятью уровнями авиют экрана. Свет никем не постигается, не воспринимается, если нет соответствующего сосуда для его получения.*

Эти пять бхинот происходят от пяти бхинот авиют бхины далет, которые до Ц"А были пятью сосудами получения бхины далет, они одевали 10 сфирот кэтэр, хохма, бина, тифэрэт и малхут (см. пункт 18). После Ц"А эти же пять бхинот соединились с пятью бхинот экрана, и с помощью отраженного света они снова становятся пятью сосудами получения вместо пяти бхинот самой бхины далет, выполнявшей эту роль до Ц"А.

Теперь мы можем понять, что если у экрана есть все эти пять бхинот авиют, то у него есть и пять сосудов для одевания десяти сфирот, т.е. получения высшего света. Если же у него не хватает авиют бхины далет, то у него есть только четыре сосуда, и он может получить только четыре света, соответствующие хохме, бине, тифэрэт и малхут, а свет кэтэр он получить не может.

Если же у экрана не хватает авиют бхины гимел, то у парцуфа с таким экраном есть только три сосуда, и он может получить только три света, соответствующие бине, тифэрэт и малхут. Света, соответствующие кэтэру и хохме, и сосуды, соответствующие бхинот гимэл и далет, у него отсутствуют.

Если у экрана есть только два уровня авиют — шореш и бхина алеф, то у него есть только два сосуда, которым соответствуют света тифэрэт и малхут. Получается, что у такого парцуфа не хватает три света — кэтэр, хохма и бина, и три сосуда, соответствующие бхинот бэт, гимэл и далет. Если же у экрана есть только авиют бхины шореш, то у него есть лишь один сосуд с одним светом — светом малхут.

Остальные же света — кэтэр, хохма, бина и тифэрэт у него отсутствуют. Итак, величина каждого парцуфа зависит только от размера авиют (толщины) экрана. Экран, имеющий авиют бхины далет, создает парцуф на все пять уровней — до кэтэр включительно. Экран, имеющий авиют бхины гимел, создает парцуф на четыре уровня — до хохмы и т.д.

В экране есть 5 ступеней желания насладиться и, соответственно им, 5 ступеней противоэгоистической силы отталкивания наслаждения. Две силы в экране, толщина (авиют) и жесткость (кашиют), должны быть уравновешены — тогда у малхут есть свобода воли, и она может делать то, что она свободно решает, потому как она не находится ни под властью своих желаний, ни под властью наслаждения.

Ор яшар равен по величине ор хозер, и это означает, что творение желает насладить Творца тем же наслаждением, которое Он приготовил для творения. Ор хозер, намерение, как бы надевается на наслаждение Творца, показывая этим, что все это наслаждение кли не желает для себя, а возвращает Творцу.

При отсутствии еще одного желания (имеется в виду всегда отсутствие желания отдать, а не эгоистического желания получить, насладиться, потому как последнее не исчезает), гимел, экран уже может одеть в свой отраженный свет только 3 света. Он не сможет поэтому «видеть» приходящие к нему света ехида и хая, потому как не одевает их в себя. Потому и мы в нашем мире не можем совершенно ощущать свет Творца — ведь в нас изначально отсутствует экран и отражаемый им свет, с помощью которого только и возможно увидеть свет Творца.

Величина отраженного света зависит от силы экрана: чем экран жестче, тем выше отраженный свет, тем дальше кли видит перед собой, тем больше оно может взять ради Творца. По мере ослабления экрана кли видит меньше и, соответственно, может меньше получить ради Создателя.

В экране изменений нет. Все изменения только в авиют. Экран – это сила сопротивления эгоизму, она присутствует в каждом свойстве. Все различия только в авиют, в том, на сколько эгоистических желаний есть экран. Мы изучаем только четыре степени авиют, потому что у кэтэр нет авиют, т.е. желания получить, а есть только желание отдавать.

Желание насладить творения – кэтэр – стало причиной появления у нижних желания получить, поэтому кэтэр является корнем авиюта, желания получить. Когда нижний не может получать с намерением ради Творца, он использует авиют шореш, т.е. может совершать только действия отдачи с намерением ради Творца.

Есть свет – наслаждение, есть кли – желание насладиться и есть экран – сила противодействия наслаждению, который кли само создает, чтобы уподобиться Творцу. Больше во всем мироздании нет ничего! Об этом надо постоянно помнить и пытаться всю Каббалу объяснить себе при помощи этих трех составляющих.

Мы не ощущаем ни одного наслаждения духовного мира, потому что у нас нет даже минимального экрана. Сила воли экрана определяет, с каким наслаждением каббалист работает. После Ц"А в понятие «кли» входит не просто желание получить, а желание получить, снабженное экраном, т.е. не для самонаслаждения, а ради Творца.

Когда на определенное желание нет экрана, значит, с этим желанием каббалист не может работать, т.е. оно непригодно для наполнения светом, поэтому мы говорим, что оно вроде бы отсутствует. Оно никуда не исчезает, просто с ним не работают. От величины желания, на которое есть экран, зависит духовный уровень, духовная высота, ступень (кома) парцуфа.

От противодействия самому большому желанию – далет рождается парцуф наивысшего уровня – кэтэр. От противостояния желанию уровня гимел выходит парцуф духовной высоты хохма, который на ступень ниже уровня кэтэр. Сила противостояния желанию бэт создает парцуф уровня бина, который на ступень ниже предыдущего, т.е. может еще меньше уподобиться Творцу, чем парцуф с экраном гимел.

Если экран может противостоять желанию алеф, то по духовному уровню каббалист находится на стадии тифэрэт. Если же он способен оттолкнуть самое маленькое желание шореш, то в нем рождается самый маленький по уровню принятия света парцуф – парцуф малхут.

Эгоистические желания должны использоваться только в мере силы воли противостояния им. С неисправленными желаниями, на которые нет экрана, работать нельзя, их необходимо перекрывать в себе, делать на них Цимцум. Никакое желание не появляется и не исчезает, желание создано Творцом. От человека зависит только, как его использовать.

Все зависит от того, есть ли на него отталкивающая сила экрана, намерение, которое превращает получающего в отдающего. В этом и заключается вся «игра» между творением и Творцом: превращение эгоистического желания в альтруистическое, т.е. способность направить его в противоположную сторону – к Творцу.

Все желания находятся в Малхут Мира Бесконечности, и она использует их в зависимости от экрана, который в каждом случае проявляется в ней: есть экраны, с помощью которых малхут строит миры, а есть такие, на которые образуются различные парцуфим. Определенные виды экранов способствуют появлению душ. Все это части Малхут Мира Бесконечности.

Отказаться от какого-либо наслаждения легче, чем получать его ради того, кто дает тебе это наслаждение. Принять ради Творца всегда можно меньше того количества, от которого ты можешь вообще отказаться и не работать с ним.

Если в каком-то кли вдруг появляется желание получить для себя, т.е. желание, на которое нет экрана, свет сначала как бы приближается к кли, оно притягивает свет, но как только свет желает войти в него, срабатывает закон Ц"А, и свет удаляется.

После того как Малхут Мира Бесконечности сделала Ц"А, этот закон принят Творцом. Поэтому мы уже не можем воспользоваться открыто своим эгоизмом. Мы тоже находимся под властью этого закона и поэтому не ощущаем никаких духовных наслаждений, пока не сможем создать на них экран.

А что же с наслаждениями нашего мира? Это та частичка, микродоза света (нер дакик) из всей Малхут Мира Бесконечности, которая допущена для нашего ощущения и может существовать вне Ц"А. Она-то и выводит наш мир из границ духовного на материальный уровень. Выход за пределы нашего мира возможен только при приобретении экрана.

Если есть экран на большее наслаждение, то он существует и на меньшее. Для того чтобы перестать наслаждаться каким-то наслаждением ради себя, нужно облачить это наслаждение в намерение, ор хозер, и получить с намерением ради Дающего.

Движение в духовном мире происходит только за счет увеличения или уменьшения силы экрана. Все творение, вся Малхут Мира Бесконечности постепенно приобретает на все свои желания экран. Когда экран будет создан на абсолютно все желания малхут, такое ее состояние будет называться «Окончательное Исправление», Гмар Тикун. В этом и заключается все действие творения.

Создание экрана, взаимодействие его со светом, одевание света в ор хозер называется «заповедь», мицва. А сам получаемый свет называется «Тора». Всего существует 620 уровней, ступеней, мер взаимодействия экрана со светом, для того чтобы получить все частички света во все желания малхут. Когда малхут полностью наполнится светом Творца, это значит, что она получит Тору во всей ее совокупности и достигнет состояния совершенства.

כג) אמנם עוד נשאר לבאר: למה בחוסר כלי מלכות בהמסך, שהוא בחי"ד, הוא נחסר מאור הכתר? ובחוסר גם כלי הת"ת, נחסר מאור חכמה וכו'? ולכאורה היה צריך להיות בהיפך: שבחוסר כלי מלכות במסך, שהיא בחי"ד, יחסר בקומה רק אור מלכות, ויהיו בה ד' אורות לכח"ב ות"ת? וכן בחוסר ב' כלים בחי"ג ובחי"ד, יחסרו האורות מת"ת ומלכות, ויהיה בקומה ג' אורות לכח"ב? וכו' עד"ז.

23. Но нужно еще выяснить, почему когда отсутствует сосуд малхут, то не хватает именно света кэтэр, а когда отсутствует еще и сосуд тифэрэт, то не хватает еще и света хохма, и т.д. На первый взгляд, все должно быть наоборот – если у экрана нет авиют на бхину далет и сосуда малхут, то вроде бы должен отсутствовать свет малхут (нэфеш). Если же отсутствуют два сосуда – бхина гимэл и бхина далет, то вроде бы должны отсутствовать света тифэрэт и малхут.

Казалось бы, что если нет силы сопротивления на самое большое желание – малхут, то должен отсутствовать и свет малхут, т.е. именно тот, который входит в это желание. Почему же мы говорим, что в этом случае отсутствует самый большой свет – кэтэр? Ведь это тот свет, который входит в бхину кэтэр?

Это объясняется обратной зависимостью между светом и сосудом, т.е. сначала в самое маленькое желание – кэтэр – входит самый маленький свет – нэфеш, свет малхут, не относящийся пока к тому кли, которое образовалось, а занимающий временно его место. Но по мере увеличения желания, вернее, по мере приобретения экрана на все более эгоистические желания все больший свет будет входить в кли кэтэр, а из кэтэр вниз, в хохма, бина, тифэрэт, малхут будут опускаться света, пока в малхут не войдет свет нэфеш, а в кэтэр свет ехида.

כד) והתשובה היא, כי יש תמיד ערך הפכי בין אורות לכלים. כי מדרך הכלים הוא, שהכלים העליונים נגדלים תחילה בפרצוף. שמתחילה נגדל הכתר, ואחריו הכלי דחכמה וכו', עד שכלי המלכות נגדל באחרונה.

וע"כ אנו מכניס לכלים בסדר כח"ב תו"מ מלמעלה למטה, כי כן טבע גידולם. והפכי אליהם האורות, כי באורות, האורות התחתונים נכנסים תחלה בפרצוף. כי מתחילה נכנס אור הנפש, שהוא אור המלכות, ואח"כ הרוח, שהוא אור הז"א וכו', עד שאור היחידה נכנס באחרונה.

וע"כ אנו מכניס לאורות בסדר נרנח"י ממטה למעלה, כי כן סדר כניסתם מתתא לעילא. באופן, בעת שעוד לא נגדל בפרצוף רק כלי אחד, שהוא בהכרח כלי העליון כתר, הנה אז לא נכנס בפרצוף אור היחידה, המיוחס לכלי ההוא, אלא רק אור התחתון מכולם, שהוא אור הנפש, ואור הנפש מתלבש בכלי דכתר.

וכשנגדלו ב' כלים בפרצוף, שהם ב' העליונים כתר וחכמה, הנה אז נכנס בו גם אור הרוח, ויורד אז אור הנפש מכלי דכתר אל כלי דחכמה, ואור הרוח מתלבש בכלי דכתר. וכן כשנגדל כלי ג' בפרצוף, שהוא כלי הבינה, אז נכנס בו אור נשמה. ואז יורד אור הנפש מכלי דחכמה לכלי דבינה, ואור הרוח לכלי דחכמה, ואור הנשמה מתלבש בכלי דכתר.

וכשנגדל בפרצוף כלי ד', שהוא כלי דת"ת, הנה נכנס בפרצוף אור החיה. ואז יורד אור הנפש מכלי דבינה לכלי דת"ת, ואור הרוח לכלי דבינה, והנשמה לכלי דחכמה, ואור החיה בכלי דכתר.

וכשנגדל כלי חמישי בפרצוף, שהוא כלי מלכות, נכנס בו אור היחידה. ואז באים כל האורות בכלים המיוחסים להם. כי אור הנפש יורד מהכלי דת״ת לכלי דמלכות, ואור הרוח לכלי דת״ת, ואור הנשמה לכלי דבינה, ואור החיה לכלי דחכמה, ואור היחידה לכלי דכתר.

24. Дело в том, что существует обратная зависимость между светами и сосудами – в парцуфе сначала возникают и растут высшие сосуды, начиная с кэтэр, потом идет сосуд хохма и т.д., пока очередь не доходит до малхут.

Поэтому мы называем сосуды согласно порядку их роста: кэтэр, хохма, бина, тифэрэт и малхут (КаХаБТу"М), сверху вниз. Света же, наоборот, – сначала нижние света входят в парцуф. Самый нижний свет – нэфеш, свет, который должен находиться внутри малхут, потом свет руах (свет Зэир Анпина) и т.д., пока очередь не доходит до ехиды.

Поэтому мы называем света в следующем порядке: нэфеш, руах, нэшама, хая и ехида (НаРаНХа"Й), снизу вверх, согласно порядку их вхождения в парцуф. Когда у парцуфа есть только один сосуд (а это может быть только сосуд кэтэр), то в него сначала входит не ехида, которая должна находиться внутри него, а нэфеш, самый нижний свет.

Когда у парцуфа появляются два высших сосуда – кэтэр и хохма, тогда в парцуф входит также и свет руах. Свет нэфеш выходит из сосуда кэтэр и спускается в сосуд хохма, а свет руах входит в сосуд кэтэр. Когда же у парцуфа появляется третий сосуд – бина, то свет нэфеш выходит из сосуда хохма и спускается в сосуд бина, а свет руах спускается в сосуд хохма и свет нэшама входит в сосуд кэтэр.

Когда у парцуфа возникает четвертый сосуд – тифэрэт, то в парцуф входит свет хая, и тогда свет нэфеш спускается из сосуда бина в сосуд тифэрэт, свет руах – в сосуд бина, свет нэшама – в сосуд хохма и свет хая – в сосуд кэтэр.

И когда у парцуфа появился пятый сосуд – малхут, то в этот парцуф вошел свет ехида. И тогда все света находятся на своих местах, потому что свет нэфеш выходит из сосуда тифэрэт и спускается в сосуд малхут, свет руах спускается в тифэрэт, свет нэшама – в сосуд бина, свет хая – в сосуд хохма, а свет ехида – в сосуд кэтэр.

Когда парцуф, состоящий из пяти частей желания получить (келим кэтэр, хохма, бина, тифэрэт и малхут), заполнен светом, то свет нэфеш находится в малхут, руах – в тифэрэт, нэшама – в бине, хая – в хохме и ехида – в кэтэре. Так выглядит заполненный парцуф.

Но образование, т.е. исправление келим, приобретение ими экрана, происходит от самого неэгоистичного (кэтэр) до самого эгоистического (малхут), сверху вниз. Заполнение же их светами идет от наименьшего по силе наслаждения света (нэфеш) к наиболее сильному наслаждению (ехида).

Все света постепенно, один за другим, сначала входят в кэтэр. Заполнение парцуфа всегда происходит согласно порядку: кэтэр – хохма – бина – тифэрэт – малхут. Света же входят по порядку: нэфеш – руах – нэшама – хая – ехида. Отсюда правило: кли начинает расти с высшей сферы, а света входят, начиная с низшего. Это похоже на то, как два цилиндра входят друг в друга.

Света в порядке их вхождения в парцуф, от нэфеш к ехида, сокращенно называются НаРаНХа"Й, от малого света к большему, а келим называются сверху вниз, от светлого к более грубому, КаХаБТу"М.

То же самое мы видим и в жизни: если я хочу противостоять какому-то наслаждению, но все же иметь с ним связь, то я начинаю с самого слабого наслаждения, постепенно переходя ко все более и более сильному, пока я не буду уверен, что и самые большие наслаждения смогу получать не ради себя.

Когда мы говорим, что рождается новое кли, это значит, что на соответствующее наслаждение уже есть экран – сила сопротивления данному наслаждению, намерение получить ради Творца, и в парцуф входит свет, соответствующий силе отталкивания.

Экран появляется вследствие учебы и работы в группе с правильным намерением. Когда у каббалиста появляется экран на самое маленькое желание, то он работает только с ним. Все же остальные желания отставляются в сторону, каббалист делает на них сокращение. Если в результате усилий экран увеличился, т.е. появилась дополнительная сила сопротивления еще одному, большему желанию, то человек начинает работать уже с двумя желаниями и получает уже два света.

И так далее, пока не появится масах на все пять желаний, и тогда можно будет все света принимать ради Творца. Каждый раз, когда человек может работать все с новым и новым желанием, предыдущие желания становятся все более совершенными, потому что в каждое предыдущее кли помимо света, который был в нем, входит еще и новый свет, более сильный, дающий вместе с предыдущим большее наслаждение.

Если человек, который постоянно находится на занятиях в группе единомышленников и слушает объяснения Рава, может, выйдя оттуда и находясь затем в различных состояниях и обстоятельствах в нашем мире, обществе, думать о тех же духовных вещах, о которых он думал во время учебы, то, придя снова на занятия, он почувствует и ощутит нечто большее, чем раньше, получит более высокий свет, т.к. он уже работает с более чистыми келим и не думает о каких-то животных наслаждениях. Это и есть обратная связь орот и келим (светов и сосудов).

Земля Израиля отличается от всех остальных мест самым большим эгоизмом. Здесь самое трудное место для духовной работы. Но именно оно – самое благоприятное и единственное.

Здесь земля имеет особый духовный потенциал. Бааль аСулам писал об Иерусалиме, что это место крушения, место разрушения Храма, где существует наибольшая сила, но там же находятся и самые большие нечистые силы, клипот.

Кли кэтэр, авиут дэ-шореш, предназначено для самого маленького наслаждения или для самого большого? Для самого большого – ор ехида, который входит в кэтэр последним, когда масах достигает силы противостоять самому большому желанию – желанию малхут. То есть, работая с самыми своими низкими желаниями, создавая на них намерение принимать наслаждение ради Творца, каббалист получает самое огромное наслаждение – свет ехида, который входит в самое светлое кли – кэтэр.

Если человек может, наполняя свои самые грубые животные желания, хоть немножечко думать о Творце, о Цели Творения, то во время учебы, чтения каббалистической литературы, молитвы он найдет больший контакт с Творцом.

В кли есть пять желаний насладиться. Его «размер», «объем» зависит только от экрана. Какому уровню желания он может противостоять, такой свет и войдет в кли, т.е. такого уровня и будет кли. Сначала ты работаешь с кли, имеющим авиут дэ-шореш, постепенно создавая внутри него экран на авиут алеф.

Когда этот процесс будет закончен, ты сможешь получить этот же экран на авиют алеф и работать с ним. Затем ты постепенно создаешь экран на авиют бэт, гимел, далет, т.е. у кли с начальным авиютом шореш должны быть зачатки экрана на все пять бхинот, чтобы затем строить экран на все эти виды авиюта.

Кли строит себя постепенно, переходя от самых маленьких желаний к самым большим. Это происходит для того, чтобы не ошибиться и не начать самонаслаждаться. Желания измеряются по интенсивности наслаждения, которое можно испытать. Так происходит прогресс, когда все человечество поднимается от маленьких желаний ко все большим и большим.

Начиная работать с самым маленьким своим желанием – кэтэр, человек преобразовывает его с помощью экрана в альтруистическое и получает свет нэфеш, испытывая при этом огромное наслаждение, потому что в нем раскрывается часть Творца, т.е., согласно размеру исправленного кли, он становится равным Творцу.

Ор нэфеш – это наслаждение быть с Творцом в самой маленькой, пятой части, когда начинаешь в этой мере воспринимать вечность, мудрость, абсолютное знание, огромное наслаждение, совершенство.

Нахождение кли в таком состоянии означает его выход за пределы нашего мира, нашей природы. Дальше этого состояния кли пока ничего не видит. Но, развиваясь дальше, оно начинает ощущать все более и более совершенные состояния и получать все большие и большие наслаждения.

Получение человеком ор нэфеш означает получение всех пяти частей самого света нэфеш: нэфеш дэ-нэфеш, руах дэ-нэфеш, нэшама дэ-нэфеш, хая дэ-нэфеш и ехида дэ-нэфеш («дэ» означает принадлежность к чему-либо). Потому что любое кли, любое получение тоже состоят из пяти частей. Это можно уподобить тому, как в нашем мире мы получаем информацию с помощью пяти органов чувств: зрения, слуха, обоняния, вкуса и осязания.

И все эти пять светов должны проявиться в кли кэтэр, куда входит вначале свет нэфеш. То же самое происходит затем и со всеми остальными светами. Все внешние религиозные атрибуты являются намеками на духовные действия. В каждом поколении большие Равы – каббалисты вводили те или иные условности в жизнь религиозных масс, чтобы привязать массы к Торе и таким образом воспитывать их.

Ввели, например, традицию надевать два халата, что соответствует двум видам «левушим» (одежд) на душу в мире Ацилут. Все эти религиозные атрибуты имеют каббалистический смысл. Самый главный закон в духовном – это соответствие, совпадение свойств, желаний человека и Творца.

Свет Творца по своей природе един. Это кли в зависимости от своих внутренних свойств выделяет в этом едином свете различные «вкусы», т.е. различные виды удовольствия: ор яшар, ор хозер, ор элион, ор пними, ор макиф и т.д. Все это один и тот же свет, все зависит от того, как он воспринимается самим кли. До входа в кли он называется «простой высший свет» (ор элион муфшат), потому что нет в нем никаких различных свойств.

Это подобно примеру Бааль аСулама о манне небесной, которая не имеет никакого вкуса, а каждый ощущает вкус согласно своим свойствам. Если высший простой свет светит в рош парцуф, то он называется «ор яшар» (прямой свет). Свет, отраженный экраном, ор хозер одевает ор яшар, и когда они оба входят в кли, то этот свет уже называется внутренний свет – ор пними, или «вкус» – таамим.

Поскольку парцуф получает только некоторую порцию от всего приходящего света, то неполученная часть пришедшего к нему света остается снаружи. Эта часть общего света, пришедшего к парцуфу, называется «ор макиф» (окружающий свет). Этот свет парцуф получит постепенно, маленькими порциями. Состояние, в котором весь окружающий свет сможет войти в парцуф, называется «Гмар Тикун» (окончательное исправление).

Свет, покидающий кли, называется «некудот» – точки, потому что малхут называется некуда – точка, черная точка, не способная ввиду своих эгоистических свойств получить после Ц"А свет. После наполнения парцуфа внутренним светом окружающий свет начинает давить на экран в табуре, чтобы кли получило и оставшийся снаружи свет.

Но парцуф не имеет соответствующего масаха на этот свет, поэтому если он начнет получать этот свет (а у него уже нет намерения получить его ради Творца), то это получение будет эгоистическим, ради себя. Так как ограничение на получение света есть следствие эгоистического желания малхут, черной точки, то исходящий из малхут свет называется «некудот».

Когда внутренний свет выходит из парцуфа и светит в парцуф уже издали, в те же места, где он был, то он вызывает в кли особое ощущение, впечатление, называемое воспоминаниями – решимот. Эти воспоминания и есть та необходимая информация, без которой парцуф не может знать, что ему делать дальше.

כה) הרי שכל עוד שלא נגדלו כל ה' הכלים כח"ב תו"מ בפרצוף, נמצאים האורות שלא במקומם המיוחס להם. ולא עוד, אלא שהם בערך ההפכי, שבחוסר כלי מלכות חסר שם אור היחידה, ובחוסר ב' הכלים תו"מ חסרים שם יחידה חיה, וכו'. שהוא מטעם שבכלים נגדלים העליונים תחילה, והאורות נכנסים האחרונים תחילה.

גם תמצא, שכל אור הבא מחדש, הוא מתלבש רק בכלי דכתר. והוא מטעם, שכל המקבל, חויב לקבל בהכלי היותר זך שבו, שהוא הכלי דכתר. ומטעם זה מחויבים האורות, שכבר מלובשים בפרצוף, לרדת מדרגה אחת ממקומם, בעת ביאת כל אור חדש. למשל בביאת אור הרוח, מחויב אור הנפש לירד מהכלי דכתר לכלי דחכמה, כדי לפנות מקום הכלי דכתר, שיוכל לקבל את האור החדש, שהוא הרוח.

וכן אם האור החדש הוא נשמה, מחויב גם הרוח לרדת מהכלי דכתר לכלי דחכמה, לפנות מקומו דכתר לאור החדש שהוא נשמה. ומשום זה מחויב הנפש, שהיה בכלי דחכמה, לרדת לכלי דבינה. וכו' עד"ז. וכל זה הוא כדי לפנות הכלי דכתר בשביל אור החדש.

ושמור הכלל הזה בידך. ותוכל להבחין תמיד בכל ענין, אם מדברים בערך כלים ואם בערך אורות. ואז לא תתבלבל, כי יש תמיד ערך הפכי ביניהם. והנה נתבאר היטב ענין ה' בחינות שבמסך, איך שעל ידיהן משתנים שיעורי הקומה זה למטה מזה.

25. *Пока не закончилось формирование всех пяти келим в парцуфе, пять их светов находятся не на своих местах, более того, они размещаются в обратном порядке. При отсутствии кли малхут в парцуфе нет света ехида, а при отсутствии двух сосудов малхут и тифэрэт нет светов ехида и хая. И это потому, что вначале рождаются светлые, чистые сосуды, от кэтэр до малхут, но в них сначала входят слабые света, начиная с нэфеш.*

Пять уровней в масахе

И каждый новый свет входит обязательно в сосуд кэтэр, потому что любое получение света происходит в самых светлых сосудах. По прибытии нового света в сосуд кэтэр прежний свет, бывший в сосуде кэтэр раньше, спускается в сосуд хохма. Когда есть масах на сосуд хохма, в кэтэр входит ор руах, а ор нэфеш спускается в сосуд хохма.

При дальнейшем усилении экрана образуются сосуды: бина, тифэрэт и малхут, и через кэтэр последовательно проходят света: нэшама, хая и ехида, заполняя все келим. Все света заполняют соответствующие им места: нэфеш в малхут, руах в тифэрэт, нэшама в бине, хая в хохме и ехида в кэтэре.

Запомни это правило об обратной зависимости изменений светов и сосудов, и тогда ты всегда сможешь различить, говорится ли в определенном контексте о светах или о сосудах, и тогда ты не запутаешься. Мы выяснили пять бхинот (уровней) экрана и как в соответствии с ними возникают уровни – каждый последующий ниже предыдущего.

Каждый новый свет в миллиарды раз больше предыдущего, поэтому каждая последующая ступенька по отношению к предыдущей как совершенно иной мир. В нашем мире, где у нас еще нет никакого экрана, мы не видим того света, который находится перед нами. Видеть можно только с помощью отраженного света, ор хозер, и настолько, насколько он отражается от малхут.

Но с помощью занятий Каббалой мы возбуждаем ор макиф до тех пор, пока он не создаст в нас самое начальное кли кэтэр, в которое мы тут же получим ор нэфеш. Это состояние означает, что мы духовно родились, перешли барьер – махсом между нашим миром и миром духовным и находимся на самой нижней ступеньке первого снизу духовного мира Асия.

При дальнейшей работе над собой мы приобретаем следующий экран на авиют алеф и получаем свет руах. Затем приобретаем экраны на келим бэт, гимэл и далет и, соответственно им, света нэшама, хая и ехида. Только теперь все света находятся на своих местах.

Как создать экран? Если бы сегодня я знал, т.е. ощущал свои эгоистические свойства, я бы убежал от исправления как от огня! Моему эгоизму нет ничего более ненавистного, чем экран. Но я не бегу от духовного. И это потому, что я даже свой эгоизм не осознаю и не понимаю своих свойств. Такое «бессознательное» начальное состояние человека создано специально, чтобы позволить нам не отталкивать духовное, а стремиться к нему из чувства любознательности, желания узнать, улучшить будущее и т.д.

Поэтому принцип заключается в том, чтобы перейти махсом вопреки своей природе. Он преодолевается неосознанно: ты заранее не знаешь, к чему ты идешь и когда это произойдет. После перехода через махсом человек начинает видеть, что был до сих пор в бессознательном состоянии, был как во сне.

Переход через махсом предваряется двумя процессами: первый процесс – это осознание зла, осознание, насколько эгоизм является злом, насколько это свойство вредно для меня самого. Второй процесс заключается в осознании того, что духовное очень привлекательно для меня, что нет ничего более стоящего, большего, вечного.

Эти две противоположные точки (осознание зла и привлекательность духовного) в обычном человеке соединены вместе в ноль. По мере продвижения к духовному они начинают удаляться друг от друга. При этом духовное начинает возвышаться в глазах человека, а эгоизм восприниматься как зло. Эта разница между ними, твоя личная оценка духовного и критика эгоизма, настолько увеличивается, что это вызывает твой внутренний крик о разрешении проблемы. Если этот крик достигает нужной величины, то тебе сверху дают экран.

Изучение эгоизма и его исправление, его правильное применение – это весь путь человека от самого начального состояния и до самого конечного, до Гмар Тикун. В духовных мирах ты тоже продолжаешь изучать свой эгоизм на каждой ступеньке. Чем выше ты поднимаешься, тем больше тебе добавляют эгоизм, чтобы ты, работая над ним, перевел его в альтруизм.

Все, о чем говорим, мы говорим с точки зрения творения. О Творце мы ничего не можем сказать, потому что не знаем, кто Он на самом деле. Я знаю только то, каким Он проявляется относительно меня, в моих ощущениях. Только философы могут бесконечно рассуждать о том, что непостигаемо никогда, и поэтому эта наука совершенно выродилась.

Каббала оперирует только тем, что каббалисты чувственно, совершенно явственно постигли на себе и передали нам языком Каббалы, и каждый может воспроизвести этот процесс, как в самом строгом научном эксперименте.

Инструментом такого научного эксперимента является экран, который человек должен построить в себе, в центральной точке собственного эгоизма, т.е. в своем Я, с помощью методики, разработанной в Каббале.

Есть два экрана: один перед кли, стоящий в пэ парцуфа, т.е. в малхут дэ-рош, который отражает весь свет, стоящий как бы на страже выполнения Ц"А. А второй экран, принимающий свет, работает с авиют и находится в малхут дэ-гуф. Он пропитывает, вбирает в себя весь эгоизм, который можно повернуть в обратную сторону, в получение ради Творца. Вообще масах всегда стоит в малхут — в самой нижней точке парцуфа. Отражающий экран и получающий экран — это два его действия. Первое приводит к возникновению рош, а второе к образованию гуф парцуфа. Подробное объяснение есть в ТЭС, часть 3, «Истаклют Пнимит», глава 14, п.5.

ПЯТЬ ПАРЦУФИМ МИРА АДАМ КАДМОН

ה' פרצופי א"ק

כו) אחר שנתבאר היטב ענין המסך שנתקן בכלי המלכות, שהיא הבחי"ד אחר שנצטמצמה, וענין ה' מיני זווג דהכאה אשר בו, המוציאים ה' קומות של ע"ס זו למטה מזו, נבאר עתה ה' פרצופי א"ק, הקודמים לד' עולמות אבי"ע.

וזאת כבר ידעת, שהאו"ח הזה, שעולה ע"י זווג דהכאה ממטה למעלה ומלביש הע"ס דאור העליון, הוא מספיק רק לשרשי כלים, המכונים "ע"ס דראש הפרצוף". ובכדי לגמור את הכלים, מתרחבת המלכות דראש מאותם הע"ס דאו"ח שהלבישו לע"ס דראש.

והיא מתפשטת מינה ובה ממעלה למטה, באותו שיעור קומה שבעשר ספירות דראש. ובהתפשטות הזה נגמרו הכלים, שהם נקראים "גוף הפרצוף". באופן שב' בחינות של ע"ס יש להבחין תמיד בכל פרצוף: ראש וגוף.

26. Мы выяснили понятие *масаха (экрана), который был выставлен после Ц"А на кли малхут, т.е. на бхину далет, и также пять видов зивугей дэ-акаа, происходящих на этом экране и создающих пять уровней десяти сфирот, один ниже другого. Теперь мы выясним пять парцуфим мира Адам Кадмон (А"К), который предшествует четырем мирам АБЕ"А.*

Ты уже знаешь, что ор хозер, поднимающийся в результате зивуга дэ-акаа снизу вверх, одевает 10 сфирот высшего света – этого достаточно только для создания «корней», зародышей будущих келим, называемых 10 сфирот дэ-рош. Для того чтобы закончить создание келим, малхут дэ-рош расширяется на те 10 сфирот ор хозер, которые наделись на 10 сфирот дэ-рош.

Малхут распространяется сверху вниз согласно величине уровня десяти сфирот дэ-рош. В результате этого заканчивается создание келим, называемых «гуф» (тело) парцуфа (см. пункт 14). *Итак, в парцуфе всегда есть два вида десяти сфирот: рош и гуф.*

В каждом парцуфе нужно определить два вида 10 сфирот: рош и гуф. Не знающим иврит намного проще изучать Каббалу, потому что они не воспринимают дословно каббалистические термины: пэ – рот, рош – голова, гуф – тело, табур – пуп и т.д., а могут понимать эти каббалистические термины абстрактно, т.е. такие люди не рисуют себе согласно этим терминам материальную картину.

Им легче воспринимать сказанное как силы, желания, намерения, а не части какого-то тела. Ведь в духовном мире нет тел, а есть только желание насладиться, намерение, ради чего или кого можно получать наслаждение, и само наслаждение.

Место, где находится отражающий масах, называется пэ. В начале масах отталкивает весь ор яшар, который находится перед ним, говоря этим, что ничего не хочет взять для себя. Затем в рош делается расчет, сколько можно все же получить, но не ради себя, а ради Творца, затем ор хозер надевает 10 сфирот высшего света (дэ-ор элион) снизу вверх.

Этого достаточно только для образования четкого решения, корней кли (шоршей келим). 10 сфирот отраженного света, одевающих 10 сфирот приходящего света, образуют вместе 10 сфирот рош парцуфа.

Чтобы закончить образование келим и получить свет в действительности, 10 сфирот дэ-ор яшар, приходящего света, облаченные в 10 сфирот дэ-ор хозер, отраженного света, «проходят» сквозь масах, распространяясь сверху вниз, расширяя этим десятую сфиру рош – малхут дэ-рош на свои собственные 10 сфирот – от кэтэр до малхут и образуя этим келим дэ-гуф.

До того как малхут могла получать ради Творца, она была сжата, сокращена до размеров точки. Но получив экран, она приобрела новое намерение – получать не ради себя, а ради Творца. Тогда она «расширилась» от точки до 10 сфирот, получая свет в гуф.

כז) והנה תחילה יצא הפרצוף הראשון דא״ק. כי תיכף אחר צמצום א׳, אשר הבחי״ד נצטמצמה מלהיות כלי קבלה על אור העליון, והיא נתקנה במסך, הנה אז נמשך אור העליון להתלבש בכלי מלכות כדרכו. והמסך שבכלי מלכות עיכב עליו והחזיר את האור לאחוריו. וע״י הכאה זו שהיתה

ממסך דבחי״ד, העלה או״ח עד קומת כתר שבאור העליון. ואותו או״ח נעשה ללבוש ובחינת שורשי כלים לע״ס שבאור העליון, הנקרא ע״ס דראש״ של הפרצוף הראשון דא״ק.

ואח״ז התרחבה והתפשטה המלכות ההיא עם האו״ח, מכח ע״ס דראש מינה ובה, לע״ס חדשות ממעלה למטה. ואז נגמרו הכלים בבחינת הגוף. וכל שיעור הקומה, שיצא בע״ס דראש, נתלבש ג״כ בהע״ס דגוף. ובזה נגמר הפרצוף הא׳ דא״ק ראש וגוף.

27. *Как только родился первый парцуф мира Адам Кадмон, немедленно после Ц"А бхина далет, перестав быть кли получения высшего света, получила исправление в виде экрана. И спустился высший свет облачиться в кли малхут, согласно своей природе. Но масах, стоящий перед кли малхут, отразил его и вернул к Источнику. В результате этого ударного взаимодействия ор хозер поднялся до уровня кэтэр высшего света и этот ор хозер стал одеянием и зачатками келим («шоршей келим») для десяти сфирот высшего света, которые называются 10 сфирот дэ-рош первого парцуфа мира Адам Кадмон.*

После этого, используя силу 10 сфирот дэ-рош, малхут дэ-рош вместе с ор хозер расширилась и распространилась сверху вниз, создав этим внутри себя новые 10 сфирот, которые и являются настоящими, законченными келим. Все то, что в рош существовало только в потенциале, теперь окончательно проявилось и сформировалось в гуф. Так закончилось создание рош и гуф первого парцуфа мира Адам Кадмон.

После Ц"А, когда малхут сократила себя на получение света, она с помощью экрана решает получать какую-то порцию света ради Творца. Первое порционное получение света образовало первый парцуф мира Адам Кадмон – Кэтэр, или Гальгальта. Всего в мире Адам Кадмон есть 5 парцуфим.

Масах в кли малхут оттолкнул весь приходящий к нему высший свет. С помощью удара (акаа) о масах, сила которого равнялась всем 5 бхинот, отраженный свет (ор хозер) поднялся на уровень кэтэр прямого света (ор яшар) и надел 10 сфирот дэ-рош первого парцуфа А"К. Затем малхут расширилась, и свет распространился внутрь малхут, образовав 10 сфирот дэ-гуф.

Часть тела кли (гуф), которая заполнилась светом, называется «тох» (внутренняя часть), а свет в нем называется «ор пними» – внутренний свет. Часть гуфа, оставшаяся не заполненной светом, называется «соф» (конец), а свет в ней – ор хасадим, потому что эта часть не желает получать никакого наслаждения, потому что она не имеет соответствующего экрана, и если она получит свет, то это приведет к получению наслаждения ради себя. Граница разделения тох и соф называется «табур» (пуп). Свет, не вошедший в кли, называется «ор макиф» (окружающий свет).

Каждый парцуф видит, какой свет находится перед ним, только с помощью отраженного света. Если сила отраженного света равна силе экрана на все 5 бхинот, то он видит свет уровня кэтэр. Этот свет он делит на 5 частей, заполняет ими тох, а соф оставляет пустым. В рош парцуф может светить свет любой силы, но малхут дэ-пэ дерош увидит лишь столько, сколько ей позволяет ор хозер.

Наши органы чувств построены тоже на этом принципе. Дай им большую чувствительность – и они смогут увидеть предметы, измеряемые в микронах, ощущать микробы и т.д. То есть все зависит не от того, что действительно есть вокруг нас, а только от того, что мы в состоянии обнаружить. Все зависит только от чувствительности наших сенсоров, датчиков, органов ощущений.

Каждый последующий парцуф имеет экран на меньшее количество и качество желаний (бхинот), чем предыдущий, поэтому у него меньший ор хозер, меньшая высота отраженного света, поэтому он видит свет меньшего уровня. Это подобно тому, как если бы у человека ухудшилось зрение и он стал бы видеть в меньшем радиусе вокруг себя.

Если экран имеет жесткость бхины гимел, то он видит свет уровня хохма относительно предыдущего парцуфа. Относительно себя самого он получает те же пять частей света НаРаН-Ха"Й, но общего уровня хохма, а не кэтэр. Приведем пример из нашего мира: высокий человек и человек невысокого роста состоят, разумеется, из одних и тех же «частей». Тем не менее мы говорим, что один из них на голову выше другого, т.е. второй как бы не имеет головы.

Мы изучаем распространение миров сверху вниз. После того как появилось все Мироздание, создался парцуф Адам аРишон (первый человек). Затем этот парцуф раскололся на 600 тысяч частей, называемых душами. Каждая из этих частей должна получить свою часть высшего света.

Когда душа, т.е. частичка парцуфа Адам аРишон, достигает какой-то ступени в духовном мире, она получает немного от своей части света, и хотя она еще не наполнилась всем предназначенным ей светом, она ощущает это состояние как совершенство. Тогда ей (душе) добавляют немного эгоизма, и она опять начинает желать чего-то большего. Исправляя эту порцию эгоизма, она получает во вновь исправленные келим новую порцию света и только тогда понимает, что есть еще большее совершенство.

Если у человека нет внутреннего желания, потребности – «некуда ше ба лев» (точки в сердце), то он не в состоянии понять, как можно интересоваться духовным, а не только этим миром. Кстати, гадание, амулеты, нетрадиционное лечение, благословения не имеют к духовному никакого отношения. Под духовным в Каббале понимается только стремление к самому Творцу, к Его свойствам. На поверку всегда оказывается, что все, кажущееся нам сверхъестественным, вовсе таковым не является, а просто шарлатаны большей или меньшей степени талантливости используют силы нашего мира, непознанные пока большинством людей, а также психологию и внутренние силы организма.

כח) ואח"ז חזר ונשנה אותו הזווג דהכאה על מסך המתוקן שבכלי מלכות, שאין בו רק עביות דבחי"ג. ואז יצא עליו רק קומת חכמה. ראש וגוף. כי מתוך שחסר במסך העביות דבחי"ד, אין בו רק ד' כלים כח"ב ת"ת. וע"כ אין מקום באו"ח להלביש רק ד' אורות לבד, שהם חנר"ן, וחסר בו אור היחידה. ונקרא ע"ב דא"ק.

ואח"כ חזר אותו הזווג דהכאה הנ"ל על מסך שבכלי מלכות, שאין בו רק עביות דבחי"ב. ואז יצאו עליו ע"ס ראש וגוף בקומת בינה. והוא נקרא פרצוף ס"ג דא"ק, שחסרים בו ב' הכלים דז"א ומלכות וב' האורות דחיה יחידה.

ואח"כ יצא אותו הזווג דהכאה על מסך שאין בו רק עביות דבחי"א. ואז יצאו ע"ס ראש וגוף בקומת ת"ת. וחסרים בו ג' כלים בינה ז"א ומלכות, וג' אורות נשמה חיה יחידה, ואין בו אלא רוח ונפש מהאורות, המלובשים בכתר חכמה דכלים. והוא הנקרא פרצוף מ"ה וב"ן דא"ק. וזכור כאן את ערך ההפכי שבין כלים לאורות (כנ"ל באות כ"ד).

28. После этого снова произошло ударное взаимодействие с масахом, стоящим в кли малхут, но на этот раз в нем отсутствовала бхина далет. У масаха есть теперь только четыре келим: кэтэр, хохма, бина и тифэрэт. Поэтому следующий парцуф мира А"К вышел на один уровень ниже парцуфа Гальгальта – на уровень хохма – и называется этот парцуф А"Б. Ор хозер в этом случае надевает только 4 света НаРаН"Х, а пятая часть, ор ехида, отсутствует.

В масахе третьего парцуфа отсутствуют бхинот далет и гимел. Поэтому он вышел на один порядок ниже парцуфа А"Б, т.е. на уровень Бина, и в нем нет светов ехида и хая. Относительно первого парцуфа он ниже на две ступени, а относительно второго – на одну. Он называется Бина, или СА"Г.

Затем произошел зивуг дэ-акаа на масах с авиют алеф, и образовался рош и гуф на уровне тифэрэт, со светами нэфеш и руах, а света – ехида, хая и нэшама отсутствуют. В этом парцуфе нет келим далет, гимел, бэт – поэтому и нет соответствующих им светов. Этот парцуф называется Тифэрэт, или М"А.

Последний, пятый парцуф вышел на авиют шореш со светом нэфеш. Он называется парцуф Малхут, или парцуф БО"Н.

כט) והנה נתבארו אופן יציאתם של ה"פ א"ק, הנקראים גלגלתא ע"ב ס"ג מ"ה וב"ן, זה למטה מזה, שכל תחתון חסר בחינה עליונה של העליון שלו. כי לפרצוף ע"ב חסר אור יחידה. ובפרצוף ס"ג חסר גם אור החיה, שיש להעליון שלו, שהוא ע"ב. ובפרצוף מ"ה וב"ן חסר גם אור הנשמה, שיש בהעליון שלו, שהוא ס"ג. והוא מטעם שזה תלוי בשיעור העוביות שבהמסך, שעליו נעשה הזווג דהכאה. (אות י"ח). אמנם צריכים להבין: מי ומה גרם שהמסך ילך ויתמעט, בחינה אחר בחינה משיעור עוביותו, עד שיתחלק לה' שיעורי קומה שבה' מיני זווגים הללו?

29. Итак, мы рассмотрели образование пяти парцуфим мира А"К, которые называются Гальгальта, А"Б, СА"Г, М"А и БО"Н, где каждый из последующих парцуфим ниже предыдущего на одну ступень. Причем эта ступень была у предыдущего парцуфа высшей. Так, например, у парцуфа А"Б не хватает ор ехида, у парцуфа СА"Г недостает света хая, который был у предыдущего ему парцуфа А"Б. У парцуфа М"А не хватает света нэшама. Уровень каждого парцуфа зависит от толщины экрана, на который сделан

зивуг дэ-акаа (см. пункт 18). Однако мы не выяснили, что является причиной уменьшения толщины экрана при образовании нового парцуфа.

Малхут после Ц"А обретает экран, в котором есть все 5 степеней жесткости, и поэтому она может присоединить к себе все 5 уровней своих желаний. Силой этого экрана она отталкивает весь приходящий к ней свет и в отраженном свете достигает уровня кэтэр, она «видит» все 5 частей приходящего света: света в сфирот кэтэр, хохма, бина, тифэрэт и малхут, находящиеся в рош. Из каждого света она может принять в тох только приблизительно 20 процентов.

Общий уровень этого света определяется по его наивысшему свету – ехида, который соответствует уровню кэтэр (комат кэтэр). Во второй парцуф малхут может принять меньшее количество света, т.к. она теряет одну, самую сильную ступень желания – авиют далет и, соответственно, свет ехида.

Количество света, находящегося в третьем, четвертом и пятом парцуфах, еще меньше, их уровень каждый раз все ниже и ниже по причине уменьшения авиют с гимэл на бэт в третьем парцуфе, с бэт на алеф – в четвертом и с алеф на шореш – в пятом. Соответственно степени авиют в третьем парцуфе, СА"Г, отсутствуют света ехида и хая, в четвертом – ехида, хая, нэшама, в пятом – ехида, хая, нэшама, руах.

Парцуфим так выглядят только один относительно другого, когда каждый последующий «на голову» ниже предыдущего, каждый последующий парцуф ниже предыдущего по уровню света, по его силе и качеству. Но в каждом из них есть свои 5 (или 10, как известно, сфира тифэрэт состоит из 6 сфирот) сфирот КаХаБТу"М и свои 5 светов НаРаНХа"Й.

Каждый парцуф обязан иметь набор всех тех 10 частей, из которых состоит все творение. Парцуфим отличаются друг от друга только величиной экрана. Поэтому когда экран уменьшается, новый парцуф рождается на одну ступень ниже предыдущего.

После Ц"А кли состоит из желания получать и масаха. Наполнение кли происходит в соответствии с силой, величиной этого масаха. Экран может быть силой от одной до пяти бхинот, т.е. он способен оттолкнуть от себя наслаждения, соответствующие его пяти, четырем, трем, двум или одному желаниям. Любой парцуф состоит из пяти частей, которые мы обозначаем:

КЭТЭР	ТОЧКА НАЧАЛА БУКВЫ ЙУД
ХОХМА	ЙУД
БИНА	ХЕЙ
ТИФЭРЭТ	ВАВ
МАЛХУТ	ХЕЙ

Эти буквы – скелет парцуфа, его пять постоянных частей, составляющих его кли. В зависимости от силы экрана парцуф наполняет эти 5 частей большим или меньшим светом – светом хохма или светом хасадим. Свет хохма обозначается буквой йуд, а свет хасадим – буквой хей. Соответственно, мы можем обозначить каждый парцуф, т.е. каждое наполнение, буквенным кодом или числом.

Как уже объяснялось в книге «Зоар», в статье «Буквы раби Амнона-Саба» (стр. 104): «Каждый парцуф состоит из 5 частей = 5 сфирот: точки и 4 букв: кэтэр-точка + хохма-йуд + бина-хей + З"А-вав + малхут-хей = АВА"Я». Все отличие между всеми 125 парцуфим в том, какой свет их наполняет, а скелет кли, буквы АВА"Я, остается тем же. И это потому, что не может возникнуть желание, если свет Творца не пройдет предварительно пять ступеней, где только пятая ступень является рождением нового творения – нового желания.

Все Мироздание, все миры представляют собою всего лишь 10 сфирот, или имя Творца АВА"Я:

СФИРА	БУКВА	ПАРЦУФ	МИР	СВЕТ
КЭТЭР	ТОЧКА	ГАЛЬГАЛЬТА	А"К	ЕХИДА
ХОХМА	ЙУД	А"Б	АЦИЛУТ	ХАЯ
БИНА	ХЕЙ	Са"Г	БРИЯ	НЭШАМА
З"А	ВАВ	М"А	ЕЦИРА	РУАХ
МАЛХУТ	ХЕЙ	Бо"Н	АСИЯ	НЭФЕШ

Наполнение АВА"Я светом называется ее раскрытием, потому что это является степенью раскрытия Творца в этом желании. Этим буквы выходят наружу из скрытия, состояния, когда они не наполнены.

Всего есть 5 парцуфим: Кэтэр (Гальгальта), А"Б, Са"Г, М"А, Бо"Н. Первый из них – парцуф кэтэр является основным, источником всех остальных. Его 10 сфирот – простая АВА"Я, или внутренняя АВА"Я, потому что каждая из 4 букв его

АВА"Я выходит наружу, создавая новый парцуф, надевающийся снаружи на парцуф Гальгальта.

Итак, из парцуфа Кэтэр-Гальгальта выходят:

ЙУД	ПАРЦУФ ХОХМА, А"Б
ХЕЙ	ПАРЦУФ БИНА, Са"Г
ВАВ	ПАРЦУФ З"А, М"А
ХЕЙ	ПАРЦУФ МАЛХУТ, Бо"Н

Таким образом, парцуф Кэтэр обозначается простой АВА"Я, а надевающиеся на него парцуфим обозначаются АВА"Я с наполнениями. Запись АВА"Я с наполняющим ее светом называется «милуй» (наполнение). Для краткости обозначения парцуфа введено понятие «гематрия» — числовая сумма наполнений.

Буквы алфавита:

НАЗВАНИЕ	ПРОИЗНОШЕНИЕ	ГЕМАТРИЯ
АЛЕФ	А, Э	1
БЭТ	Б, В	2
ГИМЕЛ	Г	3
ДАЛЕТ	Д	4
ХЕЙ	А, Э	5
ВАВ	В, У, О	6
ЗАИН	З	7
ХЕТ	Х	8
ТЕТ	Т	9
ЙУД	И	10
ХАВ	Х, К	20
ЛАМЕД	Л	30
МЕМ	М	40
НУН	Н	50
САМЕХ	С	60
АИН	А, Э	70
ПЭЙ	П	80
ЦАДИ	Ц	90
КУФ	К	100
РЭШ	Р	200
ШИН	Ш, С	300
ТАВ	Т	400

Гематрия парцуфа, который не наполнен светом, т.е. гематрия незаполненной, пустой АВА"Я = йуд+хей+вав+хей = 10+5+6+5 = 26.

Гематрия заполненной АВА"Я образуется наполнением каждой буквы: в иврите каждая буква имеет свое полное название: А – алеф, Б – бэт и т.д. согласно таблице.

Поэтому есть 4 вида наполнения АВА"Я: а) А"Б, б) СА"Г, в) М"А, г) БО"Н.

а) АВА"Я наполнения А"Б:
   йуд: йуд + вав + далет = 10 + 6 + 4 = 20
   хей: хей + йуд = 5 + 10 = 15
   вав: вав + йуд + вав = 6 + 10 + 6 = 22
   хей: хей + йуд = 5 + 10 = 15

Итого: 20 + 15 + 22 + 15 = 72 = А"Б, где буква А – обозначает не букву алеф=1, а букву аин=70 (просто в произношении они одинаковы и потому в русском изложении обозначаются одной буквой). АВА"Я, наполненная таким светом, называется парцуф А"Б, парцуф хохма, потому что буква йуд в наполнении означает ор хохма. Такое наполнение называется АВА"Я с наполнением йуд.

б) АВА"Я с наполнением СА"Г. Парцуф, наполненный ор хасадим, называется СА"Г, т.к. такова его гематрия СА"Г = Самех (60) + Гимэл (3) = 63:
   йуд: йуд + вав + далет = 10 + 6 + 4 = 20
   хей: хей + йуд = 5 + 10 = 15
   вав: вав + алеф + вав = 6 + 1 + 6 = 13
   хей: хей + йуд = 5 + 10 = 15

Итого 63 = 60 + 3 = Самэх + Гимэл = СА"Г. Если келим и их наполнение исходят от Цимцума Алеф (Ц"А), то в наполнении АВА"Я присутствует **буква йуд**. Мы узнаем, что потом в мирах произошло еще одно сокращение, Цимцум Бэт (Ц"Б). Так вот, если келим наполняются светом от второго сокращения, то в наполнении АВА"Я присутствует **буква алеф** вместо буквы йуд.

Отличие между гематриями А"Б и СА"Г в наполнении буквы вав: в А"Б гематрия вав = 22 от наполнения светом хохма, а в СА"Г гематрия вав = 13 от наполнения светом хасадим. Из сказанного ясно, что парцуф А"Б происходит от Ц"А, а в парцуфе СА"Г его буква вав, З"А, происходит от Ц"Б.

в) АВА"Я с наполнением М"А:
   йуд: йуд + вав + далет = 20
   хей: хей + алеф = 6
   вав: вав + алеф + вав = 13
   хей: хей + алеф = 6

Такое наполнение АВА"Я называется:
20 + 6 + 13 + 6 = 45 = 40 + 5 = Мем + Хей = М"А.
Буква хей читается как «а».

г) АВА"Я с наполнением БО"Н:
   йуд: йуд + вав + далет = 20
   хей: хей + хэй = 10
   вав: вав + вав = 12
   хей: хей + хей = 10

Такое наполнение АВА"Я называется 20 + 10 + 12 + 10 = 52 = 50 + 2 = Нун + Бэт. Произносится наоборот: БО"Н.

Малхут Мира Бесконечности – простое желание получать. Все многообразие ее форм рождается экраном, путем деления малхут экраном на различные части.

– Деление малхут на 5 общих частей называется мирами.
– Деление каждого мира еще на 5 называется парцуфим.
– Деление каждого парцуфа еще на 5 называется сфирот.

Каждая из сфирот в свою очередь состоит еще из 5 подсфирот, каждая из них состоит еще из 10 своих подсфирот, и т.д. до бесконечности.

Наш мир является отображением низшего духовного мира, и в нем, как в отображении, есть те же самые типы, виды, как в духовном мире, но отпечатаны они на другом носителе, они как бы сделаны из другого вещества – материального желания самонасладиться без экрана той порцией света, которая полностью оторвалась от Творца и которую мы ощущаем как притягивающее нас наслаждение, но мы не ощущаем ее источника. Поэтому, изучая духовный мир, можно полностью постичь всю природу нашего мира, все его законы.

ОСЛАБЛЕНИЕ МАСАХА ДЛЯ СОЗДАНИЯ ПАРЦУФА

הזדככות המסך לאצילות פרצוף

ל) בכדי להבין ענין השתלשלות המדרגות בה' שיעורי קומה זה למטה מזה, שנתבאר בה' פרצופין דא"ק לעיל, וכן בכל המדרגות המתבארים בה"פ של כל עולם ועולם מד' העולמות אבי"ע עד המלכות דעשיה, צריכים להבין היטב ענין הזדככות המסך דגוף, הנוהג בכל פרצוף מפרצופי א"ק ועולם הנקודים ובעולם התיקון.

30. *Для того чтобы понять развитие духовных ступеней, проявившихся в создании пяти постепенно уменьшающихся парцуфим мира А"К, и всех уровней пяти парцуфим каждого из четырех миров АБЕ"А, вплоть до малхут мира Асия, мы должны хорошо усвоить, что такое утоньшение масаха дэ-гуф, ослабление его силы, которое происходит во всех парцуфим миров А"К, Некудим и мира Исправления (Ацилут).*

Все ступени, начиная от Мира Бесконечности (олам Эйн Соф) и до нашего мира, создаются по одному и тому же принципу. Чем ступень более удалена от Мира Бесконечности, тем экран все больше и больше утончается и слабеет. В связи с этим малхут каждый раз получает все меньше и меньше света, ее ступени спускаются все ниже и ниже, пока постепенно малхут не спустится из своего самого высшего состояния – мира Эйн Соф и не достигнет своего самого низшего состояния – нашего мира.

לא) והענין הוא, שאין לך פרצוף או איזה מדרגה שהיא, שלא יהיה לה ב' אורות, הנקראים אור מקיף ואור פנימי. ונבארם בא"ק. כי האור מקיף של פרצוף הא' דא"ק ה"ס אור א"ס ב"ה, הממלא את כל המציאות. אשר לאחר הצמצום א' והמסך שנתקן במלכות, נעשה זווג דהכאה מאור הא"ס על המסך הזה.

ועי"י האו"ח שהעלה המסך, חזר והמשיך אור העליון לעולם הצמצום, בבחינת ע"ס דראש וע"ס דגוף (אות כ"ה).

אמנם המשכה זו שבפרצוף א"ק מא"ס ב"ה אינה ממלאת את כל המציאות כמטרם הצמצום, אלא שנבחן בראש וסוף: הן מבחינת מלמעלה למטה, כי אורו נפסק על הנקודה דעוה"ז, שה"ס מלכות המסיימת בסו"ה "ועמדו רגליו על הר הזיתים".

הן מבחינת מבפנים לחוץ. כי כמו שיש ע"ס ממעלה למטה כח"ב תו"מ והמלכות מסיימת את הא"ק מלמטה, כן יש ע"ס כח"ב תו"מ מפנים לחוץ, המכונים מוחא עצמות גידין בשר ועור, אשר העור, שהוא סוד המלכות, מסיימת את הפרצוף מבחוץ.

אשר בערך הזה נבחן פרצוף א"ק, כלפי א"ס ב"ה הממלא את כל המציאות, רק כמו קו דק בלבד. כי פרצוף העור מסיימת אותו ומגבילה אותו סביב סביב מבחוץ, ואינו יכול להתרחב למלא את כל החלל שנצטמצם. ונשאר רק קו דק עומד באמצעו של החלל.

והנה שיעור האור שנתקבל בא"ק, דהיינו קו הדק, נקרא "אור פנימי". וכל ההפרש הגדול הזה, שבין האו"פ שבא"ק ובין אור א"ס ב"ה שמטרם הצמצום, נקרא "אור מקיף". כי הוא נשאר בבחינת או"מ מסביב פרצוף א"ק, כי לא יכול להתלבש בפנימיות הפרצוף.

31. Дело в том, что любой парцуф и даже любая духовная ступень имеет два вида света, которые называются *ор макиф* (окружающий свет) и *ор пними* (внутренний свет). Как уже было выяснено, в первом парцуфе мира А"К Гальгальте окружающим светом является свет Мира Бесконечности, заполняющий все Мироздание. После Ц"А и возникновения масаха в малхут происходит ударное взаимодействие (зивуг дэ-акаа) всего света Мира Бесконечности с этим масахом.

Ор хозер, возникший вследствие этого зивуга, позволил части высшего света войти в мир Сокращения (олам аЦимцум), создав этим десять сфирот дэ-рош и десять сфирот дэ-гуф, как сказано в п. 25.

Однако не весь свет вошел внутрь парцуфа Гальгальта. И теперь свет Мира Бесконечности не заполняет собой все Мироздание, как это было до Ц"А. Теперь существуют рош и соф, т.е. при распространении десяти сфирот сверху вниз свет останавливается в точке «этого мира», в «ограничивающей» малхут; как сказано: «стоят его ноги на Масличной горе».

Ослабление масаха для создания парцуфа

Кроме того, теперь существует понятие «изнутри наружу». Подобно тому, как есть распространение десяти сфирот сверху вниз, которые называются кэтэр, хохма, бина, тифэрэт, малхут (КаХаБТу"М) и ограничивающая малхут, также существует и распространение десяти сфирот КаХаБТу"М изнутри наружу.

Здесь сфирот называются так: моха-мозг (кэтэр), ацамот – кости (хохма), гидин – жилы (бина), басар – мясо (тифэрэт) и ор – кожа (малхут, ор с буквой «аин», т.е. «кожа», а не ор с буквой «алеф» – т.е. «свет»). Парцуф Гальгальта относительно Мира Бесконечности, где светом было заполнено все Мироздание, представляет собой лишь тонкий луч света. Ор (кожа), т.е. малхут, ограничивает парцуф снаружи, не давая свету распространиться дальше, «вширь», и заполнить собой опустевшее пространство.

То количество света (тонкий его луч), которое было получено в Гальгальта, называется «ор пними» (внутренний свет). Снаружи осталось огромное количество света Мира Бесконечности, который не вошел внутрь Гальгальты. Теперь именно этот свет и называется «ор макиф» (окружающий свет). Этот свет не может войти внутрь парцуфа, и он как бы окружает парцуф со всех сторон.

Любая часть малхут называется ступенью, если она заполнила каждое свое желание светом с помощью экрана. Каждая ступень, которую малхут получает, делит приходящий свет на две части: на ор пними, который входит внутрь парцуфа, и на отталкиваемый обратно ор макиф. Экран видит весь приходящий к нему свет с помощью ор хозер, а затем выясняет, сколько же он может с помощью экрана получить ради Творца, а сколько обязан оставить снаружи. Экран всегда делит свет на две части.

Ор пними, получаемая часть света, – это только тонкий луч света, который вошел в малхут, т.е. пустое пространство, оставшееся после Ц"А (до Ц"А малхут была полностью заполнена). Мы видим, какова сила эгоизма, позволившая лишь тонкому лучу света войти в малхут с помощью экрана. И это касается только первого парцуфа А"К – Гальгальты. Все остальные парцуфим наполнены светом еще меньше.

Далее, с помощью этого лучика света образуются дополнительные парцуфим. В самом центре этой темной сферы –

малхут после Ц"А – находится наш мир. В мире Ацилут рождается особый парцуф – Адам аРишон, состоящий из двух составляющих – из свойств бины и малхут. Затем этот парцуф разделяется на множество отдельных парцуфим, называемых «душами».

Образовавшиеся души, приобретая экран, могут постепенно наполнить всю сферу светом. Такое состояние называется «Конец Исправления» душ с помощью экрана – «Гмар Тикун». Дальнейшее расширение малхут заключается в постижении Творца не внутри себя, а выше своих свойств. Но это уже относится к той части Каббалы, которая называется «тайны Торы». Остальную же часть Каббалы, всё находящееся до этой ступени и относящееся к «таамей Тора», может и должен изучать каждый человек. Каббалисты обязаны всем раскрывать «таамей Тора» и скрывать «тайны Торы».

Существует много видов как ор макиф, так и ор пними. Один из них светит человеку, когда тот еще не имеет никакого экрана, никакого исправленного чувства – и человек начинает желать духовного. Это происходит именно благодаря ор макиф, который ему светит. Здесь свет является первичным, а желание вторичным.

Ор макиф заранее светит человеку, он еще даже не понимает, откуда именно исходит свечение, но его тянет к духовному. Когда он уже начал заниматься, то вызывает на себя свечение другого света, постепенно исправляющего человека, и с его помощью он начинает видеть свои недостатки, открывает для себя окружающий мир все больше и больше. Постепенно свет выстраивает перед ним духовную картину, которая вырисовывается все четче и четче, она словно выходит из тумана.

Нас окружает Творец, который стоит за всеми окружающими нас объектами и хочет приблизить нас к Себе. Для этого Он пользуется объектами окружающей нас природы. В нашем мире Он это делает с помощью окружающих нас людей: семьи, начальника на работе, знакомых. Он специально посылает нам сложные ситуации и страдания, чтобы мы, стремясь убежать от них, приблизились к Нему.

Но человек склонен видеть причину всех своих несчастий именно в сварливой жене, злом начальнике, окружающих. Так и должно быть, ведь Творец скрыт от человека. Человек еще не дошел до той ступени, когда за всем происходящим будет видеть одного Творца. И реагировать он должен соответственно в зависимости от своих ощущений, а не так, будто только один Творец существует в мире. Невозможно, находясь на материальном уровне, видеть в окружающих предметах какие-то духовные силы.

Мы очень условно изображаем парцуфим. Хотя и говорится, что Гальгальта представляет собой тонкий луч света, мы условно изображаем ее в виде прямоугольника, чтобы показать соотношение между частями парцуфа. В чувствах человека постепенно создается парцуф, его части. Мы изучаем, как в человеке из точки создается сфира, затем зародыш – парцуф, затем он растет, когда человек начинает получать в него высший свет.

Говорится, что «взойдут его ноги на Масличную гору и будут стоять на ней». Под маслом подразумевается ор хохма. Весь процесс получения и сортировки ор хохма очень сложен. Гора – «хар» на иврите, что означает также «хирурим» – сомнения, страдания и усилия при подъеме на гору. Снизу, с нашей стороны, этот подъем продолжается до махсома, где начинается духовный мир. Ор хохма заполнит в Гмар Тикун не только тох Гальгальты но и соф Гальгальты.

לב) ונתבאר היטב סוד האו"מ דא"ק, שלגדלו אין קץ ותכלית. אמנם אין הכונה שא"ס ב"ה, הממלא את כל המציאות, הוא עצמו הוא בבחינת או"מ לא"ק. אלא הכונה היא, שבעת שנעשה הזווג דהכאה על המלכות דראש א"ק, אשר א"ס הכה במסך אשר שם, שפירושו שרצה להתלבש בבחי"ד דא"ק כמו מטרם הצמצום, אלא המסך שבמלכות דראש א"ק הכה בו, שפירושו שעיכב עליו מלהתפשט בבחי"ד, והחזירו לאחוריו (אות י"ד).

שבאמת האו"ח הזה שיצא ע"י החזרת האור לאחוריו, נעשה ג"כ בחינת כלים להלבשת אור העליון. אמנם יש הפרש גדול מאוד בין קבלת הבחי"ד שמטרם הצמצום, ובין קבלת האור חוזר שלאחר הצמצום. שהרי לא הלביש אלא בחינת קו דק בראש וסוף. אשר כל זה פעל המסך בסבת הכאתו על אור העליון.

הנה זה השיעור, שנדחה מא"ק בסבת המסך, כלומר כל אותו השיעור, שאור העליון מא"ס ב"ה רצה להתלבש בבחי"ד, לולא המסך שעיכב עליו, הוא הנעשה לאו"מ מסביב הא"ק. והטעם הוא, כי אין שינוי והעדר ברוחני. וכיון שאור א"ס נמשך להא"ק להתלבש בבחי"ד, הרי זה צריך להתקיים כן. לכן אע"פ שעתה עיכב עליו המסך והחזירו לאחוריו, עכ"ז אין זה סותר להמשכת א"ס ח"ו. אלא אדרבא, הוא מקיים אותו! רק באופן אחר.

והיינו ע"י ריבוי הזווגים בה' העולמות א"ק ואבי"ע, עד לגמר התיקון, שתהיה הבחי"ד מתוקנת על ידיהם בכל שלימותה. ואז א"ס יתלבש בה כבתחילה. הרי שלא נעשה שום שינוי והעדר ע"י הכאת המסך באור העליון. וזה סוד מ"ש בזוהר: "א"ס לא נחית יחודיה עליה עד דיהבינן ליה בת זוגיה". ובינתים, כלומר עד הזמן ההוא, נבחן שאור א"ס הזה נעשה לאו"מ, שפירשו שעומד להתלבש בו לאחר מכן. ועתה הוא מסבב ומאיר עליו רק מבחוץ בהארה מסוימת, שהארה זו מסגלתו להתפשט באותם החוקים הראויים להביאהו לקבל האו"מ הזה בהשיעור שא"ס ב"ה נמשך אליו בתחילה.

32. Выясним теперь, что такое ор макиф мира А"К (точнее, Гальгальты), величию и неисчерпаемости которого нет предела. Речь не идет о том, что свет Мира Бесконечности сам является ор макиф для А"К. Имеется в виду, что в тот момент, когда произошло ударное взаимодействие, весь этот громадный свет Мира Бесконечности ударил в масах малхут дэ-рош Гальгальты, ведь он хотел войти внутрь бхины далет, как будто не было никакого Цимцума Алеф, но этот масах остановил его и отразил назад, воспрепятствовав распространению в бхину Далет (см. пункт 14).

Фактически этот ор хозер стал сосудом получения высшего света. Однако существует большая разница между получением бхиной далет до Ц"А и получением с помощью масах и ор хозер после него. Как было уже сказано, свет, вошедший в Гальгальта, – это лишь тонкий луч по сравнению с состоянием до Ц"А.

Та часть высшего света, которая не смогла войти внутрь парцуфа, превратилась в ор макиф Гальгальты. Существует правило: в духовном ничто не исчезает, поэтому свет Мира Бесконечности, который был предназначен для бхины далет, не исчез, он обязан выполнить свое предназначение и войти в малхут, и теперь он начинает заполнять собой миры А"К и АБЕ"А, но уже согласно совершенно другим принципам. Теперь творение получает только ту часть света, которую оно может получить не ради себя, а ради Творца.

Это происходит благодаря большому числу ударных взаимодействий света с масахим миров и парцуфим до тех пор, пока бхина далет с их помощью не исправится и не придет к состоянию полного совершенства, задуманного Творцом в начале Творения.

Тогда весь свет Мира Бесконечности снова войдет внутрь нее, но теперь творение будет партнером Творца по созданию самой себя, оно теперь «заработает» получение света. Итак, удар света о масах не приводит к какому-либо исчезновению света или его изменению. Но пока, до Окончательного Исправления (Гмар Тикуна), свет Бесконечности превращается в ор макиф (окружающий свет), это означает, что он должен войти внутрь данного парцуфа в будущем, а пока он окружает парцуф и светит ему как бы «снаружи».

Это наружное свечение распространяется во всех мирах в виде исправлений, способных привести малхут к полному заполнению светом Мира Бесконечности, в той мере, в которой он с самого начала хотел ее заполнить.

Как мы уже говорили, отраженный экраном свет надевается на прямой свет – ор яшар и служит сосудом для приема ор пними в гуф. Ор хозер – это кавана, благодаря которой свет мог войти в гуф ради Творца. У экрана нет больше силы, чем надеть и принять в тох лишь маленькую порцию света по сравнению с тем светом, который заполнял малхут в бхине Далет в мире Эйн Соф. Оставшиеся незаполненными желания образуют соф парцуфа, а свет, который не смог войти в них и остался вокруг парцуфа, называется «ор макиф».

В духовном мире все процессы происходят в причинно-следственной связи. Времени нет, в духовном нет изменений, исчезновений. Все, что было, продолжает иметь место, а все новое как бы надевается на него. Предыдущее продолжает существовать и является причиной, все же новое становится его следствием.

Экран, оттолкнувший ор яшар, не прекратил распространение его в малхут, а просто придал этому процессу иной вид. Теперь это происходит путем порционных получений с помощью множества действий «зивуг дэ-акаа» в пяти мирах: А"К, Ацилут, Брия, Ецира, Асия. Этот процесс идет до конца исправления, когда бхина далет будет исправлена во всем своем совершенстве. Тогда свет Бесконечности распространится в нее, как и раньше до Ц"А. Масах не внес в этот процесс ничего такого, что помешало бы достижению совершенства.

Свет Мира Бесконечности не успокоится до тех пор, пока не заполнит всю малхут. А пока он окружает ее снаружи как ор макиф, готовый войти в нее, как только появится экран. Свечение ор макиф способно исправить малхут и создать в ней возможность принять свет внутрь.

Свет ударяет в экран, потому что такова его природа, как он хотел наполнить бхину алеф, так и позже он постоянно хочет заполнить собой сосуд получения – желание получать. Например, иногда у человека есть какое-то скрытое желание; внешнее наслаждение бьет в него и будит это желание, возбуждает его, и человек начинает ощущать, что это наслаждение хочет войти в него.

В духовном мире каждое действие является новым, потому что каждый раз творение делает зивуг дэ-акаа на какую-то новую порцию желания получать, которая еще не была вовлечена в исправление. Каждое новое действие является следствием предыдущего и причиной последующего. Свет, исходящий из Творца, – это один и тот же простой свет, но кли каждый раз своим новым желанием выделяет из него те наслаждения, которые соответствуют этому новому желанию.

Все зависит от кли. В зависимости от своих внутренних свойств, желаний – хочет ли оно получать ради себя или ради Творца, хочет ли оно получать вообще и т.д. – оно выделяет в свете те или другие виды наслаждения. Сосуд, кли, надо создать таким, чтобы он смог выделить из света все те многочисленные наслаждения, которые изначально заложены в него.

С одной стороны, свет, исходящий из Творца, создает масахим, экраны, которые способствуют постепенному наполнению светом различных частей малхут, и так продолжается до Гмар Тикун. С другой стороны, мы должны сказать, что свет является причиной, которая возбуждает желание, кли, после чего оно должно тяжело работать над тем, чтобы создать свой экран.

לג) ועתה נבאר ענין הביטוש דאו"פ ואו"מ זה בזה, המביא להזדככות המסך ולאבידת בחינה אחרונה דעביות. כי בהיות ב' האורות הללו הפוכים זה מזה וקשורים יחד שניהם במסך שבמלכות דראש א"ק, ע"כ מבטשים ומכים זה בזה.

Ослабление масаха для создания парцуфа

> פירוש: כי אותו זווג דהכאה הנעשה בפה דראש א״ק, דהיינו במסך
> שבהמלכות דראש, הנקראת "פה", שהיה הסבה להלבשת אור פנימי דא״ק ע״י
> האו״ח שהעלה, הנה הוא ג״כ הסבה ליציאת האו״מ דא״ק. כי מחמת שעיקב על
> אור א״ס מלהתלבש בבחי״ד, יצא האור לחוץ בבחינת או״מ. דהיינו כל אותו
> חלק האור שהאו״ח אינו יכול להלבישו כמו הבחי״ד עצמה, הוא יצא ונעשה
> לאו״מ. הרי שהמסך שבפה הוא סבה שוה לאור מקיף כמו לאו״פ.

33. Теперь пришло время выяснить, что такое *соударение между ор макиф и ор пними*, приводящее к утоньшению масаха и потере им самого большого своего уровня авиют. Эти два вида света имеют совершенно противоположные свойства, хотя они и неразрывно связаны между собой экраном, стоящим в малхут пэ дэ-рош парцуфа.

Они находятся в постоянном противоречии, ведущем к удару между ними. Один и тот же зивуг дэ-акаа, который произошел на этом экране, вызвал, с одной стороны, наполнение парцуфа внутренним светом (ор пними), с другой стороны, этот же зивуг дэ-акаа послужил причиной возникновения окружающего света (ор макиф), так как он не дал свету Бесконечности войти внутрь бхины далет.

Экран, стоящий в пэ дэ-рош, делит приходящий свыше простой свет на два противоположных и связанных между собой света: на ор пними, который парцуф с помощью ор хозер частично принимает внутрь, и ор макиф, которому экран не позволяет войти в гуф, в бхину далет, а оставляет снаружи в виде ор макиф. Благодаря одному и тому же намерению человека (получить ради Творца) одна часть света принимается, а другая остается снаружи. Парцуф (человек) принимает ровно столько света, сколько он может получить с намерением не ради себя, а ради Творца.

> **לד)** ונתבאר שהאו״פ והאו״מ שניהם קשורים במסך, אלא בפעולות
> הפוכות זה לזה. ובה במדה שהמסך ממשיך חלק מאור העליון לפנימיות
> הפרצוף ע״י האו״ח המלבישו, כן הוא מרחיק את או״מ מלהתלבש
> בפרצוף. ומתוך שחלק האור הנשאר מבחוץ לאו״מ גדול הוא מאוד, מפאת
> המסך המעכב עליו מלהתלבש בא״ק, ע״כ נבחן שהוא מכה במסך המרחיק
> אותו, במה שהוא רוצה להתלבש בפנימיות הפרצוף.

ולעומתו נבחן ג"כ, אשר כח העביות וקשיות שבמסך מכה באו"מ, הרוצה להתלבש בפנימיותו ומעכב עליו, ע"ד שהוא מכה באור העליון בעת הזווג. ואלו ההכאות שהאו"מ והעביות שבמסך מכים זה בזה, מכונים "ביטוש האו"מ באו"פ". אמנם ביטוש זה נעשה ביניהם רק בגוף הפרצוף, כי שם ניכר ענין התלבשות האור בכלים, המשאיר את האו"מ מחוץ לכלי. משא"כ בע"ס דראש, שם אינו נוהג ענין הביטוש הזה, כי שם אין האו"ח נחשב לכלים כלל, אלא לשרשים דקים לבד.

ומשום זה אין האור שבהם נחשב לאו"פ מוגבל, עד להבחין באור הנשאר מבחוץ לבחינת או"מ. וכיון שאין הבחן הזה ביניהם, לא שייך הכאה דאו"פ ואו"מ בע"ס דראש. אלא רק אחר שהאורות מתפשטים מפה ולמטה לע"ס דגוף, ששם מתלבשים האורות בכלים, שהם הע"ס דאו"ח שמפה ולמטה, ע"כ נעשה שם הכאה בין האו"פ שבתוך הכלים ובין האור מקיף שנשאר מבחוץ.

34. Ор пними и ор макиф связаны с масахом. Но действия их противоположны друг другу. В той мере, в которой масах пропускает внутрь парцуфа часть высшего света, облаченного в ор хозер, в той же мере он не позволяет проникнуть в него окружающему свету. Ор макиф, оставшийся снаружи парцуфа, по количеству намного превосходит ор пними.

Экран с его авиют и кашиют противодействует вхождению ор макиф внутрь парцуфа так же, как он противодействует и ор яшар. Удар между ор макиф и авиютом экрана называется битуш – *соударение между ор макиф и ор пними*. Это соударение происходит только в гуф парцуфа, потому что именно там произошло настоящее получение света в сосуды, оставляя значительную часть света снаружи. В десяти сфирот дэ-рош это соударение не происходит, так как там ор хозер еще не является настоящим сосудом получения, а образует только шоршей келим, т.е. зачатки сосудов.

Поэтому свет, находящийся в них, еще не является настоящим ор пними, по этой же причине нельзя выделить там и ор макиф. А так как нет еще между ними различия, то и нет соударения между ними в рош парцуф. И только после того как свет распространяется от пэ вниз, в виде 10 сфирот гуф, где происходит облачение орот в келим, являющимися десятью сфирот отраженного света. Тогда-то и происходит удар между внутренним светом, находящимся в келим, и светом, находящимся снаружи.

Ослабление масаха для создания парцуфа

Ор макиф, который находится вокруг парцуфа в несравненно большем количестве, чем ор пними внутри него, ударяет в породивший его масах, пытаясь войти внутрь парцуфа. Что значит «ор макиф ударяет в экран»? В малхут есть страстное желание насладиться, она чувствует, что в свете содержатся именно те самые наслаждения, которые она хотела бы получить, поэтому она начинает притягивать свет.

Это говорит нам о том, что для того чтобы почувствовать, а затем и получить наслаждение, нужно иметь соответствующий сосуд, прошедший путь сложного внутреннего развития. Почему ор макиф воспринимается нами как находящийся снаружи? Потому что в соф каждого парцуфа существуют незаполненные желания, которые ощущают свет как наслаждения, пока находящиеся снаружи, вне пределов его досягаемости. Точнее, эти незаполненные желания получить наслаждение ощущают, будто наружный свет бьет в них, требует, чтобы им насладились.

Взаимные удары окружающего света (наслаждения), желания малхут насладиться и силы экрана, противостоящей этим желаниям, называются «битуш пним у макиф» – удар внутреннего света в окружающий. Строго говоря, и ор макиф, и ор пними не соударяются между собой, а оба бьют по экрану, стоящему между ними. Это происходит в масахе, стоящем в табуре парцуфа, там, где явно заканчивается прием света.

Только в табуре становится ясно, сколько света-наслаждения вошло внутрь парцуфа, а сколько еще осталось снаружи. В 10 сфирот дэ-рош еще нет этого соударения, так как там ор хозер еще не является сосудом для получения ор яшар, а служит лишь только зачатком кли. Соударение начинается только после того, как ор яшар, одетый в намерение ор хозер, распространяется в тох до табур.

Духовное не постигается разумом, духовное кли – это орган, ощущающий Творца, а не понимающий Его. Но если человек ощущает Творца, духовное, то к нему постепенно приходит и понимание.

לה) והנה הביטוש הזה נמשך, עד שהאו"מ מזכך את המסך מכל עוביותו, ומעלה אותו לשרשו העליון שבפה דראש. כלומר, שמזכך ממנו כל העביות שממעלה למטה, המכונה "מסך ועביות דגוף". ולא נשאר בו רק השורש דגוף, שהוא בחינת המסך דמלכות דראש, הנקרא "פה". דהיינו

שנזדכך מכל העביות שממעלה למטה, שהוא החוצץ בין או"פ לאו"מ. ולא נשאר רק העביות שממטה למעלה, ששם עוד לא נעשה ההבדל מאו"פ לאו"מ. ונודע שהשוואת הצורה מדביק הרוחניים להיות אחד. ע"כ אחר שנזדכך המסך דגוף מכל עביות של הגוף, ולא נשאר בו רק עביות השוה למסך דפה דראש, ונעשה צורתו שוה אל המסך דראש, הנה נכלל עמו להיות אחד ממש, כי אין ביניהם מה שיחלק אותם לשנים. וזה מכונה, שהמסך דגוף עלה לפה דראש. וכיון שנכלל המסך דגוף בהמסך דראש, נמצא נכלל שוב בזווג דהכאה שבמסך דפה דראש, ונעשה עליו זווג דהכאה מחדש. ויוצאות בו ע"ס בקומה חדשה, הנקרא ע"ב דא"ק או פרצוף חכמה דא"ק. והוא נחשב לבן ותולדה של הפרצוף הא' דא"ק.

35. Это соударение происходит до тех пор, пока ор макиф не ликвидирует авиют масах дэ-гуф, стоящий в табуре. В результате этого масах дэ-гуф начинает подниматься вверх по направлению к экрану, стоящему в пэ дэ-рош, являющемуся шорешем, причиной экрана дэ-гуф. Слившись с экраном, стоящим в пэ дэ-рош, масах табура также включается в зивуг дэ-акаа, который постоянно происходит между масахом в пэ дэ-рош и светом. От этого зивуга образовывается новый парцуф, выходят совершенно новые 10 сфирот, называемые А"Б дэ-А"К, или парцуф Хохма мира Адам Кадмон. По отношению к первому парцуфу Гальгальта-Кэтэр этот новый парцуф считается сыном, порождением первого парцуфа.

Окружающий свет, пытаясь войти в кли, оказывает на масах, стоящий в табуре, настолько большое давление, что масах не может этого вынести. С одной стороны, он не в состоянии принять больше света с намерением ради Творца, но, с другой стороны, оставаться под таким давлением он тоже не в состоянии.

Поэтому самое лучшее, что он может предпринять, это возвратиться в прежнее состояние, в пэ дэ-рош, отказаться от приема света вообще. Масах начинает подниматься из табура в пэ. По дороге он изгоняет из кли весь свет и сливается с масахом в пэ дэ-рош, т.е. возвращается в прежнее состояние, когда свет есть только в рош парцуфа, а в гуф парцуфа он отсутствует.

То маленькое наслаждение, которое вкусило кли, принимая свет в тох, дало ему понять, какое огромное наслаждение находится снаружи. Получение этого наслаждения только ослабило экран. Намного легче совершенно отказаться от какого-то наслаждения, чем принимать его небольшую порцию, потому что наслаждение, принимаемое внутрь, ослабляет силу воли, т.е. намерение наслаждаться только ради Творца.

На экран давят своими наслаждениями и ор пними, и ор макиф, он под этой обоюдной силой ослабляется и вынужден вообще прекратить получение света, освобождается от всего авиюта, поднимается в пэ дэ-рош и полностью сливается с масахом, который был там, который совершенно ничего не получает, а только отталкивает весь свет.

Далее изучаемый материал становится более сухим, но не надо отчаиваться. Изучение Каббалы – это сложный внутренний процесс, иногда Каббала воспринимается на чувственной основе, это наилучшее состояние, но иногда она вообще не воспринимается. Это закономерно.

Нужно продолжать упорное изучение. Придет момент, когда Вы ощутите изучаемый материал внутри себя. А пока, даже если он и непонятен, нужно продолжать учиться, чтобы не отрываться от общей схемы, добавляя каждый раз к ней новую частичку.

А общая схема выглядит так, что свет, постепенно огрубляясь, создает из себя и для себя кли. Кли проходит через четыре стадии своего развития, превращаясь в малхут, т.е. единственное творение. Далее целью становится ее полное отделение от света Творца, она не должна ощущать ни ор пними, ни ор макиф, т.е. ни внутренние, ни наружные наслаждения, которые диктовали бы ей свои условия.

Нужно, чтобы у нее возникла полнейшая свобода воли и возможность собственных желаний и действий, направленных на исправление своих эгоистических желаний и духовного продвижения навстречу Творцу.

Первым самостоятельным решением малхут было желание уподобиться Творцу по своим свойствам, поэтому она делает Первое Сокращение на свое желание получить, на бхину далет, и оставляет ее без света. Затем она создает миры сверху вниз. Духовные миры это не что иное, как этапы скрытия света Творца от творения, т.е. занавесы, экраны. Их всего пять: миры А"К и АБЕ"А (Адам Кадмон, Ацилут, Брия, Ецира, Асия).

Создав миры сверху до самой нижней точки, творение оказывается в абсолютной пустоте и темноте, оно совершенно не ощущает Творца. Затем оно спускается еще ниже, когда даже не понимает, что не ощущает Творца. В этом состоянии находится все человечество.

Когда человек в результате учебы начинает где-то отдаленно ощущать, что на него светит ор макиф, что где-то за всем этим скрывается Творец, всем управляющий, что у каждого явления есть своя причина и следствие, это означает, что человек уже находится на определенном духовном уровне, который называется олам а-зе.

Сейчас мы с вами изучаем строение сверху вниз всех экранов, миров, скрывающих Творца от малхут. Затем если малхут силой собственного желания создаст экран, защищающий ее от света-наслаждения, то она как бы становится вровень с этим экраном, с этой ступенью, и экран служит ей раскрытием Творца.

Если человек сам желает соблюдать все 620 законов раскрытия Творца, то они перестают быть для него ограничительными, и тогда на каждой ступеньке нейтрализуется соответствующий ей экран. Человек приобретает свойства экрана, и нет смысла скрывать Творца на этом этапе, т.к. нет опасности, что человек будет получать этот свет ради собственного удовольствия.

Каббалисты постигают все эти процессы на себе при движении снизу вверх, изучив до этого спуск миров сверху вниз. Изучение Каббалы, с одной стороны, необходимо как знание, с другой стороны, человек должен на себе прочувствовать изучаемое.

לו) ואחר שפרצוף ע"ב דא"ק יצא ונשלם בראש וגוף, חזר גם עליו ענין הביטוש דאו"מ באו"פ, ע"ד שנתבאר לעיל בפרצוף הא' דא"ק. והמסך דגוף שלו נזדכך ג"כ מכל עביות דגוף, עד שהשווה צורתו לבחינת מסך דראש שלו. ונמצא אז שנכלל בזווג שבפה דראש שלו. ונעשה עליו זווג דהכאה מחדש, שהוציא קומה חדשה של ע"ס, בשיעור קומת בינה, הנקרא "ס"ג דא"ק". והוא נחשב לבן ותולדה של פרצוף הע"ב דא"ק, כי יצא מהזיווג דפה דראש שלו. ועד"ז יצאו ג"כ הפרצופים שמס"ג דא"ק ולמטה.

36. После того как парцуф А"Б дэ-А"К родился и закончил свое развитие образованием рош и гуф, возобновился в нем процесс битуш ор пними бе ор макиф, так же как и в первом парцуфе дэ-А"К. И его масах дэ-гуф (экран его духовного тела) постепенно потерял весь свой авиют и соединился по своим свойствам с масах дэ-рош.

Теперь этот масах оказывается включенным в зивуг между высшим светом и экраном, находящимся в пэ дэ-рош. И обновился в нем зивуг дэ-акаа, родивший новый парцуф уровня бина, называемый СА"Г дэ-А"К, считающийся сыном и порождением парцуфа А"Б дэ-А"К, т.к. выходит вследствие зивуга в масах, стоящий в пэ дэ-рош. По этому же принципу выходят парцуфим от СА"Г и далее вниз.

Как было уже сказано, второй парцуф А"Б мира А"К образовался после того, как первый парцуф – Гальгальта, испытывая битуш пним у макиф, исторг весь свет и соединил экран дэ-гуф с экраном в пэ дэ-рош.

Затем и сам А"Б начал ощущать давление этих двух светов и повел себя по тому же принципу, что и Гальгальта, т.е. начал избавляться от своего авиюта гимел, поднял экран гуф в пэ дэ-рош, где постоянно происходят зивугим, и сравнялся с ним по свойствам.

Это значит, что он прекращает получать и наслаждаться ради Творца. Затем на этом экране происходит новый зивуг дэ-акаа, но на новую порцию эгоизма, соответствующую уровню бина. Так образовался третий парцуф СА"Г дэ-А"К.

Когда Малхут Мира Бесконечности сделала Ц"А и поставила экран, то между ней и Творцом оказались четыре бхины. Через эти четыре бхины к ней не доходит свет, и она понимает, что абсолютно удалена от Творца. Это страшнейшее состояние, когда она готова полностью избавиться от всего бесконечного наслаждения, отсутствие которого превращается в страдания, боль и горечь.

Теперь, благодаря экрану, она начинает видеть свет четырех бхинот и понимает, что Творец хочет, чтобы она наслаждалась. Она делает расчет и получает какую-то частичку света, маленький сектор, от пэ до табур. Как только малхут получила эту маленькую частичку света, она начинает испытывать в табуре давление от ор макиф, который, не обращая внимания на Ц"А, хочет войти в нее.

Малхут находится в тупиковом состоянии, ведь она еще не может получить свет, поэтому она должна каким-то образом выйти из этого состояния. А выходом является возвращение к исходному состоянию. Но поставив первый экран, она уже сделала завесу между собой и Творцом, создав первый парцуф и приняв двадцать процентов света. А что же ей делать, когда к ней приходит восемьдесят процентов света? Выход в том, чтобы попробовать работать с меньшим эгоизмом ради Творца и на него создать экран.

Пример: Реувен просит Семена разбудить его в два часа ночи, чтобы смог прийти на урок. Назавтра он обращается к Семену: «В два часа ночи тяжело мне встать, разбуди меня в три часа». На следующий день, раскаявшись, он просит разбудить его в четыре часа утра. Потом в пять. Видя, что и это тяжело для него, вообще не приходит учиться...

Если раньше она могла уподобиться Творцу на двадцать процентов, то теперь она пробует это сделать в еще меньшей степени, создав экран на получение пятнадцати (число взято для примера) процентов света. Таким образом, малхут уже отгорожена двумя экранами от Творца и еще больше отдаляется от Него.

Создавая эти парцуфим, малхут пытается уподобиться бхинот шореш, алеф, бэт, гимэл прямого света, свойствам Творца. А сама она остается эгоистическим ядром, сделавшим Цимцум. Став подобной Творцу в этих бхинот, она как бы отгородила себя этими парцуфим от Творца пустым пространством. Теперь, находясь в духовной пустоте, она сама может искать способ уподобиться Творцу.

Хотя, с одной стороны, мы наделяем эти парцуфим свойствами живых существ, с другой стороны, мы должны понимать, что на самом деле они неживые. Они представляют собой ослабляющие экраны, которые заслоняют духовное наслаждение от эгоистического желания насладиться.

Только душа человека, о которой мы будем говорить позже, ощущает Творца, и поэтому только она является живым существом. Все остальные объекты по своей сути не более чем роботы, запрограммированные Творцом на выполнение той или иной функции, так или иначе связанной с исправлением души человека.

Все вновь созданные парцуфим и ступени существуют одновременно с их предыдущими состояниями. По аналогии можно привести пример с фильмом. Пленка, которая уже прокручена, исчезла из нашего поля зрения, но она существует как бы в застывшем состоянии. То есть каждый предыдущий парцуф является кадром этой пленки.

Вся картина, начиная с первого момента и до последнего, очень многообразна, в ней происходит огромное количество действий, но все вместе они в результате слияния настоящих, прошедших и будущих состояний образуют собой один шар, замкнутую систему. Нижестоящие парцуфим могут оказывать влияние на высшие парцуфим, потому что они через них получают свет из Мира Бесконечности.

Парцуф А"Б, например, получающий свет от Гальгальты, заставляет Гальгальту тоже изменяться, потому что свет, проходящий через нее, уже подобен свойствам А"Б, что меняет и ее. Отсюда вся многослойность, взаимосвязанность и взаимозависимость всех духовных процессов.

Самое последнее желание в малхут, осознавшее, что оно по своим свойствам противоположно Творцу, т.е. что оно хочет получать только ради себя, ничего не отдавая взамен, называется настоящим «творением», или «душой». Хотя это еще не мы, именно эта часть малхут является тем самым «материалом», из которого впоследствии будет создана человеческая душа.

Все остальное не является творением, а лишь вспомогательным орудием для слияния творения с Творцом. Это силы, с помощью которых Творец управляет творением. Существуют только двое: Творец и творение, а все остальное – это система их общения, с помощью которой они находят друг друга.

Не сами парцуфим производят действия, а каббалисты на соответствующей ступеньке, произведя соответствующие данному парцуфу действия, видят свет, который они могут оттолкнуть и вследствие этого получить его внутрь. Все каббалистические книги появились так: каббалист, который поднимается по духовным ступенькам, описывает свои духовные ощущения на бумаге...

Весь мир А"К подобен малхут Эйн Соф на уровне шореш, Ацилут подобен малхут на уровне бхины алеф, Брия соответствует бхине бэт малхут, Ецира – бхине гимел, а мир Асия подобен бхине далет малхут. Свет, который находится в Гальгальте – ор нэфеш.

לז) והנה נתבאר יציאת הפרצופים זה למטה מזה, הנעשה מכח הביטוש דאו"מ באו"פ, המזכך המסך דגוף עד שמחזירו לבחינת מסך דפה דראש. ואז נכלל שם בזווג דהכאה, הנוהג בפה דראש.

ומוציא ע"י זווגו קומה חדשה של ע"ס. שקומה חדשה זו נבחן לבן אל פרצוף הקודם. ובדרך הזה יצא הע"ב מפרצוף הכתר, והס"ג מפרצוף ע"ב, והמ"ה מפרצוף ס"ג. וכן יתר המדרגות בנקודים ואבי"ע. אלא עוד צריכים להבין: למה יצאו הע"ס דע"ב רק על בחי"ג ולא על בחי"ד. וכן הס"ג רק על בחי"ב וכו'? דהיינו, שכל תחתון נמוך במדרגה אחת כלפי עליונו? ולמה לא יצאו כולם זה מזה בקומה שוה?

37. *И вот мы выяснили последовательное рождение парцуфим (один под другим), происходящее благодаря силе соударения внутреннего и окружающих светов (битуш ор пними у макиф), ослабляющее масах до такой степени, что он теряет всю свою силу и возвращается в пэ дэ-рош (совмещается с ней по своим качествам), тем самым включаясь в зивуг дэ-акаа, который постоянно происходит в масах дэ-рош.*

Благодаря этому зивугу рождается новый парцуф, являющийся как бы сыном предыдущего. Так, А"Б является порождением парцуфа Кэтэр, СА"Г родился из парцуфа А"Б, парцуф М"А из СА"Г и т.д. во всех последующих ступенях мира Никудим и АБЕ"А. Но еще необходимо нам выяснить, почему высота парцуфа А"Б доходит только до бхины гимел, а не далет. СА"Г достигает только бхины бэт. То есть каждый последующий парцуф на ступень ниже предыдущего. Почему все они не равны друг другу?

לח) ותחילה יש להבין, למה נחשב הע"ס דע"ב לתולדה של פרצוף הא' דא"ק. כי מאחר שיצא מהזווג דפה דראש דפרצוף הא', כמו הע"ס דגוף הפרצוף עצמו. וא"כ במה יצא מבחינת פרצוף הא', להיות נחשב כפרצוף שני ותולדה אליו?

וצריך שתבין כאן ההפרש הגדול ממסך דראש למסך דגוף. כי יש ב' מיני מלכיות בפרצוף: א. הוא מלכות המזדווגת, בכח המסך המתוקן בה, עם אור העליון; ב. היא מלכות המסיימת, בכח המסך המתוקן בה, את אור העליון שבע"ס דגוף.

וההפרש ביניהם כרחוק מאציל מנאצל. כי המלכות דראש המזדווגת בזווג דהכאה עם אור העליון, נחשבת לבחינת מאציל אל הגוף. כי המסך המתוקן בה

Ослабление масаха для создания парцуфа

לא הרחיק אור העליון עם הכאתו בו, אלא אדרבא, שע"י אור חוזר שהעלה, הלביש והמשיך את האור העליון בבחינת ע"ס דראש. ונמצא מתפשט ממעלה למטה עד שנתלבשו הע"ס דאור העליון בהכלי דאו"ח, הנקרא "גוף".

וע"כ נבחן המסך והמלכות דראש בבחינת מאציל להע"ס דגוף, ולא ניכר עדיין שום בחינת מגביל ומדחה במסך ומלכות הזאת. משא"כ המסך והמלכות דגוף, שפירושו, שאחר שהע"ס נתפשטו מפה דראש ממעלה למטה, אינם מתפשטים רק עד המלכות שבע"ס ההם. כי אור העליון אינו יכול להתפשט תוך המלכות דגוף, מפני המסך המתוקן שם המעכבו מלהתפשט אל המלכות. וע"כ נפסק הפרצוף שם ונעשה סוף וסיום על הפרצוף.

הרי שכל כח הצמצום והגבול מתגלה רק בהמסך והמלכות הזאת של הגוף. ולפיכך כל הביטוש דאו"מ באו"פ אינו נעשה רק במסך דגוף בלבד, כי הוא המגביל ומרחיק את האו"מ מלהאיר בפנימיות הפרצוף. ולא במסך דראש, כי המסך של הראש הוא רק הממשיך ומלביש האורות, ואין עדיין כח הגבול מתגלה בו אף משהו.

38. *Сначала необходимо понять, почему парцуф А"Б считается порождением парцуфа Кэтэр. Ведь после того как он родился от зивуга, произошедшего в пэ дэ-рош парцуфа Гальгальта, его высота точно соответствует десяти сфирот гуфа самого парцуфа. Что же не позволяет ему по-прежнему быть частью парцуфа Гальгальта, а не считаться отдельным парцуфом, порождением первого?*

Здесь ты должен понять, какая огромная разница есть между масах дэ-гуф и масах дэ-рош. В парцуфе есть два вида малхут: первая – это малхут миздавегет, т.е. малхут, взаимодействующая с высшим светом благодаря своим исправленным намерениям – масаху, вторая – это малхут месайемет – малхут, ограничивающая своим экраном распространение высшего света в десяти сфирот дэ-гуф парцуфа.

Различие между ними настолько большое, насколько велика разница между Творцом и творением, т.к. малхут дэ-рош, сочетающаяся в ударном слиянии с высшим светом, считается Творцом для гуф парцуфа, ведь экран, установленный в ней, не отбросил высший свет после того, как тот ударил в масах, а наоборот, тем, что возникший в результате этого ор хозер оделся на ор яшар, и появились 10 сфирот рош, благодаря этому свет распространился сверху вниз, пока 10 сфирот высшего света не оделись в кли дэ-ор хозер, называемый гуф, телом парцуфа.

Поэтому масах и малхут дэ-рош считаются Творцом для десяти сфирот дэ-гуф. Однако пока еще нет абсолютно никакой ограничивающей силы в этой малхут и ее масахе. Это произойдет благодаря малхут и масас тела парцуфа. Объяснение: после того как 10 сфирот начали распространяться от пэ дэ-рош вниз, они смогли достичь только малхут этих десяти сфирот, т.к. высший свет не может распространиться в малхут дэ-гуф, потому что масах, установленный там, не позволяет ему заполнить ее, поэтому парцуф заканчивается и появляется там бхина соф, окончание парцуфа.

И поскольку вся сила Сокращения и ограничения проявляется именно в этом масахе малхут дэ-гуф, постольку соударение между внутренним и окружающим светом происходит только в экране тела парцуфа (масах дэ-гуф), т.к. он ограничивает и отбрасывает ор макиф, не позволяя ему светить внутрь парцуфа, а не масах дэ-рош, ведь масах дэ-рош только притягивает и облачает свет, но ограничивающая сила совершенно не проявляется в нем пока.

Как мы уже говорили, в каждом парцуфе есть два экрана. Один – в пэ дэ-рош, который говорит, что не будет получать наслаждение ради себя, и поэтому он отталкивает весь свет. Второй – это масах дэ-гуф, появляется вместе с намерением принять свет ради Творца, т.е. облачить его в ор хозер.

Этот масах опускается вместе со светом и поднимается, когда свет выходит из гуф. Первый экран постоянно в действии и находится в духовном мире. Второй экран определяет место расположения кли на прямой от нуля до Гмар Тикун. Оба эти экрана не противоречат друг другу.

לט) ונתבאר, שמכח הביטוש דאו"מ באו"פ, חזר המסך דמלכות המסיימת להיות לבחינת מסך ומלכות המזדווגת (אות ל"ה). כי הביטוש דאור מקיף טיהר את המסך המסיים מכל העביות דגוף שהיה בו, ולא נשאר בו רק רשימות דקות מהעביות ההיא, השוות לעביות דמסך דראש. ונודע שהשתוות הצורה מדביק ומיחד הרוחניים זה בזה. לפיכך, אחר שהמסך דגוף השווה צורת עביותו למסך דראש, הנה תיכף נכלל בו ונעשה עמו כאלו היו מסך אחד. ואז קבל כח לזווג דהכאה, כמו מסך דראש.

Ослабление масаха для создания парцуфа

ויצאו עליו הע"ס דקומה החדשה. אמנם יחד עם זווגו זה, נתחדשו בו
במסך דגוף הרשימות דעביות דגוף, שהיו בו מתחילה. ואז חזר וניכר בו שוב
שינוי הצורה באיזה שיעור בינו למסך דראש הנכלל עמו. והכר של השינוי
הזה מבדילהו ומוציאהו מהפה דראש דעליון.

כי אחר שחזר וניכר מקורו הראשון, שהוא מפה ולמטה דעליון, הנה אז
אינו יכול לעמוד עוד למעלה מפה דעליון. כי שינוי הצורה מפריד הרוחניים
זה מזה. ונמצא שהוכרח לירד משם למקום שמפה ולמטה דעליון. ולפיכך
נבחן בהכרח לגוף שני כלפי העליון. כי אפילו הראש של הקומה החדשה
נבחן כלפי העליון כגופו בלבד, להיותו נמשך ממסך דגוף שלו.

ולפיכך שינוי הצורה הזו מבדיל אותם לב' גופים נבדלים. וכיון שהקומה
החדשה היא כולה תולדה של המסך דגוף של פרצוף הקודם, ע"כ נחשב כבן
אליו, וכמו ענף הנמשך ממנו.

39. Как уже было сказано, взаимные удары ор макиф в ор пними превратили масах ограничивающей малхут в масах малхут, которая делает зивуг в пэ дэ-рош. Битуш ор макиф ослабил силу ограничивающего масаха так, что от всего авиюта дэ-гуф остались лишь тонкие решимот, равные авиют масаха дэ-рош, что привело к слиянию масаха дэ-гуф с масахом дэ-рош, согласно чему он получил способность к такому же зивуг дэ-акаа, как масах рош.

В результате этого зивуга возник новый парцуф, имеющий свои 10 сфирот, чей уровень на порядок меньше предыдущего. Вместе с тем, в масахе дэ-гуф обновились те же решимот дэ-авиют, которые были там вначале, поэтому опять проявляется отличие свойств между ним и масах дэ-рош, в который он был включен, и это различие свойств отделяет и выводит его из масах дэ-рош.

После того как проявилась в нем его настоящая природа, не может уже находиться в пэ высшего, т.к. изменение свойств в духовном отделяет их один от другого, поэтому вынужден спуститься оттуда вниз и теперь является отдельным от высшего парцуфом, ведь даже рош нового парцуфа находится всего лишь на уровне гуф высшего парцуфа, т.к. родилось из масах дэ-гуф его.

Это отличие между ними разделяет их на два разных парцуфа и, поскольку новый парцуф родился из масах дэ-гуф предыдущего, поэтому относится к высшему как сын и как ветвь по отношению к корню.

Решимот – это тот ор макиф, который уже был внутри парцуфа и вышел из него, поэтому у него сохраняется особая связь с кли.

На свои предыдущие желания экран уже сделал зивуг дэ-акаа, он уже получил свет, убедился, что достиг только табура, что этот путь порочен и не может привести к Гмар Тикун. Сейчас, когда у него снова пробудились желания принять свет ради Творца, они вышли на порядок ниже; следовательно, и света новый парцуф получил на порядок меньше.

Первая и вторая порции света складываются вместе и составляют то общее количество света, которое вошло в Малхут Мира Бесконечности. Вообще теперь малхут должна получить весь свет, который был внутри нее до Ц"А, с новым намерением – получать не ради себя, а для того, чтобы доставить этим удовольствие Творцу, т.е. с помощью масаха и ор хозер.

Второй парцуф отличается по своим свойствам от первого и поэтому выходит не из пэ, как предыдущий, а ниже пэ, т.е. он как бы «на голову ниже». Даже его голова оценивается как гуф предыдущего парцуфа, потому что исходит из экрана тела предыдущего парцуфа. Второй парцуф полностью является порождением первого и ответвляется от него, как ветвь от ствола.

Когда первый масах в пэ дэ-рош отталкивает свет, он ставит себя в независимое положение от дающего. Второй масах в гуф говорит, что может даже получить ради хозяина. У него есть 5 желаний, каждое из них парцуф наполняет на 20 процентов. А остальные желания остаются ненаполненными, потому что у масаха нет соответствующих сил.

При получении света внутрь второй экран опускается вниз. Ор макиф продолжает взаимодействовать с парцуфом, он давит и пытается заполнить оставшиеся желания. Масах дэ-гуф не может устоять, поднимается наверх, сравнивается с масах дэ-рош, и свет покидает парцуф. Объединенный масах делает новый зивуг, в результате которого возникает новый парцуф, на порядок ниже предыдущего и иной по качеству света.

Особенность в том, что парцуф А"Б рождается не из масаха дэ-рош Гальгальта, а из масаха дэ-гуф. Непонятно, ведь зивуг на бхина гимэл произошел в рош Гальгальта. Это объясняется в «ТЭС», часть 3, ответ 310. В то время, когда масах дэ-гуф,

Ослабление масаха для создания парцуфа

т.е. масах дэ-бхина далет поднялся в пэ дэ-рош, он соединился с авиют рош, называемой «авиют снизу вверх», но авиют бхины гимел, а не далет, потому что авиют бхины далет – это масах дэ-гуф, который еще ни разу не использовал авиют гимел.

Здесь можно выделить два основных понятия:

Суть. Суть этого масаха в том, что он является масахом дэ-гуф и поднимается в рош, требуя от него наполнения. Поэтому масах дэ-рош Гальгальта делает зивуг на бхина гимел. Когда проявляется суть поднявшегося масаха, имеющего авиют, называемый «сверху вниз», он спускается назад в гуф, но не в табур, т.е. бхина далет, а в хазе – бхина гимел, потому что нет в нем более чем в бхина гимел. Эта бхина называется не «сын и порождение», а «парцуф А"Б пними», внутренний, т.е. парцуф А"Б, распространяющийся во внутренних пустых келим Гальгальты, и считается как гуф Гальгальты, потому что родился от зивуг в рош Гальгальты.

Включение. После того как масах дэ-гуф спускается в хазэ, возбуждаются решимот авиюта «снизу вверх» во время нахождения вверху в малхут рош.

Получается, что со стороны А"Б пними – это масах, ограничивающий распространение света (а-месаем) и родившийся от зивуг на авиют гимэл в пэ дэ-рош Гальгальта. Однако со стороны свойства «включение» он является масахом, взаимодействующим со светом (а-миздавег).

Затем он снова притягивает свет, делает зивуг дэ-акаа на бхина гимел, и от хазэ до пэ дэ-Гальгальта выходит рош А"Б, пэ А"Б находится на уровне хазэ дэ-Гальгальта, а гуф А"Б распространяется до табура Гальгальты. Выходит, что А"Б пними распространяется в келим дэ-Гальгальта, а А"Б хицон, наружный, надевается на него снаружи таким образом, что даже его рош находится на месте гуф Гальгальты.

А"Б пними распространяется от рош Гальгальты, т.е. бхина далет внутрь пустых келим бхины далет, но у А"Б хицон нет абсолютно никакой связи с бхиной далет.

Два объединенных объекта полностью подобны по своим желаниям. В той мере, в которой в масахе есть сила противостояния эгоизму, кли становится подобным Творцу по свойствам, получая свет внутрь с намерением ради Творца. Сравнение свойств – это сравнение намерений, но это не значит, что они оба превращаются в единый объект. Их все-таки два, но их свойства настолько близки, что в этот момент с нашей точки зрения нет никакого различия.

Чем больше парцуф получает, тем больше он похож на Творца по намерению и меньше – по действию. Для того чтобы сравняться с Творцом, нужно больше развить эгоизм, чтобы больше получать ради Него, но это приведет к еще большему отличию творения от Творца по действию. Когда же масах в пэ дэ-рош отталкивает весь свет, он по действию как бы равен Творцу (тоже не получает), но находится в большом отрыве от Него по намерению.

Метод самоограничения – это порочный метод. Не нужно делать никаких постов, запретов, а наоборот, Творец увеличивает эгоизм человека в той мере, в которой тот способен поставить на него экран и работать с ним. То есть из двух вышеупомянутых экранов именно второй, экран дэ-гуф, может вывести в духовное.

А если есть только экран в пэ дэ-рош, то человек как камень, которому ничего не надо, у него не происходит никакого внутреннего движения. Тысячелетиями не было понятно, каким образом эгоизм может привести к духовному, при том что сама цель Творения предусматривает наслаждение.

Кли не видит то, что находится вне его. Все наши названия: «ор макиф», «давит снаружи», «еще не вошедший» – все это понятия, относящиеся к языку нашего мира, необходимые нам для того, чтобы хоть каким-то образом представить духовное действие. Но на самом деле никакой свет не давит снаружи, в нем нет никакого наслаждения. Это внутри человека есть кли, которое будет испытывать наслаждение, если этот свет будет внутри.

Следовательно, для того чтобы иметь достаточный аппетит к наслаждению, я каким-то образом должен представить и ощутить это наслаждение. Свет – это внутренняя реакция кли на какое-то воздействие, идущее от Творца, т.е. свет соответствует нашему «сопротивлению». Все зависит от того, как кли отреагирует на это воздействие. Только ор пними, который входит в кли, является мерой подобия Творцу.

Все парцуфим от Мира Бесконечности до нашего мира родились по одному и тому же принципу: низший родился из высшего.

Человек никогда не должен думать, что будет с ним дальше. Всегда надо использовать данное мгновение, данную минуту и постоянно стараться проникнуть вглубь. Из этого мгновения будет рождаться следующее, но ждать его наступления не надо, и думать, каким оно будет, тоже. Выход в духовный мир зависит от внутреннего проникновения в настоящее.

מ) ויש עוד דבר נוסף בהבדל מהתחתון לעליון. והוא, כי כל תחתון יוצא מבחינת שיעור קומה אחרת שבה' בחינות שבמסך (אות כ"ב).

וכל תחתון חסר הבחינה העליונה של האורות דעליון, והבחינה התחתונה של הכלים דעליון.

והטעם הוא, כי מטבע הביטוש דאו"מ במסך, להאביד מהמסך את בחינה אחרונה דעביות שלו. ולמשל, בפרצוף הא' דא"ק, שהמסך יש לו כל ה' בחינות עביות שלו, דהיינו עד לבחי"ד, הנה ע"י הביטוש דאו"מ בהמסך דגוף, מזכך את העביות דבחי"ד לגמרי, ואינו מניח ממנו אפילו רשימו של העביות ההיא.

ורק הרשימות מהעביות דבחי"ג ולמעלה נשארים במסך. ולפיכך, כשהמסך ההוא נכלל בראש ומקבל שם זווג דהכאה על העביות שנשאר בהרשימות שלו מהגוף, נמצא הזווג יוצא רק על בחי"ג דעביות שבמסך בלבד, כי הרשימו דעביות דבחי"ד נאבדה ואינה שם. וע"כ הקומה שיוצאת על המסך הזה, הוא בשיעור קומת חכמה לבד, הנקרא "הוי"ה דע"ב דא"ק" או "פרצוף ע"ב דא"ק".

ונתבאר באות כ"ב, אשר קומת חכמה, היוצאת על המסך דבחי"ג, חסרה המלכות דכלים ובחינת אור יחידה מהאורות, שהוא אור הכתר. הרי שפרצוף הע"ב חסר הבחינה אחרונה דכלים ובחינה עליונה דאורות דעליון. ומשום שינוי הצורה הרחוקה הזו, נבחן התחתון לפרצוף נבדל מהעליון.

40. Отличие низшего парцуфа от высшего заключается в том, что каждый низший появляется на другом, более низком уровне по сравнению с предыдущим. Как уже было сказано, этот уровень определяется толщиной (авиют) масаха, состоящего из пяти бхинот.

В каждом последующем парцуфе отсутствует наивысшая ступень света и самая низшая бхина келим предыдущего парцуфа. Чем меньшее желание с экраном я использую, тем ниже качество света, который я получаю в свой парцуф.

Соударение ор макиф с ор пними, происходящее на масахе, разделяющем их, способствует потере последней бхины авиют этого масаха. Так, в парцуфе Гальгальта исчезает бхина далет, так что даже решимот от нее не остаются.

После того как масах дэ-гуф поднимается и сливается с масах дэ-пэ и получает зивуг дэ-акаа на авиют, который остался в решимот масаха, появляется парцуф на порядок ниже, т.е. парцуф хохма. В нем отсутствует бхина далет со стороны келим и свет ехида. По причине изменения свойств новый парцуф А"Б отделяется от парцуфа Гальгальта в самостоятельный, но считается его сыном.

Я могу принять 20 процентов от пяти порций, и это значит, что я получил ор ехида и бхина далет. В следующий раз рождается парцуф с меньшим светом хая и кли гимел, потом ор нэшама и кли бэт, затем парцуф с ор руах и кли алеф, и последний с ор нэфеш и кли шореш. Затем желания возобновляются, и на 20 процентов оставшихся желаний рождаются пять парцуфим мира Ацилут и т.д., пока не используются все желания Малхут Мира Бесконечности.

Все парцуфим пяти миров получили столько света, сколько было в Малхут Мира Бесконечности, но постепенно и с помощью экрана. И какую бы порцию мы ни взяли, она обязательно состоит из пяти частей, хотя они могут быть очень маленькими. Кли создано из пяти желаний, и необходимо произвести зивуг дэ-акаа на каждое из них.

Если у человека не исправлены келим, то чем меньше у него эгоизма, тем он ближе к Творцу. Когда у человека появляется экран, то чем больше его эгоизм, тем лучше, тем он ближе к Творцу. Все зависит от наличия экрана.

Для того чтобы сделать кли пригодным к употреблению, необходимо, чтобы свет сначала вошел в него, а затем полностью исчез, тогда кли становится полностью отдаленным от Творца и при дальнейшем исправлении оно сможет сделать выбор и снова слиться с Творцом.

Выход в духовное возможен, только если есть экран на все твои желания. А если нет желаний, то и масах не нужен. Следовательно, человек, не имеющий желания, не может выйти в духовный мир, так как ему нечего исправлять.

Путь по духовным ступеням проходит по трём линиям: левой, правой и средней. По мере приобретения дополнительных порций эгоизма человек ставит на них все более сильный экран.

Ослабление масаха для создания парцуфа

Между экраном и светом происходит зивуг дэ-акаа, в результате которого человек получает новую порцию света и поднимается на следующий уровень.

Если у человека есть большие желания, а сила сопротивления им (экран) маленькая, то он получает свет соответственно своему экрану и рождает маленький парцуф. Затем, когда он сможет противостоять новой порции эгоизма, его парцуф расширяется и т.д., вплоть до приобретения экрана на абсолютно все свои желания.

Это называется «Гмар Тикун». Чем больше человек, тем больше у него желаний, тем более сильный экран он имеет, поэтому такой человек имеет большие постижения, так как он смог обуздать самые грубые свои желания. Желания дают человеку сверху тогда, когда он сможет попросить на них исправление.

Мизерные желания нашего мира, нер дакик, настолько кружат нам голову, настолько занимают наши мысли и командуют нами, что мы не знаем, как с ними справиться, как освободиться от них. Вся наша жизнь связана с поиском наполнения этих животных желаний. Сам эгоизм нельзя уничтожать, можно только установить на него экраны двух видов: сначала не получать ради себя, а затем получать ради Творца.

Зивуг дэ-акаа происходит в рош, т.е. делается расчет, сколько я могу получить с намерением ради Творца. После расчета происходит получение света в гуф от пэ до табур. Табур – это граница получения с намерением ради Творца. Свет, который кли не могло получить, ор макиф, говорит, что нужно получить еще, иначе нельзя выполнить Цель творения. Но кли знает, что больше получить ради Творца оно не может, что если оно получит хоть еще немного, это будет уже для собственного наслаждения.

Нет никакого выхода, кроме того, как выйти из этого состояния, т.е. исторгнуть весь полученный свет. Кли понимает, что если в дальнейшем оно и сможет получить, то не то количество, которое получило сейчас, а меньше и с меньшей силой масаха.

Масах ослабляется, поднимается в пэ дэ-рош вместе с теми решимот, которые он получил от четырех светов в четырех келим. Авиют далет был потерян в табуре после битуш ор макиф в масах, поэтому кли в дальнейшем не сможет получить ор ехида. А на остальные уровни авиют оно еще не делало ограничения, поэтому оно еще не знает, что сможет получить, а что нет.

Но сейчас, когда масах стоит в пэ дэ-рош, кли чувствует, что может все-таки получить еще. Тогда в нем пробуждаются все решимот, и оно пробует получить на бхина гимел. Масах спускается в хазе, делает там зивуг дэ-акаа, и так рождается новый парцуф А"Б. Но все решимот парцуф А"Б идут из гуф дэ-Гальгальта.

В чем различие между двумя понятиями: экран и Сокращение, масах и Цимцум? Сокращение означает, что вообще отказывается от получения. Экран – это значит часть получает, а часть отталкивает. Барух Ашлаг приводит такой пример: один пьяница каждый раз, идя на свадьбу, напивался до потери рассудка и валялся на земле, и даже его жена не хотела пускать его в дом. Устыдившись своего позора, решил человек вообще не появляться на свадьбах, поскольку не может совладать с собой. Так и сделал.

Прошло время, и он решил, что может присутствовать на празднествах и позволить себе выпить полстакана вина, такое количество, которое ему не повредит. Так и сделал. Вывод: сокращение – значит вообще не приходить на празднества, а экран – значит идет и сам решает принимать небольшое количество.

Решимот делятся на два вида. Первый вид – это решимо дэ-итлабшут, т.е. воспоминания, какими наслаждениями я был наполнен. Второй вид – решимо дэ-авиют – это воспоминания о том, с помощью каких желаний я это делал, какой силой экрана как по жесткости, так и по толщине я при этом пользовался.

Желание получать в кли создано Творцом. Желание отдавать оно получило от Творца. Каким образом оно сейчас может пользоваться этими двумя противоположными желаниями? Прежде всего, кли измеряет, какой величины в нем есть желание отдавать, т.е. противодействовать своему истинному, исконному желанию получать. Допустим, у меня есть желание отдавать на 20 процентов.

Это называется жесткостью экрана. Значит, я могу противостоять своему желанию наслаждаться на 20 процентов. Значит, в эти 20 процентов я могу получить свет, потому что в

Ослабление масаха для создания парцуфа

них я получаю не для себя, а ради Творца. Подобно тому как мать получает наслаждение от того, что ее ребенок наслаждается, Творец получает наслаждение от того, что наслаждаюсь я. Все же остальные желания, не попавшие пока в эти 20 процентов, остаются пустыми, я с ними не работаю.

Что такое Каббала? Сначала мы берем наши внутренние желания, разбиваем их на маленькие клеточки, вектора, строим различные графики. Это внутренняя психология человека, не как существа нашего мира, а человека как некоей сущности, созданной Творцом, со всеми теми силами, которые Создатель дал ему.

Затем изучается, как с помощью этих сил человек постигает Творца. Вот краткое объяснение, что такое Каббала. Не надо смотреть на нее как на некое мистическое учение о тайных сверхъестественных силах, которые находятся за пределами Вселенной. Основная идея Каббалы заключается в том, что по мере накопления антиэгоистических сил можно брать какую-то порцию эгоизма и работать с ней в другом направлении.

Экран, который стоял в пэ дэ-рош, сначала ничего не хотел принимать, а затем он начал подсчитывать, сколько он может принять ради Творца. Это еще большее усилие, чем вообще ничего не принимать ради себя. В результате этого экран, стоящий в пэ дэ-рош, делится на два экрана. Один говорит, что я ничего не хочу получать для себя. Это полное отражение света, его неприятие, соблюдение Ц"А. Второй экран, который пока бездействует, тоже стоит там. После того как я выполнил условие Ц"А, я начинаю пытаться получить немного света ради Творца.

מא) ועד"ז אחר שנתפשט פרצוף ע"ב לראש וגוף, ונעשה הביטוש דאו"מ על המסך דגוף דע"ב, שהוא מסך דבחי"ג, הנה הביטוש הזה מעלים ומאביד ממנו את הרשימו דעביות של הבחינה האחרונה שבמסך, שהוא בחי"ג. ונמצא בעת עלית המסך אל הפה דראש, ונכלל בו בהזיווג דהכאה, נעשה ההכאה רק על עביות דבחי"ב, שנשארה במסך הזה. כי הבחי"ג נאבדה ממנו ואינה. וע"כ הוא מוציא רק ע"ס בקומת בינה, הנקרא "הוי"ה" דס"ג דא"ק" או "פרצוף ס"ג". ויחסר ז"א ומלכות דכלים וחיה יחידה דאורות. ועד"ז כשנתפשט הפרצוף ס"ג הזה לראש וגוף. ונעשה הביטוש דאו"מ בהמסך דגוף שלו, שהוא מסך דבחי"ב. הנה הביטוש הזה מעלים

ומאביד ממנו הבחינה אחרונה דעביות שבהמסך, שהוא בחי"ב, ולא נשארו במסך אלא הרשימות דעביות שמבחי"א ולמעלה. וע"כ, בעת עלית המסך לפה דראש, ונכלל בזווג דהכאה אשר שם, נעשה ההכאה רק על מסך דבחי"א, שנשאר במסך. כי הבחי"ב כבר נאבדה ממנו. וע"כ הוא מוציא רק ע"ס בקומת ת"ת, הנקרא "קומת ז"א". והוא חסר בינה ז"א ומלכות דכלים, ונשמה חיה יחידה דאורות. וכו' עד"ז.

41. После образования парцуфа А"Б произошло соударение ор макиф с ор пними на масахе дэ-гуф А"Б, который имеет авиют гимел. Это соударение способствует потере последней бхины решимо масаха. Масах поднимается в пэ дэ-рош и делает там зивуг дэ-акаа только на авиют дэ-бхина бэт. И на этот зивуг выходят 10 сфирот на уровне бина, т.е. парцуф СА"Г мира Адам Кадмон, у которого отсутствуют келим З"А и малхут и света ехида и хая.

Когда парцуф СА"Г распространяется в рош и гуф, происходит битуш ор макиф на его масах дэ-гуф и потеря последней бхины дэ-авиют масаха, бхины бэт. Масах с решимот дэ-авиют от бхины алеф и выше поднимается в пэ дэ-рош, делает там зивуг на бхину алеф, и выходят 10 сфирот на уровне тифэрэт, ступень З"А. В этом парцуфе отсутствуют келим бина, З"А и малхут и света ехида, хая, нэшама.

Существуют ли в СА"Г желания бхины далет, и делает ли он сокращение на них и на желания бхинат гимел? Или в А"Б – существуют ли в нем желания бхины далет и делает ли он сокращение на них?

Эти желания есть у всех, мы говорим только о желании получить, а без этого нет творения. Однако относительно душ было опасение, что «украдут» – получат ради самонаслаждения, поэтому произошло исправление, заключающееся в том, что не видят ничего.

Теперь поймем высказывание: «Вся земля полна Славой Его», т.е. каждый должен ощутить Его существование. Но почему же в действительности мы этого не ощущаем? Потому что со стороны Творца – «Вся земля полна Славой Его», но для того чтобы творения не получили ради самонаслаждения, произошло сокрытие. Поэтому у человека нет стремления к духовному, т.к. не видит в нем наслаждения.

В «Предисловии к ТЭ"С» написано, что если бы награда и наказание были открыты таким образом, что кушающий запрещенное тут же бы подавился, кто бы ел запретное? И наоборот, если бы во время облачения в цицит чувствовал огромное наслаждение, то никогда бы его не снимал. Поэтому если бы ощутили наслаждение в духовном, тут же захотели бы его для себя.

У эгоизма существует только один закон: «Поменьше работать, побольше получать», кроме этого он ничего не знает. Что же можно сделать, если ничего не видим и не получаем? То, что Творец говорит нам: «Я отдаю безвозмездно, и вы также отдавайте безвозмездно».

Мы должны достичь такой же ступени, отдавать без всякого вознаграждения. Поэтому произошел тикун, чтобы мы ничего не видели и не «украли». Написано в Гмаре (трактат «Санедрин»): «Адам аРишон вор был». Вор, потому что выносит из владений Единого в свои владения.

В начале существовало только владение Единого, т.е. все, что Адам аРишон делал, было ради отдачи, и ничего ради своей пользы. Но, увидев огромный свет, он не смог получить с намерением ради отдачи и получил его ради себя. Это называется: выносит из владений Единого в свои владения, поэтому называется «вор».

Чтобы этого больше не случилось, произошло исправление в душах, поэтому ничего не видят. Человек не должен просить постижения и духовных высот, а только келим, чтобы видеть.

Для того чтобы назвать парцуф, не обязательно говорить, что происходит зивуг на такую-то бхину, достаточно привести его численное значение, гематрию, чтобы знать, что он представляет собой качественно. Йуд-хей-вав-хей – это скелет любого кли. Малхут Мира Бесконечности, и вообще все Мироздание состоит из этого единого и единственного скелета.

Количество же материи на скелете, т.е. использование желания с правильным намерением, равно свету, который получает парцуф. Цифровое значение говорит о количестве и о качестве этого света в парцуфе.

Парцуф Гальгальта соответствует всей Малхут Мира Бесконечности и имеет самый большой экран во всем мироздании. Если она получила максимум того, что могла получить ради Творца, то разве там есть место для еще какого-то парцуфа? Что может добавить А"Б к тому, что Гальгальта еще не получила?

Оказывается, что А"Б тоже соответствует Малхут Мира Бесконечности, и он может принять в себя свет, который не смогла принять Гальгальта. Экран в последующем парцуфе слабее, он взаимодействует со светом иного качества, намного меньшего, чем Гальгальта, потому-то А"Б может получить дополнительную порцию света.

Каждый последующий парцуф принимает свет все более низкого качества. Каждый новый парцуф – это совершенно новое состояние. А"Б черпает свои желания из соф Гальгальта, т.е. работает с такими желаниями, с которыми предыдущий парцуф работать не смог. Потому что Гальгальта желала получить ор ехида, а А"Б только ор хая.

Когда в мире Бесконечности малхут отталкивает весь свет, она называется далет дэ-авиют и далет дэ-итлабшут. Это говорит о том, что в ней остались решимот от всего света Бесконечности. Гальгальта начинает работать с этими решимот, делает зивуг дэ-акаа на далет/далет и получает соответствующий свет. Когда происходит битуш пним у макиф, остается далет дэ-итлабшут и гимэл дэ-авиют. Далет дэ-авиют исчезает, потому что парцуф принимает решение больше с ним не работать, сам аннулирует его.

Существует обратная зависимость между кли и светом. Чем кли меньше, тем ближе оно по своим свойствам к свету. Допустим, у меня есть пять эгоистических желаний: от самого тонкого до самого грубого. Мое самое тонкое желание находится ближе всех к Творцу, а самое грубое – дальше всех. Малхут имеет пять желаний: шореш, алеф, бэт, гимел, далет.

Точнее, это пять стадий развития одного и того же желания – получать. Шореш – это самое тонкое, самое возвышенное желание, следовательно, оно и находится ближе всех к Творцу.

Но когда та же малхут ставит над своим эгоистическим желанием экран, то закон, говорящий о том, что самое тонкое желание находится ближе к Творцу, сохраняется, кроме того, на него накладывается еще и намерение получать ради Творца, и именно это намерение дает возможность получить больше света, чем вроде бы полагалось такому маленькому желанию. Малхут с масахом «притягивает» свет, но получает не она, а кэтэр, т.е. самая тонкая, самая возвышенная часть кли.

Основными элементами всего Мироздания являются:
— свет, идущий непосредственно от Творца;
— желание самонасладиться, которое было создано Творцом (светом);
— экран, который возник как реакция творения (желания самонасладиться) на полученный свет.

Каббала изучает эти элементы в различных состояниях. Гармоническое соответствие между экраном, светом и желанием является душой, и именно оно диктует свои законы всем внешним объектам — ангелам, левушим и материальным объектам.

Каждый парцуф наполняет Малхут Мира Бесконечности, и т. о. парцуфим заслоняют от света самую ее центральную точку. А центральная точка — это мы. Таким образом, все миры, все парцуфим относительно нас являются задерживающими экранами.

С одной стороны, мы говорим, что все миры вроде бы были созданы по принципу «сверху вниз», т.е. когда человека еще не было. Миры — это меры скрытия Творца. Гальгальта скрывает Творца от нижнего на 20 процентов. А"Б видит Творца только на 80 процентов. Но для него эти 80 процентов и есть Творец, т.е. 100 процентов.

И так далее, пока пять миров, состоящих из пяти парцуфим, где каждый парцуф в свою очередь состоит из пяти сфирот, полностью не скроют от нас свет Творца 125 экранами. В наш мир свет вообще не доходит. Поэтому мы находимся за экраном, не видим и не ощущаем Творца.

С другой стороны, когда человек поднимается снизу вверх и доходит до уровня какого-либо парцуфа, то он ставит экран, равный экрану данного парцуфа. Этим он как раз и аннулирует скрытие Творца на этом уровне. Поднимаясь на следующую ступень, человек снимает с помощью своего экрана скрытие этой ступени, постигает Творца на этом уровне и т.д. А когда он снимет все фильтры, то он полностью постигнет все ступени, отделяющие нас от Творца. Миры созданы для того, чтобы научить нас, как поступать в каждой ситуации. Итак, скрытие Творца происходит сверху вниз, а раскрытие — снизу вверх. Ступеньки, по которым поднимается душа, после этого как бы исчезают.

Низший парцуф знает о предыдущем и понимает, что не может принять столько же света. Тем не менее, для того чтобы обеспечить светом нижний парцуф, каждый вышестоящий парцуф должен обратиться с просьбой о свете, называемой МА"Н, к своему верхнему парцуфу.

Ведь каждый новый парцуф – это принципиально новое желание, которое после Ц"А еще никогда не заполнялось светом, поэтому каждый новый парцуф ведет к новому постижению, намного большему по качеству и количеству, чем предыдущее.

Свет, который получает каждый последующий парцуф, приходит к нему через предыдущий парцуф, при этом все парцуфим, через которые он проходит, получают свою долю, которая неизмеримо превышает ту порцию света, которую получит последний в этой цепочке. Только Гальгальта получает свет непосредственно из Мира Бесконечности.

Любые наши действия основываются на наших желаниях. Разум при этом играет лишь вспомогательную роль. Разум осознает только то, что входит в ощущения, он как бы просчитывает, анализирует их. Чем ощущения шире, глубже, тем больший разум требуется для их переработки.

Если взять человека, который занимается Каббалой и выполняет какую-то внутреннюю работу, то чем глубже эта работа, тем разум должен быть гибче, точнее, чтобы четче дифференцировать, анализировать свои ощущения и делать соответствующие выводы. Но разум всегда остается лишь подсобным инструментом желания. Разум нужен лишь для достижения желаемого. Все мы желаем насладиться, и разум помогает нам достичь этого. Если человек желает насладиться научными поисками, то разум помогает ему именно в этом направлении. А человек думает, что он живет только разумом, и поэтому он выше других существ.

מב) ונתבאר היטב הטעם של ירידות הקומות זו למטה מזו בעת השתלשלות הפרצופים זה מזה, שהוא משום שהביטוש דאו"מ באו"פ, הנוהג בכל פרצוף, מאביד תמיד שם את הבחינה אחרונה דרשימו דעביות אשר שם.

ויש לדעת, אמנם שבאלו הרשימות, הנשארות במסך לאחר הזדככותו, יש בהם ב' בחינות: א. נקרא רשימו דעביות, ב. נקרא רשימו דהתלבשות. למשל, אחר שנזדכך המסך דגוף דפרצוף הא' דא"ק, אמרנו שהבחינה

Ослабление масаха для создания парцуфа

האחרונה דרשימות דעביות, שהיא הרשימו דבחי"ד, נאבדה ממנו. ולא נשאר בהמסך, אלא הרשימו דעביות דבחי"ג. אמנם הרשימו דבחי"ד כוללת ב' בחינות כנ"ל: דהתלבשות ודעביות. ולא נאבד מהמסך בסבת ההזדככות ההיא רק הרשימו דעביות דבחי"ד. אבל הרשימו דהתלבשות דבחי"ד נשארה בהמסך ההוא ולא נאבד ממנו. ופירושו של הרשימו דהתלבשות, הוא בחינה זכה מאד מהרשימו דבחי"ד, שאין בה עביות מספיק לזווג דהכאה עם אור העליון. ורשימו זו נשארה מהבחינה אחרונה בכל פרצוף בעת הזדככותו. ומה שאמרנו, שהבחינה אחרונה נאבדה מכל פרצוף בעת הזדככותו, הוא רק הרשימו דעביות שבה בלבד.

42. Выясним теперь смысл последовательного спуска ступеней во время распространения парцуфим одного за другим в результате битуш ор макиф и ор пними, который управляет в каждом парцуфе и способствует потере последней бхины решимо дэ-авиют, которая находится там.

Решимот, которые остаются после утоньшения масаха, делятся на два вида: решимо дэ-авиют и решимо дэ-итлабшут. Так, после ослабления масаха парцуфа Гальгальта осталось решимо дэ-авиют бхинат гимел, а решимо дэ-итлабшут бхинат далет не изменилось.

Решимо дэ-итлабшут – это очень тонкая часть решимо, которая не обладает авиютом, достаточным для зивуга дэ-акаа со светом. Подобно Гальгальте, любой парцуф при ослаблении масаха теряет только последнее решимо дэ-авиют, но не решимо дэ-итлабшут.

Мы учили, что есть обратная связь между светом и сосудом, и есть тут два правила:

1) «Лефум цаара – агра», т.е. вознаграждение по заслугам (страданиям), т.е. величина раскрывающегося человеку света зависит от величины прикладываемых усилий.
2) Свет хочет войти в самое светлое кли. Светлым называется кли, не желающее ничего получать, грубое кли – желающее взять.

Пример: во время молитвы человеку, окутанному талитом, увенчанному тфилин, легче работать с намерением ради отдачи, он ничего не хочет получать, а только выполнить Заповедь. Однако во время учебы тяжелее приложить намерение ради отдачи, и еще тяжелее это сделать за семейной трапезой, и тем более очень тяжело приложить намерение отдачи во время работы.

Но в соответствии с первым правилом, насколько большие помехи он сможет преодолеть, настолько больший свет он получит. Поэтому если человек может заниматься бизнесом с намерением ради Творца, то, несомненно, он достоин высокой ступени. Про такого человека мы говорим: «Какова же глубина его учебы и какова сила его молитвы!»

Из этого вытекает второе правило: высшая ступень соответствует более светлым келим, несмотря на то что там легче намереваться ради Творца. С другой стороны, высота ступени определяется ее самым исправленным свойством и через него исходит свет на нижнюю ступень.

Итак, решимо дэ-авиют – это недостаток, желание получить. Но нельзя забывать, что в духовном, говоря о желании получить, имеют в виду желание с масахом. Поэтому решимо дэ-авиют означает, что осталось у него воспоминание, сколько он может получить ради отдачи, т.е. предыдущая сила сопротивления у него исчезла, но самое светлое его кли, кли дэ-кэтэр, не может исчезнуть под воздействием окружающего света, поскольку нет у него авиют. Поэтому в нем осталось решимо от бывшего там света, которое и называется решимо дэ-итлабшут.

От присутствия света всегда остается решимо. Необходимо выяснить два понятия:

1) свет приходит со стороны дающего;
2) авиют и масах – со стороны получающего.

То, что приходит со стороны дающего, оставляет воспоминания, а то, что со стороны получающего, встречает сопротивление и исчезает.

Барух Ашлаг приводит такой пример: «Попал я однажды в место отдыха стариков. Смотрю, все сидят и дремлют, не обращая ни на что внимания. Сказано об этом: «дни, в которых нет страсти». Я приблизился к одному из них и начал с ним разговаривать. Сначала спросил, откуда он, потом – чем зарабатывал на жизнь, и так разговорил его, пока он не начал рассказывать о своих прошлых занятиях.

Постепенно он разгорячался и наполнялся жизнью все больше и больше, вспоминая о былых достижениях и всевозможных событиях, которые он пережил, т.е., на языке Каббалы, пробудились в нем решимот прежних удовольствий. Под конец я спросил его: «Хотелось бы тебе вернуться ко всему этому –

снова ездить по городам и торговать, как раньше?» В тот же миг потухли его глаза, потому что вспомнил о настоящем, что нет уже у него тех сил».

Мы видим, что решимо от наслаждения у человека осталось, но сил уже нет. Вывод: авиют исчез у него, т.е. не может принять ради отдачи, но решимо дэ-итлабшут – воспоминание, как наслаждение облачалось в кли-желание, осталось, но вернуться к прежним наслаждениям уже не может, потому что нет у него на это экрана.

מג)‏ והההשארה של הרשימו דהתלבשות מהבחינה אחרונה, שנשארה בכל מסך, גרם ליציאת ב' קומות זכר ונקבה בראשים דכל הפרצופים. החל מע"ב דא"ק, וכן בס"ג דא"ק, וכן במ"ה וב"ן דא"ק, ובכל פרצופי אצילות.

כי בפרצוף ע"ב בקומת חכמה, שאין שם במסך אלא רשימו דעביות דבחי"ג, המוציא ע"ס בקומת חכמה, הנה הרשימו דהתלבשות מבחי"ד, הנשארת שם במסך, שאינה ראויה כלל לזווג עם אור העליון משום זכותה, הנה היא נכללת עם העביות דבחי"ג ונעשת לרשימו אחת. ואז קנתה הרשימו דהתלבשות כח להזדווגות עם אור העליון.

וע"כ יצא עליה זווג דהכאה עם אור העליון, המוציא ע"ס בקירוב לקומת כתר. והוא מטעם, היות בה בחינת התלבשות דבחי"ד. והתכללות זה נקרא התכללות הנקבה בזכר. כי הרשימו דעוביות מבחי"ג נקרא נקבה, להיותה הנושא לבחינת העביות. והרשימו דהתלבשות דבחי"ד נקרא זכר, משום שבא מקומה גבוה ממנה, ומשום שהוא זך מעביות.

ולפיכך, הגם שהרשימו דזכר בלבד אינו מספיק לזווג דהכאה, אמנם ע"י התכללות הנקבה בו, נעשה גם הוא ראוי לזווג דהכאה.

43. Исчезновение решимо дэ-итлабшут в каждой последней ступени, остающейся в масахе, приводит к образованию двух ступеней: захар и нэкева («мужское» и «женское» начала) в рош каждого парцуфа, начиная с А"Б дэ-А"К, а также в СА"Г, М"А, БО"Н и во всех парцуфим мира Ацилут.

В экране парцуфа А"Б есть решимо дэ-авиют бхины гимел, поднимающее десять сфирот отраженного света только до уровня хохма, но решимо дэ-итлабшут бхины далет, оставшееся там, не способное на зивуг с высшим светом по причине своего захут (отсутствия желания получить, но желающей быть похожей на Творца), включая в себя решимо дэ-авиют и становясь с ним одним общим решимо, получает теперь силу совершить зивуг дэ-акаа с высшим светом.

Тогда происходит зивуг дэ-акаа с ор элион, и в результате появляется парцуф, чей уровень приближается к уровню кэтэр, поскольку присутствует в нем решимо дэ-итлабшут бхины далет. И это слияние называется включением нэкева в захар, т.к. решимо дэ-авиют бхины гимэл называется «нэкева», поскольку определятся свойством авиют (ощущение желания получить), а решимо дэ-итлабшут бхины далет называется «захар», потому что соответствует более высокому состоянию и не имеет авиют.

Решимо дэ-захар само не может сделать зивуг. Зивуг дэ-нэкева – это тот зивуг, который определяет уровень рождающегося парцуфа, количество и качество света, который в действительности войдет внутрь парцуфа.

Зивуг дэ-захар дает рождающемуся парцуфу за счет воспоминаний о своем предыдущем состоянии, т.е. предыдущем парцуфе, некое дополнительное, неосновное свечение. Такое взаимодействие захар и нэкева начинается с парцуф А"Б. Поэтому, начиная с него, у всех парцуфим существуют две головы (рошим) и два зивуга.

Есть правило: верхняя ступень относительно нижней называется совершенство (шлемут). Совершенством называется захар, потому что это – решимо от света и нет в нем никакого недостатка.

מד) ואחר זה יש גם התכללות הזכר בנקבה. דהיינו שהרשימו דהתלבשות נכלל בהרשימו דעביות. ואז יוצא זווג דהכאה על קומת הנקבה בלבד, שהוא רק קומת בחי"ג, שהיא קומת חכמה, הנקרא "הוי"ה דע"ב".

והנה הזווג העליון, שהנקבה נכללה בהזכר, נבחן לקומת הזכר, שהיא קומת כתר בקירוב. וזווג התחתון, שהזכר נכלל בהנקבה, נבחן לקומת הנקבה, שהיא קומת חכמה בלבדה. אמנם קומת הזכר, מתוך שהעביות שבו אינו מעצמו, אלא ע"י התכללות עם הנקבה, הנה הגם שמספיק ליציאת קומת ע"ס ממטה למעלה, הנקרא "ראש", עכ"ז אין קומה זו יכולה להתפשט ממעלה למטה לבחינת גוף, שפירושו התלבשות האורות בכלים. כי זווג דהכאה על עביות הבא מבחינת התכללות, אינו מספיק להתפשט לבחינת כלים. ולפיכך אין בקומת הזכר רק בחינת ראש בלי גוף. וגוף

Ослабление масаха для создания парцуфа

הפרצוף נמשך רק מקומת הנקבה, שיש לה עביות מבחינת עצמותו. ומשום זה אנו מכנים את הפרצוף רק על קומת הנקבה בלבד, דהיינו בשם פרצוף ע"ב. כי עיקרו של הפרצוף הוא הבחינת גוף שלו, שהוא התלבשות האורות בכלים. והוא יוצא רק מקומת הנקבה כמבואר. ע"כ נקרא הפרצוף על שמה.

44. Существует также включение захар в нэкева. Это значит, что решимо итлабшут объединяется с решимо авиют. В этом случае происходит зивуг только на уровень нэкева, т.е. на бхина гимэл (хохма), которая называется АВА"Я (йуд-хей-вав-хей, непроизносимое четырехбуквенное Имя Творца) дэ-А"Б.

Существуют «верхний» и «нижний» зивугим. Верхний зивуг соответствует включению нэкева в захар. В результате этого зивуга возникает парцуф, чей уровень приближается к уровню кэтэр. Нижний же зивуг соответствует включению захар в нэкева. Этот зивуг приводит к созданию парцуфа, чей уровень только хохма. Авиют, соответствующая уровню захар, не является его собственной, как уже было сказано, она была приобретена им в результате «включения», взаимодействия с некейвой.

Поэтому этот авиют достаточен только на создание десяти сфирот снизу вверх, что и называется рош, но не на распространение сверху вниз, что образует гуф – настоящие сосуды. Гуф парцуфа образуется только с помощью уровня нэкевы, которая имеет собственную авиют. Поэтому мы называем парцуф согласно уровню нэкевы, в данном случае – А"Б. Главной частью парцуфа является гуф, т.е. та его часть, где происходит получение света в сосуды.

מה) וע"ד שנתבארו ב' הקומות זכר ונקבה בראש דפרצוף ע"ב, ממש על אותו דרך יוצאים ב' הללו גם בראש הס"ג. אלא שם קומת הזכר הוא בקירוב לבחינת חכמה, משום שהוא מהרשימו דהתלבשות דבחי"ג בהתכללות העביות דבחי"ב. וקומת הנקבה היא בקומת בינה, דהיינו מהעביות דבחי"ב.

וגם כאן נקרא הפרצוף רק על שם קומת הנקבה, משום שהזכר הוא ראש בלי גוף. ועד"ז בפרצוף מ"ה דא"ק. ושם קומת הזכר הוא בקירוב לקומת בינה, המכונה "קומת ישסו"ת", להיותו מרשימו דבחי"ב דהתלבשות בהתכללות עביות מבחי"א. וקומת הנקבה היא קומת ז"א לבד. כי היא רק בחי"א דעביות. וגם כאן אין הפרצוף נקרא אלא על שם הנקבה, דהיינו

פרצוף מ"ה או פרצוף ו"ק, משום שהזכר הוא ראש בלי גוף. ועד"ז תשכיל בכל הפרצופים.

45. Подобно тому как возникли два уровня, захар и нэкева, в рош парцуфа А"Б, эти уровни возникают и в парцуфе СА"Г. С той только разницей, что там уровень захар – это приблизительно хохма, потому что он возникает в результате зивуга на включение в решимо гимэл дэ-итлабшут (хохма) авиют бэт (бина). А уровень нэкева у СА"Г – это чистая бина, имеющая авиют бэт.

В случае с СА"Г парцуф тоже называется согласно уровню нэкевы, т.е. «бина», так как уровень захар имеет только рош без гуф. Захар парцуфа М"А мира А"К имеет уровень, приближающийся к бине и называющийся ИШСУ"Т, потому что он возникает в результате взаимодействия решимо бэт дэ-итлабшут и решимо алеф дэ-авиют. Нэкева этого парцуфа имеет уровень З"А, так как она имеет только алеф дэ-авиют. По такому же принципу построены и все остальные парцуфим мира А"К.

ВА"К дэ-бина называется ИШСУ"Т, а ГА'Р дэ-бина называется высшие АВ"И.

ТААМИМ, НЕКУДОТ, ТАГИН И ОТИЕТ

טעמים נקודות תגין ואותיות

מו) אחר שנתבאר הביטוש דאו"מ באו"פ, הנוהג אחר התפשטות הפרצוף לבחינת גוף, שבסבתו מזדכך המסך דגוף, וכל האורות דגוף מסתלקים, והמסך עם הרשימות הנשארים בו עולים לפה דראש, ומתחדשים שם בזיווג דהכאה מחדש, ומוציאים קומה חדשה בשיעור העביות שברשימות, נבאר עתה ד' מיני אורות טנת"א, הנעשים עם הביטוש דאו"מ ועליות המסך לפה דראש.

46. Как уже было сказано выше, в результате *битуш ор макиф в масах дэ-гуф* масах ослабляется, поднимается вверх, пока он не соединится с *масах дэ-рош* и не станет с ним одним целым, а затем этот масах включается с ним в *зивуг дэ-акаа*, в результате чего выходит новый *парцуф*, в соответствии с *авиют*, имеющимся в его *решимот*. Теперь выясним четыре вида светов *ТаНТ"А (таамим, некудот, тагин, отиет –* на иврите пишется с буквы алеф), возникающих в результате *битуш дэ-ор макиф* и подъем масаха в *пэ дэ-рош*.

מז) כי נתבאר, שע"י הביטוש דאו"מ במסך דגוף, הוא מזדכך למסך מכל עביות דגוף, עד שנזדכך ונשתוה למסך דפה דראש. שהשתוות הצורה עם הפה דראש, נמצא מיחדהו כבחינה אחת עמו, ונכלל בזיווג דהכאה שבו. אמנם נבחן, שאין המסך מזדכך בבת אחת, אלא על פי סדר המדרגה. דהיינו, מתחילה מבחי"ד לבחי"ג, ואח"כ מבחי"ג לבחי"ב, ואח"כ מבחי"ב לבחי"א, ואחר כך מבחי"א לבחינת שורש, עד שנזדכך מכל בחינת עביותו ונעשה זך כמו המסך דפה דראש. והנה אור העליון אינו פוסק מלהאיר אף רגע, והוא מזדווג עם המסך בכל מצב ומצב של הזדככותו.

47. Однако масах не теряет свою силу в один прием, это происходит в определенном порядке: сначала масах освобождается от бхины далет, затем он теряет бхину гимел, потом исчезает бхина бэт, затем – алеф и шореш, пока масах совершенно не освободится от всего авиюта и не станет одним целым с масахом дэ-рош. Высший свет не прекращает светить ни на мгновение, он продолжает взаимодействовать с масахом, в каком бы состоянии тот ни находился в процессе своего ослабления.

Эгоистическое желание, которое произвело Ц'А, хочет сейчас работать только в альтруистическом режиме и наслаждаться от получения ради Творца. Но вначале оно принимает только 20 процентов, а затем постепенно освобождается от света, так как в результате битуш ор макиф в ор пними оно не в состоянии больше принимать.

На самом деле свет никуда не входит и ниоткуда не выходит. Свет постоянно находится внутри сосуда (кли). Все зависит от того, может данный сосуд ощущать свет внутри себя или нет. Так и мы заполнены светом Творца, но не чувствуем Его в силу отсутствия соответствующего исправления, экрана. Если мы начнем исправлять себя, приобретать экран на наш эгоизм, то мы ощутим Творца и Его свет.

Теперь, после того как уже принято решение об исторжении света, малхут, желая почувствовать, раскрыть Творца, начинает менять свои внутренние ощущения. Высший свет не прекращает светить ни на один момент, а постоянно делает зивугим с масахом в каждом его состоянии во время его подъема наверх.

כי אחר שנזדכך מבחי"ד, ונסתלק כל הקומת כתר הזו, והמסך בא לעביות דבחי"ג, הרי אור העליון מזדווג עם המסך על פי העביות דבחי"ג הנשארת בו, ומוציא ע"ס בקומת חכמה.

ואחר כך, כשנזדכך המסך גם מבחי"ג, ונסתלק גם קומת חכמה, ולא נשאר במסך רק בחינה ב', נמצא אור העליון מזדווג עמו על בחי"ב, ומוציא ע"ס בקומת בינה. ואחר כך כשמזדכך גם מבחי"ב, ונסתלקה הקומה הזו, ולא נשאר בו רק עביות דבחי"א, הנה אור העליון מזדווג עם המסך על עוביות דבחי"א הנשארת בו, ומוציא ע"ס בקומת הז"א. וכשנזדכך גם מעביות דבחי"א, וקומת הז"א מסתלקת, ולא נשאר בו אלא שורש העביות, מזדווג אור העליון גם על העביות דשורש הנשארת במסך, ומוציא ע"ס בקומת המלכות.

וכשנזדכך המסך גם מעביות דשורש, וגם קומת המלכות נסתלקה משם, כי לא נשאר במסך עוד שום עביות דגוף, הנה אז נבחן שהמסך ורשימותיו עלו ונתחברו עם המסך דראש, ונכלל שם בזווג דהכאה, ויוצאים עליו הע"ס החדשות, הנקראות בן ותולדה לפרצוף הראשון.

והנה נתבאר, שענין הביטוש דאו"מ באו"פ, המזכך להמסך דגוף של הפרצוף הא' דא"ק, ומעלהו לפה דראש שלו, שעי"ז נולד ויוצא פרצוף שני ע"ב דא"ק, אין זה נעשה בבת אחת, אלא על סדר המדרגה, אשר אור עליון מזדווג עמו בכל מצב ומצב מהד' מדרגות, שהולך ובא עליהם במשך זמן הזדככותו, עד שנשתווה לפה דראש. ועד"ז שנתבאר יציאת ד' קומות במשך זמן הזדככות הגוף דפרצוף א' לצורך ע"ב, כן יוצאות ג' קומות במשך זמן הזדככות המסך דגוף דפרצוף ע"ב, בעת אצילותו לפרצוף ס"ג. וכן בכל המדרגות.

כי זה הכלל: אין המסך מזדכך בבת אחת אלא בסדר המדרגה. ואור העליון, שאינו פוסק להתפשט לתחתון, נמצא מזדווג עמו בכל מדרגה ומדרגה שבדרך זיכוכו.

Когда масах дэ-гуф поднялся из табур на одну ступень, т.е. из малхут дэ-гуф в Зэир Анпин дэ-гуф, в масахе дэ-рош произошел промежуточный зивуг дэ-акаа, в результате этого зивуга возник промежуточный парцуф, чей уровень – хохма.

Затем масах дэ-гуф продолжает подниматься. Из З"А дэ-гуф он поднимается в бину дэ-гуф. В это время на масахе дэ-рош происходит очередной промежуточный зивуг дэ-акаа, который приводит к образованию парцуфа с уровнем бина и т.д.

Таких промежуточных зивугим при переходе от Гальгальты к А"Б четыре, в результате этих зивугим возникают четыре промежуточных парцуфа: хохма дэ-Гальгальта, бина дэ-Гальгальта, З"А дэ-Гальгальта, малхут дэ-Гальгальта.

Итак, мы выяснили, что и второй парцуф А"Б рождается с помощью четырех зивугим, которые проходят постепенно один за другим во время ослабления масаха и подъема его вверх до полного слияния с масах дэ-рош. При переходе от А"Б к СА"Г, и вообще при переходе от любого парцуфа, происходит аналогичный процесс.

Существует общее правило: масах не может за один раз освободиться от авиюта, это происходит постепенно. Ор элион, который светит постоянно, делает зивуг на каждой ступени.

מח) אמנם אלו הקומות שיוצאות על המסך במשך זמן הזדככותו ע״פ סדר המדרגה, אינן נחשבות להתפשטות מדרגות אמיתיות, כמו הקומה הראשונה שיצאה מטרם התחלת הזדככות, אלא שהן נחשבות לבחינות נקודות. ומכונות בשם ״או״ח ודין״. כי כח הדין של הסתלקות האורות כבר מעורב בהם.

כי בפרצוף הא׳, הנה תיכף כשהביטוש התחיל לפעול וזיכך את המסך דגוף מבחי״ד, הנה נחשב כאלו כבר נזדכך כולו. כי אין מקצת ברוחני. וכיון שהתחיל להזדכך, כבר מוכרח להזדכך כולו. אלא מתוך שמדרך המסך להזדכך על סדר המדרגה, יש שהות לאור העליון להזדווג עמו בכל מדרגה של עביות שהמסך מקבל במשך זמן הזדככותו, עד שמזדכך כולו. וע״כ אלו הקומות היוצאות במשך זמן הסתלקותו, כח ההסתלקות מעורב בהן, ונחשבות רק לבחינות נקודות ואו״ח ודין.

48. Эти промежуточные, внутренние парцуфим называются «некудот». Некудот – это, по сути, ор хозер, кроме того, некудот тесно связаны с категорией суда – «дин», потому что сила этого суда-ограничения уже вовлечена в некудот.

В духовном не бывает половинчатых решений. Поэтому после того как парцуф, находясь под воздействием соударения ор макиф с ор пними, принял решение изгнать из себя свет, то этот процесс уже нельзя остановить. Но, как уже было сказано выше, во время изгнания света, т.е. по мере подъема масаха из табура (малхут дэ-гуф), происходят промежуточные зивугим дэ-акаа, создающие промежуточные парцуфим, которые называются «некудот».

Любое получение света внутри парцуфа, в том числе и в результате такого зивуга, – это получение наслаждения. Это значит, что парцуф даже во время перехода от одного уровня на другой, меньший (например, от Гальгальты в А״Б, от А״Б в СА״Г и т.д.) продолжает получать свет, т.е. наслаждение.

ולפיכך אנו מבחינים בכל פרצוף ב׳ מיני קומות, בשם: טעמים, ונקודות. כי הע״ס דגוף שיצאו בראשונה בכל פרצוף נקראות בשם ״טעמים״. ואותם הקומות היוצאות בפרצוף בדרך זיכוכו, דהיינו אחר שכבר התחיל המסך להזדכך עד שמגיע לפה דראש, הן נקראות בשם ״נקודות״.

Итак, в каждом парцуфе мы можем выделить два вида ступеней: таамим и некудот. Что такое некудот, было *сказано выше, а таамим – это первые 10 сфирот дэ-гуф парцуфа, которые возникают в результате первого, обычного зивуга дэ-акаа, который и приводит к образованию данного парцуфа.*

Первое распространение света – таамим пришло, чтобы светить на этой ступени, но некудот, несмотря на то что есть в них прямой свет и распространяются также в виде рош, тох, соф, выходят не для того, чтобы светить этой ступени, а потому что ор макиф аннулировал экран и вся ступень исчезает.

Но поскольку экран состоит из четырех бхинот, то свет не может оставить ступень за один раз, а поступенчато. Это похоже на человека, находящегося в четвертой комнате, которому хозяин велит выйти, этот человек не может из четвертой комнаты выйти наружу, а должен пройти через все комнаты, и когда заходит в третью комнату, то не с намерением остаться там, а только пройти через нее.

Человек, падающий с пятого этажа, разве может остановиться во время падения? Он обязан упасть на четвертый, третий этаж и т.д., пока не приземлится, только тогда он может остановиться. Сообразительный человек, падая с пятой ступени на четвертую, считает эту ступень самой низкой, в таком случае он может немедленно остановиться и не должен продолжать падение, менее сообразительный, падая с пятой на четвертую ступень, думает: «Есть еще хуже меня». Этот человек должен упасть до конца.

Другой пример. Двое рабочих получили зарплату. Первый получил 800 долларов и очень доволен свой зарплатой, второй получил 900 долларов и печален. Первый рабочий сначала получал 600 долларов, поэтому он доволен, получив 800 долларов, второй рабочий раньше получал 1000 долларов, поэтому опечалился, когда ему уменьшили зарплату. Когда уменьшают зарплату, нет в этом удовольствия, а только суд, ограничение.

Название этому – «сила суда», сила исхода, происходящая по причине исчезновения экрана и благодаря закону, по которому запрещено получать ради самонаслаждения. Эти стадии исхода света называются «возвращенный свет», несмотря на то что на самом деле они – прямой свет, потому что светят во время исхода, «время возврата света к его корню».

Исходя из того что в духовном не бывает половинчатых решений, мы можем для себя сделать вывод – если мы хотим постичь духовное, то мы должны предпочесть ему все и идти до конца.

מט) ואלו הרשימות הנשארות למטה בגוף אחר הסתלקות האורות דטעמים, נקראות בשם "תגין". ואלו הרשימות הנשארות מקומות הנקודות נקראות בשם "אותיות", שהם "כלים". והתגין, שהם הרשימות מהאורות דטעמים, הם חופפים על האותיות והכלים, ומקיימים אותם.

ונתבאר ד' מיני אורות, הנקראים "טעמים", "נקודות", "תגין", "אותיות". אשר הקומה הראשונה היוצאת בכל פרצוף מה"פ, הנקראים "גלגלתא", "ע"ב", "ס"ג", "מ"ה", "ב"ן", נקראת בשם "טעמים". וקומות היוצאות בכל פרצוף אחר שכבר התחיל להזדכך, עד שמזדכך כולו, נקראות בשם "נקודות". והרשימות הנשארות מהאורות דטעמים שבכל קומה אחר הסתלקותם, נקראות בשם "תגין". והרשימות הנשארות מהאורות של קומות הנקודות אחר הסתלקותם, נקראות בשם "אותיות" או "כלים". ותזכור זה בכל ה"פ הנקראים "גלגלתא", "ע"ב", "ס"ג", "מ"ה", "ב"ן", כי בכולם יש הזדככות ובכולם יש אלו ד' מיני אורות.

49. Решимот (воспоминания), которые остаются в гуф парцуфа от таамим, называются тагин. Решимот, которые остаются от ступеней некудот, называются отиет или келим. Тагин, решимот светов таамим, находятся над буквами (отиет), которые как раз и являются настоящими келим и оживляют их.

Итак, десять сфирот, возникшие в результате первого зивуга дэ-акаа и последующего прямого распространения света сверху вниз, называются таамим. Десять сфирот, точнее, десять промежуточных парцуфим (или пять – зависит от того, считать З"А как одну сфиру или как шесть), возникшие в результате девяти (четырех) промежуточных зивугим, происходящих во время подъема масаха из табура в пэ, называются некудот. Решимот от таамим называются тагин, а решимот от некудот – отиет.

Ничего не исчезает и не появляется, а все зависит от отношения парцуфа к свету, воспринимает ли он его как наслаждение или как темноту. Малхут Мира Бесконечности воспринимала свет как эгоистическое наслаждение, затем увидела в этом свете пустоту, поэтому он как бы исчез (на языке Каббалы говорят, что малхут «изгнала» из себя свет).

И теперь для нее наслаждением уже является не эгоистическое получение, а получение ради отдачи. Наполнение ее от пэ до табур – это ощущение наслаждения от отдачи Творцу. Затем малхут, не имея сил удержать это наслаждение, теряет к нему желание, и оно уходит. Но воспоминание об этом наслаждении остается, и это воспоминание называется решимо, т.е. свет как будто слегка, издали светит снаружи этому парцуфу.

На самом деле все ощущения находятся внутри, а то, что говорится «снаружи», – это чисто условно. Существуют десятки видов решимот (воспоминаний), и все они, разумеется, ощущаются внутри. Ор макиф (свет окружающий, внешний) – это тоже не снаружи, он во мне, но отношение к нему сейчас иное. Мы должны научиться мыслить внутренне, все внимание, мысли, всего себя обращая «в себя».

Избавление от наслаждения создает в человеке келим. Человек уже испытал предыдущее состояние, прошел его, ощутил все его метаморфозы и может переходить к следующему состоянию. Без состояния наполнения и последующего опустошения невозможно приобрести настоящее кли.

Все эти состояния: хочется духовного или не хочется, больше стремление к животным наслаждениям или меньше – только это определяет продвижение человека вперед. От нас не зависит, сколько ступеней пройти, а зависит, в каком темпе это сделать. Это значит, что человек может сократить продолжительность исправления («Исраэль укорачивает время»), именно в этом и заключается главная задача Каббалы.

Получается, что таамим, т.е. распространение света сверху вниз, лишь намечает контуры будущего парцуфа. Это лишь кэтэр, эскиз будущих десяти сфирот. Некудот – это десять сфирот, которые возникают уже по контурам, очерченным с помощью таамим. Некудот – это следующая стадия создания парцуфа, кли. Тагин – это десять сфирот, которые тоже накладываются на границы, созданные ранее таамим и некудот. Отиет – это десять сфирот, которые возникли уже после исторжения света.

Именно отиет, т.е. состояние, когда света нет, а есть сильнейшее желание его получить, – это и есть окончательная стадия развития кли. Это надо твердо запомнить, потому что во всех парцуфим происходит ослабление экрана, исторжение света и возникновение 4 видов светов: таамим, некудот, тагин и отиет.

Это значит, что когда свет входит – это свет, когда выходит – тоже свет, но и решимот – это также свет, который светит с малой интенсивностью, потому что его больше невозможно удержать.

Когда человек поднимается по духовным ступеням снизу вверх, внутри него уже существуют все эти решимот. Он заранее знает, что будут взлеты и падения, поэтому, предвидя падение, может заранее использовать его как трамплин для будущего подъема. Человек, работая, вкладывая во что-то свое усилие, получает за это какие-то знания, приятные ощущения. Как только он начинает ими наслаждаться, тут же за этим следует падение.

Но пока человек спускается вниз, он еще не чувствует падения, ему еще приятно, а когда он его ощутит, то это значит, что уже находится внизу. Поэтому, чтобы обойти ощущение падения, сгладить его горечь, человек, достигая чего-то хорошего, должен тут же считать это падением. Тогда можно сразу продолжить подъем. Это относится к практическим занятиям Каббалой.

Ответы на вопросы, возникающие у человека во время изучения материала, он должен постичь сам внутри себя. Если он хоть немного начинает ощущать Творца, тогда ему раскрываются ответы на те вопросы, которые он раньше задавал другим. Только получая лично ответ на вопрос, притягивая на себя каплю света, он раскрывает суть явлений, и это уже не забывается, это остается внутри него, в его ощущениях.

Такой ответ зависит от количества усилий, которые он вкладывает, и не имеет отношения к количеству знаний. Это не зависит также от уровня образования или интеллекта. В этом – основное отличие науки Каббала от всех других наук. Каббала называется наукой, потому что основана на получении духовного света – ор хохма, который вселяется в духовное кли с помощью экрана, а не знаний и интеллекта.

Духовное знание – это свет, входящий в кли, являющееся желанием получить удовольствие ради Творца. В то время как другие знания входят в наши желания приобрести, а сами знания представляют собой эгоистическую информацию.

Обрести духовное – это значит заботиться не о знании, а о желании приобрести намерение получать ради Творца. Духовная информация должна войти в духовный сосуд. Во время изучения нужно связать себя с материалом, найти то, что говорится в нем обо мне. Где мое прошлое, настоящее и будущее и каким образом оно связано с изучаемым материалом. Если человек еще не вышел в духовный мир, то это значит, что он еще не приложил достаточно усилий как в количественном, так и в качественном отношении.

А может быть, по количеству вложено достаточно усилий, но их не хватает по качеству, т.е. во время учебы он думал не о том, что высший свет его очистит и поднимет над нашим миром, а о том, как понять материал и наполнить им разум.

РОШ, ТОХ, СОФ И ОБЛАЧЕНИЯ ПАРЦУФИМ ДРУГ В ДРУГА

ענין רת"ס שבכל פרצוף וסדר התלבשות הפרצופים זב"ז

נ) הנה כבר ידעת את ההבחן שיש ב' מיני מלכיות בכל פרצוף, שהם מלכות המזדווגת ומלכות המסיימת. והנה מהמסך שבמלכות המזדווגת יוצאות ע"ס דאו"ח ממנה ולמעלה, המלבישות לע"ס דאור העליון, שהם נקראות "ע"ס דראש", כלומר שרשים לבד.

ומשם ולמטה מתפשטות הע"ס דגוף הפרצוף, דהיינו בבחינות התלבשות האורות בכלים גמורים.

ואלו הע"ס דגוף מתחלקות לב' בחינות של ע"ס, הנקראות "ע"ס דתוך" ו"ע"ס דסוף". שהע"ס דתוך מקומן מפה עד הטבור, ששם מקום התלבשות של האורות בכלים. והע"ס דסיום וסוף הפרצוף, מקומן מטבורו ולמטה עד סיום רגליו, שפירושן, אשר המלכות מסיימת לכל ספירה וספירה עד שמגיעה לבחינתה עצמה, שאינה ראויה לקבל שום אור, וע"כ נפסק שם הפרצוף.

ובחינת הפסק זה מכונה "סיום אצבעות רגלין של הפרצוף", שמשם ולמטה חלל פנוי וריקן בלי אור. ותדע, שב' מיני ע"ס הללו נמשכים מהע"ס דשרשים, הנקראים "ראש". כי שניהם נכללים במלכות המזדווגת. כי יש שם כח הלבשה, שהוא האו"ח, העולה ומלביש לאור העליון.

גם יש שם כח העיכוב של המסך על המלכות, שלא תקבל האור, שעי"ז נעשה הזווג דהכאה דהמעלה אור חוזר. וב' כחות הללו המה בהראש רק שורשים בעלמא. אלא כשמתפשטים מלמעלה למטה, הנה כח הא', שהוא כח ההלבשה, יוצא לפועל בע"ס דתוך, שמפה ולמטה עד הטבור. וכח הב', שהוא כח העיכוב על המלכות מלקבל אור, יוצא לפועל בע"ס דסוף וסיום, שמטבור ולמטה עד סיום אצבעות רגלין.

וב' מיני ע"ס הללו נקראים תמיד חג"ת נהי"מ. שהע"ס דתוך, שמפה עד הטבור, נקראות כולן בשם "חג"ת". והע"ס דסוף שמטבור ולמטה, נקראות כולן בשם "נהי"מ".

50. Как уже было сказано, в каждом парцуфе есть две малхут: малхут, делающая зивуг, и малхут, ограничивающая вход света. В результате зивуга дэ-акаа, который происходит на масахе первой малхут, появляются десять сфирот ор хозер (отраженного света), которые поднимаются вверх от этого масаха и одеваются на высший свет, делят его на десять сфирот, образуя этим десять сфирот дэ-рош, т.е. исключительно корни, зачатки келим.

Затем эта малхут расширяется на свои десять сфирот вниз от масаха, распространяясь на десять сфирот дэ-гуф, что означает облачение света в законченные келим.

Десять сфирот дэ-гуф делятся на две части: тох и соф. Место нахождения десяти сфирот дэ-тох от пэ до табура, где света одеваются в келим. А от табура и ниже до «сиюм реглав» – места нахождения десяти сфирот дэ-соф и сиюм. Это значит, что малхут в этом месте ограничивает получение света в каждой сфире, достигнув максимума, соответствующего данной величине масаха, пока не достигает собственно малхут дэ-малхут, вообще не пригодную для получения.

Эта стадия называется «конец пальцев ног парцуфа». Оттуда и ниже находится пустое пространство без света («халаль пануй»). Оба вида десяти сфирот тох и соф нисходят из десяти сфирот дэ-рош и оба включены в малхут, делающую зивуг, так как в ней есть сила одевания ор хозер на ор элион.

Там также есть сила масаха, которая не дает свету войти в малхут, а поднимает ор хозер вверх. И две эти силы в голове только корни, зачатки келим. Но затем приходит в действие первая – сила одевания от пэ до табур в тох парцуфа, а вторая сила, ограничивающая получение света, приходит в действие в десяти сфирот дэ-соф исиюм от табура и ниже до окончания пальцев ног парцуфа.

Если рассматривать весь парцуф, т.е. рош, тох и соф, как единое целое, как общие десять сфирот, то получается, что рош соответствует сфирот кэтэр, хохма и бина – КаХа"Б, гимэл ришонот, ГА"Р (три первые сферы). Тох, т.е. пространство от пэ до табур, соответствует сфирот хэсэд, гвура, тифэрэт (ХаГа"Т); а соф, т.е. пространство от табур и ниже, соответствует сфирот нэцах, ход, есод, малхут (НеХИ"М).

Как уже было сказано, наука Каббала характерна тем, что оперирует с помощью своего особого языка: формул, определений, обозначений, графиков. Свет – это ощущение высшего наслаждения. Затем это ощущение градуируется на различные части по количеству и качеству. Отсюда пять светов НаРаНХа"Й, каждый из которых в свою очередь делится еще и на свои пять светов.

Каждый из них зависит от того, в каком ощущении он воспринимается, в каком желании, какого свойства и качества это желание, какого направления, каковы его избирательные способности. Далее говорится о связи свойств получателя, кли, сенсора и той чувственной информации, которую он ощущает. Или, иначе говоря, вся чувственная информация переводится на строго научную основу, с помощью которой и можно описать эти чувства.

Поэтому ни психология, ни психиатрия не могут проградуировать все это, потому что у них отсутствует этот самый математический аппарат. Каждый человек в данной ситуации реагирует по-своему, нет какого-то единого подхода. А в Каббале желание, которое создано Творцом, полностью раскрывается, всему дается самое точное определение и описание, дается универсальный метод определения всего Мироздания.

Когда человек находится на каком-то определенном уровне, он может измерять свои действия по количеству и качеству относительно того, кто уже был на этом уровне и описал его.

Каждая частичка в Мироздании включает в себя в какой-то сфере чью-то другую частичку. Поэтому каждый человек в каком-то своем частном чувстве может ощутить другого человека, т.е. включить его в себя, либо самому включиться в него. Таким образом, познавая самого себя, свой источник с помощью Каббалы, человек тем самым познает и других людей, и все Мироздание.

Желание, бхина далет, находится от пэ до сиюм, т.е. это тох и соф тела духовного парцуфа. В зависимости от своего экрана она делит себя на две части. Но сначала она отталкивает весь свет и говорит, что ни в одно из своих желаний она не хочет его принимать. В это время в малхут распространяется ор хасадим. Затем в ней распространяется желание получить какую-то часть света ради Творца.

Рош, тох, соф и облачения парцуфим друг в друга

Что значит получение ради Творца? Приведем пример из нашего мира: допустим, есть человек, которому ты хочешь сделать что-то приятное. Если он узнает, что ты что-то сделал ради него, то тебе от этого будет определенная выгода, скажем, уважение и т.д. В духовном же мире ни я сам, ни тот, кому я хочу сделать приятное, не должны знать об этом. Иначе это не истинная отдача.

Допустим, человек раньше хотел вобрать в себя все, затем он ничего не хочет получать для себя, затем в нем рождается желание все отдать другому, чтобы сделать ему приятное, эта стадия называется бхинат бина. Когда человек находится в этом состоянии, в него входит ор хасадим – наслаждение от отдачи.

Но тот, кому человек хочет сделать приятное, говорит: «Если ты действительно хочешь доставить мне удовольствие, получай». Ты теперь должен действовать как бы вопреки своему предыдущему желанию отдавать ему и начать получать ради него. А сделать это очень сложно. Ты не можешь сразу все свое желание отдавать использовать на получение ради другого.

Ради кого-то получать очень тяжело. Ты должен сейчас действовать в направлении своего первозданного эгоизма, т.е. получать, но с намерением, обратным эгоистическому, – получать ради дающего. Поэтому сделать это можно только постепенно. Мы видим это на примере Гальгальты, которая приняла только в тох, а соф остался пустым, и там распространился свет хасадим.

«Халаль påнуй» – это те эгоистические желания, на которые нет экрана. Но проявятся они только после разбиения келим.

Гальгальта действует по закону Ц"А. Далее мы будем изучать строение парцуфим по закону Ц'Б (Цимцум Бэт). Все элементы, которые создаются там, отразятся на строении человеческой души.

נא) עוד יש לדעת, כי ענין הצמצום לא היה אלא על אור החכמה, שהכלי שלה הוא הרצון לקבל הנגמר בבחי"ד, שבה נעשה הצמצום והמסך. אבל על אור דחסדים לא היה שום צמצום כלל, כי הכלי שלו הוא הרצון להשפיע, שאין בו שום עביות ושינוי הצורה מהמאציל, ואינו צריך לשום תיקונים.

ועכ"ז לפי שבע"ס דאור העליון נמצאים אלו ב' האורות חכמה וחסדים, מקושרים יחדיו בלי שום הפרש ביניהם, להיותם אור אחד המתפשט לפי תכונתו, לפיכך כשבאים בהתלבשות בכלים אחר הצמצום, הנה גם אור דחסדים נפסק על המלכות, אעפ"י שעליו לא נעשה צמצום.

כי אם היה אור דחסדים מתפשט במקום, שאין אור החכמה יכול להתפשט שם אף משהו, דהיינו במלכות המסיימת, היתה נעשת שבירה באור העליון. כי האור דחסדים היה מוכרח להפרד לגמרי מאור החכמה. ולפיכך נעשה מלכות המסיימת לבחינת חלל פנוי וריקן לגמרי ואפילו מאור דחסדים.

51. Еще необходимо знать то, что Ц"А был исключительно на ор хохма, который находился в кли, желании получить, заканчивающемся в бхине далет. Именно на эту бхину был сделан Цимцум и создан масах. Но на ор хасадим не было никакого сокращения, потому что его кли – это желание отдавать, в котором нет никакого авиюта и отличия свойств от Создателя, и оно не нуждается в исправлении.

Как уже было сказано, свет Творца един, ор хохма и ор хасадим неразрывно связаны в нем вместе и вместе распространяются, наполняя келим. Это кли в зависимости от своих внутренних свойств выделяет в свете те или иные виды удовольствия – ор хохма (удовольствие от прямого получения света) и ор хасадим (удовольствие от сходства внутренних свойств кли со свойствами Творца).

Поэтому, когда свет после Ц"А покидает келим, то ор хасадим прекращает распространяться в малхут так же, как и ор хохма, хотя на ор хасадим не было Цимцума. Если бы ор хасадим смог войти в малхут, ограничивающую свет хохма, то произошло бы разбиение в ней высшего света, так как ор хасадим вынужден был бы совершенно отделиться от ор хохма. Но так как это невозможно, то малхут, ограничивающая свет, осталась полностью пустой, даже от ор хасадим.

Отдавать можно бесконечно, на это нет запрета. Все законы, верх, низ, все, что только было создано в Малхут Мира Бесконечности, построено на ограничении желания получать. Если в человеке появляется сильное желание отдавать и оно будет истинным, то человек услышит от Творца: «Если ты действительно хочешь отдавать, то получи».

Это и будет мерой отдачи. А отдавать на самом деле человеку нечего, так как он является не генератором света, а лишь его источником, потребителем. «Отдавать» можно только свое намерение, а по действию можно либо получать, либо не получать, не более того.

Истинным природным желанием человека является получение. Посмотрите на маленького ребенка – это чистый эгоизм в действии. С этим мы рождаемся. Я могу в нашем мире этим желанием не пользоваться. Мне хочется что-то сделать или получить, а я себя ограничу, не воспользуюсь этим. Для того чтобы это осуществить, я должен себе представить большую выгоду оттого, что я воздержусь, чем от осуществления своего желания.

Тут просто происходит процесс купли-продажи. Если я придумаю себе хорошую выгоду от ограничения, то я смогу работать с моим эгоистическим желанием. Допустим, на столе лежат деньги, которые я хочу украсть. Тогда я четко должен представить себе, что кража может привести меня в тюрьму, и я на этом только проиграю. Значит, не стоит.

Во всем есть четкая оценка – плюс-минус. Это в нашем мире. Здесь и получение, и отдача все равно эгоистичны. Просто ты делаешь то, что тебе выгодно в данной ситуации.

В духовном можно быть только под воздействием высшего света, который, приходя, меняет твое истинное природное свойство получать. Он дает тебе экран. Мы не можем понять, что это такое. Но с его помощью мы перестаем думать о том, как наполнить свой эгоизм. Первое исправление заключается в том, что ты приобретаешь силу не желать наполнить себя.

Если ты можешь выполнить такое условие, то оно называется Ц"А. Ты видишь, что получать ради получения для тебя вредно. Затем тебе дают более сильное желание – получать, отдавая Творцу. Откуда оно возникает? Ты начинаешь видеть, что есть что-то такое, что называется Творцом, что Он такой большой, великий, что включает тебя в себя. Это чувство охватывает тебя настолько, что ты желаешь отдавать Ему, у тебя возникает экран на эгоистические желания.

Когда появляется экран на бхину шореш, алеф и бэт, желание еще невелико, но когда есть экран на бхину гимэл и далет, когда ты весь – желание отдавать, желание огромно, но что ты можешь отдать? И тут Творец говорит тебе, что только получая Его свет и наслаждаясь им, ты можешь как бы отдать Ему. И ты начинаешь получать, изменив намерение с получать ради себя на намерение получать ради Творца. А конец исправления наступает тогда, когда все свое эгоистическое желание ты исправляешь с намерением ради Творца и получаешь весь Его свет.

Желание получать ради Творца уже не является эгоистическим, потому что оно уже прошло несколько фаз исправления. Сначала от желания получить ради себя к желанию не получать вообще. Затем появляется желание все отдать Творцу, и, наконец, все получить от Творца, но с намерением отдавать Ему.

נב) ועם זה תבין תוכנם של הע"ס דסוף הפרצוף שמטבור ולמטה. כי אי אפשר כלל לומר שהן רק בחינת אור החסדים בלי חכמה כלל, כי אין האור דחסדים נפרד לעולם לגמרי מאור החכמה. אלא שיש בהן בהכרח הארה מועטת גם מאור החכמה. ותדע שהארה מועטת הזו אנו מכנים תמיד בשם ו"ק בלי ראש. והנה נתבארו ג' בחינות הע"ס שבפרצוף, הנקראות "ראש", "תוך", "סוף".

52. Теперь мы сможем понять, что такое десять сфирот от табура и ниже. Было бы неправильно сказать, что там есть только ор хасадим вообще без ор хохма, так как ор хасадим не может отделиться полностью от ор хохма, там обязательно должна быть маленькая подсветка ор хохма, которая называется ВА"К бли рош, что означает 6 концов без головы. В любом парцуфе есть 10 сфирот: ГА"Р – это кэтэр, хохма, бина, в них есть ор хохма во всем своем величии. А хэсэд, гвура, тифэрэт, нэцах, ход, есод – это ВА"К, в котором есть ор хасадим и немного ор хохма. Десятая сфира малхут остается незаполненной светом.

נג) ועתה נבאר ענין סדר הלבשת הפרצופים גלגלתא ע"ב וס"ג דא"ק זה לזה. וזה ידעת, כי כל תחתון יוצא ממסך דגוף דעליון, אחר שנזדכך ונעשה בהשואת הצורה אל המלכות והמסך שבראש. כי אז נכלל במסך שבראש בזווג דהכאה שבו.

ואחר שנעשה עליו הזווג דהכאה בב' הרשימות עביות והתלבשות הנשאר במסך דגוף, הנה הוכרה העביות שבו, שהיא מבחינת עביות דגוף. וע"י הכר ההוא נבחן לנו, שהקומה יוצאת מבחינת ראש דפרצוף הא' דא"ק, ויורדת ומלבשת לבחינת הגוף שלו, דהיינו במקום שורשה, כי ממסך דגוף הא' היא.

ובאמת היה צריך לירד המסך עם המלכות המזדווגת של הפרצוף החדש למקום הטבור דפרצוף הא', כי שם מתחיל המסך דגוף עם מלכות המסיימת

Рош, тох, соф и облачения парцуфим друг в друга

של פרצוף הא', שמשם שורש הפרצוף החדש ואחיזתו. אלא מתוך
שהבחינה האחרונה דעביות נאבדה מהמסך, בסבת הביטוש דאו"מ באו"פ
(אות מ) ולא נשאר במסך זולת בחי"ג דעביות. אשר בחי"ג הזאת דעביות
נקרא חזה. ולפיכך אין למסך ומלכות המזדווגת דפרצוף החדש שום אחיזה
ושורש בטבור דעליון, אלא רק בחזה שלו. והוא דבוק שם כענף בשורשו.

*53. А сейчас выясним порядок одевания парцуфим Галь-
гальта, А"Б, СА"Г один на другой. Известно, что каждый
последующий парцуф выходит из масаха дэ-гуф предыдущего парцуфа после того, как он потерял свою авиют, поднялся вверх и слился по свойствам с масах дэ-рош.*

*Зивуг дэ-акаа на этом экране происходит на два вида
решимот, которые остались в масахе дэ-гуф прошлого парцуфа: авиют и итлабшут. Новый парцуф, который выходит из рош предыдущего парцуфа, спускается в его гуф и
надевается на него, т.е. на место его корня – масаха дэ-гуф.*

*В действительности масах нового парцуфа и малхут, де-
лающая зивуг, должны были бы спуститься на место табура
предыдущего парцуфа, так как там находится корень нового парцуфа и место его прикрепления. Однако из-за битуш ор
макиф и пними последняя бхина дэ-авиют была потеряна масахом предыдущего парцуфа, следовательно, в масахе осталась только бхина гимэл дэ-авиют, которая называется хазе,
поэтому у масаха и малхут нового парцуфа нет никакого корня и зацепки в табуре предыдущего парцуфа, а только в его
хазе, где он прикреплен, как ветвь к своему корню.*

Мы изучаем, как создавалось все Мироздание, которое состоит из пяти миров. Мы изучаем то, что предшествовало созданию нашей Вселенной, человека, изучаем, каким образом
высшие силы постепенно трансформировались, ослабевали, раз-
делялись, ухудшались по качеству и величине, чтобы затем создать все это, причем так, чтобы Творение, тесно взаимодействуя с этими высшими силами, смогло потом дойти до самого
совершенного состояния, под стать Творцу. Необходимо было
создать такое взаимодействие всех сил, которое бы постепенно, в определенном порядке, взаимосогласованно влияло бы на
все Творение так, чтобы все элементы творения поднялись бы
до самого высшего духовного уровня.

По сути, все Мироздание – это оболочка, с одной стороны,
отделяющая, а с другой стороны, соединяющая Творца и творение.

Для создания этой оболочки потребовалось огромное количество ступеней, на которых моделировалось будущее творение, соответствующее свойствам каждой такой ступени. Для этого нужно было в каждую такую ступень заложить полное соответствие с творением. Сейчас мы как раз приступаем к изучению того, каким образом высшая система (Творец) создает в себе подобие низшей системе.

נד) ולפיכך נמצא, שהמסך דפרצוף החדש יורד למקום החזה דפרצוף הא'. ומוציא שם ע"י זווג דהכאה עם אור העליון ע"ס דראש ממנו ולמעלה, עד הפה דעליון, שהוא המלכות דראש דפרצוף הא'. אבל את הע"ס דראש של פרצוף העליון אין התחתון יכול להלביש אף משהו, להיותו רק מבחינת מסך דגוף של העליון.

ואח"כ מוציא ע"ס ממעלה למטה, הנקראות "ע"ס דגוף", בתוך וסוף של התחתון. ומקומם מחזה דפרצוף העליון ולמטה עד הטבור שלו בלבד. כי מטבור ולמטה הוא מקום הע"ס דסיום של העליון, שהיא בחי"ד, ואין להתחתון אחיזה בבחינה אחרונה של העליון, כי נאבדה ממנו בעת הזדככותו (אות מ).

וע"כ פרצוף התחתון ההוא, הנקרא "פרצוף החכמה דא"ק" או "פרצוף ע"ב דא"ק", מוכרח להסתיים למעלה מטבור של פרצוף הא' דא"ק. ונתבאר היטב, שכל רת"ס דפרצוף ע"ב דא"ק, שהוא התחתון דפרצוף הא' דא"ק, המה עומדים ממקום שמתחת הפה דפרצוף הא' עד מקום הטבור שלו. באופן, שהחזה דפרצוף הא' הוא מקום פה דראש של פרצוף ע"ב, דהיינו מלכות המזדווגת. והטבור דפרצוף הא' הוא מקום סיום רגלין דפרצוף ע"ב, דהיינו מלכות המסיימת.

54. Поэтому масах нового парцуфа (А"Б) спускается в хазе предыдущего парцуфа (Гальгальта) и с помощью зивуг дэ-акаа с высшим светом создает десять сфирот головы от хазе и выше – до пэ предыдущего парцуфа, где находится его малхут дэ-рош. Нижний парцуф не в состоянии одеть десять сфирот головы высшего парцуфа, потому что рождается из масаха дэ-гуф высшего парцуфа, а не из его головы.

Каждый последующий парцуф может постичь только гуф предыдущего парцуфа, свой корень, а не его рош – расчеты, мысли и разум предыдущего. А затем экран создает десять сфирот дэ-гуф нового парцуфа сверху вниз от хазе до табура предыдущего, а от табура и ниже находятся десять сфирот дэ-сиюм предыдущего парцуфа, т.е. бхина далет, с которой новый парцуф работать не может, потому что потерял последнюю бхину своей авиют во время ослабления силы экрана.

Итак, *рош, тох* и *соф* парцуфа А"Б находятся от *пэ* Гальгальты до ее *табура* таким образом, что *хазе* Гальгальты является *пэ дэ-А"Б*, т.е. *малхут*, которая делает *зивуг*, а *табур* Гальгальты – это *сиюм дэ-А"Б* и ограничивающая *малхут*.

נה) וכמו שנתבאר בסדר יציאת פרצוף ע"ב מפרצוף הא' דא"ק, כן הוא בכל הפרצופים עד סוף עולם העשיה, שכל תחתון יוצא ממסך דגוף דעליון שלו, אחר שנזדכך ונכלל במסך דמלכות דראש דעליון בזווג דהכאה אשר שם, ואח"ז יורד משם למקום אחיזתו בגוף דעליון, ומוציא גם במקומו ע"י זווג דהכאה עם אור העליון את הע"ס דראש ממטה למעלה, וגם מתפשט מעלה למטה לע"ס דגוף בתוך וסוף, ע"ד שנתבאר בפרצוף ע"ב דא"ק. אלא בענין סיום הפרצוף יש חילוקים, כמ"ש במקומו.

55. Порядок создания *парцуфа А"Б* из *парцуфа* Гальгальта распространяется и на образование всех остальных *парцуфим*, вплоть до самой нижней сфиры мира Асия, и заключается в том, что каждый последующий *парцуф* выходит из *масаха дэ-гуф* предыдущего после того, как *масах*, ослабляясь, поднимается вверх и сливается с *масах малхут дэ-рош* предыдущего *парцуфа*, участвуя в общем с ним *зивуге дэ-акаа*, а потом спускается в *хазе* предыдущего *парцуфа*, и там после *зивуга* с высшим светом выходят десять *сфирот дэ-рош* снизу вверх, а также распространяются сверху вниз в виде десяти *сфирот тох* и *соф дэ-гуф*, образуя *парцуф А"Б* мира Адам Кадмон.

ЦИМЦУМ БЭТ, НАЗЫВАЕМЫЙ ЦИМЦУМ НЕХ"И ДЭ-А"К

צמצום ב' הנקרא צמצום נה"י דא"ק

נו) והנה נתבאר היטב ענין הצמצום א', שנעשה על כלי המלכות, שהיא הבחי"ד, שלא תקבל לתוכה אור העליון. וכן ענין המסך, והזיווג דהכאה שלו עם האור העליון, המעלה או"ח, שהאו"ח הזה נעשה לכלי קבלה חדשים במקום הבחי"ד. וכן ענין ההזדככות של המסך דגוף, הנעשה בגופים דכל פרצוף, מפאת הביטוש דאו"פ באו"מ, המוציאה ד' הבחינות טנת"א דגוף דכל פרצוף, והמעלה את המסך דגוף לבחינת מסך של ראש, ומכשרתו לזווג דהכאה עם אור העליון, שעליו נולד פרצוף שני, הנמוך במדרגה אחת מהפרצוף הקודם. וכן יציאת ג' פרצופים הראשונים דא"ק, הנקראים "גלגלתא", "ע"ב", "ס"ג", וסדר הלבשתם זה את זה.

56. Итак, мы выяснили смысл Ц"А, который произошел на бхину далет – кли малхут, которая перестала принимать высший свет. Также мы говорили о том, что такое масах и его зивуг дэ-акаа с высшим светом, который поднимает ор хозер, исполняющий роль нового сосуда получения вместо бхины далет.

Затем мы говорили об ослаблении масаха дэ-гуф в результате соударения ор макиф и ор пними. Эти процессы ведут к образованию таамим, некудот, тагин и отиет дэ-гуф в каждом парцуфе, подъему масаха в пэ дэ-рош, включение его в зивуг дэ-акаа с высшим светом, в результате чего рождается второй парцуф, более низкий на одну ступень по сравнению с предыдущим, и дальнейшее создание по такому же принципу третьего парцуфа. Эти парцуфим мира А"К называются Гальгальта, А"Б, СА"Г, причем каждый последующий из них надевается на предыдущий от пэ дэ-рош и ниже.

Цимцум Бэт, называемый Цимцум НеХ"И дэ-А"К

נז) ותדע, שבאלו הג' הפרצופים גלגלתא ע"ב וס"ג דא"ק, אין עוד אפילו שורש לד' העולמות אבי"ע. כי אפילו בחינת מקום לג' עולמות בי"ע עוד לא היה כאן. שהרי פרצוף הפנימי דא"ק היה נמשך עד הנקודה דעוה"ז. וכן לא נגלה עוד שורש לעניין תיקון הנרצה, שבסבבתו נעשה הצמצום. כי כל הנרצה בדבר הצמצום, שנעשה בבחי"ד, היה בכדי לתקנה, שלא תהיה בה שום שינוי צורה עם קבלתה את אור העליון (אות יו"ד). והיינו, כדי לברוא גוף האדם מבחינה ד' ההיא, ועם העסק שלו בתורה ומצוות על מנת להשפיע נ"ר ליוצרו, יהפך את כח הקבלה שבבחי"ד, שיהיה ע"מ להשפיע, שבזה משווה צורת הקבלה להשפעה גמורה, ואז יהיה גמר התיקון.

כי בזה תחזור הבחי"ד להיות לכלי קבלה על אור העליון, וגם תהיה בדביקות גמורה עם האור, בלי שום שינוי צורה כלל. אמנם עד עתה לא נגלה עוד שורש לתיקון הזה. כי לעניין זה צריך האדם להיות כלול גם מבחינות העליונות שלמעלה מבחי"ד, כדי שיהיה בו ההכשר לעשות מעשים טובים של השפעה.

ואם היה האדם יוצא מהמצב של פרצופי א"ק, היה כולו מבחינת חלל פנוי. כי הבחי"ד, הצריכה להיות לשורש גופו של האדם, היתה כולה מלמטה מרגלי א"ק, בבחינת חלל פנוי וריקן בלי אור, להיותה נמצאת בהפכיות הצורה מאור העליון, שנבחנת משום זה לבחינת פרודא ומיתה.

ואם היה נברא האדם ממנה, לא היה יכול לתקן מעשיו כלל. כי לא היה בו שום ניצוצים של השפעה. והיה נמשל כבהמות, שאין בהם מבחינת השפעה ולא כלום, שכל חייהם הוא אך לעצמם. וכדוגמת הרשעים, השקועים בתאוות הקבלה לעצמם, "ואפילו החסד דעבדין, לגרמייהו עבדין". שעליהם נאמר: "רשעים בחייהם נקראים מתים", להיותם בהפכיות הצורה מחי החיים.

57. И знай, что в этих трех парцуфим нет еще и намека на создание четырех миров АБЕ"А, для них даже еще не было места, потому что Гальгальта мира А"К доходит до точки нашего мира. Еще не раскрылся корень желаемого исправления, по причине которого и был сделан Ц"А, чтобы дать возможность бхине далет принимать высший свет, а затем создать из нее человека, который с помощью исполнения Торы и Заповедей ради Творца смог бы изменить получение на отдачу.

Тогда бхина далет сможет снова стать сосудом получения для высшего света, а также слиться с ним по свойствам воедино. Однако в мире А"К еще не раскрылся даже корень такого исправления. Для этого необходимо, чтобы человек состоял не только из бхины далет, т.е. из желания получать, но также и из свойств, которые относятся к первым девяти сфиротам, т.е. из желания отдавать, для того чтобы в нем появилась возможность «делать добрые дела», т.е. отдавать.

Если бы человек возник из состояния, в котором находились парцуфим дэ-А"К, то он был бы совершенно без света, потому что бхина далет, являющаяся корнем духовного тела человека, полностью находилась ниже сиюма мира А"К в абсолютной тьме и была полностью противоположна свету по своим свойствам.

И если бы человек был создан из такого «материала», то он никогда не смог бы исправиться в силу отсутствия в нем даже искры желания отдавать и считался бы животным, живущим только для себя. Подобно грешникам, которые погрязли в желании все получить ради себя, даже делая добрые дела, и поэтому они называются мертвыми еще при жизни.

Творец создал одно-единственное творение – бхину далет, желание получать, эгоизм, человека, малхут. Бхина далет, получив в себя весь свет, увидела, что лишена всего. В духовном мире такое прямое получение света является причиной смерти.

Поняв это, она захотела быть подобной Творцу и перестала принимать свет, сделав Цимцум. Этим самым она еще не уподобилась Творцу, но перестала быть ему противоположной по своим свойствам. Творец наделил первые четыре стадии развития малхут своими свойствами. Но сама малхут уже не является его свойством, поэтому именно она называется «творением», желанием получить.

Как сделать малхут подобной Творцу? Для этого она должна получать, но ради Творца. Если малхут видит, что своим получением она доставляет наслаждение Творцу, то она должна начать получать, чтобы доставить Ему наслаждение.

Откуда малхут может получить такие альтруистические свойства? От бины, потому что бина – это желание отдавать. Для этого нужно смешать желание бины ничего не получать и желание малхут все получать ради себя. Если бы это было возможно сделать, то можно было бы придать малхут намерение получать ради Творца. Желание же изменить нельзя, оно остается, как все, что создано, это наша природа, и изменению она не поддается.

Если удастся придать малхут такое намерение, то она сможет получить весь свет Творца и прийти к Гмар Тикун. Как можно сблизить и смешать два противоположных свойства? Нужно сделать так, чтобы между ними было что-то общее. Для этого нужно разбить и бину, и малхут, т.е. и желание отдавать, и желание получать, а получившиеся осколки тщательно перемешать между собой, так, чтобы в каждом духовном объекте, возникшем после такого разбиения, присутствовали оба эти желания.

Для этого надо «испортить» какое-то свойство бины, чтобы она каким-то образом стала подобна малхут. То есть нужно намерение бины отдавать ради Творца «испортить», превратить его, скажем, в желание отдавать ради получения. Тогда она по своим намерениям станет подобной малхут, хотя бина ничего не получает, а малхут хочет получить все. Итак, бина «испортила» свое намерение и тоже стала эгоистичной, как и малхут. Теперь необходимо внедрить свойство бины в саму малхут.

Делается это с помощью ударного проникновения, взрыва, который перемешает их свойства настолько, что невозможно будет разделить их. Если нам удастся это сделать, то эту общую массу можно будет облучать высшим светом до тех пор, пока бина не приобретет свое прежнее намерение ради Творца. Тогда малхут в общей массе приобретет также намерение получать ради Творца.

В мире Адам Кадмон парцуф Гальгальта – это кэтэр, А"Б – хохма, СА"Г – бина. Следует отметить, что все, что находится в соф Гальгальты, т.е. под ее табуром, – это, по сути, малхут. Поэтому для того чтобы бину перемешать с малхут, ее необходимо спустить под табур Гальгальты. Малхут проходит три состояния:

1) когда она все получала до Ц"А;
2) состояние исправления;
3) состояние получения, но уже ради Творца.

Все это время малхут не меняла своего действия – ни до Ц"А, ни после него. Исправление заключалось лишь в изменении намерения получать ради себя на намерение получать ради Творца. Для этого и создано все Мироздание. И это намерение получать ради Творца она получает от бины.

Малхут Мира Бесконечности, смешанная с биной, называется Адам, человек. Вся система миров, все Мироздание только и направлено на изменение намерения малхут. Получение ради Творца и называется Каббалой.

נח) וז"ס מ"ש חז"ל (ב"ר ספי"ב): "בתחלה עלה במחשבה לברא את העולם במדת הדין. וראה שאין העולם מתקיים, והקדים מדת הרחמים ושתפה למדת הדין". פירוש: כי כל "תחילה ואח"כ", הנאמר ברוחניות, פירושו "סבה ומסובב". וז"ש, שהסבה הראשונה של העולמות, דהיינו פרצופי א"ק, שנאצלו תחילת כל העולמות, נאצלו במדת הדין, דהיינו בבחינת מלכות לבד, הנקראת "מדת הדין", דהיינו הבחי"ד, שנצטמצמה ויצאה בבחינת חלל פנוי וסיום לרגלי א"ק. שה"ס הנקודה דעוה"ז, הנמצאת למטה מסיום רגלי א"ק בבחינת חלל פנוי וריקן מכל אור.

"וראה שאין העולם מתקיים". דהיינו כנ"ל, שבאופן זה לא היה שום אפשרות לאדם, הצריך להברא מבחי"ד הזו, שיוכל לסגל מעשים של השפעה, שעל ידו יתקיים העולם במדת התיקון הנרצה, לכן "הקדים מדת הרחמים ושתפה למדת הדין".

58. *Вначале замыслом Творца было создать мир наделенным свойствами «дин» (суда). Это значит, что если кто-то создан из «материала», взятого из первых девяти сфирот, то он будет обладать только желанием отдавать, а если кто-то создан из «материала», взятого из-под табура, то у него будет только желание получать.*

Но потом Творец «увидел», что мир не может существовать, и смешал желания получать и отдавать. Что это значит? Творец не знал заранее, что в этом случае мир не сможет существовать? Все, что было, есть и будет, все, что создано и будет создаваться, – все Мироздание построено по принципу «причина и следствие». Нет начала и конца, а есть только причина и следствие.

И первой причиной миров, т.е. парцуфим мира А"К, которые были созданы раньше всех миров, было свойство суда, т.е. решение малхут не принимать свет ради собственного удовольствия. Как уже было сказано, если бы человек был создан из бхины далет, малхут, на этом этапе, а именно малхут дэ-малхут, далет дэ-далет, т.е. законченного желания получать, которое является единственным Творением, все остальное – это только переход от Творца к творению, то он никогда не смог бы исправить желание получать ради получения на желание получать ради отдачи.

Когда говорят, что Творец сначала создал мир со свойствами суда – это значит, что Он сначала создал мир (мир А"К) четко разделенным на «отдающие» сосуды и на сосуд получения – малхут, причем, внутри этой малхут не было даже искры

Цимцум Бэт, называемый Цимцум НеХ"И дэ-А"К

желания отдавать, т.е. она вообще не могла получать, и она не выполняла этим Цель творения – доставить Ему удовольствие. Для того чтобы малхут смогла получать с намерением не ради себя, Творец смешал желание отдавать – бину с желанием получать – малхут.

> פרוש: ספירת בינה נקראת "מדת הרחמים". וספירת המלכות נקראת "מדת הדין", משום שעליה נעשה הצמצום. והמאציל העלה מדת הדין, שהוא כח הסיום הנעשה בספירת המלכות, והעלה אותה אל הבינה, שהיא מדת הרחמים. ושיתף אותם יחד זה בזה, שע"י השתתפות הזה נעשית גם הבחי"ד, שהיא מדת הדין, כלולה מניצוצי השפעה, שבהכלי דבינה. ובזה נעשה הכשר לגוף האדם, היוצא מבחי"ד, שיהיה כלול גם ממדת ההשפעה, אשר יוכל לעשות מעשים טובים ע"מ להשפיע נ"ר ליוצרו, עד שיהפך מדת הקבלה שבו שתהיה כולה ע"מ להשפיע, שעי"ז יתקיים העולם לתיקון הנרצה מבריאת העולם.

Для этого Он поднял свойство суда, т.е. силу ограничения, которая есть в Малхут, в бину и перемешивал их до тех пор, пока бхина далет не включила в себя искры желания отдавать, которые есть в бине. Это позволило человеку, который затем был создан из бхины далет, также приобрести искры отдачи, чтобы потом, занимаясь добрыми делами, он смог окончательно изменить свои свойства, т.е. желание получать, на свойства, относящиеся к желанию отдавать, и дать этим возможность миру существовать.

Следует отметить, что смешение бины и малхут – это сложнейший процесс, происходивший в несколько этапов, которые мы вскоре рассмотрим. В конечном счете Творец «разбил» и бину, и малхут на множество мелких осколков, тщательно перемешав их. Получилось, что каждый осколок обладает свойствами и бины, и малхут. Этот осколок и есть человеческая душа.

«Наш мир» – это духовная категория, духовное свойство абсолютнейшего эгоизма, который остается совершенно пустым, не может ничего в себя получить и ощущает себя абсолютно пустым.

До тех пор пока не образовались души и не упали в самое низкое состояние, считается, что все сделано Творцом. Собственно говоря, творением можно назвать только человека, который полностью оторван от Творца.

Когда творение наполняется светом, то оно не понимает ничего, оно ослеплено, у него не остается свободы воли, все задано изнутри и снаружи. Только по мере получения масаха начинает появляться свобода воли. Тогда малхут сама начинает подниматься снизу вверх до уровня Творца.

Все парцуфим мира А"К (Гальгальта, А"Б, СА"Г, М"А и БО"Н) заканчиваются над табуром Гальгальты. Как же эти парцуфим вдруг могут спуститься под табур Гальгальты? Спуск под табур парцуфа Некудот дэ-СА"Г еще можно понять, потому что этот парцуф представляет собой чистую Бину, которая ничего не желает для себя.

На свет бины, ор хасадим, нет Цимцума, поэтому он может спускаться вниз, под табур. Парцуф Некудот дэ-СА"Г чувствует себя хорошо в любых ситуациях, в любых местах духовных пространств. Бина характеризуется свободой выбора, поведения, которая стоит выше всяких ограничений.

По мере того как душа приобретает свойства бины, она становится все более и более свободной. Парцуф Некудот дэ-СА"Г ничего не желает получить, даже самое большое желание – авиют далет, поэтому он смог спуститься под табур Гальгальты без ограничений.

В мир Некудим, образовавшийся под табуром Гальгальты, спускается и ор СА"Г, бина (хасадим), и ор А"Б (хохма). Как это возможно? Для того чтобы исправить нижние парцуфим, А"Б может спускаться под табур, и тогда он уподобляется по свойствам нижним парцуфим, хотя у него совершенно иная миссия. На все парцуфим нужно смотреть как на проявления Творца, облачающегося во всевозможные одеяния, чтобы действовать на души, которые появляются после разбиения парцуфа Адам. Творец ограничивает свои действия, чтобы к каждому относиться по-разному с целью приблизить его к себе.

Все миры – это не творения, а одеяния Творца, которые таковы в своей силе и качестве ограничения, что каждая душа получает строго определенную подсветку, чтобы тянуться к Творцу, не теряя при этом свободу воли, возможность выбора, какую-то иллюзию своего выбора.

Цимцум Бэт, называемый Цимцум НеХ"И дэ-А"К

Все миры и парцуфим – это неживые объекты, «роботы». У них нет никакой самостоятельности, никакой свободы выбора. Только человек, т.е. сплав малхут дэ-малхут, сущности желания получать с биной, с желанием отдавать, является единственным творением.

Подобно всем остальным мирам, А"К имеет пять парцуфим. Эти парцуфим возникают в результате одного и того же процесса – ослабления масаха и его подъема вверх. Высшие парцуфим: кэтэр, хохма и бина – управляют нижними. Они являются прямыми представителями Творца, Его желаниями выполнить Замысел Творения.

Кэтэр (бхинат шореш) – это сама мысль Творца создать творения для их наслаждения.

Хохма (бхинат алеф) – это то, чем Творец желает насладить творения. Это и сосуд, и свет хохма в нем одновременно.

Бина (бхина бэт) – это свойство самого Творца, желание ничего не получать. Все три верхние сфирот – это свойства Творца, которыми Он создал творение и поместил в него два противоположных желания: с одной стороны – насладиться, с другой стороны – отдавать. Эта дуальность полностью реализуется в бхине далет.

З"А (гимел) и **малхут** (далет) являются уже не свойствами Творца, а следствиями из этих свойств, т.е. их реализацией.

В разных мирах свойства Творца называются по-разному. В мире Некудим – это Кэтэр, Аба вэ Има. В мире Ацилут они называются Атик, Арих Анпин, Аба вэ Има. Названия разные, но смысл один.

Пять ступеней обязательны на всем пути создания творения. Важен окончательный результат: как бхина далет приходит к своему совершенству. Как каждое из пяти свойств, которое в свою очередь состоит тоже из пяти, возвысить до уровня совершенного? На каждое свойство души есть своя определенная сила, которая тянет эту частичку вверх, исправляет ее и доводит до полного совершенства.

Мы скоро начнем изучать мир Некудим, который появился и разбился для того, чтобы каждый такой «испорченный» осколочек света уподобил себя осколку души, соответствовал бы ему для того, чтобы найти с ним общие точки соприкосновения ради его будущего исправления.

נט) והנה השיתוף הזה של המלכות בבינה נעשה בפרצוף ס"ג דא"ק, וגרם לצמצום ב' בעולמות שממנו ולמטה. כי נעשה בו סיום חדש על אור העליון, דהיינו במקום הבינה. ונמצא, שהמלכות המסיימת, שהיתה עומדת בסיום רגלי הס"ג דא"ק, ממעל הנקודה דעוה"ז, עלתה וסיימה את אור העליון במקום חצי בינה דגוף הס"ג דא"ק, הנקרא ת"ת.

כי כח"ב דגוף נקרא חג"ת. ונמצא הת"ת היא בינה דגוף. וכן מלכות המזדווגת, שהיתה עומדת במקום הפה דראש הס"ג דא"ק, עלתה למקום נקבי עינים דא"ק, שהוא חצי בינה של ראש. ונעשה שם הזווג לצורך המ"ה דא"ק, הנקרא "עולם הנקודים", במקום נקבי עינים.

59. Взаимодействие свойств малхут и бины в парцуфе СА"Г вызвало Цимцум Бэт в мирах ниже его, что характеризовалось появлением нового окончания на высший свет в месте нахождения бины. А малхут, которая ограничивала распространение света в конце Гальгальты, на уровне ее ног, стоя чуть выше точки Этого мира, поднялась в бину дэ-гуф парцуфа Некудот дэ-СА"Г и ограничила распространение света верхней половиной бины дэ-гуф, которая называется тифэрэт.

Действительно, Хэсэд, Гвура и Тифэрэт соответствуют Кэтэру, Хохме и Бине дэ-гуф, выходит, что Бина дэ-гуф – это Тифэрэт. Малхут, которая была в пэ дэ-рош, поднялась в никвей эйнайм (зрачки), т.е. на линию, отделяющую отдающие сосуды (Г"Э) от сосудов получения (АХА"П) бины головы, и сделала там зивуг, необходимый для создания парцуфа М"А дэ-А"К, называемого мир Некудим (или нижний М"А).

Парцуф СА"Г имеет решимот гимэл (3) дэ-итлабшут и бэт (2) дэ-авиют. Это значит, что, в принципе, СА"Г – это парцуф бина, имеющий внутри себя ор хасадим, это определяется основным решимо бэт дэ-авиют. Однако СА"Г имеет также итлабшут гимэл – воспоминание о предыдущем состоянии (парцуфе А"Б, парцуфе Хохма). Поэтому внутри парцуфа СА"Г есть небольшое свечение света хохма. Пока это свечение ор хохма находится внутри СА"Г, он не может спуститься под табур.

Парцуф СА"Г до начала подъема экрана еще имеет некоторые свойства парцуфа Хохма – «Хохма бэ кирув». В результате подъема экрана и изгнания света, вызванного соударением ор пними и ор макиф, в СА"Г происходят радикальные изменения.

Как уже было сказано, каждый подъем экрана со ступени на ступень сопровождается промежуточными зивугим дэ-акаа, приводящими к созданию промежуточных парцуфим, называемых «некудот» (в данном случае – Некудот дэ-СА"Г).

Первый же подъем экрана (с малхут дэ-СА"Г в З"А дэ-СА"Г), приводящий к изгнанию света ехида дэ-бина, вызывает, разумеется, и исторжение свечения света хохма, которое было вызвано присутствием в СА"Г решимо дэ-итлабшут гимел. В результате этого «хохма бэ кирув» исчезает и СА"Г превращается в парцуф чистой бины, имеющий бэт дэ-авиют и бэт дэ-итлабшут.

Бэт дэ-итлабшут и бэт дэ-авиют – чистая бина – могут спуститься под табур. Поэтому Некудот дэ-СА"Г беспрепятственно спускаются под табур мира А"К, поскольку даже у Гальгальты не было достаточной силы экрана наполнить эти желания под табуром светом хохма. Вообще происходит процесс перехода от парцуфа СА"Г (гимел/бэт) к М"А(бэт/алеф). Следовательно, Некудот дэ-СА"Г, имеющие решимот бэт/бэт, – это промежуточный парцуф.

Бина, как и все сфирот, в свою очередь состоит из пяти: кэтэр, хохма, бина, З"А и малхут. З"А представляет собой переходную стадию между верхними тремя сфирот и сосудом получения – малхут. Это общее совокупное свойство Творца и малхут. Он как бы соединяет их между собой и поэтому состоит из шести сфирот: хэсэд – это подобие кэтэр, гвура подобна хохме, тифэрэт – бине, нэцах – это свойство самого З"А, ход – это подобие малхут, а есод – сумма всех свойств.

Итак, тифэрэт в З"А – это бина. Если мы разделим ее еще и поперек, то окажется, что она также состоит из кэтэр, хохма, бина (КаХа"Б), хэсэд, гвура, тифэрэт (ХаГа"Т) и нэцах, ход, есод и малхут (НеХИ"М). Если эту сфиру тифэрэт разделить на треть и две трети, то окажется, что свет доходит только до верхней трети тифэрэт, а ниже он не распространяется. Место, где происходит отделение «отдающих» сосудов от сосудов получения, бины от малхут, называется «парсой».

Желания КаХа"Б-ХаГа"Т называются Г"Э (гальгальта ве эйнаим) – альтруистические желания. Желания НеХИ"М, эгоистические келим, называются: озэн – нижняя треть тифэрэт, нэцах, ход, есод – хотем, а малхут называется пэ. А все это вместе это называется АХА"П (озэн , хотем, пэ). Сейчас творение может работать только с Г"Э, а с келим, в которых есть примесь эгоизма (АХА"П), оно работать не может.

Цимцум Бэт является источником наших душ. Тора, глава Берейшит начинается именно с этого момента. Отсюда мы начинаем понемногу говорить о человеческой душе, а до этого не было и корня творения. Для этого нужно было сначала сделать Ц"А, затем спуститься до Некудот дэ-СА"Г, сделать Ц"Б, разбить все хорошие и плохие свойства, перемешать их и начинать строить совершенно новую систему, состоящую из добра и зла, правой и левой линий, систем чистых и нечистых миров.

Бина, свойства Творца, должна сначала спуститься до такого уровня, чтобы сравняться со свойствами малхут, т.е. «испортить» себя настолько, чтобы уподобиться свойству получать ради себя. Как это может произойти?

Малхут разделяет бину на Г"Э и АХА"П, становясь между ними, и влияет на нижнюю часть бины (ЗА"Т – семь нижних сфирот дэ-бина) так, что та становится по свойствам равной малхут, т.е. желающей получить. Верхняя же часть бины (ГА"Р) по-прежнему остается альтруистической. Это и называется Ц"Б.

Творец сознательно «портит» бину, т.е. свое свойство, чтобы она стала подобной свойству получать, слилась с ним, и постепенно показывает ей, насколько Его свойства лучше, и стоит их принимать, медленно двигаясь за Творцом вверх.

Над малхут есть возможность выбора в приложении намерения ради отдачи, ниже уровня властвования малхут нет такой возможности выбора. Находим, если малхут поднялась в бину, начиная с бины и вниз нет выбора, а все бхинот, свойства, находящиеся под биной, упали во власть эгоистических желаний.

Рассмотрим еще раз подъем малхут в бину в общих чертах. Возможно ли, что у бины вдруг возникло желание получать? Сначала выясним понятие «тет ришонот», девяти верхних сфирот и малхут в общем.

Барух Ашлаг приводит такой пример: у человека есть келим, называемые глаза, уши, нос, рот, в которые облачаются зрение, слух, обоняние, речь. Конечно, эти келим очень важны, ведь если глаза повреждены, человек не может видеть, если повреждены уши – невозможно слышать. Но иногда человек отказывается от возможности использования органов чувств. Когда это происходит? Когда человек идет спать.

Цимцум Бэт, называемый Цимцум НеХ"И дэ-А"К

Выходит, когда человек хочет получить наслаждение через органы чувств, он использует их, а когда хочет насладиться отдыхом – отказывается от них. В соответствии с этим мы видим, что настоящее кли – это желание получить наслаждение, а органы чувств не являются келим, но только служат желанию получить.

Девять верхних сфирот – это, в соответствии с нашим примером, зрение, слух, обоняние, речь, т.е. свет и кли, и каждый вид света облачается в соответствующее ему кли, но келим первых девяти сфирот не являются настоящими келим, потому что кли – это желание получить наслаждение, и оно находится только в малхут, а эти келим необходимы только для облачения в них света по примеру зрения, слуха и т.д. Кто же получает наслаждение от первых девяти сфирот? Желание получить, называемое «малхут».

Теперь вернёмся к вопросу поднятия малхут в бина. Возможно ли, чтобы ухо получило желание взять? Всё, о чем мы здесь говорим, относится к тому, что малхут получает через первые девять сфирот. Начиная со Второго Сокращения и дальше, малхут постигает только половину сфиры бина и выше.

ס) וזה מכונה ג"כ "צמצום נה"י דא"ק". כי הס"ג דא"ק, שהיה מסתיים בשוה עם פרצוף גלגלתא דא"ק, ממעל הנקודה דעוה"ז, הנה ע"י השיתוף ועלית המלכות במקום בינה, נמצא מסתיים ממעל לטבור דא"ק הפנימי, דהיינו במקום חצי ת"ת, שהוא חצי בינה דגוף דא"ק הפנימי. כי שם עלתה מלכות המסיימת, ועכבה אור העליון, שלא יתפשט ממנה ולמטה.

וע"כ נעשה שם חלל פנוי וריקן בלי אור. ונמצאו התנה"י דס"ג, שנצטמצמו ונתרוקנו מאור העליון. ולפיכך נקרא הצמצום ב' בשם "צמצום נה"י דא"ק". כי ע"י סיום החדש, שנעשה במקום הטבור, נתרוקנו הנה"י דס"ג דא"ק מאורותיהם. וכן נבחן, שאח"פ דראש הס"ג, יצאו ממדרגת ראש הס"ג, ונעשו לבחינת גוף שלו. כי המלכות המזדווגת עלתה לנקבי עינים, ויצאו העי"ס דראש מהמסך שבנקבי העינים ולמעלה. ומנקבי העינים ולמטה כבר נקרא "גוף הפרצוף", כי אינו יכול לקבל רק הארה שמנקבי עינים ולמטה, שזו היא בחינת גוף.

והנה קומת העי"ס הללו, שיצאה בנקבי עינים דס"ג דא"ק, הן העי"ס הנקראות "עולם הנקודים". שירדו מנקבי עינים דס"ג, ובאו למקומן, שהוא למטה מטבור דא"ק הפנימי. ונתפשטו שם ראש וגוף. ותדע, כי הסיום החדש הנ"ל, הנעשה במקום הבינה דגוף, מכונה בשם "פרסה". ויש כאן

פנימיות וחיצוניות. ורק הע"ס החיצוניות נקראים "עולם הנקודים". והעשר ספירות הפנימיות נקראים "מ"ה וב"ן דא"ק" עצמו.

60. Цимцум Бэт называется также Цимцум НеХИ"М дэ-А"К (если разделить парцуф Гальгальта на десять сфирот, то получится, что рош – это КаХа"Б, тох – это ХаГа"Т, а соф – НеХИ"М), потому что Некудот дэ-СА"Г, которые оканчивались там, где и парцуф Гальгальта, т.е. выше точки нашего мира, сейчас, при подъеме малхут в бину и совместном их действии, оканчиваются под табуром Гальгальты в тифэрэт гуф Гальгальты, куда поднялась малхут, ограничивающая распространение света.

А под малхут образовалось пустое пространство абсолютно без света в месте эгоистических желаний НеХИ"М дэ-СА"Г, которые сократились и опустошились от света. АХА"П дэ-рош дэ-СА"Г отделился от Г"Э и начал играть роль гуф. Десять сфирот дэ-рош поднимаются от никвей эйнаим (граница между ГА"Р дэ-бина и ЗА"Т дэ-бина) и выше, а ниже образовался гуф, который может получить только небольшое свечение, идущее от головы.

Эти десять сфирот, которые возникли в результате зивуга дэ-акаа, произошедшего в никвей эйнаим дэ-СА"Г, называются десять сфирот мира Некудим, которые спустились вниз от никвей эйнаим и заняли свое место под табуром мира А"К. Там они разделились на рош и гуф. Место, ниже которого ор хохма теперь не может распространяться, называется «парсой». Мир Некудим называется «внешней частью». Внутренние сфирот называются парцуф М"А и БО"Н мира А"К.

Почему же произошел Цимцум Бэт? Дело в том, что когда Некудот дэ-СА"Г, которые, по сути, представляют собой ЗА"Т дэ-бина (ЗА"Т это «заин тахтонот» – семь нижних сфирот), т.е. сосуды, к которым обращаются с просьбой о свете З"А и малхут и которые готовы передать этот свет вниз, спустились под табур, то там они встретились с НеХИ"М Гальгальты – огромными желаниями далет/гимел, близкими по своим свойствам с далет дэ-далет, т.е. Сущностью творения.

Некудот дэ-СА"Г переняли желания НеХИ"М Гальгальты. Но у них не было соответствующего экрана, поэтому возникла опасность того, что Некудот дэ-СА"Г получат свет ради

Цимцум Бэт, называемый Цимцум НеХ"И дэ-А"К

собственного удовольствия. Чтобы предотвратить это, малхут, которая сделала Ц"А, поднялась в тифэрэт, т.е. бину дэ-гуф, отсекая этим сосуды получения от отдающих сосудов. Теперь Некудот дэ-СА"Г не смогут самонасладиться. Это и есть Цимцум Бэт.

В Малхут Мира Бесконечности есть десять сфирот КаХа"Б, ХаГа"Т и НеХИ"М. После Ц"А можно пользоваться первыми девятью сфирот и получать в них столько света ради Творца, сколько позволяет сила экрана, и только малхут не может получить прямой свет, а есть у нее только ор хозер (отраженный свет).

Цимцум Бэт выставляет дополнительные условия. Теперь вообще нельзя получать ор хохма, даже ради Творца. Теперь можно только отдавать, получая при этом ор хасадим – наслаждение от сходства своих свойств со свойствами Творца. Если есть запрет на какие-то два-три желания, то на них не делается зивуг дэ-акаа, они не берутся в расчет, ими не пользуются.

Рассмотрим еще раз взаимодействие качеств суда и милосердия. При подъеме малхут в бина произошло сокращение бины. Откуда нам известно, что малхут получила подслащение, качества милосердия? Разве целью этого действия не является то, чтобы малхут – дин получила качества милосердия, а не наоборот – бина, называемая милосердие, приобрела свойство суда?

Чтобы ответить на этот вопрос, приведем пример, показывающий, каким образом посредством Ц'Б малхут получила подслащение.

Сказали мудрецы: «Вначале задумал Творец создать мир качеством суда, но увидев, что мир не может так существовать, присоединил к качеству суда свойство милосердия». Миром называется малхут, которая сделала на себя сокращение – проявление качества суда. Несмотря на это, в каждом парцуфе всегда есть десять сфирот, хотя малхут парцуфа сделала на себя сокращение. У самой малхут еще нет полного парцуфа. Однако желание Создателя – чтобы у нее был свой полный парцуф, получающий в свои келим прямой свет, как и было до Сокращения.

Мы учили, что место, в котором происходит это исправление – это малхут дэ-З"А мира Ацилут, она же затем отделяется от З"А и становится самостоятельным парцуфом – малхут мира Ацилут. В З"А, как и во всех парцуфим, произошел подъем малхут в бина, т.е. его малхут поднялась в его З"А, называемый «хазэ». И от хазэ вниз (НеХ"И) упали во власть малхут. Выходит, что благодаря подъему малхут в бина З"А сократился, т.е. не использует все десять сфирот, а только до хазэ (бина дэ-гуф).

Потом, благодаря зивугу А"Б СА"Г, отменился Ц"Б и малхут спустилась на свое место. Тогда очистились келим НеХ"И, и З"А опять может их использовать. Здесь мы видим нечто совсем новое! Поскольку в духовном ничего не исчезает, находим, что малхут пока еще стоит вверху и НеХ"И находятся под ее властью, однако зивуг А"Б – СА"Г, аннулируя Ц"Б, не опускает малхут.

Находим, что малхут приобрела келим дэ-НеХ"И благодаря гадлут дэ-З"А, включила их в себя. Эти келим, относящиеся к прямому свету, называемые «искры желания отдать», которые никаким образом не относятся к малхут, упали в малхут – желание получить ради себя, и теперь, благодаря им, она может отдавать.

А эти НеХ"И разделились на девять частей и присоединились к малхут, находящейся вверху, образуя парцуф Малхут. Теперь мы видим, что если бы не Ц"Б, не было бы никакой возможности у малхут выстроить собственный парцуф.

В голове делается расчет, что только первые три сфиры – это отдающие сосуды, и ими я могу пользоваться, а ниже – получающие, т.е. сфирот от малхут до середины тифэрэт, и ими я не могу пользоваться. Зивуг дэ-акаа происходит только от середины тифэрэт и выше. Аналогичное действие происходит и в гуф: я могу пользоваться только сфирот от кэтэр и до середины тифэрэт. Остальные желания остаются пустыми. Это Ц"Б. Он говорит, что ты можешь только отдавать ради Творца, а получать не можешь.

Масах в голове перешел с пэ в никвей эйнаим, теперь используются только отдающие сосуды, которые находятся выше экрана. На получающие желания экрана нет, но есть возможность ограничить эти желания от получения ради себя. Их просто перекрывают и говорят, что с ними не работают, а работают только с отдающими желаниями. Состояние парцуфа, когда он работает только с отдающими желаниями, называется «катнут» (маленький), потому что он использует только отдающие сосуды.

Цимцум Бэт, называемый Цимцум НеХ"И дэ-А"К

А состояние, когда парцуф, приобретя антиэгоистические силы, сможет получать свет в свои сосуды получения и работать со всеми десятью желаниями, называется «гадлут» (большой). Возникает вопрос: как же можно получать внутрь десятого желания – малхут? Ведь этого нельзя было делать даже до Ц"Б? Это можно делать с помощью АХА"П дэ-алия и «трех линий». Но об этом мы поговорим позже.

Над экраном находятся только отдающие сосуды – Г"Э, а под экраном – сосуды получения АХА"П, с которыми он не работает в катнуте. Г"Э дэ-рош заполняет Г"Э дэ-тох, а от АХА"П дэ-рош ничего не попадает в АХА"П дэ-тох.

Наше тело устроено по образу и подобию духовного парцуфа, в нем есть разделительная линия – диафрагма, которая отделяет дыхательную систему от пищеварительной. Дыхательная система соответствует отдающим сосудам, а пищеварительная – сосудам получения.

Поэтому и буква алеф, первая буква алфавита, состоит из наклонной линии – диафрагмы, над которой верхняя буква йуд – это Г"Э, а нижняя буква йуд – это АХА"П. По сути, именно после Ц'Б творение приобретает более определенную форму. Буква алеф поэтому и олицетворяет начало процесса.

Когда у человека появляются какие-то желания, и он решает, какими из них можно пользоваться, а какими – нет, это значит, что у него создается экран, и он начинает с ним работать. Что значит желание отдавать, ничего не получая? Это бина, бхина бэт.

Она говорит, что ничего не хочет получать, так как понимает, что наслаждение удаляет ее от Творца. Желательно ничего не получать и быть ближе к Нему. Она получает наслаждение от отдачи. Мы можем наслаждаться либо от получения, либо от отдачи, что на самом деле тоже является как бы получением – получением наслаждения от того, что она близка к Творцу.

Парцуф СА"Г тоже ничего не получает. Почему же у него есть рош, тох, соф? Почему же он делает зивуг дэ-акаа? На первый взгляд, в нем просто должен распространяться свет хасадим. Тем не менее это не так. Свет хасадим представляет собой огромное наслаждение от подобия Творцу, от того, что ты находишься вместе с Ним, что в тебе есть та же информация, что и в Творце.

Ты знаешь Его мысли, чувства, ты постигаешь то же, что есть в Нем, это та же ступенька. От этого испытывается огромное наслаждение, на которое тоже необходимо поставить экран, чтобы почувствовать наслаждение не эгоистически, а альтруистически.

СА"Г не все наслаждение может принять в себя, поэтому у него есть зивуг в рош и есть тох, а соф он не может заполнить.

На самом деле отдающих сосудов у творения быть не может. Ведь творение – это Малхут после Ц"А, т.е. сосуд получения. Эта Малхут ставит экран той или иной силы, и в зависимости от этого она ведет себя или как кэтэр, или как хохма, или как бина, З"А, малхут. Так вот, часть этих сосудов получения, а именно: кэтэр, хохма и ГА"Р дэ-бина, на которые есть соответствующий экран, можно использовать в качестве отдающих сосудов.

Если бы была чистая отдача (а это только Творец), то творение не ощущало бы ее, так как оно может ощутить только то, что входит в него. Высший парцуф всегда рождает нижний, потому что в нем остаются решимот. Малхут Мира Бесконечности наполнилась светом, он отдал ей все свои силы, все свои свойства. В результате этого она страстно желает быть такой, как он, и готова пожертвовать всем, вплоть до исторжения света, не желая ничего получать.

И сила этого желания толкает все творение от начала до конца к Гмар Тикун. Все, что происходит с Творением, все желание малхут исправить себя, чтобы быть подобной Творцу, находит свое отражение после Ц"А. И на это у малхут есть силы, потому что ее полностью заполнял свет, передавший ей свои свойства.

Высшее состояние полностью определяет и порождает низшее, которое является им самим, но на более низком уровне. Чем, например, Гальгальта отличается от А"Б? Тем, что А"Б работает для Творца с меньшей силой. Но оба они используют эгоистические келим для работы на Творца.

СА"Г этого уже сделать не может, потому что его экран еще меньше, чем у А"Б, поэтому он и не может получать ради Творца, а лишь может, подобно бине, ничего не получать для себя. Но поскольку он ничего не получает, не использует свои сосуды получения ради Творца, то он может наполнить те эгоистические желания светом хасадим, которые предыдущие парцуфим наполнить не смогли. Как уже было сказано, на ор хасадим Цимцум не распространяется, и поэтому парцуф СА"Г может спуститься под табур.

Далее он создает мир Некудим, а затем и мир Ацилут. Именно бина, СА"Г – это первое и единственное желание творения, которое движет всем. Бхинат шореш – это желание Творца насладить творение. Бхина алеф – это творение, которое Творец сам создает. И лишь бхина бэт, бина, – это реакция самого творения, желание быть подобной Творцу. Это ее свойство в дальнейшем дает направление развитию всего творения вплоть до окончания исправления.

СА"Г распространился как над табуром Гальгальты, так и под ним в виде некудот. От решимот СА"Г над табуром произошли парцуфим М"А Элион и БО"Н Элион. А на решимот, которые поднялись из-под табура Гальгальты, СА"Г делает зивуг и создает парцуф, который называется мир Некудим. СА"Г проникся желаниями далет/гимэл под табуром и захотел их заполнить.

Представьте себе, что у вас есть и желание отдавать, и желание получать. Вообще-то у творения нет альтруистических желаний отдавать, оно создано на чистом эгоизме, желании наслаждаться. Но наслаждаться можно и получая свет хохма, т.е. наслаждаться от прямого получения удовольствия (света Творца), и получая свет хасадим, т.е. получать удовольствие от сходства своих свойств со свойствами Творца, от «неполучения». Поэтому мы определяем как бы два желания творения: получать и отдавать. Но Творец создал только одно желание – получать.

Когда человек работает только с желанием отдавать, то он делает Цимцум на все свои эгоистические желания и находится в катнуте. Как можно вызвать состояние катнут? Если все желания получать человека больше его экрана, то ему ничего не остается, кроме того, чтобы не использовать их в качестве сосудов получения. В таком состоянии находимся все мы. Единственнное, что мы можем, – это только не задействовать все наши желания получать, не работать с ними. Это состояние называется «убар», зародыш.

Малхут – это желание получать ради получения, чисто эгоистическое желание. Если все желания человека проникаются только таким намерением, это значит, что малхут поднялась в бину, т.е. властвует над всеми своими желаниями от бины и ниже нее. Это Ц'Б.

Мы сами не можем исправить в себе подобное желание. Единственное, что возможно, это работать в группе под руководством Рава и по надежным источникам, когда, внося в такие занятия необходимые усилия, можем вызвать на себя свет Творца, Его влияние, Его ощущение, которые помогут нам приобрести антиэгоистические силы, т.е. экран.

В той мере, в которой мы сможем противостоять эгоизму, мы ощутим Творца, в нас появится намерение работать ради Него. Таков закон, что когда меньший парцуф начинает ощущать высший, то он приобретает желание, намерение все сделать ради него.

Если в нас еще нет такого желания, то только потому, что мы не ощущаем высший парцуф. Творец еще не раскрылся нам, потому что над нами властвует эгоизм, который подавляет альтруизм, и мы пока ощущаем себя самостоятельными и независимыми от Творца. Но когда Он откроется нам, мы тут же станем Его рабами. Для изменения каких-то моих качеств мне прежде всего необходимо понять, что они наносят мне вред, а затем просить Творца об изменении их на альтруистические. Этот процесс называется «осознание зла». Вся учеба только на этом и построена.

Мы являемся либо рабами своего эгоизма, либо рабами Творца. Главное – понять, что предпочтительней. Свобода заключается в свободном выборе одного по отношению к другому. Ощущение страдания определяет направление поведения человека. Творец дал матери желание быть зависимой от своего ребенка и делать все ради него. Некоторым людям Творец дает способность ощущать страдания других. Но в основном каждый страдает оттого, что не может удовлетворить собственные эгоистические желания.

סא) אמנם יש להבין, כיון שהע"ס דנקודים והמ"ה דא"ק נאצלו ויצאו מנקבי עינים דראש הס"ג, הנה היו צריכים להלביש להס"ג מפה דראשו ולמטה, כמ"ש בפרצופים הקודמים, שכל תחתון מלביש לעליונו מפה דראש ולמטה.

ולמה לא היה כן, אלא שירדו להלביש במקום שלמטה מטבור דא"ק?
ובכדי להבין את זה, צריכים לידע היטב, איך נתהווה השיתוף הנ"ל, שהבינה
והמלכות נתחברו לאחת?

61. Необходимо понять, что так как 10 сфирот мира Некудим и М"А мира А"К вышли из никвей эйнаим головы СА"Г (границы между «отдающими» сосудами и сосудами получения – ГА"Р и ЗА"Т дэ-бина), то они должны были одеть СА"Г от пэ головы и ниже по тому же принципу, как выходили прежние парцуфим, – каждый нижний надевается на верхний от пэ головы и вниз.

Почему же здесь они спустились ниже и оделись ниже табура дэ-А"К? Чтобы понять это, необходимо знать, как произошло взаимопроникновение бины и малхут, приведшее к тому, что они соединились в одно целое.

סב) והענין הוא, כי בעת יציאת פרצוף ס"ג, הוא נסתיים כולו למעלה מטבור דא"ק הפנימי, כמו שנתבאר בפרצוף ע"ב דא"ק, כי לא יכלו להתפשט מטבור ולמטה. כי שם מתחלת שליטת הבחי"ד דא"ק הפנימי בבחינת ע"ס דסיום שלה, ובפרצופי ע"ב ס"ג אין בהם מבחי"ד ולא כלום (אות נ"ד).

אמנם כשהתחילו לצאת הנקודות דס"ג דא"ק, דהיינו אחר שנזדכך המסך דס"ג, שהוא בחי"ב דעביות, ע"י הביטוש דאו"מ בו, ובא לבחי"ב דהתלבשות ובחי"א דעביות, הנה אז נסתלקו הטעמים דס"ג, ויצאה קומת הנקודות על העביות הנשארת במסך, בו"ק בלי ראש. כי הע"ס היוצאות על בחי"א דעביות הן קומת ז"א בחסר ג"ר. וגם בקומת הזכר, שהוא בחי"ב דהתלבשות, אין שם בחינת בינה אלא בקירוב, שהוא נבחן לו"ק דבינה.

ולפיכך קומה זו דנקודות דס"ג, נשתוה צורתה עם הע"ס דסיום שלמטה מטבור דא"ק, שגם הן בבחינת ו"ק בלי ראש (אות נ"ב). ונודע שהשתוות הצורה מקרבת הרוחניים לאחד. וע"כ ירדה קומה זו למטה מטבור דא"ק, ונתערבה שם עם הזו"ן דא"ק, ושמשו כאחד יחד, להיותם שוים בשיעור קומה.

62. Дело в том, что когда вышел парцуф дэ-СА"Г, он весь закончился выше табура Гальгальты по тому же принципу, как А"Б, потому что он не смог спуститься под табур и ниже, где властвует бхина далет Гальгальты в виде десяти сфирот дэ-сиюм. А в парцуфим А"Б и СА"Г нет ничего общего с бхиной далет.

Но когда начали выходить некудот дэ-СА"Г после ослабления масаха от бэт дэ-авиют и гимэл дэ-итлабшут до алеф дэ-авиют и бэт дэ-итлабшут и исчезли таамим дэ-СА"Г, тогда вышел уровень некудот ВА"К (шесть сфирот), т.е. З"А, в котором не хватает трех первых сфирот. Там нет ор хохма, а только хасадим.

Это состояние полностью соответствует свойству десяти сфирот дэ-сиюм ниже табура, которые тоже находятся в состоянии ВА"К. Мы знаем, что соответствие свойств в духовном объединяет их в одно. Поэтому спустились Некудот дэ-СА"Г под табур и смешались там с ЗО"Н (З"А и малхут) мира А"К в одно целое.

Необходимо помнить, что «Некудот СА"Г» – не имеется в виду бина, которая не желает получения света хохма, все, что мы говорим, – только о малхут! Эта малхут называется «бина», потому что знает, что не сможет устоять против наслаждения светом хохма, поэтому не желает подвергать себя искушению, совершенно не заинтересована в свете хохма, а только в свете хасадим.

Рассмотрим понятие «поднятие МА"Н». МА"Н – это первые буквы слов «мэй нуквин», множественное число слов маим – вода и нуквин – женский. До соединения бина была отдельно и бхина далет отдельно. Когда бина спустилась под табур, то она соединилась, перемешалась с малхут, теперь есть две бины: бина дэ-бина и бина, включенная в малхут, также есть две малхут: малхут дэ-малхут и малхут, включенная в бину.

Известно, что бина называется маим – вода, множественное число от двух малхут – нуквин, вместе «мэй нуквин», намек на то, что начиная с этого момента и дальше при каждом поднятии МА"Н малхут должна быть подслащена биной, чистая малхут называется не МА"Н, а «экран» или «качество суда».

Очень многое в этом параграфе вызывает вопросы, но и Бааль аСулам не на все давал ответ. Он и не ставил перед собой такой цели, давая возможность ученикам самим приложить усилие и найти нужный ответ.

Наша работа является полем для приложения необходимых усилий, а не средством для понимания духовных миров. Понять можно только по мере **ощущения** Творца, когда у человека есть свойство, похожее на свойство Творца. Тогда это превращается в

Цимцум Бэт, называемый Цимцум НеХ"И дэ-А"К

духовный сосуд получения, с помощью которого человек может ощутить духовную информацию.

Творец открывается только после приложения определенного количества и качества усилий. Если вы просто запомните текст, что Некудот дэ-СА"Г могут спуститься под табур и смешаться с НеХИ"М Гальгальты, этого будет достаточно, чтобы двигаться дальше. Факты должны четко сидеть в голове. Эта информация не исчезает с биологической смертью.

סג) ואין להקשות: הרי עדיין יש ביניהם מרחק רב מצד העביות שבהם, כי הנקודות דס"ג באו מעביות דבחי"ב, ואין בהם מבחי"ד ולא כלום? והגם שהם קומת ז"א, אין זה עוד דומה לקומת ז"א של הלמטה מטבור דא"ק, שהוא ז"א דבחי"ד, הרי שיש בהם הפרש גדול?

התשובה היא, כי אין העביות ניכרת בפרצוף בעת התלבשות האור, רק אחר הסתלקות האור. וע"כ בעת שהופיע פרצוף הנקודות דס"ג בקומת ז"א, ירד ונתלבש בקומת זו"ן שמטבור ולמטה דא"ק, ואז נתערבו הבחי"ב בהבחי"ד זה בזה, וגרם לצמצום הב', שנעשה סיום חדש במקום בינה דגוף של פרצוף ההוא. וכן גרם להשתנות מקום הזיווג, ונעשה הפה דראש במקום נקבי העינים.

63. Однако нужно понять, что между Некудот дэ-СА"Г и НеХИ"М Гальгальты все же существует ощутимая разница. В некудот дэ-СА"Г есть бхина бэт дэ-авиют и нет ничего общего с бхинат далет, которая ниже табура, хотя оба они находятся на уровне З"А, но с разной степенью авиют.

Дело в том, что авиют совершенно не проявляется в парцуфе, когда он заполнен светом, который подавляет сосуд, желание. Но после выхода света из парцуфа в нем проявился необходимый авиют, дающий возможность Некудот дэ-СА"Г спуститься вниз под табур и смешаться с НеХИ"М Гальгальты. Это способствовало Ц"Б и образованию нового сиюма в месте бина дэ-гуф парцуфа. Изменилось также место зивуга, малхут переместилась из пэ дэ-рош в никвей эйнаим.

Написано, что есть сходство свойств между Некудот СА"Г и ЗО"Н дэ-А"К, поскольку они оба являются парцуфом ВА"К (катнут, малый). Уровень парцуфа Некудот СА"Г – это бэт-алеф, что определяется как ВА"К, но ЗО"Н дэ-А"К являются ВА"К по другой причине, не по их высоте, она – далет-гимел, а потому что находятся под табуром – десять сфирот окончания парцуфа. В чем же сходство этих парцуфим?

Парцуф Гальгальта называется внутренний А"К, у него есть внутренняя АВА"Я (четырехбуквенное Имя Творца – йуд, хей, вав, хей, основа любого кли). Это означает, что он делится по особому порядку, несмотря на высоту парцуфа.

Голова называется кэтэр, и это коцо (начало) буквы йуд. От пэ до хазэ – хохма, йуд имени АВА"Я, от хазэ до табур – это бина и это – первая хей имени АВА"Я, от табура вниз М"А и БО"Н и это буквы вав и хей имени АВА"Я, они и есть ВА"К. В соответствии с этим порядком получается, что их высота одинаковая, т.е. оба – ВА"К, имеют свет хасадим со свечением света хохма, но не потому, что они – вав и хей, а потому, что – это десять сфирот окончания парцуфа.

סד) והנך מוצא, שמקור השיתוף של המלכות בבינה, הנקרא "צמצום ב'", נעשה רק למטה מטבור דא"ק, ע"י התפשטות פרצוף נקודות דס"ג שמה. ולפיכך לא יכלה קומת ע"ס זו דנקודים, הבאה מצמצום ב', להתפשט למעלה מטבור דא"ק, כי אין שום כח ושליטה יכול להתגלות למעלה ממקור יציאתו. ומתוך שמקום התהוות הצמצום ב' התחיל מהטבור ולמטה, ע"כ הוכרחה גם קומת הנקודים להתפשט שם.

64. Получается, что источник совместного действия малхут и бины, который называется Ц"Б, проявился только ниже табур мира А"К при распространении туда парцуфа Некудот дэ-СА"Г. Поэтому десять сфирот мира Некудим, вышедшие по законам Ц"Б, не могли распространиться выше табура мира А"К, так как ничто не может проявиться выше своего источника, корня. И поскольку Ц"Б властвует от табура и ниже, мир Некудим был вынужден распространиться там же.

У парцуф СА"Г, как и у всех остальных парцуфим, под влиянием ударного взаимодействия внешнего и внутреннего светов экран начал ослабляться и подниматься в пэ дэ-рош. Как уже было сказано, в результате этого начал образовываться промежуточный парцуф Некудот дэ-СА"Г, который имеет решимот бэт/бэт, т.е. он представляет собой чистую бину. Поэтому он может распространяться везде, в том числе и под табур Гальгальты, и заполнять такие желания, которые предыдущие парцуфим заполнить не могли.

Некудот дэ-СА"Г могут использовать свои желания таким образом, как не смогли ни Гальгальта (она использовала только 20 процентов ради Творца над табуром, а на остальные свои желания НеХИ"М, которые находились под табуром Гальгальты, она просто сделала Цимцум), ни СА"Г.

СА"Г совсем не смог получать ради Творца ни с каким авиютом. Он может только отдавать, не получая ничего. Если же он начнет получать, то получение будет эгоистическим. У него совершенно нет экрана на эгоистические желания.

Почему же СА"Г сразу не спускается под табур? Потому что у него есть гимэл дэ-итлабшут, небольшое свечение ор хохма, которое не дает ему возможность спуститься под табур. Когда же при подъеме масаха к пэ дэ-рош гимэл дэ-итлабшут исчезает, а остается только бэт дэ-итлабшут – чистая бина без ор хохма, то Некудот дэ-СА"Г могут спуститься под табур, не желая ничего получать в свои келим, а наслаждаться от отдачи, т.е. получать ор хасадим. Это и есть работа чистой бины.

Когда же он спускается под табур, то встречает там такие желания, против которых не может устоять. Гальгальта и А"Б тоже не хотели получать в келим под табуром, но там вместе с ор хасадим было и небольшое свечение ор хохма от того ор хохма, который они получили в келим над табуром ради Творца.

Некудот дэ-СА"Г, которые по своему характеру не хотят ничего получать, а по строению подобны НеХИ"М Гальгальты, начинают в силу подобия смешиваться с ними, но, видя небольшую подсветку ор хохма, которая дает огромное наслаждение там, сами желают неожиданно насладиться этим, хотя и не приспособлены к получению, так как у них нет на это экрана.

Тут же немедленно срабатывает закон Ц"А, не позволяющий свету войти в эгоистические келим, в результате чего свет тут же удаляется из них, а Малхут Мира Бесконечности поднимается в бину и ограничивает получение света в сосуды получения. Так происходит Цимцум Бэт (Второе Сокращение, Ц"Б).

Уже СА"Г не смог использовать эгоистические келим ради Творца. Тем более последующие парцуфим М"А и БО"Н, у которых нет соответствующего экрана, не смогут ничего получить ради Творца.

Ц"Б раз и навсегда стоит на страже невозможности использования эгоистических келим. Ими нельзя пользоваться, их нужно изолировать. Расчет можно делать только на альтруистические келим. Когда такая информация поднимается в рош дэ-СА"Г, то там заранее проектируется строение будущего парцуфа с учетом Ц"Б, и зивуг делается не в пэ дэ-рош, а выше, в никвей эйнаим, где от этого места и выше находятся только отдающие желания.

Такой же расчет должен происходить и в гуф парцуфа, куда свет может войти только в сосуды КаХа"Б ХаГа"Т, т.е. до середины тифэрэт. На самом деле, и в голове, и в теле остаются те же десять сфирот, меняется лишь степень их использования. Это значит, что каждой сфирой – кэтэр, хохма, бина и так далее, пользуются не на сто, а, скажем, лишь на 60 процентов. Тем не менее мы говорим, что зивуг происходит только на Г"Э, КаХа"Б ХаГа"Т. Но это лишь терминология.

АХА"Пом, т.е. сосудами получения, можно пользоваться, только относясь к ним как к отдающим сосудам, «поднимая» их над парсой, границей между отдающими и получающими сосудами. Однако, несмотря на то что к АХА"Пу относятся теперь как к отдающим сосудам, которым полагается лишь ор хасадим, АХА"П, поднявшиеся наверх, в силу своей природы автоматически притягивают небольшое свечение ор хохма. Этот процесс называется «АХА"П дэ-алия» – подъем эгоистических желаний, т.е. их исправление в слиянии с более высшим.

Масах в Гальгальте, стоявший в пэ дэ-рош, имел авиют далет и сделал зивуг на все желания, но только 20 процентов от каждого из них используются ради Творца, а 80 процентов в получении ради Творца не участвуют. На них в экране не хватает антиэгоистической силы. А в Некудот дэ-СА"Г после Ц"Б используются только альтруистические сосуды, которые находятся выше никвей эйнаим, так как они имеют желание отдавать ради отдачи.

Все Мироздание представляет собой единую причинно-следственную цепочку от первого состояния, когда Малхут

Цимцум Бэт, называемый Цимцум НеХ"И дэ-А"К

Мира Бесконечности была полностью наполнена светом, и до ее окончательного исправления, когда она вновь будет наполнена светом. Этот процесс управляется с помощью решимот. Начиная с Мира Бесконечности, малхут постепенно перебирает все свои наслаждения, выставляет на них экран, оставляя при этом решимот от каждого предыдущего состояния, вплоть до своего окончательного исправления.

Только решимот определяют рождение следующего парцуф из предыдущего, только информация о том, что уже было, дает возможность работать с экраном. Только свет, который наполнял предыдущий парцуф, может дать информацию о наслаждении в нем, а также то, чего желает следующий парцуф. Иначе не было бы никакого представления о свете, наслаждении. Решимот, которые в парцуфе, заставляют его желать, искать, двигаться к чему-то новому. Мы лишь выполняем указания наших решимот.

В духовном нет понятий «было», «есть» и «будет» – отдельно друг от друга. В духовном в каждом новом состоянии уже заложены все эти три понятия вместе: было, есть и будет. Решимо – это то состояние, в котором я существую, но оно светит издали, из будущего, маня к себе и возбуждая желание его достичь. Это свет, который был внутри сосуда, но вышел из него и теперь светит ему снаружи.

Есть много видов решимот, они напоминают о том, что именно данный парцуф когда-то получал. В отличие от него, ор макиф – это тот свет, который еще не вошел внутрь сосуда, но уже светит ему снаружи. После изгнания света из каждого парцуфа вокруг него остается много духовной информации. Пока нам необходима маленькая картинка творения, чтобы было явное представление о духовных мирах. Вокруг все находится в абсолютном покое.

Надо читать и стараться понять то, что написано. Но на это человек не должен смотреть как на мерило своего состояния: где он находится, куда идет, что ему положено. Мерилом могут являться только количественные и качественные усилия. Только они способствуют духовному росту. Творец раскрывается не в меру твоего знания, а в меру твоих усилий. Но знания тоже нужны, хотя и в самом минимальном количестве.

Если вы понимаете, что и ваша работа, и ваша семья, дети, и, конечно, занятия нужны вам только для достижения одной

Цели – раскрытия Творца, – то все это засчитывается вам как усилия. Чтобы вы ни делали в жизни, чем бы ни занимались, все должно вам напоминать о Цели творения, а это, соответственно, ведет к накоплению усилий и достижению необходимого результата.

МЕСТО ЧЕТЫРЕХ МИРОВ АБЕ"А И ПАРСА МЕЖДУ АЦИЛУТ И БЕ"А

סה) והנה נתבאר, שכל עיקרו של צמצום הב' נעשה רק בפרצוף נקודות דס"ג, שמקומו מטבור ולמטה דא"ק עד סיום רגליו, דהיינו עד ממעל לנקודה דעוה"ז. ותדע שכל אלו השינויים, שנעשו בעקבות צמצום הב' הזה, באו רק בפרצוף נקודות דס"ג ההוא, ולא למעלה ממנו. ומה שאמרנו למעלה, שע"י עלית המלכות לחצי ת"ת דא"ק וסיימה שם הפרצוף, יצאו חצי ת"ת התחתון ונהי"מ דא"ק לבחינת חלל פנוי, לא נעשה זה בתנה"י דא"ק עצמו, אלא רק בתנה"י דפרצוף נקודות דס"ג דא"ק. אבל בא"ק עצמו נבחנים השנויים הללו רק לבחינת עלית מ"ן לבד, שפירושו, שהוא נתלבש בשינויים הללו, כדי להאציל לע"ס דנקודים בבחינתן. אבל בא"ק עצמו לא נעשה שום שינוי.

65. Таким образом, выясняется, что суть Ц"Б проявилась исключительно в парцуфе Некудот дэ-СА"Г от табура вниз до окончания ног, находящихся над точкой этого мира (аОлам а-зе). И знай, что все изменения, вызванные Ц"Б, произошли только в парцуфе Некудот дэ-СА"Г, а не выше него. Как уже было сказано выше, в результате подъема малхут до середины тифэрэт сфирот дэ-соф мира А"К и отсечения ею сосудов получения в этом месте нижняя часть тифэрэт и НеХИ"М дэ-соф мира А"К превратились в пустое пространство, и произошло это не в самом А"К, а в парцуфе Некудот дэ-СА"Г дэ-А"К. Изменения, происшедшие в самом А"К, считаются только подъемом МА"Н, что означает, что А"К только облачается в эти изменения для создания десяти сфирот мира Некудим. Но в самом А"К никаких изменений не произошло.

После Ц"А Малхут Мира Бесконечности, которая во время Ц"А решила не получать ничего, принимает новое решение: получать свет хохма ради Творца с помощью построения антиэгоистического экрана, т.е. приобретая намерение получать ради Творца. Первый зивуг дэ-акаа и заполнение светом называются Гальгальта, второй – А"Б и затем – СА"Г. Все указанные парцуфим могли получать свет только над табуром Гальгальты, потому что под табуром находятся настолько большие эгоистические желания, что ими можно лишь не пользоваться.

Когда же произошло ослабление экрана парцуфа дэ-СА"Г и появились Некудот дэ-СА"Г, которые являются парцуфом чистой бины, отдачи, они могут заполнить своим светом хасадим и желания, находящиеся под табуром Гальгальты, те, которые ни Гальгальта, ни А"Б, ни СА"Г не могли заполнить.

А Некудот дэ-СА"Г не желают ничего для себя, а получают наслаждение лишь от отдачи, т.е. ор хасадим. Поэтому Некудот дэ-СА"Г могут взять эти желания, на которые раньше никто не мог выставить экрана, и сказать, что и они не будут пользоваться ими в качестве сосудов получения, заполнив их при этом светом хасадим.

Но как только желания под табуром наполняются ор хасадим, обнаруживается, что в Некудот дэ-СА"Г есть ЗА"Т дэ-бина, т.е. ее нижняя часть, которая связывает бину с З"А и обязана выполнять его просьбу дать ему ор хохма, а для этого ей самой надо получить этот свет, хотя ей свойственно желание не получать. Такое качество ЗА"Т дэ-бина проявилось еще при образовании четырех бхинот дэ-ор яшар, где бина в конце своего развития принимает решение получить немного ор хохма, для того чтобы создать З"А.

Для этого бина должна была немного сократить в себе желание не получать и создать внутри себя желание получать, но ради отдачи, чтобы быть хоть немного похожей на Творца. Теперь, встретив под табуром дэ-Гальгальта огромные желания получать, бина (Некудот дэ-СА"Г) должна была им подчиниться и передать им немного ор хохма, который она сама вынуждена попросить сверху.

Такие большие вновь приобретенные желания (далет/гимел) неизмеримо больше, чем сила экрана Некудот дэ-СА"Г, поэтому возникает угроза, что Некудот дэ-СА"Г теперь захотят получить свет ради собственного удовольствия, а не ради Творца.

Чтобы это предотвратить, Малхут Мира Бесконечности, которая в свое время приняла решение о Ц"А, поднимается из окончания парцуфа Гальгальта, где она находилась до сих пор, в середину тифэрэт парцуфа Некудот дэ-СА"Г, отсекая этим сосуды получения – нижнюю часть тифэрэт, нэцах, ход, есод и малхут, ограничивая их использование. Почему именно эти сфирот?

Высшие сфирот: кэтэр, хохма, бина, хэсэд, гвура и верхняя часть тифэрэт по своей природе являются отдающими сосудами, поэтому они и не переняли желания НеХИ"М Гальгальты (далет/гимел). Только ТаНеХИ"М Некудот дэ-СА"Г восприняли эти желания, потому что они являются аналогичными им сосудами, хотя и имеющими намного меньший авиют. Вспомним, что НеХИ"М Гальгальты имеют решимот далет/гимел, а Некудот дэ-СА"Г – это переход от решимот бэт/бэт к бэт/алеф.

Высший свет может пройти через Гальгальту, А"Б, СА"Г, спуститься под табур и пройти через кэтэр, хохма, бина, хэсэд, гвура и половину тифэрэт, т.е. дойти до малхут, которая стоит теперь в середине тифэрэт. Под малхут же свет не может спуститься, так как там находятся эгоистические желания, которые остались в абсолютной пустоте и темноте.

Таким образом, малхут разделила Некудот дэ-СА"Г на отдающие сосуды, которые находятся над ней, и на сосуды получения, которые расположены под ней. Линия, разделяющая их, называется парса. Над нею может быть любой свет, включая ор хохма, так как там находятся отдающие сосуды, или Г"Э. Это место, где в дальнейшем возникнет мир Ацилут.

Он абсолютно альтруистический и будет управлять всем творением, создаст миры БЕ"А, парцуф Адам аРишон, будет способствовать его «прегрешению» и разбиению на 600 тысяч душ. В дальнейшем этот же мир Ацилут начнет исправлять все разбитые сосуды, поднимать их наверх, вплоть до окончательного исправления (Гмар Тикун) в течение 6000 лет-ступеней.

Вторая половина тифэрэт, которая находится под парсой, т.е. ЗА"Т дэ-бина, все-таки имеет свойства бины, поэтому на ее месте в дальнейшем образуется мир Брия (бина). Ниже нее, на месте нэцах, ход, есод, создастся мир Ецира, а на месте малхут – мир Асия.

Такова общая схема образования миров. А пока что у нас появилось понятие «место», которое с нашим физическим, повседневным определением понятия места не имеет ничего общего. Местом называются сфирот Некудот дэ-СА"Г, находящиеся от табур до сиюм Гальгальты и разделенные парсой на место мира Ацилут и место миров БЕ"А.

Еще нужно отметить такие свойства будущих миров, как подъем и спуск. При этом их место может подниматься или опускаться вместе с ними, а может оставаться на своем месте. Миры всегда поднимаются или опускаются вместе с душами.

סו) והנה תיכף בעת הצמצום, דהיינו בעת עלית המלכות לבינה, עוד מטרם העלית מ"ן והזיווג שנעשה בנקבי עינים דא"ק, גרם זה שיתחלק פרצוף הנקודות דס"ג דא"ק לד' חלוקות: א. כח"ב חג"ת עד החזה שלו, הנבחנים למקום אצילות, ב. ב"ש ת"ת שמחזה ולמטה עד סיום הת"ת, שנעשה למקום בריאה, ג.' הספירות נה"י שלו, שנעשה למקום עולם היצירה, ד. המלכות שבו, שנעשה למקום עולם העשיה.

66. *Разделение парцуфа Некудот дэ-СА"Г произошло уже во время Ц"Б (подъема малхут в бину), т.е. еще до подъема МА"Н и зивуга, который произойдет в никвей эйнаим головы СА"Г. Это разделение произошло следующим образом: кэтэр, хохма, бина, хэсэд, гвура и верхняя треть тифэрэт до ее хазе – это место мира Ацилут; две трети тифэрэт от хазе и ниже до конца тифэрэт – место мира Брия; нэцах, ход, есод – место мира Ецира; малхут – место мира Асия.*

סז) וטעם הדברים הוא, כי מקום עולם אצילות, פירושו המקום הראוי להתפשטות אור העליון. ומתוך עלית המלכות המסיימת למקום בינה דגוף, הנקרא ת"ת, נמצא מסתיים שם הפרצוף. ואין האור יכול לעבור משם ולמטה. הרי שמקום האצילות נסתיים שם בחצי ת"ת על החזה. וכבר ידעת, שסיום החדש הזה שנעשה כאן, נקרא בשם "פרסא", שמתחת עולם האצילות.

ובאלו הספירות, שהן למטה מהפרסא, יש בהם ג' חלוקות. והוא מטעם, כי באמת לא היו צריכים לצאת למטה מהאצילות רק ב' הספירות זו"ן דגופא, הנקרא נה"י מ. כי מאחר שהסיום נעשה בבינה דגופא, שהוא ת"ת, נמצאים רק הזו"ן שלמטה מת"ת, שהם למטה מהסיום, ולא הת"ת. אמנם גם חצי ת"ת התחתון יצא ג"כ למטה מסיום. והטעם הוא, כי הבינה דגוף נכללת ג"כ מע"ס כח"ב זו"ן. ומתוך שהזו"ן הללו דבינה דגוף הם שרשים של הזו"ן דגוף הכוללים, שנכללו בבינה, הם נחשבים כמוהם.

Место четырех миров АБЕ"А

67. Место мира Ацилут – это место, предназначенное для распространения высшего света сверху и до тифэрэт, где заканчивается парцуф, т.е. место подъема ограничивающей малхут в бину, ниже которого свет не может пройти. Таким образом, место мира Ацилут оканчивается в хазе, т.е. на границе между верхней третью тифэрэт и ее нижними двумя третями. Новое ограничение называется парсой, которая находится под миром Ацилут.

Ниже парсы место разделилось на три части, хотя должно было разделиться всего на две: ЗО"Н дэ-гуф (З"А и нуква) или НеХИ"М, ведь после того как новый сиюм произошел в бине дэ-гуф, или тифэрэт, ниже нее находится только ЗО"Н. Однако и две трети тифэрэт также вышли под парсу. Дело в том, что бина дэ-гуф (тифэрэт) в свою очередь состоит из своих десяти сфирот КаХа"Б и ЗО"Н, и поскольку эти ЗО"Н дэ-бина являются корнем ЗО"Н дэ-гуф, постольку ЗО"Н дэ-бина уже обладают свойствами, аналогичными свойствам ЗО"Н.

Это значит, что у них уже есть желание получать, но не для себя, а для того чтобы передать свет вниз, в ЗО"Н.

וע"כ יצאו גם הזו"ן דבינה למטה מהפרסא דאצילות ביחד עם הזו"ן הכוללים. ומטעם זה נסדקה ספירת הת"ת לרחבה במקום החזה. כי המלכות שעלתה לבינה עומדת שם, ומוציאה גם את הזו"ן דבינה לחוץ, שהם ב"ש הת"ת שמחזה ולמטה עד סיומו.

וע"ז יש הפרש בין ב"ש ת"ת לבין נה"י"מ. כי הב"ש ת"ת שייכים באמת להבינה דגוף, ולא יצאו למטה מסיום האצילות מחמת עצמם, רק מפני שהם שורשי הזו"ן. לכן אין הפגם גדול בהם, כי אין יציאתם מחמת עצמם. וע"כ נבדלו מהנהי"מ ונעשו לעולם בפני עצמו, והוא הנקרא "עולם הבריאה".

Поэтому ЗО"Н дэ-бина тоже находятся под парсой вместе с ЗО"Н дэ-гуф. По этой причине разделилась (раскололась) сфират тифэрэт по всей ширине в хазе парцуфа. Потому что малхут, поднявшаяся в бину, стоит там и выводит наружу (под парса) также ЗО"Н дэ-бина, соответствующие двум третям сфиры тифэрэт от хазе вниз.

Так образовалась разница между верхней частью тифэрэт, которая находится над парсой и относится исключительно к бине, и между нижней частью тифэрэт (ЗО"Н), находящейся под парсой не по своей воле, а потому что она – корень для настоящих ЗО"Н, и в дальнейшем она должна будет дать им свет. И нет в ней большого ущерба, потому что она вышла не самостоятельно. Но все же она отделилась от НеХИ"М (собственно ЗО"Н), которые лежат ниже нее, образовав самостоятельный мир Брия.

סח) גם הזו"ן דגוף, הנקרא נה"ים, נתחלקו ג'"כ לב' בחינות. כי המלכות להיותה בחינת נוקבא, נמצאת פגמה יותר קשה, והיא נעשית למקום עולם העשיה. והז"א, שהוא נה"י, נעשה לעולם היצירה, למעלה מעולם עשיה.

והנה נתבאר, איך נחלק פרצוף הנקודות דס"ג בסבת הצמצום ב', ונעשה מקום לד' עולמות: אצילות, בריאה, יצירה, עשיה. אשר הכח"ב חג"ת עד החזה שבו - נעשה מקום לעולם אצילות. וחצי ת"ת התחתון שמחזה עד סיום הת"ת - נעשה מקום לעולם הבריאה. והנה"י שבו - לעולם היצירה. והמלכות שלו - לעולם העשיה.

ומקומם מתחיל מנקודת הטבור דא"ק ומסתיים ממעל לנקודת עוה"ז, דהיינו עד סיום רגליו דא"ק, שהוא סוף שיעור הלבשת פרצוף נקודות דס"ג לפרצוף גלגלתא דא"ק.

68. ЗО"Н дэ-гуф тоже разделились на две части: З"А (НеХ"И – нэцах, ход и есод) сделался миром Ецира, а малхут, или нуква, которая более ущербна, образовала мир Асия под миром Ецира.

И вот мы выяснили, как в результате Ц"Б разделился парцуф Некудот дэ-СА"Г и образовалось место для четырех миров: Ацилут, Брия, Ецира и Асия. Кэтэр, хохма, бина, хэсэд, гвура, тифэрэт до хазе образовали место для мира Ацилут. Две нижние трети тифэрэт от хазе и до окончания тифэрэт образовали место для мира Брия. Нэцах, ход, есод подготовили место для мира Ецира. А малхут создала место для мира Асия.

Общее место для всех миров начинается от точки табура мира А"К и заканчивается над нашим миром, т.е. доходит до пальцев ног мира А"К, которые являются окончанием уровня одевания Некудот дэ-СА"Г на парцуф Гальгальта.

Желания созданы Творцом и их нельзя изменить. Все желания созданы в виде Малхут Мира Бесконечности. Можно только решать, каким образом и когда их применять. Каждое желание можно применять, работать с ним либо отставить его до лучших времен.

Если ты можешь это сделать, то ты уже называешься человеком в духовном понимании этого слова и у тебя уже есть экран. Ты являешься хозяином своих действий и своих желаний. Если благодаря экрану ты уже можешь пользоваться какими-то желаниями, то в зависимости от силы экрана ты сможешь наполнить эти желания светом Творца.

Сами желания называются сосудом твоей души, а свет – ее светом. Душа – это желания, с которыми ты работаешь ради Творца. Наполненный сосуд подобен душе.

Ц"А был не на ограничение использования желаний, не на то, чтобы не желать. Над этим мы не властны. Мы всегда желаем. Сокращение было сделано только как запрет получать ради себя. Но получать ради Творца можно всегда. И малхут от пэ до табур начала получать ор хохма ради Творца в те желания, которые находятся там.

Под табуром находятся десять сфирот Некудот дэ-СА"Г. Парса разграничила Некудот дэ-СА"Г на две части – альтруистическую и эгоистическую. Альтруистические келим кончаются в тифэрэт дэ-тифэрэт.

Как уже было сказано, понимание материала нам необходимо для общей картины, для понимания смысла Каббалы, о чем идет речь, куда она вас ведет, что дает. Как можно начать работу с набором наших желаний, с какого из них я могу начать, могу я ими пользоваться или нет, при каких условиях?

СОСТОЯНИЯ КАТНУТ И ГАДЛУТ В МИРЕ НЕКУДИМ

ענין הקטנות והגדלות, שנתחדש בעולם הנקודים

סט) והנה אחר שידעת בדרך כלל ענין הצמצום ב', שנעשה בפרצוף הנקודות דס"ג לצורך אצילות הע"ס דעולם הנקודים, שהוא פרצוף הרביעי דא"ק, נחזור ונבאר ענין יציאת הע"ס דנקודים בפרטיות. וכבר נתבאר ענין יציאת פרצוף מפרצוף, שכל פרצוף תחתון נולד ויוצא ממסך דגוף דעליון, אחר הזדככותו ועליתו להתחדשות הזווג להפה דעליון, והגורם להזדככות הזה הוא הביטוש דאו"מ במסך דפרצוף העליון, המזכך למסך מעביות דגוף שבו, ומשווה אותו לבחינת עביות דראש (אות ל"ה).

שבדרך זה יצא פרצוף ע"ב דא"ק מפרצוף הכתר דא"ק, וכן פרצוף ס"ג דא"ק מפרצוף ע"ב דא"ק. והנה גם פרצוף הד' דא"ק, הנקרא ע"ס דעולם הנקודים, נולד ויצא מהעליון שלו, שהוא ס"ג דא"ק, ג"כ באותו הדרך.

69. После того как мы в общем познакомились с Ц"Б в парцуфе Некудот дэ-СА"Г, перейдем теперь к подробному изучению создания десяти сфирот мира Некудим, четвертого парцуфа мира А"К. Мы уже выяснили, как один парцуф образуется из другого, когда каждый нижний парцуф рождается и выходит из масаха дэ-гуф высшего после его ослабления и подъема в пэ и возобновления зивуга дэ-акаа. Потере авиюта масаха дэ-гуф и уменьшению его до авиюта дэ-рош способствует битуш ор макиф в масах.

Это и дает возможность создать следующий парцуф из предыдущего. Так вышел парцуф А"Б (хохма) из парцуфа Гальгальта (кэтэр), парцуф СА"Г (бина) из парцуфа А"Б. Таким же образом из парцуфа СА"Г возник и четвертый парцуф мира А"К, который называется десять сфирот мира Некудим.

Это означает, что если бы не было спуска Некудот дэ-СА"Г под табур Гальгальты и Ц"Б, то мир, точнее парцуф Некудим,

Состояния катнут и гадлут в мире Некудим

был бы просто парцуфом З"А мира А"К. Однако вышеперечисленные события привели к тому, что парцуф Некудим принципиально отличается от предыдущих парцуфим.

Подъем масаха дэ-гуф в пэ дэ-рош означает, что он становится по своим свойствам тождественным экрану в пэ дэ-рош. Как уже было сказано, на самом деле в духовном мире нет никаких подъемов и спусков. Просто каббалисты пользуются этими понятиями («подъем», «спуск» и т. п.) для того, чтобы объяснить нам процессы, происходящие в духовном. Например, я нахожусь на какой-то ступени. Если у меня появляются свойства, тождественные свойствам вышестоящей ступени, это значит, что я поднимаюсь на эту ступень.

ע) אמנם יש כאן ענין נוסף, כי בפרצופים הקודמים, בעת הזדככות המסך והעליה לפה דראש דעליון, לא היה המסך כלול רק מהרשימות דעביות דגוף העליון בלבד. משא"כ כאן בהזדככות המסך דס"ג דא"ק לצורך הנקודים, היה המסך הזה כלול מב' מיני רשימות.

כי מלבד שהוא כלול מרשימות העביות של עצמו, דהיינו מבחינת הסבירות דגוף דס"ג דא"ק, הנה הוא כלול עוד מרשימות העביות דזו"ן דא"ק שלמטה מטבור. והוא מטעם התערבותם יחד למטה מטבור דא"ק, כמ"ש (אות ס"א) שהנקודות דס"ג ירדו למטה מטבור דא"ק ונתערבו יחד עם הזו"ן דא"ק אשר שם.

70. В чем же заключается это принципиальное отличие парцуфа (мира) Некудим от предыдущих парцуфим? Дело в том, что при создании предыдущих парцуфим зивуг дэ-акаа всегда происходил на одну пару решимот – решимо дэ-итлабшут и решимо дэ-авиют. Теперь же в рош дэ-СА"Г поднялись сразу две пары решимот.

Так как он состоит не только из решимот своего авиюта, т.е. отражает свойства сфирот гуф дэ-СА"Г, но и включает в себя также решимот авиют дэ-ЗО"Н парцуфа А"К ниже табура. Причина этого в том, что они перемешались вместе под табуром парцуфа А"К, как сказано в п. 61, что Некудот дэ-СА"Г спустились под табур дэ-А"К и перемешались вместе с ЗО"Н дэ-А"К, находящимися там.

Первая пара – это обычные бэт/алеф, т.е. решимот, идущие по порядку после ослабления экрана парцуфа СА"Г (гимел/

бэт). На эти решимот происходит ударное взаимодействие, ведущее к созданию парцуфа М"А Элион. Этот парцуф, а также следующий за ним БО"Н Элион, никакого отношения к нам, т.е. к настоящему творению, не имеют.

Эти парцуфим существуют только для того, чтобы дополнить мир А"К, ведь, как известно, каждый духовный объект должен состоять из пяти бхинот. Так вот и мир А"К должен состоять из своих пяти частей.

Вторая пара решимот – это тоже бэт/алеф, но это уже совершенно другие решимот. Во-первых, они несут в себе информацию о том, что в Некудот дэ-СА"Г произошел Ц"Б и теперь нельзя напрямую пользоваться никакими сосудами получения, т.е. вообще нельзя напрямую получать свет хохма, даже имея намерение получить его ради Творца.

Это значит, что теперь можно пользоваться только сосудами до ГА"Р дэ-бина включительно. Во-вторых, эти решимот несут информацию от том, что Некудот дэ-СА"Г побывали под табуром. На эти решимот происходит зивуг дэ-акаа, ведущий к образованию катнут (маленького состояния) мира Некудим.

Третья пара решимот – это далет/гимел, т.е. те огромные желания, близкие по своим свойствам к Сущности Творения, которые были переняты Некудот дэ-СА"Г у НеХИ"М дэ-Гальгальта. На эти решимот был сделан зивуг дэ-акаа, приведший к образованию гадлут (большого состояния) мира Некудим. Строго говоря, катнут дэ-Некудим – это парцуф, а гадлут дэ-Некудим – это уже мир.

Именно наличие таких огромных желаний, такой дополнительный авиют, и позволяет создать мир, состоящий из нескольких парцуфим. Таким образом, пробуждение решимот далет/гимэл приводит к возникновению мира.

Изучение Каббалы – это накапливающийся процесс. Творец точно знает, сколько вы сидите на занятиях, сколько слушаете, сколько вы боретесь со сном, учитывает все это и потом открывает краник. У каждого свой путь. Здесь нет умных и глупых. Важны усилия, которые приложены против эгоистических желаний.

Не надо ничего делать искусственно. Нужно упорно продвигаться вперед, но при этом надо бояться, что ты будешь отброшен назад. Для того чтобы этого не произошло, нужно все время что-то делать для группы, переводить статьи, распространять Каббалу

Состояния катнут и гадлут в мире Некудим

везде, где это возможно. Человек до последнего момента не знает, когда он выйдет на следующую ступень. Желательно уже сейчас научиться мыслить духовными категориями.

עא) ומכח זה נתחדש כאן בפרצוף הנקודים ענין קטנות וגדלות. אשר מבחינת הרשימות דעביות שבמסך, יצאו עליהם ע"ס דקטנות נקודים. ומבחינות הרשימות דזו"ן דא"ק שלמטה מטבור, שנתחברו ונתערבו עם הרשימות של המסך, יצאו עליהם הע"ס דגדלות נקודים.

71. *Благодаря тому что сфирот перемешались вместе под табуром парцуфа А"К, в парцуфе Некудим появились новые состояния катнут и гадлут (малое и большое). На решимот дэ-авиют, находящиеся в масахе парцуфа СА"Г, вышли десять сфирот дэ-катнут Некудим, а на решимот ЗО"Н дэ-А"К под табуром, перемешавшиеся с решимот масаха, вышли десять сфирот гадлут Некудим.*

עב) גם תדע, אשר הע"ס דקטנות נקודים שיצאו על המסך, נחשבים לעיקר הפרצוף נקודים, משום שיצאו על סדר המדרגה, דהיינו מעצם המסך דגוף דעליון, ע"ד שיצאו ג' פרצופים הקודמים דא"ק. אבל הע"ס דגדלות נקודים נבחנות רק לתוספת בלבד על פרצוף הנקודים, משום שיצאו רק מזווג על הרשימות דזו"ן דא"ק שלמטה מטבור, שלא באו על סדר המדרגה, אלא שנתחברו ונתוספו על המסך מסבת ירידתו דפרצוף נקודות דס"ג למטה מטבור דא"ק (אות ע).

72. *Знай, что 10 сфирот катнут мира Некудим считаются основным парцуфом, потому что он возник согласно тому же принципу, как и три предыдущих парцуфим мира А"К. Он возник в результате зивуга дэ-акаа на решимот бэт/алеф, находящиеся в масахе гуфа высшего парцуфа. Десять сфирот дэ-гадлут считаются только дополнением к парцуфу Некудим, потому что вышли не в порядке выхода ступеней, а от зивуга на решимот ЗО"Н дэ-Гальгальты, которые добавились к экрану в результате спуска Некудот дэ-СА"Г под табур.*

Поначалу человек хочет понять Каббалу, но понимание приходит по мере приложения усилий, а не поглощения информации. Учеба лишь позволяет нам «связаться» с духовным. Информация дает только общую схему: каким образом, что и как устроено. Но как это пощупать, узнать, где оно находится, в каком виртуальном пространстве его поймать и ощутить, какая существует связь между явлениями? Это подобно тому, как музыкант чувствует каждую ноту. Любой специалист своего дела с полуслова понимает, о чем говорится, ощущает это внутренне, мысленно и чувственно, пропускает это через себя, модулирует в себе.

Осознание всегда чувственно. Я работал много лет с самолетами-истребителями. В то время внедрялась дигитальная вычислительная техника. Но для летчика все это переводилось на стрелки, потому что в полете невозможно сконцентрироваться на цифрах, в то время как по стрелкам одним взглядом можно оценить ситуацию. Образы играют в нашем восприятии главенствующую роль.

То, что мы учим здесь технически, лишь дает внешнюю основу, а главное в том, насколько каждый из нас может создать в себе внутренние образы и постепенно переносить на них техническую информацию. А зависит это от тех усилий, которые мы вкладываем.

Духовное чувство рождается в человеке дополнительно к его пяти органам чувств. Оно никак не связано ни с разумом, ни с какими другими органами чувств. Поэтому не важно, на каком языке читать каббалистические книги. Важно возбудить на себя окружающий свет.

Есть методы, способствующие большему возбуждению. Никакой роли в этом не играет ум человека. Только настойчивость и желание дают возможность войти в замок Творца. Мне Рав долгое время не разрешал переезжать в Бней Брак, и я постоянно ездил из Реховота по два раза в день. Возвращался из поездки в десять вечера, а в два ночи снова уезжал в Бней Брак.

Я уставал, спал на уроках, но Рав говорил, что все, что должно войти, все равно войдет. Усилия сыграли свою роль. Если человек думает, что уже нет смысла идти заниматься, т. к. проспал, все равно не поймет ничего, – это говорит от том, что он не понимает, что в духовном усилие измеряется не временем и физической силой, а внутренним сопротивлением эгоизму и его преодолением, даже если это происходит в одно мгновение... У нас был человек, который заканчивал работу очень поздно, поэтому, чтобы успеть хотя бы к окончанию вечернего занятия, он приезжал на такси за десять минут до окончания урока. Эти десять минут давали ему больше, чем высиживающему все два часа.

У меня нет никаких претензий к тем, кто сидит в кафе или у телевизора. Им еще не дали желания заниматься Каббалой. Пройдет эта жизнь, еще пара жизней, пока поспеет и их душа. У нас в предыдущих перевоплощениях было то же самое, я это вижу по людям, которые здесь сидят...

עג) והנה תחילה נבאר הע"ס דקטנות נקודים. וכבר ידעת, כי אחר התפשטות הס"ג דא"ק, נעשה בו הביטוש דאו"מ באו"פ, דהיינו על המסך שלו, וזיכך אותו על דרך המדרגה. אשר הקומות היוצאות בדרך הזדככותו, נקראות "נקודות דס"ג". והן שירדו למטה מטבור דא"ק ונתערבו עם הבחי"ד אשר שם (אות ס"ב). והנה אחר שנגמר להזדכך מכל העביות דגוף שבמסך, ולא נשאר בו רק בחינת עביות דראש, נבחן שעלה לראש הס"ג, וקבל שם זוג מחדש, על שיעור העביות שנשארו ברשימות שבמסך (אות ל"ה).

73. Сначала выясним процесс рождения парцуфа катнут дэ-Некудим. Как известно, после распространения парцуфа САГ возникает в его масахе соударение внутреннего и окружающего светов, ослабляющее масах и заставляющее его вернуться в пэ дэ-рош, при этом выходят промежуточные парцуфим, называемые Некудот дэ-САГ, которые затем, спустившись под табур парцуфа АК, перемешались с находящейся там бхиной далет. После того как масах дэ-гуф освободился от всей авиют и в парцуфе остался только масах дэ-рош, считается, что масах дэ-гуф поднялся в рош и возобновился в нем зивуг (взаимодействие с высшим светом) на авиют решимот, оставшихся в масахе.

עד) וגם כאן נבחן, שבחינה אחרונה דעביות, שהיא העביות דבחי"ב שהיתה במסך, נאבדה לגמרי, ורק רשימו דהתלבשות נשאר ממנה. ומהעביות לא נשאר כי אם בחי"א בלבד.

ולפיכך (אות מ"א) קבל המסך שם בראש הס"ג ב' מיני זווגים: א. מהתכללות בחי"א דעביות תוך בחי"ב דהתלבשות, הנקרא "התכללות הרשימו דנקבה בהרשימו דזכר, יצאה עליהן קומת בינה בקירוב, שהוא בערך ו"ק דבינה. וקומה זו נקרא "ספירת הכתר דנקודים".

ב. מהתכללות הזכר בהרשימו דנקבה, דהיינו התכללות הרשימו דבחי"ב דהתלבשות בבחי"א דעביות, יצאה קומת ז"א, שהוא בחינת ו"ק בלי ראש, הנקרא "אבא ואמא דנקודים אב"א".

וב' קומות הללו נקראות "ג"ר דנקודים", כלומר בחינת ע"ס דראש נקודים. כי כל ראש מכונה בשם ג"ר או כח"ב. ויש חילוק ביניהם, כי הכתר דנקודים, שהוא קומת הזכר, אינו מתפשט לגוף ורק בראש הוא מאיר, ואו"א דנקודים, שהם קומת הנקבה, היא לבדה מתפשטת לגוף, הנקרא ז"ס תחתונות דנקודים" או "חג"ת נה"י דנקודים".

74. Как всегда, последняя ступень, в данном случае авиют бхины бэт, при возвращении масаха в рош полностью исчезла, и осталось от нее только решимо дэ-итлабшут, а от авиют осталась только бхина алеф.

Как и в предыдущих парцуфим, в рош дэ-СА"Г, после подъема туда решимот, оставшихся от промежуточного парцуфа Некудот дэ-СА"Г, произошло два зивуга. Один из них происходит в результате включения решимо дэ-авиют (нэкева) в решимо дэ-итлабшут (захар).

В данном случае речь идет о возникновении мира Некудим, следовательно, это решимот алеф дэ-авиют и бэт дэ-итлабшут, в результате этого зивуга возникает сфира, чей уровень называется «бина бэ кирув», или «ВА"К дэ-бина», т.е. промежуточное состояние между биной и З"А. И эта сфира называется кэтэр мира Некудим.

Второй зивуг произошел в результате включения бэт дэ-итлабшут (захар) в алеф дэ-авиют (нэкева), от которого появляется сфира с уровнем З"А, или «ВА"К бли рош», и эта сфира называется Аба ве Има мира Некудим, которые расположены по отношению друг к другу спина к спине (ахор бэ ахор).

И два этих уровня называются двумя головами мира Некудим. Но между ними есть разница, которая заключается в том, что кэтэр мира Некудим, т.е. уровень захар, не распространяется в гуф, а светит только в голове, а АВ"И (Аба ве Има) мира Некудим, уровень нэкева, распространяется в гуф и называется ХаГа"Т НеХИ"М мира Некудим.

Мир Некудим – это первый мир, который построен по принципу Ц"Б, поэтому в нем присутствуют некоторые элементы, имеющие отражение в нашем мире.

Расстояние от Творца до нас можно разделить следующим образом: рош дэ-Гальгальта – это, грубо говоря, далет бхинот дэ-ор яшар (четыре стадии возникновения и развития сосуда из света). Затем от пэ дэ-Гальгальты и вниз – Малхут Мира

Бесконечности. Малхут Мира Бесконечности решает принимать какую-то часть света в тох после Ц"А (таамим).

Дальнейшее давление ор макиф на масах способствует ослаблению масаха и постепенному появлению парцуфим Гальгальта, А"Б, СА"Г, М"А и БО"Н. А затем Некудот дэ-СА"Г спустились под табур и образовали 10 сфирот, в которых есть Г"Э (отдающие сосуды) и АХА"П (сосуды получения). В сосудах получения проявилось большое желание получить свет ради себя, и тогда Малхут Мира Бесконечности, выполняя Ц"А, поднялась в бину и предотвратила получение света в эти сосуды. Так произошел Ц"Б.

Затем экран Некудот дэ-СА"Г начал подниматься вверх с решимот бэт дэ-итлабшут/алеф дэ-авиют, решимот от Ц"Б и решимот от НеХИ"М Гальгальты (далет/гимел). На первую пару решимот (обычные бэт/алеф) происходит зивуг, приведший к созданию парцуфим М"А Элион и БО"Н Элион. Второй зивуг происходит на решимот бэт/алеф плюс информация о Ц"Б, и свет распространяется только в Г"Э. Парцуф, который вышел на эту пару решимот, называется катнут мира Некудим (см. выше).

Когда люди, изучающие «Введение в науку Каббала», доходят до этого места, в них как бы происходит какой-то перелом, и им приходится все изучать заново. Этот перелом не случайный, так как начиная от Ц"Б и дальше мы начинаем изучать истоки нашей души. Ц"А и его следствия к нашей душе прямого отношения не имеют. Только начиная с первого парцуфа, возникшего на основе Ц"Б – мира Некудим и далее, мы начинаем видеть, как развивается наша душа, наши свойства, наши стремления, которые происходят от осколков общей души Адам Ришон. Конечно, законы Ц"А, не имея на нас прямого действия, оказывают общее влияние на все Мироздание.

Некудот дэ-СА"Г, спустившись под табур, получили при этом дополнительные желания (далет/гимел), на которые у них не было достаточного экрана, т.е. сил сопротивляться им. Возник избыток эгоистических желаний и, как следствие этого, подъем малхут в бина до верхней трети тифэрэт. Теперь свет не может распространиться ниже парсы.

Для того чтобы свет мог распространиться от табура и до парсы, СА"Г должен сделать предварительный расчет в рош. Для этого он поднимает экран из пэ до никвей эйнаим (границы между ГА"Р дэ-бина и ЗА"Т дэ-бина дэ-рош, т.е. между отдающими и получающими сосудами), в рош СА"Г над табуром А"К, рассчитывая при этом, что ив гуф дэ-Некудим под табуром А"К свет распространится только до парса. На этом месте появляется парцуф, который называется катнут мира Некудим. У него есть две головы (кэтэр и Аба ве Има) и гуф – ЗО"Н. Обе головы повернуты спиной друг к другу (такое состояние называется «ахор бэ ахор»). В духовном мире есть такое понятие, как сочетание парцуфим между собой. В десяти сфирот каждого парцуфа, когда свет постепенно распространяется из одной сфиры в другую, верхняя часть сфиры получающая, средняя она сама, а нижняя отдает свет следующей сфире.

Аба ве Има мира Некудим расположены по отношению друг к другу спина к спине (ахор бэ ахор), имеется в виду, что у обоих отсутствует свет хохма, и второе объяснение, что получили исправление, называемое «ахор бэ ахор», или «ки хафец хэсэд», т.е. имеет только свет хасадим.

Обычно словом «ахораим» (задняя часть) обозначают ту часть, которую не используют или ради получения, или ради отдачи. «Паним», лицо – смысл противоположный – используемое качество. Исправление «ахор бэ ахор» называется также «исправление ахораим дэ-Има», являющиеся бина прямого света, не желающая света хохма, а только хасадим.

Аба ве Има – это З"А, бхинат ВА"К – отсутствует свет хохма, но благодаря полученному исправлению не желают хохма, а только хасадим, поэтому считаются рош и ГА"Р. Этот тикун получили через захар, имеющей бэт дэ-итлабшут. Аба ве Има – бхинат алеф дэ-авиют включились в бэт дэ-итлабшут, поэтому, когда произошел зивуг на их бхинот, включились в зивуг также качеством «ки хафец хэсэд».

В мире Некудим происходит то же самое. Два объекта могут находиться в четырех состояниях: ахор бэ ахор, ахор бэ паним, паним бэ ахор, паним бэ паним. Когда Аба ве Има находятся ахор бэ ахор, то и Аба ничего не хочет дать Има, и Има не желает ничего получить от него. Только в состоянии паним бэ паним можно передать свет от Аба к Има. Есть два вида зивугим: духовный, в результате которого не рождается новый парцуф, и «телесный», когда происходит рождение следующего парцуфа.

Состояния катнут и гадлут в мире Некудим

עה) באופן שיש כאן ג׳ מדרגות זה תחת זה: א. הוא הכתר דנקודים,
שיש לו קומת ו״ק דבינה; ב. הוא קומת או״א דנקודים, שיש להם קומת ז״א.
והם שניהם בחינת ראש; ג. הוא ז״ת דנקודים חג״ת נהי״מ, שהם בחינת הגוף
דנקודים.

75. *Здесь мы говорим о трех ступенях, находящихся одна под другой в мире Некудим:*

- *Кэтэр мира Некудим имеет уровень ВА"К дэ-бина;*
- *Аба ве Има, имеющие уровень З"А – это две головы;*
- *третья – ЗА"Т, или ХаГа"Т НеХИ"М – это гуф дэ-Некудим.*

Вспомним, что Гальгальта – кэтэр имеет решимот далет/далет (4/4), А"Б – хохма имеет решимот далет/гимэл (4/3), СА"Г – бина имеет решимот гимел/бэт (3/2). Следующий парцуф – это мир Некудим, который является парцуфом З"А, или М"А (усеченным, впрочем, из-за Ц'Б). Так вот, Аба ве Има и ЗО"Н мира Некудим как раз и являются этим самым общим З"А мира Адам Кадмон.

Отметим, что в состоянии катнут мир Некудим – это не более чем четвертый парцуф (З"А) мира А"К. Кэтэр же мира Некудим представляет собой ВА"К дэ-бина – переходную ступень между парцуфом бина (СА"Г) и парцуфом З"А (мир Некудим).

Раньше мы не обращали внимания на то, что у парцуфа есть две головы, хотя это присутствует в каждом парцуфе. Так как есть два вида решимот – итлабшут и авиют, т.е. и два зивуга, а следовательно, и две головы. Но раньше они не играли большой роли, и мы о них не упоминали. Здесь же, в состоянии катнут Некудим, они играют особую роль и очень важны.

Постараемся научиться «примерять» на себя законы устройства духовных миров. Есть душа, человек. Но раньше на любые его желания у него был экран, с помощью которого он мог принять определенное количество света ради Творца, а сейчас он заранее не может использовать все желания ради Творца, потому что среди них есть и те, которые хотят получать ради себя. Поэтому он ими не пользуется, отставляет в сторону, а работает только с альтруистическими желаниями: кэтэр, хохма, бина, хэсэд, гвура и часть тифэрэт.

Сейчас появляются основы для возникновения исполнительных желаний-заповедей – они относятся к сфирот, находящимся выше парсы, и запретительных желаний-заповедей, которые относятся к сфирот, находящимся ниже парсы. Когда в Конце Исправления у парцуфа появится экран и на запретительные желания, и они превратятся в исполнительные, то он сможет полностью наполниться светом.

Свет – это наслаждение. Если я получаю и наслаждаюсь – то это эгоизм. Если же я наслаждаюсь, отдавая, то это тоже эгоизм, но уже «другого сорта». Под парсой после Ц"Б нет ни ор хохма, ни ор хасадим, там абсолютная тьма. Когда же под парсой образуются миры Брия, Ецира и Асия, то в них появляется определенный свет – ор толада, т.е. слабое свечение, предназначенное для духовного рождения и исправления, но не для наслаждения.

За 6000 лет-ступеней мы переходим барьер, отделяющий нас от духовных миров, и поднимаемся до парсы, затем приходит Машиах, высший свет, который там существует, и оживляет мертвые, эгоистические желания и исправляет их, тогда их тоже можно будет удовлетворять, получая свет-наслаждение. Это и есть «воскрешение мертвых».

Следует подчеркнуть, что создание миров, а именно этот процесс мы сейчас изучаем, принципиально отличается от создания душ. Строго говоря, миры вообще не являются Творением, это, по сути, лишь ступени скрытия Творца, как бы неживые объекты, роботы.

Только человек оживляет их, поднимаясь по этим ступеням, он превращает их из ступеней скрытия в ступени раскрытия Творца. Мы об этом уже говорили, но это так важно, что об этом стоит вспоминать вновь и вновь.

Сейчас, когда мы учим создание миров, мы изучаем создание духовной среды, в которой потом будут обитать души. Миры способствуют созданию души Адам Ришон. Затем его душа разбилась на множество осколков, каждый из которых представляет собой человеческую душу, которая, пройдя свое исправление, сможет получать свет, срывая ослабляющие сферы и поднимаясь вверх.

Парса называется точкой будущего мира. Сиюм Гальгальты называется точкой этого мира. Разница между этими двумя точками – расстояние, где располагаются миры БЕ"А. Мир Ацилут называется Ган Эден.

В нашем мире перед нами стоит задача, как приобрести отдающие сосуды (Г"Э). Этого мы достигаем пересечением барьера (махсома) и продвижением до парсы. Только в мире Ацилут мы начинаем исправлять и сосуды получения (АХА"П). Это значит, что за 6000 лет-ступеней мы только приобретаем альтруистические желания.

Выйдя в VII тысячелетие, в мир Ацилут, мы можем постепенно исправлять эгоистические желания. Это называется воскрешением мертвых эгоистических желаний, которые раньше были запрещены к использованию. На это уходит еще 4 тысячи лет. Десятое тысячелетие уже относится к тайнам Торы, о которых нельзя говорить. В духовном нет времени в нашем понимании. Так называемое тысячелетие можно пройти и за один день, если только сделать соответствующие исправления. Духовная ступень называется годом, потому что при прохождении ступени желания души человека совершают полный цикл изменений.

Мы изучаем самую необходимую науку в жизни, через которую познаются и все другие. Представьте себе пустое пространство, в котором появляется ваше «я». Это «я» состоит из органов чувств, возможности что-то ощутить. То, что ты ощущаешь внутри своих органов чувств, называется твой мир. А кто тебе дает это ощущение? Творец. Он возникает непонятно откуда, существует снаружи, а ты можешь ощутить Его только внутри себя.

Люди отличаются друг от друга разным набором желаний насладиться. У одного преобладает желание к власти, у другого к деньгам. Один хочет больше животных наслаждений, другой тянется к науке. В духовном мире тоже существуют аналогичные закономерности. Нельзя «войти» в духовную сущность другого.

Поэтому никогда нельзя сравнивать свое ощущение с ощущением другого, потому что каждый пропускает его через свой набор желаний. Мы не можем сравнить ощущения разных людей от приема одной и той же пищи, хотя она и там, и здесь будет, например, сладкой. Общим для всех является только свет Творца.

То, что необходимо для существования, не считается эгоизмом, а потребности у разных людей различны. Если бы я был доволен тем, что мне ничего не нужно для существования, то я был бы свободен от всего и независим, но мне приходится какое-то время уделять на удовлетворение потребностей моего тела, потому что меня таким создал Творец, хотя это и не считается эгоизмом, но я был бы рад и этого не делать, но это от меня не зависит.

Эгоизм – это выполнение согласно своему желанию. И тут человек сам должен определить, что для него является необходимым для существования его тела, а что излишним, идущим на удовлетворение его эгоистических желаний. Но главное, к чему нужно стремиться, – это ощутить Творца. Постепенное ощущение Творца даст нам силу, уверенность и возможность идти вперед, правильно оценивая существующую ситуацию.

Каббала не делает из человека фанатика и не обязывает от чего-то отказываться. Наоборот, она желает привести нас к полнейшему совершенству и наслаждению. Только те мысли, которые возникают у вас при чтении правильного текста с объяснением истинного Учителя, могут привести к нужному результату. Если при отрыве от книги ваши мысли отвели вас от Каббалы, считайте, что вы находитесь уже вне ее.

Каббала приводит нас к такому состоянию, когда уже ощущается точка в сердце, когда оцениваешь себя не с точки зрения эгоистических желаний, а согласно пониманию Мироздания и своего местонахождения в нем, т.е. с точки зрения альтруизма. И тогда возникает противоречие между эгоизмом и альтруизмом, которое приводит к тому, что человек кричит Творцу с просьбой о помощи, чтобы Он избавил его от эгоизма.

В каждом парцуфе есть рош дэ-итлабшут и рош дэ-авиют. В рош дэ-итлабшут есть информация о том, какой свет был в предыдущем парцуфе, а в рош дэ-авиют известно, какой масах есть в настоящий момент. Эти два вида информации являются единственным, что вообще существует в Мироздании: сила света и сила кли. Они дают нам два вида понятия о силе наслаждения в свете Творца и силе экрана в кли. Затем, после такого расчета в голове, сосуд получает в свой гуф какую-то часть света ради Творца.

Как уже было сказано, в мире Некудим рош дэ-итлабшут называется кэтэром, а рош дэ-авиют – Аба ве Има. Но в этом мире есть еще и третья голова – ИШСУ"Т, но мы ее обычно не учитываем, потому что она относится к Ц"А, находится над табуром и считается частью СА"Г. Кэтэр и Аба ве Има уже относятся к Ц"Б.

На каждое решимо должна родиться мысль, которая затем воплощается в действие. Мысль, которая родилась на основании предыдущего наслаждения, решимо дэ-итлабшут, рош кэтэр, не может сейчас ни во что воплотиться из-за отсутствия на это экрана. И только в результате зивуга на решимо дэ-авиют может возникнуть тело парцуфа, т.е. действие.

Мир Некудим состоит из рош Кэтэр, рош Аба ве Има и тела – ЗО"Н, которые включают в себя семь сфирот. АХА"П дэ-ЗО"Н находится под парса и присоединяется к парцуфу только в состоянии гадлут. Но при этом АХА"П передают свои эгоистические желания даже альтруистическим сосудам, т.е. Г"Э, что согласно Ц'А приводит к потере экрана, разбиению сосудов и исчезновению света. Остаются только пустые эгоистические желания.

Сейчас мы изучаем состояние катнут мира Некудим, возникшее в результате зивуга, произошедшего на решимот бэт/алеф. Мы сталкиваемся с совершенно новыми понятиями, которые приходится тщательно изучать, потому что на них построено наше кли, наша душа. Мы созданы на основе законов Ц"Б, и, преодолев 6000 лет-ступеней, мы проходим путь от нашего мира до парсы, а затем вступаем в мир Ацилут.

Схема Мироздания, описываемая каббалистами сверху вниз, и путь постижения человеком духовных миров снизу вверх проходят по одним и тем же ступеням. Собственно говоря, Творец и создал все духовные миры для того, чтобы они были ступенями постижения человека. Путь сверху вниз тщательно описан каббалистами, а путь постижения снизу вверх каждый человек постигает сам, его описать невозможно. Мы изучаем законы духовного Мироздания и обязаны их знать, если мы хотим существовать в духовном мире.

Законы Ц"Б – это и законы нашего мира, но мы их видим в материальном облачении: физическом, химическом, биологическом, в законах взаимодействия общества. Все эти законы предстают перед нами в чисто внешнем виде, но если покопаться в них, войти поглубже, то мы увидим, что они тоже построены на распространении света, образовании масаха и проч. Мы же с вами изучаем основополагающие законы мироздания, доходя до самых его глубин.

ע) ותדע, שמכח עלית המלכות לבינה, נבחנות אלו המדרגות דנקודים, שבעת יציאתן נתבקעו לב' חצאים, הנקראים "פנים" ו"אחורים". כי מאחר שהזווג נעשה בנקבי עינים, אין בראש אלא ב' ספירות וחצי, שהם גלגלתא ועינים ונקבי עינים, דהיינו כתר חכמה וחצי העליון דבינה. והם מכונים "כלים דפנים". והכלים דאח"פ, שהם חצי בינה התחתון וז"א ונוקבא, יצאו מהע"ס דראש ונעשים לבחינתה של המדרגה שלמטה מהראש, ועל כן אלו הכלים דראש, שיצאו לחוץ מהראש, נבחנים לכלים דאחורים. ועד"ז נבקעה כל מדרגה ומדרגה.

76. *И знай, что в результате подъема малхут в бину определяются все ступени Некудим. Кроме того, они разделяются на две половины, называемые «паним ве ахораим» («передняя» и «задняя» части парцуфа). После того как зивуг произошел в никвей эйнаим, в голове есть только две с половиной сфиры: Г"Э и никвей эйнаим, т.е. кэтэр, хохма и верхняя треть бины – это и есть келим дэ-паним. АХА"П, который состоит из нижних двух третей бины, З"А и нуквы (малхут), вышел за пределы десяти сфирот дэ-рош и называется теперь келим дэ-ахораим, на которые расчет во время зивуга не делается. По такому же принципу разделилась каждая последующая ступень.*

Итак, на АХА"П нельзя делать зивуг дэ-акаа, нельзя делать никакого расчета и получать свет. Этими сфирот нельзя пользоваться, так как они стоят под экраном. Принимаются в расчет только отдающие сосуды, находящиеся выше экрана. Соответственно этому в гуф парцуфа тоже заполняются только верхние две с половиной сфирот – кэтэр, хохма и ГА"Р дэ-бина. Такое состояние называется катнут, когда сосуды получения не используются, а работают только с отдающими сосудами.

Это аналогично тому, как хозяин выставляет перед гостем 10 различных блюд, но гость говорит ему, что всем этим изобилием блюд он может только зрительно наслаждаться, ничего не получая, будучи этим подобен дающему, а получить ради хозяина, согласно силе сопротивления своему эгоизму, сможет только два вида салата.

В парцуфе СА"Г, который ничего не хочет получать, все равно есть рош, тох и соф. Ничего не получая, он испытывает огромное наслаждение от связи с Творцом, оттого что Он ему раскрывается. Так как СА"Г по своим свойствам подобен Творцу, в нем распространяется ор хасадим. Возникает вопрос: а нужно ли делать зивуг дэ-акаа на ор хасадим? Раньше мы сталкивались только с зивугом дэ-акаа на ор хохма.

Оказывается, на ор хасадим тоже нужно делать зивуг. Ведь как мы уже говорили, свет Творца един, и только сосуд в зависимости от своих свойств различает в нем те или другие виды удовольствия. А раз есть экран и зивуг дэ-акаа, т.е. рош, тох, соф келим, в которых распространяется ор хасадим, называются Г"Э – кэтэр, хохма и ГА"Р дэ-бина (отдающие сосуды), в АХА"П же свет не распространяется.

Творец создал десять сфирот. Они никуда не пропадают. Все зависит только от силы нашего экрана и способности с ним работать. Сейчас экран ослабел, он может работать только с келим дэ-паним (отдающими сосудами). Келим дэ-паним есть в рош, тох и соф. А с келим дэ-ахораим (сосудами получения), которые тоже есть там, мы работать не можем. Поэтому экран поднимается из пэ в никвей эйнаим. Весь парцуф как бы принимает другой вид: пэ находится в никвей эйнаим, табур теперь находится там, где раньше было пэ, а соф находится в месте хазе. Таким образом, после Ц"Б парцуфим используют только наиболее высокие – отдающие части своих желаний. Свет, который их наполняет при этом, соответственно, гораздо меньше, чем тот, который наполняет парцуфим в Ц"А, согласно закону об обратной зависимости между использованием келим и наполнением светом (чем более низкие, грубые келим использует парцуф, тем более высокий свет его наполняет). И именно благодаря поднятию экрана, приводящему к использованию только отдающих келим, парцуф может целиком опуститься под табур Гальгальты и работать с грубыми желаниями, представленными там, используя только отдающую часть каждого из них. Парцуфим мира А"К не способны использовать эти грубые желания, поскольку они делают расчет и на отдающую, и на получающую их части вместе. Только для передачи света нижним парцуфим, работающим в Ц"Б, парцуфим мира А"К могут спуститься под табур, поскольку при этом они производят расчет не на себя, а на того, на кого влияют.

Понятия «паним» и «ахораим» соответственно: паним – важная стадия, ахораим – менее важная. Паним используется в отдаче или получении. Ахораим – стадия, в которой нет использования на отдачу или на получение.

עז) ונמצא לפי"ז, שאין לך מדרגה, שאין בה פנים ואחורים. כי האח"פ דקומת זכר, שהם הכתר דנקודים, יצאו ממדרגת הכתר וירדו למדרגת או"א דנקודים, שהם קומת הנקבה. ואח"פ דקומת הנקבה, שהם או"א דנקודים, ירדו ונפלו למדרגת הגוף שלהם, דהיינו למדרגות ז"ס חג"ת נה"י דנקודים. ונמצא, שאו"א כלולים מב' בחינות פנים ואחורים, כי בפנימיותם נמצאים אחורים של מדרגת הכתר, דהיינו האח"פ דכתר, ועליהם מלביש הכלים דפנים דאו"א עצמם, דהיינו גלגלתא ועינים ונקבי עינים שלהם עצמם. וכן הז"ת דנקודים כלולים מפנים ומאחורים. כי הכלים דאחורים דאו"א, שהם אח"פ שלהם, נמצאים בפנימיות הז"ת. והכלים דפנים דז"ת נמצאים מלבישים עליהם מבחוץ.

77. Не существует ступени в мире Некудим, в которой не было бы разделения на паним и ахораим. Так, АХА"П кэтэра, т.е. захар дэ-Некудим, спустился на ступень паним рош Аба ве Има, т.е. на уровень нэкева. А АХА"П, т.е. ахораим некейвы Аба ве Има, спустился на ступень гуф, т.е. в ХаГа"Т НеХИ"М дэ-Некудим. Таким образом, и кэтэр, и Аба ве Има состоят из двух частей: паним ве ахораим. Другими словами, паним Аба ве Има надеваются на ахораим дэ-кэтэр, которые спустились сверху. А ахораим дэ-Аба ве Има, которые спустились в гуф, составляют его внутреннюю часть, на которые сверху надеваются паним дэ-гуф.

Например, в голове было пять мыслей и, соответственно им, пять желаний в теле получить наслаждение от света, находящегося в голове. Теперь осталось только две с половиной мысли в голове и, соответственно, два с половиной желания получить наслаждение. Остальные желания находятся внутри нижней ступени, и ими не пользуются.

עח) וענין זה דהתחלקות המדרגות לב' חצאים גרם ג"כ, שאי אפשר להיות בכל אלו המדרגות דנקודים יותר מבחינת נפש רוח, דהיינו ו"ק בחסר ג"ר. כי מתוך שחסר בכל מדרגה ג' הכלים בינה וזו"ן, הרי חסר שם ג"ר דאורות, שהם נשמה חיה יחידה (אות כ"ד). והנה נתבארו היטב הע"ס דקטנות נקודים, שהן ג' מדרגות הנקראות: כתר, או"א, ז"ת. ואין בכל מדרגה זולת כתר חכמה דכלים ונפש רוח דאורות, כי הבינה וזו"ן דכל מדרגה נפלה למדרגה שמתחתיה.

78. Разделение каждой ступени на две части способствовало тому, что теперь в каждой верхней части ступени имеются только света нэфеш и руах, т.е. ВА"К, и сосуды кэтэр, хохма и часть бины. Итак, в катнут мира Некудим имеется три ступени: кэтэр, Аба ве Има и ЗА"Т, т.е. сосуды кэтэр, хохма и часть бины, и света нэфеш и руах, так как ЗА"Т дэ-бина и ЗО"Н спустились с их уровня на нижнюю ступень.

ПОДЪЕМ МА"Н И ГАДЛУТ МИРА НЕКУДИМ

עלית מ"ן ויציאת הגדלות דנקודים

עט) ועתה נבאר הע"ס דגדלות הנקודים, שיצאו על המ"ן דרשימות של הזו"ן דא"ק שלמטה מטבורו (אות ע"א). ויש לידע מקודם ענין עלית מ"ן. כי עד עתה לא דברנו כי אם מעלית המסך דגוף לפה דראש דעליון, אחר שנזדכך. שעל הרשימות הנכללות בו, נעשה שם הזווג דהכאה, המוציאות קומת ע"ס לצורך התחתון. אמנם עתה נתחדש ענין עלית מיין נוקבין, כי אלו האורות שעלו מלמטה מטבור דא"ק לראש הס"ג, שהם הרשימות דזו"ן דגופא דא"ק, מכונים בשם "עלית מ"ן".

79. *А сейчас мы выясним, что такое 10 сфирот дэ-гадлут дэ-Некудим, которые вышли на МА"Н от решимот ЗО"Н дэ-А"К ниже табура. До сих пор мы не говорили о подъеме МА"Н. Речь шла о подъеме масаха дэ-гуф при его ослаблении из табура в пэ дэ-рош высшего и о том, что на решимот, которые были включены в масах, произошел в рош зивуг дэ-акаа, в результате которого возникли 10 сфирот нижнего парцуфа. Но сейчас поговорим о свете, который поднялся из-под табура дэ-А"К в рош дэ-СА"Г, т.е. о тех решимот ЗО"Н дэ-гуф мира А"К, которые и называются подъемом женских вод (мей нуквин), называемым «алият МА"Н».*

Алият МА"Н – это подъем желания, просьбы низшего к высшему о возможности сделать зивуг дэ-акаа, просьба, направленная от малхут к бине, или от души к Творцу, просьба заполнить хисарон, недостаток, исправить свое свойство получать – малхут и быть подобной бине – Творцу, т.е. желанию отдавать. Почему это называется женскими водами? Потому что это просьба о свете хасадим, альтруистическом желании.

В Мире Бесконечности Малхут тоже имела 10 сфирот, которые полностью были наполнены светом. Пожелав быть подобной Творцу, она вытолкнула 10 сфирот из себя, т.е. не пожелала их ощущать. Но от этого они не перестали существовать. Малхут либо хочет испытывать от них наслаждение, либо нет. Но свою природу она изменить не может.

После Ц"А в малхут создаются рош, тох и соф, она начинает рассчитывать, сколько сможет получить ради Творца. Образовался парцуф, в каждой из трех частей которого было по 10 сфирот. Соф образовался потому, что, начав рассчитывать свои возможности, малхут понимает, что не все из них совпадают с ее желаниями, что только 20 процентов своих желаний получить ради Творца она может наполнить светом, а остальные 80 процентов удовлетворить не может, делает на них соф и оставляет его пустым.

Так будет до Гмар Тикун, когда все 100 процентов желаний ради Творца можно будет заполнить Его светом. Тогда не будет нужна голова, не потребуются расчеты. Весь свет Творца малхут сможет получить без предварительных проверок своих сил. Не останется ни одного неисправленного желания. Ангел смерти станет ангелом святости. Останется только тох.

Но в ходе процесса исправления расчеты необходимы. Ограничения бывают количественные (Гальгальта, А"Б, СА"Г), когда свет принимается в каждую из 10 сфирот, но в определенном проценте (согласно закону Ц"А), а бывают и качественные, когда светом заполняются не все 10 сфирот, а только определенные из них, в зависимости от их свойств.

Такое качественное разделение произошло после Ц"Б. Когда наполняются только маленькие желания, желания отдавать, а с большими желаниями, желанием получать не работают, то такое состояние называется катнут. Света, наполняющие только маленькие желания, называются нэфеш и руах. В таком состоянии творение чувствует только свои две с половиной сферы из десяти, а с остальными оно не работает. Если же у творения появляются дополнительные силы, и оно может задействовать остальные сфирот в получении ради Творца, то оно переходит в состояние гадлут.

Переход из катнута в гадлут по законам Ц"Б мы сейчас рассматриваем. На всем протяжении нашего продвижения от ступени к ступени снизу вверх состояния катнут и гадлут будут попеременно сменять друг друга. Как только мы выходим из нашего мира в духовный, на первую его ступень, мы постепенно из состояния катнут перейдем в гадлут. И тут же АХА"П верхней ступени опять спустит нас в состояние катнут, но уже своей ступени, следующей, на которой мы потом снова должны будем достигнуть гадлута, чтобы спуститься в катнут новой ступени, следующей за этой, и т.д.

Все 6000 ступеней сверху вниз построены таким образом, что АХА"П высшей ступени находится в Г"'Э нижней, которая надета на него. Все ступени поэтому нанизаны одна на другую и составляют единую лестницу (сулам) от нижней точки творения к ее совершенству – Творцу. Благодаря такой тесной связи между АХА"П и Г"Э каждая душа может подниматься вверх, преодолевая ступень за ступенью до полного исправления. Такое продвижение можно грубо сравнить с работой перистальтики кишечника по продвижению пищи в нужном направлении путем сокращения мышц.

Любая верхняя ступень считается внутренней по отношению к нижней, так как она находится ближе к Творцу, у нее более сильный экран и более сильные желания под экраном. Поэтому ступени сверху вниз все более и более расширяются по типу пирамиды.

פ) ודע שמקורו של עלית מ"ן הוא מהז"א ובינה של הע"ס דאו"י (אות ה). ונתבאר שם, אשר הבינה, שהיא בחינת אור דחסדים, בעת שהאצילה את ספירת הת"ת, הנקרא בחי"ג, חזרה להתחבר עם החכמה, והמשיכה ממנו הארת חכמה בשביל הת"ת שהוא ז"א. ויצא הז"א בעיקרו מבחינת אור חסדים של הבינה ומיעוטו בהארת חכמה.

ומכאן נעשה קשר בין הז"א והבינה: שכל אימת שהרשימות דז"א עולות אל הבינה, מתחברת הבינה עם החכמה, וממשיכה ממנו הארת חכמה, בשביל הז"א. והעליה הזו של הז"א אל הבינה, המחברת אותה עם החכמה, מכונה תמיד בשם "עלית מ"ן". כי בלי עלית הז"א להבינה, אין הבינה נחשבת לנוקבא אל החכמה, בהיותה בעצמותה רק אור דחסדים ואינה צריכה לאור החכמה. ונבחנת שהיא תמיד אחור באחור עם החכמה, שפירושו, שאינה רוצה לקבל מהחכמה.

ורק בעת עלית הז"א אליה, חוזרת להעשות נוקבא לחכמה, כדי לקבל ממנו הארת חכמה, בשביל הז"א. הרי שעלית הז"א עושה אותה לנוקבא. לפיכך מכונה עליתו בשם "מיין נוקבין". כי עליתו דז"א מחזירה פנים בפנים עם

> החכמה, שפירושו שמקבלת ממנו כבחינת נוקבא מהדכר. והנה נתבאר היטב סוד עלית המ"ן.

80. И знай, что источником подъема МА"Н являются З"А и бина 10 сфирот ор яшар, т.е. еще до Малхут Мира Бесконечности. Там между ними произошло следующее: бина, которая представляет собой ор хасадим и бхину бэт, родив тифэрэт, или З"А (бхину гимел), снова соединилась с бхиной хохма, для того чтобы попросить ор хохма и затем передать его З"А, который состоит из ор хасадим и небольшого свечения ор хохма.

Таким образом, произошла связь между З"А и биной. Каждый раз, когда решимот З"А поднимаются в бину, она соединяется с хохмой и притягивает оттуда небольшое количество ор хохма для З"А. Такой подъем З"А в бину, который соединяет ее с хохмой, и называется подъем МА"Н. А без этого подъема бина сама не нуждается в хохме, ее суть – ор хасадим, и по отношению к хохме она всегда находится «ахор бэ ахор» (спина к спине), что говорит о том, что ей лично от хохмы ничего не нужно.

И только просьба З"А создает в бине необходимость получить ор хохма для него, превращает ее в нукву, поэтому этот подъем получает название «женские воды» (т.е. получающую сфиру) по отношению к хохме, разворачивая их из положения спина к спине в новое положение «паним бэ паним» (лицом к лицу).

Все наши исправления, все молитвы в течение 6000 лет происходят с помощью подъема МА"Н. Мы (т.е. души) являемся частями общей малхут, наша просьба об исправлении возбуждает малхут, она поднимается к бине, вынуждает бину получить ор хохма и через З"А передать малхут, от которой этот свет получают души. Такая цепочка идет снизу вверх как зов о помощи (подъем МА"Н) со стороны нуквы, и возвращается сверху вниз в виде ор хохма (мужские воды). Здесь все наши возможности духовного озарения, ощущения, раскрытия Творца. Эти два принципа мы должны постепенно выяснить.

Мы сейчас начинаем все ближе подходить к тому материалу, который непосредственно относится к нам, к нашим душам. Материал поначалу кажется сложным, несобранным, но через это надо пройти, со временем материал начнет откладываться на наших адекватных ощущениях.

> **פא)** וכבר ידעת שפרצוף ע"ב דא"ק הוא פרצוף החכמה. ופרצוף הס"ג
> דא"ק הוא פרצוף הבינה. דהיינו, שהם נבחנים לפי בחינה העליונה של
> הקומה שלהם. כי הע"ב שבחינה העליונה שלו הוא חכמה, נחשב לכולו
> חכמה. והס"ג, שבחינה העליונה שלו היא בינה, נחשב לכולו בינה. ולפיכך,
> בעת שהרשימות דזו"ן דגוף שלמטה מטבורו דא"ק, עלו לראש הס"ג, נעשו
> שמה למ"ן אל הס"ג, שבסבתם נזדווג הס"ג, שהוא בינה, עם פרצוף ע"ב,
> שהוא חכמה. והשפיע הע"ב להס"ג אור חדש לצורך הזו"ן, שלמטה מטבור
> שעלה שמה.
>
> ואחר שקבלו הזו"ן דא"ק אור חדש הזה, חזרו וירדו למקומם, למטה
> מטבור דא"ק. ששם נמצאים הע"ס דנקודים. והאירו את אור החדש תוך
> הע"ס דנקודים. והוא המוחין דגדלות של הע"ס דנקודים. והנה נתבאר
> הע"ס דגדלות, שיצאו על המין הב' דרשימות, שהם הרשימות דזו"ן שלמטה
> מטבור דא"ק (אות ע"א). אמנם המוחין דגדלות האלו גרמו לשבירת הכלים,
> כמ"ש להלן.

81. Мы уже знаем, что парцуф А"Б является парцуфом хохма, а парцуф СА"Г – парцуфом бина. И определяются они по самому высшему своему свойству. Так, А"Б имеет авиют гимэл и поэтому называется хохмой. СА"Г же имеет авиют бэт и называется биной. Когда решимот ЗО"Н дэ-гуф (З"А и малхут), которые находятся под табуром, поднялись в рош дэ-СА"Г (бину), этот процесс называют поднятием МА"Н в СА"Г, там происходит зивуг между СА"Г и А"Б (между биной и хохмой), в результате которого произошла передача ор хохма от А"Б к СА"Г.

Но после получения ЗО"Н «нового света» они снова спустились вниз под табур и осветили там 10 сфирот мира Некудим, что привело к возникновению 10 сфирот гадлут мира Некудим. Но, как мы потом узнаем, именно эти 10 сфирот дэ-гадлут способствовали разбиению келим.

Творец создал только желание насладиться. Мощность наполнения каждого такого желания светом и определяет суть парцуфа. И все сфирот каждого парцуфа имеют качества, соответствующие его сути. Например, 10 сфирот парцуфа А"Б управляются высшим его свойством – хохмой. Так, кэтэр в А"Б имеет свойство хохмы, хохма – тоже свойство хохмы и т.д. Парцуф СА"Г, который является парцуфом бины, имеет высшую сфиру кэтэр уже со свойством бина, а не хохма, как в А"Б.

Решимот, которые были получены Некудот дэ-СА"Г от НеХИ"М Гальгальты (З"А), требуют ор хохма, которого у СА"Г (бины) нет, поэтому он обращается к А"Б, получает ор хохма и делает на него зивуг. Свет от этого зивуга должен, согласно требованию решимот далет/гимэл НЕХИ"М Гальгальты, распространиться вниз по закону Ц"А от табура и до самой нижней точки. Отсюда мир Некудим получает гадлут, присоединяя к себе АХА"П, т.е. теперь он уже состоит из полных 10 сфирот и пользуется всеми своими желаниями.

Цимцум Бэт означает такое состояние, когда отказываешься что-либо получать и можешь только пассивно наблюдать. Если ты можешь удержаться в таком состоянии и не пользоваться получающими сосудами, то ты находишься в катнут. Это означает, что ты работаешь только с отдающими сосудами. В этом состоянии у тебя все же есть какая-то связь с Творцом хотя бы потому, что он тоже ничего не получает. Поэтому твои десять сфирот наполнены светом хасадим.

Гальгальта и А"Б получали, отдавая Творцу. СА"Г уже не мог получать, а только отдавал, вернее, мог пассивно существовать в духовном пространстве. Некудот дэ-СА"Г, являясь частью СА"Г, тоже существуют пассивно и ничего не хотят получать. Но когда к ним приходит наслаждение, большее, чем их экран, имеющий решимот бэт/бэт, они также заражаются этим желанием и не могут против него устоять.

Любой парцуф эгоистичен, но экран, который противостоит эгоизму, защищает парцуф от получения ради себя только с той силой, которая в нем имеется, но не более. При встрече парцуфа с наслаждением далет/гимэл экран сразу же теряет свою силу, и ему ничего не остается, кроме как стать рабом своих желаний и подчиниться им.

Разница между катнут и гадлут в том, что в состоянии катнут парцуф задействует половину из своих келим, Г"Э, и соответственно, если отсутствуют нэцах-ход-есод (АХА"П) келим, следовательно, отсутствуют ГА"Р светов. Даже если не было бы Ц"Б и зивуг на среднюю линию, не было бы больше алеф авиют и бэт итлабшут на ступени, определяемой как свет хасадим. А это называется «катнут».

В гадлут же используется авиют гимел, которая определяется как кли для света хохма. В этом случае отменяется Ц"Б, т.к. в нем возможно использование только келим ашпаа. То есть гадлут – это наполнение светом хохма.

Паним в кли называются чистые (осветленные) части кли, т.е. келим дэ-ашпаа, желания отдавать. Когда есть только такие келим, т.е. нет экрана на использование более эгоистических желаний, ахораим, такое состояние называется «катнут». Когда же есть масах на келим дэ-ахораим, желания получать свет хохма, то в кли входит внутренний свет, и это – свет гадлут.

פב) ונתבאר לעיל באות ע"ד, שיש ב' מדרגות בראש דנקודים, הנקראות כתר ואו"א. ולפיכך, כשהאירו הזו"ן דא"ק את אור החדש דע"ב ס"ג אל הע"ס דנקודים, האיר תחילה אל הכתר דנקודים דרך טבורו דא"ק, ששם מלביש הכתר, והשלימו בג"ר דאורות ובינה וזו"ן דכלים. ואח"כ האיר אל או"א דנקודים דרך היסוד דא"ק, ששם מלבישים או"א, והשלימם בג"ר דאורות ובינה וזו"ן דכלים.

82. Мы уже знаем, что в мире Некудим есть две головы: кэтэр и Аба ве Има. Когда новый свет хохма (А"Б-СА"Г) от рош дэ-СА"Г по просьбе ЗО"Н Гальгальты начал светить в десять сфирот мира Некудим, то он сначала входит в рош кэтэр через табур мира А"К. Мир Некудим заполняет рош кэтэр светом ГА"Р и поднимает сфирот бина и ЗО"Н (т.е. АХА"П) кэтэра, которые до этого момента были в рош Аба ве Има. Затем свет А"Б-СА"Г входит в рош Аба ве Има мира Некудим через есод дэ-А"К, заполняет их светом ГА"Р и поднимает наверх сфирот бина и ЗО"Н дэ-Аба ве Има, которые находились в ГА"Р дэ-гуф. Таким образом, обе головы кэтэр и Аба ве Има приходят в состояние гадлут.

Мы видим, что просьба, поднимающаяся от ЗО"Н, просьба творения к Творцу дать силы и возможность получить свет ради Него, впервые появляется после Ц"Б. Далее мы постоянно будем наблюдать просьбы низшего к Высшему, будем видеть эту связь, позволяющую включиться в общую систему Мироздания, быть подобной ей и стать постоянным ее партнером.

В духовном считается, что желание существует, если им можно пользоваться во Имя Творца, т.е. отдавая. Если же такого намерения нет, то можно сказать, что желание как бы отсутствует, потому что парцуф его подавляет. Любой парцуф состоит из десяти сфирот, десяти желаний, но если работают только с одним из них, то фактически существует только оно. А остальных нет, потому что они не участвуют в получении.

При гадлуте к желаниям кэтэр, хохма, бина, хэсэд, гвура, тифэрэт (катнут) присоединяются также и остальные четыре: нэцах, ход, есод, малхут. Эти желания подключаются потому, что на них появился антиэгоистический экран.

Когда нижняя часть тифэрэт, нэцах, ход, есод и малхут (АХА"П каждого парцуфа) не задействованы, то схематически они тоже не изображаются. В каждом парцуфе мира Некудим находятся только Г"Э, а его АХА"П спускаются в нижний парцуф и как бы скрыты внутри его Г"Э, которые надеты на них. Это значит, что когда свет А"Б-СА"Г наполняет Г"Э верхнего парцуфа и затем спускается вниз в Г"Э нижнего, то одновременно с этим свет попадает и в АХА"П, что означает равенство свойств Г"Э нижнего с АХА"П верхнего. Такое временное падение АХА"П необходимо для подтягивания Г"Э нижнего вверх вместе с подъемом самого АХА"П верхнего на свое место в состоянии гадлут. Г"Э нижнего объединяются с АХА"П верхнего на ступеньке нижнего парцуфа, т.е. в состоянии катнут. Происходит это благодаря тому, что у обоих есть общее намерение отдавать одному и тому же верхнему парцуфу. Общность намерения сохраняется и при поднятии их на уровень верхнего парцуфа, где они уже образуют полные 10 сфирот. Этот парцуф, образованный из Г"Э нижнего и АХА"П верхнего, новый в творении. Именно его образование зависит от духовной молитвы человека, в то время как верхний и нижний парцуфим заданы Творцом.

Таким образом, у нижнего есть возможность подняться на более высокий уровень с помощью верхнего, который временно уподобил себя, т.е. свои свойства нижнему. Эти же законы распространяются и на человеческие души. Главное ощутить высший парцуф в себе, приложить силы для этого в учебе, найти связь с ним, соединиться с ним настолько, что когда он будет увеличивать свой уровень, т.е. подниматься, то он, поднимая свои АХА"П, находящиеся в твоих Г"Э, сможет поднять и тебя на следующую степень.

Когда АХА"П верхнего парцуфа спускается в нижний, в его Г"Э, соединяясь с ними, это соединение происходит пока лишь только с точки зрения верхнего парцуфа. Теперь уже нижний должен приложить усилия, чтобы слиться с ним, чтобы предпочесть соединение с Творцом, несмотря на ту пустоту, ту незаполненность, которую он ощущает в АХА"П верхнего парцуфа. Более того, когда верхний парцуф начинает наполнять свой АХА"П светом, поднимая его, нижний парцуф должен тем не менее продолжать держаться за этот АХА"П не из-за наслаждения, которое теперь в нем чувствует, а из желания слиться с верхним парцуфом, уподобиться ему.

Это видно на примере дарования Торы. Желания Г"Э в парцуфе, в человеке, это желания, стремящиеся к Творцу. Они называются Исраэль (от ивритских слов – «яшар Эль» – «прямо к Творцу»). Весь процесс их возникновения, исправления и наполнения описан в Торе. Эта книга является инструкцией духовной работы. Все, описанное в ней, происходит в желаниях человека, в его сердце, в той его точке, которая называется его истинным «Я» и которая ищет лишь слияния с Творцом. Величайшим заблуждением является воспринимать эту книгу лишь исторически, хотя исторические факты также имели место, поскольку все в нашем мире является отражением духовных миров, находящихся в сердце человека. У горы Синай происходит лишь дарование Торы, света исправления, исходящего от АХА"П верхнего парцуфа. Воспринять его Исраэль (Г"Э нижнего парцуфа) еще не в состоянии. Дарование Торы уже произошло, а получение еще нет. Только лишь единственное желание в человеке, называемое Моше (Моисей), может подняться на Гору Синай, т.е. подняться над своими сомнениями и получить там Тору. Затем это желание тянет (мошех) за собой весь Израиль. Но сколько еще должно произойти войн, рождений и внутренней работы в сердце человека, пока не будет построен Храм – сосуд, пригодный для восприятия света Торы. На этом примере мы видим, что есть большая разница между спуском АХА"П верхнего парцуфа в Г"Э нижнего и тем состоянием, когда, благодаря своим усилиям, Г"Э нижнего будут слиты с этим АХА"П до такой степени, что верхний парцуф сможет всех их наполнить светом цели творения.

פג) ונבאר תחילה ענין הגדלות, שגרם אור חדש הזה אל הע"ס דנקודים. והענין הוא, כי יש להקשות על מ"ש באות ע"ד, שקומת הכתר ואו"א דנקודים היו בבחינת ו"ק, משום שיצאו על עביות דבחי"א. והלא אמרנו, שע"י ירידת הנקודות דס"ג למטה מטבור דא"ק, נתחברה הבחי"ד במסך דנקודות דס"ג שהוא בינה. הרי יש במסך הזה גם רשימו של בחי"ד דעביות. וא"כ היה צריך לצאת על המסך, בעת התכללותו בראש הס"ג, ע"ס בקומת כתר ואור היחידה, ולא קומת ו"ק דבינה בספירת הכתר, וקומת ו"ק בלי ראש באו"א?

והתשובה היא: כי המקום גורם! כי מתוך שהבחי"ד נכללה בבינה, שהיא נקבי עינים, נעלמה שם העביות דבחי"ד בפנימיות הבינה, ודומה כמו שאיננה שם. וע"כ לא נעשה הזווג, רק על הרשימות דבחי"ב דהתלבשות ובחי"א דעביות, שהם מעצם המסך דבינה לבד (אות ע"ד) ולא יצאו שם אלא אלו ב' הקומות: ו"ק דבינה וו"ק גמורים.

83. *Прежде всего выясним, что такое гадлут, переходу к которому способствовало распространение нового света (А"Б-СА"Г) в десять сфирот мира Некудим. Необходимо отметить, что ступени кэтэр и Аба ве Има мира Некудим были на уровне ВА"К, потому что имели авиют алеф. Но ранее мы говорили, что при спуске Некудот дэ-СА"Г (бина) под табур они смешались там с бхиной далет/гимэл НеХИ"М Гальгальты, а значит, в масахе, который поднялся в пэ дэ-рош, есть и решимо далет. Следовательно, после такого зивуга в рош дэ-СА"Г там должны были возникнуть десять сфирот мира Некудим уровня кэтэр со светом ехида, а не ступень ВА"К дэ-бина, как это произошло на самом деле.*

Дело в том, что при включении бхины далет в бину в никвей эйнаим сама бхина далет в зивуге как бы не участвует, она как бы аннулируется по отношению к бине, кроме того, зивуг произошел не в пэ дэ-СА"Г, а поднялся выше – в никвей эйнаим, туда, где произошел Ц"Б на бэт дэ-итлабшут и алеф дэ-авиют, что является сутью масаха бины. На этот зивуг вышли две ступени: одна – ВА"К дэ-бина (бэт дэ-итлабшут), а вторая – законченный ВА"К (алеф дэ-авиют, уровень З"А).

פד) ולפיכך עתה, אחר שהזו"ן דא"ק שלמטה מטבור המשיכו את האור החדש ע"י המ"ן שלהם מע"ב ס"ג דא"ק, והאירו אותו לראש דנקודים (אות פ"א), הנה מתוך שפרצוף ע"ב דא"ק אין לו שום נגיעה בצמצום ב' הזה,

שהעלה את הבחי"ד למקום נקבי עינים, ע"כ כשהאור שלו נמשך לראש הנקודים, חזר וביטל בו את הצמצום ב', שהעלה מקום הזווג לנקבי עינים, והוריד בחזרה את הבחי"ד למקומה לפה, כמו שהיתה בעת הצמצום הא', דהיינו במקום הפה דראש.

ונמצאו ג' הכלים אוזן חוטם ופה, שמסבת צמצום הב' נפלו מהמדרגה (אות ע"ו), הנה עתה חזרו ועלו למקומם למדרגתם כבתחילה. ואז ירד שוב מקום הזווג מנקבי עינים אל הבחי"ד במקום הפה דראש. ומאחר שהבחי"ד כבר היא במקומה, יצאו שם ע"ס בקומת כתר. והנה נתבאר, שע"י אור החדש, שהמשיך הזו"ן דא"ק אל הראש דנקודים, הרויח ג' האורות נשמה חיה יחידה, וג' הכלים אח"פ, שהם בינה וזו"ן, שהיו חסרים לו בעת יציאתו מתחילה.

84. Сейчас, после того как ЗО"Н мира А"К, которые находятся под табуром, с помощью подъема МА"Н вызвали новый свет от А"Б-СА"Г, этот свет осветил рош мира Некудим, аннулировав при этом Ц"Б из-за отсутствия какой-либо связи парцуфа А"Б с Ц"Б (его происхождение связано с Ц"А), при этом бхина далет дэ-А"К под табуром, которая поднялась в никвей эйнаим после Ц"Б, сейчас снова спустилась в пэ дэ-рош, как это было при Ц"А.

Поэтому сосуды АХА"П в рош дэ-СА"Г, которые из-за Ц"Б спустились со своего уровня под экран, сейчас снова поднялись наверх и заняли свое прежнее положение под сосудами Г"Э, а место зивуга спустилось с никвей эйнаим в пэ дэ-рош, бхину далет. Когда бхина далет очутилась на своем прежнем месте, это привело к появлению парцуфа с уровнем кэтэр и со светом ехида. Таким образом, с помощью нового света парцуф выиграл еще три вида света хохма: нэшама, хая и ехида и сосуды бина и ЗО"Н, отсутствовавшие у него в состоянии катнут.

Основной задачей является полное наполнение Малхут Мира Бесконечности светом. Малхут олицетворяет собою Гальгальту. Если бы удалось наполнить ее светом от пэ до табур и от табур до сиюма, то тогда наступило бы окончательное исправление. Но наполнить светом пока можно только часть малхут от пэ до табура по закону Ц"А. Заполнить же светом малхут от табура и ниже просто с помощью Ц"А, с помощью обычного зивуг дэ-акаа невозможно. Этого не смогли сделать ни Гальгальта, ни А"Б, ни тем более все последующие парцуфим, у которых экран был еще слабее, чем у Гальгальты.

Единственная возможность – это каким-то образом уподобить свойства малхут свойствам бины, смешать эгоистические сосуды НеХИ"М Гальгальты с альтруистическими сосудами СА"Г – бины, получить от них альтруистические свойства и постепенно начать наполнять исправленные сосуды светом.

Парцуф Некудот дэ-СА"Г, являясь промежуточным парцуфом между биной (СА"Г) и З"А (М"А, мир Некудим), с одной стороны, имеет свойства бины, с другой стороны, у него авиют алеф, поэтому он имеет и свойства З"А, точнее ВА"К, следовательно, у него есть определенное подобие свойств с НеХИ"М Гальгальты (З"А). Поэтому именно парцуф Некудот дэ-СА"Г пригоден для осуществления этой цели – заполнения светом Малхут Мира Бесконечности под табуром. Он спустился под табур и наполнил НеХИ"М Гальгальты светом хасадим.

Затем, как мы уже знаем, из-за проявления в нижней части Некудот дэ-СА"Г желания получить ради себя сработал закон Ц"А. Малхут тут же поднялась в тифэрэт (бину дэ-гуф) и ограничила поступление света в ее нижние две трети и НеХ"И. Новый цимцум получил название Ц"Б и разделил каждую ступень на ГА"Р и ЗА"Т, на Г"Э и АХА"П.

В результате Ц"Б происходит общее смешение свойств. СА"Г приобретает эгоистические свойства, а малхут – альтруистические сосуды. Общее смешивание свойств олицетворяет собою мир Некудим в катнуте, который говорит, что из всех желаний сейчас можно пользоваться только альтруистическими, т.е. Г"Э. Мир Некудим на самом деле тоже состоит из десяти сфирот, но из этих десяти своих желаний он может использовать только альтруистические, поэтому говорят, что у него есть только Г"Э.

После появления мира Некудим в состоянии катнут (экран стоит в никвей эйнаим, решимот бэт/алеф) его ЗО"Н поднимают МА"Н на решимот далет/гимэл с просьбой наполнить его желания. Для получения ор хохма и передачи его ЗО"Н, СА"Г обращается к А"Б, потому что только у парцуфа А"Б есть достаточно силы экрана работать с решимот далет/гимел.

Свет А"Б-СА"Г проходит через табур в рош кэтэр и рош Аба ве Има мира Некудим, диктуя там свои свойства, аннулирует Ц"Б, поднимает АХА"П к Г"Э в рош кэтэр и Аба ве Има и приводит их в состояние гадлут. Свет исправляет сосуды и дает возможность наполнить их. Таким же образом в дальнейшем будет происходить и исправление наших душ с помощью подъема МА"Н. Существуют всего три компонента в этом процессе: эгоистическое желание получить, созданное Творцом, экран и свет.

Весь процесс перехода Малхут Мира Бесконечности от первого состояния (полного заполнения светом) к третьему состоянию (Гмар Тикун) медленно проходит на протяжении 6000 ступеней. Этот процесс является второй стадией, стадией постепенного исправления сосудов и порционного заполнения их светом. Каббала – это практическая наука, которая как раз и занимается наполнением желаний светом. Как и у других наук, у нее есть свой инструмент, называемый экран, и способы его построения, так называемые «бирур» (выяснение) и «тикун» (исправление). Экран является не только инструментом, сосудом наполнения, в нем также хранятся решимот – информация о предыдущем состоянии.

Каждый духовный объект может существовать только тогда, когда он имеет полную информацию о своих предыдущем и настоящем уровнях и о свете, который наполнял прежний парцуф (предыдущее состояние, решимо дэ-итлабшут), и о силе экрана, решимо дэ-авиют, которое уже относится к настоящему состоянию.

Раньше мы никогда не сталкивались с тем, что сверху вдруг приходит какой-то дополнительный свет и дает возможность сосуду себя как-то менять. Парцуф, находящийся в состоянии катнут, наполненный ор хасадим, не может сам ничего изменить, родить новое состояние. Это способен сделать только парцуф с ор хохма.

Гальгальта над табуром уже исчерпала все свои решимот в результате зивугим, на которые возникли пять парцуфим мира А"К. Под табуром находится в настоящее время мир Некудим в катнуте и решимо далет/гимэл на четыре неиспользованных желания после Ц"Б. И сейчас эти сосуды хотят получить свет, так как они ощущают его недостаток, имея незаполненные желания. Они требуют у высшего парцуф ор хохма. Но для этого сосуд должен приобрести экран с силой сопротивления, способной противостоять своим эгоистическим желаниям, т.е. приобрести намерение получать ради Творца.

Для исправления сосудов мира Некудим, СА"Г обращается к А"Б, получает у него ор хохма, затем передает в Некудим объединенный ор хохма-хасадим (А"Б-СА"Г), который является не светом наслаждения, а светом исправления, это значит, что он дает возможность получения ради Творца даже эгоистическим сосудам.

Как вообще такой свет может войти в эгоистические сосуды при действии закона Ц"А, запрещающего свету войти в сосуд без экрана? Свет А"Б-СА"Г действует так: он позволяет сосуду издали увидеть величие Творца. Такое внешнее ощущение величия духовного дает сосуду возможность действовать альтруистически.

Ор А"Б-СА"Г – это очень специфический свет, о котором мы еще будем говорить. СА"Г обращается к А"Б, потому что у него самого нет ор хохма. Ор А"Б-СА"Г – это свет исправления творения. Чтобы исправиться, необходимо знать, что такое исправление, что значит быть наполненным мудростью, познанием. Вся эта информация находится в свете А"Б. Чтобы развернуть перед нижним парцуфом всю палитру духовного постижения, необходим как свет А"Б, так и свет СА"Г.

Малхут Мира Бесконечности, с тех пор как была полностью опустошена, совершая каждое новое действие ради Творца, все больше накапливает альтруистические свойства. Это и есть парцуфим Гальгальта, А"Б, СА"Г. Казалось бы, она все больше и больше должна приближаться к Творцу. Рождение каждого нового парцуфа – это как бы рождение нового альтруистического действия малхут. Но на самом деле каждое новое действие вроде бы все больше и больше удаляет малхут от Творца. А может быть, это не удаление, а приближение? С одной стороны, чем дальше от Творца, тем парцуф становится все более самостоятельной личностью. Но в этом и его слабость, он меньше видит Творца, меньше чувствует силу Его света.

Любое действие в духовном совершенно и должно все более приближать к совершенству. Малхут сейчас реализует цель Творца: полностью наполниться Его светом. Значит, каждое новое действие должно приближать ее к этой цели и должно быть лучше предыдущего. А сейчас происходит все большее и большее раскрытие свойств сосудов, все большее удаление малхут от Творца по свойствам, но именно это и положительно с точки зрения самопознания малхут. Однако познать себя можно с помощью большого света, но в каждом последующем парцуфе света все меньше и меньше.

Рассматривать явление в целом можно только суммируя все действия вместе. На все надо смотреть со стороны Творения, т.е. Малхут Мира Бесконечности. Сначала она, превращаясь во все новые и новые миры и парцуфим, все больше и больше удаляется от Творца. Потом, дойдя до точки нашего мира, превратившись в человеческую душу, она начинает подниматься вверх, теперь она уже является инициатором всех действий. А сверху вниз проявляются исключительно действия Творца.

פה) ונתבאר היטב הקטנות והגדלות דנקודים. אשר צמצום הב׳, שהעלה את ה״ת, שהיא בחי״ד, למקום נקבי עינים, ונגנזה שם, גרם לקומת הקטנות דנקודים, שהוא קומת ו״ק או ז״א באורות דנפש רוח, והיו חסרים שם בינה וזו״ן דכלים ונשמה חיה יחידה דאורות. וע״י ביאת אור חדש דע״ב ס״ג דא״ק אל הנקודים, חזר הצמצום א׳ למקומו. וחזרו הבינה וזו״ן דכלים לראש, כי ה״ת ירדה מנקבי עינים וחזרה למקומה למלכות, הנקראת ״פה״.
ואז נעשה הזווג על בחי״ד, שחזרה למקומה. ויצאו הע״ס בקומת כתר יחידה. ונשלמו הנרנח״י דאורות והכח״ב זו״ן דכלים. ולשם הקיצור מכאן ואילך: נכנה להצמצום ב׳ והקטנות בשם ״עלית ה״ת לנקבי עינים וירידת אח״פ למטה״, ואת הגדלות נכנה בשם ביאת אור דע״ב ס״ג, המוריד ה״ת מנקבי עינים ומחזיר האח״פ למקומם.
גם תזכור תמיד שגו״ע ואח״פ הם שמות דע״ס כח״ב זו״ן דראש, והע״ס דגוף מכונים בשם חג״ת נהי״מ. וגם הם נחלקים לפי גו״ע ואח״פ, כי החסד וגבורה ושליש עליון דת״ת עד החזה - הם גלגלתא ועינים ונקבי עינים, וב״ש ת״ת ונהי״מ הם אח״פ.
גם תזכור, שגלגלתא ועינים ונ״ע או חג״ת עד החזה הם מכונים כלים דפנים, ואח״פ או ב״ש ת״ת ונהי״מ שמחזה ולמטה מכונים כלים דאחורים, וכן תזכור ענין בקיעת המדרגה, שנעשה עם צמצום ב׳, אשר לא נשאר בכל מדרגה רק הכלים דפנים לבד. וכל תחתון, יש בפנימיותו הכלים דאחורים של העליון (אות ע״ז).

85. *Мы выяснили, что такое катнут и гадлут мира Некудим, когда Ц"Б, поднявший малхут в никвей эйнаим и скрывший ее там, способствовал появлению мира Некудим в катнут, т.е. в стадии, имеющей сосуды кэтэр, хохма и ГА"Р дэ-бина и света нэфеш-руах, когда отсутствуют*

сосуды ЗА"Т дэ-бина и ЗО"Н и света нэшама, хая и ехида. А затем с приходом нового света А"Б-СА"Г из мира А"К в мир Некудим возвратилось состояние Ц"А, в результате чего сосуды ЗА"Т дэ-бина и ЗО"Н в рош присоединились к вышестоящим сосудам, экран спустился с никвей эйнаим в пэ.

Тогда произошел зивуг на бхину далет, которая возвратилась на свое место (т.е. в пэ дэ-рош), приведший к возникновению десяти сфирот с уровнем кэтэр. С этого момента Ц"Б и катнут определяются как поднятие малхут в никвей эйнаим и падение АХА"П вниз. А гадлут характеризуется приходом света А"Б-СА"Г, спуском малхут на свое прежнее место, как при Ц"А и подъемом АХА"П вверх.

Как уже было сказано выше, Г"Э и АХА"П – это имена десяти сфирот КаХа"Б ЗО"Н дэ-рош. Десять сфирот дэ-гуф, соответственно, называются ХаГа"Т НеХИ"М, которые также делятся на свои Г"Э (хэсэд, гвура и верхняя треть тифэрэт до хазе) и АХА"П (две нижние трети тифэрэт и НеХИ"М).

Помни также, что Г"Э (ХаГа"Т до хазе, грудь) еще называются **паним** (лицо, передняя часть). А АХА"П (две трети тифэрэт и НеХИ"М) называются **ахораим** (задняя часть). Необходимо также помнить о разделении ступеней после Ц"Б, когда на каждой ступени остались только Г"Э, а АХА"П этой ступени упали в Г"Э нижней ступени, чьи АХА"П в свою очередь упали в Г"Э еще более нижней ступени.

НЕКУДОТ: ХОЛАМ, ШУРУК, ХИРИК

ביאור ג' הנקודות חולם שורק חירק

פו) דע, שהנקודות נחלקות לג' בחינות ראש תוך סוף, שהם: נקודות
עליונות, שממעל לאותיות, הנכללות בשם "חולם", ונקודות אמצעיות,
שבתוך האותיות, הנכללות בשם "שורק" או "מלאפום", דהיינו ו' ובתוכה
נקודה, ונקודות תחתונות, שמתחת האותיות, הנכללות בשם "חירק".

86. Знай, что некудот (точки) делятся на три вида:
рош, тох, соф. Верхние некудот, которые находятся над
буквами в виде точки, называются рош, или **холам**. Средние некудот, которые находятся внутри букв в виде вав с
точкой, называются тох, или **шурук**. Нижние некудот, которые находятся под буквами, называются соф, или **хирик**.

פז) וזה ביאורם. כי אותיות פירושם כלים, דהיינו הספירות דגוף. כי הע"ס
דראש הם רק שרשים לכלים ולא כלים ממש. ונקודות פירושם אורות,
המחיים את הכלים ומנענעים אותם. והיינו אור החכמה, הנקרא "אור חיה".
והוא בחינת אור חדש, שהזו"ן דא"ק קבלו מע"ב ס"ג והאירו להכלים דנקודים,
והורידו את ה"ת בחזרה לפה דכל מדרגה, והשיבו להמדרגה את האח"פ דכלים
וג"ר דאורות. הרי שאור הזה מנענע הכלים דאח"פ ומעלה אותם מהמדרגה
שלמטה, ומחבר אותם לעליונה כבתחילה, שז"ס "נקודות המנענעות
להאותיות". וזה האור להיותו נמשך מע"ב דא"ק, שהוא אור חיה, ע"כ הוא
מחיה לאותם הכלים דאח"פ ע"י התלבשותו בתוכם.

87. Буквы – это сосуды, т.е. сфирот дэ-гуф. Десять сфирот рош называются только корнями сосудов, а не самими
сосудами. Некудот – это света, оживляющие эти сосуды.
Поэтому ор хохма называется светом жизни (ор хая). Это
новый свет А"Б-СА"Г, который проходит через ЗО"Н мира
А"К, освещает сосуды мира Некудим, способствуя спуску

Некудот: холам, шурук, хирик

малхут из никвей эйнаим в пэ в каждой ступени и возвращает этим АХА"П, в результате этого все света становятся на свои места. Этот свет возвращает келим из состояния Ц"Б в состояние Ц"А, из катнута в гадлут. Так, свет А"Б-СА"Г оживляет и возбуждает сосуды, одеваясь в них.

В мире Некудим в состоянии катнут Аба ве Има надевались на АХА"П кэтэра, ЗО"Н надевались на АХА"П Аба ве Има, а АХА"П дэ-ЗО"Н находились под парса. Такое состояние произошло после зивуга в никвей эйнаим рош дэ-СА"Г. Сейчас под влиянием нового света А"Б-СА"Г экран в рош дэ-СА"Г спустился с никвей эйнаим в пэ дэ-рош и сделал там зивуг с ор хохма А"Б. Прежде всего свет спустился в рош кэтэр и присоединил к кэтэру его АХА"П и свет ГА"Р. Этот свет дал понять сосуду, что такое Творец. Сосуд полностью проникается альтруизмом и может теперь работать со всеми своими десятью желаниями, делая на них зивуг дэ-акаа. Таким образом сосуд переходит из состояния катнут в состояние гадлут.

פח) וכבר ידעת, שהזו"ן דא"ק האירו את אור החדש הזה להע"ס דנקודים דרך ב' מקומות: דרך הטבור האיר להכתר דנקודים, ודרך היסוד האיר לאו"א דנקודים. ותדע, שהארה דרך הטבור מכונה בשם "חולם", המאיר לאותיות מלמעלה מהם.

והוא מטעם, שהארת הטבור אינו מגיע אלא לכתר דנקודים, שהוא קומת הזכר דראש הנקודים (אות ע"ד). וקומת הזכר אינו מתפשט לז"ת של הנקודים, שהם הכלים דגוף שנקראים "אותיות". לפיכך נבחן שהוא מאיר אליהם רק ממקומו למעלה ואינו מתפשט באותיות עצמם. וההארה דרך היסוד מכונה בשם "שורק". דהיינו ו' עם נקודה שהיא עומדת תוך שורת האותיות. והטעם, כי הארה זו מגיע לאו"א דנקודים, שהם קומת הנקבה דראש הנקודים, שאורותיה מתפשטים גם לגוף, שהם הז"ת דנקודים, הנקראים "אותיות". וע"כ נמצא נקודת השורק תוך שורת האותיות.

88. Мы уже знаем, что ЗО"Н мира А"К осветил новым светом десять сфирот мира Некудим двумя путями: через табур он осветил кэтэр мира Некудим, а через есод осветил Аба ве Има мира Некудим. И знай, что свет, идущий через табур, называется холам, и он светит над буквами исключительно в кэтэр, т.е. он представляет собой уровень захар (активное мужское начало), или итлабшут, и не может распространиться в сосуды гуф, которые называются буквами.

И поэтому считается, что он светит только сверху над буквами, а в сами буквы не распространяется. Свет, идущий через есод, называется шурук, вав с точкой, что означает, что он находится внутри букв и попадает в Аба ве Има, которые являются женским началом рош мира Некудим. Этот свет распространяется и в гуф, т.е. ЗА"Т мира Некудим, которые называются буквами. Таким образом, некудат шурук находится внутри букв.

Если мы возьмем ивритский алфавит, Тору, то увидим, что там есть много точек внутри букв, а не только вав с точкой. Например, пэй и фей, бэт и вет. Но с точками могут быть и мэм, и тав. Все эти законы исходят из правил духовного мира. Мы с вами потом будем изучать алфавит, который вообще-то происходит от бина, З"А и малхут мира Ацилут, которые полностью соответствуют ЗО"Н и АХА"П дэ-Аба ве Има мира Некудим. В бине находятся первые буквы от алеф до тет, в З"А буквы от хав до цадик, а последние четыре буквы – кув, рейш, шин и тав – находятся в малхут.

Все точки над буквами (короны), точки внутри букв или под ними – все они говорят только о духовном состоянии парцуфа. Любое слово в иврите говорит что-то о Мироздании и означает, что ты в свой сосуд получаешь какой-то духовный свет. Сочетание сосуда и света выражается кодом, называемым «слово», и в этом коде зафиксированы все соотношения между светом и сосудом, экран, авиут и так далее. Каждая буква несет в себе огромное количество информации своим очертанием, отношением к предыдущей букве. Все это указывает исключительно на духовные действия. Когда человек произносит какое-то слово, он выражает этим свое чувство в каждом слове, которое в нем записывается и говорит о духовном уровне парцуфа.

В нашем мире мы не ощущаем духовных соответствий между сосудом и светом; используя язык, мы не понимаем внутреннего духовного смысла слов, которые исходят из Торы и несут четкую духовную информацию. Нельзя назвать какую-то вещь другим словом, наименованием. Например, слово маим, которое состоит из двух мэм (одна из них конечная – софит) и определенных точек, точно выражает нам суть воды. И так каждое слово. Известно, что каббалисты производят какие-то

Некудот: холам, шурук, хирик

действия над буквами. Под этим ни в коем случае не надо понимать, что они что-то пишут на пергаменте, бумаге и так далее. Когда говорится, что каббалисты оперируют буквами, то имеются в виду исключительно духовные действия, т.е. получение света в сосуды с помощью экрана и отраженного света. Эти действия не видны материальному глазу.

פט) והנה נתבארו היטב החולם והשורק. אשר הארת אור חדש דרך הטבור, המוריד ה"ת מנקבי עינים דכתר לפה, ומעלה בחזרה האח"פ דכתר, הוא סוד נקודת החולם, שממעל לאותיות. והארת אור חדש דרך היסוד, המוריד ה"ת מנקבי עינים דאו"א להפה שלהם, ומשיב להם את האח"פ, ה"ס נקודת השורק, שבתוך האותיות. מטעם שמוחין אלו באים גם בז"ת דנקודים, הנקראים "אותיות".

89. Итак, мы выяснили смысл точек холам и шурук. Свечение нового света через табур, которое опускает экран из никвей эйнаим дэ-рош кэтэр в его пэ и возвращает АХА"П кэтэра на свою ступень, называется некудат холам, которая светит над буквами. А свечение нового света, идущее через есод, опускает экран с никвей эйнаим Аба ве Има в пэ, возвращает их АХА"П на свое место. Этот свет светит внутри букв и называется шурук. И эти мохин (свет ГА"Р) проходят также в ЗА"Т мира Некудим, которые называются буквами, т.е. сосудами, которые и принимают этот свет.

Но из рош Аба ве Има, которая называется рош дэ-авиют, в отличие от рош кэтэр, которая называется рош дэ-итлабшут, свет распространяется в гуф дэ-ЗО"Н.

צ) וסוד החירק, הוא בחינת האור חדש, שהז"ת עצמם מקבלים מאו"א, להוריד בחינת ה"ת המסיימת, העומדת בחזה שלהם, אל מקום סיום רגלי א"ק. שעי"ז חוזרים אליהם האח"פ שלהם, שהם הכלים שמחזה ולמטה, שנעשו למקום בי"ע. אשר אז יוחזרו הבי"ע להיות כמו אצילות.

אמנם הז"ת דנקודים לא יכלו להוריד הה"ת מהחזה, ולבטל לגמרי את הצמצום ב', והפרסא, והמקום בי"ע. אלא בעת שהמשיכו האור לבי"ע, נשברו תיכף כל הכלים דז"ת. כי כח ה"ת המסיימת, העומדת בפרסא, היה מעורב בכלים האלו. והיה האור מוכרח תיכף להסתלק משם. והכלים נשברו ומתו ונפלו לבי"ע. ונשברו גם הכלים דפנים שלהם, העומדים

למעלה מפרסא, דהיינו הכלים שמחזה ולמעלה. כי גם מהם נסתלק כל האור. ונשברו ומתו ונפלו לבי״ע. וזה היה מחמת חיבורם עם הכלים דאחורים לגוף אחד.

90. Хирик – это новый свет, который ЗА״Т получают непосредственно от Аба ве Има и который опускает малхут из хазе в место сиюма мира А״К, благодаря чему АХА״П дэ-ЗО״Н возвращаются из-под парсы на свое место. Эти АХА״П дэ-ЗО״Н образовали под парсой миры БЕ״А, поэтому теперь, после прихода света хирик, миры БЕ״А должны вроде бы стать такими же, как мир Ацилут.

Однако ЗО״Н мира Некудим не смогли опустить малхут из хазе вниз и совершенно аннулировать Ц״Б и парсу и этим изменить место миров БЕ״А. Как только свет прошел к БЕ״А, все сосуды ЗА״Т раскололись, потому что там продолжал действовать закон ограничивающей малхут, стоящей в хазе. Свет тут же из сосудов вышел, и они раскололись, умерли и упали в БЕ״А. Раскололись также и сосуды дэ-паним, которые хотя и находились над парсой, но хотели образовать с АХА״П единый парцуф.

Они тоже умерли и упали в БЕ״А, потому что из них также исчез свет. Строго говоря, миры Ацилут и БЕ״А еще не существовали, но сосуды, из которых они впоследствии будут созданы, уже были.

Пока свет был в кэтэр и Аба ве Има, все было хорошо. Когда же свет начал спускаться под парсу в АХА״П дэ-ЗО״Н, началось разбиение сосудов. Выше парсы у Г״Э раньше был экран, у которого была возможность все отдавать ради Творца, под парсой же (получающие сосуды) царствовал закон – «ничего не получать», хотя именно там сосредоточено желание получать этого парцуфа. Когда пришел свет А״Б-СА״Г, он дал общему сосуду – гуф мира Некудим силу и возможность получить весь этот свет ради Творца и заполнить им НеХ״И Гальгальты.

Но рош кэтэр и Аба ве Има не учли, что свет А״Б-СА״Г, пройдя под парса, вызовет у сосудов, находящихся там, желание получить ради себя. Дело в том, что парса удерживается не только головами, кэтэром и Аба ве Има, но еще и третьей головой – ИШСУ״Т, которая находится над табуром. Она-то и удерживает свет А״Б-СА״Г, не давая ему проникнуть под парсу. Это сделано специально для того, чтобы разбить все сосуды, лишить их экрана, максимально удалить от Творца, но благодаря этому происходит полное смешение альтруистических и эгоистических сосудов. Теперь в каждом осколке есть и желание отдавать, и желание получать. Именно это и было целью разбиения сосудов.

ЗО"Н мира Некудим олицетворяют собой всю Малхут Мира Бесконечности. Задача заключается в наполнении ее части под парсой светом Творца. Как же это можно сделать? Только вышеприведенным взрывным методом, когда у Аба ве Има и ЗО"Н создается обманчивое впечатление, что они могут под парсой получить свет ради Творца. И действительно, ЗО"Н вроде бы начинают получать свет ради Творца, но затем они убеждаются, что это только ради себя.

Свет улетучивается, сосуд остается в совершенно безвыходном состоянии, когда не только его свойства, но и свойства Г"Э становятся эгоистическими. Они падают вниз, смешиваясь под парсой с эгоистическими сосудами. Но теперь эти осколки эгоистических сосудов имеют искорки альтруизма. Когда им будет светить свет, он возбудит в них альтруистические искры и исправит все желания.

צא) והנך רואה, שנקודת החירק לא יכלה לצאת לשליטתה בעולם הנקודים, כי אדרבה היא גרמה לשבירת הכלים. והיינו משום שרצתה להתלבש בתוך האותיות, דהיינו בתנהי"מ שלמטה מפרסא דאצילות, שנעשו לבי"ע. אמנם אח"כ, בעולם התיקון, קבלה נקודת החירק את תיקונה. כי שם נתקנה להאיר מתחת האותיות.

דהיינו שבעת שהזו"ת דאצילות מקבלים את אור הגדלות מאו"א, הצריך להוריד את ה"ת המסיימת ממקום החזה לסיום רגלין דא"ק, ולחבר את הכלים דתנהי"מ לאצילות, והאורות יתפשטו למטה עד סיום רגלין דא"ק - אינם עושים כן, אלא שהם מעלים התנה"י הללו ממקום בי"ע אל מקום האצילות שלמעלה מפרסא. ומקבלים האורות בהיותם למעלה מפרסא דאצילות, כדי שלא יארע בהם שוב שביה"כ כבעולם הנקודים. וזה נבחן, שנקודת החירק, המעלה את הכלים דתנה"י דז"ת דאצילות, עומדת מתחת אלו הכלים תנה"י"מ שהעלתה, דהיינו שעומדת במקום הפרסא דאצילות. הרי שנקודת החירק משמשת מתחת האותיות. והנה נתבאר סוד ג' נקודות חולם שורק חירק בדרך כלל.

91. Мы видим, что мир Некудим еще не был готов к получению света, соответствующего точке хирик, и поэтому она способствовала разбиению келим. Произошло это потому, что она хотела войти внутрь букв, т.е. сосудов тифэрэт, нэцах, ход, есод и малхут, которые находятся под парсой в мирах БЕ"А. Но затем в мире Исправления(мир Ацилут) точка хирик получила исправление и способность светить под буквами.

Когда ЗА"Т мира Некудим получили свет гадлут от Аба ве Има, который должен был опустить малхут из хазе в сиюм мира А"К и соединить сосуды АХА"П с Г"Э мира Некудим, то свет начал распространяться под парса, что привело к разбиению сосудов. Для того чтобы этого снова не произошло, в мире Ацилут исправленная некудат хирик поднимает тифэрэт, нэцах, ход, есод, малхут из-под парсы (миров БЕ"А) в мир Ацилут над парсой и становится под ними, т.е. в место парсы. Так мы выяснили, что такое три точки: холам, шурук, хирик.

Как же поднять желание над парсой? А вот это-то как раз и возможно только после разбиения сосудов, когда каждое желание Малхут смешивается с биной, получая шанс на исправление. Материал непростой, чтобы его понять, нужны какие-то внутренние ощущения. Только умом Каббалу осмыслить невозможно. Если человек все же старается это сделать, то он совершает самое большое нарушение. Но пока у нас нет другого выхода, т.к. пока у нас нет другой связи с духовным.

Повторим пройденный материал. Мы изучали, что Некудот дэ-СА"Г спустились под табур Гальгальты и смешались там с НеХИ"М Гальгальты, потом они поднялись в рош дэ-СА"Г с решимот бэт/алеф и информацией о произошедшем Ц"Б, на которые затем вышел катнут мира Некудим с кэтэром, Аба ве Има и ЗО"Н, доходящие до парсы. Кэтэр – это рош дэ-итлабшут, Аба ве Има – рош дэ-авиют, ЗО"Н – это гуф.

Строго говоря, Некудим в состоянии катнут еще не является миром, пока это только маленький парцуф. Но он называется миром потому, что впоследствии там действительно возникнет мир. Это произойдет в результате зивуга на решимот далет/гимел, которые были получены от НеХИ"М Гальгальты и которые также были в поднимающемся в рош СА"Г экране.

После того как возник мир Некудим в состоянии катнут, в рош дэ-СА"Г пробуждаются решимот далет/гимел, которые сейчас захотели получить весь свет хохма, предназначенный для сосудов Гальгальты, находящихся под табуром ради Творца. В ответ на эту просьбу вниз спускается свет А"Б-СА"Г. СА"Г показывает, что такое желание отдавать, А"Б показывает, как можно получать ради Творца. Оба они дают сосуду, находящемуся в катнуте, возможность перейти в состояние гадлут.

Для получения света А"Б-СА"Г зивуг делается не в никвей эйнаим, а снова в пэ дэ-рош, куда и опускается экран. Этот новый свет спускается сначала через табур в кэтэр мира Некудим и, заполняя его, дает ему силу присоединить к себе свои АХА"П и перейти в гадлут. Из кэтэра (рош дэ-итлабшут) свет дальше распространяться не может. Свет через Гальгальту распространяется до ее сферы есод, на которую надета рош Аба ве Има. Таким образом, и вторая голова (Аба ве Има) может получить свет А"Б-СА"Г и с помощью этого выйти в гадлут.

Свет в кэтэр называется холам (точка над буквой). Это значит, что он дальше головы не распространяется. Свет, находящийся в Аба ве Има, называется шурук, т.е. точка внутри буквы. Далее свет проходит в Г"Э дэ-ЗО"Н и пытается спуститься в АХА"П дэ-ЗО"Н под парса, в эгоистические сосуды. Если бы он смог пройти под парса, то он соединил бы Г"Э дэ-ЗО"Н с их АХА"П. Но пройти под парсой и придать АХА"П альтруистические свойства он не может.

Поэтому АХА"П не присоединяются к Г"Э дэ-ЗО"Н, в них остается то же желание получать ради себя и поэтому происходит разбиение сосудов. Свет исчезает, так как он согласно Ц"А не может находиться в эгоистических сосудах. Сосуды Г"Э и АХА"П дэ-ЗО"Н становятся абсолютно эгоистическими, у них нет экрана, и поэтому они падают под парса, что означает полное удаление от Творца по свойствам. Свет же, который пытается пройти под парса, называется некудат хирик.

Впоследствии в мире Ацилут происходит исправление. Мир Ацилут устроен следующим образом. У него также есть кэтэр, Аба ве Има и ЗО"Н. Каков принцип исправления? Очень прост. Парсу аннулировать нельзя. Единственное, что можно сделать, это поднять АХА"П, т.е. сосуды получения, над парсой и присоединить их к Г"Э дэ-ЗО"Н, создав этим полных 10 сфирот, но не на своем месте, а над парсой, а затем наполнить их светом. Этот процесс называется «АХА"П дэ-алия» – поднимающиеся сосуды получения. Такое состояние называется концом исправления.

А потом сверху придет свет, который сможет аннулировать парсу, чтобы она не мешала, и опустить АХА"П на свое место, под уже не существующую парсу. Этот процесс называется «АХА"П амитиим» – истинные АХА"П, или «АХА"П дэ-ерида» – опускающиеся АХА"П. Таким образом, свет заполнит всю Гальгальту сверху вниз до сиюм реглав. Этот свет называется светом Машиаха. Он исправляет и заполняет все сосуды.

Такое вот исправление происходит в Мироздании. Вопрос – где место нахождения человека? Все, о чем мы сейчас говорим, происходит ради душ, которые в дальнейшем будут созданы и должны будут пройти все подготовленные для них ступени. Но сейчас кажется, что миры как бы являются самоцелью, что для человека в них места нет. Это не так. Миры являются системой, управляющей душами, а души в свою очередь могут управлять мирами. Об этом мы еще будем говорить.

Состояние, при котором АХА"П поднимаются над парсой, называется «подъемом миров в шабат и праздники». Когда же АХА"П находятся под парсой, это называется буднями. В этом и заключается происхождение времени.

Почему до мира Ацилут нет букв? Потому что до мира Ацилут нет сосудов, а есть только их зачатки. Сосуд образуется постепенно. Для образования четкого сосуда-желания необходима информация о решимо, желании сосуда и чтобы абсолютно отсутствовало желаемое. Свет сначала должен войти в сосуд, желания которого противоположны свету. Настоящий сосуд первичен, а свет вторичен. В предварительном же сосуде свет первичен, а реакция сосуда на него вторична. Из истинного сосуда исходит его собственное желание, стремление к чему-то, что находится вне его состояния полной тьмы и оторванности от Творца.

Когда человек изучает Каббалу, он знает, что ему сообщают какую-то информацию: свет, сфирот, парцуфим, миры и т.д., о которой он никогда раньше не слышал. А для ощущения этого он должен иметь экран, тогда вся информация преобразовывается в свет, который до этого был вокруг нас. Эта информация как бы существует вокруг, но нет еще сосудов, способных ее воспринять.

Представлять не надо ничего, потому что все представления будут неверными до отсутствия экрана. Если бы перед вами сейчас была книга с рецептами о вкусной и здоровой пище, то вы, читая ее, тут же представляли и ощущали бы все запахи и вкусы прочитанного. Любые представления в Каббале не имеют под собой никакой основы, если на это не существует адекватных сосудов.

Программа, Замысел Творения, все дальнейшие действия, их начальное и конечное состояние в скрытом виде заключены в бхине алеф прямого света, в самой первой ее точке, называемой кэтэр прямого света. Затем это все только разворачивается в виде четырех бхинот, Малхут Мира Бесконечности, мира А"К, мира Некудим, миров АБЕ"А, разбиение сосудов, Адам аРишон и т.д.

В Замысле Творения заданы как свойства света, так и свойства сосуда, поэтому заранее известно, как из начального состояния прийти в конечное. На этом пути нет никаких случайно появляющихся помех или посторонних действий, которые не были бы заранее предусмотрены и могли бы привести к каким-то неожиданным, незапланированным результатам. Все идет по заранее четко спланированной программе. Либо на тебя будет жестко действовать природа, давая каждый раз толчки и удары, постоянно подталкивая сзади к осуществлению Цели Творения, либо ты сам берешь управление в свои руки и уже бежишь вперед, опережая удары, а не ожидая их сзади. Этим ты ускоряешь все движение. Тогда такой бег не будет тебе в тягость, наоборот, он покажется тебе наслаждением.

Относительно Творца самая первая точка творения тут же соприкасается с последней точкой творения, и вместе они существуют в одной точке. Но относительно нас первая точка постепенно разворачивается в целый ряд последовательных действий, пока этот путь не завершится в своей последней точке. А все гадания и гороскопы, изменение судьбы не смогут защитить, избавить нас от ударов.

Свет аморфен. Сосуд, находящийся внутри света, может его в большей или меньшей степени ощущать согласно своим духовным свойствам – экрану. Существуют 12 видов ор хозер, 12 видов решимот, 10 видов келим, 7 видов экрана, 6 видов ор яшар. Для того чтобы ощутить все это, нужно иметь соответствующие сосуды. Например, при слове «лехем» мы можем почувствовать его аромат, ощутить его вкус. А что мы ощущаем при слове «свет», «решимо», «кли»?..

Гадлут мира Некудим полностью символизирует Гмар Тикун, когда свет заполнит АХА"П дэ-ЗО"Н, но произойдет это в ощущениях душ. Состояние каждой души, когда она сможет себя исправлять, называется ее рождением.

ПОДЪЕМ МА"Н ЗА"Т ДЭ-НЕКУДИМ К АБА ВЕ ИМА И ОБРАЗОВАНИЕ СФИРЫ ДААТ

ענין עלית מ"ן דז"ת דנקודים לאו"א וביאור ספירת הדעת

צב) כבר נתבאר, שבסבת עלית ה"ת לנקבי עינים, שנעשה בצמצום ב', דהיינו לעת יציאת הקטנות דע"ס דנקודים, נחלקה כל מדרגה לב' חצאים: גלגלתא ועינים - נשארים במדרגה ונקראים משום זה "כלים דפנים", ואזן חוטם פה - הנפולים מהמדרגה להמדרגה שמתחתיה, נקראים משום זה "כלים דאחורים". באופן, שכל מדרגה ומדרגה נעשית כפולה מפנימיות וחיצוניות, באשר הכלים דאחורים דעליונה נפלו בפנימיות הכלים דפנים של עצמה. ונמצאים אח"פ הנפולים דכתר נקודים מלובשים תוך גלגלתא ועינים דאו"א, ואח"פ הנפולים דאו"א מלובשים תוך גלגלתא ועינים דז"ת דנקודים (אות ע"ו).

92. Мы уже объясняли, что в результате подъема малхут в никвей эйнаим, вызванного Ц"Б, и возникновения мира Некудим в состоянии катнут каждая ступень разделилась на две части: Г"Э, которые остаются на своей ступени и называются поэтому келим дэ-паним, и АХА"П, которые падают со своей ступени на нижестоящую и поэтому называются келим дэ-ахораим. Таким образом, теперь каждая ступень состоит из внутренней и наружной части. АХА"П кэтэра мира Некудим находится внутри Г"Э Аба ве Има. АХА"П Аба ве Има упал внутрь Г"Э ЗО"Н мира Некудим.

Так, начиная с Ц"Б, каждая ступень, состоящая из десяти сфирот, делится на Г"Э, куда входят кэтэр, хохма, бина, хэсэд, гвура и верхняя треть тифэрэт, и АХА"П, включающие в себя нижние две трети тифэрэт, нэцах, ход, есод и малхут.

В верхнюю часть (Г"Э) может войти свет, и ею можно пользоваться, в АХА"П же свет не входит, и этими желаниями пользоваться нельзя. Верхние сфирот называются альтруистическими желаниями, а нижние – эгоистическими. Первые отдают, а вторые получают. Каждая ступень активно может работать только со своей верхней частью, т.е. Г"Э.

Если до Ц"Б все ступени находились одна под другой, то после Ц"Б все АХА"П верхних ступеней находятся внутри Г"Э нижних, что дало возможность обмена информацией как сверху вниз, так и снизу вверх. Эта общая лестница называется «сулам», по ней спускаются и поднимаются души.

Есть два объекта: Творец и Творение. Творец – это абсолютно альтруистическое желание, и наоборот, Творение – это абсолютно эгоистическое желание.

Цель Творца – сделать Творение подобным себе, чтобы оно в конце своего исправления достигло полного совершенства. Это можно сделать только путем передачи малхут свойств Творца, т.е. смешать девять верхних альтруистических сфирот с эгоистической – самой малхут. Но они совершенно противоположны друг другу. Для их сближения в системе миров создается определенная сила, с помощью которой можно будет смешать эгоистические свойства малхут с искрами альтруистических свойств путем ударного проникновения одних в другие. И сейчас мы начинаем изучать образование этих сил в мирах, являющихся внешними по отношению к душам, чтобы затем с помощью внешних сил можно было поднять души до уровня Творца.

Мы изучали, что существуют 4 стадии распространения света: хохма, бина, З"А и малхут. Малхут, полностью наполнившись светом, исторгает его и делает Ц"А, оставаясь совершенно пустой. Затем она изобретает систему, с помощью которой она начинает принимать немного света, но ради Творца. Переходная стадия между малхут и кэтэр – бина. В ней есть две части: ГА"Р (гимел ришонот) и ЗА"Т (заин тахтонот). В первые три части бина ничего не хочет получать, а в нижние семь она согласна получить, если кому-то сможет отдать, но не для себя. И этим кем-то является Зэир Анпин, который на 90 процентов не желает получать, а может получить лишь на 10 процентов, но не для себя, а для малхут. Таково свойство ЗА"Т дэ-бина: получать для отдачи кому-то.

Но если к бине придет свет, более сильный, чем ее экран, то она начинает желать получить этот свет для себя. Однако на эгоистическое получение наложен запрет Ц"А, согласно этому запрету ЗА"Т дэ-бина начинают сокращаться и принимают эгоистические свойства малхут. Дальнейшей целью является осуществление обратного процесса: исчезновение эгоистических свойств в ЗА"Т дэ-бина и передача своих истинных альтруистических свойств малхут. Этого можно достичь с помощью разбиения сосудов, что мы будем изучать позднее. При этом вся система становится смешанной, состоящей как из альтруистических, так и из эгоистических сосудов настолько, что между ними не будет никакой разницы, как в нашем мире.

Для изменения такого положения необходима дополнительная порция света Творца, с помощью которого появляется возможность различить, какое из наших желаний является эгоистическим, а какое – истинно альтруистическим. На этом принципе построено все исправление.

ЗА"Т дэ-бина, по сути, являются самой центральной частью творения, от нее много зависит и о ней нам еще много придется говорить. При спуске Некудот дэ-СА"Г под табур, т.е. при встрече ЗА"Т дэ-бина с более сильными желаниями – НеХИ"М Гальгальты, ЗА"Т дэ-бина сокращаются и принимают свойства малхут. Ц"А был принят малхут для ее сокращения, Ц"Б – это сокращение бины. То есть Творец как бы принимает на себя эгоистические свойства творения.

Это делается для того, чтобы Творец смог постепенно передавать творению свои альтруистические свойства для его исправления и наполнения светом. Чтобы исправлять кого-то, необходимо самому иметь те же свойства, которые в дальнейшем нужно исправить в другом. Духовная лестница построена именно на таком принципе, что ее последняя духовная ступень, АХА"П, опускается в нас, приобретая частично наши эгоистические свойства, чтобы в дальнейшем иметь возможность контакта с нами для поднятия нас в духовный мир.

На самом деле миры не становятся эгоистическими, они полностью альтруистичны, но на них специально накладывается такая внешняя завеса огрубления, которая позволяет им контактировать в дальнейшем с душами нашего мира. А еще точнее: миры являются завесами, которые Творец надевает на себя, ослабляя свой свет настолько, чтобы как бы уподобиться испорченным творениям ради возможности контакта с ними. Итак, в мирах, на каждой из ступеней и есть уже та мера испорченности, которая есть в творениях. Ц"Б – это цимцум в мирах.

Затем появится душа Адам аРишон, которая пройдет процесс расщепления, раздвоения и нисхождения до нашего мира. Ступени нисхождения миров вниз и ступени подъема души совершенно идентичны. Поэтому, когда душа уже оказывается в нашем мире, ей уготована целая лестница миров, по которой она сможет подняться вверх.

В четырех стадиях прямого света заложены свойства всего творения, которые затем оказывают влияние на саму малхут в мирах. Миры – это малхут, которая воздействует на первые 9 сфирот. Душа – это та малхут, десятая сфира, которая уже получила свойства девяти сфирот. Девять сфирот постепенно сокращаются, огрубляются, «портятся», превращаясь в эгоистическое желание малхут. Это состояние называется мирами.

То есть миры – это свойства Творца, которые постепенно нисходят, огрубляются, сокращаются, чтобы уподобиться свойствам малхут. Каждый включает в себя свойства другого. Первые девять сфирот постепенно проникаются свойствами малхут, чтобы в дальнейшем повлиять на ее эгоистические желания для их исправления до самого высшего уровня.

> צג) ומכאן נמשך, שגם בביאת האור חדש דע"ב ס"ג דא"ק להמדרגה, המוריד בחזרה את הה"ת למקומה לפה, דהיינו לעת הגדלות דנקודים, אשר אז מחזרת המדרגה אליה את האח"פ שלה, ונשלמים לה הע"ס דכלים והע"ס דאורות, נבחן אז, אשר גם המדרגה התחתונה, שהיתה דבוקה על אח"פ דעליונה, עולה גם היא עמהם ביחד לעליונה. כי זה הכלל: "אין העדר ברוחני". וכמו שהתחתונה היתה דבוקה באח"פ דעליון בעת הקטנות, כן אינם נפרדים זה מזה בעת הגדלות, דהיינו בעת שהאח"פ דעליונה שבים למדרגתם. ונמצא, שמדרגה התחתונה נעשתה עתה לבחינת מדרגה עליונה ממש. כי התחתון העולה לעליון נעשה כמוהו.

93. И отсюда следует, что когда приходит новый свет А"Б-СА"Г на какую-то ступень, он опускает малхут на свое прежнее место в пэ дэ-рош и приводит мир Некудим в состояние гадлут. При этом к данной ступени возвращаются ее АХА"П, дополняющие ее до десяти сфирот-сосудов и сфирот-светов. Вместе с подъемом АХА"П поднимаются и Г"Э нижней ступени, куда раньше были спущены АХА"П верхней ступени и которые были с ней тесно связаны. Это потому, что в духовном мире ничего не исчезает. Если нижняя ступень была связана с АХА"П верхней во время катнут, то она не отделяется от них и во время гадлут. То есть во время подъема АХА"П нижняя ступень, поднимаясь вместе с верхней, приобретает ее свойства.

Свет А"Б-СА"Г обладает таким свойством, что, попадая в сосуд, он придает ему свои альтруистические качества настолько, что теперь сосуд может использовать свои АХА"П, с которыми раньше он работать не мог. Но кроме того, исправляется и Г"Э нижней ступени, т.е. Аба ве Има, куда упал АХА"П верхней ступени кэтэр. Теперь на ступени кэтэр есть Г"Э кэтэра, АХА"П кэтэра и Г"Э Аба ве Има, которые поднялись вместе с АХА"П кэтэра.

Сейчас мы находимся в нашем мире, внутри нас существует духовная точка – «некуда ше ба лев», которая не имеет в данный момент никакого экрана, поэтому она совершенно эгоистична. Внутри нашего эгоистического сосуда находятся АХА"П самой нижней духовной ступени ближайшего к нам духовного мира – Асия. Если сейчас придет свет А"Б-СА"Г, то мир Асия поднимет свой АХА"П, а вместе с ним и наш духовный сосуд.

Это значит, что человек перейдет барьер, отделяющий наш мир от духовного, и выйдет в духовный мир, т.е. совершит не просто подъем с одной духовной ступени на другую, а качественный переход из мира материального в мир духовный. Такую возможность перехода от нижней ступени к более высокой и так далее, вплоть до самой высшей, с помощью света А"Б-СА"Г, создал для нас Ц"Б, разделивший каждую ступень на две части и спустивший АХА"П верхней ступени в Г"Э нижней.

Мы видим, что в кэтэр есть теперь Г"Э кэтэра, АХА"П кэтэра и Г"Э Аба ве Има от нижней ступени. Но это еще не все. Г"Э Аба ве Има могут получить от АХА"П кэтэра свои АХА"П, которых им не хватает до своих десяти сфирот, потому что сила АХА"П кэтэра значительно больше, чем требуется для Г"Э Аба ве Има.

Таким образом, Аба ве Има начинают использовать эгоистические желания – входят в гадлут, однако это не их собственные желания, поэтому такой гадлут называется гадлут первого вида, в отличие от гадлута второго вида, когда Аба ве Има начинают пользоваться собственным АХА"П. Нижний парцуф при вхождении в гадлут первого вида как бы учится у верхнего, как нужно пользоваться желаниями, подражает ему. Это переходное состояние между катнут и настоящим гадлут (подробнее в п. 134).

צד) ונמצא, בעת שאו"א קבלו האור חדש דע"ב ס"ג, והורידו הה"ת מנקבי עינים בחזרה אל הפה שלהם, והעלו אליהם את האח"פ שלהם, הנה גם הז"ת, המלבישים האח"פ אלו בעת קטנות, עלו עתה גם הם עמהם ביחד לאו"א. ונעשו הז"ת למדרגה אחת עם או"א. והנה עליה הזו של הז"ת לאו"א נקרא בשם "עלית מ"ן". ובהיותם מדרגה אחת עם או"א, נמצאים מקבלים גם אורותיהם דאו"א.

94. *Когда же Аба ве Има получают свет А"Б-СА"Г, то их малхут, естественно, также опускается в пэ дэ-рош, а их АХА"П поднимаются с нижней ступени ЗО"Н, захватив с собой вместе и Г"Э дэ-ЗО"Н на ступень Аба ве Има, составляя с ней как бы единое целое, что дает ей возможность также получить свет этой ступени. Подъем ЗО"Н в Аба ве Има называется подъемом МА"Н.*

Вообще Г"Э нижнего парцуфа часто так и называются – МА"Н, а АХА"П верхнего называются в этом случае «кли, поднимающий МА"Н».

צה) ומה שנקרא בשם "מ"ן", הוא מטעם שעלית הז"א אל הבינה מחזיר אותה פנים בפנים עם החכמה (אות פ). ונודע שכל ז"ת הם זו"ן. וע"כ בעת שהז"ת נתעלו עם האח"פ דאו"א למדרגת או"א, נעשו מ"ן אל הבינה דע"ס דאו"א. והיא חוזרת עם החכמה דאו"א פב"פ, ומשפעת הארת חכמה אל הזו"ן, שהם הז"ת דנקודים שעלו אליהם.

95. *Подъем ЗО"Н в бину, т.е. подъем МА"Н, возвращает бину лицом к лицу с хохмой, а как известно, каждый ЗА"Т (семь нижних сфирот) – это и есть ЗО"Н, поэтому, когда ЗА"Т поднялись вместе с АХА"П АВ"И на ступень АВ"И, они превратились в МА"Н по отношению к десяти сфирот АВ"И, затем бина возвращается в состояние лицом*

к лицу с хохмой АВ"И и передает свечение света хохма ЗО"Н, являющимся ЗА"Т мира Некудим.

НеХИ"М Гальгальты являются для нас меркой, по которой мы можем видеть, сколько уже исправлено, а сколько еще нужно исправить до Гмар Тикун. НеХИ"М Гальгальты, как и любой другой парцуф, наполняется оттого, что через него проходит свет в низший парцуф. Все высшие парцуфим проводят свет в низшие. Свет не может пройти иначе. Он спускается из Мира Бесконечности и должен пройти через парцуфим А"Б, СА"Г и т.д., пока он доходит до самого низшего. Высшие миры наполняются согласно пройденному через них в нижние миры света.

Как происходит переход света из парцуфа в парцуф, из малхут высшего в кэтэр низшего? Малхут все получает, кэтэр все отдает. Возможно ли такое? Эта тема изучается в третьей части «Талмуда Десяти Сфирот». Мы имеем дело с инверсивным переходом малхут в кэтэр и кэтэр в малхут. Существует понятие: «Ницуц Боре и ницуц нивра» (Искра Творца и искра Творения). Творение – это создание чего-то из ничего. «Отсутствие» Творца в каком-либо месте и является корнем творения.

Существуют пять сосудов: кэтэр, хохма, бина, З"А и малхут, и пять светов: нэфеш, руах, нэшама, хая и ехида. Вообще-то нет понятия «разновидность света». Свет зависит от ощущения сосуда, который, получая аморфный свет, выделяет из него то, что в данный момент сосуд чувствует, и дает этому свету соответствующее наименование. Вне сосуда никаких светов не существует, а есть только один общий свет, называемый Творцом.

В общем виде света делятся на ор хохма и ор хасадим. Если сосуд может только отдавать, а получать ради Творца он еще не может из-за отсутствия экрана, то в нем распространяется свет нэфеш, руах, нэшама. Хая и ехида отсутствуют. Если же сосуд приобретает экран и начинает получать свет ради Творца, то у него появляются свет хая или ехида.

ЗО"Н, которые поднимаются вместе с АХА"П в Аба ве Има, становятся МА"Н, просьбой к Аба вэ Има сделать между собой зивуг дэ-акаа и передать вниз, в Г"Э ЗО"Н ор хохма. Эта просьба подобна просьбе ребенка к матери, в которой заложен корень рождения ребенка, его начало. К этому началу он и обращается с просьбой о помощи.

צו) אמנם עלית הז"ת לאו"א שאמרנו, אין הפירוש שנעדרו ממקומם לגמרי ועלו לאו"א, כי "אין העדר ברוחני". וכל "שינוי מקום" הנאמר ברוחניות, אין הפירוש שנעדרה ממקומה הקודם ובאה למקום החדש, כדרך העתקת מקום בגשמיות, אלא רק תוספת יש כאן, כי באו למקום החדש וגם נשארו במקומם הקודם. באופן, שהגם שהז"ת עלו לאו"א למ"ן, מכל מקום נשארו ג"כ במקומם במדרגתם למטה כמקודם לכן.

96. Однако подъем ЗО"Н в Аба ве Има не означает, что они исчезли со своего прежнего места, ведь в духовном ничего не исчезает, и каждое изменение места в духовном не ведет к исчезновению данного объекта на своем первоначальном месте, как это происходит в нашем мире. В духовном говорится исключительно о небольшом дополнении: перешли на новое место и в то же время остались на прежнем. Это относится и к ЗО"Н, которые одновременно с подъемом в Аба ве Има остались и на своем месте.

צז) וכן עד"ז תבין, אע"פ שאנו אומרים, שאחר שעלו הזו"ן למ"ן לאו"א וקבלו שם אורותיהם, יוצאים משם וחוזרים למקומם למטה, הנה גם כאן אין הפירוש שנעדרו ממקומם למעלה ובאו להמקום שלמטה. כי אם היו הזו"ן נעדרים ממקומם למעלה באו"א, היה נפסק הזווג פב"פ דאו"א תיכף, והיו חוזרים אב"א כמקודם לכן. ואז היה נפסק השפע שלהם. וגם הזו"ן שלמטה היו אובדים את המוחין שלהם. כי כבר נתבאר למעלה, שהבינה מטבעה חושקת רק באור דחסדים, בסו"ה "כי חפץ חסד הוא", ואין לה ענין כלל לקבל אור חכמה. וע"כ נמצאת עם החכמה באו"א. ורק בעת עלית הזו"ן להם למ"ן, חוזרת הבינה בזווג פב"פ עם החכמה, בכדי להשפיע הארת חכמה אל הז"א (אות פ). ולפיכך הכרח הוא, שהזו"ן ישארו שם תמיד, כדי ליתן קיום והעמדה אל הזווג דאו"א פב"פ. וע"כ אי אפשר לומר שהזו"ן נעדרו ממקומם או"א בעת שבאים למקומם למטה. אלא כמו שאמרנו, שכל "שינוי מקום" אינו אלא תוספת בלבד. באופן, שהגם שהזו"ן ירדו למקומם למטה, מכל מקום נשארו ג"כ למעלה.

97. Необходимо также понять, что ЗО"Н, которые поднимаются в Аба ве Има вместе с их АХА"П (подъем МА"Н),

Подъем МА"Н ЗА"Т дэ-Некудим к Аба ве Има

получают там ор хохма от зивуга между Аба ве Има, а затем опускаются на свое место, не исчезают на ступени Аба ве Има, потому что такое исчезновение повлечет за собой прекращение зивуга между Аба ве Има, а следовательно, и поворот Аба ве Има ахор бэ ахор друг к другу, что приведет к исчезновению распространения ор хохма в ЗО"Н внизу, так как бине по своей природе не нужен свет хохма, а только свет хасадим. Свет хохма ей нужен исключительно для передачи З"А в ответ на его просьбу. Если же просьба исчезает, то прекращается и поступление света хохма. Только подъем просьбы МА"Н дэ-ЗО"Н к Аба ве Има возвращает их к зивугу лицом к лицу и передаче света хохма З"А вниз. Поэтому ЗО"Н вынуждены всегда быть наверху, постоянно возобновляя просьбу о поступлении света хохма. И, как мы уже говорили, любое изменение места в духовном — это лишь небольшое дополнение к предыдущему состоянию. Следовательно, ЗО"Н одновременно находятся и наверху, и внизу. И именно Г"Э дэ-ЗО"Н, находящиеся вверху, передают свет в Г"Э дэ-ЗО"Н, находящиеся на своем месте.

На этом примере мы видим, что происходит обмен свойствами. Одно и то же свойство может быть помещено в различное количество мест. Если я напишу какое-то письмо с просьбой к начальнику, то это не значит, что, передав письмо по назначению, я перестану желать того, что изложено в моей просьбе. Это желание будет одновременно находиться у меня, а также будет передано начальству.

Мы изучаем процесс перехода мира Некудим к состоянию гадлут. Так, кэтэр, Аба ве Има и ЗО"Н в катнуте состояли только из Г"Э. Сейчас кэтэр, который снова использует все свои десять сфирот, поднял к себе Г"Э Аба ве Има. Аба ве Има, получив свои десять сфирот, подняли к себе Г"Э ЗО"Н. Далее мы будем изучать, как свет А"Б-СА"Г, подойдя к парсе, захотел проникнуть внутрь, но встретил там большие желания, что и привело затем к разбиению сосудов.

Сейчас мы впервые столкнемся с понятием «сфира даат». До сих пор мы говорили, что в парцуфим А"К есть только пять бхинот: кэтэр, хохма, бина, З"А и малхут. Начиная с мира Некудим и далее, у нас появляется дополнительная сфира – даат, которую мы включаем в общее число сфирот под наименованием

ХаБа"Д: кэтэр, хохма, бина, даат (кэтэр обычно не упоминают). В мире А"К не было понятия «подъем МА"Н».

Творцом были созданы первые четыре стадии ор яшар: хохма, бина, З"А и малхут, которые вышли из кэтэр (четыре стадии развития сосуда). Все остальное происходит как следствие этих четырех стадий, которые называются йуд-хей-вав-хей (четырехбуквенное Имя Творца). Любой сосуд, любое желание, любое развитие проходит в пределах этих четырех стадий, в них заложена вся информация о свете и сосуде.

А далее свет наполняет четвертую стадию, малхут, передает ей свои свойства, она делает цимцум, а затем начинает выяснять свои отношения со светом: она хочет получать свет на разных условиях, согласно свойствам, которые заложены как в малхут, так и в свете. Ничего нового не происходит, а только развитие все новых и новых отношений между светом и сосудом. И если в дальнейшем что-то непонятно, нужно каждый раз возвращаться к этим четырем стадиям.

Свет от Творца в малхут может попасть только тогда, когда бина наполнит свои семь нижних светом хохма и передаст его в З"А, а от него в малхут. Как бина получает свет хохма? Она обращается к хохме, делает с нею зивуг дэ-акаа на этот свет и передает его в З"А. Если по каким-то причинам З"А и малхут не могут или не хотят получать свет, бина это понимает и не передает им свет. В этот момент ее семь нижних сфирот заполнены только светом хасадим. Свойство бины получать ор хохма проявляется только тогда, когда она может этот свет реализовать, т.е. передать кому-то. Ей самой он не нужен.

Эту картину мы можем наблюдать в мире Некудим: когда семь нижних сфирот бина, т.е. парцуфа Аба ве Има, находятся в состоянии ахор бе ахор, то бина для себя ничего не хочет получать. Она ждет, когда ЗО"Н смогут получать свет хохма, а это может произойти только тогда, когда ЗО"Н захотят перейти из состояния катнут в гадлут. Такую возможность им предоставляет свет А"Б-СА"Г.

Для этого ЗО"Н должны обратиться к Аба ве Има, которые повернутся друг к другу лицом, сделают зивуг на свет хохма и передадут его в ЗО"Н. Просьба, которую поднимают ЗО"Н к Име, и называется подъем МА"Н. Когда Има начинает давать свет хохма, ЗО"Н опускаются с этой просьбой вниз и становятся получателем света хохма. Но находясь внизу и получая свет, ЗО"Н одновременно должны все время присутствовать со своей просьбой возле Имы, чтобы постоянно просить ее делать зивуг с Аба на свет хохма для передачи его вниз. Просьба ЗО"Н должна быть истинной, в противном случае она не называется подъем МА"Н и на нее не будет ответа. Просьба ЗО"Н, которая осталась наверху во время спуска ЗО"Н вниз, и называется сфират даат. Она не является дополнительной шестой бхиной или одиннадцатой сфирой, а только указывает на состояние парцуфа.

Аба ве Има могут находиться в трех состояниях: ахор бе ахор (спина к спине), когда ЗО"Н не требуется свет хохма, его также нет и в Аба ве Има, такое состояние называется холам и катнут. Второе состояние наступает, когда в кэтэр и сфире Аба мира Некудим уже имеется свет хохма, тогда сфира Аба стоит лицом к Име, а Има по-прежнему спиной к нему. Такое состояние называется шурук и еника. В третьем состоянии ЗО"Н поднимают МА"Н к сфире Име, она поворачивается к сфире Аба лицом. Это состояние называется хирик и гадлут.

ЗО"Н приобретают от света А"Б-СА"Г возможность получать свет хохма, как А"Б, и желание отдавать, присущее парцуфу СА"Г.

Существуют два вида решимот: решимо на катнут – бэт/алеф и на гадлут – далет/гимел. Первое дает возможность миру Некудим выйти в катнут. Когда же пробуждается второй вид, то сосуд начинает просить А"Б-СА"Г дать силы для получения ор хохма. Без просьбы снизу нет давления сверху, хотя такую просьбу и провоцируют решимот, и сосуд уверен, что это его личная просьба.

Свет А"Б-СА"Г – это свет исправления, т.е. свет, который дает силы и огромное желание ощутить Творца и что-то сделать для Него. Свет хохма, который сосуд получает ради Творца, это следствие исправления, сделанного светом А"Б-СА"Г, и называется он – свет Цели Творения. Таким образом, речь идет о двух разных светах.

צח-צט) ומכאן תבין סוד ספירת הדעת, שנתחדש בעולם הנקודים. כי בכל פרצופי א"ק עד הנקודים אין שם כי אם ע"ס כח"ב זו"ן. ומעולם הנקודים ואילך כבר יש גם ספירת הדעת, ואנו חושבים כחב"ד זו"ן. והענין הוא שגם ענין עלית מ"ן לא היה בפרצופי א"ק אלא רק ענין עלית המסך

לפה דראש (אות ע"ט). ותדע, שספירת הדעת נמשך מעלית מ"ן דזו"ן אל
או"א. כי נתבאר, שזו"ן, שעלו שם למ"ן לחו"ב, המה נשארים שם גם אחר
יציאתם משם למקומם למטה, בכדי ליתן קיום והעמדתה להזווג דאו"א
פב"פ. והזו"ן האלו, הנשארים באו"א, נקראים "ספירת הדעת". וע"כ יש
עתה לחו"ב ספירת הדעת, המקיים ומעמיד אותם בזווג פב"פ. שהם הזו"ן
שעלו שמה למ"ן, ונשארו שמה גם אחר יציאת הזו"ן למקומם. וע"כ אנו
חושבים מכאן ואילך את הע"ס בהשמות כחב"ד זו"ן. אבל בפרצופי א"ק,
שמקודם עולם הנקודים, שעוד לא היה שם ענין עלית מ"ן, ע"כ לא היה שם
ספירת הדעת. גם תדע, שספירת הדעת מכונה תמיד בשם "ה' חסדים וה'
גבורות". כי הז"א הנשאר שם הוא בחינת ה"ח, והנוקבא שנשארה שם היא
בחינת ה"ג.

98–99. Теперь мы можем понять, что такое сфира
даат, которая появилась в мире Некудим. Как уже было
сказано, во всех парцуфим мира А"К не было такого понятия, там были только 10 сфирот КаХа"Б ЗО"Н и подъем
экрана в пэ дэ-рош, но не существовало понятия «подъем
МА"Н». Сфира даат возникает в результате подъема
МА"Н дэ-ЗО"Н к Аба ве Има и его постоянного нахождения там. Начиная с мира Некудим и далее, уже говорится
о сфире даат, и сфирот теперь называются ХаБа"Д ЗО"Н.
Сфира даат называется также хей (5) хасадим и хей (5)
гвурот, потому что З"А, оставшийся там, это хей (5) хасадим и нуква – хей (5) гвурот.

ק) ואיו להקשות על מה שכתוב בספר יצירה, ש"הע"ס הן עשר ולא
תשע, עשר ולא אחד עשר". ולפי האמור שבעולם הנקודים נתחדש ספירת
הדעת, הרי יש אחד עשר ספירות כחב"ד זו"ן? והתשובה היא, שאין זה
הוספה של כלום על הע"ס. כי נתבאר, שספירת הדעת היא הזו"ן, שעלו למ"ן
ונשארו שם. וא"כ אין כאן הוספה, אלא שיש ב' בחינות זו"ן: א. הם הזו"ן
שבמקומם למטה, שהם בחינת גוף, ב. הם הזו"ן שנשארו בראש באו"א,
מטעם שכבר היו שם בעת עלית מ"ן. ואין העדר ברוחני. הרי שאין כאן שום
הוספה על הע"ס, כי סוף סוף אין כאן אלא ע"ס כח"ב זו"ן בלבד. ואם נשארו
גם בחינת הזו"ן בראש באו"א, אין זה מוסיף כלום על בחינת הע"ס.

100. И не нужно думать, что существует не 10, а 9 или
11 сфирот. Так как в мире Некудим появилась сфира даат,
то кажется, что она дополняет 10 сфирот до 11-ти. Но
это не так. Она не является дополнением к 10 сфирот,

Подъем МА"Н ЗА"Т дэ-Некудим к Аба ве Има

потому что она на самом деле является ЗО"Н, которые подняли МА"Н к Аба ве Има и остались там. Просто есть две разновидности ЗО"Н: одни находятся внизу, на своем месте, они получают свет хохма, вторые находятся наверху, в Аба ве Има, с постоянной просьбой о получении этого света, поэтому они и не являются дополнением к 10 сфирот.

Совершенным состоянием малхут является получение всего света хасадим от сфиры бина и всего света хохма от сфиры хохма. Сначала бина должна получить силу использовать свои АХА"П ради Творца, а затем получить информацию, что ЗО"Н желают получить свет хохма, т.е. те должны поднять свой МА"Н. Тогда-то она и передает свет хохма вниз, в ЗО"Н.

РАЗБИЕНИЕ СОСУДОВ И ИХ ПАДЕНИЕ В МИРЫ БЕ"А

ענין שבירת הכלים ונפילתם לבי"ע

קא) ונתבאר היטב סוד עלית מ"ן וספירת הדעת, שהם בחינת הכלים דפנים דז"ת דנקודים, שנמשכו ועלו לאו"א. כי או"א קבלו אור החדש דע"ב ס"ג דא"ק מן הזו"ן דא"ק בסוד נקודת השורק, והורידו הה"ת מנקבי עינים שלהם אל הפה, והעלו את הכלים דאחורים שלהם, שהיו נפולים בהז"ת דנקודים. שמתוך כך עלו גם הכלים דפנים דז"ת הדבוקים בהכלים דאחורים דאו"א (אות פ"ט-צ"ד). ונעשו הז"ת דנקודים שם בבחינת מ"ן. והחזירו או"א בבחינת פב"פ. ומתוך שה"ת, שהיא בחי"ד, כבר חזרה למקומה במקום הפה, ע"כ הזווג דהכאה, שנעשה על המסך הזה דבחי"ד, הוציא ע"ס שלמות בקומת כתר באור היחידה (אות פ"ד). ונמצאים הז"ת, הנכללות שם בסוד מ"ן, שגם הן קבלו אורות הגדולים ההם דאו"א. וכל זה הוא רק בבחינת ממטה למעלה. כי או"א הם בחינת הראש דנקודים, ששם נעשה הזווג, המוציא ע"ס ממטה למעלה. ואח"ז מתפשטים ג"כ לבחינת גוף, דהיינו ממעלה למטה (אות נ). ואז נמשכו הז"ת עם כל האורות שקבלו באו"א אל מקומם למטה. ונגמר הראש והגוף של פרצוף הגדלות דנקודים. והתפשטות זו נבחן לבחינת הטעמים דפרצוף גדלות הנקודים (אות כ"ו).

101. Сфира даат является Г"Э дэ-ЗО"Н мира Некудим, которые поднялись в Аба ве Има в результате того, что Аба ве Има получили свет А"Б-СА"Г от ЗО"Н мира А"К, который называется шурук. Тогда малхут спускается из никвей эйнайим в пэ и таким образом поднимает АХА"П Аба ве Има, которые упали в Г"Э ЗО"Н мира Некудим. А вместе с ними поднимаются и сосуды Г"Э дэ-ЗА"Т мира Некудим и образуют там бхинат МА"Н, что поворачивает сфирот Аба ве Има лицом к лицу (паним бэ паним) друг к другу. Зивуг дэ-акаа, который произошел на бхину далет в экране, привел к появлению полных 10 сфирот с уровнем

кэтэр и со светом ехида. ЗА"Т мира Некудим, которые находятся наверху, в Аба ве Има (МА"Н, сфира даат), получают от рош Аба ве Има большой свет снизу вверх, т.к. Аба ве Има – это рош дэ-Некудим, где и произошел зивуг, поднявший десять сфирот снизу вверх. Затем этот свет распространяется в гуф ЗО"Н сверху вниз, и таким образом возникают рош и гуф мира Некудим в состоянии гадлут. Такое распространение света называется таамим.

Как уже было сказано, подъем желания снизу вверх от ЗО"Н в бину называется подъем МА"Н. До этого Аба ве Има не взаимодействуют друг с другом, и такое их состояние называется паним бэ ахор. В парцуфе Аба уже есть свет хохма, но Има его не желает принимать. МА"Н вызывает необходимость у Имы получать свет хохма от Аба, и поэтому она поворачивается к нему лицом. Мир Некудим состоит из трех частей: кэтэр и Аба, где находится свет, вторая часть – это Има, которая не хочет получать свет, и третья часть – ЗО"Н. Если они попросят свет у Има, то это заставляет ее войти в контакт с Аба, получить свет и передать его вниз, в З"А.

Желания, которые говорят в нас помимо животных желаний, являются следствием разбиения сосудов, приведшим к попаданию маленьких искорок света в нас.

После Ц"Б рождается специальный парцуф – катнут мира Некудим. Он, как мы уже говорили, состоит из трех частей: кэтэр, Аба ве Има и ЗО"Н. Ц"Б накладывает ограничения на сосуды получения и позволяет работать только с отдающими сосудами. Поэтому в рош кэтэр есть только Г"Э, а его АХА"П находятся в Г"Э Аба ве Има. АХА"П Абаве Има находятся в Г"Э ЗО"Н, а АХА"П ЗО"Н находятся под парсой, у них есть желание получать только ради себя, и с ними вообще нельзя работать. Все АХА"П не имеют света и у них нет экрана, они получают только маленькое свечение от Г"Э, кроме АХА"П дэ-ЗО"Н, которые вообще ни от кого не получают света.

Далее возбуждаются решимот далет/гимел, которые просят что-то сделать для АХА"П. Почему возникает такое желание? Ц"Б был на бэт дэ-авиут. А парцуф Некудим возник в результате зивуга на алеф дэ-авиут. И вот этот парцуф решает попробовать работать с АХА"П. После этого парцуфим А"Б-СА"Г делают между собой зивуг, посылают вниз свет, который дает силу кэтэру перейти в состояние гадлут, т.е. поднять его АХА"П из Г"Э дэ-Аба ве Има. Для этого малхут в рош кэтэр спускается в пэ из никвей эйнаим и делает зивуг на полные 10 сфирот.

Одновременно с подъемом АХА"П кэтэра поднимается, т.е. тоже переходит в состояние гадлут, Аба, который надевался на АХА"П кэтэра. Теперь свет хохма есть как в десяти сфирот кэтэра, так и в Аба, в результате этого он поворачивается к Име лицом. Но Има хочет только свет хасадим, а не свет хохма, поэтому она по-прежнему повернута к Абе спиной. Как можно ее заставить получить свет хохма? Только снизу, со стороны ЗО"Н, которым по их желанию можно будет отдать свет хохма. Для этого нужно возбудить в ЗО"Н желание получать.

ЗО"Н мира Некудим одевается на НеХИ"М Гальгальта мира А"К, которые передают свет хохма в ЗО"Н. ЗО"Н обращаются с просьбой к Има, она в свою очередь к Аба, становясь к нему лицом к лицу, и таким образом свет поступает вниз, но когда он доходит до парса и хочет проникнуть под нее, он сталкивается там с огромным желанием получить ради себя, которое вопреки Ц"Б получило какую-то долю света. Свет тут же улетучивается, а сосуды Г"Э дэ-ЗО"Н и АХА"П дэ-ЗО"Н разбиваются, перемешиваются между собой так, что в каждом осколке остается немного света хохма, и все они падают под парсу, на самый низкий уровень, максимально удаляясь от Творца. Это привело к тому, что во всех эгоистических желаниях малхут есть искорки света. С другой стороны, их эгоизм уже достаточно сформировался, потому что в нем уже получен свет хохма.

В Мире Бесконечности еще не было такого развитого эгоизма и не было такого желания получить свет хохма. В Некудот дэ-СА"Г впервые были созданы эгоистические сосуды АХА"П, которые потом почувствовали свет. Начиная с мира Некудим, такие сосуды называются клипот, тума. Свет совершенно противоположен по свойствам этим сосудам, но желание получать настолько огромно, что оно жаждет насладиться даже искрой света, которую оно и удерживает в себе, но насладиться им оно не может, поэтому мы всю жизнь гоняемся за любым проявлением света в любом одеянии. Порой нам кажется, что мы вот-вот коснемся этой искры наслаждения, но она тут же исчезает.

Разбиение сосудов и их падение в миры БЕ"А

Затем мы гонимся за проявлением этой же искры света в другом облачении. Таким образом, искорки света являются движущей силой нашего эгоизма, они тянут человека вперед, дают ему стремление захватить весь этот мир. Но есть искры, которые, вселяясь в нас, дают стремление к духовному.

Гадлут мира Некудим зависит только от решимот далет/гимел. Они запускают всю эту систему, приводя в итоге к разбиению сосудов. После этого разбиения малхут на своей самой низкой стадии называется Адам, а его части – это мы.

Только величина экрана определяет местонахождение творения, т.е. той или иной части Малхут Мира Бесконечности. Под парсой нет экрана, поэтому там находятся эгоистические желания, которые тоже занимают определенное место в мирах БЕ"А, в зависимости от близости к Творцу или удаления от Него, согласно мере своего эгоизма. Все взаимодействует между собой только в меру подобия сосуда свету, а это определяется с помощью экрана, который и является связующим звеном между светом и сосудом, когда творение переходит барьер между материальным и духовным.

קב) כי גם בפרצוף נקודים נבחנים ד' הבחינות: טעמים נקודות תגין אותיות (אות מ"ז). כי כל הכחות שישנם בעליונים, הכרח הוא שיהיו גם בתחתונים. אלא בתחתון נתוספים ענינים על העליון. ונתבאר שם, שעיקר התפשטות כל פרצוף נקראת בשם "טעמים".

ואחר התפשטותו נעשה בו הביטוש דאו"מ ואו"פ, שע"י הביטוש הזה מזדכך המסך בדרך המדרגה, עד שמשתווה לפה דראש. ומתוך שאור העליון אינו פוסק, נמצא אור העליון מזדווג במסך בכל מצב של עביות שבדרך זיכוכו. דהיינו, כשמזדכך מבחי"ד לבחי"ג, יוצא עליו קומת חכמה. וכשבא לבחי"ב, יוצא עליו קומת בינה. וכשבא לבחינה א', יוצא עליו קומת ז"א. וכשבא לבחינת שורש, יוצא עליו קומת מלכות. וכל אלו הקומות, שיוצאים על המסך בעת הזדככותו, נקראים בשם "נקודות".

והרשימות, הנשארים מהאורות אחר הסתלקותם נקראים בשם "תגין". והכלים, הנשארים אחר הסתלקות האורות מהם נקראים בשם "אותיות". ואחר שהמסך מזדכך כולו מהעביות דגוף, נמצא נכלל במסך דפה דראש בזווג אשר שם. ויוצא עליו שם פרצוף שני.

---

102. В мире Некудим также различаются четыре стадии: таамим, некудот, тагин и отиет, потому что силы, которые проявляются сверху, должны найти свое отражение

Наука Каббала

и внизу, но с дополнительной информацией о верхних силах. Суть распространения каждого парцуфа сверху вниз называется *таамим*.

Затем в результате битуш ор макиф в экран происходит ослабление экрана от авиют и постепенный его подъем вверх, в пэ дэ-рош, где происходит его окончательное слияние с экраном, находящимся там. Но так как высший свет никогда не прекращает распространяться, то на каждой ступени ослабления экрана происходит его зивуг со светом.

При переходе из авиют далет в гимэл возникает ступень хохма, при переходе к авиют бэт рождается ступень бина, на авиют алеф появляется ступень З"А, на авиют шореш возникает ступень малхут. Все ступени, которые возникают во время зивуга, происходящего при ослаблении экрана, называются некудот.

Решимот, которые остаются от света после его выхода, называются тагин. Сосуды, которые остаются после исчезновения из них света, называются отиет. Иначе говоря еще, что отиет – это решимот, которые остаются на уровне некудот. Когда же масах дэ-гуф окончательно избавляется от всего авиюта и соединяется с масахом дэ-рош в пэ с помощью зивуга, то возникает парцуф.

Отход от света, падение, удаление от него является положительным фактором в развитии сосудов. Когда у человека возникают различные тяжелые состояния, разочарования, депрессии в отношении духовного, он должен понимать, что в нем развивают настоящие сосуды, желание получить свет, но ради духовного. Для этого сначала решается, сколько человек может получить ради Творца, и только потом он может получать. Решение принимается заранее в голове, там делается расчет количества и качества света, который затем принимается в тох. Незаполненная светом часть сосуда называется соф. В Малхут Мира Бесконечности не было рош, ей ничего не надо было рассчитывать, она все получала только в тох.

Ни Гальгальта, ни А"Б, ни СА"Г не могли наполнить светом соф, т.е. часть, которая находится под табуром. И только

Некудот дэ-СА"Г смогли проникнуть туда и наполнить малхут, но не светом хохма, а светом хасадим. Конечно, малхут желает для своего наслаждения свет хохма, но свет хасадим тоже доставляет огромное наслаждение от отдачи.

Духовное движение можно осуществить только под действием света. Если свет наполняет сосуд, то он придает ему силу совершить действие против своей природы, эта сила света сильнее, чем сила сосуда. Сосуд при этом сокращается, делает цимцум на получение наслаждения, а также приобретает небольшую возможность получать ради Творца.

Первые три действия малхут ради Творца называются Гальгальта, А"Б, СА"Г. Четвертое же действие не дает ей возможность получить ради Творца в силу маленького авиюта бэт, теперь она может только отдавать, поэтому, когда она все же пытается получить что-то, то возникают огромные желания получать ради себя и происходит Ц"Б на желания, с которыми она не может работать. Следующее порционное получение света – это катнут мира Некудим, в этом состоянии сосуд может только отдавать ради отдачи. В результате этого в него входит свет хасадим.

Затем к этому парцуфу сверху приходит огромная подкрепляющая сила – свет А"Б-СА"Г. Парцуф А"Б может получить огромное количество света хохма, парцуф СА"Г может получить только свет хасадим. Оба эти парцуфа кажутся противоположными, но противоположны они только по своим действиям, а не по намерениям, которое в обоих случаях одно – отдавать, поэтому они могут придать парцуфу, на который они влияют, максимальную силу. В данном случае оба этих света нисходят на маленький парцуф, который работает только со своими альтруистическими желаниями – катнут мира Некудим, который не использует ни одно из наслаждений ради себя.

Свет А"Б-СА"Г раскрывает в Некудим величие духовного, величие Творца, важность полного слияния с Творцом, а не искушает его какими-то наслаждениями. В результате этого у парцуфа возникают силы действовать ради духовного, получать ради Творца, приобрести экран и перейти в парцуфим Кэтэр и Аба ве Има в состояние гадлута. АХА"П дэ-ЗО"Н тоже пытаются перейти в состояние гадлут. Но они не могут получить свет, из-за чего происходит разбиение сосудов. Они вкусили, что значат эти наслаждения, относящиеся к гадлуту, в них остаются решимот после разбиения сосудов, которые говорят о наслаждении только ради себя, поэтому осколки разбитых сосудов попадают в клипот. А место, где находятся клипот, называется мадор (отдел) клипот.

Мы проходили, что в Ц"Б Малхут поднялась до уровня бина дэ-гуф и ограничила там получение света только в келим Г"Э. Сама Малхут вместе с захваченными ею таким образом келим дэ-АХА"П еще не являются на этом этапе клипой, потому что она сама ограничивает распространение света в себя, не желая быть только получающей. Теперь же, во время разбиения сосудов, эгоистическое желание Малхут, почувствовав в себе наслаждение без соответствующего экрана, начинает желать его ради себя, и превращается тем самым в клипу. Однако клипа не обладает настоящим светом. У нее есть только решимот – осколки разбитого экрана.

Если Творение не пройдет стадию, которая называется клипот, то в нем не будет истинного, своего собственного желания. Все предыдущие желания созданы Творцом и составляют с Ним единое целое. У настоящих же творений нет никакой связи с Творцом, поэтому они чувствуют себя независимыми и самостоятельными. А теперь, чтобы Творение прошло весь обратный путь вплоть до окончательного слияния с Творцом, необходимо заложить в него какую-то искру альтруистического желания, что и достигается с помощью разбиения сосудов и смешения всех осколков сосудов друг с другом.

Решимот от внутреннего света, которые остаются после его выхода, называются «тагин». Сосуды, кли, желания, которые остаются после исчезновения из них света, называются отиет.

О мире А"К существует такое объяснение: тагин называются решимот от таамим, отиет называются решимот от некудот.

Таким образом, мы находим дополнительное объяснение:
- таамим – кэтэр;
- некудот – хохма;
- тагин – бина;
- отиет – ЗО"Н.

Разбиение сосудов и их падение в миры БЕ"А

> **קג)** והנה ממש על דרך זה נעשה גם כאן בפרצוף נקודים. כי גם כאן יוצאים ב' פרצופין: ע"ב, ס"ג. זה תחת זה. ובכל אחד מהם: טעמים, נקודות, תגין, אותיות. וכל ההפרש הוא, כי ענין הזדככות המסך לא נעשה כאן מחמת הביטוש דאו"מ באו"פ, אלא מחמת כח הדין דמלכות המסיימת, שהיה כלול בכלים ההם (אות צ). ומטעם זה לא נשארו הכלים הריקים בפרצוף אחר הסתלקות האורות, כמו בג' הפרצופין גלגלתא ע"ב ס"ג דא"ק, אלא נשברו ומתו ונפלו לבי"ע.

103. Подобно миру А"К, в мире Некудим также возникают два парцуфа – А"Б и СА"Г, один под другим, и в каждом из них есть свои таамим, некудот, тагин и отиет. Вся разница только в том, что ослабление масаха произошло не в результате ударного столкновения ор макиф с экраном, как это было в мире А"К, а в результате проявления категории суда (дин), ограничивающей малхут, которая находится в парса, и следящей за выполнением Ц"Б. Поэтому сосуды не остаются пустыми после исчезновения света, как это было в Гальгальте, А"Б и СА"Г, а разбиваются, умирают и падают в миры БЕ"А.

> **קד)** והנה פרצוף הטעמים, שיצא בעולם הנקודים, שהוא פרצוף א' דנקודים, שיצא בקומת כתר, יצא בראש וגוף, שהראש יצא באו"א, והגוף הוא התפשטות הז"ת מפה דאו"א ולמטה (אות ק"א). והנה התפשטות הזאת שמפה דאו"א ולמטה נקרא "מלך הדעת". והוא באמת כללות כל הז"ת דנקודים, שחזרו ונתפשטו למקומם אחר העלית מ"ן. אלא מתוך ששרשם נשאר באו"א לקיום והעמדה לפב"פ דאו"א (אות צ"ח), שנקרא שם בשם "מוח הדעת", המזווג לאו"א, לפיכך גם התפשטותם ממעלה למטה לבחינת גוף נקרא ג"כ בשם הזה, דהיינו "מלך הדעת". והוא מלך הא' דנקודים.

104. Первый парцуф таамим мира Некудим возник с уровнем кэтэр, его рош находится в Аба ве Има, а гуф распространяется вниз. Такой парцуф называется не А"Б, а мелех а-даат, который содержит в себе все, что должно находиться в ЗА"Т мира Некудим, т.е. включает в себя все их сосуды.

В отличие от верхних парцуфим А"Б-СА"Г, нижние парцуфим называются «мелахим». На решимот далет/гимэл Аба ве Има делают зивуг дэ-акаа и спускают вниз большой свет. Состояние совместного действия Аба ве Има называется даат, потому что зивуг происходит на свет хохма. Парцуф, который распространяется от них вниз, называется мелех а-даат. Эти парцуфим называются «мелахим», потому что они происходят от малхут. Затем этот парцуф разбивается, и от него остаются разбитые сосуды, которые, соединяясь с АХА"П, тоже падают вниз.

В мире Некудим происходят действия, аналогичные действиям, происходящим в мире А"К. Сначала происходит зивуг на решимо далет/гимел, когда соответственно парцуфу А"Б выходит парцуф мелех а-даат, а затем потеря авиют гимэл и зивуг на гимел/бэт, как в СА"Г, далее бэт/алеф, алеф/шореш.

Желание, которое создано Творцом, изменить нельзя, можно только постараться изменить намерение. Все дело в экране и намерении – ради отдачи или ради получения, увеличить или уменьшить их в зависимости от каких-либо условий.

Если у меня есть желания на все 5 блюд, которые поставили передо мной, и нет никаких ограничивающих, сдерживающих центров, то, естественно, я уплетаю все блюда, мои желания соответствуют наслаждению. Такое положение было в Малхут Мира Бесконечности, когда она желала насладиться всем тем, что ей дал Творец. Это не называется клипой, потому что не было никакого запрета со стороны Творца. Но свет, наполнив малхут, дал ей такую силу, что теперь она может противостоять силе наслаждения, не желая его принимать ради себя, хотя желание насладиться остается. Более того, малхут не только отказывается получать ради себя, но и приобретает дополнительные силы получить какую-то часть света ради Творца.

Ц"Б говорит, что больше нет сил принимать ради Творца, единственное, что теперь можно делать, это сидеть возле накрытого стола и ничего не получать, это дает право быть в духовном, имея с Творцом одинаковые свойства. Но такое состояние нежелательно ни для Творца, ни для творения. Поэтому Аба ве Има делают зивуг на свет хохма, чтобы передать его ниже, не учитывая при этом, что свет А"Б-СА"Г не может спуститься под парса и исправить там сосуды. Намерения в голове были хорошими, но осуществить их не удалось.

Так бывает и с нами: мы вдруг начинаем что-то делать с хорошими намерениями, но затем забываем о намерениях и падаем в эгоистические желания, становясь их рабами. Происходит это потому, что первое же ощущение наслаждения полностью овладевает нашими желаниями, и нет никаких сил с ними справиться. В итоге все желания сосуда под парса разбились, лишились экрана и перешли в мадор клипот. Человек сидит перед всеми блюдами, страстно желает их проглотить, он руководствуется только своими эгоистическими желаниями и не обращает никакого внимания на хозяина.

Существует огромная разница между желаниями малхут после Ц"А, когда она наложила запрет на свои эгоистические желания и ничего не хотела принимать, хотя видела перед собой все наслаждения, и малхут после разбиения сосудов, когда она только и желает, что принимать наслаждения любым путем, используя при этом дающего, но получить их не может. Потом мы будем изучать, каким образом клипот действуют на человека, так что он всю жизнь будет гоняться за ними, но окончательного наслаждения так и не сможет получить.

Все эти желания – насладиться ради себя – не являются настоящими творениями, так как они были созданы Творцом. Единственным истинным Творением называется такое, в котором пробуждается его **собственное** желание к духовному, к сближению с Творцом, желание наслаждаться только ради Него. Такого желания нет в Творце, оно исходит из самой нижней черной точки Творения в результате постоянного воздействия света на сосуд, подобно действию воды на камень. Такое желание называется душой, и она определяет рождение человека из животного. Далее происходит постепенное раскрытие Творца Творением по мере получения им какой-то определенной порции света ради Творца, сначала небольшой, а затем душа получает все больше и больше, вплоть до полного слияния с Творцом.

Ранее мы говорили, что под табуром в мире Некудим возникли два парцуфа А"Б и СА"Г. Как уже было сказано, мир Некудим возникает под табуром в состоянии катнут на решимот бэт/алеф, затем он переходит в состояние гадлут на решимот далет/гимел. Этот первый парцуф мира Некудим похож на А"Б, мира А"К, который над табуром тоже вышел на решимот далет/гимел. Затем происходит ослабление экрана вплоть до решимот гимел/бэт, но не в результате битуш пним у макиф, как это было в мире А"К, а в результате разбиения, и на это решимо под табуром выходит второй парцуф, который подобен парцуфу СА"Г мира А"К. Но оба эти парцуфа называются мелахим, потому что над ними властвует малхут, которая поднялась в бину. Как А"Б, так и СА"Г мира Некудим включают в себя по четыре частных парцуфа: один от таамим и три от некудот, т.е. всего 8 мелахим. Промежуточные парцуфим, выходящие на авиют шореш, не в счет, потому что они не имеют распространения в гуф.

Первый парцуф называется мелех а-даат, который при ослаблении экрана включает в себя еще три: мелех хэсэд, мелех гвура и мелех шлиш элион дэ-тифэрэт. Второй парцуф называется шней шлиш тахтон дэ-тифэрэт, мелех нэцах ве ход, мелех есод и мелех малхут. Парцуфим мира некудим называются по именам сфирот дэ-гуф, потому что они возникают на материале гуф парцуфа некудим. Все эти 8 мелахим – это возможные меры получения света под парса ради Творца. Но экраны с силой противостояния эгоизму исчезли, свет из них исчез, и они считаются падшими, т.е. упавшими ниже всех духовных желаний.

Почему в разных местах по-разному определяется, сколько уровней авиют есть в парцуфе? Язык десяти сфирот очень лаконичен. Описывая с его помощью конкретные явления в конкретном аспекте, зачастую пользуются одними и теми же терминами и понятиями для описания различных соотношений. Так, рассматривая парцуф А"Б, мы говорим, что он состоит из пяти частных парцуфим. Вообще в каждом духовном объекте, поскольку он является частью Малхут Мира Бесконечности, можно выделить пять уровней авиют. Однако, рассматривая А"Б по отношению к Гальгальте, мы говорим, что в нем есть только четыре уровня авиют, поскольку в нем отсутствует авиют далет. Таким образом, описание духовного объекта зависит оттого, в каком контексте он рассматривается. Так, описывая одного человека, можно сказать, что он на голову ниже другого, но это не означает, что у него нет головы.

Все, что описывается в этой книге, происходит в душе человека. Поэтому, чтобы разобраться в материале, не нужно обладать абстрактным мышлением, умением смотреть на один предмет с разных сторон. Для этого необходимо найти в себе, в своем отношении к Творцу все описываемые явления и процессы. Тогда придет и понимание, и все встанет на свои места.

Если же человек представляет себе духовные миры как нечто находящееся вне его, как некую абстрактную схему, вне собственных чувств, то рано или поздно он все равно попадет в тупик. Только теперь ему уже придется гораздо тяжелее в изучении Каббалы, потому что придется отказываться от собственных абстрактных представлений. Если же вам тяжело воспринимать материал правильным образом, то попытайтесь читать эту книгу параллельно с другими книгами этой серии, скажем, параллельно с четвертой книгой. Попытайтесь почувствовать, что в них говорится об одном и том же.

Что такое мидат а-дин (категория суда)? Дин – это единственный запрет или единственное желание получать ради себя. Этот запрет был принят малхут еще во время Ц"А, когда она отказалась получать ради себя и осталась пустой. До этого можно было свободно получать свет ради собственного наслаждения. После Ц"А каждый нарушающий этот запрет считается грешником, клипой, нечистой силой и т.д.

Желание насладиться в четырех стадиях – это единственное, что было создано Творцом. Затем, если кто-то пожелает изменить эту природу и приобрести альтруистические желания, то это будет являться его личным делом. Но так как он сам осуществить такой переворот не сможет, то он должен будет обратиться к Творцу за помощью. При этом желание насладиться не исчезает, меняется только намерение использовать это желание.

Сама малхут называется мидат а-дин. Она требует насыщения. Если на это желание нет антиэгоистического экрана, то желания остаются эгоистическими. Если же с помощью силы, полученной сверху, малхут приобретает экран, то ее намерения становятся альтруистическими, и мидат а-дин спускается, а на ее месте появляются мидат а-рахамим, свет хасадим, отраженный свет, экран.

קה) ונודע, שכל הכמות והאיכות שבע"ס דראש, מתגלה ג"כ בהתפשטות ממעלה למטה לגוף. ולפיכך, כמו שבאורות דראש חזרה וירדה מלכות המזדווגת ממקום נקבי עינים למקום הפה, וגו"ע ונ"ע, שהם הכלים דפנים, חזרו וחיברו להם את הכלים דאחורים, שהם האח"פ, והאורות נתפשטו בהם, כן בהתפשטותם ממעלה למטה לגוף, נמשכו האורות גם לכלים דאחורים שלהם, שהם התנהי"מ שבבי"ע למטה מפרסא דאצילות.

אמנם לפי שכח מלכות המסיימת שבפרסא דאצילות מעורב בכלים
ההם, ע"כ תיכף בפגישת האורות דמלך הדעת בכח הזה, נסתלקו לגמרי
מהכלים ועלו לשורשם. וכל הכלים דמלך הדעת נשברו פנים ואחור, ומתו,
ונפלו לבי"ע. כי הסתלקות האורות מהכלים הוא כמו הסתלקות החיות
מגוף הגשמי, הנקרא "מיתה". ואז נזדכך המסך מהעביות דבחי"ד, מאחר
שהכלים האלו כבר נשברו ומתו. ונשאר בו רק עביות דבחי"ג.

105. *И знай, что всё имеющееся в десяти сфирот де-рош также проявляется при распространении сверху вниз в гуф во всем количестве и качестве.* Поэтому так же, как и в рош, спустилась малхут из никвей эйнаим в пэ и ее Г"Э соединились со своими АХА"П и в них распространился свет, также при распространении света сверху вниз свет подошел к сосудам дэ-ахораим, т.е. тифэрэт, нэцах, ход, есод и малхут, которые находятся под парса.

Но так как сила малхут, находящаяся в парсе, влияет на эти сосуды, то при встрече света мелех а-даат с этой силой свет тут же исчез из сосудов и поднялся к своему корню, а все сосуды и передней и задней частей (паним и ахораим) мелех а-даат разбились, умерли и упали в БЕ"А, так как исчезновение света из сосуда подобно исчезновению жизни из биологического тела, и поэтому называется смертью. После падения и смерти сосудов из экрана исчезает авиют далет и остается авиют гимел.

Когда мы говорим об авиют гимел, мы должны понимать, что речь идет о первом парцуфе мира Некудим, который вышел на итлабшут далет и авиют гимел. Но в парцуфе с авиют гимэл есть свои частные парцуфы с авиют далет, гимел, бэт, алеф, шореш. Сейчас исчез только первый частный парцуф с авиют далет, и остался авиют гимел. Свет не может распространиться в те желания, которые не имеют намерения наполниться, и они пока не наполняются и не разбиваются.

קו) וכמו שנתבטלה העביות דבחי"ד מהמסך דגוף מחמת השבירה, כן
נתבטלה העביות ההיא גם בהמלכות המזדווגת של ראש באו"א. כי העביות
דראש ועביות דגוף עביות דבר אחד הוא. אלא שזה כח וזה פועל (אות נ).
ולכן נפסק הזווג דקומת כתר גם בראש באו"א. והכלים דאחורים, שהם
האח"פ, שהשלימו לקומת כתר, חזרו ונפלו למדרגה שמתחתיה, דהיינו

> להז"ת. וזה מכונה "ביטול האחורים דקומת כתר מאו"א". ונמצא, שכל קומת הטעמים דנקודים, ראש וגוף, נסתלקה.

106. И так же как в результате разбиения сосудов исчез авиют бхины далет из экрана дэ-гуф, так же исчез авиют далет в малхут, которая делает зивуг в рош Аба ве Има, так как авиют рош и гуф едины, но первый зивуг (в рош) произошел еще только в потенциале, а второй (в гуф) – фактически.

Поэтому исчезает зивуг на ступень кэтэр также и в голове. А АХА"П, которые дополняли ступень кэтэр, возвратились и упали на ступень ниже, т.е. в семь нижних сфирот. Это называется аннулированием АХА"П ступени кэтэр в парцуфе Аба ве Има. Таким образом, вся ступень таамим дэ-Некудим – как рош, так и гуф, исчезла.

Аба ве Има делают зивуг только для того, чтобы наполнить своим светом ЗО"Н. Как только ЗО"Н лишились возможности получать свет и исчезла их просьба, обращенная к Име о наполнении их светом, то Има немедленно прекращает зивуг с Аба. В данном случае мы видим, что тело дает команду голове, и в ней тут же прекращается зивуг.

В мире Некудим был катнут, затем, в результате подъема МА"Н, АХА"П поднялись к своим Г"Э, но произошло разбиение сосудов, которые затем будут разбиваться на следующие и следующие желания, пока все желания ЗО"Н мира Некудим не разобьются полностью: это далет, гимел, бэт, алеф, шореш уровня гимел, затем происходит то же самое, но уже с уровнем бэт, алеф, шореш до самого последнего желания. Все это было необходимо для смешивания альтруистических и эгоистических свойств. Разбиение сосудов имеет далеко идущие и положительные последствия.

Только самая первая ступенька – шореш, называется намерением Творца относительно будущего творения, а остальные ступени – это развитие, реализация намерения и превращение его в Творение. И первым Творением называется далет дэ-далет (малхут дэ-малхут) Мира Бесконечности. И на этом все могло бы и остановиться, но первое Творение под влиянием света захотело стать подобным Творцу по намерению, хотя его действия остались неизменными.

Для изменения намерения сначала надо полностью отказаться от получения света, затем создать силу сопротивления эгоизму, т.е. экран, который нужен для получения света ради Творца, начиная с небольшого количества и вплоть до полного слияния с Творцом. Такой процесс развития экрана начинается после Ц"А. Для этого необходимо разбить желание далет дэ-далет на определенные части и создать экран, начиная с самого маленького желания и до самого большого.

Подготовка использования экрана происходит в распространении миров сверху вниз. Для создания минимального экрана нужно смешать намерение творения и намерение Творца, перемешать их желания. Только тогда в Творении, т.е. далет дэ-далет, в его сути появятся какие-то искры альтруистического желания, дающие возможность создания экрана. Это достигается с помощью разбиения сосудов.

Но все происходящие процессы никуда не исчезают, а существуют постоянно, в них зарождается будущая связь с Творцом. Во время разбиения сосудов свет не входит в гуф, он находится в рош, он входит только в Г"Э каждой сферы, хотя он желает войти и в АХА"П, т.е. эгоистические сосуды, но согласно Ц"А, он не может этого сделать, однако какой-то молниеносный контакт все же происходит, и сосуд начинает желать получить свет ради себя, понимая, что значит для него это получение.

Раньше творение этого не понимало. Речь идет о развитии эгоизма от стадии, в которой накладывается запрет на получение света, до страстного желания получить его, несмотря ни на что и ни с чем не считаясь. Каждый раз при распространении миров и парцуфим сверху вниз мы имеем дело с постепенным формированием все более развитого, более грубого эгоизма, который понимает, что значит насладиться светом, и желает этого все в большей и большей степени. Когда сосуд доходит до самой последней стадии своего развития – нашего мира, то он становится наиболее пригодным для своей роли.

При разбиении сосуда в нем остается эгоистическое желание, решимо от того экрана, который был и исчез, а свет, который должен был войти в сосуд, поднялся вверх. Однако еще существует связь между решимо экрана и исчезнувшим светом, которая дает сосуду маленькое свечение, воспоминание о том, что у него когда-то был экран, с помощью которого он мог получить свет.

В чем заключается разница между ослаблением экрана от битуш пним у макиф и от разбиения сосудов? В первом случае сосуд, испытывая давление ор макиф, который хочет войти внутрь, понимает, что больше не может получить свет альтруистически, а на получение в эгоизм есть запрет, поэтому считает, что лучше исторгнуть имеющийся в нем свет, но не нарушить запрет. Во втором случае намерения сосуда вначале как бы хорошие, но вдруг он обнаруживает, что хочет насладиться светом чисто эгоистически, поэтому тут же срабатывает запрет Ц"А, и ослабление экрана здесь проявляется как разбиение сосуда, как смерть.

Ранее мы говорили о том, как произошло разбиение сосудов. Пришел свет А"Б-СА"Г, начал распространяться в рош дэ-Кэтэр, рош Аба ве Има, Г"Э дэ-ЗО"Н, и как только дошел до парса, сосуды начали разбиваться, лишаться экрана, потому что свет столкнулся с желаниями получить ради себя без экрана. Тут сработал запрет Ц"А, свет поднялся в рош мира Некудим, а затем в рош СА"Г, а сосуды, желающие получить ради себя, разбились и упали в клипот.

Есть свет Замысла Творения и свет Исправления Творения. Свет, который создал малхут и желание в ней насладиться им, называется светом хохма, светом Замысла Творения. Свет, который исправляет малхут, вызывает в ней проявление свойств Высшего и дает возможность малхут ощущать наслаждение от отдачи, называется светом хасадим. Творца можно ощущать либо наслаждаясь оттого, что ощущаешь Его (наслаждение светом хохма от получения), либо ощущать Его свойства и наслаждаться от подобия Ему (наслаждение светом хасадим от отдачи).

Если бы эгоизм не начал ощущать свойства Творца, то он никогда бы не сделал Ц"А, никогда бы не захотел быть похожим на Творца. Творец создал такой эгоизм, который бы смог развиваться и почувствовать кроме наслаждения еще и Дающего это наслаждение. В начальной стадии развития эгоизма уже заложена возможность быть в дальнейшем подобным Творцу.

Информация, которая вызывает ощущение Дающего, приходит в сосуд со светом А"Б-СА"Г. Это свет исправления, свет совершенно иной природы, возбуждающий в человеке тонкие ощущения, ощущения значимости Дающего и желание быть подобным Ему. Ц"А – это очень жестокое действие со стороны творения, которое как бы отодвинуло Творца в сторону, говоря, что ничего не хочет от Него получать, лишило Его возможности быть Дающим, сделало Его желания невостребованными до тех пор, пока оно не начинает понимать, что Замыслом Творения является не отказ от получения света, а получение его, но ради Творца.

В создании парцуфим после Ц"А первичным является экран, а действие вторично, и весь процесс идет от большего к меньшему. После Ц"Б, когда парцуф сократился, впервые появилось желание перейти из меньшего состояния, катнут, в гадлут. Для этого надо было получить силу. И такая сила приходит от света А"Б-СА"Г. Все сосуды, которые находятся над парса: Кэтэр, Аба ве Има, Г"Э дэ-ЗО"Н могут ощутить возможность перейти в гадлут. Но под парса этот свет войти не может, АХА"П дэ-ЗО"Н его не могут ощутить и поэтому остаются в прежнем состоянии. Некудот дэ-СА"Г под парса после Ц"Б остаются пустыми и образуют место для миров Ацилут, Брия, Ецира и Асия.

Когда мы говорим, что где-то нет света, то это означает, что кли просто не способно его ощутить. Свет сам по себе простой, в нем нет никаких различий, т.е. сосуд пока еще не может выявить в свете никаких оттенков, никаких разновидностей удовольствия. Таким было состояние малхут в Мире Бесконечности. А когда она почувствовала свойства света, то сделала Ц"А. Она начала выделять в свете 9 сфирот, предшествующих ей, начиная от ближайшей, а когда дошла до последней, кэтэр, и ощутила в нем свою полную противоположность по свойствам (он только отдает – она только получает), то тут же сделала цимцум.

Зэир Анпин состоит из хохма и бина. Он называется «маленькое лицо», что относится к количеству света хохма в нем по сравнению, например, с малхут, которая желает быть большой и получить весь свет хохма. Кэтэр все отдает, хохма все получает, бина ничего не получает. Такова характеристика четырех стадий прямого света и их корня, называемого кэтэр.

Изучая Каббалу, необходимо все время помнить, что в духовном нет места, времени и пространства в нашем обычном понимании. Понятие места возникло только после Ц"Б. Некудот дэ-СА"Г под парса после Ц"Б остаются пустыми и образуют место для миров Ацилут, Брия, Ецира и Асия. Таким образом, «местом» обычно называются Некудот дэ-СА"Г, т.е. сосуды, работающие по принципу Ц"А относительно сосудов, работающих по принципу Ц"Б, которые образуют миры, начиная с Ацилут. Отсюда становится немного понятней, насколько большая разница есть между этими двумя формами работы с желаниями. Сосуды Ц"Б – это не просто те же сосуды Ц"А, использующие только половину своих желаний, это кардинально другой принцип работы. Мы будем изучать так называемые поднятия миров. При этом «место» может подниматься вместе с мирами, а может и не подниматься.

Под временем в духовном понимается количество необходимых действий для достижения определенного духовного уровня. Эти действия выстраиваются в причинно-следственную цепочку. Чем меньше исправлен человек, тем больше скрывается от него Творец, тем больше путь от человека к Творцу превращается из последовательности духовных действий в неосмысленно текущее время.

В духовном все связано единым намерением – ради Творца, и поэтому там нет исчезновений. Только клипот – желания получать ради себя – могут исчезнуть. Наш мир находится ниже клипот, и поэтому мы наблюдаем в нем такое явление, как исчезновение.

Мы говорили о том, как произошло разбиение сосудов. Пришел свет А"Б-СА"Г, начал распространяться в рош дэ-Кэтэр, рош Аба ве Има, Г"Э дэ-ЗО"Н и как только дошел до парса, сосуды начали разбиваться, лишаться экрана, потому что свет столкнулся с желаниями получить ради себя без экрана. Тут сработал запрет Ц"А, свет поднялся в рош мира Некудим, а затем в рош СА"Г, а сосуды, желающие получить ради себя, разбились и упали в клипот.

קז) ומתוך שאור העליון אינו פוסק מלהאיר, נמצא שחזר ונזדווג על העביות דבחי"ג, הנשאר במסך של ראש באו"א. ויצאו ע"ס בקומת חכמה. והגוף שממעלה למטה, נתפשט לספירת החסד. והוא מלך הב' דנקודים. וגם הוא נמשך לבי"ע ונשבר ומת. ואז נתבטלה גם העביות דבחי"ג מהמסך דגוף ודראש. וגם הכלים דאחורים, האח"פ, שהשלימו לקומת חכמה זו דאו"א, חזרו ונתבטלו ונפלו למדרגה שמתחתיה, לז"ת, כנ"ל בקומת כתר.

ואח"כ נעשה הזווג על העביות דבחי"ב, שנשאר במסך. ויצאו ע"ס בקומת בינה. והגוף שממעלה למטה נתפשט בספירת הגבורה. והוא מלך

הג' דנקודים. וגם הוא נמשך לבי"ע ונשבר ומת. ונתבטלה גם העביות
דבחי"ב ברא"ש וגוף. ונפסק הזווג דקומת בינה גם ברא"ש. והאחורים של
קומת בינה דרא"ש נפלו למדרגה שמתחתיה בהז"ת.
ואח"כ נעשה הזווג על העוביות דבחי"א, שנשאר בהמסך. ויצאו עליה
ע"ס בקומת ז"א. והגוף שלו ממעלה למטה נתפשט בשליש עליון דת"ת. וגם
הוא לא נתקיים ונסתלק האור ממנו. ונדככה גם העוביות דבחי"א בגוף
ורא"ש. והאחורים דקומת ז"א נפל למדרגה שמתחתיה, לז"ת.

107. Высший свет не прекращает светить, и он снова делает зивуг на авиют дэ-бхина гимел, которая осталась в масах дэ-рош в Аба ве Има. В результате этого зивуга возникает парцуф, имеющий 10 сфирот с уровнем хохма, а гуф сверху вниз возникает с уровнем хэсэд и называется второй мелех мира Некудим. Так же, как и первый парцуф мелех а-даат, второй распространяется в БЕ"А, разбивается и умирает. Авиют гимэл исчезает из масаха дэ-гуф и дэ-рош. А также АХА"П, которые дополнили парцуф до уровня хохмы, разбились и упали на нижнюю ступень.

Далее происходит зивуг на авиют уровня бэт, который остался в масахе, на него выходят 10 сфирот уровня бина и гуф сверху вниз в сфират гвура, который называется третий мелех мира Некудим, который распространился до БЕ"А, разбился и умер. Авиют бэт в рош и гуф исчезает и зивуг на уровне бина прекращается также и в голове. А АХА"П бины дэ-рош падают на нижнюю ступень, в семь нижних сфирот.

Следующий зивуг происходит на авиют алеф, на него выходят 10 сфирот с уровнем З"А, а гуф распространяется на верхнюю треть дэ-тифэрэт. Он также перестает существовать, свет выходит из него, бхина алеф исчезает в гуф и рош, а АХА"П дэ-З"А падают на нижнюю ступень в ЗА"Т.

Почему в мире Некудим парцуфим называются мелахим? Потому что они находятся в гадлут, большом состоянии, которое выходит из катнута, малого состояния с ор нэфеш, который называется ор малхут. Несмотря на то что есть восемь уровней, существуют только семь мелахим, потому что есть всего семь нижних частей, ступеней. И также в рош есть только семь шорошим (корней) для их распространения.

קח) וכאן נגמרו כל האחורים דאו״א לירד, שהם האח״פ. כי בשבירת מלך הדעת, נתבטלו באו״א רק אח״פ השייכים לקומת כתר. ובשבירת מלך החסד, נתבטלו באו״א רק אח״פ השייכים לקומת חכמה. ובשבירת מלך הגבורה, נתבטלו האח״פ השייכים לקומת בינה. ובהסתלקות שליש עליון דת״ת, נתבטלו האח״פ דקומת ז״א.

ונמצא שנתבטלה כל בחינת הגדלות דאו״א, ולא נשאר בהם רק הגו״ע דקטנות. ונשאר במסך רק עביות דשורש. ואח״כ נזדכך המסך דגוף מכל עביותו, ונשתוה למסך דראש. אשר אז נמצא נכלל בזיווג דהכאה של ראש. ומתחדשים שמה הרשימות שבו חוץ מהבחינה האחרונה (אות מ״א). ובכח התחדשות הזה יצא עליו קומה חדשה, הנקראת "ישסו״ת".

108. И после аннулирования последнего зивуга на алеф дэ-авиют все АХА"П дэ-Аба ве Има прекратили спускаться. Так, при разбиении мелеха а-даат в Аба ве Има исчезли АХА"П уровня кэтэр. А когда разбились сосуды мелеха а-хэсэд в Аба ве Има, исчезли АХА"П, относящиеся к бхинат хохма. При разбиении сосудов мелеха а-гвура исчезли АХА"П уровня бина. При исчезновении мелеха верхней трети тифэрэт аннулировались АХА"П уровня З"А.

Таким образом, был аннулирован весь уровень гадлут в Аба ве Има, остались только сосуды Г"Э дэ-катнут с авиют шореш в экране. После этого экран дэ-гуф полностью освобождается от авиют, сравнивается по своим свойствам с экраном в рош и включается в зивуг дэ-акаа дэ-рош. В нем обновляются все решимот, кроме последних бхинот. В результате этого обновления (зивуга) возникает новая ступень, называемая ИШСУ"Т.

Вкратце вспомним весь процесс. В мире Некудим был катнут, когда в Кэтэр, Аба ве Има и ЗО"Н были только сосуды Г"Э, затем Кэтэр и Аба ве Има сделали зивуг на далет дэ-итлабшут и гимэл дэ-авиют, свет прошел в гуф, и гуф разбился. Остался авиют гимел-бэт, на него Кэтэр и Аба ве Има хотят сделать зивуг и надеются, что гуф сможет получить этот свет ради Творца, так как он на порядок меньше. В результате этого зивуга выходит парцуф на другом духовном уровне, поэтому он называется уже не Аба ве Има, а ИШСУ"Т.

קט) ומתוך שהבחינה אחרונה נאבדה, לא נשאר בו כי אם בחי״ג. ויוצאים עליו ע״ס בקומת חכמה. וכשהוכרה עביות דגוף שבו, יצא מהראש

מאו"א, וירד והלביש במקום החזה דגוף דנקודים (אות נ"ה). ומוציא מחזה
ולמעלה הע"ס דראש. והראש הזה מכונה "ישסו"ת". והגוף שלו הוא מוציא
מהחזה ולמטה בב"ש ת"ת עד סיום הת"ת. והוא מלך הד' דנקודים.

וגם הוא נמשכו לבי"ע ונשבר ומת. ונזדככה העביות דבחי"ג ראש וגוף.
והכלים דאחורים של ראש נפלו למדרגה שמתחתיה במקום גוף שלהם.
ואח"כ נעשה הזווג על עביות דבחי"ב, הנשאר בו. ויצא עליו קומת בינה.
והגוף שלו שממעלה למטה נתפשט בב' הכלים נצח והוד. והם שניהם מלך
אחד, דהיינו מלך ה' דנקודים.

וגם הם נמשכו לבי"ע ונשברו ומתו. ונזדככה גם העביות דבחי"ב בראש
וגוף. והכלים דאחורים של הקומה נפלו להמדרגה שמתחתיה, לגוף. ואח"כ
נעשה הזווג על עביות דבחי"א, שנשארה בו. ויצא עליו קומת ז"א. והגוף
שלו שממעלה למטה נתפשט בכלי דיסוד. והוא מלך הו' דנקודים. וגם הוא
נמשך לבי"ע ונשברו ומת. ונזדככה גם העביות דבחי"א בראש וגוף. והכלים
דאחורים שבראש נפלו למדרגה שמתחתיהם, לגוף. ואח"כ נעשה הזווג על
העביות דבחינת שורש, הנשאר במסך. ויצא עליו קומת מלכות. והממעלה
למטה שלו נמשך לכלי דמלכות. והוא מלך הז' דנקודים. וגם הוא נמשך
לבי"ע ונשבר ומת. ונזדככה גם העביות דשורש בראש וגוף. והאחורים
דראש נפלו למדרגה שמתחתיה, בגוף. ועתה נגמרו להתבטל כל הכלים
דאחורים דישסו"ת, וכן שביה"כ דכל ז"ת דנקודים, הנקראים "ז' מלכים".

109. После исчезновения последней степени, авиюта далет, осталась бхина гимел, на которую вышли 10 сфирот ступени хохма. Парцуф начинается от хазе Аба ве Има таким образом, что сфирот его головы идут от хазе и выше и называются они ИШСУ"Т, а от хазе и ниже, включая две нижние трети тифэрэт, образуются 10 сфирот дэ-гуф, и это и есть четвертый парцуф – мелех мира Некудим.

Он тоже распространяется до БЕ"А, разбивается и умирает. А авиют дэ-бхина гимэл исчезает как в рош, так и в гуф. АХА"П головы упали на нижнюю ступень, в гуф. Затем произошел зивуг на авиют дэ-бхинат бэт, в результате которого возникла ступень бина. Гуф нового парцуфа распространился на сосуды нэцах и ход, и это пятый парцуф – мелех мира Некудим.

Он также распространился в БЕ"А, разбился и умер, исчезла бхина бэт как в рош, так и в гуф, а АХА"П упали на нижнюю ступень в местонахождение тела. Следующий зивуг происходит на авиют алеф, на него выходит уровень З"А, его гуф распространился сверху вниз на сосуд есод, и это шестой мелех мира Некудим, который доходит до

Разбиение сосудов и их падение в миры БЕ"А

БЕ"А, разбивается и умирает. Исчезает авиют алеф в гуф и рош, а АХА"П дэ-рош падают на нижнюю ступень, в гуф.

Далее происходит последний зивуг на авиют дэ-шореш, который остался в масахе, на него выходит ступень малхут на сосуд малхут. Это седьмой мелех мира Некудим, который, как и все предыдущие мелахим, разбивается и умирает. Исчезает последняя ступень авиют дэ-шореш в рош и гуф, и АХА"П дэ-рош падают на нижнюю ступень в свой гуф. Так аннулировались все АХА"П дэ-ИШСУ"Т и закончилось разбиение всех семи нижних сфирот мира Некудим, т.е. всех семи мелахим.

Тифэрэт – это весь гуф парцуфа. Вследствие Ц"Б тифэрэт делится на три части: высшая треть тифэрэт называется хазе, средняя треть тифэрэт называется табур, нижняя треть тифэрэт называется есод.

קי) והנה נתבארו הטעמים ונקודות שיצאו בב' הפרצופים או"א וישסו"ת דנקודים, הנקראים "ע"ב ס"ג".

שבאו"א יצאו ד' קומות זה למטה מזה, שהם קומת כתר, הנקראת "הסתכלות עיינין דאו"א"; קומת חכמה, הנקראת "גופא דאבא"; קומת בינה, הנקראת "גופא דאמא"; קומת ז"א, הנקראת "יסודות דאו"א". שמהם נתפשטו ד' גופים, שהם: מלך הדעת, מלך החסד, מלך הגבורה, מלך ש"ע דת"ת עד החזה. וד' הגופים אלו נשברו פנים ואחורים יחד.

אבל מבחינת הראשים, דהיינו בד' הקומות שבאו"א, נשארו בהקומות כל הכלים דפנים שבהם, דהיינו בחינת הגו"ע ונ"ע דכל קומה, שהיה בהם מעת הקטנות דנקודים. ורק הכלים דאחורים, שבכל קומה שנתחברו בהם בעת הגדלות, הם בלבדם חזרו ונתבטלו בסבת השבירה, ונפלו למדרגה שמתחתיהם, ונשארו, כמו שהיו לפני יציאת הגדלות דנקודים (אות ע"ו-ע"ז).

110. Мы выяснили таамим и некудот, которые вышли в двух парцуфим: Аба ве Има и ИШСУ"Т мира Некудим, и называются они А"Б и СА"Г.

В Аба ве Има возникли 4 ступени, одна ниже другой: кэтэр, который называется «истаклут эйнаим аба ве има» (смотрят друг другу в глаза), хохма называется «гуфа дэ-аба», бина носит название «гуфа дэ-има», З"А называется «есодот дэ-аба ве има». Из них вышли 4 тела: мелех а-даат, мелех а-хэсэд, мелех гвура и мелех верхней трети тифэрэт до хазе. Гуфим всех этих четырех ступеней разбились, как паним, так и ахораим, т.е. и Г"Э, и АХА"П.

Но в рошим (головах) этих четырех ступеней Аба ве Има, все сосуды паним, т.е. Г"Э и никвей эйнаим (кэтэр, хохма и ГА"Р дэ-бина) каждой ступени, которые были во время катнут дэ-Некудим, остались на месте. И только келим дэ-ахораим (т.е. АХА"П дэ-рош, ЗА"Т дэ-бина, З"А и малхут) каждой ступени, присоединившиеся к Г"Э во время гадлут, аннулировались в результате разбиения сосудов и упали на нижнюю ступень, т.е. туда, где они были во время катнут.

קיא) ועד"ז ממש היה בפרצוף ישסו"ת יציאת ד' קומות זה למטה מזה: שקומה הא' היא קומת חכמה ונקראת "הסתכלות עיינין דישסו"ת" זה בזה, וקומת בינה, וקומת ז"א, וקומת מלכות. שמהם נתפשטו ד' גופים, שהם: מלך ב"ש תתאין דת"ת, מלך נו"ה, מלך היסוד, המלכות. וד' הגופים שלהם נשברו פנים ואחור יחד. אבל בהראשים, דהיינו בד' הקומות דישסו"ת, נשארו הכלים דפנים שבהם, ורק האחורים בלבד נתבטלו בסבת השבירה. ונפלו למדרגה שמתחתיהם. והנה אחר ביטול אלו ב' הפרצופים או"א וישסו"ת, יצא עוד קומת מ"ה בנקודים. ולפי שלא נתפשט ממנה לבחינת גוף אלא רק תיקוני כלים בלבד, לא אאריך בו.

111. По тому же принципу в парцуфе ИШСУ"Т возникли 4 ступени, одна ниже другой. Первая ступень имеет уровень хохма и называется истаклут эйнаим дэ-ИШСУ"Т, а затем ступень с уровнем бина, далее З"А и малхут, из которых распространились 4 тела: мелех двух нижних третей тифэрэт, мелех нэцах-ход, мелех есод и мелех малхут. Эти 4 гуфа разбились, как паним, так и ахораим, но в головах ИШСУ"Т остались келим дэ-паним, а их ахораим аннулировались в результате разбиения сосудов и упали на нижнюю ступень. После разбиения двух парцуфим Аба ве Има и ИШСУ"Т вышел еще один парцуф: М"А мира Некудим. Но так как из него не распространился гуф, а только «тикуней келим», то мы не будем давать ему характеристику.

Итак, в результате зивуга на решимот далет/гимэл в рош Аба ве Има (гадлут мира Некудим) возникли 4 мелахим, затем был зивуг в рош ИШСУ"Т на авиют гимел/бэт, в результате которого возникли еще 4 мелахим. Все они получили свет хохма, но не ради Творца, поэтому они лишились экрана, разбились и упали со своего духовного уровня. Но в каждом из них осталось решимо от света и ор хозер – маленькая частичка света от экрана, с которым они хотели работать, но не смогли.

Эта частичка света называется ницуц (искра), она находится внутри эгоистического желания, и благодаря этому можно начать исправлять разбитые келим. Если бы не было разбиения сосудов, то такая альтруистическая частичка никогда не попала бы под парса, и находящиеся там сосуды (АХА"П) никогда нельзя было бы исправить. Но этим будет уже заниматься М"А Хадаш (Новый М"А), или Мир Исправления, мир Ацилут, который вышел из рош мира А"К в результате зивуга на авиют дэ-шореш, и этот уровень называется мецах (лоб).

У нас была Гальгальта, в ней произошло ослабление экрана, свет удалился, масах дэ-гуф поднялся наверх и соединился там с масахом дэ-рош, в нем остались решимот далет/гимэл в тох от света хохма и далет/гимэл в соф от света хасадим. Решимот далет/гимэл от света хасадим означают, что хотя ор хохма ощущается и является черезвычайно желанным, благодаря авиют гимел, тем не менее творение стремится всего лишь слиться с Творцом, т.е. наполниться светом хасадим, а не светом хохма (свет Цели Творения), поскольку получить ор хохма ради Творца оно не в состоянии. На решимот в тох выходит парцуф А"Б, а на решимот в соф выходит гадлут мира Некудим. После выхода света из парцуфа А"Б в мире А"К над табуром появляется парцуф СА"Г. Тот же процесс проходит и под табуром.

В результате зивуга на решимот далет/гимэл под табуром возникает гадлут мира Некудим, который называется нижний А"Б, или Аба ве Има. После его аннулирования под табуром происходит зивуг на решимот гимел/бэт, в результате которого возникает второй парцуф, который называется нижний СА"Г, или ИШСУ"Т. Свойства парцуфим над табуром и под табуром похожи в том смысле, что в парцуф нижний А"Б тоже распространяется свет хохма, а в парцуф нижний СА"Г – свет хасадим со свечением света хохма. Исправление ЗО"Н и малхут под табуром будет заключаться в том, чтобы поднять их до уровня парцуфим А"Б и СА"Г.

После исчезновения света в парцуфим остается чистый эгоизм, который к тому же помнит, что значит получать свет. Все решимот, которые раньше остались, были основаны на получении света ради Творца. А теперь, после разбиения сосудов в малхут, впервые проявилось желание получить ради себя любой ценой. Но это еще не является самой последней точкой развития эгоизма, ему еще предстоит пройти длинный путь.

Малхут чувствует свет еще до того, как он вошел в нее. В нашем мире происходит то же самое. Мы чувствуем наслаждение, еще не получая его, а как только получаем, то оно тут же исчезает. Нам только кажется, что мы наслаждаемся, но мы каждый раз должны производить какие-то действия, помогающие ощутить наслаждение, но при соприкосновении с наслаждением сосуд тут же аннулируется, а само наслаждение исчезает. Но все мы живем только ради такого соприкосновения. Если бы мы смогли наполниться наслаждением настолько, чтобы оно никуда не исчезало, то мы бы больше не сделали ни шага в направлении нового наслаждения, потому что были бы заполнены предыдущим. Мы бы, как наркоманы, наслаждались той порцией наркотика, которую влили в себя, и бездействовали до тех пор, пока не понадобилась бы новая порция. Только эгоизм, достигший полной противоположности Творцу, если его исправить, может сравняться с Творцом. И тогда полученное наслаждение не исчезнет, желание к нему не пропадет, а мы, не переставая наслаждаться, устремимся к новому получению ради Творца.

Под табуром свет хотел войти в сосуд, и сосуд хотел его получить ради Творца соответственно экрану, но тут сосуд обнаруживает, что экрана нет, но было уже поздно. Все наслаждения были уже внутри него и навязывали ему свои желания. Но Ц'Б изгоняет свет, и сосуд остается без света, с желаниями, которые он не может удовлетворить. Это страшное состояние, сопутствующее разбиению сосудов, смерти и падению. Все желания разрознены и не подчинены одной цели.

Когда человек целеустремлен, то все его желания (и альтруистические, и эгоистические) подчинены одной цели, если же нет, то у него много различных желаний, они не устремлены в одну точку. Такой человек ничего добиться не сможет.

При падении мелахим тот из них, кто был выше всех, лишившись экрана, падает ниже всех. Все 8 мелахим были разными по уровню. Если это был сосуд кэтэр, то он упал в малхут. Если же это был сосуд бина, т.е. отдающий сосуд, то он падает не так низко.

Сфирот дэ-рош имеют такие названия:
- ГА"Р дэ-кэтэр – мецах;
- Хохма – эйнаим;
- ГА"Р дэ-бина – никвей эйнаим;
- ЗА"Т дэ-бина – озэн ;
- З"А – хотем;
- Малхут – пэ.

МИР ИСПРАВЛЕНИЯ, РОДИВШИЙСЯ ИЗ МЕЦАХ МИРА А"К

עולם התיקון ומ"ה החדש, שיצא מהמצח דא"ק

קיב) והנה נתבאר היטב מתחילת הפתיחה עד כאן ד' פרצופים הראשונים דא"ק: פרצוף הא' דא"ק, הנקרא "פרצוף גלגלתא", שהזווג דהכאה נעשה בו על בחי"ד, והע"ס שבו הן בקומת כתר.

112. Рассмотрим теперь все духовные миры, все духовное Мироздание как единое целое. Мы увидим, что в Гальгальте (парцуф Кэтэр всего Мироздания) зивуг был на все 5 решимот – далет/далет.

Фактически экран тогда стоял в малхут (**пэ**) некоей общей головы всего Мироздания (эта голова, по сути, и есть «голова» Малхут Мира Бесконечности).

פרצוף הב' דא"ק, נקרא "ע"ב דא"ק", אשר הזווג דהכאה נעשה בו על עביות דבחי"ג, והע"ס שלו הן בקומת חכמה. והוא מלביש מפה ולמטה דפרצוף הגלגלתא, פרצוף הג' דא"ק נקרא "ס"ג דא"ק", שהזווג דהכאה נעשה בו על עביות דבחי"ב. והע"ס שלו הן בקומת בינה. והוא מלביש מפה ולמטה דפרצוף ע"ב דא"ק.

Затем экран поднимается из малхут в З"А (хотем) этой головы. На этом экране происходит зивуг на решимот далет/гимел, создающий А"Б (парцуф Хохма всего Мироздания). Итак, сейчас экран стоит в З"А общей головы. Далее экран продолжает подниматься. На этот раз он поднимается из З"А в бину общей головы, и там на нем происходит зивуг на решимот гимел/бэт, создающий парцуф СА"Г (Бина всего Мироздания).

Дальше, как мы знаем, происходит Ц"Б, после которого нельзя пользоваться АХА"П (сосудами ЗА"Т дэ-бина, З"А и малхут) каждой сферы. В результате Ц"Б бина общей головы оказывается разделенной на две части: ГА"Р (**никвей эйнаим**) и ЗА"Т (**озэн**). Сейчас экран стоит на границе между этими ГА"Р и ЗА"Т, т.е. между **никвей эйнаим** и **озэн**. С некоторой натяжкой можно сказать, что парцуф Некудот дэ-СА"Г, который является промежуточным парцуфом между Биной и З"А всего Мироздания (т.е., по сути, это ЗА"Т дэ-бина, ИШСУ"Т), возник в результате зивуга, произошедшего на экране, стоявшем в этом месте.

Затем экран продолжает «подниматься» наверх, в Хохму общей головы – т.е. **эйнаим**, но следует подчеркнуть, что теперь, после Ц"Б, экран стоит не внизу каждой ступени, как это было раньше, а в **никвей эйнаим** каждой ступени, т.е. на границе между ГА"Р дэ-бина и ЗА"Т дэ-бина. Поэтому мир Некудим, который является З"А всего Мироздания и парцуфом М"А, возникает в результате зивуга в **никвей эйнаим дэ-эйнаим**, т.е. экран стоит на границе между ГА"Р и ЗА"Т дэ-хохма общей рош.

Этот зивуг произошел на решимот бэт/алеф с дополнительной информацией о Ц"Б, о том, что получающими сосудами теперь пользоваться нельзя. Поэтому теперь парцуфим как бы состоят только из двух с половиной сфирот. Затем, после разбиения сосудов, экран оказывается в **никвей эйнаим** дэ-Кэтэр общей рош, который называется мецах, там и происходит зивуг, на решимот алеф/шореш, создающий мир Ацилут, называемый также мир Врудим, или М"А Хадаш (новый). Почему мир Ацилут называется М"А Хадаш, мы поговорим позже. Этот мир Ацилут исправляет разбитые келим, рождает душу Адам аРишон, душу, которая нисходит до самой низкой точки и только тогда становится настоящим Творением, потому что теперь она максимально удалена от Творца и получает возможность исправляться и подниматься снова к Творцу.

Необходимо иметь общее понятие о мире Ацилут, который заведует всем, от него все зависит, это та система, с которой постоянно связано творение. В результате исправления, которое достигается постепенно, мы поднимаемся по 6000 ступеням в мир Ацилут. А далее идут уже седьмое, восьмое, девятое и десятое тысячелетия, которые доступны лишь тем, кто поднялся на уровень Окончательного Исправления (Гмар Тикун).

פרצוף הד' דא"ק נקרא "מ"ה דא"ק", שהזווג דהכאה נעשה בו על עביות
דבחי"א, והע"ס שבו הן בקומת ז"א. ופרצוף זה מלביש מטבור ולמטה דס"ג
דא"ק. והוא נחלק לפנימיות וחיצוניות, שהפנימיות נקרא "מ"ה וב"ן דא"ק",
והחיצוניות נקרא "עולם הנקודים". וכאן נעשה ענין השיתוף של המלכות
בבינה, הנקרא צמצום ב', והקטנות, והגדלות, ועלית מ"ן, וענין הדעת,
המכריע והמזווג החו"ב פב"פ, וענין שבירת הכלים. כי כל אלו נתחדשו
בפרצוף הד' דא"ק, הנקרא "מ"ה" או "עולם הנקודים".

Четвертый парцуф мира А"К называется М"А, он возникает в результате зивуг дэ-бхина алеф, его 10 сфирот имеют уровень З"А, и он надевается на Гальгальту от табура и ниже, там, где распространились Некудот дэ-СА"Г. Парцуф М"А имеет внутреннюю часть, которая называется М"А и БО"Н мира А"К, и наружную – мир Некудим, которая одевается на внутреннюю. В этом месте произошло соединение малхут с биной, т.е. Ц"Б, катнут, гадлут, подъем МА"Н, появление сфират даат, которая способствует зивугу хохма и бина паним бе паним, разбиение келим – все это произошло в четвертом парцуфе, парцуфе М"А, или мире Некудим.

Парцуф М"А, который родился от СА"Г на авиют бэт/алеф, относится к Ц"А и является внутренним по отношению к М"А, который родился от Некудот дэ-СА"Г и относится к Ц"Б и который находится под табуром. Весь этот процесс мы рассматриваем как причинно-следственный, а на самом деле это не процесс, а постоянно существующая и неподвижная картина.

В каждом парцуфе есть таамим, некудот, тагин и отиет. Процессы, которые происходят в Некудот дэ-СА"Г: спуск под табур и смешивание с НеХ"И Гальгальта, Ц"Б, на решимо которого возникает мир Некудим в катнут и гадлут, разбиение сосудов, все это можно отнести к Некудот дэ-СА"Г и к одной из частей парцуфа СА"Г.

Гематрия СА"Г состоит из йуд-хей-вав-хей, но наполнение, свет, который находится в келим хохма, бина, З"А, малхут, дает нам число 63. Наполнение буквы вав (вав-алеф-вав), содержит в себе букву алеф, что указывает на Ц"Б и парцуф Некудим, а следующая за ней буква кей снова содержит в себе букву йуд, а не алеф, что указывает на гадлут дэ-Некудим. Поэтому мы отдельно не рассматриваем мир Некудим как мир. Почему же мы не говорим, что СА"Г разбился? Потому что на СА"Г эти изменения не отражаются, так как он находится над табуром, а все происшедшее относится к его внешним парцуфим (парцуфей саарот), которые надеваются на него. Парцуфей саарот (волосы) подробно изучаются в тринадцатой части ТЭС, на примере парцуфа Арих Анпин мира Ацилут.

Первое распространение света сверху вниз от пэ дэ-рош до табура на авиют далет называется таамим, а потом выходят следующие парцуфим-некудот на гимэл дэ-далет, бэт дэ-далет, алеф дэ-далет и шореш дэ-далет, но мы их никак не называем над табуром в мире А"К. А под табуром в мире Некудим мы их называем сфират даат и мелехдаат, мелех хэсэд, мелех гвура и мелех верхней трети тифэрэт. При этом парцуф, возникающий на авиют шореш, не распространяется в гуф и поэтому он не берется в расчет и не называется мелехом.

Когда мы видим, что гуф влияет на рош? При подъеме МА"Н, который заставляет Аба ве Има повернуться паним бэ паним и сделать зивуг на свет хохма для передачи нижним. Такая просьба З"А к Аба ве Има создает в них состояние, которое называется сфират даат. При разбиении сосудов такое желание в Аба ве Има исчезает, и они перестают делать зивуг. Низший при обращении к высшему изменяет управление собой. Когда мы очень захотим изменить наше состояние снизу, мы должны поднять МА"Н к высшему и получить сверху исправление.

קיג) ואלו ה׳ בחינות עביות שבמסך שבמסך נקראים על שם הספירות שבראש, דהיינו גלגלתא עינים ואח״פ: שהעביות דבחי״ד נקרא "פה", שעליה יצא פרצוף הא׳ דא״ק; ועביות דבחי״ג נקרא "חוטם", שעליה יצא פרצוף ע״ב דא״ק; ועביות דבחי״ב נקרא "אזן", שעליה יצא פרצוף ס״ג דא״ק; ועביות דבחי״א נקרא "נקבי עינים", שעליה יצא פרצוף מ״ה דא״ק ועולם הנקודים; ועביות דבחינת שורש נקרא "גלגלתא" או "מצח", שעליה יצא עולם התיקון. והוא נקרא "מ״ה החדש". כי פרצוף הד׳ דא״ק הוא עיקר פרצוף מ״ה דא״ק, כי יצא מנקבי עינים בקומת ז״א, המכונה בשם "הוי״ה דמ״ה". אבל פרצוף החמישי דא״ק, שיצא מן המצח, דהיינו בחינת הגלגלתא, שהיא בחינת עביות דשורש, אין בו באמת אלא קומת מלכות הנקרא "ב״ן". אמנם מטעם שנשארה שם גם בחי״א דהתלבשות, שהוא בחינת ז״א, ע״כ נקרא גם הוא בשם "מ״ה". אלא בשם מ״ה שיצא מהמצח דא״ק, שפירושו, מהתכללות עביות דשורש, הנקרא "מצח". וכן הוא נקרא בשם "מ״ה החדש", בכדי להבדילו מהמ״ה שיצא מנקבי עינים דא״ק. ופרצוף מ״ה החדש הזה נקרא בשם "עולם התיקון" או "עולם אצילות".

113. Пять уровней авиюта, которые есть в экране, называют по имени сфирот в голове: Гальгальта ве Эйнаим и АХА"П. На авиют дэ-бхина далет, которая называется пэ, вышел первый парцуф мира А"К, а на авиют дэ-бхина гимел, называемый хотем, вышел парцуф А"Б дэ-А"К, на авиют дэ-бхина бэт, называемый озэн, вышел СА"Г, авиют дэ-бхина алеф называется никвей эйнаим, и на нее вышел парцуф М"А и мир Некудим, а на авиют дэ-бхина шореш, или мецах, вышел М"А Хадаш, или мир Исправления, или мир Ацилут. Ацилут носит название, в отличие от остальных парцуфим, не по авиют, а по итлабишут алеф, который в мире Ацилут имеет огромное значение. Поэтому Ацилут называется не БО"Н, а М"А Хадаш.

Не говорит ли появление М"А Хадаш о том, что до сих пор весь путь от Малхут Мира Бесконечности был порочен? В духовном нет понятия «ошибка». Весь путь – это этапы зарождения настоящего желания.

Любая самая маленькая ступень соответствует всему Мирозданию, всей действительности, но на низших ступенях это происходит в самой грубой, а на высших в самой открытой, продуманной, проанализированной форме. И это различие дает всю силу, весь вкус ощущения Творца. На всех ступенях есть НаРаНХа"Й, все видят одну и ту же картину, но каждый понимает ее на всех ступенях по-разному. Вернее, каждая ступень несет в себе все более глубокое постижение, которое предоставляет и большую информацию. Эти ощущения невозможно выразить словами нашего мира. Нижняя ступень не может понять верхнюю.

קיד) אמנם יש להבין: למה ג' הקומות הראשונות דא"ק, הנקראות "גלגלתא", "ע"ב", "ס"ג" אינו נבחנות לג' עולמות, אלא לג' פרצופים? ולמה נשתנה פרצוף הד' דא"ק להקרא בשם "עולם"? וכן פרצוף החמישי דא"ק, כי פרצוף הד' נקרא בשם "עולם הנקודים" ופרצוף הה' נקרא בשם "עולם האצילות" או בשם "עולם התיקון".

114. Нужно понять, почему три первые ступени мира А"К называются парцуфим, а не мирами, и почему четвертая ступень мира А"К называется миром Некудим, а пятая ступень называется миром Ацилут.

Мир исправления

Первые три ступени мира А"К, называемые Гальгальта, А"Б, СА"Г, являются ступенями кэтэр, хохма, бина. Почему четвертый парцуф, если он только парцуф З"А с авиют алеф, называется Мир Некудим, а пятый парцуф, когда он только авиют шореш, называется Мир Ацилут?

Точка – свет малхут в кли кэтэр. Задача творения – расширить эту точку до полного исправленного парцуфа Адам Ришон. Стадии подготовки:

- Наружное тело – подобно нашему материалу (хомер) «прах из земли», т.е. желание самонасладиться.
- Достижение уровня «нэфеш-руах» в мирах Ецира и Асия, а затем достижение уровня «нэшама» в мире Брия.
- Достижение, в соответствии с уровнями подъема, ступеней «нэфеш-руах-нэшама» в мире Ацилут.
- Вследствие прегрешения малхут падает из мира Ацилут в миры БЕ"А и приобретает свойства «прах из земли», теряет все, чего достигла, находясь в мире Ацилут, и остается в ней только точка кэтэр.
- Душа после разбиения разделилась на 600 тысяч осколков, отчего и образовались наши души.
- Таким образом, образовалась бхина далет, т.е. Адам Ришон, для того чтобы приступить к исправлению намерения.

קטו) וצריכים לידע ההפרש מפרצוף לעולם. והוא, כי בשם פרצוף נקרא כל קומת ע"ס, היוצאת על המסך דגוף דעליון, אחר שנזדכך ונכלל בפה דראש דעליון (אות נ). שאחר יציאתו מהראש דעליון, הוא מתפשט בעצמו לרת"ס. גם יש בו ה' קומות זה למטה מזה, הנקראות "טעמים" ו"נקודות" (אות מ"ז). אמנם נקרא רק על שם קומת הטעמים שבו. ועד"ז יצאו ג' פרצופים הראשונים דא"ק: גלגלתא, ע"ב, ס"ג (אות מ"ז). אבל "עולם" פירושו, שהוא כולל כל מה שנמצא בעולם העליון ממנו, כעין חותם ונחתם, שכל מה שיש בחותם עובר כולו על הנחתם ממנו.

115. Необходимо знать, в чем заключается отличие между парцуфом и миром. Парцуфом называется любая ступень, состоящая из десяти сфирот, возникающих в результате зивуга с экраном гуфа высшего парцуфа после ослабления масаха и соединения его с масахом пэ дэ-рош верхнего, когда после его выхода из головы верхнего он сам распространяется в рош, тох, соф и у него есть 5 ступеней одна под другой, которые называются таамим и некудот. Но свое название он получает только по имени таамим в нем.

Согласно этому принципу возникли три первых парцуфим мира А"К: Гальгальта, А"Б, СА"Г, и получили название по своим таамим: кэтэр, хохма, бина. Что касается миров, то каждый последующий из них содержит в себе все, что было в предыдущем, подобно тому как все, что есть на печати, отпечатывается на отпечатке.

Вся Тора называется именами Творца, каждый раз, когда человек поднимается на определенную ступень и наполняется на ней определенным светом, то он ощущает эту ступень и дает ей соответствующее наименование, которое получает и он сам. Экран и ор хозер называются милуй, наполнением, потому что от него зависит свет, который наполняет сосуд.

קטז) ולפי זה תבין, שג' פרצופים הראשונים גלגלתא ע"ב ס"ג דא"ק, נבחנים רק לעולם אחד, דהיינו עולם הא"ק, שיצא בצמצום הראשון. אבל פרצוף הד' דא"ק, שבו נעשה ענין הצמצום ב', נעשה לעולם בפני עצמו, מטעם הכפילות שנעשה במסך דנקודות דס"ג בירידתו למטה מטבור דא"ק. כי נכפל עליו גם העביות דבחי"ד, בסוד ה"ת בעינים (אות ס"ג).

אשר בעת גדלות חזרה הבחי"ד למקומה לפה, והוציאה קומת כתר (אות פ"ד). ונמצאת קומה זו נשתוה לפרצוף הא' דא"ק. ואחר שנתפשט לרת"ס בטעמים ובנקודות, יצא עליו פרצוף ב' בקומת חכמה, הנקרא 'ישסו"ת'. והוא דומה לפרצוף ב' דא"ק, הנקרא "ע"ב דא"ק". ואחר התפשטותו לטעמים ונקודות, יצא פרצוף ג', הנקרא מ"ה דנקודים" (אות קי"א). והוא דומה לפרצוף ג' דא"ק.

הרי שיצא כאן בעולם הנקודים כל מה שהיה בעולם א"ק, דהיינו ג' פרצופים. זה תחת זה. שבכל אחד מהם טעמים ונקודות וכל מקריהם, בדומה לג' פרצופים גלגלתא ע"ב ס"ג דא"ק שבעולם הא"ק. וע"כ נבחן עולם הנקודים, שהוא נחתם מעולם הא"ק. ונקרא משום זה עולם שלם בפני עצמו. (ומה שג' פרצופי נקודים אינם נקראים גלגלתא-ע"ב-ס"ג אלא ע"ב-ס"ג-מ"ה, הוא מטעם שהבחי"ד שנתחברה במסך דס"ג אין עביותה שלמה, מפאת מקרה ההזדככות שהיה מכבר בפרצוף הא' דא"ק. וע"כ ירדו לבחינת ע"ב ס"ג מ"ה).

Мир исправления

116. Как уже было сказано, парцуфим мира А"К: Гальгальта, А"Б, СА"Г называются одним миром А"К, они возникли согласно Ц"А. Однако четвертый парцуф, в котором произошел Ц"Б, называется миром, потому что Некудот дэ-СА"Г во время их спуска под табур приобрели дополнительные решимот далет/гимел.

А во время гадлут возвратилась бхина далет на место в пэ дэ-рош, там вышла ступень кэтэр, похожая на первый парцуф мира А"К. Затем он распространился в рош, тох, соф, таамим и некудот. Затем возникает парцуф бэт с уровнем хохма, который называется ИШСУ"Т и который похож на парцуф А"Б мира А"К. А затем возник третий парцуф мира Некудим. Все три парцуфим стоят один над другим, в каждом из них есть таамим и некудот и все то, что есть в трех парцуфим мира А"К.

Поэтому мир Некудим считается как бы отпечатком, слепком с мира А"К и носит самостоятельное название мир. Но правильнее будет назвать три парцуфим мира Некудим не Гальгальта, А"Б, СА"Г, а А"Б, СА"Г и М"А, потому что Некудот дэ-СА"Г получили от НеХИ"М дэ-Гальгальта только далет/гимел, а не далет/далет, которая есть только в самой Гальгальта до начала изгнания света. Поэтому первый парцуф мира Некудим (а мир Некудим перенял эти решимот от Некудот дэ-СА"Г и потом передаст их дальше, в мир Ацилут) соответствует А"Б (решимот далет/гимел, а не далет/далет).

קיז) והנה נתבאר איך עולם הנקודים נחתם מעולם הא"ק. וע"ז נחתם פרצוף הה' דא"ק, דהיינו המ"ה החדש, שנחתם כולו מעולם הנקודים. באופן שכל הבחינות ששמשו בנקודים, אע"פ שנשברו ונתבטלו שם, מכל מקום חזרו כולם ונתחדשו במ"ה החדש.

וע"כ הוא נקרא עולם בפני עצמו. ונקרא "עולם האצילות", מטעם שנסתיים כולו למעלה מפרסא, שנתקנה בצמצום ב'. ונקרא ג"כ "עולם התיקון", מטעם שעולם הנקודים לא נתקיים, כי היה בו ביטול ושבירה. אלא אחר כך במ"ה החדש, שחזרו כל הבחינות ההם, שהיו בעולם הנקודים, ובאו במ"ה החדש, הנה נתקנו שם ונתקיימו. וע"כ נקרא "עולם התיקון". כי באמת הוא עולם הנקודים עצמו, אלא שמקבל כאן במ"ה החדש את תיקונו משלם. כי ע"י מ"ה החדש חוזרים ומתחברים לג"ר כל אלו האחורים שנפלו לגוף מן או"א וישסו"ת, וכן הפנים ואחורים דכל הז"ת, שנפלו לבי"ע ומתו, חוזרים ועולים על ידו לאצילות.

117. Мы выяснили, что мир Некудим является отпечатком мира А"К. По такому же принципу образовался пятый парцуф мира А"К, Новый М"А, который считается полной копией мира Некудим в том смысле, что все бхинот, которые были использованы в мире Некудим после разбиения и аннулирования там, все они восстановились и обновились в М"А Хадаш.

Этот мир тоже называется самостоятельным миром и носит название мира Ацилут. Он полностью находится между парсой, которая образовалась после Ц"Б, и табуром, и называется также миром Исправления. После разбиения и исчезновения мира Некудим мир Ацилут образовался из тех же разбитых бхинот, и таким образом мир Некудим получает исправление с помощью М"А Хадаш, где собираются и возвращаются в ГА"Р все АХА"П, которые упали в гуф Аба ве Има и ИШСУ"Т, а также все паним и ахораим всех ЗА"Т, которые упали в БЕ"А и умерли. Сейчас они возвращаются и поднимаются в Ацилут с помощью М"А Хадаш.

Табур – это та воображаемая линия, выше которой можно получить свет хохма, а под ней нельзя, пока нет экрана. Парса – это тоже воображаемая линия, над ней находятся отдающие сосуды – Г"Э, не нуждающиеся в свете хохма, а под ней расположены сосуды получения, которым запрещено получать ор хохма.

Мир Ацилут находится между табуром Гальгальты и парса и является миром Исправления, в нем есть ор хохма. Как это может быть? Он поднимает упавшие получающие сосуды и присоединяет их к отдающим сосудам, наполняя их светом хохма. Это действие происходит постепенно. Когда АХА"П всех ступеней поднимется в мир Ацилут, такое состояние будет называться Гмар Тикун, или седьмое тысячелетие.

Затем еще существуют восьмое, девятое, десятое тысячелетия, когда АХА"П начинают наполняться светом и под парса. Когда мир Ацилут опустит АХА"П на место мира Брия, то это будет восьмое тысячелетие, на место мира Ецира – девятое, на место мира Асия – десятое тысячелетие, тогда абсолютно все сосуды будут наполнены светом, согласно Замыслу Творения. Но Гмар Тикун – это 6000 ступеней, все то, что мы сами можем исправить, а дальнейшее исправление идет с помощью света Машиаха.

קיח) וטעם הדברים, כי כל פרצוף תחתון חוזר וממלא הכלים דעליון, אחר הסתלקות אורותיהם בעת הזדככות המסך. כי אחר הסתלקות האורות דגוף דפרצוף הא' דא"ק, מפאת הזדככות המסך, קבל המסך זווג חדש בקומת ע"ב, אשר חזר ומילא הכלים הריקים דגוף דעליון, דהיינו דפרצוף הא'.

וכן אחר הסתלקות האורות דגוף דע"ב, מפאת הזדככות המסך, קבל המסך זווג חדש בקומת ס"ג, שחזר ומילא הכלים הריקים דעליון, שהוא ע"ב. וכן אחר הסתלקות האורות דס"ג, מפאת הזדככות המסך, קבל המסך זווג חדש בקומת מ"ה, שיצא מנקבי עינים, שהם הנקודים, שחזר ומילא את הכלים הריקים דעליון, שהוא הנקודות דס"ג.

וממש עד"ז, אחר הסתלקות האורות דנקודים, מחמת ביטול האחורים ושבירת הכלים, קבל המסך זווג חדש בקומת מ"ה, שיצא מהמצח דפרצוף ס"ג דא"ק, וממלא את הכלים הריקים דגוף דעליון, שהם הכלים דנקודים שנתבטלו ונשברו.

118. Каждый нижний парцуф возвращается и наполняет сосуды верхнего после исторжения из него света. Когда исчез свет из тела первого парцуфа дэ-А"К из-за ослабления экрана, то экран получил новый зивуг на уровне А"Б, а затем возвратился и наполнил пустые сосуды тела верхнего парцуфа.

После исчезновения света из тела парцуфа А"Б в результате ослабления экрана, экран получил новый зивуг на уровне СА"Г, который возвратился и заполнил пустые сосуды парцуфа А"Б. А после исторжения света из СА"Г в результате ослабления экрана происходит новый зивуг на уровне М"А, который вышел из никвей эйнаим и заполнил пустые сосуды СА"Г.

Аналогично этому, после исторжения света из мира Некудим из-за аннулирования ахораим и разбиения сосудов, получил масах новый зивуг на уровне М"А, который вышел из мецах парцуфа СА"Г дэ-А"К и заполнил пустые сосуды мира Некудим, которые разбились и аннулировались.

Мы всегда изучали распространение сверху вниз. Творцом создано единственное Творение – Малхут Мира Бесконечности. Она представляет собой все единство желаний – сосудов и все наслаждение – света. Все, что происходит потом, это различные намерения, которые малхут принимает, чтобы наполниться. Мы изучаем, что малхут постепенно начинает отдаляться от Творца, чтобы стать совершенно независимой от Него.

Малхут перестает ощущать Творца, она при этом огрубляется, меняет свои свойства на эгоистические, становится противоположной Творцу, максимально отдаляясь от Него. Когда процесс эволюции достигает своего наинизшего уровня, Творение становится готовым для начала обратного процесса – постепенного сближения с Творцом.

Каждый вышестоящий парцуф более совершенен, имеет более сильный экран, более близок к Творцу по свойствам. Как же происходит, что каждый последующий парцуф наполняет предыдущий светом, ведь он более слабый и является порождением предыдущего? А наполняет он предыдущий парцуф тем, что прежде всего требует наполнить себя.

Когда парцуф Гальгальта полностью освобождается от света, его экран дэ-гуф соединяется с экраном дэ-рош и теряется нижняя ступень авиюта, то рождается новый парцуф, который требует от предыдущего силы, чтобы наполнить себя. Чтобы получить такой свет, предыдущий парцуф должен сделать зивуг дэ-акаа со светом Мира Бесконечности, уменьшить этот свет на ступень ниже своей и передать его последующему, который ощущает этот свет в голове и воспринимает его как свет Мира Бесконечности. Так, например, малхут мира Асия в своей голове видит свет, уменьшенный в 125 раз, но воспринимает его как свет Мира Бесконечности, хотя он прошел все 125 ступеней ослабления, но ею он воспринимается как Бесконечность, не ограниченная ничем. А наполнение предыдущего парцуфа происходит через желание последующего наполниться светом от предыдущего.

Когда СА"Г просит у А"Б наполнить его светом, А"Б нечего ему дать, он обращается к Гальгальте, которой ничего не остается, как обратиться с аналогичной просьбой к Малхут Мира Бесконечности. Почему? Мы говорим, что в рош Гальгальта есть весь свет. Действительно так, но она сейчас должна дать СА"Г соответствующий ему свет – свет Бина. Поэтому Гальгальта обращается к Малхут Мира Бесконечности, вернее, к ее бхине бэт, соответствующей свету бина, который она проводит сначала через бина дэ-Гальгальта, затем через бина дэ-А"Б и только потом в рош дэ-СА"Г.

Всего есть 5 парцуфим и 5 светов. И каждый свет парцуф получает соответственно из Малхут Мира Бесконечности, вернее, из определенной ее сферы. Любая бина любого парцуфа

Мир исправления

и любого мира может получить свет бины только через бинот всех миров и всех парцуфим, предшествующих ей. А остальные сфирот – кэтэр, хохма, З"А и малхут – получают свет от включения себя в желания просящего. Последующий парцуф дополняет предыдущий желаниями-сосудами, а предыдущий наполняет эти желания светом.

Нижний всегда обращается к верхнему, от которого он произошел. Парцуф А"Б родился от хохма дэ-Гальгальта, у него есть связь с Гальгальтой только через хохма. Гальгальта обращается к сфире хохма Малхут Мира Бесконечности, получает свет хохма, но не может именно эту хохму передать А"Б, а должна внутри себя переделать ее в хохму, подходящую парцуфу А"Б, и лишь затем передает ему.

Самая маленькая, но истинная просьба наименьшего из парцуфим наполняет светом все миры, вплоть до Гальгальты. Причем чем выше парцуф, тем больший свет он при этом получает. Так, от поднятия МА"Н оживает, наполняясь светом, Древо Жизни.

קיט) אמנם יש הפרש גדול כאן במ"ה החדש. כי הוא נעשה לבחינת דכר ובחינת עליון להכלים דנקודים, שהוא מתקן אותם. משא"כ בפרצופים הקודמים, אין התחתון נעשה לדכר ולעליון אל הכלים דגוף דעליון, אע"פ שהוא ממלא אותם ע"י קומתו.

והשינוי הזה הוא, כי בפרצופים הקודמים לא היה שום פגם בהסתלקות האורות, כי רק הזדככות המסך גרם להסתלקותם.

אבל כאן בעולם הנקודים, היה פגם בכלים. כי כח מלכות המסיימת היה מעורב בהכלים דאחורים דז"ת. ואינם ראוים לקבל האורות. שמסבה זו נשברו ומתו ונפלו לבי"ע. לפיכך הם תלויים לגמרי במ"ה החדש: להחיותם, לבררם, ולהעלותם לאצילות. ומתוך זה נחשב המ"ה החדש לבחינת זכר ומשפיע. ואלו הכלים דנקודים הנבררים על ידו נעשו בחינת נוקבא אל המ"ה. ולכן נשתנה שמם לשם ב"ן. כלומר שנעשו בחינת תחתון אל המ"ה. ואע"פ שהם עליון למ"ה החדש, כי הם כלים מעולם הנקודים ובחינת מ"ה ונקבי עינים, שבחינה עליונה שבו הוא ו"ק דס"ג דא"ק (אות ע"ד), מ"מ נעשו עתה לתחתון אל המ"ה החדש. ונקרא ב"ן מטעם האמור.

119. Однако есть большое отличие в М"А Хадаш, который называется миром Ацилут, в том, что он, являясь парцуфом, идущим после мира Некудим, оказался влияющим на все его сосуды и исправляющим их, в то время как в предыдущих парцуфим каждый нижний не мог влиять на сосуды гуфа верхнего, хотя и наполнял их своей ступенью.

И это изменение в М"А произошло потому, что в мире Некудим сила малхут, ограничивающая поступление света, вмешалась в АХА"П дэ-ЗА"Т, что привело к потере экрана, исчезновению света, разбиению сосудов, их смерти и падению в БЕ"А. В прежних же парцуфим не было никакой порчи сосудов во время исторжения света, которое было связано исключительно с ослаблением экрана и подъемом его в рош парцуфа.

Однако здесь, в мире Некудим, произошла порча сосудов, и их существование зависит теперь только от мира Ацилут, в котором есть сила исправить их и поднять наверх. Поэтому мир Ацилут считается новым и оценивается как влияющий, дающий (захар) по отношению к сосудам мира Некудим, которые являются по отношению к нему как нэкева, а следовательно и меняют название с Некудим, который тоже М"А по авиют, на БО"Н, т.е. становятся нижними по отношению к М"А хадаш.

Мир Некудим вышел на масах, который стоял в никвей эйнаим дэ-эйнаим (бина дэ-хохма), а мир Ацилут вышел на экран, стоящий в никвей эйнаим дэ-мецах (бина дэ-кэтэр) рош дэ-СА"Г. Мир Некудим должен бы быть М"А, а мир Ацилут – БО"Н, но из-за разбиения сосудов все становится наоборот – мир Ацилут становится М"А, а разбитые сосуды мира Некудим, которые он присоединяет к себе, – БО"Н.

ПЯТЬ ПАРЦУФИМ МИРА АЦИЛУТ
М"А И БО"Н В КАЖДОМ ПАРЦУФЕ

ה"פ אצילות וענין מ"ה וב"ן שבכל פרצוף

קכ) ונתבאר, שקומת מ"ה החדש נתפשטה ג"כ לעולם שלם בפני עצמו כמו עולם הנקודים.

120. Итак, М"А Хадаш превратился в самостоятельный мир так же, как и мир Некудим.

В мире А"К каждый последующий парцуф выходил на одну пару решимот (например, далет/далет и т.д.). Как уже было сказано, Некудот дэ-СА"Г под табуром получили еще и решимот далет/гимэл от НеХИ"М дэ-Гальгальта дополнительно к решимот, на которые возник этот парцуф.

Таким образом, под табуром есть два вида решимот: бэт дэ-итлабшут и алеф дэ-авиют и далет дэ-итлабшут, гимэл дэ-авиют. На первые вышел мир Некудим в катнут, а на вторые начала выходить целая серия парцуфим, подобная А"Б-СА"Г. Мир Ацилут вышел на алеф дэ-итлабшут, шореш дэ-авиют, но решимо далет/гимэл остается.

Поэтому в масахе, который тоже поднимается в рош дэ-СА"Г, возникает и второе желание: получить свет от далет/гимел. Мир Ацилут поэтому сначала тоже выходит в катнут, как и мир Некудим, а затем желает перейти в гадлут.

וטעם הדבר הוא, כמו שנתבאר בקומת הנקודים, שהוא מכח כפילת המסך גם מבחי"ד (אות קט"ז). כי הגם שהארת הזו"ן דא"ק שהאיר דרך הטבור והיסוד לג"ר דנקודים החזירה הצמצום א' למקומו, וה"ת ירדה מנקבי עינים לפה, שעי"ז יצאו כל אלו הקומות דגדלות נקודים (אות ק"א, אמנם כל אלו הקומות חזרו ונתבטלו ונשברו, וכל האורות נסתלקו. וע"כ חזר הצמצום ב' למקומו. והבחי"ד חזרה ונתחברה במסך.

Свечение ЗО"Н дэ-А"К через табур и есод в ГА"Р мира Некудим возвратил малхут из бины на место из никвей эйнаим в пэ. Так возникли все ступени мира Некудим в гадлут, но затем, как мы знаем, аннулировались, разбились, а свет из них исчез. Ц"Б возвратился на место, бхина далет соединилась с масахом.

Состояние гадлута, которое произошло в мире Некудим, нашло место и в мире Ацилут, но по законам, которые предотвратили в нем разбиение сосудов.

קכא) ולפיכך גם במ"ה החדש, שיצא מהמצח, נוהג ג"כ ב' בחינות קטנות וגדלות, כמו בעולם הנקודים. אשר תחילה יוצאת הקטנות, דהיינו לפי העביות המגולה במסך, שהוא: קומת ז"א דהתלבשות, המכונה חג"ת; וקומת מלכות דעביות, הנקרא נה"י. מטעם ג' הקוין, שנעשה בקומת מלכות: שקו ימין נקרא "נצח"; וקו שמאל נקרא "הוד"; וקו אמצעי "יסוד". אמנם כיון שאין מבחי"א רק בחינת התלבשות, בלי עביות, ע"כ אין בה כלים. ונמצאה קומת חג"ת בלי כלים. והיא מתלבשת בכלים דנה"י. וקומה זו נקראת "עובר". שפירושו, שאין שם אלא שיעור עביות דשורש, שנשאר במסך אחר הזדככותו, בעת עליתו לזווג במצח דעליון. שקומה, היוצאת שם, היא רק קומת מלכות. אמנם בפנימיותה יש בחינת ה"ת בגניזו. והוא בחינת ה"ת במצח. ואחר שהעובר מקבל הזווג בעליון, יורד משם למקומו (אות נ"ד). ואז מקבל מוחין דיניקה מהעליון, שהם עביות דבחי"א, בבחינת ה"ת בנקבי עינים. וע"י קונה כלים גם לחג"ת, מתפשטים החג"ת מתוך הנה"י. ויש לו קומת ז"א.

121. И поэтому в М"А Хадаш, который вышел из мецах, управляют также две силы: катнут и гадлут, как и в мире Некудим, т.е. сначала катнут на итлабшут алеф – З"А, которое называется ХаГа"Т, и малхут (шореш) дэ-авиют, называется НеХ"И по причине появления в ней «трех линий»: правая линия – нэцах, левая – ход и средняя – есод, но поскольку в бхине алеф есть только бхинат итлабшут без авиют, постольку нет у нее келим, поэтому ступень ХаГа"Т, не имея своих келим, использует келим НеХ"И. Такой парцуф носит название убар (зародыш). Затем он растет до алеф дэ-авиют и называется катан, а когда вырастет до гимэл дэ-авиют, то получит гадлут.

В мире Некудим было только два состояния: катнут и гадлут, а в мире Ацилут – три. В мире А"К сразу рождался гадлут. Мир Некудим называется З"А, или ХаГа"Т, мир Ацилут называется сначала убар, или НеХ"И, затем катан – З"А, или ХаГа"Т-НеХ"И. А в гадлуте он называется ХаБа"Д-ХаГа"Т-НеХ"И, авиют бэт-гимел-далет. Когда парцуф рождается в состоянии убар, то у него есть авиют дэ-шореш, сосуд кэтэр и свет нэфеш и руах.

Спрашивается, где же находится ор руах? Оказывается, вместе с ор нэфеш. Но внутри убара скрывается и настоящая малхут, потому что там еще находится решимо далет/гимел, на которое не было зивуга. Далее, в состоянии авиют дэ-шореш, убар получает свет из предыдущего парцуфа и растет до авиют дэ-алеф, и экран из мецах спускается в никвей эйнаим (дэ-эйнаим). В этом состоянии парцуф называется катан. Если экран спустится ниже, то парцуф будет в гадлут, постепенно проходя стадии от авиют бэт к авиют гимэл и затем к авиют далет.

Когда рождается парцуф, то это значит, что рождается экран, и ничего более. Желания созданы Творцом, свет был еще раньше желаний, сейчас создается только намерение получать во Имя Творца. Экран – это инверсия того, что я могу делать с тем наслаждением, которое возможно ощутить. Вся лестница от нас до Творца проградуирована согласно экранам – от 0 процентов экрана на самой нижней ступеньке до 100 процентов экрана на самой высшей ступеньке. Парцуф – это мера реакции экрана на высший свет. При рождении парцуф тут же спускается согласно своему экрану на свое место. В Ц"Б при всех состояниях парцуфа от шореш до далет используется только Г"Э, т.е. отдающие сосуды.

קכב) והנה אח"ז עולה פעם ב' למ"ן להעליון. ונקרא "עיבור ב'". ומקבל שם מוחין מע"ב ס"ג דא"ק. ואז יורדת הבחי"ד מנקבי עינים למקומה לפה (אות ק"א). ואז נעשה הזווג על בחי"ד במקומה. ויוצאות ע"ס בקומת כתר. והכלים דאח"פ מתעלים וחוזרים למקומם בראש. ונשלם הפרצוף בע"ס דאורות וכלים. ואלו המוחין נקראים "מוחין דגדלות" של הפרצוף. וזהו קומת פרצוף הא' דאצילות, הנקרא "פרצוף הכתר" או "פרצוף עתיק" דאצילות.

122. После рождения парцуфа в катнут он поднимает МА"Н второй раз в рош дэ-СА"Г и называется ибур бэт (второе зарождение). Там он получает мохин, т.е. свет А"Б-СА"Г мира А"К, и тогда бхина далет спускается из никвей эйнаим на свое место в пэ дэ-рош, там происходит зивуг на бхинат далет, и выходят 10 сфирот ступени кэтэр. Сосуды АХА"П поднимаются на свое место в рош. Таким образом, дополняется парцуф до десяти сфирот – сосуды и света. Такой свет называется мохин дэ-гадлут парцуфа. Так мы получили первый парцуф мира Ацилут, который называется парцуф кэтэр, или Атик дэ-Ацилут.

Первый парцуф называется Атик от слова «нээтак», т.е. изолированный от остальных нижестоящих парцуфим. Он является посредником между мирами А"К и Ацилут. Работает он по законам Ц"А, но одевает на себя одеяние в виде «саарот» (внешние парцуфим), которое было уже в рош дэ-СА"Г, и проявляется остальным парцуфим как парцуф, существующий по законам Ц"Б. Атик относительно Гальгальты находится на ступени хохма, так как выходит на решимот далет/гимел, что соответствует парцуфу А"Б, который является хохма по отношению к Гальгальте. Но по отношению к миру Ацилут он является первым парцуфом с уровнем кэтэр и открывает собой целую сеть парцуфим мира Ацилут, для которых он будет дающим.

На самом деле, кэтэр мира Ацилут – это не Атик, который настолько завуалирован и изолирован, что фактически не может контактировать ни с кем. Он передает свои функции второму парцуфу мира Ацилут – Арих Анпину, который, по сути, и является кэтэром и осуществляет всю деятельность по исправлению сосудов.

О мире Ацилут говорят 4 из 6 томов «Талмуда Десяти Сфирот», из него исходит все высшее управление, связь душ с Творцом. Об Атике там почти ничего не говорится, потому что он как бы и не имеет отношения к миру Ацилут. Фактически мир Ацилут начинается с Арих Анпина, который для всех остальных парцуфим выполняет роль, аналогичную Гальгальте мира А"К. На него тоже надеваются все остальные парцуфим мира Ацилут.

קכג) וכבר ידעת, שאחר שביה"כ חזרו ונפלו כלהו אח"פ מהמדרגות, כל אחד למדרגה שמתחתיו (אות ע"ז, ק"י). ונמצאים אח"פ דקומת כתר דנקודים בגו"ע דקומת חכמה. ואח"פ דקומת חכמה בגו"ע דקומת בינה, וכו'. ולפיכך בעת העיבור ב' דגדלות דפרצוף הא' דאצילות, הנקרא "עתיק", שחזרו ונתעלו האח"פ שלו, הנה עלו עמהם יחד גם הגו"ע דקומת חכמה. ונתקנו יחד עם האח"פ דקומת עתיק. וקבלו שם עיבור הא'.

123. Ты уже знаешь, что после разбиения сосудов все АХА"П снова упали со своей ступени на нижележащую. АХА"П кэтэра дэ-Некудим теперь находится на ступени Г"Э дэ-хохма. АХА"П ступени Хохма – на уровне Г"Э дэ-бина и т.д. А сейчас, во время ибур бэт, т.е. гадлута парцуф Атик, его АХА"П поднялись вместе с Г"Э ступени хохма и исправились вместе. Г"Э дэ-хохма получила бхинат ибур алеф.

Когда парцуф рождается в катнут, то его АХА"П не задействованы в получении света и находятся внутри Г"Э нижней ступени. Когда верхний парцуф начинает поднимать свои АХА"П и наполнять их светом, то одновременно с ними поднимаются и решимот Г"Э нижнего парцуфа, который еще не родился и для которого АХА"П верхнего парцуфа является местом зарождения. Сам высший парцуф проходит ибур бэт, а Г"Э нижнего парцуфа проходят ибур алеф.

Таким образом, падение каждых АХА"П на ступень ниже дало возможность вместе с подъемом его на свою ступень поднять и исправить также и Г"Э нижней ступени, т.е. вместе с получением ибур бэт верхним парцуфом получить ибур алеф для Г"Э нижнему парцуфу.

После разбиения сосудов мира Некудим остались эгоистические желания без экрана, т.е. решимот. Сами себя они вытащить из этого состояния не могут. Только благодаря тому что в каждых упавших АХА"П находятся решимот Г"Э следующего парцуфа, можно при подъеме и исправлении АХА"П исправить и Г"Э нижнего. В этом и заключается чудесность Ц"Б и разбиения сосудов.

קכד) ואחר שהגו"ע דחכמה קבלו קומת העיבור והיניקה שלהם (אות קכ"א), חזרו ועלו לראש דעתיק. וקבלו שם עיבור ב' שלהם למוחין דגדלות. וירדה הבחי"ג למקומה לפה. ויצאו עליה ע"ס בקומת חכמה. והכלים דאח"פ שלהם חזרו ועלו למקומם בראש. ונשלם פרצוף החכמה בע"ס דאורות וכלים. ופרצוף זה נקרא פרצוף "אריך אנפין" דאצילות.

124. После того как Г"Э дэ-хохма прошли состояния ибур и еника (ибур алеф, катнут), хохма переходит в состояние ибур бэт для получения мохин дэ-гадлут, а затем бхина гимэл спустилась в пэ дэ-рош, и в результате зивуга на нее возникли все 10 сфирот уровня хохма, ее АХА"П поднялись и дополнили эту ступень. Так появился гадлут второго парцуфа мира Ацилут, который называется Арих Анпин.

Переход в гадлут произошел с помощью света А"Б-СА"Г, который дал возможность приобрести экран и начать работать с получающими сосудами – АХА"П. Арих Анпин означает длинное лицо. Хохма символизирует собой лицо. «Длинное» – это значит, что в парцуфе Арих Анпин есть много света хохма, в отличие от Зэир Анпин («маленькое лицо»), где есть лишь небольшое количество света хохма. Когда Творение с помощью света А"Б-СА"Г начинает понимать величие Творца, то оно может начинать работать с получающими сосудами, которые раньше не были использованы.

קכה) ועם אח"פ הללו דא"א עלו ביחד גם ג"ע דקומת בינה. וקבלו שם עיבור הא' ויניקה שלהם. ואח"ז עלו לראש דא"א לעיבור ב'. והעלו האח"פ שלהם וקבלו המוחין דגדלות. ונשלם פרצוף הבינה בע"ס דאורות וכלים. ופרצוף זה נקרא "או"א וישסו"ת". כי הג"ר נקראות "או"א", והז"ת נקראות "ישסו"ת".

125. Вместе с АХА"П дэ-Арих Анпин поднялись также и сосуды Г"Э бины и получили там ибур алеф и еника. Затем они поднялись в рош Арих Анпин для ибура бэт, подняли свои АХА"П и получили мохин дэ-гадлут. При этом парцуф бины начал пользоваться всеми своими десятью сфирот – как сосудами, так и светами. Этот третий парцуф мира Ацилут называется Аба ве Има и ИШСУ"Т, где Аба ве Има – это ГА"Р дэ-бина, а ИШСУ"Т – это ЗА"Т дэ-бина.

Г"Э имеют авиют шореш и алеф. Когда парцуф проходит все стадии появления экрана: шореш, алеф, бэт, гимэл и далет авиют дэ-шореш, то это зарождение. Затем появляется экран от шореш до далет авиют дэ-алеф. Это состояние еника и рождение парцуфа в катнут, т.е. использование только Г"Э (авиют шореш и алеф). Затем этот парцуф в катнут снова поднимается в рош предыдущего парцуфа. Это стадия ибура бэт, второго зарождения. При этом он поднимает свои АХА"П и получает мохин дэ-гадлут, т.е. полные 10 сфирот.

קכו) ועם אח"פ הללו דאו"א עלו ביחד גם גו"ע דזו"ן. וקבלו שם העיבור א' שלהם והיניקה. ובזה נשלמים הזו"ן בבחינת ו"ק לז"א ונקודה להנוקבא. והנה נתבארו ה"פ מ"ה החדש, שיצאו בעולם האצילות בבחינת קביעות, הנקראים עתיק א"א או"א וזו"ן.

שעתיק יצא בקומת כתר, וא"א בקומת חכמה, ואו"א בקומת בינה, וזו"ן בו"ק ונקודה, שהוא קומת ז"א. ובאלו ה' הקומות לא יארע שום מיעוט לעולם. כי בג"ר אין מעשי התחתונים מגיעים אליהם, שיוכלו לפוגמם. וז"א ונוקבא, שאליהם מגיעים מעשי התחתונים, היינו דוקא בכלים דאחורים שלהם, שמשיגים בעת הגדלות. אבל בכלים דפנים, שהם גו"ע באורות דו"ק ונקודה, הנה גם בהם לא יגיעו מעשי התחתונים. ולפיכך נבחנים ה' הקומות הנ"ל לבחינת מוחין הקבועים באצילות.

126. *Вместе с АХА"П дэ-Аба ве Има ве ИШСУ"Т поднялись также и Г"Э дэ-ЗО"Н и получили там ибур алеф и еника. Этим дополнился парцуф ЗО"Н до уровня ВА"К дэ-З"А и некуда дэ-нуква. Так появились все 5 парцуфим мира М"А Хадаш, или мира Ацилут в своем минимальном состоянии, меньше которого быть не может: Атик, Арих Анпин, Аба ве Има и ЗО"Н.*

Парцуф Атик вышел на ступени кэтэр, Арих Анпин – на ступени хохма, Аба ве Има измеряется уровнем бина и ЗО"Н – уровнем ВА"К и некуда, т.е. З"А и малхут. И в этих пяти ступенях уже не может быть никакого уменьшения. До парцуфим Атик, Арих Анпин и Аба ве Има никакие действия нижних не могут дотянуться, а поэтому не в состоянии их испортить. А что касается З"А и нуквы, то действия нижних, т.е. душ, могут касаться только их АХА"П, но не Г"Э, когда они достигают состояния гадлут.

Низшие – это те души, которые находятся в АХА"П дэ-ЗО"Н мира Ацилут. Сами они исправиться не могут, но они могут поднять МА"Н в ЗО"Н дэ-Ацилут, который поднимает свои АХА"П, и когда он делает зивуг на них, то одновременно рождает и катнут данной души.

Задача заключается в том, чтобы разбитые сосуды снабдить вновь экраном и постепенно наполнить светом. Эта работа происходит уже снизу вверх. Начинается с сосудов менее грубых, менее эгоистичных и заканчивается наиболее эгоистичными, т.е. от легкого к тяжелому. Работа эта начинается с рождения мира Ацилут.

После разбиения сосудов экран поднимается в рош дэ-СА"Г, берет самые светлые решимот и делает на них зивуг дэ-акаа, в результате которого возникает первый парцуф Атик. Затем Атик берет из оставшихся решимот тоже наиболее светлые, и на этот зивуг выходит Арих Анпин. На наиболее светлые решимот из оставшихся Арих Анпин делает зивуг, создающий парцуф Аба ве Има. Аба ве Има из оставшихся наиболее светлых решимот создают парцуф ЗО"Н.

После этого светлых решимот, на которые можно было бы продолжить зивуг, не остается. То есть задействованы только те решимот, на которые можно получить катнут мира Ацилут, подобно тому как в свое время был создан катнут мира Некудим. Эти миры похожи друг на друга, с той разницей, что мир Ацилут построен так, что в нем уже не может произойти разбиение сосудов.

В мире Ацилут вообще-то есть 12 парцуфим, каждый из которых разбит на две части: верх и низ, левую и правую сторону и т.д. Все эти промежуточные состояния созданы для того, чтобы максимально использовать АХА"П, исправляя их и не доводя дело до разбиения сосудов.

Как можно использовать АХА"П после разбиения сосудов, когда с ним нельзя работать? Ц"Б и Ц"А нельзя нарушать, но Ц"А никогда нельзя нарушить, а Ц"Б только в течение 6000 ступеней. Все исправление совершается при четком контроле Ц"Б. О чем говорит Ц"Б? Что из пяти желаний можно использовать только кэтэр и хохма, которые почти не эгоистичны. А вот три остальных желания: бина, З"А и малхут, т.е. АХА"П, нельзя использовать из-за их эгоистичности, для них нужна большая сила воли, очень сильный экран.

Начиная с Ц"Б и далее рождаются келим, у которых нет сил работать с самыми эгоистическими желаниями. Тем не менее желания не пропадают. Можно только запретить себе их использовать. А желания Г"Э можно использовать только в каких-то рамках. Когда ты находишься в катнут, то ничего не получаешь и наслаждаешься от сходства свойств с Творцом. Ты подобен Творцу – это немало, но недостаточно для выполнения цели Творения, наполнения тебя светом хохма. Для этого нужно иметь получающие сосуды. Такой возможности у тебя пока нет.

Единственное, что можно сделать, это использовать эгоистические сосуды АХА"П, включая их в альтруистические Г"Э.

Но сосуды АХА"П хотят получать только свет хохма, а этого нельзя сделать. Можно получать только свет хасадим. Но во время отталкивания света хохма все равно какое-то его небольшое количество входит в сосуды. АХА"П можно использовать исключительно в том случае, если поднять их над парса. Если бы в мире Некудим подняли бы все АХА"П над парса и получили бы в образовавшиеся 10 сфирот свет хохма, то разбиения сосудов не произошло бы. Поднять свои АХА"П, наполнить их светом можно, только используя для передачи этого света нижнему парцуфу. В этом состоит одно из исправлений, сделанное миром Ацилут. Поднимая МА"Н и наполняя нижние парцуфим светом, в ответ на их просьбу об исправлении разбитые сосуды исправляются и начинают частично получать свет. Так возникает система распространения и получения (каббалы) света в духовном. Также и в нашем мире: прийти к раскрытию Творца можно только в группе желающих исправиться, включившись в систему распространения Каббалы.

Желания постоянны, это наша суть, это то, что создано Творцом. Себя изменить мы не можем, но мы можем изменить намерения. Над действиями работать не надо, нужно работать над намерением, которое сопровождает действие. То ли ты выполняешь какое-то действие для того, чтобы тебе было хорошо, не болели жена, дети, были деньги, то ли ты это делаешь ради вознаграждения, получаемого от Творца в грядущем мире — все это остается в рамках эгоизма.

Другое дело, если Творец дарит тебе возможность осознать Его величие настолько, что все, что бы ты не делал, ты делаешь ради Него. Для этого необходимо раскрытие Творца. Только постоянная работа над книгами и в группе под руководством истинного Учителя могут возбудить ор макиф и привести к раскрытию Творца. Духовный путь начинается не с действия, а с внутреннего размышления.

В духовном ничего не исчезает. Это правило действует относительно самих душ. Сегодня я нахожусь на одном уровне, завтра, скажем, перейду на другой. Все предыдущие мои состояния включаются в новое. Я помню сегодня то, что было 20 лет назад. Прошлые состояния как бы освещаются сегодняшним состоянием. Свет, который светит в настоящем состоянии, наполняет и все прошлые состояния. А в Гмар Тикун все предыдущие состояния сворачиваются в один большой парцуф, полностью наполненный светом. Все последующие сосуды дают предыдущим добавочные желания, отчего те каждый раз наполняются все большим светом.

Во время разбиения сосудов все экраны сломались. Во время исправления они начинают расти от нуля до 100 процентов. Для перехода на следующую ступень добавляются дополнительные желания, на которые у тебя еще нет экрана, а предыдущий экран себя уже исчерпал. Такое состояние называется падением. Только что ты находился в прекрасном состоянии, у тебя был экран, ты получал свет. А сейчас ты «упал». Тебе добавили эгоистические желания, поэтому тебе не хочется ничего духовного. В этом состоянии предстоит большая внутренняя работа по приобретению нового экрана, с помощью которого ты получишь еще больший свет. Работа над экраном заключается только в активной учебе.

При первом знакомстве с «Введением в науку Каббала» мозг еще не может воспринять всего, создается путаница, особенно при изучении мира Некудим, а затем мира Ацилут и далее. Нужно немного остановиться, продумать услышанное, может быть, возвратиться немного назад, повторить некоторые главы, желательно прослушивание аудиокассет. Постепенно это укладывается и усваивается, потому что для построения духовных келим, а именно это с вами сейчас происходит, необходимо время и ваши усилия.

קכז) וסדר הלבשתם זא"ז ולפרצוף א"ק הוא, כי פרצוף עתיק דאצילות אע"פ שיצא מראש הס"ג דא"ק (אות קי"ח), מכל מקום לא יכול להלביש מפה ולמטה דס"ג דא"ק רק למטה מטבור. כי למעלה מטבור דא"ק הוא בחינת צמצום א', ונקרא "עקודים".

והן אמת, שפרצוף עתיק, להיותו בחינת ראש הא' דאצילות, עדיין אין הצמצום ב' שולט בו. וא"כ היה ראוי שילביש למעלה מטבור דא"ק. אמנם כיון שהצמצום ב' כבר נתקן בפה דראשו, בשביל שאר פרצופי אצילות, שממנו ולמטה, ע"כ אינו יכול להלביש רק למטה מטבור דא"ק.

ונמצא קומת עתיק מתחלת מטבור דא"ק. והיא מסתיימת בשוה עם רגלי א"ק, דהיינו למעלה מנקודה דעוה"ז. וזהו מפאת פרצופו עצמו. אמנם מפאת התקשרותו עם שאר פרצופי אצילות, שמבחינתם נבחן שהוא כלול ג"כ מצמצום ב', הנה מבחינה זו הוא נבחן שרגליו מסתיימים למעלה מפרסא דאצילות. כי הפרסא הוא הסיום החדש של הצמצום ב' (אות ס"ח).

127. Парцуфим «надеваются» один на другой в следующем порядке: парцуф Атик дэ-Ацилут, несмотря на то, что вышел из рош дэ-СА"Г мира А"К, все же не может одеть СА"Г от пэ и вниз над табуром, а только под табуром, потому что над табуром действует сила Ц"А.

Известно также, что парцуф Атик, другое его название Акудим, по своей сути представляет первый рош мира Ацилут, где еще не властвует сила Ц"Б, поэтому он в принципе может одеться на А"К выше табура. Однако Ц"Б уже вступает в силу в пэ дэ-рош дэ-Атик по отношению к следующим за ним парцуфим мира Ацилут, поэтому парцуф Атик одевается на А"К только под табуром.

Ступень Атик начинается от табура мира А"К и заканчивается на уровне сиюма мира А"К, т.е. выше точки нашего мира. Это относительно самого парцуфа Атик. Что же касается его связи с остальными парцуфим мира Ацилут, то считается, что он также подвластен Ц"Б, и с этой точки зрения его ноги оканчиваются выше парсы дэ-Ацилут – нового сиюма Ц"Б.

Таким образом, существуют два парцуфа Атик: один подчиняется законам Ц"А, а второй зависит от Ц"Б. Все остальные парцуфим мира Ацилут, которые рождаются после него, подчиняются законам Ц"Б. В Атике находится вся информация обо всех парцуфим, следующих за ним, вплоть до нашего мира.

Все парцуфим мира Ацилут возникли в состоянии катнут, им не нужен свет хохма, но они всегда могут его получить по просьбе нижних, перейдя в гадлут, и передать этот свет хохма по назначению. Из всех решимот, которые остались от разбиения сосудов, парцуф Атик выбирает самые чистые, самые лучшие и делает зивуг на уровне кэтэр. Когда Атик достигает наивысшего состояния, он пропускает через себя только свет хохма и рождает парцуф Арих Анпин. По аналогии Арих Анпин выбирает из всех решимот самые чистые, но относящиеся уже к бина, и рождает парцуф Аба ве Има.

קכח) ופרצוף הב' דמ"ה החדש, הנקרא א"א, שהוא נאצל ויצא מפה דראש עתיק, הנה קומתו מתחיל ממקום יציאתו, דהיינו מפה דראש עתיק ומלביש את הז"ת דעתיק, המסתיימים למעלה מפרסא דאצילות. ופרצוף הג',

הנקרא או"א, שנאצלו מפה דראש א"א, הם מתחילים מפה דראש א"א ומסתיימים למעלה מטבור דא"א. והזו"ן מתחילים מטבור דא"א ומסתיימים בשוה עם סיום א"א, דהיינו למעלה מפרסא דאצילות.

128. Второй парцуф мира Ацилут называется Арих Анпин. Он выходит из пэ дэ-рош парцуфа Атик и надевается на семь нижних сфирот Атика, которые заканчиваются выше парсы дэ-Ацилут. Третий парцуф мира Ацилут, называемый Аба ве Има, выходит из пэ дэ-рош Арих Анпин и заканчивается выше табура Арих Анпин. ЗО"Н, четвертый и пятый парцуфим мира Ацилут начинаются от табура дэ-Арих Анпин и заканчиваются на уровне сиюма Арих Анпин, т.е. выше парсы дэ-Ацилут.

Атик рождается из мецах рош дэ-СА"Г и распространяется под влиянием Ц"А от табура до сиюма Гальгальты. Ц"А не влияет далее ни на один из парцуфим мира Ацилут. Атик же создан по законам Ц"А, потому что он получает свет от парцуфим А"К, созданных на основе Ц"А, но затем он трансформирует свет нижним парцуфим, над которыми властвует Ц"Б.

Арих Анпин, который родился от парцуфа Атик, распространяется от пэ дэ-рош дэ-Атик и до того места, куда может распространяться свет хохма, т.е. до парса. Из пэ дэ-рош Арих Анпин рождается и выходит третий парцуф мира Ацилут Аба ве Има и оканчивается на уровне табура Арих Анпин. Арих Анпин, Аба ве Има, т.е. бина мира Ацилут, рождает следующие два парцуфим, которые можно рассматривать как один: З"А и малхут – ЗО"Н. Этот парцуф надевается на ЗО"Н дэ-Арих Анпин и доходит до парсы.

Далее мы будем изучать, как меняется мир Ацилут под влиянием высших и нижних духовных объектов. Возбуждение свыше – это праздники, субботы, начала месяца, которые появляются вне зависимости от происходящего внизу, в мирах БЕ"А. Возбуждение снизу – это возбуждение, идущее от душ, находящихся в мирах БЕ"А, которые требуют от мира Ацилут поднять их, исправить и наполнить светом. В этом случае Ацилут обязан реагировать на просьбу снизу. Его реакция проявляется в том, что он получает свет сверху и передает его вниз.

Как и в мире Некудим, в мире Ацилут во время состояния катнут шесть верхних сфирот З"А, которые называются Ха-Ба"Д-ХаГа"Т, и только одна сфира кэтэр от малхут находятся над

Пять парцуфим мира Ацилут

парсой, а 3 нижние сфиры (НеХ"И) З"А и 9 нижних сфирот малхут (от сфиры хохма до сфиры малхут дэ-малхут) находятся под парсой. Как уже было сказано выше, до Ц"Б малхут не имела своих сфирот, она была точкой. В результате Ц"Б малхут поднялась, и благодаря этому она получает в свое распоряжение все сфирот, которые теперь находятся ниже нее (нижнюю треть тифэрэт, нэцах, ход и есод), превращаясь в самостоятельный парцуф. Затем по специальным законам эти 4 сфирот перестраиваются в 10 сфирот.

Сфира – это четкое определенное свойство Творца, которое воспринимается малхут как незыблемое. Сфира даат – это та просьба, которая поднимается от З"А и малхут в бину, дать им свет хохма. Сфира даат не имеет своего постоянного места, это то желание получить свет хохма («недостаток»), которое испытывает бина в связи с просьбой ЗО"Н. Как только З"А начал разбиваться, тут же его просьба в бине стала постепенно уменьшаться: сначала на сфиру кэтэр, затем хохма и т.д. вплоть до окончательного исчезновения.

קכט) ותדע, שכל קומה וקומה מה"פ אלו דמ"ה החדש, בעת שיצאה, ביררה וחיברה לעצמה חלק מהכלים דנקודים, שנעשה לה לבחינת נוקבא: כי הנה בעת שיצא פרצוף עתיק, לקח וחיבר אליו כל הג"ר דנקודים, שנשארו שלמים בעת שביה"כ. דהיינו, בחינת הגו"ע שבהם, שיצאו בעת קטנותם, הנקראים "כלים דפנים" (אות ע"ו).

שבקטנות הנקודים לא באו עמהם רק מחציתה העליונה דכל מדרגה, שהם גו"ע ונקבי עינים. ומחציתה התחתונה דכל אחת, הנקראים אח"פ, ירדו למדרגה התחתונה. ולפיכך נבחן, שפרצוף עתיק דמ"ה החדש לקח לו מהכלים דנקודים את מחציתה העליונה דכתר, ומחציתה העליונה דחו"ב, וז' השרשים דז"ת הכלולים בג"ר דנקודים. והם נעשו לבחינת פרצוף נוקבא אל העתיק דמ"ה החדש. ונתחברו יחד זה בזה. והם המכונים "מ"ה וב"ן דעתיק דאצילות". כי הזכר דעתיק נקרא מ"ה (אות קי"ט). וסדר עמידתם הוא פו"א: העתיק דמ"ה בפנים והעתיק דב"ן באחוריו.

129. И знай, что каждая ступень из 5 парцуфим М"А Хадаш по мере их выхода сортировала и затем присоединяла к себе какую-то часть из сосудов мира Некудим, которая становилась для этой ступени как нуква (т.е. тот, кто просит, чтобы его наполнили светом). Так, Атик после его создания присоединил к себе все ГА"Р мира Некудим, которые остались невредимыми после разбиения сосудов, т.е. Г"Э, верхние половины каждой ступени.

Таким образом, парцуф Атик присоединил к себе только верхние половины кэтэра, хохмы и бины (Аба ве Има), а также 7 кэтэров семи нижних сфирот. Все присоединенные к Атику части сделались относительно него нуквой, которую он обязан наполнять светом. Атик и присоединенные к нему части получили название М"А и БО"Н дэ-Атик дэ-Ацилут. М"А называется захаром (мужским началом) и дающим в Атике, а БО"Н — нэкевой (женским началом) и получающей в Атике и находятся по отношению друг к другу паним (Атик дэ-М"А – М"А дэ-Атик) и ахораим (Атик дэ-БО"Н – БО"Н дэ-Атик).

Вообще, все парцуфим мира Ацилут построены по такому же принципу. Все сосуды собственно мира Ацилут, возникшие в результате зивуга на решимот алеф/шореш, т.е. его собственные сфирот кэтэр, хохма и т.д., образуют правую линию мира Ацилут, в них есть свет, и называются они М"А и захар.

Каждая из этих сфирот (парцуфим) берет себе соответствующие ей разбитые, или опустошенные, аннулированные сосуды из мира Некудим и строит себе из них левую линию, требующую исправления и последующего наполнения светом, эти сосуды называются БО"Н или нуква. Таким образом, мир Ацилут содержит пять пар парцуфим (вообще-то их шесть, мы будем подробно изучать это в ТЭС): Атик и его Нуква (кэтэр), Арих Анпин и Нуква (хохма), Аба (захар) ве Има (Нуква) — парцуф ГА"Р дэ-бина, Исраэль Саба (захар) ве Твуна (Нуква) (сокращенно — ИШСУ"Т) — парцуф ЗА"Т дэ-бина, З"А и его Нуква, а также Малхут, по отношению к которой нуквой являются души, требующие исправления.

Твуна — это та часть бины, в которой появляется зародыш будущей сфиры (или парцуфа) — З"А. Другими словами, эту часть бины можно назвать маткой. На иврите она так и называется: рехем. Это место зивуга, зарождения и рождения.

Атик, который не имеет никакого отношения к разбиению сосудов, выбирает и присоединяет к себе неразбитые сосуды Г"Э кэтэра и Аба ве Има, которые после разбиения остались пустыми, и обязуется их наполнить своим светом. Мир Ацилут — это, по сути, тот же мир Некудим, но имеющий специальную систему предохранения от разбиения сосудов. Основой этой системы является принцип получения большими сосудами маленьких порций света. То, что было сфирой в мире Некудим, превращается в целый парцуф в мире Ацилут. Сила сопротивления эгоизму будет намного больше его самого.

Любая дающая часть в парцуфе называется М"А, а получающая – БО"Н. Но в мире А"К в М"А и БО"Н светит хохма, а в мире Ацилут – свет хасадим. Мир Ацилут называется дающим, захаром, влияющим, исправляющим и мужской частью. А мир Некудим по отношению к миру Ацилут называется нэкевой, получающим и исправляющимся с помощью мира Ацилут.

Не всякий вышестоящий сосуд можно назвать дающим, а последующий – получающим. Например, бина ничего не хочет получать, она М"А или БО"Н? Только З"А и малхут (нуква) могут называться М"А и БО"Н. Если дающий и получающий стоят лицом к лицу, то они оба готовы один давать, а другой получать свет.

Если речь идет о передаче света хасадим, то появляются понятия «правый» и «левый», т.к. свет хасадим дает не высоту, а широту духовного постижения: там, где много света хасадим, называется «правый», а там, где мало света хасадим, называется «левый».

קל) ופרצוף א"א דמ"ה החדש, שיצא בקומת חכמה, בירר וחיבר אליו את חציו התחתון דכתר הנקודים, שהם האח"פ דכתר, שבעת הקטנות היו בהמדרגה שמתחת הכתר, דהיינו בחכמה ובינה דנקודים (אות ע"ז). ונעשה לבחינת נוקבא אל הא"א דמ"ה החדש. ונתחברו יחד זה בזה. וסדר עמידתם הוא ימין ושמאל: א"א דמ"ה, שהוא הזכר, עומד בימין, וא"א דב"ן, שהיא הנוקבא, עומדת בשמאל.

ומה שפרצוף עתיק דמ"ה לא לקח גם את חצי התחתון דכתר נקודים, הוא, כי עתיק מתוך שהוא ראש הא' דאצילות, שמעלתו גבוהה מאד, לכן לא חיבר אליו רק הכלים דפנים דג"ר דנקודים, שבהם לא אירע שום פגם בעת השבירה. מה שאין כן בחצי הכתר התחתון, שהם אח"פ, שהיו נפולים בעת הקטנות בחו"ב, ואח"כ בעת הגדלות עלו מחו"ב ונתחברו בכתר דנקודים (אות פ"ד), אשר אח"כ בעת שבירת הכלים חזרו ונפלו מהכתר דנקודים ונתבטלו, הרי המה כבר נפגמו עם נפילתם וביטולם, ואינם ראוים משום זה לעתיק. ולכן לקח אותם א"א דמ"ה.

130. Парцуф Арих Анпин, который имеет уровень хохма, проверил и присоединил к себе нижнюю половину кэтэра мира Некудим, т.е. *АХА"П* кэтэра, которые во время катнута находились на нижней ступени (хохма и бина, Аба ве Има) мира Некудим. Арих Анпин превратил эти *АХА"П* в свою нукву. *М"А (захар)* Арих Анпина находится справа, а его нуква, которая называется *БО"Н,* стоит слева.

Парцуф Атик не присоединил к себе нижнюю часть *(АХА"П)* кэтэра мира Некудим, потому что он соответствует первой голове мира Некудим, и его уровень очень высок. Поэтому он присоединил к себе только *ГА"Р* кэтэра и *ГА"Р* Аба ве Има, т.е. сосуды, в которых не произошло никакой порчи во время разбиения, чего нельзя сказать об *АХА"П* кэтэра, которые упали на нижнюю ступень во время катнута и возвратились на свою ступень во время гадлута, соединившись с кэтэром. Но во время разбиения сосудов *АХА"П* снова упали и аннулировались. Поэтому *АХА"П* дэ-кэтэр может присоединить к себе только Арих Анпин, а не Атик.

Есть только свет и сосуд, но существуют столько их сочетаний и взаимоотношений, что это не поддается учету. Только человек, поднявшийся на этот уровень, может четко сказать, так это или иначе. Нам же мало что известно. Это больше плод нашей фантазии. Ни один из каббалистов не задавался целью изложить все. Писали они для того, чтобы мы сами поднялись и почувствовали, а не читали толстые фолианты. В нашем мире можно жить, и лишь затем начать постигать природу, в духовном же мире необходимо сначала постичь, а только потом начать жить. Духовное постижение – это постижение чувственное.

קלא) ופרצוף או״א דמ״ה החדש, שהם בקומת בינה, בירדו וחיברו להם את חצים התחתון דחו״ב דנקודים, שהם האח״פ דחו״ב, שבעת הקטנות היו נפולים בהז״ת דנקודים. אלא אח״כ בעת הגדלות נקודים, עלו ונתחברו לחו״ב דנקודים (אות צ״ד).

ואשר בעת שביה״כ חזרו ונפלו להז״ת דנקודים ונתבטלו (אות ק״ז). ואותם בירדו להם או״א דמ״ה לבחינת נוקבא אליהם. והם מכונים ז״ת דחכמה וו״ת דבינה דב״ן.

כי בחינת החסד דבינה נשארה עם הג"ר דחו"ב דב"ן בפרצוף עתיק. ולא נשאר בחציה התחתונה דבינה כי אם ו"ת מגבורה ולמטה. ונמצא הזכר דאו"א הוא קומת בינה דמ"ה, והנוקבא דאו"א היא ז"ת דחו"ב דב"ן. ועמידתם הם בימין ושמאל: או"א דמ"ה בימין, ואו"א דב"ן בשמאל. והישסו"ת דמ"ה, שהם הז"ת דאו"א, לקחו המלכיות דחו"ב דב"ן.

131. Парцуф Аба ве Има дэ-М"А Хадаш на уровне бина отсортировал и присоединил к себе нижнюю половину парцуфа хохмы-бины мира Некудим, т.е. их АХА"П, который во время катнута находился на нижней ступени – ЗА"Т мира Некудим, а затем во время гадлута мира Некудим поднялись и соединились с Г"Э дэ-Аба ве Има.

Однако во время разбиения сосудов эти АХА"П упали в ЗА"Т мира Некудим и аннулировались. Именно эти разбитые сосуды отсортировала сейчас Аба ве Има дэ-М"А Хадаш в качестве нуквы, и теперь они называются ЗА"Т дэ-хохма и шесть нижних сфирот (вав тахтонот) дэ-бина со стороны БО"Н. Почему 6 сфирот в БО"Н бины, а не 7?

Потому что ступень хэсэд бины осталась вместе с ГА"Р дэ-хохма и бина дэ-БО"Н в парцуфе Атик, а в нижней половине бины остались только шесть нижних сфирот от гвуры до малхут. И таким образом, захаром дэ-Аба ве Има считается бина дэ-М"А Хадаш, а нуквой дэ-Аба ве Има являются ЗА"Т хохмы-бины дэ-БО"Н. ИШСУ"Т дэ-М"А, т.е. ЗА"Т дэ-Аба ве Има присоединили к себе малхут хохмы-бины дэ-БО"Н.

Здесь говорится о том, каким образом рошим мира Ацилут присоединили к себе рошим мира Некудим. Мир Некудим сначала был в катнут, затем в гадлут, когда его головы кэтэр и Аба ве Има присоединили к себе свои АХА"П и получили свет гадлута, передав его в Г"Э дэ-ЗО"Н, но какие-то искры света прошли под парса, что привело к разбиению сосудов, падению их вниз и смерти. Рошим мира Некудим снова пришли в состояние катнут с потерей света гадлут. Далее вместо мира Некудим появляется мир Ацилут.

Цель существования мира Ацилут – исправить разбитые сосуды, поднять их наверх, присоединить к себе и наполнить светом, но так, чтобы не допустить нового разбиения. Мир Ацилут – это по сути тот же мир Некудим, только работающий в правильном режиме, у него не может быть ошибки, потому что он уже имеет решимот от разбиения сосудов и знает, как поступать, чтобы это состояние не повторилось.

Парцуф Атик дэ-Ацилут присоединил к себе самые чистые сосуды: верхнюю часть кэтэра мира Некудим и верхнюю часть Аба ве Има мира Некудим и ЗА"Т мира Некудим, т.е. 7 корней-зачатков (кэтэров) с информацией о будущем гуфе мира Некудим. Арих Анпин после своего появления берет на себя ответственность исправить, присоединить и наполнить светом АХА"П кэтэра мира Некудим.

Парцуф Аба ве Има отвечает за исправление и наполнение АХА"П дэ-Аба ве Има мира Некудим. Аба ве Има – это как бы два парцуфа вместе: хохма и бина. Парцуф хохма, т.е. Аба мира Ацилут присоединил к себе АХА"П дэ-Аба мира Некудим, а Има мира Ацулут присоединила не все АХА"П дэ-Има мира Некудим, а на сфиру хэсэд меньше, потому что в бине хэсэд считается отдающей частью и относится к рош.

При изучении взаимного соединения исправленных и неисправленных свойств (сосудов) в мире Ацилут, мы лучше понимаем, чем мы будем обладать в будущем, как и с какими высшими свойствами будем связаны, ведь наши души – это и есть разбитые сосуды.

Присоединение сосудов мира Некудим, которые находятся слева по отношению к сосудам мира Ацилут, говорит о том, что там распространяется свет хасадим, направление которого всегда по ширине справа налево. Свет хохма распространяется сверху вниз. Отсюда ясно, что высота парцуфа зависит от количества света хохма, а емкость парцуфа – от количества света хасадим (исправления). Эти параметры дополняют друг друга. Свет хохма распространяется только согласно распространению света хасадим.

קלב) ופרצוף זו״ן דמ״ה החדש, שהם בקומת ו״ק ונקודה, ביררו וחיברו אליהם את הכלים דפנים דז״ת דנקודים, מתוך שבירתם בבי״ע. דהיינו בחינת הגו״ע של הז״ת דנקודים (אות ע״ח). והם נעשו לנוקבא אל הזו״ן דמ״ה. ועמידתם הוא בימין ושמאל: הזו״ן דמ״ה בימין, והזו״ן דב״ן בשמאל.

132. Парцуф ЗО"Н дэ-М"А хадаш, имеющий лишь сфирот З"А и сфират кэтэр в малхут, отсортировал и присоединил к себе в качестве нуквы Г"Э дэ-ЗА"Т мира Некудим, расположив их слева, сам же он находится по отношению к ним справа. А ИШСУ"Т дэ-М"А, являющиеся семью нижними сфирот АВ"И, присоединили к себе сфирот малхут бхинот хохма и бина парцуфа БО"Н.

Г"Э дэ-ЗА"Т мира Некудим не просто были аннулированы, они разбились вместе с сосудами, находившимися под парсой. Следовательно, они не могут быть просто присоединены к ЗО"Н мира Ацилут подобно тому, как другие парцуфим М"А Хадаш присоединяют к себе нуквот из мира Некудим. Кли ЗА"Т мира Некудим необходимо сначала исправить подъемом МА"Н и следующими за этим действиями. Существует только один сосуд – желание насладиться, которое затем приобретает свойства Творца, т.е. 9 верхних сфирот, используя их для работы со своим эгоизмом. А по мере исправленности эгоизма малхут начинает иначе подходить к свойствам, полученным от Творца в свои 9 сфирот. На каждом отдельном уровне сочетания девяти свойств и малхут совершенно различны и не похожи на те, которые были на предыдущем уровне.

Так же и люди. Каждый отличается от другого по свойствам своего характера. Мы даже не способны уловить все нюансы различий этих свойств ни по внешнему виду, ни, тем более, по их внутреннему содержанию. С одной стороны, нам кажется, что духовные силы, объекты довольно просты.

От кэтэр до малхут есть десять частей с десятью в каждой из них – и все. Но мы должны понять, почему в духовном мире есть такое огромное количество дроблений и что оно нам дает. Главное, чтобы у всего множества этих желаний было одно намерение, объединяющее их всех вместе и придающее им полную завершенность, совершенство: намерение ради Творца.

Совершенство само по себе очень просто, оно не делится, а если делится, то это уже не совершенство, уже в чем-то есть различие. Общность намерения приводит в духовном к совершенству. Пока же этого нет, нас захлестывает огромное множество желаний со всеми своими связями, со страшной системой управления и непредсказуемостью. В идеальном же виде, в том, что существует вне нас, есть одна Малхут Мира Бесконечности, полностью наполненная светом.

Бааль аСулам пишет в своих рукописях (которые, кстати, еще не вышли в свет, потому что люди еще не созрели для того, что там написано) о таких сложных взаимодействиях, дает им такие наименования, на таком уровне постижения сосуда, которых в ТЭС вообще нет. Говорить о таких сложных процессах он может потому, что сам находится в абсолютно простом совершенстве, т.е. одно определяет другое: чем выше твоя голова, которая видит всю простоту и общность системы, тем в более мелкие детали ты можешь проникнуть, видя в их внешней путанице то же совершенство и ту же простоту. Это подобно ученому, который чем глубже проникает в науку, тем большую взаимосвязанность видит во всех элементах, составляющих общую картину.

קלג) והנה נתבאר המ"ה וב"ן שבה"פ אצילות. אשר ה' הקומות דמ"ה החדש, שיצאו בעולם האצילות, ביררו להם מהכלים הישנים ששימשו בזמן הנקודים, ונתקנו להם לבחינת נוקבא, הנקראת בשם "ב"ן".

שהב"ן דעתיק נעשה ונתקן ממחציתן העליונה דג"ר דנקודים, והב"ן דא"א ואו"א נבררו ונתקנו ממחציתן התחתונה דג"ר דנקודים, ששמשו להם בעת גדלות דנקודים וחזרו ונתבטלו, והב"ן דז"ן נברר ונתקן מהכלים דפנים, שיצאו בעת קטנות דנקודים, שבעת הגדלות נשברו ונפלו ביחד עם הכלים דאחורים שלהם.

133. Итак, мы выяснили, что такое М"А и БО"Н в пяти парцуфим мира Ацилут, где 5 ступеней дэ-М"А Хадаш, т.е. сосуды собственно мира Ацилут, отсортировали для себя из старых сосудов, существовавших в мире Некудим, подходящие себе и исправили их, используя их в качестве нуквы, называемой БО"Н.

Таким образом, М"А дэ-Атик исправил верхнюю половину ГА"Р Некудим, а М"А дэ-Арих Анпин и Аба ве Има отсортировали и исправили сосуды нижней половины ГА"Р Некудим, которые использовались во время гадлута мира Некудим, а затем разбились, упали и исчезли. А М"А дэ-ЗО"Н отсортировал и исправил сосуды из Г"Э дэ-ЗА"Т мира Некудим, которые во время гадлута тоже разбились и аннулировались вместе с их АХА"П.

Всего разбилось 320 частей. Расчет таков: 8 мелахим, в каждом из них АВА"Я – йуд-кей-вав-кей, и в каждой из них 10 сфирот. Итого: 8 x 4 x 10 = 320. Из этих 320 частей всего 32 малхуйот, которые называются «лев а-эвен», «каменное сердце». Остальные 288 частей называются РАПА"Х и относятся к первым девяти сфирот.

Каждый осколок разбитого сосуда – это искорка, оставшаяся от экрана, которым обладал парцуф в своем предыдущем, неиспорченном состоянии.

Над парсой находятся Г"Э кэтэра и Г"Э дэ-Аба ве Има, на месте бывших Г"Э дэ-ЗО"Н дэ-Некудим находятся упавшие АХА"П дэ-Аба ве Има, а под парса – разбитые сосуды. На месте мира Некудим возник мир Ацилут с пятью парцуфим. Весь ГА"Р дэ-Ацилут берет себе ГА"Р дэ-Некудим, исправляет их, наполняя светом гадлут. ЗО"Н дэ-Ацилут исправляет Г"Э дэ-ЗО"Н мира Некудим. Как Г"Э, так и АХА"П дэ-ЗО"Н мира Некудим, разбились и упали под парсу. После разбиения все осколки сосудов смешиваются, включаясь друг в друга. Почему Г"Э и АХА"П включаются друг в друга именно при разбиении? Неужели намерение «ради получения» объединяет больше, чем намерение «ради отдачи»? До разбиения Г"Э и АХА"П имеют единое намерение отдавать. После разбиения, в неисправленном состоянии, их намерение опять одинаковое – получать. Поэтому связь между ними сохраняется и после разбиения, несмотря на то, что каждый осколок ощущает себя теперь отдельно от других. Однако Г"Э и АХА"П уже не составляют единое целое, поэтому и связь между ними, если она есть, характеризуется только как включение. Таким образом, существуют (остались) следующие 4 вида разбитых сосудов:

- Г"Э (отдающие сосуды);
- Г"Э внутри АХА"П;
- АХА"П внутри Г"Э;
- АХА"П (получающие сосуды).

ЗО"Н мира Ацилут берет себе только сосуды, относящиеся к Г"Э. АХА"П – это эгоистические сосуды, их пока исправить нельзя, это и есть лев а-эвен. Остаются еще два вида сосудов – Г"Э внутри АХА"П и АХА"П внутри Г"Э. Эти сосуды можно как-то исправить. Г"Э внутри АХА"П – это отдающие сосуды, которые находятся внутри получающих. Такое вкрапление можно использовать для образования миров БЕ"А под парса: Брия – Г"Э в озэн (бина), Ецира – Г"Э в хотем (З"А) и Асия – Г"Э в пэ (малхут).

Сортировкой и рождением этих сосудов занимается малхут мира Ацилут. С помощью АХА"П, которые находятся в Г"Э, мы можем перейти в состояние гадлут мира Ацилут. Если мир Ацилут останется только в катнуте, то он не сможет ничего исправить под парса, т.е. сосуды, относящиеся к АХА"П дэ-ЗО"Н мира Некудим. Именно потому, что АХА"П находятся внутри Г"Э разбитых сосудов, можно поднять эти АХА"П и вовлечь их наверху, над парсой, в исправление, используя их в качестве отдающих сосудов.

В этом и заключается работа человека. Создается особый парцуф (общая душа) – Адам, от которого зависит исправление этой части по мере того, как он исправит себя. Но эта тема пока не будет нами рассматриваться. Невозможно исправить получающие сосуды, когда они существуют сами по себе. Это можно сделать, только когда они соединены с отдающими сосудами. Творец взрывом, разбиением перемешивает эти сосуды, т.е., по сути, Он перемешивает свое желание отдавать с желанием Творения получить. Теперь часть разбитых осколков будут иметь и желание получать, и желание отдавать, хотя и каждый в своей пропорции. Для этого и нужны были разбиение сосудов, «грехопадение» Адама и другие «разбиения».

НЕИЗМЕННОЕ СОСТОЯНИЕ И ПОДЪЕМЫ МИРОВ БЕ"А В ТЕЧЕНИЕ 6000 ЛЕТ

כלל גדול בעניני המוחין שבקביעות, ובעליות הפרצופים והעולמות, הנוהגין בשתא אלפי שני

קלד) כבר נתבאר, שיציאת הגדלות של הג"ר וז"ת דנקודים באו בג' סדרים, בסוד ג' הנקודות חולם שורק חירק (אות פ"ו). ומשם תבין שיש ב' מינים של השלמת הע"ס לקבלת המוחין דגדלות.

א. הוא מצד עליתו והתכללותו בעליון. דהיינו בעת שהזו"ן דא"ק האירו את האור חדש דרך הטבור אל הכתר דנקודים, והורידו הה"ת מנקבי עינים דכתר להפה שלו, שבזה נתעלו האח"פ הנפולים דכתר שהיו באו"א, וחזרו למדרגתם לכתר והשלימו הע"ס שלו.

הנה נבחן אז שעלו עמהם גם גו"ע דאו"א, שהיו דבוקים על האח"פ דכתר. ונמצאים גם או"א נכללים בהע"ס השלמות של הכתר, כי התחתון העולה לעליון נעשה כמוהו (אות צ"ג). ונבחן משום זה, שגם או"א השיגו האח"פ החסרים להם להשלמת ע"ס שלהם, מכח התכללותם בהכתר. וזהו מין הא' של מוחין דגדלות.

Поскольку мир Некудим не смог существовать, так как он не смог получить за один раз весь свет в свои сосуды, то свет остался над парсой в мире Ацилут, а под парсой продолжается исправление сосудов. Все количество света над парсой делится на 600 тысяч частей, и каждая из этих частей проходит 6000 ступеней-исправлений. Это как бы огромная колонна из 600 тысяч людей (это называется одним поколением). Каждое поколение должно пройти 6000 ступеней.

Миром Ацилут исправляются сосуды до атерет а-есод, т.е. сосуды малхут и ЗА"Т дэ-есод не наполняются светом. Поэтому, вследствие обратного соотношения между светами и сосудами, в мире Ацилут в парцуфим могут войти только следующие света: нэфеш, руах, нэшама и ВА"К дэ-хая. Света ехида и ГА"Р дэ-хая не входят в парцуф. Это значит, что мы используем только сосуды Г"Э (в них входят света нэфеш и руах), а из АХА"П используется только их включение в Г"Э (в них входят света нэшама и ГА"Р дэ-хая). Ацилут использует такое условие исправления для того, чтобы Ц"Б больше никогда не нарушался. С настоящими АХА"П работать нельзя, их невозможно наполнить светом. Единственное, что возможно, это поднять АХА"П в Г"Э, т.е. работать только с теми АХА"П, которые способны уподобиться Г"Э.

Каждая частичка, в которой проявляется желание к исправлению, состоит из 10 сфирот, или 4 бхинот. Из них кэтэр, хохма и ГА"Р дэ-бина можно исправить и наполнить светом, а ЗА"Т дэ-бина, З"А и малхут – нет. Исправляется очень маленькая часть желаний, получающая в себя относительно незначительный свет. И так до прихода Машиаха, когда все АХА"П поднимаются в мир Ацилут и наполняются там светом, это и означает Гмар Тикун.

134. Мы уже выясняли выше, что переход в состояние гадлут в мире Некудим произошел в 3 приема: 1) холам (точка над буквой), 2) шурук (точка внутри буквы) и 3) хирик (точка под буквой). На основании этого выясним теперь два вида дополнения десяти сфирот к получению мохин дэ-гадлут.

Дополнение до гадлут первого вида происходит в результате подъема парцуфа путем включения его в высший, например, когда ЗО"Н дэ-А"К передали в кэтэр мира Некудим новый свет через табур и спустили малхут с никвей эйнаим кэтэра в его пэ, то это привело к поднятию АХА"П кэтэра из рош Аба ве Има, что дополнило кэтэр до его десяти сфирот.

Вместе с АХА"П кэтэра поднялись также Г"Э дэ-Аба ве Има и присоединились к 10 полных сфирот кэтэра, так как нижний, поднимающийся на уровень верхнего, становится таким же, как и тот. Поэтому считается, что при подъеме АХА"П кэтэра Аба ве Има тоже получили АХА"П для дополнения десяти сфирот посредством включения их в кэтэр.

Кэтэр получает свои собственные АХА"П, дополняет свой парцуф до десяти сфирот и получает свет мохин – гадлут. А какие же АХА"П получают Г"Э дэ-Аба ве Има? Естественно, не свои. Для подъема своих АХА"П нужна значительно большая сила, потому что каждый низший намного хуже высшего. Кэтэр получил свет согласно своей антиэгоистической силе. Для поднятия АХА"П дэ-Аба ве Има нужен свет больший, чем для подъема АХА"П кэтэра, поэтому Г"Э дэ-Аба ве Има берут АХА"П кэтэра. В духовном нет деления по количеству, можно получить сколько хочешь. Есть разделение по качеству. Кэтэр и Аба ве Има перешли в состояние гадлут с помощью одних и тех же АХА"П кэтэра. Такое дополнение Аба ве Има до десяти сфирот называется дополнением первого типа.

Когда человек поднимается на очередную ступень, то это значит, что он становится равным ей по мере исправления, но не равным ей по своим личным свойствам, «хромосомам». То есть два человека на одной ступени сливаются в новый сосуд согласно мере альтруистического намерения. Только мера исправления объединяет людей, находящихся на одной ступени, и делает их равными ей в этой же мере.

Свет, который приходит сверху для исправления какого-то парцуфа, не имеет силы исправить находящийся под ним парцуф, потому что нижний более эгоистичен, и для его исправления требуется еще большая сила. Свет А"Б-СА"Г дает сосуду возможность ощутить величие Творца и стать подобным ему, т.е. начать желать совершать альтруистические действия.

Кэтэр мира Некудим получает эту силу, но Г"Э дэ-Аба ве Има получают свет от АХА"П кэтэра и приобретают возможность подняться вместе с ним в кэтэр. Но это уровень АХА"П кэтэра, а АХА"П дэ-Аба ве Има пока остается на прежнем месте. Г"Э дэ-Аба ве Има тоже пока поднимаются, но также и остаются на прежнем месте, так как в духовном ничего не исчезает. Поэтому поднявшиеся Г"Э дэ-Аба ве Има, подобно Г"Э дэ-кэтэр, тоже дополняются новым состоянием с помощью АХА"П кэтэра.

Если происходит изменение в мире Ацилут, то он сам и все миры БЕ"А сдвигаются вверх одновременно на одну или несколько ступеней. Таким же образом они могут и опускаться, но не ниже своего постоянного состояния – катнут. В гадлут есть три состояния: использование бэт дэ-авиют (озэн), гимэл дэ-авиют (хотем), далет дэ-авиют (пэ). Соответственно этим трем состояниям гадлута происходят и три состояния подъема всех миров АБЕ"А.

В состоянии катнут сосуды работают только с Г"Э, а с АХА"П они не работают, поэтому те спрятаны внутри нижележащих Г"Э. Сверху приходит свет А"Б-СА"Г, который дает, например, парцуфу Кэтэр силу поднять и присоединить свои АХА"П, которые упали в Г"Э дэ-Аба ве Има. Этот процесс называется АХА"П дэ-алия (АХА"П подъема). Г"Э дэ-Аба ве Има получают частичное наполнение за счет АХА"П кэтэра, для полного наполнения они должны использовать свои собственные АХА"П.

קלה) ב. הוא, שהמדרגה נשלמת בע"ס בכחה עצמה. דהיינו בעת שהזו"ן דא"ק האירו את האור חדש דרך היסוד דא"ק, הנקרא "נקודת השורק", לאו"א, והוריד הה"ת מנקבי עינים דאו"א עצמם להפה שלהם, שבזה העלה את הכלים דאח"פ דאו"א ממקום נפילתם בז"ת אל הראש דאו"א, והשלימו להם הע"ס, שעתה נשלמים או"א ע"י עצמם.

כי עתה השיגו הכלים דאח"פ ממש החסרים להם. משא"כ במין הא', בעת שקבלו שלמותם מהכתר ע"י הדבקות באח"פ שלו, הרי באמת היו עוד חסרים אח"פ. אלא ע"י התכללותם בכתר, קבלו על ידו הארה מאח"פ שלהם, שהספיק רק להשלימם בע"ס בעודם במקום הכתר, ולא כלל בעת יציאתם משם למקומם עצמם.

135. *Второй вид дополнения парцуфа до десяти сфирот заключается в том, что определенная ступень дополняется до своих десяти сфирот своими собственными силами. Это происходит тогда, когда новый свет светит через есод мира А"К, что называется некуда дэ-шурук, точка внутри буквы.*

Это свечение предназначалось для Аба ве Има мира Некудим, и с его помощью малхут спустилась из никвей эйнаим в пэ дэ-Аба ве Има и подняла свои АХА"П из Г"Э дэ-ЗО"Н в рош дэ-Аба ве Има, что дополнило сосуды дэ-Аба ве Има до десяти сфирот своими собственными силами, т.е. с помощью своих АХА"П. В первом же случае дополнение до десяти сфирот было за счет связи Г"Э дэ-Аба ве Има с АХА"П кэтэра, сохранившейся и во время их подъема и присоединения этих Г"Э к кэтэру. Во втором же случае дополнение произошло с помощью своих АХА"П и на своем месте.

קלו) ועד"ז נמצא ב' מיני השלמות גם בז"ת. א. בעת הארת השורק
ועלית אח"פ דאו"א. שאז גם הג"ר דז"ת הדבוקים בהם נתעלו יחד עמהם
ועלו לאו"א. וקבלו שם בחינת אח"פ להשלמת הע"ס שלהם. שאח"פ אלו
אינם עוד אח"פ הממשיים שלהם, אלא רק הארת אח"פ, המספיק להשלמת
ע"ס בעודם באו"א, ולא כלל בירידתם למקומם עצמם.
ב. השלמת הע"ס, שהשיגו הז"ת בעת התפשטות המוחין מאו"א אל
הז"ת. שעי"ז הורידו גם הם בחינת ה"ת המסיימת מהחזה שלהם אל מקום
סיום רגלי א"ק, והעלו את התנה"י שלהם מבי"ע, וחיברו אותם למדרגתם
לאצילות. שאז, לולא נשברו ומתו, היו נשלמים בע"ס שלמות ע"י עצמם. כי
עתה השיגו את האח"פ הממשיים החסרים להם.

136. По этому же принципу существуют также два метода дополнения до десяти сфирот в ЗА"Т мира Некудим. Первый: с помощью свечения через шурук и подъемом АХА"П дэ-Аба ве Има в Г"Э дэ-Аба ве Има, с которыми одновременно поднимаются также и Г"Э дэ-ЗА"Т и получают там АХА"П дэ-Аба ве Има для дополнения своих сфирот до десяти. И эти АХА"П дэ-Аба ве Има не являются истинными АХА"П дэ-ЗА"Т мира Некудим, и их небольшого свечения достаточно, только чтобы дополнить сфирот дэ-ЗА"Т до десяти в месте нахождения Аба ве Има (т.е. на ступень выше), а не на своем месте.

Второй же метод заключается в том, что свет от Аба ве Има приходит в ЗА"Т, и он начинает опускать свой экран вниз от хазе до сиюма мира А"К и поднимать свой тифэрэт-нэцах-ход-есод из БЕ"А для присоединения к своим Г"Э. И если бы не разбиение сосудов, то они дополнили бы Г"Э дэ-ЗА"Т до десяти сфирот своими силами, т.е. с помощью своих истинных АХА"П. И на этом бы окончился весь процесс заполнения светом Малхут Мира Бесконечности.

Как только ЗО"Н захотели дополнить себя до десяти сфирот, произошло разбиение сосудов. Далее мы будем изучать, каким образом в мире Ацилут АХА"П будут присоединяться к своим Г"Э, чтобы не произошло нового разбиения сосудов. Этот метод в мире Ацилут будет основан на том, чтобы не было присоединения собственных АХА"П своими силами, т.е. нужно ликвидировать второй метод присоединения, который и привел к разбиению сосудов.

Кэтэр – это просто 10 сфирот. Аба ве Има состоят из двух частей: Аба – верхняя часть, паним, может получить свет, Има является ахораим по отношению к Аба и получает свет только по просьбе ЗО"Н, тогда она поворачивается лицом к Аба, берет у него свет и передает его в ЗО"Н. Г"Э и АХА"П есть как в Аба, так и в Има, только Аба все же выше, чем Има, поэтому его Г"Э и АХА"П наполняются и дополняются кэтэром. А Г"Э и АХА"П дэ-Има могут получать только в зависимости от МА"Н, поднимаемого ЗО"Н. Свет, который дает гадлут кэтэру, поднимает также и Аба, а Има остается внизу. По этому принципу мы можем сказать, что Аба это Г"Э их общего парцуфа, а Има – их общие АХА"П. Деление и определение происходит в зависимости от того, что мы хотим подчеркнуть.

Таким образом, мы выяснили два вида дополнения до десяти сфирот. Например, Аба ве Има может получить гадлут с помощью АХА"П кэтэра, т.е. подъема Г"Э дэ-Има в кэтэр, или, находясь на месте, получить дополнение с помощью своих АХА"П. То же самое относится и к ЗО"Н мира Некудим, если бы его сосуды не разбились.

קלז) וגם בד' פרצופים, שיצאו מאו"א לכלים דחג"ת, וכן בד' הפרצופים, שיצאו מהישסו"ת לכלים דתנה"מ (אות ק"ז-ק"ט), הנה גם בהם נמצאים אלו ב' מיני השלמות הע"ס. כי מבחינה אחת היה נשלם כל אחד מהם ע"י התדבקותם באח"פ דאו"א וישסו"ת בעודם בראש, שהיא השלמת ע"ס דמין הא'. ואח"כ שנתפשטו לבי"ע, היו רוצים להשתלם בהשלמת הע"ס דמין הב'. וענין זה נוהג גם בפרטי פרטיות.

137. Как и в рошим, в четырех парцуфим (мелахим), которые выходят из рош Аба ве Има (решимот далет/гимел) и называются даат, хэсэд, гвура, тифэрэт, а также в четырех парцуфим (мелахим) – тифэрэт, нэцах – ход, есод и малхут, которые выходят из рош ИШСУ"Т (решимот гимел/бэт), сменяющей Аба ве Има, также имеются два вышеописанных вида дополнений до десяти сфирот. С одной стороны, десять сфирот гуфа дополняются за счет АХА"П своих рошим, поднимаясь при этом наверх, в месторасположение рошим. С другой стороны, они распространились в БЕ"А, захотев дополниться до десяти сфирот путем присоединения своих собственных АХА"П, т.е. по второму методу. И это правило действует также и в каждом частном случае.

Разделение парцуфа на Г"Э и АХА"П чисто качественное и означает, что работают только с отдающими сосудами, а сосуды получения не задействованы. Но теперь АХА"П верхнего находятся не в Г"Э нижнего, как это было раньше, а точно под своими Г"Э, но при этом они не работают. Они могут пропускать свет через себя вниз. Таким творение создано и не может изменить себя, свою структуру и расположение, можно изменить только намерение, каким образом работать со своими частями.

קלח) ותדע, כי אלו ה"פ אצילות, עתיק וא"א ואו"א וזו"ן, שנתקנו בקביעות ואין שום מיעוט נוהג בהם (אות קכ"ו), שעתיק יצא בקומת כתר, וא"א בקומת חכמה, ואו"א בקומת בינה, וזו"ן בקומת ז"א, ו"ק בלי ראש.

הנה הכלים דאח"פ, שנתבררו להם מעת הגדלות, היו מבחינת השלמת ע"ס דמין הא'. והיינו על דרך נקודת החולם, שהאיר בכתר דנקודים. שאז נשלמו גם או"א על ידי הכתר והשיגו הארת כלים דאח"פ (אות קל"ד). ולפיכך אע"פ שהיה לכל אחד מעתיק וא"א ואו"א ע"ס שלמות בראש, מ"מ לא הגיע מזה בחינת ג"ר לגופים שלהם. ואפילו פרצוף עתיק לא היה לו בגוף אלא בחינת ו"ק בלי ראש. וכן א"א ואו"א.

והטעם הוא, כי כל הזך נברר תחילה. וע"כ לא נברר בהם רק השלמת ע"ס דמין הא', שהוא מצד עליתו בעליון. דהיינו בחינת הארת כלים דאח"פ, המספיק להשלים הע"ס בראש. אבל אין עוד התפשטות מהראש לגוף. כי בעת שאו"א נכללו בכתר דנקודים, היה מספיק להם הארת אח"פ מכח הכתר, ולא כלל בהתפשטותם למקומם עצמם, מפה דכתר דנקודים ולמטה (אות קל"ה). וכיון שהגופים דעתיק וא"א ואו"א היו בו"ק בלי ראש, מכ"ש הזו"ן עצמם, שהם בחינת גוף הכולל דאצילות, שיצאו בו"ק בלי ראש.

138. И знай, что 5 парцуфим Ацилут: Атик, Арих Анпин, Аба ве Има и ЗО"Н имеют минимальное состояние и не могут опускаться ниже него. Атик имеет уровень кэтэр, Арих Анпин – уровень хохма, Аба ве Има – уровень бина, уровень ЗО"Н равен уровню З"А.

АХА"П, которые присоединились к ним во время гадлута, дополнили их сфирот до десяти по первому принципу, т.е. через точку холам, которая осветила кэтэр Некудим, когда вместе с АХА"П кэтэра поднялись Г"Э Аба ве Има, получив то же свечение, что и АХА"П кэтэра. Несмотря на то что у Атика, Арих Анпина и Аба ве Има есть в рошим полные 10 сфирот, в свои тела они не получили света, соот-

ветствующие ГА"Р, и даже у Атик гуф имел уровень ВА"К, как и у Арих Анпина и Аба ве Има.

Известно, что сначала исправляется более чистый парцуф, поэтому парцуфим прошли исправление только по первому принципу, когда поднялись АХА"П к своим Г"Э, дополнив их до десяти сфирот в рош, но еще не было распространения света из рош в гуф. Так, Аба ве Има поднялись в кэтэр и получили свет АХА"П кэтэра. Но этого света им не было достаточно для того, чтобы осветить свои собственные АХА"П, которые находятся внизу. И так как тела Атик, Арих Анпин и Аба ве Има имеют только уровень ВА"К, то ЗО"Н мира Ацилут, которые являются телом мира Ацилут, тем более имеют уровень ВА"К.

Ни один гуф парцуфа в мире Ацилут не получает гадлут. Гадлут получает только рош каждого, а гуф остается в состоянии катнут.

В мире Ацилут гадлут можно получить только при подъеме нижнего парцуфа в верхний парцуф. На этом принципе основаны все подъемы миров в праздники, субботы и новолуния. Этот принцип предотвращает разбиение сосудов.

קלט) אמנם בא"ק לא היה כן. אלא כל הכמות שיצא בהראשים דפרצופי א"ק, נתפשט ג"כ לגופים שלהם. ולפיכך נבחנים כל ה"פ אציליות, שהם רק בחינת ו"ק דפרצופי א"ק. וע"כ הם מכונים "מ"ה החדש" או "מ"ה דה"פ א"ק". דהיינו קומת ז"א, שהוא מ"ה. בחוסר ג"ר, שג"ר הן גלגלתא ע"ב ס"ג. כי עיקר המדרגה נבחנת ע"פ התפשטותה אל הגוף מפה ולמטה, וכיון שגם לג' פרצופים הראשונים אין מהם התפשטות לגוף רק ו"ק בלי ראש, ע"כ הם נבחנים לבחינת מ"ה, שהוא קומת ו"ק בלי ראש אל ה"פ א"ק.

139. *В мире А"К мы наблюдали другую картину. Там все количество света, которое было в голове, распространялось в гуф. В мире Ацилут свет, который распространялся в голове даже в состоянии ее гадлут, не распространяется в гуф. Поэтому мир Ацилут по отношению к миру А"К определяется как ВА"К (З"А) и называется М"А Хадаш или М"А пяти парцуфим мира А"К, т.е. уровень З"А, который является М"А без ГА"Р.*

Это равноценно состоянию парцуфим мира А"К в том случае, если от каждого из них отнять ГА"Р и оставить ВА"К. Или

Неизменное состояние и подъемы миров БЕ"А

подробнее: каждый парцуф мира А"К, т.е. Гальгальта, А"Б, СА"Г, М"А и БО"Н (кэтэр, хохма, бина, З"А, малхут) в свою очередь состоят из ГА"Р (Гальгальта – кэтэр, А"Б – хохма, СА"Г – бина) и ВА"К – М"А и БО"Н. Итак, все парцуфим мира Ацилут соответствуют только М"А мира А"К. Атик мира Ацилут равен М"А Гальгальты, Арих Анпин равен М"А дэ-А"Б, Аба ве Има соответствует М"А дэ-СА"Г, ЗО"Н приравнивается к М"А и БО"Н мира А"К. У них нет распространения света в гуф, т.е. они все находятся в состоянии ВА"К.

קמ) באופן, שעתיק דאצילות, שיש לו בראש קומת כתר, נבחן לבחינת ו"ק לפרצוף הכתר דא"ק. וחסר נשמה חיה יחידה דכתר א"ק. וא"א דאצילות, שיש לו בראש קומת חכמה, נבחן לבחינת ו"ק לפרצוף ע"ב דא"ק שהיא חכמה. וחסר נשמה חיה יחידה דע"ב דא"ק.

ואו"א דאצילות, שיש להם בראש קומה בינה, נבחנים לבחינת ו"ק של פרצוף ס"ג דא"ק. וחסר לו נשמה חיה יחידה דס"ג דא"ק. והזו"ן דאצילות נבחנים לבחינת ו"ק דפרצוף מ"ה וב"ן דא"ק. וחסר להם נשמה חיה יחידה דמ"ה וב"ן דא"ק. וישסו"ת וזו"ן הם תמיד במדרגה א': זה ראש וזה גוף.

140. *Рош Атик мира Ацилут имеет уровень кэтэр, и он определяется как ВА"К (М"А) по отношению к парцуфу Гальгальта мира А"К, имея только света руах и нэфеш, без светов нэшама, хая и ехида Гальгальты. А рош парцуфа дэ-Арих Анпин со светом хохма соответствует ВА"К (М"А) дэ-А"Б со светом нэфеш-руах и с отсутствием светов нэшама, хая и ехида дэ-хохма дэ-А"Б.*

Аба ве Има дэ-Ацилут, в голове которой есть свет бина, определяется как ВА"К парцуфа СА"Г с отсутствием светов нэшама, хая и ехида дэ-бина дэ-СА"Г. А парцуф ЗО"Н дэ-Ацилут, который в голове имеет уровень З"А и малхут, приравнивается как ВА"К к парцуфим М"А и БО"Н дэ-А"К с отсутствием светов нэшама, хая и ехида дэ-М"А и БО"Н дэ-А"К.

קמא) וע"י העלאת מ"ן ממעשים טובים של התחתונים, נבררים השלמת האח"פ דע"ס דמין הב'. דהיינו השלמתם דאו"א מבחינת עצמם, על דרך בחינת נקודת השורק. שאז או"א עצמם מורידים הה"ת מנקבי עינים שלהם, ומעלים אליהם האח"פ שלהם. שאז יש להם כח גם להשפיע אל הז"ת, שהם

זו"ן. דהיינו אל הגופים ממעלה למטה. כי הגו"ע דזו"ן, הדבוקים באח"פ
ואו"א, נמשכים עמהם לאו"א ומקבלים מהם השלמת ע"ס (אות צ"ד).
ואז נמצא כל כמות המוחין שישנם באו"א מושפעים ג"כ לזו"ן, שעלו
אליהם ביחד עם האח"פ שלהם. ולפיכך, בעת שה"פ אצילות מקבלים
השלמה זו דמין הב', אז יש ג"ר גם לגופים דג' פרצופים הראשונים, שהם
עתיק וא"א ואו"א דאצילות. וכן להזו"ן דאצילות, שהם גוף הכולל
דאצילות.

ואז עולים ה' פרצופי אצילות ומלבישים לה"פ א"ק. כי בעת התפשטות
הג"ר גם אל הגופים דה"פ אצילות, הרי הם משתווים עם ה"פ א"ק. ועתיק
דאצילות עולה ומלביש לפרצוף כתר דא"ק, וא"א לע"ב דא"ק, ואו"א לס"ג
דא"ק, וזו"ן למ"ה וב"ן דא"ק.

ואז מקבל כל אחד מהם נשמה חיה יחידה מהבחינה שכנגדו בא"ק.

*141. Души, находящиеся в мирах БЕ"А, поднимают МА"Н,
вызывая этим спуск дополнительного света, что приводит
к дополнению парцуфим до 10 сфирот по второму методу, когда свет приходит через НеХ"И Гальгальты в ЗО"Н мира
Некудим (и мира Ацилут) через точку шурук, когда Аба ве Има
сами спускают свою малхут из никвей эйнаим в пэ и поднимают свои АХА"П. Г"Э дэ-ЗО"Н, которые слиты с АХА"П дэ-
Аба ве Има, поднимаются вместе с АХА"П в Аба ве Има и получают от них дополнение к своим десяти сфирот.*

*И тогда все количество мохин (света), которое находится в Аба ве Има, влияет также на ЗО"Н, которые поднимаются вместе с АХА"П Аба ве Има. В связи с тем что
5 парцуфим мира Ацилут начинают получать дополнение
по второму методу, то в трех первых парцуфим имеются
света ГА"Р в их телах, а также в самих ЗО"Н, которые
являются общим телом мира Ацилут.*

*Тогда поднимаются 5 парцуфим мира Ацилут и наодеваются на 5 парцуфим мира А"К, так как распространение ГА"Р в тела парцуфим мира Ацилут приравнивает их
соответственно к пяти парцуфим мира А"К так, что Атик
поднимается и надевается на парцуф кэтэр дэ-А"К (Гальгальту), Арих Анпин – на А"Б мира А"К, Аба ве Има надеваются на СА"Г дэ-А"К, а ЗО"Н, соответственно, надеваются на М"А и БО"Н мира А"К.*

*Такое надевание парцуфим мира Ацилут на соответствующие им парцуфим А"К означает получение каждым
из них светов нэшама, хая, ехида на уровне мира А"К.*

После разбиения сосудов все парцуфим мира Ацилут возникли в состоянии катнут как в рош, так и в гуф. Родился первый парцуф Атик. В нем начинают зарождаться решимот Арих Анпина, который тоже потом рождается из Атика. При этом Атик переходит не в полный гадлут, а лишь настолько, чтобы родить Арих Анпин. Так возникли все парцуфим мира Ацилут и все парцуфим миров БЕ"А. Затем сверху приходит свет холам на решимот далет/гимел, как и в мире Некудим, этот свет входит в кэтэр, который поднимает свои АХА"П с Аба ве Има к себе и т.д. Это первый вид, когда все рошим получают гадлут, а все тела остаются в катнуте.

Для получения гадлута второго вида необходимо пробуждение снизу, желание. В мире Некудим желание было получено снизу от НеХ"И дэ-Гальгальта, когда им посветил свет, и ЗО"Н мира Некудим начал просить свет у Аба ве Има. Истинные просьбы к Аба ве Има об исправлении в мире Ацилут приводят к тому, что все парцуфим начинают переходить в гадлут по второму виду.

Если рошим мира Ацилут получают гадлут по первому виду, почему этот свет не переходит в тела? Потому что гадлут рошим по первому виду происходит не за счет самих рошим, а за счет поднятия их к себе более высокими парцуфим и наполнения их своим светом. Голова поднялась на высший уровень не своими силами и наполнилась тоже не своими силами. Поэтому, получив гадлут сверху, она также осталась в катнуте на своем месте внизу и никоим образом не может дать свет своему телу внизу. Такой гадлут получили все головы мира Ацилут.

Второе состояние гадлута в гуфим происходит потому, что сами нижние просят у верхних силы, чтобы сделать зивуг и перейти в большое состояние на своем месте, без подъема наверх, а следовательно, могут распространить свет и в свои тела.

Все состояния в духовном сохраняются. Все зависит от того, что ты хочешь увидеть в данный момент и под каким углом зрения. Но нас сейчас интересуют конкретные состояния, сначала по первому методу: гадлут рошим, а затем по второму — гадлут тел.

До разбиения сосудов мы говорили о битуш пним у макиф. После разбиения сосудов мы больше об этом не говорим, потому что начинается работа по исправлению сосудов, оснащению их экраном и наполнению с его помощью светом снизу вверх. Мы из самых различных желаний берем самое слабенькое, наименее эгоистичное, которое мы можем исправить самым легким способом и наполнить его светом согласно исправлению.

Свет теперь никогда не приходит в большем количестве, чем сосуд может получить. Там, в мире А"К, был сделан зивуг на весь Ц"А, и можно было выстоять против всего света Бесконечности, который давил на сосуд, вынуждая его получить. После разбиения сосудов больше нет возможности выстоять даже перед граммом света, и только тогда, когда мы получаем самый маленький экранчик, мы, согласно его силе, можем получить свет.

קמב) אמנם כלפי הזו"ן דאצילות נבחנים המוחין הללו רק לבחינת מין הא' דהשלמת הע"ס. כי אלו האח"פ אינם אח"פ גמורים, רק הארת האח"פ, שהם מקבלים ע"י או"א, הוא בעת שהם במקום או"א. אבל בהתפשטותם למקומם עצמם, הרי הם עוד חסרים האח"פ שלהם (אות קל"ו). ומטעם זה נבחנים כל המוחין שהזו"ן משיג בשתא אלפי שני בשם "מוחין דעליה". כי אי אפשר להם להשיג מוחין דג"ר, רק בעת עלותם למקום ג"ר. כי אז נשלמים על ידם. אמנם אם אינם עולים למעלה למקום הג"ר, אי אפשר להיות להם מוחין. כי עדיין לא נבררו לזו"ן בחינת המוחין דמין הב', שזה לא יהיה זולת בגמר התיקון.

142. ЗО"Н мира Ацилут получают свет по первому принципу, т.е. происходит «АХА"П дэ-алия». Эти АХА"П еще не являются окончательными, свет, который они получают, – это только небольшое свечение, получаемое через АВ"И при нахождении ЗО"Н на их ступени, но на своей собственной ступени у них отсутствует АХА"П, поэтому тот свет, который получают ЗО"Н во время 6000 лет, называется мохин дэ-алия, т.к. свет ГА"Р можно постичь только находясь на ступени ГА"Р, которые дополняют их до полных десяти сфирот, но пока не поднимутся на ступень ГА"Р, не смогут получить полный свет. Однако ЗО"Н не получили еще своего исправления по второму виду, это произойдет только в Гмар Тикун.

Когда ЗО"Н поднимаются в Аба ве Има, то заставляют их сделать зивуг и получить в себя свет. Просьба ЗО"Н делается на четко отобранные желания, которые сейчас являются порочными. Необходимо выяснить, можно ли их исправить. Для этого в рош Арих Анпин есть такое устройство, через которое он управляет Аба ве Има, которые затем управляют ЗО"Н.

Свет, который спускает вниз Арих Анпин, позволяет видеть порочность келим только в девяти сфирот, но не в десятой – самой малхут. Поэтому свет Арих Анпина меньше, чем он должен быть, но он дает возможность исправлять получающие сосуды, которые поднимаются наверх и присоединяются к отдающим сосудам.

קמג) והנה נתבאר, שהמוחין דה"פ הקבועים באצילות, הם מבחינת בירורי כלים דמין הא' דאו"א, שבעולם הנקודים מכונה הארה זו בשם "הארת הטבור", או "נקודת החולם". שאפילו או"א אין להם השלמה, אלא מבחינת מין הא'. וע"כ אין מגיע מהראשים דעתיק וא"א ואו"א להגופים שלהם עצמם וכן להזו"ן שום הארת ג"ר. כי גם הז"ת דנקודים לא קבלו כלום מהארה זו דבחינת החולם (אות פ"ח).

והמוחין דשתא אלפי שני עד גמר התיקון הבאים ע"י העלאת מ"ן של התחתונים, הם מבחינת בירורי כלים להשלמת ע"ס דמין הב' דאו"א, שבעולם הנקודים מכונה הארה זו בשם "הארת היסוד" או "נקודת השורק". כי אז מעלה או"א את האח"פ של עצמם, שעליהם דבוקים גם הגו"ע דז"ת. וע"כ גם הז"ת מקבלים במקום או"א בחינת מוחין דג"ר. ולפיכך מגיע המוחין הללו גם להגופים של או"א אצילות ולזו"ן הכוללים. אלא בלבד שהם צריכים להיות למעלה במקום הג"ר ולהלבישם אותם.

ולעתיד לבא בגמר התיקון יקבלו אז הזו"ן את בחינת השלמת ע"ס דמין הב'. ויורידו ה"ת המסיימת מבחינת החזה שלהם, שהוא הפרסא דאצילות, אל מקום סיום רגלי א"ק (אות קל"ו). ואז יתחברו התנה"י דזו"ן שבבי"ע אל מדרגת הזו"ן דאצילות. וישתוה סיום רגלין דאצילות לסיום רגלים דא"ק. ואז יתגלה מלכא משיחא. בסו"ה "ועמדו רגליו על הר הזיתים". ונתבאר היטב, שבשתא אלפי שני אין תיקון לעולמות רק בדרך עליה.

143. Свет, получаемый пятью постоянными парцуфим мира Ацилут, называется исправлением келим Аба ве Има, которые дополняют свои сфирот до десяти первым методом, в мире Некудим этот свет называется «свечение через табур» или «некудат холам». Таким образом, из голов Атик, Арих Анпин, Аба ве Има в их гуфим и в ЗО"Н не распространяется никакого света, относящегося к ГА"Р, потому что в свое время ЗА"Т мира Некудим тоже ничего не получили от этого свечения.

А мохин (свет), получаемый в течение 6000 лет до окончательного исправления, приходит в ответ на просьбу, подъем МА"Н от нижних парцуфим, включая души, находящиеся в мирах БЕ"А, т.е. вторым методом. В мире Некудим это свечение называется «свечением через есод» или «точка шурук».

При этом методе Аба ве Има поднимают свои собственные АХА"П, с которыми слиты Г"'Э дэ-ЗА"Т, которые наверху, на ступени Аба ве Има получают свет мохин дэ-ГА"Р. Таким образом, распространяется мохин и в тела пяти парцуфим мира Ацилут, включая ЗО"Н, но при условии что они будут находиться наверху, в месте ГА"Р.

А в будущем, после Гмар Тикун, ЗО"Н получат дополнение до десяти сфирот по второму методу, и малхут спустится с парсы до конечностей ног мира А"К. Тогда нэцах, ход, есод дэ-ЗО"Н, которые находятся в БЕ"А, соединятся с ЗО"Н Ацилут, и сиюм Ацилута сравняется по свойствам с сиюмом мира А"К. В этот период придет Царь-Машиах, и «ноги его будут стоять на Масличной горе», и выяснится, что полный тикун миров в течение 6000 лет может произойти только с помощью их подъема.

МИРЫ БРИЯ, ЕЦИРА, АСИЯ

ביאור ג' העולמות בריאה יצירה ועשיה

קמד) ז' עיקרים כוללים יש להבחין בג' העולמות בי"ע: א. מהיכן נעשה המקום לג' העולמות הללו, ב. שיעורי קומת פרצופי בי"ע ועמידת העולמות בראשונה, בעת שנאצלו ויצאו מהנוקבא דאצילות, ג. כל אלו שיעורי קומה מהמוחין דתוספת ומצב עמידתם, שהשיגו מטרם חטאו של אדה"ר, ד. המוחין שנשתיירו בפרצופי בי"ע, ומקום נפילת העולמות לאחר שנפגמו בחטאו של אדה"ר, ה. המוחין דאמא, שקבלו פרצופי בי"ע אחר נפילתם למטה מפרסא דאצילות, ו. בחינת פרצופי האחור דה"פ אצילות, שירדו ונתלבשו בפרצופי בי"ע ונעשו להם לבחינת נשמה לנשמה, ז. בחינת המלכות דאצילות, שירדה ונעשית בחינת עתיק לפרצופי בי"ע.

144. Семь связанных между собой основ нужно выяснить в трех мирах БЕ"А.

1) Откуда произошло место для этих трех миров.

2) Уровень парцуфим БЕ"А и первоначальное расположение миров во время их образования и отделения от нуквы мира Ацилут.

3) Подъемы миров и их расположение перед грехопадением Адам аРишон.

4) Мохин, который получили миры БЕ"А, и место падения миров после их повреждения от грехопадения Адам аРишон.

5) Мохин, свет гадлут от Има мира Ацилут, который получили миры БЕ"А после их падения под парсу мира Ацилут.

6) Значение задних частей пяти парцуфим мира Ацилут, которые упали под парсу внутрь миров БЕ"А и стали для них как нэшама дэ-нэшама.

7) Уровень малхут мира Ацилут, которая упала в миры БЕ"А и играет роль Атик для парцуфим БЕ"А.

Мы изучали, что есть Источник всего, Творец, которого мы не можем постичь. В Нем возникла мысль создать и насладить будущие творения. Из Него исходит свет, замысел творения и наслаждения, который строит под себя такой сосуд, который пожелает им насладиться. Все желание творения соответствует тому замыслу, свету, который исходит из Творца. И если бы этот сосуд наполнился светом, то это было бы совершенное состояние. Но так как существует только одно совершенство – Творец, то творение обязано самостоятельно достичь Его уровня.

Для этого необходимо поставить творение в состояние, аналогичное Творцу, т.е. чтобы оно само начало создавать из ничего. Творение из себя должно создать Творца. Это достигается работой снизу вверх. Для свершения такой работы нужно соблюсти несколько условий:

1) Предварительное создание лестницы сверху вниз в виде миров и парцуфим.
2) Создание необходимых условий творению, находящемуся внизу в полном отрыве от Творца, для возможности его подъема снизу вверх по уже заготовленным ступеням.

Мы с вами проходили образование ступеней сверху вниз: строение мира А"К, мира Некудим и затем мира Ацилут. Если бы мир Некудим получил весь свет, то произошел бы Гмар Тикун. Малхут Мира Бесконечности была бы полностью заполнена светом, что соответствовало бы замыслу творения. Но, как мы знаем, этого не случилось, произошло разбиение сосудов и падение их под парсу. И сейчас на мир Ацилут возложена функция по исправлению разбитых сосудов и их подъем над парсой.

Ацилут состоит из пяти парцуфим: Атик, Арих Анпин, Аба ве Има и ЗО"Н. Затем малхут поднимается в бину, чтобы перейти из состояния катнут в гадлут и приобрести возможность создать свое следующее состояние – мир Брия. До этого малхут представляла собой точку, а для рождения следующего состояния необходимо приобрести авиют бэт. Поэтому она поднимается в бину и сортирует свои сосуды. До разбиения сосудов у нас были только отдающие и получающие сосуды. После него к этим двум видам сосудов добавляются еще получающие сосуды, перемешанные с отдающими сосудами, и отдающие сосуды, перемешанные с получающими.

ЗО"Н мира Ацилут создаются только из сосудов Г"Э, отсортированных из всех разбитых и смешанных сосудов, которые упали под парсу. Все сосуды, у которых есть только желание получать, откладываются в сторону – их пока исправить нельзя. Это так называемый лев а-эвен, который исправится только после Гмар Тикун.

После этого остаются только сосуды получения, смешанные с отдающими сосудами, и отдающие сосуды, перемешанные с получающими. Таким образом, свойства Творца и творения перемешались между собой.

Как можно их использовать? Миры БЕ"А создаются из отдающих сосудов, находящихся внутри получающих сосудов (Г"Э в АХА"П). Получающие сосуды, которые находятся внутри отдающих сосудов (АХА"П в Г"Э), можно использовать путем их подъема в мир Ацилут.

Под парсой ничего не может существовать. Там находится район ярко выраженных эгоистических сосудов. Но при падении в них осколков альтруистических сосудов во время их разбиения там уже может светить хоть какое-то подобие духовного света, который называется ор толада, вторичный свет.

Это нужно для того, чтобы души, находящиеся еще ниже миров БЕ"А, под сиюмом, под барьером, в точке нашего мира, созрели для того, чтобы выйти в духовный мир, получить духовное свойство, без которого не могут жить, пройти этот барьер и приступить к созданию экрана для обращения эгоистических свойств в альтруистические.

Попадая затем в область нахождения отдающих сосудов в получающих сосудах, они имеют возможность общаться с ними: получать свет от осколков отдающих сосудов (правой линии) и одновременно с этим дополнительные желания от осколков получающих сосудов (левой линии) в мирах БЕ"А, шаг за шагом поднимаясь по ступеням миров БЕ"А. Вот для чего созданы миры БЕ"А.

Все миры, в общем, построены по одному и тому же принципу. Отличие их в том, что чем ниже находится мир, тем больше он заслоняет свет Творца. В основе всей природы лежит эгоизм. Если он приобретает экран, то называется исправленным, он приобретает альтруистические свойства. Из неисправленных сосудов есть такие, которые поддаются исправлению в течение

6000 лет (ступени миров БЕ"А, в каждом по 2000). Неисправленные в течение 6000 лет сосуды называются клипот. Они исправляются только после прихода Машиаха. В душе, которая поднимается наверх, существуют все виды сосудов: те, которые можно исправить, а также клипот. Важно при подъеме правильно отсортировать сосуды, чтобы отделить от них клипот и не пользоваться ими, а использовать остальные сосуды. Такая работа называется работой в трех линиях.

Весь путь подъема происходит в потемках. Каждую следующую ступень можно ощутить только тогда, когда получаешь в исправленные сосуды свет хохма. Идти можно, только меняя попеременно правую линию на левую. Творение создано Творцом не просто получающим, как Малхут Мира Бесконечности.

Состояние человека поэтому и является подвешенным между землей (эгоизмом) и небом (альтруизмом). На каждой ступени нужно пройти все состояния от катнута к гадлуту. Человек, поднявшись на очередную ступень, думает, что он уже достиг всего. Но тут ему добавляют желания, и он опять стремится вверх, не зная, что его ждет там, и т.д.

קמה) הנה הבחן הא' כבר נתבאר (אות ס"ו), שמפאת עלית המלכות המסיימת, שמתחת סיום רגלי א"ק, למקום החזה דז"ת דנקודות דס"ג, הנעשה בזמן צמצום ב', יצאו ונפלו ב"ש תתאין דת"ת ונה"ים למטה מנקודת הסיום החדשה שבחזה דנקודות. ואינם ראויים עוד לקבל אור העליון. ונעשו מהם המקום לג' העולמות בי"ע: שמב"ש תתאין דת"ת נעשה מקום עולם הבריאה; ומג' ספירות נה"י נעשה מקום עולם היצירה; ומהמלכות נעשה מקום עולם העשיה.

145. Определение первое: как уже было сказано, в результате подъема малхут в бину (тифэрэт) Некудот дэ-СА"Г нижние две трети тифэрэт, нэцах, ход и есод и малхут этого парцуфа упали под парсу и образовали там место для миров БЕ"А. Две нижние трети сферы тифэрэт стали местом мира Брия, три сфирот нэцах, ход, есод стали местом мира Ецира и малхут стала местом мира Асия.

Итак, место миров БЕ"А – это сосуды Некудот дэ-СА"Г, т.е., по сути, сосуды, относящиеся к миру А"К и подчиняющиеся законам Ц"А.

Каждый последующий парцуф надевается на предыдущий, который после этого оказывается внутри него. Место – это желание. Чем желание больше, тем больше место. Так было до Ц"А. После Ц"А уже не размер желания характеризует место, а размер экрана, и получить внутрь себя сосуд может только согласно величине своего экрана, а не всего желания, так как обычно в парцуфе есть еще и желания, на которые экран не распространяется.

Следует уточнить, что миры БЕ"А были созданы малхут мира Ацилут, и поэтому они фактически представляют собой АХА"П малхут мира Ацилут или мира Ацилут в целом. Миры БЕ"А спустились в существовавшее ранее «место БЕ"А», которое, как уже было сказано выше, было образовано сосудами Некудот дэ-СА"Г. При разбиении сосудов в «место БЕ"А» упали также и отдающие сосуды (Г"Э) дэ-ЗО"Н.

После создания миров БЕ"А внутри них был создан еще один парцуф, который называется Адам аРишон. Когда миры начали подниматься, то с ними начал подниматься и Адам аРишон. Эти подъемы происходили до тех пор, пока он не «согрешил». Вместе с мирами БЕ"А поднимались и их места, т.е. сосуды Некудот дэ-СА"Г. После согрешения Адама и его падения миры БЕ"А вместе со своим местом спустились, и теперь, после грехопадения, их место (т.е. сосуды Некудот дэ-СА"Г, образующие как бы каркас миров БЕ"А) уже не поднимается, а постоянно остается под парсой. Миры БЕ"А поднимаются вместе с населяющими их душами.

קמו) והבחן הב' הוא שיעורי קומת פרצופי בי"ע ומקום עמידתם בעת יציאתם ולידתם מבטן הנוקבא דאצילות. דע, שבעת הזאת כבר השיג הז"א בחינת חיה מאבא, והנוקבא כבר השיגה בחינת נשמה מאמא. וכבר ידעת, שאין הזו"ן מקבלים המוחין מאו"א אלא בדרך עליה והלבשה (אות קמ"ב). וע"כ נמצא: הז"א מלביש את אבא דאצילות, הנקרא "או"א עילאין"; והנוקבא מלבשת לאמא דאצילות, הנקרא "ישסו"ת". ואז הנוקבא דאצילות יררה והאצילה את עולם הבריאה בכללות ה"פ שבו.

146. Определение второе: высота постижения парцуфим БЕ"А и их местонахождение во время их выхода и рождения из бэтен нуквы дэ-Ацилут. Малхут мира Ацилут создает миры БЕ"А. В это время З"А мира Ацилут достиг уровня хая (хохма) от Аба, а нуква достигла уровня нэшама от Има. Как ты уже знаешь, ЗО"Н получают мохин от АВ"И только посредством их поднятия и облачения на высший парцуф. З"А одевается на парцуф Аба дэ-Ацилут и называется Аба ве Има илаин («верхние»), а малхут надевается на Има дэ-Ацилут и называется ИШСУ"Т. Находясь в этом состоянии, малхут мира Ацилут выбирает подходящие еще неисправленные сосуды и создает из них мир Брия с пятью парцуфим в нем.

Мы всегда изучали, что последующий парцуф рождается от экрана предыдущего, поднявшегося в пэ дэ-рош и сделавшего там зивуг, откуда рождается следующий парцуф. Так было в мире А"К. Однако в мирах АБЕ"А парцуфим рождаются из бэтен, «живота» предыдущего парцуфа.

В четырех бхинот дэ-ор яшар мы видим, что шореш создает бхину алеф, желающую получать свет, затем из нее создается бхина бэт, которая отказывается от света, а далее в ней рождается следующее желание частично получить свет, и эта бхина называется З"А. Но такое ее желание рождается именно в нижней части бины, ЗА"Т дэ-бина, которая хочет получать для отдачи Творцу. Только нижняя часть бины имеет отношение к творениям, а не ее верхняя часть, которая ничего не желает получать.

Малхут поднимается в ЗА"Т дэ-бина, только эта часть бины рождает следующий парцуф из своего пэ (если рассматривать ЗА"Т дэ-бина как самостоятельный парцуф, то она будет занимать место от табура бины и вниз, а от табура вверх находятся ГА"Р дэ-бина – тоже самостоятельный парцуф внутри общего парцуфа бина), таким образом, по отношению к общему парцуфу бина рот парцуфа ЗА"Т дэ-бина находится на уровне живота общего парцуфа бина.

קמז) וכיון שהנוקבא עומדת במקום אמא, הרי היא נחשבת למדרגת אמא, כי התחתון העולה לעליון נעשה כמוהו. ולפיכך עולם הבריאה, שנבררה על ידה, נבחנת למדרגת ז"א, להיותה מדרגה תחתונה להנוקבא, שהיא בחינת אמא. והתחתון מאמא הוא ז"א. ונמצא אז עולם הבריאה, שעומדת במקום ז"א דאצילות, מתחת להנוקבא דאצילות, שהיתה אז בחינת אמא דאצילות.

147. И поскольку малхут находится на месте Има (бина), она приобретает ступень Има. Поэтому мир Брия, созданный из живота малхут (нуквы), находится на ступень ниже Има, а следовательно, и на ступень ниже нуквы, которая, поднявшись в Има, приобрела ее ступень. Таким образом, мир Брия в момент своего создания находится на уровне З"А мира Ацилут.

קמח) ועל פי זה נבחן עולם היצירה, שנברר ונאצל ע"י עולם הבריאה, שהוא אז במדרגת הנוקבא דאצילות, להיותה מדרגה תחתונה לעולם הבריאה, שהיה אז בחינת חז"א דאצילות. והתחתון מהז"א היא בחינת נוקבא. אמנם לא כל הע"ס דעולם היצירה הם בחינת הנוקבא דאצילות, אלא רק הד' ראשונות דיצירה בלבד. והטעם הוא, כי יש ב' מצבים בנוקבא, שהם פב"פ ואב"א. שבהיותה פב"פ עם הז"א, קומתה שוה אל הז"א.

ובהיותה אב"א, היא תופשת רק ד' ספירות תנה"י דז"א. ומשום שאז היה מצב כל העולמות רק אב"א, לא היה בבחינת הנוקבא אלא ד"ס לבד. וע"כ גם עולם היצירה אין לו במקום הנוקבא דאצילות רק ד"ס ראשונות שלו. ושאר ששה תחתונות דיצירה היו בששה ספירות ראשונות דעולם הבריאה של עתה. דהיינו ע"פ תכונות מקום בי"ע שבהבחן הא' (אות קמ"ה), ששם נפלו העולמות בי"ע אחר חטאו של אדה"ר, ושם היא מקום קביעותם עתה.

148. И по такому же принципу был создан и мир Ецира, который родился после мира Брия и находится на следующем после З"А уровне — уровне нуквы (малхут) мира Ацилут. Однако не все 10 сфирот мира Ецира находятся на месте нуквы дэ-Ацилут, а только ее четыре верхние сфирот. У нуквы дэ-Ацилут есть два состояния по отношению ее к З"А Ацилут. Если она с ним находится паним бэ паним, то ее уровень равен уровню З"А, и она надевается на него. В этом состоянии они оба имеют по 10 сфирот.

А когда нуква находится по отношению к З"А Ацилут ахор бэ ахор, то у нее есть только 4 первых сфирот, которые одеваются на 4 последние сфирот З"А, а 6 последних сфирот нуквы спускаются на ступень ниже, т.е. под парсу, и занимают место первых шести сфирот места мира Брия. Поэтому когда нуква находится по отношению к З"А паним бэ паним, то мир Ецира полностью находится в месте нуквы, т.е. в мире Ацилут, над парса. При состоянии ахор бэ ахор, когда у нуквы (малхут) мира Ацилут над парсой находятся только 4 сфирот, то у мира Ецира над парсой тоже есть только 4 первых сфирот, а остальные 6 сфирот мира Ецира находятся на уровне шести первых сфирот места мира Брия.

Место само по себе – это сосуды Ц"А. Малхут Мира Бесконечности, Гальгальта, на которую надеваются все парцуфим, мир Ацилут, миры БЕ"А являются как бы наполнением места, которое никогда не меняется. Относительно места мы измеряем подъемы и падения. Если бы места не были постоянны, то нельзя было бы определить движение, которым называется изменение одного по отношению к другому.

Как мы уже говорили, нужно отличать место миров БЕ"А от них самих. Место миров БЕ"А образовано сосудами Некудот дэ-СА'Г, и находятся они под парсой: две трети тифэрэт – место мира Брия. Нэцах, ход, есод – место мира Ецира. А малхут – место мира Асия. Что касается самих миров, то мир Брия в момент своего рождения находится на месте З"А мира Ацилут, т.е. имеет с ним один уровень, а мир Ецира либо находится на уровне нуквы мира Ацилут (состояние паним бэ паним), либо имеет на этом уровне только четыре первых сфирот, а шесть последних находятся под парсой на месте шести первых сфирот мира Брия.

Десятая часть, т.е. самая низшая, в любом парцуфе называется малхут, и после Ц'Б, вплоть до Гмар Тикун, ею пользоваться нельзя, поэтому делается обрезание, удаление этой сфиры и происходит зивуг только на атерет а-есод.

Мы в группе собираем 10-ю часть от доходов, которой как бы нельзя пользоваться до Гмар Тикун, а можно пользоваться только исправленными девятью частями. Это делается для соответствия с духовными мирами.

קמט) ועולם העשיה, שנברר ע"י עולם היצירה, נבחן למדרגת בריאה של עתה. כי מתוך שעולם היצירה היה אז במדרגת הנוקבא דאצילות, נמצא המדרגה שמתחתיה עולם העשיה, שהוא בבחינת עולם הבריאה של עתה. אלא מתוך שרק הד"ר דיצירה היה בבחינת הנוקבא דאצילות, והשש תחתונות שלה היו בעולם הבריאה, לכן גם עולם העשיה שמתחתיה, נמצאים רק הד"ר שלו בבחינת ד"ס תחתונות דעולם הבריאה, והשש התחתונות דעולם העשיה היו במקום שש ראשונות דעולם היצירה של עתה.

ונמצאו אז י"ד הספירות, שהם נהי"ם דיצירה של עתה, וכל הע"ס דעולם עשיה של עתה, היו ריקנות מכל קדושה. ונעשו למדור הקליפות. כי רק הקליפות היו נמצאות במקום י"ד ספירות הללו. כי העולמות דקדושה נסתיימו במקום החזה דעולם היצירה של עתה. והנה נתבאר מדרגות שיעורי הקומה של פרצופי בי"ע ומקום עמידתם בעת שנאצלו בראשונה.

149. Мир Асия, который был исправлен с помощью мира Ецира, определяется как ступень, на которой сегодня находится мир Брия, потому что мир Ецира был тогда на ступени нуквы дэ-Ацилут. Поэтому ступень под ней относится к миру Асия – сегодняшнему миру Брия. Однако только четыре первых сфирот мира Ецира были на уровне нуквы дэ-Ацилут, а шесть последних сфирот мира Ецира находились на уровне мира Брия. Поэтому так же и в мире Асия четыре первых сфирот находятся на уровне четырех последних сфирот мира Брия, а шесть последних сфирот мира Асия находятся на месте 6 первых сфирот настоящего расположения мира Ецира.

Таким образом, четыре сфирот дэ-нэцах-ход-есод-малхут сегодняшнего мира Ецира и все 10 сфирот настоящего мира Асия перестали относиться к святости и перешли в отдел клипот, неисправленных желаний, потому что на уровне от хазе дэ-Ецира до сиюм дэ-Асия ничего, кроме клипот, не может располагаться, так как чистые миры занимают место до хазе сегодняшнего мира Ецира. Теперь мы выяснили нахождение уровней ступеней самих миров БЕ"А и место их расположения, которое было создано еще до образования миров БЕ"А.

Итак, до грехопадения Адама аРишон, в момент создания миров БЕ"А, миры и парцуфим располагались так:

- З"А мира Ацилут находился на сегодняшнем уровне Арих Анпина (Аба, хохма).
- Малхут (нуква) мира Ацилут находилась на уровне Аба ве Има (бина).
- Мир Брия находился на уровне сегодняшнего З"А мира Ацилут.
- Верхние четыре сфирот мира Ецира находились на уровне малхут мира Ацилут, а нижние шесть – на уровне шести верхних сфирот сегоднешнего мира Брия. Можно сказать, что места малхут и З"А мира Ацилут в состоянии гадлут (10 сфирот каждый) находятся не одно под другим, а параллельно, на одном уровне. Когда малхут находится в катнуте, то ее верхние 4 сфирот находятся на уровне четырех нижних сфирот З"А, затем идет парса, шесть ее нижних сфирот находятся под парсой.

- Верхние четыре сфирот мира Асия находились на уровне четырех нижних сфирот сегодняшнего мира Брия, а нижние 6 сфирот находились на уровне сегодняшнего мира Ецира. Таким образом, все миры находились тогда на четырнадцать сфирот выше, чем сейчас.

После разбиения сосудов экран поднялся в рош дэ-СА"Г со всеми решимот, которые остались после разбиения над парсой, и со всеми осколками, которые упали вниз. В никвей эйнаим дэ-кэтэр дэ-рош дэ-СА"Г находится экран, который начинает делать зивугим на оставшиеся в нем после разбиения решимот. Так как разбиение сосудов произошло на всю Малхут Мира Бесконечности, то остались решимот на все виды разбитых и упавших под парсу сосудов.

Масах сначала выбирает самые лучшие решимот и делает на них зивуг, дальнейшие зивугим производятся на решимот в порядке их ухудшения. От этих зивугим последовательно рождаются парцуфим от самого лучшего до наихудшего. Сначала рождается Атик, затем Арих Анпин, Аба ве Има, ИШСУ"Т, З"А и нуква мира Ацилут. На этом заканчиваются все решимот Г"Э, отдающих сосудов.

Кроме сосудов, у которых есть только одно желание – или отдавать, или получать, появились сосуды, у которых эти желания перемешаны. Сейчас их можно отсортировать и сделать из них дополнительные парцуфим. Этой работой начинает заниматься малхут мира Ацилут.

Сначала она является лишь точкой, имея только одну сфиру – кэтэр, потом она поднимается в З"А и получает там состояние катнут, затем поднимается в бину и становится такой же большой, как и та, – теперь она в состоянии рожать, как более высшие парцуфим. Находясь на уровне бина, она делает зивуг на бэт дэ-авиют и рожает мир Брия, который, родившись в бине, должен спуститься на ступень ниже своей матери, т.е. на уровень З"А мира Ацилут. Мир Ецира рождается от зивуг дэ-акаа на гимэл дэ-авиют и спускается уже ниже уровня З"А, т.е. в нукву мира Ацилут. Нуква не находится полностью под З"А, а накладывается на него своими четырьмя верхними сфирот, а шесть ее нижних сфирот находятся под парсой. Поэтому мир Ецира занимает место нуквы, и его 4 первых сфирот тоже накрывают четыре нижних сфирот З"А, а шесть нижних накладываются на шесть нижних сфирот дэ-нуква под парса, т.е. совпадают с шестью первыми сфирот места мира Брия в его настоящем расположении.

Если какой-то парцуф поднимается или опускается на какой-то духовный уровень, то это означает, что он принимает на себя свойства того духовного уровня, где он находится в данный момент.

Даже в нашем мире если у человека вдруг появляется желание сделать какое-то доброе дело, то считается, что он улучшает свои свойства и поднимается. «Я поднимаюсь» — это значит, что при этом мои свойства уже соответствуют не той ступени, где я находился до этого, а более высокой, на которую я как бы надеюсь.

Скоро мы начнем изучать, как все парцуфим мира Ацилут будут последовательно одеваться на соответствующие парцуфим Адам Кадмон. Сама по себе лестница духовных миров неизменна, она может только в целом сдвигаться вверх и вниз по отношению к чему-либо. Но в духовном ничего не исчезает. Поэтому лестница, сдвигаясь, одновременно находится и на своем месте.

קנ) ועתה נבאר הבחן הג׳, שהוא שיעורי קומה דפרצופי בי״ע ומצב עמידתם, שהיה להם מהמוחין דתוספת, מטרם חטאו של אדה״ר. והוא, כי ע״י הארת תוספת שבת, שהיה להם אז ב׳ עליות: א. בשעה חמשית בערב שבת, שבו נולד אדה״ר. שאז מתחיל להאיר תוספת שבת, בסוד הה׳ דיום הששי. ואז השיג הז״א בחינת יחידה ועלה והלביש לא״א דאצילות, והנוקבא בחינת חיה, ועלתה והלבישה לאו״א דאצילות, והבריאה עלתה לישסו״ת, והיצירה עלתה כולה לז״א, והד״ס ראשונות דעשיה עלו למקום הנוקבא דאצילות, והשש תחתונות דעשיה עלו במקום שש ראשונות דבריאה.
ב. היתה בערב שבת בין הערבים. שע״י תוספת שבת, עלו גם הו׳ תחתונות דעשיה למקום הנוקבא דאצילות, והיו עומדים עולם היצירה ועולם העשיה בעולם האצילות במקום זו״ן דאצילות בבחינת פב״פ.

150. Сейчас выясним определение третье: высота парцуфим БЕ"А во время получения ими дополнительного света-мохин, до грехопадения Адам аРишон. С помощью дополнительного света в шабат произошло два подъема миров. Первый подъем произошел в пятый час в эрев ша-

бат, когда родился Адам аРишон. Тогда начал светить дополнительный свет шабата, который называется «хей дэ-йом шиши».

В то время З"А достиг уровня ехида, поднялся и наделся на Арих Анпин дэ-Ацилут. А нуква достигла уровня хая, поднялась и наделась на Аба ве Има дэ-Ацилут. Брия поднялась в ИШСУ"Т, Ецира – в З"А, а четыре первых сфирот Асия поднялись в место нуквы дэ-Ацилут, 6 последних сфирот Асия поднялись в 6 первых сфирот Брия.

Второй подъем миров был в эрев шабат, когда с помощью дополнительного света в шабат поднялись 6 нижних сфирот дэ-Асия в место нуквы дэ-Ацилут. Таким образом, как мир Ецира, так и мир Асия поднялись над парса и находились в мире Ацилут в месте ЗО"Н дэ-Ацилут в состоянии паним бэ паним.

Рождение миров БЕ"А произошло еще до рождения Адам аРишон. Затем появился парцуф Адам аРишон. Его родила малхут дэ-Ацилут, поднявшись в бина. Чем же отличается рождение Адам аРишон от рождения миров БЕ"А?

Миры БЕ"А создаются из Г"Э, которые упали в АХА"П ЗО"Н дэ-Некудим. Адам аРишон – это совершенно иная конструкция, исходящая из самого внутреннего замысла творения. Когда закончились 4 стадии дэ-ор яшар и возникла Малхут Мира Бесконечности, то она начинает получать свет, в котором постепенно раскрывает свои предыдущие части: гимел, бэт, алеф, шореш, которые ее породили.

Малхут не может выйти из своих границ, но она раскрывает предыдущие стадии за счет более глубинного постижения света, который ее наполняет. Постепенно малхут из точки начинает строить еще 9 сфирот, т.е. свойств света, и постепенно постигает их. А десятая часть – это она сама.

Именно на десятую часть, на саму себя, она сделала цимцум и хочет уподобиться девяти сфирот, парцуфим. Все парцуфим и миры не являются самой малхут, а лишь ее подражанием свету, они всего лишь неодушевленные объекты. Центральная точка творения – Малхут Мира Бесконечности, начинает работать после создания всех миров, после разбиения сосудов.

Особое сочетание между малхут дэ-малхут, являющейся Сущностью Творения, и девяти первых сфирот называется

Адам аРишон. Его предназначением является стать подобным Творцу.

Во время Ц"Б сама Малхут Мира Бесконечности поднялась в тифэрэт Некудот дэ-СА"Г, отделив сосуды получения от отдающих сосудов. С тех пор она находится там. Малхут мира Ацилут, которая тоже находится на уровне парсы, является ее прямым представителем. Затем малхут мира Ацилут поднимается в бину, делает там зивуг дэ-акаа только на Г"Э, с АХА"П она не работает.

Созданный парцуф, имеющий пока только сосуды Г"Э, и называется Адам аРишон. Именно прямое участие Малхут Мира Бесконечности в создании Адама аРишон превращает его в самый важный парцуф. Собственно говоря, только он и является настоящим Творением. Разница между ним и всеми остальными духовными объектами огромна.

Поскольку этот парцуф родился также от малхут мира Ацилут, которая родила и миры БЕ"А, то он находится внутри этих миров. Его голова начинается под малхут, стоящей в бине, на месте З"А мира Ацилут, горло совпадает с четырьмя верхними сфирот малхут мира Ацилут, находящимися над парса, его тело от плеч и до табура находится подпарса на месте шести первых сфирот мира Брия, или на месте шести последних сфирот мира Ецира, или на месте шести последних сфирот малхут дэ-Ацилут.

Далее парцуф Адам аРишон распространяется от хазе мира Брия до конца мира Брия, а ноги кончаются на месте груди мира Ецира там, где кончается мир Асия в данном состоянии. По своему росту Адам Ришон полностью равен мирам БЕ"А. Такое состояние было у Адам Ришон в момент рождения.

Родилась совершенно новая структура. Если раньше только создавалась среда обитания, в которой можно было исправить творение, которое называется центральной черной точкой – Малхут Мира Бесконечности, то теперь ее можно исправить окончательно. Далее нужно произвести разбиение общей души Адама на отдельные частицы, в которые войдут искры альтруистических желаний. Разбиение парцуфа Адам Ришон произошло по тому же принципу, как и сосудов мира Некудим. В центральнейшую точку войдут отдающие сосуды. Раньше она не могла этого достичь.

Теперь разберем, как произошло разбиение парцуфа Адам Ришон, который находится внутри миров БЕ"А и может подниматься и опускаться только вместе с ними.

Адам аРишон со своими отдающими сосудами производил самые различные действия, но затем понял, что самое сильное действие ради Творца он может сделать, только получая свет хохма, т.е. нужно иметь получающие сосуды, которых у него нет, вернее, они еще не исправлены. Намерения у него были совершенно четкие.

Поэтому он начинает присоединять к себе получающие сосуды, после чего в его теле происходит то же самое, что и в мире Некудим, т.е. разбиение сосудов – и Г"Э, и АХА"П. После разбиения в эгоистические сосуды попали искры альтруизма. Далее начинается работа каждой частички его души, которые чувствуют себя отдельно друг от друга.

Все это соответствует тому, что должен делать каждый человек в этом мире. При разбиении души Адама, кроме падения сосудов с высоты мира Ацилут, еще создалась целая система нечистых миров: Ацилут, Брия, Ецира, Асия дэ-тума, которые соответствуют четырем чистым мирам. Между этими двумя системами и находятся человеческие души.

Наше сегодняшнее состояние является следствием разбиения души Адам аРишон. Мы – это такая конструкция, которая состоит из биологического тела, внутри которого существуют эгоистические желания, в которые, как мы говорили, упали искры альтруистических желаний, называемых нер дакик – маленькая свеча. Если нер дакик в какой-то момент заявляет о себе, проявляясь в каком-то альтруистическом желании, то такой человек, не понимая этого, вдруг начинает чего-то хотеть, пытаться чем-то заполнить это альтруистическое желание.

Но в нашем мире его нечем заполнить – все наслаждения нашего мира эгоистичны. Человек будет бегать, что-то искать, пока его не прибьет к какому-то источнику, в котором, как ему покажется, он получит что-то или сможет получить в дальнейшем. Если это окажется группа учеников во главе с Равом-каббалистом, то такой человек начнет постепенно исправлять свои эгоистические сосуды на альтруистические, постигая в них Творца.

Как происходит исправление? В каждом человеке существуют 320 искр, он должен сделать то же, что происходило в мире Ацилут, т.е. отсортировать 288 искр от лев а-эвен (32 эгоистические искры), от его центральной точки, эгоистической сути, его природы и сказать, что с ними он перестает работать, чтобы уподобиться альтруистическим желаниям.

Делается это осознанно: прилагая большие усилия, преодолевая огромное сопротивление со стороны своего эгоизма. При такой усиленной работе у него рождаются сосуды, которых раньше не было. В результате достигается возможность работать только с девятью альтруистическими сфирот, а его лев а-эвен не задействован. Отсортировав все альтруистические желания и сделав цимцум на оставшиеся 32 эгоистических желания, человек приходит к Гмар Тикун. Борясь со своим эгоизмом, он предпочел быть таким, как Творец.

После этого сверху нисходит высший свет, который исправляет и лев а-эвен так, что его можно тоже использовать для получения света хохма ради Творца. Свет А"Б-СА"Г каким-то образом действует на эту точку и исправляет ее. Такое исправление называется приходом Машиаха, и тогда Малхут Мира Бесконечности полностью сливается с Творцом, т.е. приходит к своему третьему и окончательному состоянию. Напомним, что первое состояние – это Малхут Мира Бесконечности до Ц"А. Второе состояние – распространение миров сверху вниз и исправление Творения снизу вверх.

Дополнительный свет для подъема Адама аРишон называется хей дэ-йом а-шиши, т.е. пятый час шестого дня. На этот уровень поднимается Адам аРишон вместе с мирами БЕ"А. Это первое предсубботнее возвышение на одну ступень (10 сфирот одного мира). Если до этого подъема ноги Адам аРишон и мира Асия находились на хазе дэ-Ецира, то после него они находятся на уровне хазе дэ-Брия.

В мире Ацилут есть множество состояний. К изучению мира Ацилут нужно относиться очень внимательно – в соответствии с изменением ощущений человека по мере его исправления. Все имена Торы имеют определенные корни в мире Ацилут как единственном источнике всего существующего.

Сюда относятся общее и частное управления, перевоплощения душ, подъемы, спуски и т.д. Если человек правильно изучает материал, то он, берясь за мир Ацилут, каждый раз отступает, понимая, что это ему не по плечу. Такое происходит несколько раз, в течение нескольких лет, пока человек не начнет вступать постепенно в контакт с этим огромным аппаратом, когда внутри него уже проявляются какие-то наметки связи с миром Ацилут.

При первом подъеме наиболее светлые желания поднимаются вверх, а темные, эгоистические спускаются вниз. Происходит разрыв между исправленными и неисправленными желаниями и в человеке, и в мирах. Пустота, которая образуется между ними, называется тхум шабат. В нашем мире – это расстояние, на которое человек может выйти за пределы городской стены, не нарушая субботы.

В субботу нельзя выходить из «владения Единого» во «владение многих». «Владение Единого» («решут а-яхид») – это такое состояние, когда все помыслы, все желания, все молитвы человека направлены к Творцу, когда человек оправдывает Творца всегда и во всем и воспринимает Его действия как действия «Доброго и Творящего Добро» («тов ве мейтив»). Такие желания полностью исправлены и находятся в мире Ацилут.

Кроме этого, у человека остаются еще неисправленные желания. У него еще есть сомнения: Творец ли управляет всем или нет, а если управляет Он, то хорошо или плохо? А может, во всем виноваты общество, начальники, жена, дети? Такие разнородные стремления и мысли называются в человеке «владение многих» («решут а-рабим»). Эти желания находятся внизу от хазе мира Ецира и вниз до сиюм. Их всего 14 сфирот, и называются они мадором (отделом) клипот.

После шабатних подъемов от парсы мира Ацилут и до мадора клипот находится пустое пространство, состоящее из 16 сфирот, которое состоит из двух частей: первая часть – 6 первых сфирот мира Брия и вторая часть – 10 сфирот от хазе мира Брия до хазе мира Ецира. Первые 6 сфирот мира Брия называются «ибуро шель Ир» – «зародыш города». Это можно сравнить с беременной женщиной, живот которой, с одной стороны, принадлежит ей, с другой – он выпячивается вперед потому, что в нем есть плод, инородное тело, которое пока относится к ней, но в то же время его можно считать не относящимся к ней.

Такое состояние называется ибуром: еще относящееся к высшему, но также имеющее отношение к новому творению.

Мир Ацилут, владение Творца, называется «город». В своих мыслях человек может выйти за городскую черту, но не далее, чем хазе дэ-Брия, ничего при этом не нарушая. Эта дополнительная площадь, «ибуро шель Ир», находится на расстоянии 70 ама (60 см от косточки на руке до локтя), т.е. 7 сфирот: ХаБа"Д ХаГа"Т, до хазе. Это еще относится к городу, хотя и находится вне городской стены.

После окончания 70 ама от хазе мира Ецира до хазе мира Брия – простирается дополнительная площадь в 2000 ама, т.е. еще 10 сфирот, которая называется тхум шабат. Человек может выйти и в эти 2000 ама, не нарушая единства с Творцом, которое называется субботой, потому что в этом месте еще не существует никаких нечистых желаний. Такова сила субботнего высшего свечения, что она позволяет человеку, находящемуся в мире Ацилут, спуститься на этот уровень, не отрываясь от Творца. Итак, 16 верхних сфирот миров БЕ"А еще являются отдающими сосудами и поэтому человек может в них находиться, и это не будет считаться, что он не в Ацилуте.

Мы рассмотрели два предсубботних подъема миров БЕ"А и Адама аРишон в мир Ацилут сначала на 10 сфирот, затем еще на 6. В этом состоянии под миром Ацилут находятся 16 пустых сфирот до хазе мира Ецира, которые еще являются отдающими сосудами, и поэтому они по своим свойствам еще очень близки к миру Ацилут.

Как уже было сказано выше, миры БЕ"А были созданы из сосудов, которые разбились в мире Некудим, упали под парсу и перемешались, создав 4 вида сосудов: отдающие сосуды, получающие сосуды, сосуды получения, смешанные с отдающими сосудами, и отдающие сосуды, смешанные с получающими. Сначала парцуф СА"Г делает селекцию, выбирая отдающие сосуды из всех разрушенных частиц. Из них создается мир Ацилут, состоящий исключительно из Г"Э, альтруистических желаний, которые и до разбиения находились в мире Некудим в качестве Г"Э дэ-ЗО"Н. ЗО"Н мира Ацилут соответствует ЗО"Н мира Некудим.

Затем остаются неиспользованными еще три вида сосудов:
1) получающие, эгоистические сосуды. СА"Г их отсортировывает, откладывает в сторону и не работает с ними. Это – лев а-эвен, его нельзя исправить никакими альтруистическими намерениями до Гмар Тикун;
2) далее идут отдающие сосуды, которые упали в получающие сосуды и которые невозможно отделить друг от

друга. Это миры БЕ"А, которые похожи на узкую светлую альтруистическую полоску в массиве эгоистических желаний;

3) затем идут получающие сосуды, включенные в отдающие сосуды. Они называются «АХА"П дэ-алия» мира Ацилут, с помощью которых в мире Ацилут дополнительно к свету хасадим, находящемуся там, можно получить также и свет хохма, т.е. привести мир Ацилут в состояние гадлута. Таким образом, мы разобрали, что именно можно получить из всех четырех видов разбитых сосудов ЗО"Н мира Некудим.

При разбиении души Адам аРишон также образовалось четыре вида разбитых сосудов, которые уже не находятся в мирах БЕ"А, а упали в наш мир, под сиюм Гальгальты. Все эти разбиения привели к тому, что внутри Г"Э нижнего парцуфа находятся зародыши альтруистических желаний – АХА"П верхнего. Так создалась возможность исправления сосудов. Теперь, если человек начинает заниматься в правильной группе и под руководством истинного Учителя, то он вызывает на себя действие окружающего света (ор макиф), который постепенно очищает искорки Г"Э, находящиеся в эгоистических сосудах человека. Из исправленных сосудов Г"Э человек строит в себе свой мир Ацилут. На каждой ступени лев а-эвен откладывается в сторону, с ним не работают.

Таким образом получается, что в человеке происходит полное отражение того, что якобы происходит вне его, т.е. миров А"К и АБЕ"А. По мере исправления своих сосудов, он соответственно получает свет А"К АБЕ"А, а полностью исправившись, он становится вровень с расстоянием от центральной точки нашего мира до Мира Бесконечности, т.е. он становится величиной с Гальгальту, а все исправленные частички (души всех людей) полностью заполняют светом всю Малхут Мира Бесконечности.

קנא) ועתה נבאר הבחן הד', שהוא קומת המוחין שנשתיירו בבי"ע.
ומקום נפילתם לאחר החטא. והוא, כי מחמת פגם חטאו של עצה"ד,
נסתלקו מהעולמות כל המוחין דתוספת, שהשיגו ע"י ב' העליות. והזו"ן חזר
לו"ק ונקודה.

151. А сейчас выясним четвертое свойство – уровень мохин в мирах БЕ"А и место падения этих миров после грехопадения Адам аРишон. Известно, что из-за вреда, нанесенного грехопадением Адама, из этих миров исчез весь мохин, т.е. весь дополнительный субботний свет, который приобрели миры во время двух предсубботних подъемов.

Кроме этого, ЗО"Н мира Ацилут вернулись в состояние «ВА"К и некуда».

Это значит, что З"А теперь опять имеет только 6 верхних сфирот ХАБА"Д ХАГА"Т, с точки зрения сосудов, и в которых находятся 6 «нижних» светов ХАГА"Т НЕХ"И (обратная зависимость между сосудами и светами), а малхут мира Ацилут теперь имеет над парсой только одну сфиру – кэтэр, в которой находится свет нэфеш.

וג' העולמות בי"ע, נשתיירו בהם רק המוחין שיצאו בהם בראשונה בעת אצילותם, שעולם הבריאה היה במדרגת הז"א שפירושו ו"ק, וכן היצירה ועשיה בשיעור הנ"ל (אות קמ"ח). ונוסף ע"ז, כי נסתלק מהם כל בחינת אצילות ונפלו למתחת הפרסא דאצילות בתכונת מקום בי"ע, שהוכן ע"י צמצום ב' (אות קמ"ה). ונמצאו ד"ת דיצירה וע"ס דעולם העשיה, שנפלו ועמדו במקום הי"ד ספירות של הקליפות (אות קמ"ט), הנקרא "מדור הקליפות".

Теперь в трех мирах БЕ"А остался только тот свет, который был в них во время их рождения, эти миры находятся сейчас в состоянии ВА"К, т.е. З"А. Кроме этого, они упали под парса в место миров БЕ"А, приготовленного для них после Ц"Б. Теперь четыре последних сфирот мира Ецира и все 10 сфирот мира Асия находятся в месте14 сфирот отдела клипот.

קנב) הבחן הה' הוא המוחין דאמא, שקבלו בי"ע במקום נפילתם. כי אחר שיצאו הבי"ע מאצילות ונפלו למתחת הפרסא דאצילות, לא היה בהם אלא בחינת ו"ק (אות קנ"א). ואז נתלבשו הישסו"ת בהזו"ן דאצילות. ונזדווגו הישסו"ת מבחינת התלבשות בזו"ן. והשפיעו מוחין דנשמה לפרצופי בי"ע במקומם: שעולם הבריאה קבל מהם ע"ס שלמות בקומת בינה, ועולם היצירה קבל מהם ו"ק, עולם העשיה רק בחינת אב"א.

152. Пятая особенность в мирах БЕ"А заключается в том, что во время падения они получили мохин дэ-Има.

После того как миры БЕ"А вышли из Ацилут и упали под парсу, у них была ступень ВА"К. И тогда ИШСУ"Т мира Ацилут наделся на ЗО"Н дэ-Ацилут, сделал зивуг на решимо дэ-итлабишут в ЗО"Н и распространил свет нэшама мирам БЕ"А таким образом, что мир Брия получил от него 10 полных сфирот на уровне бина, мир Ецира получил ВА"К дэ-бина, а мир Асия только бхину ахор бэ ахор, т.е. одну точку малхут дэ-бина.

קנג) הבחן הו' הוא בחינת נשמה לנשמה, שהשיגו פרצופי בי"ע מפרצופי האחור דה"פ אצילות. כי בעת מיעוט הירח נפל פרצוף האחור דנוקבא דאצילות ונתלבש בפרצופים בי"ע. והוא כולל ג' פרצופים, המכונים: עבור, יניקה, מוחין. ובחינת המוחין נפלה לבריאה, ובחינת היניקה נפלה ליצירה, ובחינת העיבור נפלה לעשיה. ונעשו בחינת נשמה לנשמה לכל פרצופי בי"ע, שהיא בחינת חיה אליהם.

153. Шестая особенность – это уровень нэшама ле нэшама (хая), которого достигли миры БЕ"А от пяти парцуфим дэ-ахораим мира Ацилут. Потому что во время уменьшения яреах (луны), т.е. малхут мира Ацилут, ее девять нижних сфирот, образующие парцуф дэ-ахор дэ-нуква, упали под парсу и наделись на парцуфим БЕ"А, включая 3 стадии: ибур, еника, мохин. Бхинат мохин (взрослое состояние) упала в мир Брия, бхина еника упала в Ецира, а бхина ибур упала в Асия. Таким образом все миры БЕ"А получили бхину нэшама ле нэшама.

З"А строит малхут, дает ей все силы. Самое конечное наивысшее состояние, когда З"А и малхут подобны друг другу и полностью входят в контакт друг с другом, то малхут тогда полностью получает от З"А и наслаждается тем, что при этом доставляет ему наслаждение.

Такое конечное состояние Мироздания называется зивуг дэ-ЗО"Н паним бэ паним. Малхут хотела достичь такого состояния еще в четвертый день творения – она поднялась вровень с З"А, захотела вместе с ним получить такой же свет от бины, и тут выяснилось, что ее сосуды неисправны, и поэтому она вместо света ощутила полную тьму.

Тьма – это свет хохма без облачения в свет хасадим. Тогда она начала жаловаться, сказав, что не могут два парцуфа получать свет от одного источника. У З"А есть и свет хасадим, и свет хохма, в малхут же от рождения нет света хасадим – она должна исправить свои сосуды, свои намерения.

Единственным выходом из этого состояния является уменьшение себя до точки (одной сфиры), до естественных своих размеров, и начать постепенное исправление своих сосудов, т.е. приобретение экрана. Уменьшение малхут называется китруг а-яреах, т.е. жалоба луны (малхут) на то, что она не может светить, как солнце (З"А), а должна уменьшить себя до точки и постепенно расти от точки до максимального состояния. Но все равно она не сможет светить, как солнце, т.е. все равно она будет получать свет от З"А.

קנד) הבחן הז' הוא הנוקבא דאצילות, שנעשתה לרדל"א ולהארת יחידה בבי"ע. כי נתבאר, שבעת מיעוט הירח, נפלו ג' הבחינות עי"מ דפרצוף האחור דנוקבא דאצילות ונתלבשו בבי"ע. והם בחינת אחורים דט"ת דנוקבא, שהם עי"מ: שנה"י נקרא "עיבור", וחג"ת נקרא "יניקה", וחב"ד נקרא "מוחין".
אמנם בחינת האחור דבחינת הכתר דנוקבא, נעשתה לבחינת עתיק לפרצופי בי"ע. באופו שבחינת עיקר אורותיהם דפרצופי בי"ע של עתה, הם מהשירים שנשארו בהם אחר חטאו של אדה"ר, שהוא בחינת הו"ק דכל פרט מהם (אות קנ"א). ובחינת נשמה קבלו ממוחין דאמא (אות קנ"ב), ובחינת נשמה לנשמה, שהוא בחינת חיה, קבלו מט"ת דפרצוף האחור דנוקבא, ובחינת יחידה קבלו מבחינת כתר דנוקבא דאצילות

154. Седьмая особенность – это сфира кэтэр нуквы мира Ацилут, которая совершенно недосягаема для миров БЕ"А, но из которой исходит маленькое свечение света ехида в миры БЕ"А. И выяснилось, что во время уменьшения луны упали под парса стадии ибур, еника и мохин задней части парцуфа нуква мира Ацилут и наделись на миры БЕ"А. НеХ"И называются ибуром, ХаГа"Т – еникой, а ХаБа"Д называются мохин.

Однако задняя часть кэтэра дэ-нуква сделалась ступенью Атик для парцуфим БЕ"А, ее нельзя постичь. Свет, который светит в БЕ"А, – это только маленькое свечение от того, что было до грехопадения. Свет нэфеш миры получают от ибура, руах – от еники, уровень нэшама они получают от мохин дэ-Има. Нэшама ле нэшама, что является светом хая, они получают от девяти нижних сфирот нуквы, а бхинат ехида они получают от задней части кэтэра нуквы мира Ацилут, т.е. точки малхут дэ-Ацилут.

Мы уже говорили, что в четвертый день творения произошло явление, называемое уменьшением луны. Малхут мира Ацилут желает быть такой же, как З"А мира Ацилут. Поэтому она поднимается вместе с ним в бину, но не в состоянии получить такой же свет, как он, из-за отсутствия у нее определенного намерения получать ради Творца, и экрана, противостоящего эгоистическим желаниям.

Только при появлении у нее света хасадим, который наденется на свет хохма и сможет принять его внутрь, она сможет получить свойства З"А. Отсюда и отказ в получении света хохма в бине. Вместо свет хохма она ощутила тьму. Это происходит при наличии желаний и отсутствии намерения на них.

Находясь в нашем мире, мы не чувствуем ни тьмы, ни света. У нас даже нет предварительного состояния тьмы из-за отсутствия необходимого желания к наслаждению даже ради себя. Когда у нас появится огромное желание к духовному наслаждению в такой степени, что невозможно уснуть, как в большой любви, то появится и намерение принять свет ради Творца.

Как это делается? Как ей советует бина: иди и уменьши себя. Малхут уменьшается до точки и начинает приобретать постепенно экран в трех стадиях: ибур, еника, мохин.

ПОДЪЕМЫ МИРОВ

ביאור ענין עליות העולמות

קנה) עיקר ההפרש מפרצופי א״ק לפרצופי עולם האצילות הוא, כי פרצופי א״ק הם מבחינת צמצום א׳. שבכל מדרגה שבו יש בה ע״ס שלמות. ואין בע״ס רק בחינת כלי אחד, שהוא כלי מלכות. אבל הט״ס ראשונות הן רק בחינת אורות לבד.

משא״כ פרצופי אצילות הם מבחינת צמצום הב׳, בסו״ה ״ביום עשות הוי״ה אלהים ארץ ושמים״, ששיתף רחמים בדין (אות נ״ט). שמדת הדין, שהיא מלכות, עלתה ונתחברה בהבינה, שהיא מדת הרחמים. ונשתתפו יחד. שעי״ז נעשה סיום חדש על אור העליון במקום הבינה. שהמלכות המסיימת את הגוף עלתה לבינה דגוף, שהיא ת״ת, במקום החזה. והמלכות המזדווגת שבפה דראש עלתה לבינה דראש, הנקרא ״נקבי עינים״, שעי״ז נתמעטו שיעור קומת הפרצופים לגו״ע, שהם כתר חכמה דכלים, בקומת ו״ק בלי ראש, שהוא נפש רוח דאורות (אות ע״ד). ונמצאו חסרים מאח״פ דכלים, שהם בינה וזו״ן, ומנשמה חיה יחידה דאורות.

155. Основное отличие мира А״К от мира Ацилут заключается в том, что парцуфим А״К произошли как следствие Ц״А, каждая их ступень состоит из десяти полных сфирот, в которых есть один единственный сосуд – малхут. Девять первых сфирот представляют собой исключительно свет, Творца.

Парцуфим Ацилут являются порождением Ц״Б, как сказано, что в тот день, когда Творец создал Небо и Землю, то имеется в виду, что включены были рахамим (милосердие) в дин (суд) во время подъема малхут (уровень дин) в бину (уровень рахамим) и их смешение.

При этом появилось новое окончание высшего света в бине на уровне хазе (при подъеме оканчивающей малхут в бину), а малхут а-миздавегет, которая находилась в пэ дэ-рош, поднялась в бину дэ-рош, называемую никвей эйнаим, и по этой причине из сосудов остались только кэтэр и хохма на уровне ВА"К без рош, т.е. света нэфеш и руах. Из пяти сосудов отсутствуют бина, З"А и малхут, а из светов отсутствуют нэшама, хая и ехида.

Есть внутренняя и внешняя части миров: место Ацилут и БЕ"А называется наружными, внешними мирами. Внутри этого места должна быть внутренняя часть, в которой находится мир Некудим. Корень внешней части миров – Некудот дэ-СА'Г, которые во время нисхождения под табур смешались со стадией далет, находящейся под табуром Гальгальты. Вследствие этого смешивания стадии бэт и далет, место от табур до сиюм разделилось на два: место мира Ацилут и место миров БЕ"А.

В мирах АБЕ"А и Некудим есть в каждом парцуфе 10 келим, потому что малхут поднялась со своего места до бины каждой сфиры. В Ц'А – кли одно, так как есть только одна малхут внизу, которая получает свет от девяти первых сфирот.

В Ц"Б образовываются 10 келим. Малхут поднимается на 9 первых сфирот (тет ришонот) вследствие Ц"Б. Являются ли эти 9 первых сфирот светами? Малхут поднимается к светам?

Есть правило: бхина далет называется кли, а 9 первых сфирот называются светами. Желание получать – стадия далет, и потому она отделена от света. В духовном мире стадия далет – стадия получения ради себя без отдачи.

Первые 9 сфирот – это света, а малхут – стадия получения, которая получает все, что есть в 9 первых сфирот. Теперь эта бхина отталкивает свет, говоря: если я могу работать с намерением отдачи, подобно свету, то мне можно получать ради отдачи. И это изменение намерения и есть вся суть, отличающая работу ради Творца от получения ради себя.

קנו) והגם שנתבאר (אות קכ"ד), שע"י עלית מ"ן לעיבור ב' השיגו פרצופי אצילות הארת המוחין מע"ב ס"ג דא"ק, המוריד הה"ת מנקבי עינים בחזרה למקומה לפה, כבצמצום א', ומשיגים שוב האח"פ דכלים והנשמה חיה יחידה דאורות.

אמנם זה הועיל רק לבחינת הע"ס דראש של הפרצופים, ולא להגופים שלהם, כי המוחין הללו לא נמשכו מפה ולמטה אל הגופים שלהם (אות קל"ח). וע"כ גם לאחר המוחין דגדלות, נשארו הגופים בצמצום ב', כמו בזמן הקטנות.

ומשום זה נחשבו כל ה"פ אצילות, שאין להם רק קומת ע"ס היוצאת על
עביות דבחי"א, שהוא קומת ז"א, ו"ק בלי ראש, הנקרא "קומת מ"ה". והם
מלבישים על קומת מ"ה דה"פ א"ק, דהיינו מטבור ולמטה דה"פ א"ק.

156. Как было сказано выше, с помощью подъема МА"Н во время второго ибура парцуфим мира Ацилут получили свет хохма от парцуфим А"Б-СА"Г мира А"К, этот свет опустил малхут с никвей эйнаим дэ-рош снова в пэ, как это было до Ц"Б. При этом парцуфим вновь приобретают недостающие ранее сосуды бина, З"А и малхут, а соответственно, и света нэшама, хая и ехида.

Это относится только к десяти сфирот дэ-рош, а не к гуф, потому что свет хохма еще не распространился от пэ дэ-рош в гуф, поэтому даже после приобретения мохин дэ-гадлут дэ-рош тела по-прежнему остались в состоянии Ц"Б, как и в состоянии катнут.

Таким образом, парцуфим дэ-Ацилут рассматриваются как уровень 10 сфирот, вышедших на авиют бхина алеф, что соответствует ступени З"А (ВА"К бли рош), и называются миром М"А. Они одеваются на парцуфим М"А (З"А) пяти парцуфим мира А"К, расположенных ниже табура.

В мире Ацилут существует определенный запрет: свет, находящийся в голове, не распространяется в гуф. Однажды гадлут из головы распространился в тело в мире Некудим, что привело к разбиению сосудов. В мире А"К мы наблюдаем, что все имеющееся в голове распространяется затем и в тело.

После разбиения сосудов в мире Некудим остались решимот, которые четко говорят о том, что гадлут, происшедший в голове после подъема МА"Н, не может перейти в гуф – на это есть запрет. Поэтому в мире Ацилут свет гадлут никогда из рош не перейдет в гуф. Значит, нельзя пользоваться получающими сосудами? А как же тогда произойдет исправление?

Весь дальнейший процесс, происходящий с эгоизмом, является его исправлением с помощью особой методики, называемой АХА"П дэ-алия, или средней линией. Но в мире Ацилут и далее никогда свет гадлут не пройдет в гуф, даже если будет точный расчет, что это безопасно и делается ради Творца. В духовном мире этого больше не произойдет в силу оставшихся решимот.

Все парцуфим мира А"К делятся следующим образом: рош называется кэтэром, место от пэ до хазе называется хохмой, от хазе и до табура – биной, от табура до есода – З"А, место от есода до сиюм называется малхут. Если же мы возьмем Гальгальту, то ее рош называется кэтэром, от пэ до хазе – А"Б, от хазе до табура – СА"Г, от табура до есода – М"А и от есода до сиюм – БО"Н.

Каждый из парцуфим мира Ацилут надевается на соответствующую ему часть тела парцуфа А"К. Например, парцуф Атик дэ-Ацилут относится к парцуфу Гальгальта как М"А, т.е. как З"А относится к кэтэру.

Рош любого парцуфа является порождением предыдущего состояния, которое уже произошло, оставило решимот. Новое состояние появляется на основании этих решимот со всеми подробностями. Поэтому в рош известно все, что было раньше.

Ничего необычного или неизвестного нет. Так же, как и в нашем мире. При рождении ребенка известны родители, по свойствам которых можно описать будущего ребенка. При выходе каждого нового парцуфа можно совершенно ясно предсказать, каким он будет.

Однако то, что произошло в мире Некудим, на первый взгляд, не было запрограммировано. Но есть еще одна голова – ИШСУ"Т, которая находится над табуром Гальгальты и относится к Ц"А. От нижних голов скрыто то, что происходит в рамках Ц"А, они могут ориентироваться только в своих рамках, т.е. в рамках Ц"Б.

А ИШСУ"Т содержит в себе всю информацию. Он, с точки зрения Ц"А, заинтересован в дальнейшем разбиении. Сами же сосуды тела мира Некудим, если бы имели полную информацию о Ц"Б, не смогли бы пойти на такое получение ради Творца, так как этого не выдержал бы их экран.

После разбиения сосудов в рош мира Ацилут есть специальное решимо, которое предохраняет от распространения света из рош в гуф. Гуф может находиться только в состоянии ВА"К.

קנז) באופן: שפרצוף עתיק דאצילות מלביש על פרצוף הכתר דא"ק מטבורו ולמטה, ומקבל שפעו מקומת מ"ה דפרצוף הכתר דא"ק אשר שם,

ופרצוף א"א דאצילות מלביש מטבור ולמטה דפרצוף ע"ב דא"ק, ומקבל שפעו מקומת מ"ה דע"ב דא"ק אשר שם, ואו"א דאצילות מלבישים מטבור ולמטה דפרצוף ס"ג דא"ק, ומקבלים שפעם מקומת מ"ה דס"ג אשר שם.

זו"ן דאצילות מלבישים מטבור ולמטה דפרצוף מ"ה וב"ן דא"ק, ומקבלים שפעם מקומת מ"ה דפרצוף מ"ה וב"ן דא"ק. הרי שכל פרצוף מה"פ אצילות אינו מקבל מפרצוף שכנגדו בא"ק, רק בחינת ו"ק בלי ראש, הנקרא "קומת מ"ה".

ואע"פ שיש בראשים דה"פ אצילות בחינת ג"ר, מכל מקום אנו מתחשבים רק בהמוחין המתפשטים מפה ולמטה לגופים שלהם, שהוא רק ו"ק בלי ראש (אות קל"ט).

157. Атик мира Ацилут получает свет от М"А дэ-Гальгальта, т.е. одевается на него от табура до есода. А парцуф Арих Анпин (А"А) дэ-Ацилут надевается на парцуф А"Б от табура и ниже и получает свет от ступени М"А дэ-А"Б. Парцуф Аба ве Има дэ-Ацилут одевается на парцуф СА"Г мира А"К от табура и ниже и получает свет от ступени М"А, которая там находится.

ЗО"Н дэ-Ацилут одевается на парцуфим М"А и БО"Н мира А"К и получают свет на этой ступени. Таким образом, каждый парцуф мира Ацилут получает свет от соответствующего ему парцуфа мира А"К на уровне его ВА"К бли рош от табура до есода, т.е. на уровне М"А мира А"К, а не одевается полностью на соответствующий ему парцуф мира А"К.

И несмотря на то что в головах мира Ацилут уровень света хохма достигает ГА"Р, мы учитываем только тот уровень света хохма, который распространяется от пэ дэ-рош в гуф, т.е. ВА"К бли рош или З"А.

Все Мироздание представляет собой 5 миров, которые в свою очередь делятся на 5 парцуфим, каждый из которых делится на 5 частей по степени своего авиюта. Начиная с Ц"Б, каждый парцуф имеет три состояния: ибур, еника, мохин, расположенные одно в другом. АХА"П высшего парцуфа находится в Г"Э низшего. Кэтэр низшего парцуфа может получать свет только от малхут высшего.

Каждый парцуф надевается на предыдущий от его пэ и вниз, как в Ц"А. Однако в парцуфим, построенных по законам Ц"Б, есть свои законы. Все зависит от того, какую функцию при этом хотят выразить. Кроме того, все кэтэры связаны между собой, все хохмот между собой и т.д., не может хохма низшего получать свет от З"А высшего илиот его бины. Хохма получает от хохмы через всю эту цепочку. В целом и в частности все подводится под закон подобия свойств.

Человек начинает постигать всю эту тесно связанную между собой систему только тогда, когда у него появляются соответствующие ей сосуды. Он становится ее интегральной частью, может влиять на нее и подвержен ее постоянному влиянию.

קנח) ואין הכונה שה"פ אצילות מלבישים כל אחד על הבחינה שכנגדו בא"ק. כי זה אי אפשר, שהרי ה"פ א"ק מלבישים זה על זה. וכן ה"פ אצילות. אלא הכונה היא, שקומת כל פרצוף מפרצופי אצילות מכוונת לעומת הבחינה שכנגדו שבה"פ א"ק, שמשם מקבל שפעו (אילן, ציור ג').

158. Не имеется в виду, что каждый из 5 парцуфим Ацилут надевается на соответствующую ему бхину мира А"К. Это невозможно, потому что 5 парцуфим А"К одеваются один на другой. То же происходит и с пятью парцуфим Ацилут. Смысл в том, что уровень каждого парцуфа мира Ацилут соотносится с соответствующим ему уровнем в пяти парцуфим дэ-А"К и оттуда получает свой свет.

А сейчас мы обратимся к рис. 3 «Сэфэр аИлан» (Книга Древа) и краткому объяснению к ней. В ней показано состояние пяти парцуфим А"К в своем постоянном состоянии, из которого вышли 5 парцуфим М"А Хадаш, или 5 парцуфим мира Ацилут в своем постоянстве, т.е. в них никогда более не происходило никакого уменьшения, так как это отдающие сосуды, а может произойти только увеличение, гадлут.

В ней также рассматривается разделение каждого парцуфа на кэтэр и АБЕ"А, называемых еще кэтэр, А"Б, СА"Г, М"А и БО"Н, или ехида, хая, нэшама, руах, нэфеш. Каждая голова до пэ называется кэтэр, или ехида. Расстояние от пэ и до хазе в каждом из них называется Ацилут, или А"Б, или хая. Расстояние от хазе до табура в каждом парцуфе носит наименование Брия, или СА"Г, или нэшама. Место от табура вниз каждого из них называется Ецира и Асия, или М"А и БО"Н, или руах и нэфеш.

Разберем также порядок надевания одного парцуфа на другой. Каждый нижний из них надевается на верхний от пэ и ниже по следующему закону: голова каждого нижнего надевается на А"Б – Ацилут высшего. А"Б – Ацилут нижнего надеваются на СА"Г – Брия высшего. СА"Г – Брия нижнего одевается на М"А и БО"Н (Ецира и Асия) высшего.

Таким образом, пэ высшего является уровнем гальгальта нижнего. Хазе высшего служит пэ для нижнего. Табур высшего является хазе для нижнего. Выясняется также выход М"А Хадаш в каждом из пяти парцуфим мира Ацилут и в соответствующем ему парцуфе в мире А"К.

קנט) ובכדי שיושפעו המוחין מפה ולמטה אל הגופים דה"פ אצילות, נתבאר (אות קמ"א) שצריכים לעלית מ"ן מהתחתונים, שאז מושפעים להם השלמת הע"ס דמין הב' המספיק גם לגופים. והנה באלו המ"ן שהתחתונים מעלים, יש ג' בחינות.

כי כשמעלים מ"ן מבחינת עביות דבחי"ב, יוצאות עליהם ע"ס בקומת בינה, הנקראת "קומת ס"ג", שהן מוחין דאור הנשמה. וכשמעלים מ"ן מעביות דבחי"ג, יוצאות עליהם ע"ס בקומת חכמה, הנקראת "קומת ע"ב", שהן מוחין דאור החיה, וכשמעלים מ"ן מעביות דבחי"ד, יוצאות עליהם ע"ס בקומת כתר, הנקרא "קומת גלגלתא", שהן מוחין דאור היחידה (אות כ"ט).

159. Для того чтобы высшие парцуфим распространили мохин от пэ вниз в гуфим пяти парцуфим дэ-Ацилут, необходим подъем МА"Н от нижних парцуфим. Только тогда можно дать им дополнение десяти сфирот второго вида, достаточное и для гуфим. МА"Н поднимается в три этапа.

Сначала поднимается МА"Н на авиют бэт, на который выходят 10 сфирот уровня бина, т.е. СА"Г в гадлуте со светом нэшама. Затем поднимается МА"Н на авиют гимел, на который выходят 10 сфирот уровня хохма, т.е. А"Б с мохин света хая. И когда в третий раз поднимают МА"Н на авиют далет, выходят 10 сфирот уровня кэтэр, или Гальгальта с мохин света ехида.

Свет, приходящий сверху в ответ на подъем МА"Н, дополняет нижние парцуфим до десяти сфирот и дает им силу настолько, что они могут создать экран на свои неисправленные свойства и перейти из состояния катнут в состояние гадлут вторым путем, т.е. путем добавления АХА"П к Г"Э до десяти сфирот.

Свет, который входит в парцуф, зависит от авиюта в экране, от того желания, которым может пользоваться парцуф. Насколько парцуф может вобрать в себя свет, настолько он может действовать во Имя Творца.

Как только что-то меняется в одном из парцуфим, тут же происходят изменения и во всех остальных, потому что существует взаимное сочетание, взаимная связь и взаимное проникновение одного парцуфа в другой. Если человек делает хоть одно малейшее исправление, то тут же возбуждает огромный свет во всех парцуфим и мирах. Настолько важна роль человека как единственно разумного создания, для изменения состояния в мире. Каждый элемент творения испытывает то, что испытывают все остальные.

После исчезновения света остаются решимот в экране, а экран поднимается в рош и просит силы в соответствии с решимот, которые остались в нем. В мире Некудим после разбиения сосудов (келим) экран поднимается вверх со всеми решимот и хочет снова наполнения, новой силы намерения.

Каждая последующая ступень может родиться только после того, как полностью родилась предыдущая, т.е. пока не образован парцуф Атик, не может родиться парцуф Арих Анпин. Рош СА"Г проверяет решимот далет-гимэл и рождает на них парцуф Атик. До его рождения не может выйти стадия хохма.

После того как рош дэ-СА"Г наполняет Атик до состояния гадлут, передает ему рош дэ-СА"Г все решимот, которые были у него, чтобы отобрал из них следующие, самые маленькие. Так Атик выбирает МА"Н, который является экраном, и решимот в стадии хохма.

Затем, после образования катнут и гадлут в А"А, он получает все решимот и отбирает из них наименьшие, для стадии бина. Теперь, когда в А"А есть гадлут дэ-нэшама, он способен уже родить катнут в Аба вэ Има (АВ"И) на месте бина мира Ацилут (бина дэ-М"А). Чтобы дать силы АХА"П АВ"И получить свет «ради Творца», должен произойти зивуг А"Б-СА"Г, и этот свет нисходит от СА"Г под табур через все парцуфим мира Ацилут к нужному месту.

קס) ודע שהתחתונים הראוים להעלות מ"ן, הם רק בחינת נר"ן דצדיקים, שכבר כלולים מבי"ע, ויכולים להעלות מ"ן לז"ן דאצילות,

Подъемы миров

הנחשבים לבחינת העליון שלהם. ואז הזו"ן מעלים מ"ן אל העליון שלהם, שהם או"א. ואו"א יותר למעלה, עד שמגיעים לפרצופי א"ק.

ואז יורד אור העליון מא"ס ב"ה לפרצופי א"ק על המ"ן שנתעלו שמה. ויוצאות קומת ע"ס ע"פ מדת העביות של המ"ן שהעלו: אם הוא מבחי"ב הוא קומת נשמה, אם מבחי"ג הוא קומת חיה וכו'.

ומשם יורדים המוחין ממדרגה למדרגה דרך פרצופי א"ק, עד שבאים לפרצופי אצילות. וכן עוברים ממדרגה למדרגה דרך כל פרצופי אצילות, עד שבאים להזו"ן דאצילות, שהם משפיעים המוחין האלו אל הנר"ן דצדיקים, שהעלו את המ"ן הללו מבי"ע. וזה הכלל, שכל חידוש מוחין אינו בא אלא רק מא"ס ב"ה לבדו. ואין מדרגה יכולה להעלות מ"ן או לקבל שפע, רק מהעליון הסמוך לו.

160. Нижние парцуфим, на которые возложена роль поднятия МА"Н, – это человеческие души (НаРа"Н дэ-цадиким), которые уже включены в миры БЕ"А и могут поднять МА"Н в ЗО"Н мира Ацилут, т.е. в верхний для них парцуф, который в свою очередь поднимает МА"Н в свои высшие парцуфим: Арих Анпин, Аба ве Има и выше, пока не доходят до парцуфим А"К.

Тогда из Мира Бесконечности спускается высший свет в миры А"К в ответ на МА"Н, который поднялся туда, и на него выходят 10 сфирот согласно уровню авиюта МА"Н, который находится там. Если он бхина бэт, то это соответствует уровню нэшама, бхина гимэл равноценна уровню хая, а бхина далет вызывает свет уровня ехида.

Оттуда же спускается мохин со ступени на ступень через парцуфим мира А"К до парцуфим мира Ацилут, пока не доходит до ЗО"Н мира Ацилут, которые влияют с помощью мохин на НаРа"Н дэ-цадиким, чтобы те подняли МА"Н из БЕ"А. И общее правило заключается в том, что каждое обновление мохин приходит исключительно из Мира Бесконечности. Ни одна ступень не может поднять МА"Н или получить свет хохма без ближайшего верхнего к ней парцуфа.

Мир Ацилут расположен от табура мира А"К до парсы, под парсой находятся миры БЕ"А, в которых находятся неисправленные души. Если эти души с помощью каких-то действий могут возбудить своей просьбой получение сил для исправления ЗО"Н мира Ацилут, то они поднимают эту просьбу выше, до рош дэ-Гальгальта мира А"К, которая соприкасается с Миром Бесконечности и вызывает высший свет для передачи в БЕ"А.

Свет, распространяющийся сверху, многократно больше просьбы миров БЕ"А, но, спускаясь вниз и проходя все парцуфим и миры, он уменьшается до размеров просьбы – настолько, чтобы не навредить просящему.

Где бы ни находился парцуф, он ощущает только стоящего на одну ступень выше него. К нему он и обращается с просьбой о помощи, и только к нему, а не выше на несколько ступеней. В соответствии с работой по исправлению, в соответствии со вновь приобретенным экраном его местонахождение, т.е. его ступень, будет меняться, но обращаться он всегда должен только к первой ступени, которая над ним.

Исправление души начинается из нашего мира. Человек нашего мира, двуногое белковое существо, получает внутрь сигнал сверху, начинает стремиться к чему-то ему непонятному, ищет и находит Учителя, группу и книги, по которым он занимается. На основании усиленной учебы совместно с групой, ведомой Равом-учителем, ученик может достичь ибура в самом низшем духовном парцуфе.

Далее постепенно будут рождаться его отдающие сосуды, Г"Э. Такое состояние называется катнут. Появление Г"Э говорит о возникновении внутри человека своего маленького мира Ацилут с авиют шореш и алеф.

Продолжение занятий рождает в нем желание обратиться с просьбой к следующей ступени: дать ему возможность получить получающие сосуды, т.е. перейти в гадлут, чтобы, отдавая, получать. Но, как известно, на получающие сосуды был сделан Ц"Б. Мир Некудим хотел получить их и разбился. Адам аРишон захотел работать с ними – и тоже разбился.

Как же все-таки получить их? Только с помощью АХА"П дэ-алия. Человек просит о том, чтобы получить силы, позволяющие ему работать с получающими сосудами в границах, не допускающих разбиения сосудов. Если человек просит именно о той мере исправления, к которой он подготовил свои сосуды, если он точно знает, что ему необходимо, то к нему сразу же приходит духовная сила, точно отвечающая его просьбе о возможности работать с получающими сосудами, согласно своей антиэгоистической готовности.

Если раньше у него были только Г"Э с авиют шореш/алеф, то теперь он начинает работать с АХА"П, скажем, на авиют бэт. Он переходит ступень катнут и получает первый уровень гадлута, бхину бэт, т.е. поднимается первый раз. При дальнейшей работе он приобретает силу работать с авиют гимел, и снова поднимается. И наконец, он приобретает получающие сосуды уровня далет и поднимается в третий раз, приобретая полный гадлут.

Когда у человека есть Г"Э, то он находится на уровне ЗО"Н мира Ацилут. В первый раз при гадлуте он поднимается на уровень ИШСУ"Т, во второй – на уровень Аба ве Има мира Ацилут. В третий раз он приобретает уровень Арих Анпина мира Ацилут, а значит, полностью надевается на ЗО"Н мира Некудим, которые разбились, т.е. полностью исправляет ЗО"Н мира Некудим. Так, самостоятельно, собственными усилиями человек возвращается к своему духовному корню, полностью получив в себя весь духовный свет.

Цадики – это души, находящиеся в определенном духовном состоянии в мирах БЕ"А, желающие полностью оправдать Творца. Вся наша задача – достичь уровня цадик гамур (полный праведник), когда полностью открываются все действия Творца. Человек, видя, что все действия Творца правильные, дает Ему имя Праведник. Поэтому и сам человек называется праведником. Если человеку открываются не все действия Творца, или Творец скрыт от него, полностью или частично, то он, соответственно, называется неполным праведником, неполным грешником или полным грешником.

Наше состояние и имя зависят только от меры раскрытия Творца. В зависимости от этого будут меняться наши желания, наши свойства. Почему душа называется нэшама? Потому что это самый большой свет, который наша душа может получить. Мир А"К состоит из пяти парцуфим, потому что Творец влияет на все пять частей малхут.

ЗО"Н мира Ацилут являются высшим парцуфом для всех миров БЕ"А, он является включением всего того, что находится под парса и ниже. Любой МА"Н прежде всего поднимается в ГА"Р ЗО"Н мира Ацилут. Но ЗО"Н не могут удовлетворить просьбу от миров БЕ"А. Такой свет, как свет исправления или свет наполнения, может прийти только свыше.

Свет, который был во время разбиения, которым наслаждались и самонаслаждались парцуфим, не похож на свет, который приходит во время исправления и наполнения. Наслаждение от этого света говорит о том, как я наслаждаюсь от наслаждения

Творца. Поэтому такой свет спускается из Мира Бесконечности, он не может находиться в ЗО"Н мира Ацилут.

Любое движение в духовном мире альтруистично. Не может предыдущий парцуф дать последующему то, что было бы ему во вред. Последующий парцуф – это естественное продолжение развития предыдущего, его мыслей, его желаний. Гальгальта себя полностью исчерпала. Она больше ничего не может сделать для Творца. Поэтому у нее раскрывается следующая возможность: принять еще какое-то количество света, но на меньшем авиюте, т.е. на уровне А"Б, который продолжает действия Гальгальты.

После мира Ацилут семь первых сфирот от парса до хазе мира Брия (70 ама) еще как бы относятся к миру Ацилут. Затем 10 полных сфирот от хазе мира Брия до хазе мира Ецира (2000 ама) еще можно использовать в субботу в состояниях, когда парцуфим поднимаются в мир Ацилут. Мы видим, что пройти от хазе мира Ецира до хазе мира Брия значительно труднее, чем от парса до хазе мира Брия. Эти измерения относительны.

קסא) ומכאן תדע, שאי אפשר שהתחתונים יקבלו משהו מהזו"ן דאצילות, מטרם שיתגדלו על ידיהם כל הפרצופים העליונים דעולם האצילות ועולם הא"ק. כי נתבאר, שאין חידוש מוחין אלא ממא"ס ב"ה. אמנם אין הנר"ן דצדיקים יכולים לקבלם אלא מהעליון הסמוך להם, שהם זו"ן דאצילות. ולפיכך צריכים המוחין להשתלשל דרך העולמות והפרצופים העליונים, עד שמגיעים אל הזו"ן, שהם המשפיעים לנר"ן דצדיקים. וכבר ידעת, שאין העדר ברוחני. וענין העברה ממקום למקום, אין הפירוש שנעדרים ממקום הא' ובאים למקום הב', כנוהג בגשמיים, אלא שנשארים במקום הא', גם אחר שעברו ובאו למקום הב', כמו מדליק נר מנר ואין חברו חסר. ולא עוד, אלא זה הכלל, שעיקר ושורש האור נשאר במקום הא', ובמקום הב' נמשך רק בחינת ענף ממנו. ועם זה תבין, שאותו השפע העובר דרך העליונים עד שמגיע לנר"ן דצדיקים, נשאר בכל מדרגה ומדרגה שעבר דרכה. ונמצאות כל המדרגות מתגדלות בסבת השפע, שהם מעבירים לצורך נר"ן דצדיקים.

161. И знай, что нижние парцуфим могут получить свет из ЗО"Н мира Ацилут не ранее, чем получат гадлут, благодаря просьбе нижних, все высшие парцуфим миров Ацилут и А"К. Обновление мохин происходит только из

Мира Бесконечности, однако получить мохин НаРа"Н дэ-цадиким могут только от предыдущего парцуфа, т.е. от ЗО"Н мира Ацилут.

Поэтому мохин должен спускаться и распространяться через все парцуфим, находящиеся выше ЗО"Н мира Ацилут, пока не дойдет до него, а уже оттуда к НаРа"Н дэ-цадиким в миры БЕ"А. Мы уже знаем, что в духовном ничего не исчезает, и переход объекта с одного места в другое не означает его исчезновение в первом месте, как это происходит в нашем мире, а говорит о нахождении в первом месте и после его перемещения во второе.

Это можно сравнить с зажиганием свечи от свечи, когда предыдущая свеча, передавая огонь следующей, тоже остается зажженной. Существует правило, что основной свет, корень, остается в первом месте, а на второе место переходит только ветвь от него. И тогда ты поймешь, что тот же свет, который проходит через верхние миры и приходит к НаРа"Н дэ-цадиким, остается на каждой ступени, через которую он проходит. И все ступени увеличивают свой свет за счет того, что должны передать цадиким.

Маленькая работа маленького человечка внизу возбуждает огромный свет во всех мирах. Заслугой человека является то, что полученный им свет считается его личным приобретением.

קסב) ובהאמור תבין, איך התחתונים במעשיהם גורמים עליות וירידות להפרצופין והעולמות העליונים. כי בעת שמטיבים מעשיהם ומעלים מ"ן וממשיכים שפע, הרי כל העולמות והמדרגות, שדרכם עברה השפע, מתגדלים ועולים למעלה בסבת השפע שמעבירים, כנ"ל, ובעת שחוזרים ומקלקלים מעשיהם, הנה מתקלקל המ"ן, והמוחין מסתלקים גם ממדרגות העליונות, כי נפסק ענין העברת השפע מהן לצורך התחתונים, ונמצאות חוזרות ויורדות למצבן הקבוע כבתחילה.

162. И из сказанного пойми, как нижние своими действиями способствуют подъемам и спускам парцуфим и миров. Если их действия правильны, то они поднимают МА"Н и притягивают свет, и тогда все миры, все ступени, через которые проходит свет, растут и поднимаются наверх благодаря свету, который они передают. Когда же они портят свои действия, портится МА"Н, мохин исчезает из ступеней и миров, и прекращается передача света от высших миров к нижним, что способствует спуску миров в свое начальное постоянное (минимальное) состояние.

Мы знаем, что ничего не исчезает. Что было, то остается. Подъем и спуск миров определяется только относительно душ, которые, ухудшая свои действия, опускают миры относительно себя, а совершая хорошие дела, способствуют подъему миров.

Нет ничего происходящего в мире, что бы не способствовало движению к исправлению и приближению к Гмар Тикун. Каждая ступенька, каждое событие, каждое действие – это еще один шаг к исправлению. Что значит, что какая-то душа испортилась? Она работала над собой, хотела сделать какое-то духовное действие, подняться, слиться с Творцом на какой-то ступени. Она подняла МА"Н, получила сверху свет и силы подняться на какую-то ступень. На достигнутой ступени она не может оставаться неподвижно.

Чтобы было какое-то движение, ей добавляют еще больший эгоизм, на который у нее пока нет экрана. Поэтому под воздействием этого балласта она падает, портится. Каждое падение происходит для того, чтобы вновь приобрести силы для нового подъема и, соответственно, тут же получить еще больший эгоизм. Так постепенно переводят из эгоизма в альтруизм все исконные эгоистические желания.

Бааль аСулам приводит пример с царем, который, желая переехать из одной столицы в другую, не знал, как перевезти свои сокровища. Поэтому он раздал каждому из своих подданных по одной золотой монете. На эту сумму можно было им доверять. Таким образом, маленькими порциями он смог перевезти все свое состояние. Здесь виден намек на исправление общего эгоизма путем деления его на мелкие части и перевода их в мир Ацилут, где они снова сольются в одно целое, в один сосуд, в одну общую душу.

קסג) ועתה נבאר סדר עליות ה"פ אצילות לה"פ א"ק, וג' העולמות בי"ע לישסו"ת וזו"ן דאצילות. החל ממצבם הקבוע, עד להגובה שאפשר להיות בהשתא אלפי שני מטרם גמר התיקון. שבדרך כלל הן רק ג' עליות. אמנם הן מתחלקות לפרטים מרובים.

והנה מצב העולמות א"ק ואבי"ע בקביעות כבר נתבאר לעיל, כי פרצוף הראשון הנאצל לאחר צמצום א', הוא פרצוף גלגלתא דא"ק, שעליו מלבישים ד' פרצופי א"ק: ע"ב ס"ג מ"ה וב"ן. וסיום רגלי א"ק הוא למעלה מנקודת העוה"ז (אות כ"ז, ל"א). ועליו מסבבים המקיפים דא"ק מא"ס ב"ה, שלגדלם אין קץ ושיעור (אות ל"ב). וכמו שא"ס ב"ה מקיף מסביב לו, כן הוא מתלבש בפנימיותו. והוא המכונה "קו א"ס ב"ה".

163. Сейчас мы выясним порядок подъема пяти парцуфим Ацилут в 5 парцуфим А"К и подъем трех миров БЕ"А в ИШСУ"Т и ЗО"Н мира Ацилут, начиная с их постоянного минимального состояния, катнут, до наивысшего состояния, которое только может быть в конце 6000 лет в Гмар Тикун. Обычно существует три подъема, которые делятся на большое количество частных.

Минимальный уровень миров А"К и АБЕ"А. Нам известно, что первым парцуфом в мире А"К после Ц"А была Гальгальта, на которую наделись 4 следующих парцуфа мира А"К: А"Б, СА"Г, М"А, БО"Н. Сиюм раглей дэ-А"К находится выше точки нашего мира. Вокруг Гальгальты со всех сторон – окружающий свет Мира Бесконечности, величие которого невозможно измерить, и ему нет конца. Часть из общего окружающего Гальгальту света Мира Бесконечности входит в ее внутренность и называется линия и внутренний свет.

קסד) ובפנימיות מ"ה וב"ן דא"ק יש פרצוף תנהי"מ דא"ק, המכונה "נקודות דס"ג דא"ק" (אות ס"ג, ס"ו). שבעת צמצום הב' עלתה מלכות המסיימת, שעמדה ממעל לנקודה דעוה"ז, וקבעה מקומה בהחזה דפרצוף הזה, מתחת שליש עליון דת"ת שלו. ונעשה שם סיום חדש על אור העליון, שלא יתפשט משם ולמטה. וסיום חדש הזה נקרא בשם "פרסא שמתחת האצילות" (אות ס"ח).

ואלו הספירות שמחזה ולמטה דפרצוף נקודות דס"ג דא"ק, שנשארו מתחת הפרסא, נעשו מקום לג' העולמות בי"ע: ב"ש ת"ת עד החזה, נעשה מקום לעולם הבריאה, ונה"י נעשו מקום לעולם היצירה והמלכות נעשה מקום לעולם העשיה (אות ס"ז). ונמצא שמקום ג' העולמות בי"ע מתחיל מתחת הפרסא ומסתיים ממעל לנקודה דעוה"ז.

164. Внутри парцуфим М"А и БО"Н мира А"К находится парцуф ТаНеХИ"М мира А"К, который называется также

Некудот дэ-СА"Г мира А"К. Во время Ц"Б малхут а-месаемет, которая находилась над точкой нашего мира, поднялась в тифэрэт и установила место в хазе этого парцуфа ниже верхней трети его тифэрэт. Там образовался новый сиюм на высший свет, который не мог распространяться с этого места вниз. Этот сиюм получил наименование парса под миром Ацилут.

Сфирот парцуфа Некудот дэ-СА"Г, которые остались под парса, образовали место для трех миров БЕ"А в следующем порядке: нижние две трети тифэрэт и до хазе подготовили место для мира Брия. Нэцах, ход, есод подготовили место для мира Ецира. Малхут образовала место для мира Асия. Таким образом, место для трех миров БЕ"А начинается от парсы и заканчивается над точкой нашего мира.

Парса, тифэрэт, называется бина дэ-гуфа, которая при воздействии цимцума (сокращения) оказывается под ГА"Р (гимэл ришонот) дэ-бина. Следует помнить, что гуф парцуфа, тифэрэт, делится на три части: верхняя треть тифэрэт – ХаБа"Д, средняя треть тифэрэт – ХаГа"Т, нижняя треть тифэрэт – НеХ"И. Малхут поднимается под ГА"Р дэ-бина, в место, называемое хазе. С этого места и ниже действует закон Ц"Б и образуется парса под миром Ацилут.

קסה) ונמצאים ד' העולמות אצילות, בריאה, יצירה ועשיה. שמתחילים ממקום למטה מטבור דא"ק ומסתיימים ממעל לנקודת העוה"ז. כי ה"פ עולם האצילות מתחילים ממקום שלמטה מטבור דא"ק ומסתיימים ממעל להפרסא. מהפרסא ולמטה עד לעוה"ז עומדים ג' העולמות בי"ע. וזהו מצב הקבוע של העולמות א"ק ואבי"ע, שלעולם לא יארע בהם שום מיעוט.

וכבר נתבאר (אות קל"ח), שבמצב הזה אין בכל הפרצופים והעולמות אלא רק בחינת ו"ק בלי ראש. כי אפילו בג' הפרצופים הראשונים דאצילות, שיש ג"ר בראשים שלהם, מכל מקום אינן מושפעות מפה ולמטה שלהם. וכל הגופים הם ו"ק בלי ראש. וכ"ש בפרצופי בי"ע. ואפילו פרצופי א"ק, בערך המקיפים שלו, נבחנים ג"כ שהם חסרי ג"ר (אות ל"ב).

165. Четыре мира: Ацилут, Брия, Ецира и Асия – занимают место от парсы и до точки нашего мира. Мир Ацилут располагается под табуром мира А"К до парсы. От парсы до точки нашего мира образовалось место для трех миров БЕ"А. Состояние миров А"К и АБЕ"А теперь является

постоянным, и никогда не будет наблюдаться в них никакого уменьшения.

И в этом состоянии во всех парцуфим и мирах есть только уровень ВА"К без рош. И даже если в трех первых парцуфим мира Ацилут есть ГА"Р в их головах, все же ниже пэ свет не распространяется, а все их гуфим находятся в состоянии ВА"К без рош. Такое же состояние есть и в мирах БЕ"А. И даже в парцуфим мира А"К, относительно окружающего света, ор макиф, считается, что у них также отсутствует ГА"Р.

ГА"Р – это рош и настоящий свет хохма, а ВА"К – это свет хасадим с частичкой света хохма.

Что же происходит в мире Ацилут? Начнем объяснение издалека, с Гальгальты. Гальгальта получает свет из Мира Бесконечности. Мы знаем, что существует обратная зависимость между светами и сосудами. Чем грубее сосуд, тем с большим экраном он может работать, тем больший свет он может получить, и наоборот: чем меньше сосуд, тем меньше у него экран и тем меньше света он получит.

Все зависит от того, насколько самые низшие духовные объекты, т.е. души, будут требовать силы для исправления своего эгоизма. Пока низшие не исправляются, в Гальгальте, А"Б и СА"Г находится самый маленький свет.

Сначала в сосуд кэтэр входит свет нэфеш, когда появляется сосуд хохма, в него переходит свет нэфеш, а свет руах входит в кэтэр и т.д., пока в действие не приводится сосуд малхут, тогда в кэтэр входит самый большой свет – ехида. Мы видим, что для получения самого высшего света должен включиться в работу самый эгоистический сосуд – малхут, и построить для себя экран.

А до Гмар Тикун вообще нельзя работать с малхут дэ-Малхут Мира Бесконечности. Человек не в состоянии ее исправить до прихода Машиаха и получить в нее настоящий свет хохма. Поэтому в парцуфим Гальгальта, А"Б и СА"Г нет ГА"Р – истинного света хохма. Он появляется только при использовании малхут.

Разбиение сосудов показало, что невозможно работать с получающими сосудами, можно постепенно включать их в альтруистические сосуды, – АХА"П дэ-алия. Это значит, что никогда свет хохма в своей полноте и совершенстве не может войти в сосуд до настоящего исправления, до Гмар Тикун.

Как уже не раз говорилось, после Ц"Б можно работать только с отдающими сосудами, Г"Э, которые наполняются светом хасадим, и с сосудами АХА"П, которые ничего не получают, а включаются в Г"Э. Но поскольку они все же эгоистичны, то они автоматически, в силу своей природы, притягивают свечение хохмы, т.е. в них есть ВА"К дэ-хохма, или ВА"К без рош, но не ГА"Р.

Все законы мира Ацилут созданы таким образом, чтобы не пропускать вниз большой свет. В головах парцуфим мира Ацилут есть свет хохма, но лишь его небольшая часть проходит вниз. Если в голове есть ГА"Р, то в гуфим проходит всего лишь ВА"К от этого света.

Свет А"Б-СА"Г – это не свет удовольствия, а свет, который приходит для исправления сосудов, для придания желаниям альтруистического намерения. Над желаниями мы не властны, – их дает Творец. Им можно только придать альтруистическое намерение. Я желаю выпить чашку кофе. Это желание я не могу изменить. Но выпить ее я могу по-разному: либо потому, что хочу насладиться, либо потому, что доставляю этим наслаждение Творцу. Это происходит только тогда, когда я Его ощущаю и понимаю, что Он дает мне, и поэтому хочу вернуть Ему наслаждение. Для этого необходимо ощущать Дающего.

Для того чтобы исправить желание, вернее, придать ему альтруистическое намерение, и существует приходящий свет А"Б-СА"Г. Человеку раскрывается Творец, величие которого он начинает ощущать, и тогда для Творца человек готов сделать все. Важность и величие духовного, которые выше нашего наслаждения, дают нам силы все делать ради Творца. В нашем мире мы тоже, видя большого, важного человека, с удовольствием соглашаемся все сделать ради него.

קסו) ולפיכך נהגות ג׳ עליות כוללות, בכדי להשלים העולמות בג׳ הקומות נשמה חיה יחידה, החסרות להם. ועליות האלו תליוית בהעלאת מ"ן של התחתונים. העליה הא׳ היא, בעת שהתחתונים מעלים מ"ן מבחינת העביות דבחי"ב. שאז נבררים האח"פ דקומת בינה ונשמה מבחינת השלמת הע"ס דמין הב׳. דהיינו מהארת נקודת השורק (אות קל"ה). אשר המוחין

Подъемы миров

האלו מאירים גם לבחינת הז״ת והגופים. כמו בפרצופי א״ק, שכל הכמות שיש בע״ס דראשי פרצופי א״ק, עוברת ומתפשטת גם לגופים.

166. Существуют три общих подъема для дополнения миров тремя уровнями: нэшама, хая, ехида. И эти подъемы зависят от подъема МА"Н нижними. Первый подъем – это подъем МА"Н нижними на уровне авиют дэ-бхина бэт, когда исправляется АХА"П ступени бина, свет нэшама, получая дополнение 10 сфирот по второму виду, т.е. с помощью свечения шурук, когда мохин светит также в низ, в ЗА"Т и в гуфим, подобно парцуфим А"К, где все ступени десяти сфирот рошим переходят и распространяются также и в их гуфим.

Все миры АБЕ"А не используют свои истинные АХА"П. Тем не менее, каждый из этих миров начинает получать свет в свои АХА"П и постепенно наполняться всем светом, необходимым для конца исправления, достигая своего самого большого состояния. Как это происходит?

Сначала все парцуфим, дополнительно к Г"Э (авиют шореш и алеф), приобретают еще озэн (авиют бэт). Приходит сила, помогающая приобрести бэт дэ-авиют и свет нэшама. Но поскольку используются не свои АХА"П, а АХА"П дэ-алия, то при этом происходит еще и подъем миров на одну ступень, или на десять сфирот. Затем парцуфим получают свет, помогающий приобрести гимэл дэ-авиют, т.е. хотем, и свет хая, что соответствует еще одному подъему миров на одну ступень, или на десять сфирот.

И наконец, приходит свет, исправляющий бхинат далет, т.е. пэ, и свет ехида, что характеризуется третьим подъемом миров еще на одну ступень, или 10 сфирот. Требуется всего три подъема миров, чтобы получить все необходимые и недостающие света: нэшама, хая и ехида.

Все пять парцуфим мира Ацилут одеваются соответственно на пять парцуфим мира А"К: каждый парцуф мира Ацилут надевается от табура и вниз на соответствующий ему высший парцуф мира А"К. Часть парцуфа от табур до сиюм называется ВА"К.

В своем первом подъеме парцуф из состояния катнут (нэфеш-руах, Г"Э) дополняется уровнем нэшама, СА"Г. И тогда надевается на расположенную против этого уровня соответствующую часть мира А"К, от хазе до табур, потому что там находится бина дэ-гуфа, СА"Г каждого парцуфа.

Во втором подъеме каждый парцуф надевается на соответствующий ему парцуф мира А"К, от пэ до хазе его, т.е. на уровень хохма, хая, А"Б. В третьем подъеме каждый парцуф мира Ацилут надевается на рош соответствующего парцуфа мира А"К и получает мохин (свет) дэ-ехида.

Каждый парцуф должен надеваться на место, где светят решимот предыдущей, исчезнувшей ступени гуфа дэ-Гальгальта. Рош дэ-А"Б должна надеться не на рош дэ-Гальгальта, а от пэ до хазе Гальгальты, ведь его корень там, где исчез свет, там свет и должен распространиться, т.е. в хазе дэ-Гальгальта, а не в ее рош.

Рош мира Некудим ИШСУ"Т одевается на рош Гальгальта. Кэтэр одевается на А"Б дэ-А"К, Аба вэ Има – на СА"Г дэ-А"К. И каждый должен наполнить парцуфим в А"К. В соответствии с тем что в гуфим парцуфим ГА"Р мира Ацилут в мацав акавуа (исходном состоянии) есть только свет ВА"К, возможны только три подъема миров АБЕ"А.

Когда нижние парцуфим поднимают МА"Н, т.е. говорят: дай нам силу преодолеть желания, дай свойства бина, находящейся в мире Брия, то от света шурук, т.е. от света, нисходящего от АВ"И ПБ"П (паним бэ паним) с помощью подъема МА"Н нижнего парцуфа, можно получить силу и начать подниматься.

קסז) ונמצא, בעת שהמוחין אלו עוברים דרך פרצופי האצילות, מקבל כל אחד מה"פ אצילות בחינת מוחין דבינה ונשמה, הנקרא "מוחין דס"ג", המאירים ג"ר גם לפרצופים שלהם, כמו בא"ק. וע"כ נבחן אז, שהם מתגדלים ועולים ומלבישים על פרצופי א"ק, כפי מדת המוחין שהשיגו.

167. Во время прохождения света через мир Ацилут каждый из пяти парцуфим мира Ацилут получает свет бины, называемый нэшама, или мохин дэ-СА"Г, который светит парцуфим мира Ацилут, как это было в А"К, и они получают свет гадлут и одеваются на парцуфим дэ-А"К согласно уровню мохин, который они получили.

קסח) באופן, שבעת שפרצוף עתיק דאצילות השיג המוחין האלו דבינה, נמצא עולה ומלביש לפרצוף בינה דא"ק, המכוון נגד קומת ס"ג

דפרצוף גלגלתא דא"ק. והוא מקבל משם בחינת נשמה דיחידה דא"ק, המאירה גם להז"ת שלו.

וכשהמוחין באים לפרצוף א"א דאצילות, הוא עולה ומלביש על ראש דעתיק דקביעות, המכוון נגד קומת הס"ג דפרצוף ע"ב דא"ק. והוא מקבל משם בחינת נשמה דחיה דא"ק, המאירה לז"ת שלו. וכשהמוחין באים לפרצוף או"א דאצילות, הם עולים ומלבישים לג"ר דא"א דקביעות, המכוון נגד קומת בינה דס"ג דא"ק. והם מקבלים משם בחינת דנשמה דא"ק, המאירה גם להז"ת שלהם.

וכשהמוחין האלו באים לישסו"ת וזו"ן דאצילות, הם עולים ומלבישים על או"א דקביעות, המכוון נגד קומת בינה דפרצוף מ"ה וב"ן דא"ק. ומקבלים משם בחינת נשמה דנפש רוח דא"ק. ואז מקבלים הנר"ן דצדיקים את המוחין דנשמה דאצילות. וכשהמוחין באים לפרצופי עולם הבריאה, עולה עולם הבריאה ומלביש את הנוקבא דאצילות. ומקבל ממנה בחינת נפש דאצילות.

וכשבאים המוחין לעולם היצירה, הוא עולה ומלביש לעולם הבריאה דקביעות. ומקבל ממנו בחינת נשמה וג"ר דבריאה. וכשהמוחין באים לעולם העשיה, הוא עולה ומלביש על עולם היצירה, ומקבל משם בחינת מוחין דו"ק שביצירה. והנה נתבאר העליה הא', שהשיג כל פרצוף מאבי"ע, בסבת המ"ן דבחי"ב, שהעלו התחתונים. (האילן, ציור ז').

168. Как только парцуф Атик получает мохин дэ-бина, он поднимается и одевается на парцуф бина мира А"К, соответствующий уровню СА"Г (бине) дэ-Гальгальта мира А"К, и получает там бхинат нэшама дэ-ехида мира А"К, которая светит и в его теле.

А когда мохин приходит к парцуфу Арих Анпин мира Ацилут, то он поднимается и одевается на рош дэ-Атик, соответствующий ступени СА"Г парцуфа А"Б мира А"К, и получает оттуда бхинат нэшама дэ-хая дэ-А"К, которая светит также в его гуф. А когда мохин доходит к парцуфу Аба ве Има, он поднимается на ступень выше и одевается на ГА"Р дэ-Арих Анпин, соответствующий уровню бина дэ-СА"Г дэ-А"К, и получает оттуда свет нэшама дэ-нэшама дэ-А"К, которая светит и в его ЗА"Т.

Когда мохин достигает ИШСУ"Т и ЗО"Н мира Ацилут, они поднимаются и одеваются на Аба ве Има дэ-Ацилут, соответствующие уровню бина парцуфим М"А и БО"Н мира А"К, и получают оттуда бхинат нэшама дэ-нэфеш руах мира А"К. И тогда НаРа"Н цадиким получают мохин дэ-нэшама мира Ацилут. А когда мохин приходит к парцуфим мира Брия, мир Брия поднимается и надевается на нукву дэ-Ацилут, получая от нее бхинат нэфеш дэ-Ацилут.

Когда мохин приходит к миру Ецира, он поднимается и одевается на мир Брия, получая от него бхинат нэшама и ГА"Р дэ-Брия. И наконец, когда мохин приходит к миру Асия, он поднимается и надевается на мир Ецира и получает от него бхинат мохин дэ-ВА"К дэ-Ецира. Таким образом, мы разобрали, что получил каждый парцуф при первом подъеме, вызванном поднятием МА"Н второго вида, душами, находящимися в мирах БЕ"А.

Мы видим, как под влиянием просьб-молитв душ, находящихся внутри миров БЕ"А, они поднимаются через все миры к рош Гальгальты, которая делает зивуг со светом Мира Бесконечности, получает там свет, и он проходит через все парцуфим миров А"К, Ацилут, БЕ"А и доходит до той души, которая вызвала появление этого света, наполняя ее. Душа и все миры находятся в состоянии подъема. Та нить, которая соединяет данную душу с Миром Бесконечности, и является связующим звеном между душой и Творцом.

Нэфеш и руах – это постоянные света в мирах, а при подъеме к ним сначала добавляется свет нэшама. Каждый парцуф поднимается на ступеньку выше. Голова нижнего достигает головы вышестоящего, от нее нижний постигает все мысли, все замыслы, все расчеты.

Посмотрим на чертеж № 7 книги «Сэфэр аИлан». Ранее, на чертеже № 3, мы видели постоянное наименьшее состояние миров БЕ"А, меньше которого быть не может. А на этом чертеже мы видим, в каком состоянии находятся миры АБЕ"А после первого подъема, когда они получили свет нэшама. На чертеже № 3 отметим снова, что рош каждого парцуфа надевалась на М"А соответствующего парцуфа мира А"К.

Здесь же рош каждого парцуфа мира Ацилут надевается на СА"Г соответствующего парцуфа мира А"К. Таким образом, произошел сдвиг миров АБЕ"А на одну ступень вверх по сравнению с прежним состоянием и миром А"К. Мир А"К тоже поднимается, получая соответствующий свет из Мира Бесконечности. Но здесь нашей целью является увидеть добавку, которую получили миры Ацилут и БЕ"А. Мы можем сказать, что благодаря просьбе душ, все миры получили свет нэшама, и образовались новые сосуды, которые наполнились светом, начиная от Мира Бесконечности и до нашего мира.

> **קסט)** העליה הב' היא בעת שהתחתונים מעלין מ"ן מבחינת העביות דבחי"ג, שאז נבררים האח"פ דקומת חכמה וחיה, מבחינת השלמת הע"ס דמין הב'. שמוחין אלו מאירים גם לבחינת הז"ת והגופים, כמו בפרצופי א"ק. וכשהמוחין עוברים דרך הפרצופים דאבי"ע, נמצא כל פרצוף עולה ומתגדל על ידיהם כפי המוחין שהשיג.

169. Второй подъем произошел в результате подъема МА"Н на авиют дэ-бхина гимел, когда получают исправление АХА"П уровня хохма (хая), гадлут и дополнение к десяти сфирот происходит вторым способом, когда мохин светит также в ЗА"Т и гуфин, как в парцуфим А"К. И когда мохин проходит вниз через миры АБЕ"А, каждый парцуф растет и поднимается под влиянием этого света еще на одну ступень.

Дополнительное наполнение светом называется подъемом. Как уже было сказано, на самом деле в духовном нет ни подъемов, ни спусков. Для подъема нужно иметь дополнительный сосуд, для создания которого должна прийти просьба снизу.

Какие еще есть методы исправления и наполнения сосудов? За счет прихода света свыше. Он временно дает возбуждение к духовному, исправляет и поддерживает все парцуфим и души в мирах БЕ"А, наполняя их небольшим светом. Это происходит в рош ходеш, шабат, праздники.

В зависимости от света, идущего сверху, можно знать, что это за дни и праздники. Всю разновидность вносит свет, его вид. Отсюда и весь временной календарь, запущенный Творцом. Свет приходит сверху, возбуждает сосуды, наполняет их, опустошает. Этот свет не связан с просьбой душ.

В зависимости от вида и силы просьбы, поднимаемой душой, эта душа может подняться на одну, две или три ступени. Подъем на все три ступени собственными силами означает Гмар Тикун для этой души. Она исправила максимум, что можно было исправить с помощью АХА"П дэ-алия, т.е. она включает собственные сосуды в отдающие сосуды и не работает с лев а-эвен, который исправляется с приходом Машиаха.

Таким образом, существуют два вида подъема душ: первый – это возбуждение свыше, оно не в нашей власти, это дело самого Творца, который запускает весь этот сложнейший механизм, называемый природой. Второй вид – это как можно лучше подготовиться к возбуждению снизу, обогнать все влияния света сверху, не обращать на них внимания, а подниматься самим.

При этом клипот опускаются вниз, а не находятся параллельно чистым мирам, что лишает их возможности отрицательного влияния. Поэтому души, сделав три подъема в мир Ацилут, полностью отрываются от клипот. А до этого времени есть противостояние чистых и нечистых миров. От человека требуется сделать в своих мыслях полный анализ, какие чувства им руководят, какие намерения, и стараться отделить альтруистические от эгоистических.

קע) באופן, כשבאו המוחין לפרצוף עתיק דאצילות, עולה ומלביש לג"ר דפרצוף חכמה דא"ק, הנקרא ע"ב דא"ק, המכוון נגד קומת ע"ב דגלגלתא דא"ק. ומקבל משם בחינת אור החיה דיחידה. וכשהמוחין מגיעים לפרצוף א"א דאצילות, הוא עולה ומלביש לג"ר דס"ג דא"ק, המכוונים נגד קומת ע"ב דפרצוף ע"ב דא"ק. ומקבל משם בחינת אור החיה דחיה דא"ק.

וכשהמוחין מגיעים לפרצופי או"א דאצילות, הם עולים ומלבישים לג"ר דעתיק דקביעות, המכוונות נגד קומת ע"ב דפרצוף ס"ג דא"ק. ומקבל משם בחינת אור החיה דנשמה דא"ק, המאירה גם להז"ת והגופים. וכשהמוחין באים לישסו"ת דאצילות, הם עולים ומלבישים לג"ר דא"א דקביעות, המכוונות נגד קומת ע"ב דמ"ה דא"ק. ומקבלות משם אור החיה דמ"ה דא"ק.

וכשהמוחין באים לזו"ן דאצילות, הם עולים לג"ר דאו"א, המכוונים נגד קומת ע"ב דב"ן דא"ק. ומקבלים משם בחינת אור החיה דב"ן דא"ק. ומהזו"ן מקבלים נשמת הצדיקים. וכשהמוחין המגיעים לעולם הבריאה, הוא עולה ומלביש על הז"א דאצילות. ומקבל ממנו בחינת רוח דאצילות.

וכשהמוחין באים לעולם היצירה, עולה היצירה ומלביש על הנוקבא דאצילות. ומקבל ממנה אור הנפש דאצילות. וכשבאים המוחין לעולם העשיה עולה ומלביש לעולם הבריאה ומקבל ממנו בחינת ג"ר ונשמה דבריאה. ואז נשלם עולם העשיה בכל הנר"ן דבי"ע. והנה נתבאר העליה הב' של כל פרצוף מפרצופי אבי"ע, שעלו ונתגדלו בסבת המ"ן דבחי"ג, שהעלו הנר"ן דצדיקים. (האילן, ציור ח').

170. Когда мохин приходит к парцуфу Атик дэ-Ацилут, он поднимается и одевается на парцуф хохма дэ-А"К, который называется А"Б, и соответствует ступени А"Б дэ-Гальгальта дэ-А"К, и получает там свет хая дэ-ехида. А когда мохин достигает парцуфа Арих Анпин мира Ацилут, то он поднимается и одевается на ГА"Р дэ-СА"Г дэ-А"К, соответствующий ступени А"Б дэ-А"К, и получает оттуда свет хая дэ-хая дэ-А"К.

Когда же мохин приходит к парцуфу Аба ве Има дэ-Ацилут, то он поднимается и одевается на ГА"Р дэ-Атик в его минимальном состоянии, соответствующем ступени А"Б парцуфа СА"Г дэ-А"К, и получает от него свет хая дэ-нэшама дэ-А"Б, который светит также для ЗА"Т и гуфим. Как только мохин достигает ИШСУ"Т дэ-Ацилут, то он поднимается и одевается на ГА"Р дэ-Арих Анпин в его минимальном состоянии, который соответствует ступени А"Б дэ-М"А дэ-А"К, и получает там свет хая дэ-М"А дэ-А"К.

Когда мохин подходит к ЗО"Н дэ-Ацилут, он поднимается и надевается на ГА"Р дэ-Аба ве Има, соответствующий ступени А"Б дэ-БО"Н дэ-А"К, и получает от него свет хая дэ-БО"Н дэ-А"К. Нешамот цадиким получают свет от ЗО"Н. Если мохин достигает мира Брия, то он поднимается и одевается на З"А дэ-Ацилут и получает оттуда ступень руах дэ-Ацилут.

При получении мохин миром Ецира, тот поднимается и надевается на нукву дэ-Ацилут, получая там свет нэфеш дэ-Ацилут. Когда мохин достигает мира Асия, он поднимается и надевается на мир Брия, получая там бхинат ГА"Р и нэшама дэ-Брия. Тогда заполняется мир Асия всеми светами НаРа"Н дэ-БЕ"А. Таким образом, мы выяснили, что такое второй подъем каждого из парцуфим АБЕ"А, которые поднялись и увеличились по причине поднятия МА"Н дэ-бхинат гимэл НаРа"Н дэ-цадиким.

Второй подъем происходит точно по той же системе, как и первый. Мир А"К остается на своем месте, а миры АБЕ"А поднимаются по отношению к нему. По чертежу № 8 в конце книги видно, как голова каждого парцуфа надевается на соответствующее место уже не парцуфа СА"Г, как это было при первом подъеме, а парцуфа А"Б дэ-А"К. Атик надевается на А"Б дэ-Гальгальта, Арих Анпин – на А"Б дэ-А"Б, Аба ве Има – на А"Б дэ-СА"Г, т.е. все они получают свет хохма от А"Б.

> **קעא)** העליה הג' היא בעת שהתחתונים מעלים מ"ן מעביות דבחי"ד. שאז נבררים האח"פ דקומת כתר ויחידה, מבחינת השלמת הע"ס דמין הב'. אשר המוחין אלו מאירים גם להז"ת והגופים שלהם, כמו בפרצופי א"ק. וכשהמוחין אלו עוברים דרך פרצופי אבי"ע, הרי כל פרצוף עולה ומתגדל ומלביש לעליונו כפי מדת המוחין ההם.

171. Третий подъем миров происходит в ответ на подъем МА"Н душами на авиют далет, когда исправляется АХА"П уровня кэтэр, парцуф получает свет ехида путем дополнения до десяти сфирот вторым способом. Мохин светит также в их З"АТ и гуфим, как это было в парцуфим дэ-А"К. По мере прохождения мохин через парцуфим миров АБЕ"А, каждый из них растет, поднимается и надевается на соответствующий верхний, согласно уровню света в нем.

О третьем подъеме рассказывается и в следующем параграфе. Это видно на чертеже № 9, когда все парцуфим миров Ацилут, Брия, Ецира и Асия поднимаются еще на один уровень и получают, соответственно, свет ехида. При этом все парцуфим мира Ацилут надеваются на соответствующие парцуфим мира А"К. Таким образом, все миры АБЕ"А, которые сначала были на уровне Г"Э (кэтэр-хохма), сейчас приобрели сосуды бина, З"А и малхут с помощью трех подъемов, и таким образом полностью наполнили себя светом.

При первом подъеме мир Брия поднялся над парсой в мир Ацилут, при втором подъеме мир Ецира достиг мира Ацилут, а при третьем подъеме мир Асия тоже поднялся над парса в мир Ацилут. При первом подъеме мир Асия поднялся на уровень мира Ецира, при втором – на уровень мира Брия, а при третьем подъеме миров поднялся на уровень Ацилут.

Все решимот от разбиения сосудов выстраиваются в определенную цепочку: от самого слабого до наиболее сильного, грубого, от легкого исправления к более сложному. Каждый раз цикл исправлений определенных душ называется поколением, тогда исходит соответствующий им свет. При спуске более грубых душ требуется более сильный свет, что приводит к большему исправлению и в нашем, и в духовных мирах. Все это идет от малых исправлений к сложным, пока не происходит Окончательное Исправление – Гмар Тикун.

קעב) באופן, שבעת ביאת המוחין לפרצוף עתיק דאצילות, עולה ומלביש לג"ר דפרצוף גלגלתא דא"ק. ומקבל משם בחינת אור היחידה דיחידה. וכשהמוחין מגיעים לפרצוף א"א דאצילות, עולה ומלביש להג"ר דפרצוף ע"ב דא"ק. ומקבל משם אור היחידה דחיה דא"ק.

וכשהמוחין מגיעים לפרצוף או"א דאצילות, הם עולים ומלבישים לג"ר דס"ג דא"ק. ומקבלים משם אור היחידה דנשמה דא"ק. וכשהמוחין מגיעים לפרצוף ישסו"ת, הם עולים ומלבישים לג"ר דמ"ה דא"ק. ומקבלים משם אור היחידה דמ"ה דא"ק. וכשהמוחין מגיעים לזו"ן דאצילות, הם עולים ומלבישים לג"ר דב"ן דא"ק. ומקבלים משם אור היחידה דב"ן דא"ק. ואז מקבלים הנר"ן דצדיקים את אור היחידה מהזו"ן דאצילות.

ובעת שהמוחין מגיעים לעולם הבריאה, עולה ומלביש לפרצוף ישסו"ת דאצילות. ומקבל משם נשמה דאצילות. וכשהמוחין מגיעים לעולם היצירה, עולה ומלביש לפרצוף ז"א דאצילות. ומקבל ממנו בחינת רוח דאצילות. וכשהמוחין מגיעים לעולם העשיה, עולה ומלביש לנוקבא דאצילות, ומקבל ממנה בחינת אור הנפש דאצילות. (האילן, ציור ט').

172. Во время получения мохин парцуфом Атик мира Ацилут, он поднимается и надевается на ГА"Р Гальгальты мира А"К и получает оттуда свет ехида дэ-ехида. Когда мохин приходят к Арих Анпин мира Ацилут, то он поднимается на уровень ГА"Р парцуфа А"Б дэ-А"К, получая при этом свет ехида дэ-хая дэ-А"К.

Когда мохин приходит к парцуфу АВ"И, то тот поднимается в ГА"Р дэ-СА"Г дэ-А"К, получая при этом свет ехида дэ-нэшама дэ-А"К. Когда мохин достигает парцуфа ИШСУ"Т, то тот поднимается в ГА"Р дэ-М"А дэ-А"К, получая при этом свет ехида дэ-М"А дэ-А"К. Когда же мохин светит в ЗО"Н, то они поднимаются в ГА"Р дэ-БО"Н дэ-А"К, получая при этом свет ехида дэ-БО"Н дэ-А"К. Тогда НаРа"Н дэ-цадиким получают свет ехида от ЗО"Н дэ-Ацилут.

Когда мохин приходит в мир Брия, тот поднимается в парцуф ИШСУ"Т дэ-Ацилут, получая при этом нэшама дэ-Ацилут. Мохин поднимают мир Ецира в парцуф З"А дэ-Ацилут, при этом они получают руах дэ-Ацилут. Когда мохин прибывают в мир Асия, то он поднимается в парцуф Нуква дэ-Ацилут, получая при этом нефэш дэ-Ацилут (рис. 9 из «Сэфэр аИлан»).

קעג) ונמצא עתה בעת עליה הג', אשר ה"פ אצילות, נשלמו כל אחד בג' הקומות נשמה חיה יחידה מא"ק, שהיו חסרים להם מבחינת הקביעות.

ונבחן, שה"פ אצילות עלו והלבישו את ה"פ א"ק, כל אחד להבחינה שכנגדו בפרצופי א"ק. וגם הנר"ן דצדיקים קבלו בחינת הג"ר, שהיה חסר להם. וגם ג' העולמות בי"ע, שהיו נמצאים מתחת הפרסא דאצילות, שמבחינת הקביעות לא היה בהם אלא בחינת נר"ן דאור חסדים, הנפרשים מחכמה מכח הפרסא שעליהם. ועתה עלו למעלה מפרסא, והלבישו לישסו"ת וז"ן דאצילות, ויש להם נר"ן דאצילות, שאור החכמה מאיר בחסדים שלהם.

173. Получается, что во время третьего подъема каждый из пяти парцуфим мира Ацилут дополнил себя за счет нэшама, хая и ехида из мира А"К, надевшись на пять соответствующих им парцуфим мира А"К. НаРа"Н дэ-цадиким и миры БЕ"А тоже получили ГА"Р, они поднялись над парсой. Теперь свет хохма светит в их хасадим.

קעד) ויש לדעת, שהנר"ן דצדיקים מלבישים בקביעות רק לפרצופי בי"ע שמתחת הפרסא: הנפש מלביש לע"ס דעשיה, והרוח לע"ס דיצירה, והנשמה לע"ס דבריאה. ונמצא, שהגם שהם מקבלים מזו"ן דאצילות, עכ"ז הוא מגיע אליהם רק דרך פרצופי בי"ע, שמלבישים עליהם. באופן, שגם הנר"ן דצדיקים עולים בשוה עם עליות הג' עולמות בי"ע. ונמצא שגם עולמות בי"ע אינם מתגדלים, אלא לפי מדת קבלת השפע של הנר"ן דצדיקים, דהיינו ע"פ המ"ן הנבררים על ידיהם.

174. Необходимо знать, что НаРа"Н дэ-цадиким, т.е. человеческие души, живущие в мирах БЕ"А, постоянно одеваются только на парцуфим БЕ"А под парса. Нэфеш одевается на 10 сфирот дэ-Асия, руах – на 10 сфирот дэ-Ецира, а нэшама одевается на 10 сфирот дэ-Брия. Хотя души получают свет от ЗО"Н мира Ацилут, он приходит к ним через миры БЕ"А, на которые они одеваются. НаРа"Н дэ-цадиким поднимаются вместе с подъемами трех миров БЕ"А. Миры БЕ"А поднимаются согласно получению света НаРа"Н дэ-цадиким, т.е. соответственно силе МА"Н, поднятого цадиками.

Мы говорили о парцуфе Адам аРишон, который разбился, и все его сосуды перемешались между собой и находятся сейчас в мирах БЕ"А. Согласно просьбе, которую поднимает каждый из этих осколков, происходит возбуждение миров БЕ"А, которые в свою очередь возбуждают ЗО"Н мира Ацилут, затем это переходит в ГА"Р дэ-Ацилут, далее в А"К, который берет свет из Мира Бесконечности и постепенно через все миры спускает его к той душе, которая подняла свой МА"Н. Душа поднимается согласно полученному свету к своему частному конечному исправлению.

קעה) והנה נתבאר, שמבחינת הקביעות, אין בכל העולמות והפרצופים שבהם רק בחינת ו"ק בלי ראש. כל אחד כפי בחינתו. כי אפילו הנר"ן דצדיקים אינם אלא בחינת ו"ק. כי הגם שיש להם ג"ר דנשמה מעולם הבריאה, עכ"ז ג"ר אלו נחשבים רק בבחינת ו"ק בערך עולם האצילות. מטעם שהם בחינת אור חסדים, הנפרשים מחכמה.

וכן פרצופי אצילות, אע"פ שיש ג"ר בראשים שלהם, מכל מקום כיון שאינם מאירים לגופים, הם נחשבים רק לבחינת ו"ק. וכל המוחין המגיעים לעולמות, שהם יותר מבחינת ו"ק, אינם אלא ע"י המ"ן שמעלים הצדיקים.

אמנם המוחין האלו לא יוכלו להתקבל בפרצופים, זולת דרך עלית התחתון למקום העליון. והוא מטעם, כי אע"פ שהם נחשבים לבחינת השלמת הע"ס דמין הב', מכל מקום כלפי הגופים והז"ת עצמם עוד הם נחשבים לבירורי אח"פ דמין הא', דהיינו שאינו נשלמים במקומם עצמם, אלא רק כשהם נמצאים במקום העליון (אות קמ"ב).

ולפיכך לא יוכלו ה"פ אצילות לקבל נשמה חיה יחידה דא"ק, זולת בעת שהם עולים ומלבישים אותם.

וכן הנר"ן וג' עולמות בי"ע לא יוכלו לקבל נר"ן דאצילות, זולת רק בעת שהם עולים ומלבישים לישסו"ת וז"ן דאצילות. כי אלו האח"פ דמין הב', השייכים להז"ת, שיש להם התפשטות ממעלה למטה, למקום הז"ת, לא יתבררו רק בגמר התיקון. ולפיכך בעת שהג' עולמות בי"ע עולים ומלבישים לישסו"ת וז"ן דאצילות, נמצא אז, שמקומם הקבוע מפרסא ולמטה, נשאר ריקן לגמרי מכל אור קדושה. ויש שם הפרש בין מחזה ולמעלה דעולם היצירה, לבין מחזה ולמטה שלו.

כי נתבאר לעיל, שמחזה ולמטה דעולם היצירה, הוא מקום הקבוע רק לקליפות (אות קמ"ט). אלא מסבת פגם חטאו של אדה"ר, ירדו ד"ת דיצירה דקדושה וע"ס דעשיה דקדושה ונתלבשו שם (אות קנ"ו). ולפיכך בעת, עליות בי"ע לאצילות, נמצא שמחזה דיצירה ולמעלה, אין שם לא קדושה ולא קליפות. אבל מחזה דיצירה ולמטה, יש שם קליפות. כי שם המדור שלהם.

175. *В обычном, постоянном состоянии все миры и парцуфим имеют только ВА"К без рош. Это значит, что каждая ступень пользуется только шестью своими верхними сфирот, в которые входят шесть нижних светов. Даже НаРа"Н дэ-цадиким не более чем ВА"К, несмотря на то что у них есть ГА"Р дэ-нэшама из мира Брия. Эти ГА"Р являются ВА"К по сравнению с миром Ацилут.*

То же самое можно сказать и про парцуфим самого мира Ацилут. Хотя у них в рошим (головах) есть ГА"Р (свет), тем не менее этот свет не распространяется в гуфим, поэтому эти парцуфим тоже считаются ВА"К. Использование дополнительных сосудов (сфирот), ведущее к добавочному получению света, происходит только в результате подъема МА"Н, поднимаемого цадиками (т.е. душами людей, находящихся в мирах БЕ"А).

Однако получение этого света (мохин) возможно только благодаря подъему нижнего парцуфа на уровень верхнего. В высших парцуфим мира Ацилут (А"А, Аба ве Има, ИШСУ"Т) происходит дополнение до десяти сфирот по второму принципу (с использованием своих собственных АХА"П), в то время как у ЗО"Н дополнение до десяти сфирот происходит только по первому принципу, т.е. с помощью подъема на уровень высшего парцуфа с использованием его, а не своих АХА"П.

Это происходит потому, что АХА"П дэ-ЗО"Н мира Ацилут – это огромные желания получать, приближающиеся по своей величине к Сущности Творения (малхут дэ-малхут). Эти желания можно исправить только во время Гмар Тикун. Поэтому пять парцуфим мира Ацилут могут получить света нэшама, хая и ехида только во время своего подъема на соответствующие им парцуфим мира А"К.

Миры БЕ"А тоже могут получить света нэшама, хая и ехида во время подъема на ИШСУ"Т и ЗО"Н мира Ацилут. Брия одевается на ИШСУ"Т, Ецира на З"А, а Асия на малхут (Нукву) мира Ацилут. Получается, что во время этого подъема пространство от парсы и ниже (место БЕ"А) становится пустым от любого света. Тем не менее есть разница между десятью сфирот мира Брия и шестью верхними сфирот мира Ецира, с одной стороны, и между остальными сфирот.

Так, нижние 14 (из 30) сфирот места миров БЕ"А являются постоянным местом только для клипот (желание получить свет ради собственного наслаждения, без экрана). Только из-за «грехопадения» Адама аРишон 14 нижних сфирот миров БЕ"А опустились в это место. До этого, как известно, эти миры стояли минимум на 14 сфирот выше. Итак, после подъема миров БЕ"А в Ацилут, в пространстве от парса и до груди (хазе) мира Ецира вообще ничего «нет», ни миров БЕ"А, ни клипот, а в пространстве от груди дэ-Ецира и ниже находятся только клипот.

קעו) ולפי שהמוחין היתירים מקומת ו"ק אינם באים רק ע"י מ"ן של התחתונים, אינם נמצאים משום זה בקביעות בפרצופים, כי תלוים במעשי התחתונים. ובעת שהם מקלקלים מעשיהם, נמצאים המוחין מסתלקים (אות קס"ב). אמנם המוחין דקביעות שבפרצופים, שנתקנו מכח המאציל עצמו, לא יארע בהם שום שינוי לעולם, שהרי אינם מתגדלים ע"י התחתונים. ולכן אינם נפגמים על ידיהם.

176. Итак, получение дополнительных светов нэшама, хая и ехида зависит от подъема МА"Н нижними парцуфим, и в конечном счете, от подъема МА"Н душами людей (На-Ра"Н дэ-цадиким). Если же с НаРа"Н дэ-цадиким что-нибудь происходит и они в результате этого МА"Н поднимать не могут, то эти высшие, «дополнительные» света выходят из всех парцуфим миров АБЕ"А. Однако постоянные света – нэфеш и руах, которые во время таких состояний находятся в сосудах кэтэр и хохма каждого парцуфа, не выходят из них никогда.

קעז) ולא יקשה לך, הרי א"א דב"ן הוא נבחן לכתר דאצילות, ואו"א לע"ב (אות ק"ל).
כי א"א הוא מחצית הכתר התחתונה דב"ן, ואו"א הם מחצית התחתונה דחו"ב דנקודים. וא"כ הבחינה שכנגדו דא"א בא"ק היה צריך להיות פרצוף הכתר דא"ק, והבחינה שכנגדם דאו"א בא"ק היה צריך להיות ע"ב דא"ק. והתשובה היא, כי פרצופי הב"ן הן נוקבין, שאין להם שום קבלה מעצמם, אלא רק מה שהזכרים, שהם פרצופי המ"ה, משפיעים להם.
ולפיכך, כל אלו ההבחנות שבהעליות, שפירושם, השגת מוחין מהעליון, נבחנים רק בהזכרים, שהם פרצופי המ"ה. וכיון שא"א דמ"ה אין לו מבחינת כתר כלום, אלא רק קומת חכמה בלבד, ואו"א דמ"ה אין להם מבחינת חכמה כלום, אלא קומת בינה בלבד (אות קכ"ו). ע"כ נבחן הבחינה שכנגדם בא"ק: ע"ב דא"ק לא"א, וס"ג דא"ק לאו"א. ופרצוף הכתר דא"ק מתיחס רק לעתיק בלבד, שלקח כל הקומת כתר דמ"ה.

177. Как уже было сказано, в мире Ацилут есть находящаяся справа сторона М"А, т.е. его собственные сосуды, и есть находящаяся слева сторона БО"Н, т.е. разбитые сосуды мира Некудим, которые исправляются с помощью

сосудов М"А дэ-Ацилут. И пусть тебе не покажется странным, что Арих Анпин (А"А) дэ-БО"Н считается кэтэром мира Ацилут, а Аба ве Има (АВ"И) считаются парцуфом А"Б мира Ацилут.

Ведь А"А – это нижняя половина кэтэра дэ-БО"Н, а АВ"И – это нижняя половина хохмы и бины мира Некудим. Поэтому вроде бы парцуф кэтэр дэ-А"К (Гальгальта) должен соответствовать А"А мира Ацилут. Дело в том, что все парцуфим БО"Н это нэкевот, т.е. у них нет собственной возможности получения, они получают только то, что соответствующие им парцуфим М"А – захарим дают им.

Поэтому все подъемы происходят только с захарим (парцуфим М"А). Так как у А"А дэ-М"А нет никаких сосудов, соответствующих кэтэру, а только хохме, а у АВ"И дэ-М"А есть только сосуды, соответствующие бине, то парцуфу А"А соответствует парцуф А"Б мира А"К, а парцуфу АВ"И соответствует парцуф СА"Г мира А"К. Парцуф кэтэр дэ-А"К соответствует только парцуфу Атик, который взял себе весь уровень кэтэр дэ-М"А.

Во время гадлут дэ-Некудим рош ИШСУ"Т поднялся в рош Гальгальта, рош кэтэр поднялся в А"Б мира А"К, Аба вэ Има поднялись в рош СА"Г. Во время гадлут мира Некудим у Аба ве Има был уровень кэтэр. Почему здесь сказано, что был уровень хохмы и бины?

От 10 сфирот прямого света считается иной уровень, чем от состояния гадлут. Так как стадия прямого света – это первая точка, и называется она кэтэр. В состоянии катнут Г"Э кэтэра были на его ступени, а его АХА"П – в Г"Э дэ-Аба ве Има.

В гадлуте у кэтэра был уровень кэтэр. А Аба ве Има, которые называются хохма и бина в стадии ор яшар, получили в гадлуте уровень (кома) кэтэр (в катнуте у них был авиют алеф).

קעח) גם צריך שתתבחין בהאמור, כי סולם המדרגות, כפי שהם בהמוחין דקביעות, אינו משתנה לעולם, בסבת כל העליות הנ"ל. שהרי נתבאר לעיל, שסבת כל אלו העליות, הם מפאת שהנר"ן דצדיקים, העומדים בבי"ע, אי אפשר להם לקבל משהו, מטרם שכל הפרצופים העליונים מעבירים אותה להם מא"ס ב"ה. שבשיעור הזה נמצאים

העליונים עצמם, עד א"ס ב"ה, מתגדלים ועולים גם הם. כל אחד להעליון שלהם (אות קס"א).

ונמצא, שבשיעור התעלות מדרגה אחת, כן מחויבים להתעלות כל המדרגות כולם, עד א"ס ב"ה. כי למשל, בהתעלות הזו"ן ממצבם הקבוע, שהוא למטה מטבור דא"א, ומלביש מחזה ולמטה דא"א, הרי גם א"א נתעלה באותה העת במדרגה אחת ממצבו הקבוע, שהיה מפה דעתיק ולמטה. ומלביש לג"ר דעתיק. שאחריו מתעלים גם מדרגות הפרטיות שלו. כי החג"ת שלו עלו למקום ג"ר הקבועות. והמחזה עד הטבור שלו עלו למקום חג"ת הקבועים, והמטבור ולמטה שלו עלו למקום המחזה עד הטבור.

אשר לפי זה נמצא הזו"ן, שעלה למקום מחזה עד הטבור דא"א הקבוע, שהוא עדיין למטה מטבור דא"א. שהרי בעת הזאת כבר עלה גם הלמטה מטבור דא"א למקום המחזה עד הטבור. (האילן, ציור ד' - עליות הזו"ן בערך הקבוע דה"פ דאצילות, שעולה ומלביש בעת השגת נשמה, לג"ר דישסו"ת, שעל גבי מפה ולמטה דא"א, שעל גבי מחזה ולמטה דא"א).

אמנם גם כל פרצופי אצילות עולים בעת הזאת (האילן, ציור ז'). לכן תמצא שם את הזו"ן עדיין מלביש מפה ולמטה דישסו"ת, שעל גבי מחזה ולמטה דא"א, שעל גבי מטבור ולמטה דא"א. הרי שסולם המדרגות לא נשתנה כלום מחמת העליה. ועד"ז בכל מיני העליות (האילן, מציור הג' עד סופו).

178. Порядок следования парцуфим во всех мирах не меняется в результате всех этих подъемов. Как известно, именно подъем МА"Н НаРа"Н дэ-цадиким вызвал дополнительное получение света во всех вышестоящих парцуфим, которые передают им свет из Мира Бесконечности, частично оставляя его себе, каждый согласно своему положению, увеличиваясь в размере и поднимаясь все выше и выше.

Каждый парцуф поднимается на уровень вышестоящего, т.е. все вместе парцуфим поднимаются вверх, сохраняя порядок своего расположения. Например, при подъеме ЗО"Н со своего постоянного расположения, т.е. из места под табуром А"А, они поднимаются на ступень выше, т.е. на уровень груди А"А. Однако А"А поднимается одновременно с ними на одну ступень выше, т.е. с уровня пэ дэ-Атик, надеваясь на ГА"Р дэ-Атик.

Все его собственные сфирот, конечно, тоже поднимаются. Его ХаГа"Т поднимаются на предыдущий уровень ГА"Р, а сфирот, находившиеся на уровне от груди до табура, поднялись на их место и т.д. Таким образом, поднявшиеся ЗО"Н находятся на уровне от табур и ниже парцуфа А"А, т.е. порядок расположения не изменился (см. рис. 4 в «Сэфэр аИлан», где во время получения света нэшама ЗО"Н поднялись на уровень ГА"Р дэ-ИШСУ"Т, находящихся на уровне от пэ и вниз АВ"И, находящихся на уровне от груди и вниз А"А).

Однако все парцуфим мира Ацилут тоже поднялись на одну ступень (см. рис. 7 в «Сэфэр аИлан») во время получения света нэшама. Поэтому получается, что ЗО"Н по-прежнему одеваются на пространство от пэ и вниз дэ-ИШСУ"Т, находящихся на уровне от груди и вниз дэ-АВ"И, находящихся на уровне табура и вниз дэ-А"А. По этому же принципу происходят подъемы всех без исключения парцуфим (см. рисунки в «Сэфэр аИлан» от третьего и до конца).

קעט) גם יש לדעת, שגם אחר עליות הפרצופים, הם משאירים כל מדרגתם במקום הקבוע או במקום שהיו שם מתחילה. כי אין העדר ברוחני (אות צ"ו). באופן, שבעת שהג"ר דאו"א עולים להג"ר דא"א, עוד נשארו הג"ר דאו"א במקום הקבוע מפה ולמטה דא"א. ונמצאים הישסו"ת, שעלו אז על גבי החז"ת דאו"א דעליה, שהם מקבלים מהג"ר דאו"א ממש, אשר היו שם מטרם העליה.

ולא עוד, אלא שנבחן שיש שם ג' מדרגות ביחד. כי הג"ר דאו"א דעליה, העומדות במקום ג"ר דא"א דקביעות, נמצאות משפיעות למקומה הקבוע שמפה ולמטה דא"א, ששם נמצאים עתה ישסו"ת. הרי הג"ר דא"א ואו"א וישסו"ת מאירים בבת אחת במקום אחד. ועד"ז נבחנים כל הפרצופים דא"ק ואבי"ע בעת העליות.

ומטעם זה יש להבחין תמיד בעלית הפרצוף, את ערך העליה כלפי העליונים במצבם הקבוע, ואת ערך שלו כלפי העליונים, שגם הם עלו מדרגה אחת כמותו. (ועיין כל זה באילן. כי בציור ג' תמצא מצב הפרצופים במצבם הקבוע. וג' עליות הז"א לפי ערכם של ח"פ אצילות הקבועים תמצא בציור ד', ה', ו'. וג' עליות של כל ה"פ אצילות, לפי ערכם של ה"פ א"ק הקבועים, תמצא בציורים ז', ח', ט'. וג' עליות של כל ה"פ א"ק, בערך קו א"ס ב"ה הקבוע, תמצא בהציורים י, י"א, וי"ב).

179. Следует также отметить, что поднимаясь, все парцуфим в то же время оставляют «следы» на всех предыдущих уровнях. То есть, по сути, они и поднимаются, и остаются на своих прежних местах, так как в духовном ничего не исчезает. Например, ГА"Р дэ-АВ"И поднимаются на уровень ГА"Р дэ-А"А, тем не менее ГА"Р дэ-АВ"И

остались на своем прежнем месте – от пэ и вниз А"А, куда теперь поднялись ИШСУ"Т, поднявшиеся на ХаГа"Т дэ-АВ"И, получая при этом тот же свет, который получали ХаГа"Т дэ-АВ"И, когда они находились на том же месте, до подъема.

Таким образом, сейчас там одновременно находятся три парцуфим, так, поднявшиеся ГА"Р дэ-АВ"И сейчас стоят на постоянном месте ГА"Р дэ-А"А, передают свет на свое прежнее место – от пэ и вниз А"А, где сейчас находятся ИШСУ"Т, ведь ГА"Р дэ-А"А, АВ"И и ИШСУ"Т светят одновременно на одно место. Таким образом выстраиваются все парцуфим миров А"К и АБЕ"А во время подъемов.

Поэтому во время подъема парцуфа всегда надо обращать внимание на уровень его подъема относительно постоянного места вышестоящих парцуфим, уровень его подъема относительно нового места вышестоящих парцуфим, которые поднялись вместе с ним на одну ступень. (См. рис. 3 в «Сэфэр аИлан», где изображено постоянное расположение парцуфим. На рисунках 4, 5 и 6 нарисованы три подъема З"А относительно постоянного расположения парцуфим мира Ацилут. На рисунках 7, 8 и 9 нарисованы три подъема пяти парцуфим мира Ацилут относительно пяти парцуфим мира А"К. На рисунках 10, 11 и 12 нарисованы три подъема пяти парцуфим мира Ацилут относительно постоянного расположения Линии Бесконечности.)

ДЕЛЕНИЕ КАЖДОГО ПАРЦУФА НА КЭТЭР И АБЕ"А

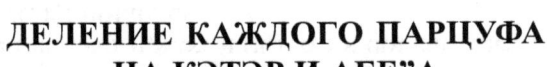

קפ) יש לדעת, שהכלל ופרט שוים זה לזה. וכל, הנבחן בכלל כולו יחד, נמצא גם בפרטי פרטיות שבו, ובפרט האחרון, שאך אפשר להפרט. ולפיכך, כיון שהמציאות בדרך כלל נבחן לה' עולמות א"ק ואבי"ע, שעולם הא"ק נבחן להכתר של העולמות, וד' עולמות אבי"ע נבחנים לחו"ב וזו"ן (אות ג).

כמו כן אין לך פרט קטן בכל ד' העולמות אבי"ע, שאינו כלול מכל ה' האלו, כי הראש של כל פרצוף נבחן להכתר שבו, שהוא כנגד עולם הא"ק. והגוף מפה עד החזה נבחן לאצילות שבו. וממקום החזה עד הטבור נבחן לבריאה שבו ומטבור ולמטה עד סיום רגליו נבחן ליצירה ועשיה שלו.

180. В духовных мирах все построено по одному и тому же принципу, т.е. по частному случаю можно судить об общем, и наоборот, по общему случаю можно судить о частном. Все Мироздание обычно делится на пять миров А"К и АБЕ"А. Мир А"К считается кэтэром всех миров, а 4 мира АБЕ"А – это хохма, бина, З"А и малхут соответственно.

Поэтому любой мир, любой парцуф, любая сфира, вообще, любой духовный объект тоже можно разделить на пять миров – А"К и АБЕ"А. Рош каждого парцуфа считается его кэтэром и миром А"К. Гуф от пэ и до хазе (груди) считается миром Ацилут (хохма). Пространство от груди до табура считается миром Брия (бина), а пространство от табура и ниже считается мирами Ецира и Асия (ЗО"Н).

קפא) וצריך שתדע, שיש כינויים מרובים לעשר ספירות כח"ב חג"ת נהי"מ. כי פעמים נקרא ג"ע ואח"פ, או כח"ב זו"ן, או נרנח"י, או קוצו של

יוד וד' אותיות י"ה ו"ה, או הוי"ה פשוטה וע"ב ס"ג מ"ה וב"ן, שהם ד' מיני
מילואים שבהוי"ה:

א) מילוי ע"ב הוא יוד הי ויו הי,

ב) מילוי ס"ג הוא יוד הי ואו הי,

ג) מילוי מ"ה הוא יוד הא ואו הא,

ד) מילוי ב"ן הוא יוד הה וו הה.

וכן הם הנקראים א"א ואו"א וזו"ן. שא"א הוא כתר, ואבא הוא חכמה,
ואמא היא בינה, וז"א הוא חג"ת נה"י, והנוקבא דז"א היא מלכות. וכן
נקראים א"ק ואבי"ע או כתר ואבי"ע. והמלכות דכתר נקרא פה, והמלכות
דאצילות נקרא חזה, והמלכות דבריאה נקרא טבור, והמלכות דיצירה נקרא
עטרת יסוד, והמלכות דכללות נקרא סיום רגלין.

181. Итак, сфирот КаХа"Б ХаГа"Т НеХИ"М имеют много различных названий. В зависимости от того, что именно мы хотим выразить, они называются:

1) *Г"Э и АХА"П;*
2) *КаХа"Б ЗО"Н;*
3) *НаРаНХа"Й;*
4) *Точка буквы «йуд» и четыре буквы «йуд», «хей», «вав» и «хей»;*
5) *простая АВА"Я (Гальгальта) и А"Б, СА"Г, М"А и БО"Н, которые являются четырьмя разновидностями наполнения светом (милуим):*
   - *наполнение А"Б –* יוד הי ויו הי
   - *наполнение СА"Г –* יוד הי ואו הי
   - *наполнение М"А –* יוד הא ואו הא
   - *наполнение БО"Н –* יוד הה וו הה
6) *А"А и АВ"И и ЗО"Н: а) А"А – это кэтэр; б) Аба – хохма; в) Има – бина; г) З"А – это ХаГа"Т НеХ"И; д) Нуква – это малхут;*
7) *А"К и АБЕ"А или Кэтэр и АБЕ"А. Малхут дэ-Кэтэр называется «пэ», малхут дэ-Ацилут – «хазе», малхут дэ-Брия – «табур», малхут дэ-Ецира – «атерэт есод», и общая малхут называется «сиюм раглин».*

קפב) ותדע שיש תמיד להבחין באלו שינוי השמות של הע"ס ב'
הוראות: א. הוא ענין השואתו להספירה, שעל שמה הוא מתיחס, ב. הוא
ענין השינויי שבו מאותו הספירה שמתיחס אחריה. שמסבה זו נשתנה שמו
בהכינויי המיוחד. למשל, הכתר דע"ס דאו"י ה"ס א"ס ב"ה. וכל ראש של

פרצוף נקרא ג"כ כתר. וכן כל ה"פ א"ק נקראים ג"כ כתר. וכן פרצוף עתיק נקרא כתר. וכן א"א נקרא כתר.

וע"כ יש להתבונן: אם הם כולם כתר, למה נשתנה שמם להקרא בהכינוים הללו? וכן אם הם מתיחסים כולם לכתר, הרי צריכים להשתוות להכתר?

אמנם האמת הוא, שמבחינה אחת הם כולם שוים לכתר, שהם בחינת א"ס. כי זה הכלל: שכל עוד שאור העליון לא נתלבש בכלי, הוא בחינת א"ס.

ולכן כל ה"פ א"ק נחשבים כלפי עולם התיקון שהם אור בלי כלי. כי אין לנו שום תפיסא בהכלים דצמצום א'. ולכן נחשב אצלנו אורותיו לבחינת א"ס ב"ה.

וכן עתיק וא"א דאצילות, הם שניהם מבחינת הכתר דנקודים. אמנם מבחינה אחרת הם רחוקים זה מזה. כי הכתר דאו"י הוא ספירה אחת, אבל בא"ק יש בו ה"פ שלמים, שבכל אחד מהם רת"ס (אות קמ"ב). וכן פרצוף עתיק הוא רק ממחצית הכתר העליון דנקודים, ופרצוף א"א הוא ממחצית הכתר התחתון דנקודים (אות קכ"ט). ועל דרך זה צריכים להבחין בכל מיני הכינוים של הספירות אותם ב' ההוראות.

182. Существуют две причины, по которым десять сфирот называются по-разному. Первая – это сходство свойств, внутренней природы со сфирой, к которой она относится. Вторая – это отличие свойств от этой сферы, ведущее к появлению нового, специального названия. Например, Кэтэр десяти сфирот прямого света – это свет Эйн Соф (Бесконечности), с другой стороны, рош любого парцуфа тоже называется «кэтэр»; все пять парцуфим мира А"К тоже «ктарим»; парцуф Атик – это кэтэр, и А"А это тоже кэтэр.

Если они все являются кэтэрами, то почему же каждый из них тем не менее имеет свое собственное название? Кроме того, мы знаем, что в духовных мирах объекты, имеющие абсолютно одинаковые свойства, сливаются в одно целое. Так почему же все эти духовные объекты, являющиеся кэтэрами, не сливаются между собой?

Это происходит потому, что хотя они имеют свойства, сходные со свойствами кэтэра, так как они относятся к понятию Эйн Соф, согласно правилу, которое гласит, что пока высший свет не вошел в сосуд (т.е. не был принят в гуф, в настоящие сосуды), он является Эйн Соф (непостигнутой Бесконечностью).

Поэтому все пять парцуфим мира А"К по отношению к мирам АБЕ"А являются светом, еще не вошедшим в сосуд,

Деление каждого парцуфа на кэтэр и АБЕ"А

так как мир А"К, построенный согласно законам Ц"А, совершенно непостижим для парцуфим, находящихся в мирах АБЕ"А, которые построены по законам Ц"Б.

Парцуфим Атик и А"А мира Ацилут оба соответствуют кэтэру мира Некудим. Тем не менее они имеют существенные различия. Атик соответствует верхней, а А"А – нижней половине кэтэра мира Некудим. Следует отметить, что во время катнута мира Ацилут А"А вообще не является кэтэром, в этом состоянии его уровень – хохма, а единственным кэтэром пока является Атик.

Однако во время гадлута все парцуфим мира Ацилут поднимаются, причем Атик уходит в мир А"К, а А"А, воспользовавшись своими АХА"П дэ-алия, становится парцуфом кэтэр мира Ацилут. Кроме того, парцуф Атик, как и парцуфим А"К, построен по законам Ц"А и, следовательно, он для нижних парцуфим и миров непостижим («аттик» от слова «нээтак», «отделен»).

> **קפג)** ותדע שההוראה המיוחדת לעצמה שבאלו הכינוים דע"ס בשם כתר ואבי"ע, הוא להורות, שהכונה היא על בחינת התחלקות הע"ס לכלים דפנים ולכלים דאחורים, שנעשו בסבת הצמצום ב' (אות ס), שאז עלתה מלכות המסיימת למקום בינה דגוף, הנקרא "ת"ת במקום החזה", וסיימה שם את המדרגה, ונעשה שם סיום חדש, הנקרא "פרסא שמתחת האצילות" (אות ס"ח).
>
> והכלים שמחזה ולמטה יצאה לבר מאצילות ונקראים "בי"ע". שב"ש ת"ת שמחזה עד הסיום נקראים "בריאה", ונה"י נקראים "יצירה", והמלכות נקראת "עשיה". גם נתבאר, שמטעם זה נחלקה כל מדרגה לכלים דפנים וכלים דאחורים, שמחזה ולמעלה נקרא "כלים דפנים", ומחזה ולמטה נקרא "כלים דאחורים".

183. Причиной, по которой десять сфирот называются Кэтэр и АБЕ"А, является желание указать на деление десяти сфирот на «передние» и «задние» сосуды («паним» и «ахораим»), которое произошло в результате Ц"Б. Как уже было сказано выше, тогда малхут месаемет поднялась на уровень бина дэ-гуф, которая называется тифэрэт, в хазе, и создала там новый конец (сиюм) парцуфа, который называется парса и который находится под Ацилутом.

Сосуды, которые находятся ниже парсы, «вышли» из Ацилута и называются БЕ"А. Нижние две трети тифэрэт называются Брия, НеХ"И называются Ецира, а малхут называется Асия. Следует отметить, что каждая сфира разделилась на сосуды «паним» и «ахораим», так что те сосуды, которые находятся над хазе, – это паним, а те, которые под хазе, – ахораим.

קפד) ולפיכך, הבחן זה של הפרסא במקום החזה, מחלק המדרגה לד' בחינות מיוחדות, הנקראות "אבי"ע": האצילות עד החזה, והבי"ע מחזה ולמטה. וראשית ההבחן הוא בא"ק עצמו. אלא בו ירדה הפרסא עד הטבור שלו (אות ס"ח).

ונמצא בבחינת אצילות שלו הוא הע"ב ס"ג המסתיימים למעלה מטבורו. ומטבורו ולמטה הוא בי"ע שלו, ששם ב' הפרצופים מ"ה וב"ן שבו. הרי איך ה"פ א"ק נחלקים על אבי"ע, מכח הסיום דצמצום ב', שנקרא "פרסא": שהגלגלתא הוא הראש, והע"ב ס"ג עד טבורו הוא אצילות, והמ"ה וב"ן שמטבורו ולמטה הוא בי"ע.

184. По той причине, что парса находится на уровне хазэ, каждая сфира, каждый парцуф разделились на свои четыре уровня, которые называются АБЕ"А. Ацилут – это пространство над хазе, БЕ"А – это пространство под хазе. В принципе, уже в мире А"К тоже наблюдалось такое деление, с той только разницей, что в нем парса опустилась на уровень табура, в отличие от миров АБЕ"А, где парса находится на уровне хазе.

Получается, что его собственный Ацилут – это парцуфим А"Б и СА"Г, которые оканчиваются над табуром, а под табуром находятся его БЕ"А, т.е. парцуфим М"А и БО"Н. Итак, Гальгальта – это рош, А"Б и СА"Г до табура – это Ацилут, а М"А и БО"Н, находящиеся под табуром, – это БЕ"А.

קפה) ועד"ז נחלקים ה"פ עולם האצילות בפני עצמם לכתר ואבי"ע: כי א"א הוא הראש דכללות אצילות, ואו"א עלאין, שהם ע"ב, המלבישים מפה ולמטה דא"א עד החזה, הם אצילות. ושם, בנקודת החזה, עומדת הפרסא, המסיימת בחינת האצילות של עולם האצילות.

וישסו"ת, שהם ס"ג, המלבישים מחזה דא"א עד טבורו, הם בריאה דאצילות. והזו"ן, שהם מ"ה וב"ן, המלבישים מטבור דא"א עד סיום האצילות, הם יצירה ועשיה דאצילות. הרי שגם עולם האצילות, בכללות ה"פ שבו, מתחלק לראש ואבי"ע, כמו ה"פ א"ק. אלא כאן עומדת הפרסא על מקומה, שהוא בחזה דא"א, ששם מקומה האמיתי (אות קכ"ז).

Деление каждого парцуфа на кэтэр и АБЕ"А

185. По этому же принципу делятся и все пять парцуфим мира Ацилут. А"А – это рош всего мира Ацилут, АВ"И Илаин, которые соответствуют А"Б, надеваются от пэ и до хазе парцуфа А"А – это Ацилут дэ-Ацилут, и там, на линии груди парцуфа А"А проходит парса мира Ацилут (не путать с общей парсой всех миров АБЕ"А!).

ИШСУ"Т, которые соответствуют СА"Г, одеваются от хазе дэ-А"А до его табура, и они являются Брия мира Ацилут. ЗО"Н, которые соответствуют М"А и БО"Н, одеваются на А"А на пространство, находящееся от его табура и до окончания мира Ацилут, и они являются Ецира и Асия мира Ацилут. Итак, мы видим, что и мир Ацилут тоже делится на свои рош и АБЕ"А, подобно миру А"К, тут парса находится на своем месте, т.е. на уровне хазе дэ-А"А.

У основного парцуфа мира Ацилут, Арих Анпина, есть 4 одеяния: 1) Аба, 2) Има, 3) Исраэль Саба, 4) Твуна. Все они – йуд-хей имени АВА"Я и надеваются от пэ до табур А"А. З"А и малхут мира Ацилут одеваются от табур А"А вниз до парса, и они – вав-хей имени АВА"Я. В рош Арих Анпин есть только кэтэр и хохма, а бина его вышла из рош и разделилась на ГА"Р и ЗА"Т.

Аба ве Има одевают свет на ГА"Р дэ-бина и как бы не выходят из совершенства, ощущаемого в рош, потому что у них свойства бины, которая ничего не желает и поэтому на нее ничего не влияет. ИШСУ"Т берет на себя часть ЗА"Т дэ-бина парцуфа А"А, находящуюся ниже хазе А"А, где ощущается отсутствие света хохма, и эта стадия называется «Брия мира Ацилут».

קפו) אמנם בכללות כל העולמות, נבחנים כל ג' הפרצופים גלגלתא ע"ב ס"ג דא"ק לבחינת הראש דכללות. וה"פ עולם האצילות, המלבישים מטבור דא"ק ולמטה עד הפרסא דכללות, שהיא הפרסא שנעשתה בחזה דנקודות דס"ג (אות ס"ו), הנה שם הוא אצילות דכללות, מפרסא ולמטה, עומדים ג' העולמות בי"ע דכללות (אות ס"ז-ס"ח).

186. Если же рассматривать все Мироздание как единое целое, то мы увидим, что три парцуфим Гальгальта, А"Б и СА"Г мира А"К являются общей рош всего Мироздания, пять парцуфим мира Ацилут, которые надеваются на пространство от табура мира А"К и до парса, являются Ацилутом всего Мироздания. Под парсой же находятся три мира БЕ"А, которые в то же время являются и БЕ"А всего Мироздания.

> **קפז)** וממש על דרך הנ"ל מתחלקת כל מדרגה דפרטי פרטיות שבכל עולם מאבי"ע לראש ואבי"ע. ואפילו בחינת מלכות שבעשיה. כי נבחן בו ראש וגוף. והגוף נחלק לחזה, וטבור, וסיום רגלין. והפרסא, שמתחת האצילות של אותו המדרגה, עומדת בחזה שלו ומסיימת האצילות. ומחזה עד הטבור הוא בחינת בריאה של המדרגה, שנקודת הטבור מסיימתה. ומטבור ולמטה עד סיום רגליו הוא בחינת יצירה ועשיה של המדרגה. ומבחינת הספירות נבחנים החג"ת עד החזה לאצילות. וב"ש תתאין דת"ת שמחזה עד הטבור לבריאה. ונה"י ליצירה. והמלכות לעשיה.

187. По этому же принципу делятся абсолютно все частные сфирот дэ-сфирот. Даже малхут дэ-малхут дэ-Асия имеет свои рош и гуф, причем гуф делится своими хазе, табуром и сиюмом раглин. Парса, которая находится под Ацилутом данной ступени, стоит в хазе, ограничивая его. От хазе до табура стоит Брия данной ступени. От табура до сиюм раглин находятся Ецира и Асия данной ступени. Сфирот ХаГа"Т каждой ступени соответствуют Ацилут. Нижние две трети тифэрэт от хазе до табура – это Брия, НеХ"И – Ецира и малхут – Асия.

> **קפח)** ולכן הראש דכל מדרגה מיוחס לבחינת כתר, או יחידה, או לפרצוף גלגלתא. והאצילות שבו, שמפה עד החזה, מיוחס לחכמה, או לאור החיה, או לפרצוף ע"ב. והבריאה שבו, שמחזה עד הטבור, מיוחס לבינה, או לאור הנשמה, או לפרצוף ס"ג. והיצירה ועשיה שבו, שמטבור ולמטה, מיוחס לזו"ן, או לאורות דרוח נפש, או לפרצוף מ"ה וב"ן. (ותראה באילן, מציור ג' ואילך, איך כל פרצוף מתחלק לפי הבחינות הנ"ל).

188. Итак, рош каждой ступени относится к уровню кэтэр, или ехида, или парцуф Гальгальта. Ацилут (от пэ до хазе) относится к хохме, или свету хая, или А"Б. Брия (от хазэ до табура) относится к бине, или свету нэшама, или парцуф СА"Г. Ецира и Асия (от табура вниз) относятся к ЗО"Н, или светам руах и нэфеш, или парцуфим М"А и БО"Н (см. рисунки, начиная с третьего в «Сэфер аИлан»).

КОНТРОЛЬНЫЕ ВОПРОСЫ К «ВВЕДЕНИЮ В НАУКУ КАББАЛА»

Приводимые здесь контрольные вопросы написаны самим Бааль Суламом и их проработка по тексту «Птихи»* важна для понимания материала и следования указаниям и советам нашего Учителя. Вначале необходимо написать ответ на каждый вопрос самому. Причем ответ должен быть обязательно написан в максимально полном виде, включая сам вопрос, чертежи, пояснения и выводы. Затем необходимо обратиться к тому месту в «Птихе», где эта тема изложена Бааль Суламом, сравнить расхождения и вновь написать свой ответ, не заглядывая в предыдущий и в оригинальный материал. Только после ответа на все 86 вопросов можно считать, что «Птиха» пройдена и переходить к изучению следующих материалов – ТЭ"С и «Бейт Шаар Акаванот».

Удачи в постижении!
Рав Лайтман

1. Что такое вещество («хомер»), из которого создано Творение? (п. 1)
2. Что такое свет и сосуд, описываемые в десять сфирот? (п. 2)
3. Почему десять сфирот называются только четырьмя бхинот ХУ"Б ТУ"М, откуда появляется число 10? (п. 3)
4. В чем причина деления каждого творения на десять сфирот? (п. 5)

---

* «Птиха» – краткое устное обозначение статьи Бааль Сулама «Птиха леХохмат аКаббала» («Введение в науку Каббала»), которая положена в основу книги «Наука Каббала» рава Лайтмана.

5. Какова разница между мирами АБЕ"А? (пп. 6, 7, 8 и 9)
6. Почему мир Ацилут считается относящимся только к Творцу? (п. 6)
7. Как душа (нэшама) отделилась от Творца? (п. 7)
8. Что такое «зивуг дэ-акаа» высшего света с экраном? (п. 14)
9. Как возникли новые сосуды, относящиеся к желанию отдавать? (п. 15)
10. Почему авиют, присущая желанию получать, присутствует и в новых сосудах? (п. 18)
11. В чем причина того, что парцуфим после своего возникновения становятся один под другим? (п. 22)
12. Почему сосуды КаХа"Б Ту"М располагаются сверху вниз? (п. 24)
13. Почему света называют по порядку снизу вверх – НаРаНХа"Й? (п. 24)
14. Почему есть обратная зависимость между светами и сосудами? (п. 25)
15. В чем заключается разница между рош и гуф парцуфа? (п. 26)
16. Как возникли пять парцуфим мира А"К (рош и гуф) один под другим? (пп. 27, 28)
17. Почему А"К стал тонкой линией и не наполняет светом все Мироздание? (п. 31)
18. Почему свечение А"К прекратилось над точкой нашего мира? (п. 31)
19. Какова величина окружающего света по отношению к внутреннему свету в А"К? (п. 32)
20. Как и в чем проявляется окружающий свет мира А"К? (п. 32)
21. Почему окружающий и внутренний света связаны между собой в одном сосуде? (п. 33)
22. Что такое соударение окружающего и внутреннего светов? (п. 34)
23. Как экран и решимот дэ-гуф поднимаются в пэ дэ-рош? (п. 38)
24. В чем причина того, что нижний парцуф образуется из пэ высшего? (п. 39)
25. Почему каждый нижний парцуф на один уровень (бхину) меньше, чем высший? (п. 40)
26. Почему нижний парцуф отделяется от верхнего, и почему он считается «сыном» и «порождением» высшего парцуфа? (п. 40)

27. Что такое решимо дэ-итлабшут и решимо дэ-авиют? (пп. 42, 43)
28. Почему во всех парцуфим возникают 2 уровня в рош – захар и нэкева? (п. 43)
29. Почему уровень парцуфа определяется уровнем нэкевы, а не уровнем захара? (п. 44)
30. Что такое таамим, некудот, тагин и отиет? (пп. 48, 49)
31. Почему уровень таамим – это милосердие (рахамим), а уровень некудот – категория суда (дин)? (п. 48)
32. Почему каждый парцуф делится на рош, тох и соф, причем каждая из этих частей состоит из десяти сфирот? (п. 50)
33. Почему каждый нижний парцуф надевается на верхний на хазе и вниз? (п. 53)
34. В чем заключается разница между Ц"А и Ц"Б? (п. 58)
35. Почему миры не могли существовать по законам Ц"А? (п. 57)
36. В чем заключается главная польза Ц"Б? (пп. 57, 58)
37. Что такое цимцум НеХ"И дэ-А"К и что послужило его причиной? (п. 60)
38. Почему мир Некудим не оделся на парцуф СА"Г над табуром? (п. 62)
39. В чем заключается сущность парсы, находящейся под миром Ацилут? (п. 67)
40. Как возникли три места для миров БЕ"А? (п. 67)
41. Почему возникают катнут и гадлут в каждом парцуфе? (п. 71)
42. Почему у парцуфим А"К не было катнута и гадлута? (пп. 70, 71)
43. Почему у ГА"Р дэ-Некудим, т.е. у Кэтэр и АВ"И, возникли захар и нэкева (дхар ве нуква)? (п. 74)
44. Почему Кэтэр мира Некудим не распространяется в ЗА"Т? (п. 74)
45. Почему каждая ступень в мире Некудим разделилась на две части? (п. 76)
46. Что привело к появлению «паним» и «ахораим» в мире Некудим? (п. 76)
47. Почему ахораим верхнего парцуфа находятся в паним нижнего? (п. 77)
48. Какова причина подъема МА"Н? (п. 80)
49. Какова причина появления мохин дэ-гадлут? (п. 84)

50. Какой свет поднимает АХА"П сосудов и ГА"Р светов? (п. 84)
51. Что такое подъем малхут в никвей эйнаим и спуск АХА"П вниз? (п. 85)
52. В чем разница между названиями сфирот Г"Э АХА"П и КаХа"Б Ту"М? (п. 85)
53. Почему хэсэд, гвура и верхняя треть тифэрэт относятся к сосудам дэ-паним? (п. 85)
54. Почему нижние две трети тифэрэт и НеХИ"М относятся к сосудам дэ-ахораим? (п. 85)
55. Что такое света холам, шурук и хирик? (п. 89)
56. Почему точка хирик во время своего выхода в мире Некудим разбивается? (п. 90)
57. Почему хирик стоит под буквами (отиет)? (п. 91)
58. Как ЗА"Т подняли МА"Н в ГА"Р мира Некудим? (пп. 93, 94, 95)
59. Что такое сфира даат, которая впервые появляется в мире Некудим? (п. 98)
60. Почему сфира даат не становится 11-й сфирой? (п. 100)
61. Каков уровень парцуфа таамим рош и гуф в мире Некудим? (п. 104)
62. Каков уровень парцуфим некудот рош и гуф в мире Некудим? (п. 104)
63. Что такое мелех а-даат мира Некудим и его уровень? (п. 107)
64. В чем причина разбиения сосудов? (п. 105)
65. Почему гадлут в мире Некудим – это только что-то дополнительное к основному? (п. 72)
66. Как называются в мире Некудим ступени АВ"И и ИШСУ"Т? (пп. 110, 111)
67. Чем отличается М"А мира Некудим от Нового М"А (мир Ацилут)? (п. 113)
68. Чем отличается парцуф от мира? (пп. 115, 116)
69. Что такое первый и второй ибур? (пп. 121, 122)
70. Что такое ибур, еника и гадлут? (пп. 121, 122)
71. Как возникли пять ступеней мира Ацилут, одна под другой? (пп. 122–129)
72. Каков порядок наложения («одевания») пяти парцуфим мира Ацилут друг на друга? (пп. 122–129)

73. Что такое М"А и БО"Н в каждом парцуфе мира Ацилут? (пп. 129, 133)
74. Какие два вида гадлута могут существовать в мире Ацилут? (пп. 134, 135)
75. Какая разница между дополнением до десяти сфирот нижнего парцуфа за счет АХА"П верхнего и использованием для этой цели своего собственного АХА"П? (пп. 135–138)
76. С помощью какого вида дополнения до десяти сфирот образуют свой гадлут постоянные пять парцуфим в мире Ацилут. (п. 138)
77. Какой размер у гуфим А"К и у гуфим мира Ацилут? (п. 139)
78. Почему миры дополняют свои 10 сфирот с помощью АХА"П дэ-алия? (пп. 142, 143)
79. Каковы 7 основных моментов в мирах БЕ"А? (пп. 144, 154)
80. Почему миры растут при достижении душами цадиким мохин? (пп. 161, 162)
81. Каков порядок трех подъемов в это время? (пп. 163–176)
82. Как пять парцуфим мира Ацилут одеваются на пять парцуфим мира А"К во время каждого из этих подъемов? (пп. 163 – 176)
83. Что такое 4 наполнения Имени АВА"Я: А"Б, СА"Г, М"А и БО"Н? (п. 181)
84. На какие 4 части делится парцуф? (п. 180)
85. В чем смысл понятий «пэ», «хазе», «табур» и «сиюм раглин»? (п. 181)
86. В чем причина деления парцуфа на Кэтэр и АБЕ"А? (пп. 180–185)

Краткое повторение

Рав Барух Ашлаг

КРАТКОЕ ПОВТОРЕНИЕ

рав Барух Ашлаг

Сначала мы разберем тему «Связь, которая существует между Творцом и творением», отметив, что Сущность Творца непостижима. Мы можем постичь только Его действия. Эту связь можно еще назвать «Замыслом творения», где желанием и целью Творца является насладить творения.

Поэтому с момента Замысла Творения начинается развитие Мироздания сверху вниз: создание миров, природы, затем, из своего корня, называемого «душа Адам аРишон», рождаются человеческие души. Все, что создано до рождения души Адама, или просто души, создано в качестве среды обитания, в которой эта душа – единственное творение, которое может существовать, развиваться и совершенствоваться до своего наивысшего духовного уровня.

Поговорим о пути развития миров сверху вниз. Желая насладить творения, Творец хотел дать им, например, 100 килограммов удовольствия. Поэтому Он должен был создать такие творения, которые захотели бы получить это наслаждение. В желании получить наслаждение и заключается вся суть творений. Отсюда и название «Еш ми айн» – возникшее из несуществовавшего ранее, до замысла Творца. И создано это желание насладиться для осуществления замысла насладить творения.

Для создания желания насладиться обязателен порядок прохождения четырех стадий развития желания, потому что не может человек насладиться без страстного желания к этому наслаждению. Поэтому сосуд – это страстное желание насладиться. И согласно мере этого желания измеряется величина этого сосуда.

Для появления желания получить существуют два условия:

1) Необходимо знать, чем ты желаешь насладиться. Не может человек возжелать что-либо, чего он никогда не видел и о чем не слышал. То есть необходимо, чтобы наслаждение было предварительно прочувствовано и оценено как наслаждение.

2) Сосуд не должен иметь это наслаждение в данный момент, потому что если наслаждение наполняет желание, то оно гасит стремление к себе.

Для достижения этих двух условий, т.е. для развития настоящего желания, первоначальное желание насладиться, которое исходит из ничего, из замысла Творца насладить, должно пройти 4 стадии развития.

Стадия шореш, 0, кэтэр – «Желание Творца насладить творения».

Стадия алеф, 1, хохма – «Желание Творца насладить творения», создало «Еш ми айн», из ничего – желание насладиться, создало его из света, наслаждения, уготованного Творцом, а потому желание насладиться появилось уже наполненное наслаждением. А поскольку в желании уже есть наполнение, то нет истинного стремления к нему.

Стадия бэт, 2, бина – так как свет исходит из Творца и Его свойства наслаждать, то наслаждаясь светом, сосуд, желание насладиться, постепенно получает от света его свойство «наслаждать», отдавать, т.е. у сосуда появляется желание стать подобной свету. Возникновение нового желания в стадии 1 выделяет это возникшее желание «отдавать наслаждение» в отдельную стадию 2.

Вопрос: «Если желание бины – отдавать, почему она считается более грубой, более отдаленной от Творца? Ведь она должна быть более чистой, чем хохма?»

Я хочу объяснить это на примере. Человек преподносит товарищу подарок, и тот его принимает. Затем, подумав, решает не брать подарок и возвращает его обратно. Вначале он был под влиянием и желанием дающего, поэтому взял подарок. А получив, почувствовал себя получающим, и это чувство стыда вынудило его возвратить подарок. Отсюда вывод: бхина алеф получила под влиянием дающего и не чувствовала себя получающей, а когда она, под влиянием света, почувствовала себя получающей, то перестала получать. Поэтому ощущение желания насладиться в стадии бина больше, чем в стадии хохма, – само желание ощущает себя более эгоистическим, потому что сравнивает себя уже со светом, т.е. с отдающим. Поэтому оно само считает себя более удаленной от Творца.

Свет, который входит в сосуд, когда тот хочет слиться своими свойствами с Творцом, называется светом хасадим. И этот свет светит в бине. Но бина ощущает только желание отдать, а отдавать она может только свету, Творцу. Бина осознает, что ее целью является получение, наслаждение. Отдать Творцу можно только свое наслаждение Им.

Поэтому стадия 2 идет на компромисс: теперь она получит свет хасадим и немного света хохма. А поскольку, чтобы получить свет хохма, бина должна была возбудить в себе желание насладиться им, то новое желание и к хасадим, и к хохма является более грубым, чем предыдущее. Поэтому **стадия 3** находится еще дальше от Творца и называется бхина гимэл дэ-авиют. Эта стадия носит название «Зеир Анпин» – маленькое лицо, потому что хохма называется «паним» («анпин» на арамейском языке) – лицо, но маленькое – «зеир», т.е. духовный объект в миниатюре.

Когда стадия 3 полностью наполняется согласно своему желанию светом хасадим со свечением хохма, в ней возникает желание получить весь свет хохма, а не его часть. Это происходит потому, что свет сообщает З"А, что Замысел Творения заключается в том, чтобы Творение получило именно свет хохма, причем, все 100% света, уготованного ему Творцом. Это пробуждение способствует появлению в сосуде огромного желания получить столько света хохма, сколько было в бхине алеф, с той разницей, что в бхине алеф не было такого страстного желания со стороны творения к получению света, как в бхине далет, малхут, а поэтому бхина алеф не испытывала наслаждения светом, ведь там свет породил желание, а тут желание притягивает наслаждение!

Поэтому **стадия 4** называется настоящим сосудом, а все предыдущие стадии носят название подготовительных. Наслаждение заполняет малхут без ограничения, без конца, малхут не ограничивает распространение света в ней, она наслаждается им полностью, и потому она называется Мир Бесконечности – 100 кг наслаждения заполнили 100 кг желания.

Но вновь, когда свет наполняет стадию 4, малхут, он начинает передавать ей свои свойства, как это уже было в стадии 1: стадия 1 получила свет, но вместе с наслаждением начала получать от света и его свойство отдавать, услаждать, от чего ее желание получать сменилось желанием отдавать, стадией 2.

Поскольку это желание совершенно противоположно ее исконному, природному желанию получать наслаждение, то малхут испытывает «стыд» – огромное внутреннее напряжение между своим природным и вновь приобретенным желаниями. Вследствие этого она решает полностью прекратить получать свет, так же, как стадия 1 при переходе в стадию 2. Почему же в стадии 1 не было ощущения стыда? Потому что здесь, в стадии 4, есть уже желание насладиться, исходящее из самого творения, а не то, которое было создано Творцом.

Исторжение наслаждения из желания, из стадии 4, из малхут, производится самим Творением, поэтому оно называется Первое Сокращение – Цимцум Алеф, т.е. сокращение желания.

Но свет передал малхут свойства стать таким как он, а малхут только прекратила наслаждаться. Как же может творение выполнить желание Творца – наслаждаться всем светом хохма и не быть получающим, а отдающим, подобно Творцу?

После сокращения малхут принимает решение: получать все наслаждение, как того желает Творец, но получать только потому, что он желает этого, а не потому, что этого желает сама малхут.

Вопрос: «Цимцум был только на бхину далет, сокращение было только на желание лекабель аль минат лекабель – наслаждаться ради себя, получение ради получения (в противоположность появляющемуся затем получению ради отдачи). Почему же свет исчез из всех предыдущих бхинот»?

Ответ: три первые бхинот еще не называются «сосуд», они только способствуют образованию настоящего сосуда в бхине далет – получение ради получения. Единственный настоящий сосуд – это малхут, и если он не хочет получать, то он перестает ощущать свет, он как бы не существует в стадиях 0–3.

Малхут приняла в себя весь свет и наполнилась вся. Такое абсолютное наполнение светом, когда все желания удовлетворены,

Краткое повторение

называется полным, или круглым, потому что круг (точнее шар, ведь имеется ввиду объемная фигура, Малхут Мир Бесконечности, заполненная светом) не имеет отличий в своих частях, у него нет понятий «верх – низ», «лучше – хуже». Ведь если каждое желание полностью наполнено, то не имеет значения, какое это желание, большое или маленькое, все они наслаждаются бесконечно.

Только после цимцума, когда свет исчез, пустые желания начинают отличаться друг от друга по своим свойствам, величинам, удалением от Творца, происходит разделение на низ – верх по значимости, более – менее духовно, ближе – дальше от Творца. То, что дальше от эгоизма, считается более высоким по значению, а то, что ближе – более низким.

После цимцума в пустых желаниях остались «следы» – решимот от света, который был в них. Эти 5 стадий, или 10 сфирот (потому что стадия 3, З"А, состоит из 6 частей), после сокращения называются «десять круглых сфирот» – «эсэр сфирот дэ-игулим». Круглых – потому что нет в них понятия «низ – верх».

Поскольку развитие происходит от Творца к творению, от совершенства к несовершенству, то всегда желание высшего становится законом, обязательным для низшего. Поэтому, решив не получать больше свет ради себя, для самонаслаждения, малхут этим сделала запрет, который распространяется на все части творения, которые затем произойдут от нее.

Никогда нельзя будет самонаслаждаться, а если какая-то часть малхут, например, человек, пожелает этого, то он не сможет насладиться, а будет постоянно находиться в погоне за наслаждением. Малхут – это единственное создание, творение. Все, что существует кроме Творца, является ее частями.

Хотя решение сократиться было совершенно добровольное, но как только малхут приняла его, она этим превратила это решение в закон, и теперь ей запрещено получать свет как ранее, ради собственного наслаждения. А если существует запрет, то появляется понятие «верх – низ» относительно этого запрета. Поэтому получение света ради Творца называется кав – линия, распространяющаяся сверху, из Мира Бесконечности, вниз, до нашего мира.

Оставшиеся пустыми круглые 10 сфирот после сокращения наполняются светом с помощью линии.

Итак, есть три состояния творения (желания, малхут).
1) Желание получить, которое создано в мире Эйн Соф и которое получило весь свет. Оно называется малхут дэ-Эйн Соф, Малхут Мира Бесконечности.
2) Сокращенное желание, называемое Олам Цимцум – Мир Сокращения, малхут мецумцэмет (сокращенная, опустошенная малхут).
3) Малхут дэ-кав – малхут, решившая получать свет после сокращения, но лишь столько, сколько она в состоянии получить не ради себя, а ради Творца.

После сокращения малхут решает наслаждаться ради Творца. Поэтому она притягивает весь свет, который исторгла из себя, и оценивает, какую его часть она может получить с намерением не самонаслаждаться, а усладить Творца. Такое решение малхут сначала принимает мысленно (бэ коах), а затем в действии (бэ поаль).

Само взаимодействие малхут со светом, отталкивание своего желания самонасладиться и облачение получаемого света в желание усладить Творца, называется зивуг дэ-акаа ор бе масах – ударное взаимодействие света с экраном. Потому что малхут ставит заслон на пути приходящего света.

Этот заслон отражает весь приходящий свет, а затем малхут делает расчет, что, например, 20 процентов от приходящего света она может получить ради Творца, и получает его внутрь, в желание насладиться, и наслаждается, но это наслаждение облачено в намерение «ради Творца». В оставшихся же вне ее 80 процентах света она чувствует столь огромное наслаждение, что если она получит его, то не сможет наслаждаться ради Творца, а начнет получать ради себя. Поэтому она решает более 20 процентов не получать.

В чем отличие цимцума от масаха? Цимцум произошел в результате свободного решения самой малхут прекратить наслаждаться всем бесконечным светом, т.е. всем наслаждением, исходящим от Творца, которое находится в ней. Масах – это закон верхнего по отношению к нижнему: даже если нижний захочет получать, верхний не допустит этого.

Что такое зивуг дэ-акаа? Высший, желая насладить творения, пробуждает в низшем желание получить это наслаждение – свет. А низший, желая быть подобным высшему по свойствам, не желает получать свет. Отсюда и разногласие между ними, которое выражается в ударе одного в другой – акаа.

Высший и низший – это всегда Творец и творение, потому что любая высшая ступень, сфира, парцуф, мир, душа относительно более низшей является ее родителем, ее источником, от которого низший происходит и получает свет. Кроме того, низший может постичь только одну ступень, более высшую, чем он сам. Поэтому более высшая ступень всегда представляется низшей ступени как Творец.

В результате разногласия, заключающегося в том, что каждый желает дать, а не получить, происходит удар, акаа, оба приходят к соглашению путем зивуга – слияния: нижний принимает свет, как того желает высший, но в том количестве, которое может принять с намерением отдавать. Зивуг, слияние, возможен только в случае, если ему предшествовала акаа, удар, противоречие.

Весь процесс зивуг дэ-акаа происходит в той части творения, которая предшествует самому действию. Такое осмысление и принятие решения называется рош – голова, или шореш – корень, или бэ коах – принятие решения. Затем следует само действие, которое называется гуф – тело, следствие принятого решения, бэ поаль – в действии.

Существование рош, предварительной оценки действия, решения, необходимо потому, что существуют желания, на которые еще нет намерения насладиться ради Творца, и малхут обязана производить расчет, который называется рош, прежде чем получает свет в действии, в гуф.

Поэтому сказано: «Прежде чем были созданы творения, не было понятия рош и соф», потому что в мире Эйн Соф еще не было запрета получать, и малхут получала без ограничения, без оценки и предварительного взвешивания. Но как только малхут приняла решение не получать ради себя, а получать только ради Творца, тут же возникла потребность в противодействии своему желанию, в облачении наслаждения в альтруистическое намерение, определился соф, произошло разделение между рош (бэ коах) и гуф (бэ поаль).

20 процентов, которые малхут получила, называются тох, т.е. место распространения света в желании. Желание состоит из рош, тох, соф. Рош заканчивается в пэ – рот. Получение света происходит от пэ до табур. Эта часть желания и называется

тох. В табуре стоит малхут дэ-тох, получившая 20 процентов света. Она же ограничивает получение 80 процентов света в 80 процентов, оставшихся пустыми, желаний. Свет, уготованный наполнить эти желания соф, остается снаружи и называется «окружающий свет» – ор макиф.

После наполнения сосуда от пэ до табур 20 процентами света остальные 80 процентов, ор макиф, ударяют в экран, стоящий в табуре, и говорят этим малхут, что путь, которым она руководствуется, неправильный, так как при этом невозможно выполнить замысел творения. То есть если она останется на этом же уровне, то никогда весь свет, кроме этих 20 процентов, не войдет в нее. А поскольку малхут не в состоянии принять света более, чем эти 20 процентов, а оставаться наполненной только на 20 процентов она не может, потому что это состояние сейчас раскрылось как несовершенное, то она решает совсем прекратить получать свет.

Столкновение мнений малхут, решившей и принявшей только 20 процентов, и окружающего света, называется битуш ор макиф в ор пними, или битуш ор макиф в масах, стоящий в табуре.

Каждое наполнение светом состоит в заполнении светом всех 5 частей малхут. Даже если малхут наполняется на 20 процентов, то все 5 ее частей наполняются на 20 процентов каждая. Поэтому, когда малхут решает освободиться от принятого внутрь света, то она освобождается от него постепенно.

После сокращения малхут приняла решение принять 20 процентов света от того, который был в ней в состоянии полного наполнения. От этого состояния в малхут остались решимот, и на них она совершает зивуг.

Масах постепенно освобождается от авиют. Сначала от бхины далет дэ-далет, затем от бхины гимэл дэ-далет и т.д., пока не доходит до пэ дэ-рош, откуда начинается масах дэ-гуф. Масах по мере подъема каждый раз использует меньше авиют, а следовательно, получает все меньший и меньший свет ради отдачи. При нахождении масаха на стадии далет он может получить свет ехида, на стадии гимэл – свет хая, стадия бэт дает ему возможность получить свет нэшама, стадия алеф – свет руах, а стадия шореш – только свет нэфеш ради отдачи, пока становится совсем не способен получить ради отдачи и прекращает получать.

Краткое повторение

Возникает вопрос: «В чем преуспел ор макиф, желая заставить творение выполнить замысел творения и получать все больше и больше? На первый взгляд, происходит обратная желанию ор макиф картина: масах совершенно прекращает получать свет, и сосуд теряет даже то, что у него было».

Ответ: до битуш невозможно было получить ни грамма больше. А теперь, при исчезновении бхины далет, уже может получить больше, т.е. в бхину гимел. При потере бхины гимэл – получает в бхину бэт и т.д. С помощью битуш создались новые сосуды. И в чем же, собственно, прибыль, если каждый раз Творение вроде бы получает меньше? Существует правило: в духовном ничего не пропадает, т.е. все, что открылось, остается, однако этим невозможно наслаждаться. Только при окончании всей работы откроются все света одновременно. Это в конечном счете и будет прибылью.

Существует рассказ. Двое людей были в юности друзьями. Затем разошлись их пути. Один стал королем, другой – нищим. По прошествии нескольких лет услышал нищий, что его друг стал королем. И решил нищий поехать в страну, где правил его друг, чтобы попросить у него помощи. При встрече он рассказал королю о своем бедственном положении. Рассказ друга тронул сердце короля, и он дал ему письмо к своему министру финансов, чтобы тот позволил другу находиться возле казны два часа. Все, что он сумеет вынести из казны за это время, будет его.

Получил нищий у министра финансов соответствующее разрешение и начал наполнять кружку, с которой он просил милостыню на дорогах, деньгами. В течение 5 минут наполнил кружку и вышел наружу счастливый. Однако на выходе охранник взял кружку, перевернул ее и высыпал все содержимое на пол. Расплакался нищий. Сказал ему охранник: «Возьми кружку и наполни ее вновь деньгами». Нищий снова наполнил кружку, и снова на выходе охранник ее опустошил.

И так продолжалось, пока не пробежали два часа. Когда нищий вышел в последний раз с полной кружкой, то он стал умолять охранника оставить ему эту единственную кружку, так как время его окончилось, и он не сможет войти еще раз. Охранник ответил ему, что не только эта последняя кружка с деньгами – его, но все предыдущие деньги, которые он выбрасывал в течение двух часов, тоже его.

Отсюда мораль – каждый раз, когда мы получаем часть света ради Творца, то это остается. Однако если это остается, то не хочется получать больше, так как нет возможности расширить намерение ради Творца на большее количество, чем уже получил. Поэтому должна исчезнуть предыдущая ступень, чтобы была возможность на каждой следующей ступени исправить сосуды на желание получить ради Творца, до тех пор, пока не исправит все сосуды и не засветят все света одновременно.

Возвратимся к объяснению и уточнению понятия масаха. Первое распространение света, которое вышло из пэ вниз, называется таамим. При ослаблении масаха каждый раз выходит новая ступень. Все эти ступени называются некудот. Со слов Рава, с помощью битуш образовались новые сосуды, и появилась возможность получить каждый раз дополнительную порцию света. Пока свет светит в сосуде, в нем нет потребности и желания получить. Следовательно, оба, и свет, и сосуд, имеют одно и то же значение. Однако после исторжения света можно определить отдельно и свет, и сосуд.

Ступени, которые выходят во время ослабления масаха, называются некудот – имеется в виду некудат цимцум. Что это такое? Малхут без света называется черной точкой. Когда действует запрет получать ради получения, образуется тьма. В том месте, где появляется желание получить ради самонаслаждения, начинает действовать точка цимцума. В нашем примере, когда масах теряет бхину далет, на нее сразу же распространяется запрет получать ради получения, и там действует некудат цимцум. Затем это действие распространяется на бхину гимэл и т.д.

Сейчас выясним разницу между рош, тох, соф. Рош – это бхина бэ коах, – там нет получения. От рош распространяются две части: одна часть, куда можно получить свет хохма, ор пними, свет замысла творения. Она называется 10 сфирот тох. Вторая часть – это часть желания получить ради себя, которую сосуд не желает использовать и не желает получать, а делает там конец (соф) получению. Она называется 10 сфирот дэ-соф. Основная разница между тох и соф в том, что в тох светит свет хохма, а в соф – свет хасадим с небольшим свечением света хохма.

Свет хохма светит в получающие сосуды, он зависит от уровня авиюта в сосуде. Свет хохма символизируется распространением сверху вниз, поэтому ему присущи понятия «арох» (длинный) и «кацар» (короткий).

Краткое повторение

Свет хасадим не распространяется с помощью авиюта и не зависит от него, поэтому имена в свете хасадим символизируются понятиями ширины – «правый» и «левый», что намекает на свечение на одном уровне вне зависимости от количества авиют.

До сих пор мы говорили только о первом парцуфе А"К – Гальгальта, или парцуф пними дэ-А"К. В каждом мире есть парцуф пними, у которого имеются 4 вида одеяний. Выясним это относительно А"К. Парцуф Гальгальта состоит из полной АВА"Я (Имя Творца «йуд-хей-вав-хей»).

Из каждой буквы АВА"Я выходит самостоятельная ступень. Рош невозможно постичь, она называется кэтэр, или коцо шель йуд (точка йуд). От пэ до хазе она носит название йуд. На этом уровне выходит 2-й парцуф мира А"К – А"Б, и одевается на него. Ступень от хазе и ниже называется первая хэй. Это 3-й парцуф А"К – СА"Г, или бина. А"Б и СА"Г одеваются от табура и выше и составляют буквы йуд-хэй.

От табура и ниже находятся буквы вав-хей АВА"Я. Вав занимает верхнюю треть нэцах-ход-есод и называется М"А, из которого потом выходит мир Некудим и одевается там. Последняя хэй находится на нижних двух третях нэцах-ход-есод, из нее выходит парцуф БО"Н, или малхут. Впоследствии на этом месте возникает мир Ацилут, который использует авиют шореш.

Когда исчез свет из парцуфа Гальгальта, остались пустые сосуды, и в них находятся решимот от светов, которые светили в них. Решимо – это страстное желание к тому, что было. Решимо состоит из двух частей: из света прозрачного и света более грубого. Решимо прозрачного света остается от ор яшар (прямого света), а от ор хозер (отраженного света) остается решимо более грубого света. Оба они соединены вместе и одеты в общий ор хозер, который исполняет роль сосуда.

Когда свет светит в сосуд, невозможно отделить одно от другого, оба выполняют одну и ту же функцию. Это можно сравнить с едой и аппетитом. Оба они участвуют в одной операции. Если нет еды и есть аппетит, невозможно поесть. То же самое, когда есть еда и нет аппетита.

Как только свет исчезает из парцуфа, появляется понятие сосуда, роль которого исполняет ор хозер. Это понятие относится и к решимот. Когда прозрачный и грубый света вместе, оба они называются светом. А когда ор яшар, прозрачный, исчезает из решимо, свет более грубый получает имя ницуцин. Свет, который, исчезает из решимо, светит издалека.

Сейчас выясним, что такое шореш сосудов и шореш светов. Существует правило: все миры выходят по системе «печать и ее отпечаток». Порядок, в котором вышли все различия вначале, в том же порядке распространяются и миры сверху вниз. Впервые проявились сосуды в парцуфе Гальгальта, поэтому он называется шореш сосудов. Пока свет светит в сосудах, невозможно разделить между сосудами и светами. Сосуды впервые проявляются после исторжения света из них. И в них остаются решимот от света. Так, в сосуде кэтэр находится решимо от света кэтэр. В сосуде хохма осталось решимо от света хохма. Каждый свет, который светит, входит в наиболее чистый сосуд, т.е. кэтэр, и это называется шореш сосудов.

Выясним, что такое тагин и отиет. Решимо от таамим называется тагин. Решимот от некудот называются отиет (буквы).

После выхода света из парцуф Гальгальта остаются два вида решимот. Решимо от света кэтэр, который был в сосудах, называется далет дэ-итлабшут. Последняя же стадия от силы масаха – далет, потеряна и осталась только бхина гимэл дэ-авиют. Это второй вид решимо. Итлабшут – это решимо от таамим, авиют – решимо от некудот.

При ослаблении масаха в парцуфе Гальгальта и его подъеме к масаху дэ-рош произошли два зивуга в рош ступени: один на далет дэ-итлабшут, другой на гимэл дэ-авиют на уровне света хохма. Так вышел парцуф А"Б. Далет дэ-итлабшут светит только в голове ступени и не дает свету распространиться в гуф, а гимэл дэ-авиют способствует распространению света в гуф парцуф, т.е. в сосуды и отиет.

При ослаблении масаха парцуфа А"Б теряется последняя ступень авиют гимэл и остается авиют бэт и итлабшут гимэл. После двух зивугим на эти бхинот возникает парцуф СА"Г. Некудот дэ-СА"Г – бхина хасадим, поэтому они могут распространиться под табур дэ-Гальгальта. Несмотря на то что под табуром есть авиют далет, т.е. получающие сосуды, все же Некудот дэ-СА"Г имеют желание отдавать, и получение их не интересует.

Не имея масаха на бхину далет и видя величину желания получить, которое там есть, Некудот дэ-СА"Г захотели получить.

Но на желание получить есть цимцум, поэтому свет тут же исчез. Как произошло, что Некудот дэ-СА"Г, будучи отдающими сосудами, захотели вдруг получать для себя? Г"АР дэ-бина не захотели получать. А только ЗА"Т дэ-бина должны получить свет хохма, чтобы отдавать З"А. Поэтому цимцум произошел только в ЗА"Т дэ-бина, т.е. в АХА"П, которые вышли за пределы ступени. И этот цимцум называется цимцум бэт, Ц"Б. ГА"Р дэ-бина, т.е. Гальгальта ве эйнаим (Г"Э), не смешались с бхиной далет. Это место пока называется место Ацилут.

Когда масах парцуфа СА"Г начал подниматься наверх в пэ дэ-рош, то в рош произошли следующие зивугим: зивуг на решимот дэ-таамим дэ-СА"Г, которые не спустились под табур, на которые вышел парцуф М"А Элион. Зивуг на решимот дэ-СА"Г, которые сделали цимцум и соединились с бхинат далет под табуром. На них вышел парцуф М"А, который называется мир Некудим. Этот зивуг сделан на половину ступени алеф дэ-авиют и бэт дэ-итлабшут с информацией о произошедшем Ц"Б.

В мире Некудим есть две головы: одна кэтэр – бэт дэ-итлабшут, другая Аба ве Има – алеф дэ-авиют. Так как бэт дэ-итлабшут не способна притянуть свет из-за отсутствия потребности, то должна работать вместе с авиют, чтобы с ее помощью притянуть свет. Мы изучали, что ступень света, которая светит там, ВА"К дэ-бина, бхина хафец хэсэд, которая способствовала, чтобы на данной ступени не было нужды в свете хохма. Этот свет называется также тикун кавим (исправление линий).

Мы знаем, что в мире Некудим «тикун кавим» светит только в голове, так как итлабшут не может распространить свет в гуф, но в гуф было небольшое свечение, и не было там удовлетворения от состояния катнут. Однако когда пришел свет гадлут, то даже отдающие сосуды разбились.

Но только и именно после разбиения келим появляется самостоятельное желание, называемое «творение», и оно-то начинает искать пути к своему Источнику. Поэтому нет ни одного действия в мироздании, от его начала и до его конца, которое бы не приближало все существующее к цели – вечному, совершенному, бесконечному наполнению Высшим светом.

Устройство духовных миров

*Краткий конспект бесед
рава Михаэля Лайтмана*

ОГЛАВЛЕНИЕ

Правильное восприятие реальности 491
Четыре стадии развития сосуда 500
Первое сокращение. Экран. Парцуф 504
Распространение и изгнание света 508
К моим ученикам 512
Решимот 517
Рождение парцуфа 522
Цельность мироздания 528
Цимцум бет (второе сокращение) 532
Мир Некудим 536
Мир Исправления 541
Причинно-следственное развитие 549

ПРАВИЛЬНОЕ ВОСПРИЯТИЕ РЕАЛЬНОСТИ

1. В книге «Зоар» сказано, что все духовные миры, как высшие, так и низшие, находятся внутри человека, и что все эти миры, вся реальность были созданы только для человека. Однако мы воспринимаем реальность иначе – что мы находимся внутри реального мира, а не реальный мир находится внутри нас.

Если это так, то почему же человеку недостаточно нашего, материального мира? Зачем ему нужны еще и высшие, духовные миры и то, что в них находится?

2. Причиной для создания реальности послужило желание Творца доставить удовольствие своим Творениям. Поэтому Творец создал Творение обладающим желанием наслаждаться тем, что Творец хочет ему дать. Для того чтобы понять это, нужно учить Каббалу.

Творец находится над временем и пространством и Его идея сразу же претворяется в действие, собственно, Его идея и является действием. Поэтому как только Творец захотел создать Творения и дать им наслаждение, то это немедленно претворилось в жизнь – в одно мгновение возникли все Творения, содержащие внутри себя все миры и наполненные всеми теми удовольствиями, которыми Творец хотел насладить их.

В ходе создания из своей Сущности всех миров, вплоть до нашего мира, Творец максимально отдалил от Себя Творение, так что теперь Творение находится на самом нижнем уровне. Зачем же Он это сделал? Ведь это указывает на несовершенство его действий?

Ари в своей книге «Эц хаим» («Древо Жизни») отвечает на этот вопрос так: «Для того чтобы проявить совершенство своих действий». Это значит, что Творения сами должны дополнить, исправить себя и благодаря этому подняться на уровень самого Творца, т.е. на уровень абсолютного совершенства.

Для этого Творец создал лестницу, состоящую из миров. Души людей (Творения) сначала спускаются по этой лестнице вниз, отделяясь от Сущности Творца, достигая самой нижней ступени, где они одеваются в тела нашего мира, которые называются желанием получать. С помощью изучения Каббалы эти души начинают по ступеням этой же лестницы подниматься вверх, возвращаясь к Творцу.

3. Душа (нэшама) включает в себя свет и сосуд. Свет души исходит из Сущности Творца. С помощью этого света создается сосуд, который представляет собой желание насладиться этим светом. Поэтому сосуд в точности соответствует порции света, которая должна наполнить его. По сути, нэшама это все-таки сосуд, потому что свет – это часть Творца, и поэтому именно сосуд является Творением.

Этот сосуд создается из ничего, ми аин, т.е. этого желания не существовало до того, как Творец решил создать Творение. Так как Творец захотел насладить этот сосуд во всем совершенстве, которое было бы под стать Ему, то Он создал этот сосуд, это желание получать очень большим, согласно количеству света (наслаждения), которое Он захотел дать Творениям.

4. Творение – это нечто принципиально новое, чего не было раньше. Это появление из ничего называется еш ми аин. Однако если Творец совершенен и включает в Себя все, то как может существовать что-либо вне Его?

Как уже было сказано, понятно, что до начала Творения у Творца не было даже тени желания получать. Творец совершенен, и у Него есть только желание отдавать. Поэтому единственное, чего не было у Творца, что Он должен создать – это желание получать от Него.

5. В духовных мирах нет физических тел. Духовный мир – это мир желаний, сил, не облаченных в какую-либо материю. Словами «материя» и «тело» в духовных мирах называется желание получать ради собственного удовольствия.

Поэтому если у двух духовных объектов существует одно и то же желание, одна и та же цель, то они вследствие сходства духовных свойств (желаний) сливаются в одно целое. Это состояние в духовных мирах называется ашваат а-цура (сходство свойств).

И наоборот, если у двух духовных объектов нет одинаковых желаний, нет общей цели, то они отделены друг от друга вследствие разницы в желаниях. Это состояние в духовных мирах называется «шинуй цура» (различие в свойствах).

Поэтому если все желания двух духовных объектов сходны, то они сливаются в одно целое, потому что нет чего-либо, способного разделить их. Можно различить, что есть два объекта, а не один, только когда есть различие между их желаниями. Согласно величине различия в желаниях, они отделяются друг от друга – чем больше различие в желаниях, тем дальше они находятся друг от друга.

6. Мы не можем постичь Сущность Творца, кто Он на самом деле. Поэтому мы ничего не можем сказать о Его Сущности. Однако мы можем узнать Его по Его действиям, которые мы ощущаем на себе. Когда мы ощущаем Его действия, мы можем в соответствии с ним дать Ему то или иное Имя.

7. Каббалисты (от иритского слова «лекабель» – получать, т.е. люди, которые получают от Творца) поднимаются в духовные миры, находясь еще в физическом теле, т.е. когда они еще живут в нашем мире, вместе с нами. Эти люди сообщают нам, что у Творца есть только одно желание – желание давать хорошее. Поэтому Он и создал все Мироздание, чтобы доставить нам удовольствие.

Это является причиной того, что Творец создал нас наделенными желанием получать, чтобы мы могли получать то, что Творец хочет нам дать. Желание получать ради собственного удовольствия является нашей натурой. Однако из-за этой нашей натуры мы по своим духовным свойствам прямо противоположны Творцу. Ведь Творцу присуще только желание отдавать, у Него нет даже намека на желание получать. Если мы навсегда останемся под властью желания получать, то мы всегда будем противоположны Творцу.

Каббалисты сообщают нам, что целью Творца является приблизить Творение к Себе, так как Он является Абсолютным Добром и поэтому Он хочет дать хорошее всем. Еще они говорят, что причиной создания миров является то, что Творец должен быть совершенен во всех своих действиях и проявлениях.

Однако как от совершенного Творца могут исходить несовершенные, незаконченные действия, действия, которые требуют последующего исправления? Творец создал только желание получать, которое и называется Творение. Но когда это Творение получает то, что Творец хочет ему дать, то этим оно отдаляется от Творца, потому что Творец дает, а Творение получает. Сходство свойств, форм в духовном определяется сходством желаний.

Поэтому когда Творение получает, оно отделяется от Творца. Получается, что Творение несовершенно, так его желание противоположно желанию Творца. Если бы Творение оставалось в этом состоянии, то и самого Творца нельзя было бы назвать совершенным. Ведь от совершенного должны исходить совершенные действия.

Для того чтобы предоставить возможность Творению самому, согласно своему собственному свободному выбору, достигнуть Совершенства, Творец сократил свет, исходящий от Него, и создал миры, сокращение за сокращением, мир за миром. Творец одел душу (нэшама), т.е. Его свет, в тело, т.е. в желание получать нашего мира.

Творец дал этому желанию получать, которое называется «человек», средство, с помощью которого Творение достигнет совершенства. Это средство называется «Тора и мицвот» (Тора и заповеди). Когда человек использует это средство правильно, то он достигает совершенства, которого ему недоставало с начала Творения.

Совершенство заключается в том, что Творение достигает сходства свойств, желаний и мыслей с Творцом. И тогда Творение начинает принимать все то удовольствие, которое Творец хочет ему дать, которое заключено в Замысле Творения.

8. В Торе и заповедях содержится способность, являющаяся духовной силой, которая приводит человека к сходству его желаний с желаниями Творца. Но эта духовная сила действует только когда человек занимается Торой и заповедями не для того, чтобы получить за это какую-либо оплату, а для того, чтобы доставить этим удовольствие Творцу. Только при этом условии человек постепенно приобретает сходство свойств с Творцом. Этим человек выполняет желание Творца относительно Творений.

На пути достижения сходства свойств с Творцом есть пять ступеней: нэфеш, руах, нэшама, хая и ехида. Эти пять ступеней человек получает из пяти миров: Адам Кадмон (А"К), Ацилут, Брия, Ецира и Асия. В каждой из этих ступеней есть пять своих собственных ступеней. Таким образом, между нашим миром и Творцом расположены 125 ступеней.

С помощью занятий Торой и заповедями ради Творца человек постепенно постигает ступень за ступенью. При этом он приобретает сосуды – желания отдавать. Так человек поднимается со ступени на ступень, пока не достигает сходства свойств с Творцом.

И лишь тогда осуществляется в этом человеке Замысел Творения, а именно: получить все то удовольствие и совершенство, которые Творец приготовил для Творения. Кроме того, к этому еще прибавляется то, что человек удостаивается истинного слияния с Творцом, ведь человек приобретает желание отдавать, присущее Творцу.

9. Теперь мы можем понять, что подразумевается под словами: «Все миры, как высшие, так и низшие, и все, что внутри них, созданы только ради человека». Это значит, что все эти ступени и миры созданы только для того, чтобы дополнить желание человека и помочь ему достичь сходства желаний с Творцом, которого недоставало человеку с момента Творения.

Сначала возникли все ступени и миры, ступень за ступенью, мир за миром, вплоть до нашего материального мира, чтобы достигнуть состояния, которое называется «тело этого мира», т.е. исключительно желания получать без малейших искорок желания отдавать.

Находясь на этой ступени, человек имеет практически те же желания, что и животные, – т.е. окончательное желание получать. В этом состоянии человек по своим свойствам абсолютно противоположен Творцу, и не существует в Мироздании большей противоположности и большего различия, чем эти.

Человек, который изучает Каббалу, пробуждает и вызывает на себя ор макиф (окружающий свет). Этот свет находится вне сосуда и ждет, когда человек исправит свое желание, свой сосуд, т.е. начнет получать не ради себя, а ради Творца, тогда этот свет войдет внутрь сосуда. Поэтому окружающий свет называется ор нэшама (свет души) человека. С помощью изучения Каббалы этот свет входит в желание человека и помогает ему приобрести намерение отдавать.

Человек приобретает желание отдавать постепенно, поднимаясь вверх по той самой лестнице, которую во время своего спуска вниз образовали миры и парцуфим. Все ступени этой лестницы – это различные уровни желания отдавать, т.е. шкала этих желаний и есть духовные миры.

Чем выше расположена данная ступень, тем дальше она от желания получать и тем ближе она к абсолютному желанию отдавать. Поднимаясь по этим ступеням, человек приобретает это желание: отдавать, ничего не получая взамен. В результате этого человек сливается с Творцом, – ведь теперь у них есть одинаковые желания.

Это и является Целью Творения, ради которой был создан человек. Все миры не были созданы сами по себе – единственной целью их создания является их способность помочь человеку подняться к Творцу.

10. Если человек хорошо понял все вышесказанное, то он может изучать Каббалу без страха «материализовать», приземлить и вульгаризировать ее. Изучение же Каббалы без правильного инструктирования лишь запутывает изучающего – с одной стороны, все сфирот и парцуфим вплоть до мира Асия полностью слиты с Творцом, фактически это и есть проявления Творца, с другой стороны, в них вроде бы происходят какие-то процессы: подъемы, спуски, зивугим. Как же в том, что фактически является частью Творца, могут происходить какие-то изменения?

11. Из того, что было сказано выше, можно понять, что все эти изменения, процессы: подъемы, спуски, сокращения, зивугим – происходят только относительно души человека, которая получает свет Творца. В реальности все происходит в два этапа – действие в потенциале и само действие.

Например, человек хочет построить дом. Сначала у него в голове рождается проект этого дома. Однако проект дома, находящийся в мыслях человека, – это еще не сам дом, построенный из камня, стекла и т.д. Проект дома – это дом в потенциале, он состоит из совершенно другого «вещества» – человеческой мысли. Когда же дом начинает строиться, то он создается из настоящих кирпичей, бетона и других строительных материалов.

Нечто подобное происходит и с человеческими душами. Все миры, начиная от Мира Бесконечности и до мира Брия – это еще только действие Творца в потенциале, т.е. это все еще Замысел Творца, Его проект будущего Творения.

Поэтому все процессы, происходящие в этих мирах, являются еще только потенциальными действиями. Души в этих мирах еще фактически не отделены от Творца. Только начиная с мира Брия, души начинают отделяться от Творца.

Все человеческие души – это, по сути, части Малхут Мира Бесконечности, центральной точки всего Мироздания. Эта точка в потенциале включает в себя сосуды всех душ, которые впоследствии проявятся, сформируются в мирах Брия, Ецира и Асия (БЕ"А). Первое Сокращение (Цимцум Алеф, Ц"А) произошло в центральной точке на души, которые в потенциале возникнут в будущем.

Для душ все сосуды сфирот и миров, вплоть до мира Брия, которые выходят и развиваются из центральной точки после Ц"А, являются только потенциалом. Только когда души в мирах БЕ"А начинают возникать в действительности, на них начинают действовать изменения и процессы, соответствующие данным ступеням миров.

12. Это похоже на то, как человек скрывает себя за одеждами. Однако для самого себя он остается неизменным. Десять сфирот: кэтэр, хохма, бина, хэсэд, гвура, тифэрэт, нэцах, ход, есод и малхут – это, по сути, лишь десять скрытий, фильтров (экранов), с помощью которых Мир Бесконечности скрывает себя от душ.

Свет Мира Бесконечности находится в полном покое и неподвижности, светя сквозь эти скрытия (ослабляющие фильтры). Однако так как души получают этот свет, когда он уже прошел через ослабляющие фильтры, то им кажется, что свет претерпел какие-то изменения. Поэтому души, которые получают свет, как и фильтры, тоже делятся на десять ступеней (сфирот).

Все эти скрытия по-настоящему начинают действовать только в мирах БЕ"А, там, где находятся уже сформировавшиеся души, отделившиеся от Творца. В мирах Адам Кадмон (А"К) и Ацилут души еще находятся в потенциале.

Хотя десять скрытий (сфирот) властвуют в мирах БЕ"А, даже там эти десять сфирот являются абсолютной Элокут *(от слова «Элоким» – «Творец»)*, как это было и до Ц"А. Разница между десятью сфирот миров А"К и Ацилут и между десятью сфирот миров БЕ"А заключается только в том, что у первых скрытия еще не начали действовать, они еще пока только в потенциале, в то время как у вторых эти скрытия (фильтры) уже начали действовать, ослабляя свет. Отметим еще раз, что в самом свете никаких изменений не происходит.

13. Возникает вопрос – если в мирах А"К и Ацилут души еще не проявились, то зачем же эти миры вообще существуют? От кого они скрывают свет Мира Бесконечности? В будущем души вместе с мирами БЕ"А поднимутся на уровень миров А"К и Ацилут, и тогда они получат свет из этих миров. Поэтому в мирах А"К и Ацилут тоже происходят изменения, ведь в будущем они тоже будут светить душам, когда те поднимутся на их уровень.

14. Как уже было сказано, всё – миры, нововведения, изменения, ступени – всё это касается только сосудов, которые дают душам, влияют на них, отмеряют им свет Мира Бесконечности. Однако души, когда они поднимаются по ступеням, ничего не меняют в самом этом свете, потому что все эти скрытия влияют не на Того, Кто скрывается, а на того, кто хочет Его ощутить и получить от Него.

15. Во всех сфирот и парцуфим, находящихся в любом месте, можно различить: Сущность Творца, сосуды и света. Сущность Творца нами совершенно непознаваема. В сосудах же всегда есть два противоположных понятия: скрытие и проявление. Сначала сосуд скрывает Сущность Творца так, что десять сосудов, которые находятся в десяти сфирот, представляют собой десять ступеней скрытия.

Однако после того как души приняли эти условия, то скрытие превращается в раскрытие, в постижение. Эти два противоположных понятия становятся одним целым, потому что мера раскрытия в сосуде в точности соответствует мере скрытия. Чем большее желание получать имеет данный сосуд, чем больше он скрывает Сущность Творца, тем больше света он получит.

Света, находящиеся в сфирот, это как раз то количество света, которое впоследствии будет принято душами. Все исходит от Сущности Творца, хотя постижение света полностью зависит от свойств сосуда. Поэтому десять светов находятся в десяти сосудах, т.е. в десяти ступенях скрытия, которое впоследствии становится раскрытием, постижением.

Мы не можем ощутить различия между светом Творца и Сущностью Творца, напомним только, что Сущность Творца совершенно непостижима: то, что доходит до нас от Творца через все миры, парцуфим и сфирот, мы и называем «свет». В принципе, для нас любая вышестоящая ступень уже является светом, Творцом.

ЧЕТЫРЕ СТАДИИ РАЗВИТИЯ СОСУДА

Мы знаем о духовном лишь то, что каббалисты постигли и после этого написали каббалистические книги. Они постигли, что корнем, источником всего существующего в действительности является Высшая Сила. Эту Высшую Силу они назвали «Сущностью Творца», но саму эту Сущность они постичь не смогли.

Максимум того, что они смогли постичь, это то, что из Сущности Творца исходит Замысел создать Творения, для того, чтобы доставить этим Творениям наслаждение. Этот Замысел они назвали Замысел Творения, или Высшим Светом.

Поэтому для Творения Творцом является этот Высший Свет, а не Сущность Творца, которую Творение постичь не может. Связь между Творцом и Творением происходит при помощи Высшего Света.

Итак, из Сущности Творца выходит свет, который хочет создать Творение и доставить ему удовольствие. Целью света является создание Творения, которое бы воспринимало свет в качестве удовольствия. Поэтому каббалисты называют Творение сосудом для получения света.

Свет, который выходит из Сущности Творца для того, чтобы создать Творение, называется бхинат шореш – стадия корня (или нулевая стадия, кэтэр), потому что этот свет является корнем, источником всего Мироздания. Этот свет создает *из себя* желание наслаждаться им самим. Желание наслаждаться светом называется также желанием получить свет.

Величина удовольствия зависит только от величины желания получить это удовольствие. Приведем пример из нашего мира – живот может быть пустым, но без желания человек есть не станет. Поэтому желание – это сосуд для наполнения, и без желания нет наслаждения. В духовном не бывает принуждения, поэтому там наполнение всегда соответствует желанию.

Свет, выходящий из Сущности Творца, создает для себя сосуд и наполняет его. Удовольствие, которое при этом ощущает Творение, называется свет хохма. Желание, которое рождается с помощью света (кэтэра), называется бхина алеф – первая стадия. Это первая стадия создания будущего сосуда.

Но это желание еще не самостоятельно, потому что оно было напрямую создано светом, *это значит, что и желание получить свет, и удовлетворение этого желания было получено сверху от света, кэтэра*. Настоящее Творение само должно захотеть насладиться всем светом Творца.

Для того чтобы Творение могло почувствовать удовольствие от света, оно должно само захотеть наполниться светом. Это значит, что его желание и решение насладиться светом должны исходить от самого Творения, а не от Творца *(кэтэра)*.

Для того чтобы захотеть получить свет, Творение должно хорошо знать, какое удовольствие содержится в свете. Поэтому Творение должно сначала получить свет, а затем почувствовать, что такое быть без света. Только тогда у него появляется настоящее желание получить свет.

Приведем пример из нашего мира. Когда человеку дают попробовать новый фрукт, то у него особого желания его съесть. Когда же человек попробовал этот фрукт, и он ему понравился, а теперь у него нет этого фрукта, только тогда он начинает по-настоящему желать его съесть, чтобы снова получить уже знакомое удовольствие. Именно это вновь возникшее желание человек ощущает как свое собственное.

Поэтому невозможно создать сосуд одним действием. Для того чтобы желание знало, от чего оно может насладиться, и почувствовало, что оно хочет насладиться, оно должно пройти целый цикл развития.

Это условие является в Каббале законом: «Распространение света внутрь желания получить и его выход оттуда делают сосуд пригодным для выполнения его функции – получения всего света и наслаждения им». Стадии развития желания называются бхинот.

Свет наполняет сосуд и передает ему вместе с удовольствием также и свое свойство – желание отдавать. Сосуд, наслаждаясь светом, вдруг начинает ощущать, что он, как и свет, хочет отдавать. Причиной этого является то, что Творец с самого начала создал свет способным передавать сосуду свое желание отдавать. После того, как свет создал бхина алеф и наполнил ее собой, бхина алеф почувствовала, что она хочет быть похожей на Творца (свет). Так как это новое желание, то оно становится следующей стадией развития сосуда – бхиной бэт.

Бхина бэт – это желание отдавать. Она получает удовольствие от того, что она по своим свойствам похожа на Творца. Это удовольствие называется свет хасадим.

Получается, что бхина алеф противоположна по своим свойствам бхине бэт – желанием бхины алеф является желание получать, а желанием бхины бэт – желание отдавать. Свет, который находится в бхине алеф, – это свет хохма, а свет, находящийся внутри бхины бэт, – это свет хасадим.

Когда желание получать, составляющее сущность бхины алеф, начинает наслаждаться светом, который наполняет его, то оно немедленно начинает ощущать, что свет является дающим началом, а оно само – получателем. Тогда-то сосуд и начинает хотеть быть как сам свет, т.е. он теперь не хочет получать, а хочет отдавать. Поэтому содержащееся в нем желание получать исчезает, свет хохма выходит из сосуда, так как удовольствие не может ощущаться без желания насладиться им.

Однако желание получать не может оставаться без света хохма, потому что этот свет дает ему жизнь. Поэтому оно вынуждено получить внутрь себя небольшую порцию света хохма. Так появляется новое желание – бхина гимел, или следующая стадия развития сосуда.

Эта бхина содержит в себе два желания: 1) желание быть подобным свету, желание отдавать; 2) желание получить немного света хохма. Поэтому теперь сосуд ощущает два света: свет хасадим ощущается внутри желания отдавать, а свет хохма – внутри желания получать.

Когда бхина гимэл почувствовала, что из этих двух видов света именно свет хохма соответствует ей, что это ее свет жизни, то она самостоятельно решила получить не только небольшую порцию света хохма, а весь свет хохма.

На самом деле, бхина бэт, а затем и бхина гимел, захотели получить сначала немного света хохма, а потом и весь свет хохма не столько потому, что они почувствовали, что не могут жить без него, а потому, что свет, остававшийся «вне» сосуда, сообщил им, что не принимая весь свет, они не выполняют Цель Творения – насладить Творения. Творения как раз должны получать свет, а не изгонять его. Поэтому главной причиной, приведшей к тому, что и бхина бэт, и бхина гимэл приняли свет, перейдя в следующие стадии, является то, что они захотели выполнить Цель Творения.

Итак, мы видим, что свет, вышедший из Сущности Творца, создал для себя сосуд за четыре этапа. Поэтому окончательное желание называется бхина далет (четвертая стадия). Собственно говоря, это и есть единственное Творение. Все предыдущие стадии – это лишь этапы развития сосуда. Фактически все Мироздание – это только бхина далет: все, что существует в реальности, кроме Творца, это и есть бхина далет. Эта бхина называется малхут (царство), потому что в ней царствует желание получать.

Далее мы будем изучать, как эта бхина далет, в свою очередь, делится на четыре части. Эти части называются сфирот, парцуфим, миры, наш мир, неживая природа, растительный мир, животный мир и человек. Разница между этими частями состоит только в величине желания получать, находящегося в них.

Бхина далет, которая полностью наполнилась светом хохма, называется Миром Бесконечности, потому что желание, которое находится там, не имеет никаких ограничений в получении света.

Бхина далет хочет получить весь свет, который был перед ней, и ее собственный свет, поэтому она состоит из пяти бхинот (стадий) развития желания получать, которые включают в себя желания к светам, которые наполняли предыдущие этапы, и ее собственное желание получить положенный ей свет.

ПЕРВОЕ СОКРАЩЕНИЕ. ЭКРАН. ПАРЦУФ

Когда свет хохма наполнил собой желание получать, он передал желанию получать свою природу – желание отдавать. Это послужило причиной того, что бхина алеф изменила свое желание – желание получать она поменяла на желание отдавать.

После того, как бхина далет возникла и наполнилась светом хохма, с ней произошел подобный процесс – внутри нее тоже действует свет, и она тоже приобрела у света желание отдавать, поэтому у бхины далет исчезает желание получать.

Почему свет хохма, когда он наполняет сосуд, передает ему свое желание отдавать? Потому что сосуд ощущает не только удовольствие от света, но также и желание Дающего. Творец мог бы создать сосуд таким образом, чтобы тот не воспринимал Его в качестве Дающего, а ощущал бы только удовольствие от получения.

В нашем мире получают удовольствие, не обращая внимания на то, от кого это удовольствие исходит только те, у кого желание получать не развито: дети, а также грубые, примитивные люди и психически больные. Когда ребенок вырастает, он начинает стесняться получения.

В человеке это чувство развивается до такой степени, что он предпочитает стыду от получения любые страдания. Творец создал в нас эту черту специально, для того чтобы с ее помощью мы бы смогли подняться над нашей природой, т.е. над желанием получать.

Для того чтобы испытывать чувство стыда и ощущать страдания от получения, мы должны чувствовать, что мы получаем. Это возможно только тогда, когда мы ощущаем существование дающего. Если я знаю, что у данной вещи нет хозяина, то я не стесняюсь – я не задумываясь беру эту вещь себе. Но, если я знаю, что у этой вещи есть хозяин, если я вижу его, то стыд не дает мне взять эту вещь. Я чувствую, что я должен дать ему что-то взамен того, что я у него получаю. Тогда я уже не получаю, а меняюсь с ним, т.е. он тоже что-то у меня получает.

Ощущение Творца вызывает у малхут настолько большие страдания от получения, что она решает никогда не пользоваться своим желанием получать только ради собственного удовольствия. Это решение малхут называется Цимцум (Сокращение), и, так как это решение было принято малхут впервые, то это сокращение называется Цимцум Алеф, т.е. Первое Сокращение.

Малхут прекращает получать свет – в результате этого она перестает быть получающей. Но она еще не достигла своей главной цели – быть подобной свету, который доставляет удовольствие. Ведь свет, Творец доставляет малхут удовольствие. Но тем, что малхут не получает от Творца свет, она не доставляет Ему удовольствие. Как известно, для Творца является наслаждением доставлять удовольствие творениям. Поэтому малхут не становится похожей на Творца и после того, как перестает получать свет.

Целью Творения является получение удовольствия творением, малхут. Эта Цель Творения абсолютна и постоянна. Поэтому Творец, свет продолжает воздействовать на малхут, требуя, чтобы она получила его. *Свет говорит малхут, что из-за того, что она не получает его, она не выполняет Цель Творения.* Малхут начинает ощущать, что только изгнания света (Цимцума) недостаточно. Но как Творение, чьей единственной чертой является получение, что-то может отдать Творцу?

Поэтому малхут принимает решение получать свет не ради себя, а ради Творца. Тогда получение превратится в отдачу. Получение удовольствия во Имя Творца превращает действие получения в действие отдачи.

Если малхут получит весь свет, все удовольствие, которое Творец для нее приготовил, не ради себя, а ради Творца, то получается, что она дает Ему столько же удовольствия, сколько и Он доставляет ей. Приведем пример из нашего мира. Человек пришел в гости.

Для того чтобы доставить удовольствие гостю, хозяин приготовил для него всевозможные яства, как раз такие и в таком количестве, как гость больше всего любит (ведь свет сам создал для себя из себя сосуд в точном соответствии с количеством удовольствия, содержащегося в нем).

Хотя гость очень хочет есть, присутствие хозяина стесняет его. Гость ощущает себя получателем, ничего не дающим взамен, – это приводит к тому, что страдания от стыда не дают гостю приступить к еде. Но после этого хозяин начинает настаивать, чтобы гость начал есть. Он объясняет гостю, что все это он приготовил именно для него, и, отведав эту еду, гость доставит удовольствие именно ему, хозяину.

Гость начинает чувствовать, что теперь, после того, как он много раз отказался от еды, а хозяин продолжал настаивать, эта трапеза действительно доставит удовольствие именно хозяину, а не ему, гостю. В этот момент получение превращается в отдачу. Гость превращается из получателя в дающего, в человека, доставляющего удовольствие другому, а хозяин начинает получать удовольствие от него.

На языке Каббалы это описывается так: желание получать, сосуд (гость) ощущает свет (удовольствие), который хочет войти в него. Сосуд отталкивает свет (гость отказывается от еды, чувствуя себя получающим у хозяина). Сила, отталкивающая удовольствие, называется масах (экран).

С помощью экрана, силы сопротивления наслаждению, сосуд может противостоять сам себе, бороться со своим собственным желанием получать. Хотя можно подумать, что сосуд отталкивает свет, но на самом деле сосуд отталкивает свое желание наслаждаться и не дает себе пользоваться им.

Сосуд не может вернуть свет Творцу, однако внутри него возникает желание доставить удовольствие Творцу, и это намерение называется ор хозер (отраженный свет). Светом называется удовольствие. Прямой свет – это удовольствие, которое Творец хочет доставить Творению, а отраженный свет – это удовольствие, которое Творение хочет доставить Творцу.

После того, как сосуд (гость) уверен в том, что он не получит свет ради себя, он с помощью отраженного света проверяет, сколько света он сможет получить ради Творца. Эта проверка происходит согласно величине желания доставлять удовольствие Творцу.

Свет распространяется напрямую от Творца, поэтому он и называется прямым светом. Он хочет войти внутрь сосуда, но наталкивается на экран. Экран отталкивает свет и не хочет получить его ради себя. Этим сосуд выполняет первое условие Ц"А – не получать ради себя.

Расчет, сколько света сосуд может получить света ради Творца, происходит с помощью экрана. Место, где это происходит, называется пэ (рот). Экран стоит в пэ. Все ощущения и решения относительно получения света происходят в той части сосуда, которая называется рош (голова).

После принятия решения сосуд получает внутрь ту порцию света, которая была отмерена в рош. Внутренняя часть парцуфа – тох – это та часть, в которой в действительности происходит получение света. После того, как тох сосуда получает свет хохма для того, чтобы доставить этим удовольствие Творцу, этот свет облачается в ор хасадим – свет милосердия, который является намерением доставить удовольствие Творцу.

Сосуд получает лишь небольшую часть света, идущего от Творца. Часть сосуда остается пустой, потому что у экрана нет силы, достаточной для получения всего света. Та часть парцуфа, которая остается пустой, называется соф – конечная часть парцуфа. Рош, тох и соф сосуда вместе называются парцуф. Каждый парцуф состоит из рош и гуф (тело). Гуф, в свою очередь, делится на тох и соф.

Граница в гуф парцуфа, на которой прекращается получение света, называется табур. Та часть света, которая была получена внутрь парцуфа, называется ор пними – внутренний свет. Та часть света, которая еще не вошла внутрь сосуда называется ор макиф – окружающий свет.

Прямой свет делится экраном на внутренний и окружающий света. Малхут состоит из пяти бхинот. Экран решает, сколько света получит каждая бхина, поэтому каждая бхина делится на часть, которая получает свет, и на часть, которая не получает. Пять бхинот есть в тох, и пять бхинот есть в соф.

Заключение: Свет исправляет сосуд, он передает сосуду свои свойства, т.е. свойства Творца. Это, в принципе, как раз то, чего нам недостает – чтобы пришел свет и исправил нас, чтобы мы захотели быть как Творец. В этом заключается особенность Каббалы – само изучение Каббалы возбуждает окружающий свет, который находится вокруг нас.

РАСПРОСТРАНЕНИЕ И ИЗГНАНИЕ СВЕТА

После того, как малхут с помощью экрана получила определенную порцию прямого света, она прекратила получение, и теперь она пока не может получать свет. Малхут всегда просчитывает в рош, какую максимальную порцию света она может получить ради Творца. Однако, согласно силе экрана, она получает лишь небольшую порцию света, потому что получение ради Творца противоположно ее первичной природе – желанию насладиться.

Свет, оставшийся вне сосуда, называется окружающий свет. Он продолжает давить на экран, который ограничивает его распространение внутрь сосуда. Этот свет пытается пробить себе дорогу и заполнить собой весь сосуд, как это было до Ц'А.

Малхут соглашается со светом – она чувствует, что если останется в таком состоянии, то не сможет достигнуть Цели Творения – насладить Творение всем светом, находившимся в свое время внутри Малхут Мира Бесконечности, но уже с новым намерением – доставить своим получением удовольствие Творцу.

Однако если малхут получит больше, чем она уже получила, это будет получение не ради Творца, а ради собственного удовольствия. Поэтому малхут не может получить больше, но и оставаться в данном состоянии она больше не может.

Малхут принимает решение – прекратить получение света, изгнать из себя тот свет, который находился в ней, и вернуться в состояние до начала получения. Это решение, как и все остальные, принимается в рош парцуфа. После принятия этого решения экран, стоявший до этого в табуре, начинает подниматься в пэ. Этот подъем экрана приводит к выходу света из тох парцуфа.

Окружающий свет, который хочет войти внутрь парцуфа, снаружи давит на экран, стоящий в табуре. Внутренний свет тоже давит на этот экран, но изнутри парцуфа. Оба этих света хотят ликвидировать экран, который ограничивает распространение света.

Это двустороннее давление на экран называется соударением внутреннего света с окружающим светом. В принципе, оба эти света хотят, чтобы экран опустился вниз, с табура в сиюм (окончание) парцуфа, и тогда весь окружающий свет сможет войти внутрь парцуфа.

Это состояние похоже на гостя, который получил часть того, что ему предлагал хозяин. Он ощущает огромное удовольствие от полученного, это ослабляет его сопротивление, потому что он теперь чувствует, что еще большее удовольствие содержится в той части, которую он еще не получил.

В результате этого подъема экран поднимается из табура назад, в пэ, и свет выходит из парцуфа. Свет выходит из парцуфа тем же путем, как он входил в него – через пэ. Распространение света сверху вниз, от пэ к табуру, называется таамим. Выход света из парцуфа называется некудот.

После того, как свет вышел из парцуфа, внутри парцуфа о нем остается воспоминание (рошем, решимо). Решимот остаются и от светов таамим, и от светов некудот. Решимо от таамим называется тагим, а решимо от некудот называется отиёт (буквы).

Распространение света сверху вниз вместе с последующим выходом этого света создает сосуд – после того, как сосуд ощутил удовольствие, а потом это удовольствие исчезло – именно тогда у сосуда рождается настоящее желание получить это удовольствие. Это происходит потому, что после выхода света в сосуде остаются решимот от полученного удовольствия. Это решимо остается от некудот.

После того, как сосуд становится пустым, именно решимо определяет желание этого сосуда. Поэтому именно решимо от выхода света, т.е. отиёт, и является настоящим сосудом.

До Ц"А бхина далет получает света от всех предыдущих ей четырех бхинот. Это происходит потому, что свет приходит к ней от Сущности Творца через бхинот шореш-алеф-бэт-гимел-далет. Поэтому малхут состоит из пяти бхинот. Каждая из этих пяти собственных бхинот малхут получает свет от соответствующей ей бхины, предшествовавшей малхут.

- Бхина шореш бхины далет получает **свет ехида** от бхины шореш.
- Бхина алеф бхины далет получает **свет хая** от бхины алеф.
- Бхина бэт бхины далет получает **свет нэшама** от бхины бэт.
- Бхина гимэл бхины далет получает **свет руах** от бхины гимел.
- Бхина далет бхины далет получает **свет нэфеш** от бхины далет.

Именно бхина далет бхины далет (малхут дэ-малхут) является настоящим Творением, т.е. сознательным желанием получать удовольствие. Предшествующие ей четыре бхинот бхины далет не являются желанием получать. Это желания, которые малхут получила от предыдущих бхинот шореш-алеф-бэт-гимел, фактически – это желания, идущие от Творца.

Все духовные миры, наш мир, а также все их обитатели – неживая природа, растения, животные и люди и их духовные корни создаются из этих четырех первых бхинот малхут. Ни у кого из них нет самостоятельного желания получать. Все их действия запрограммированы Творцом. Они, подобно роботам, выполняют только то, что заложено в их природе.

Только тот, у кого есть желание к духовному, желание, которое выходит за пределы этого мира, выходит за рамки своей природы и становится самостоятельной силой. Необходимым условием для этого является наличие экрана. Чем больше сила экрана, тем более самостоятельным становится человек. Настоящее желание получать ради себя рождается только в бхине далет бхины далет. Поэтому только она ощущает себя получающей.

Но когда бхина далет решает сократить свое желание получать свет, то свет выходит из всех ее бхинот. Итак, только бхина далет бхины далет получает свет, а все остальные ее бхинот – это только этапы развития желания получать.

После того, как бхина гимэл приняла решение получать свет ради себя, это желание постепенно развивается в четыре этапа – бхинот шореш-алеф-бэт-гимэл бхины далет, пока не достигнут своего максимального развития в бхине далет бхины далет. Поэтому только эта бхина является истинным Творением.

После Ц"А, когда свет выходит из бхины далет бхины далет, то он выходит и из остальных четырех бхинот бхины далет.

После Ц"А малхут получает свет в свои пять бхинот с помощью экрана. Пять светов входят в эти пять частей малхут. Это называется «тох», т.е. внутренняя часть парцуфа. Порядок вхождения светов таков: нэфеш, руах, нэшама, хая и ехида – НаРаНХа"Й. Распространение света идет сверху вниз – от пэ в тох. Самым маленьким светом является нэфеш.

Пять частей малхут называются бхинот шореш-алеф-бэт-гимел-далет. После Ц"А, когда эти части получают свет с помощью экрана, они начинают называться «сфирот», от слова «сафир» – светящийся, так как теперь свет светит внутри них. Теперь мы называем эти части не бхинот шореш-алеф-бэт-гимел-далет, а сфирот кэтэр, хохма, бина, З"А и малхут.

Решимот от выхода светов называются «отиёт». После пяти светов нэфеш, руах, нэшама, хая и ехида, которые вышли из пяти сфирот кэтэр, хохма, бина, З"А и малхут, остались пять решимот, или отиёт: точка буквы йуд, йуд, хей, вав и хей. Позже мы будем учить, как из этих букв (отиёт) складываются слова и имена. По этому принципу сложены все слова, записанные в Торе.

На первый взгляд, в Торе описываются исторические события, но на самом деле это все Имена Творца, т.е. все слова в Торе указывают нам либо на сосуды, во всех своих состояниях, либо на действия этих сосудов. По сути, вся Тора – это есть Каббала, но написанная другим языком.

Вообще существуют четыре языка, которые были созданы каббалистами для того, чтобы передавать нам информацию о духовных мирах: язык Торы, язык Агады, язык Талмуда и язык Каббалы. Для того чтобы передать нам, т.е. тем, кто их еще не постиг высшие миры, информацию, каббалист должен подобрать понятный нам язык.

К МОИМ УЧЕНИКАМ

Для того чтобы Творение стало самостоятельным, оно должно быть удалено от Творца. Оно абсолютно не должно чувствовать Творца, потому что свет выше, чем сосуд, и когда он наполняет собой сосуд, то он полностью управляет им и определяет его желания.

Поэтому Творение для того, чтобы стать самостоятельным, должно родиться в состоянии сокрытия света, без ощущения существования Творца и духовных миров. Творение рождается на самой низшей, самой удаленной от Творца, ступени. Эта ступень называется этот мир.

Кроме того, что Творение становится самостоятельным, оно еще полностью лишено влияния высшего света, и у него нет сил осознать свое состояние и цель своей жизни. Получается, что Творец должен создать для Творения среду, подходящую для его рождения и развития.

1) Сократить свет до возможного минимума с помощью ряда последовательных сокращений. В результате этого возникает шкала, состоящая из ряда ступеней, направленная сверху вниз, от ступени Мир Бесконечности, которая находится ближе всех к Творцу, к максимально удаленной от Него ступени, которая называется «этот мир». Это называется познание распространения миров и парцуфим.

2) Но после того как для Творения было создано это состояние, нужно еще создать для него возможность выйти из него, подняться наверх и достигнуть уровня самого Творца. Как это можно сделать? Ведь после Ц"А свет не доходит до сосуда и не может войти в него. Для этой цели Творец создал окружающий свет, который светит сосуду даже после цимцума.

Рав Йегуда Ашлаг (Бааль Сулам) так описывает это в «Предисловии к Талмуду Десяти Сфирот»: «Согласно этому, можно спросить – почему каббалисты постановили, что все люди должны учить Каббалу? Потому что в изучении Каббалы заложены ни с чем не сравнимые возможности. Даже если люди не понимают, что они учат, но у них есть сильное желание понять это, то они с помощью учебы возбуждают окружающий свет.

Это значит, что каждому гарантировано, что он достигнет высочайших духовных вершин, которые ему приготовил Творец, согласно Цели Творения – доставить удовольствие каждому Творению. Тот, кто не удостоился этого в этом перевоплощении, удостоится во втором, третьем – и т.д., пока он не выполнит Цель Творения.

Пока человек не достиг этого, то свет, который предназначен ему для получения в будущем, является окружающим светом. Это значит, этот свет точно войдет в него, что приготовлен для него, а причиной того, что этот свет пока не вошел в него, является то, что человек еще не очистил свой сосуд получения.

Когда же это произойдет, то окружающий свет немедленно войдет внутрь исправленного сосуда. Даже когда у человека сосуды еще отсутствуют, но он, во время изучения Каббалы вспоминает названия светов и сосудов, у которых есть связь с его душой, то эти света сразу же начинают светить человеку с определенной силой, но не входят в его сосуд, в его душу, ведь сосуды этого человека еще не исправлены. Но то свечение, которое он раз за разом получает во время занятий Каббалой, поднимает его и влияет на него, давая ему святость и чистоту, которые приближают человека к цели, пока он не достигнет совершенства.

Но существует строгое условие для изучения Каббалы – ни в коем случае не материализовать, не приземлять, не огрублять духовные понятия. Тот, кто нарушает это, тот нарушает запрет Торы – не создавай себе образа. В этом случае человек приносит себе вред, а не пользу».

Получается, что только правильное изучение Каббалы *(а не какой-либо другой части Торы)* может привести человека к цели его жизни. Каббалисты буквально кричат о необходимости изучения Каббалы, что это единственная возможность выполнить волю Творца. А кто лучше их знает реальность?!

С помощью изучения Каббалы каждый человек может начать подниматься из нашего мира в духовный. Это происходит только с помощью свечения окружающего света. Если бы не окружающий свет, то у нас не было бы никакой возможности выйти за рамки нашего мира. Прямой свет никогда не сможет достичь наш эгоистический мир.

Целью изучения Каббалы является достижение духовного продвижения, а не ее понимание разумом. Целью изучения Каббалы является слияние с Творцом, именно для этого каббалисты написали нам все каббалистические книги.

Человек, изучающий Каббалу, должен уметь правильно понимать все слова, которые он встречает в священных книгах. Только в этом случае он сможет правильно понять, о чем говорится в Торе. В противном случае он воспримет Тору как некие исторические рассказы.

Каббалистические книги написаны на «языке ветвей» – каббалисты берут слова из этого мира *(ветви)* и с их помощью описывают духовные понятия *(корни)*. Когда каббалист постигает духовность, то он ее чувствует, но не может выразить ее словами, потому что духовный мир – это мир чувств.

В нашем мире мы тоже не можем точно выразить наши чувства с помощью слов. Тем более, мы не можем измерять наши чувства и сравнивать их между собой.

Духовный мир – это мир абстракций, в котором находятся и действуют только силы и чувства без их материальных облачений (облачений неживой природы, растений, животных и людей). Поэтому очень тяжело правильно понять духовные понятия, все время нужно напоминать себе их истинный смысл. Пока у нас нет еще чувственной связи с духовным, мы читаем слова без малейшего понятия о том, что стоит за ними.

Тем не менее, существуют «каббалисты», которые утверждают, что есть связь между материальным телом человека и его духовным сосудом. Они утверждают, что духовный сосуд находится внутри тела человека, в каждом материальном органе – духовный орган. Получается, что если человек делает какое-либо действие в материальном мире, то у этого действия есть духовный смысл, как будто человек произвел духовное действие.

Ошибка этих так называемых «каббалистов» проистекает из их неверного, буквального понимания того, что написано в каббалистических книгах. Как было уже сказано, эти книги написаны на «языке ветвей» – т.е. каббалисты использовали слова нашего мира для обозначения соответствующих духовных объектов. На самом деле в этих книгах ни слова не сказано о материальном мире, хотя использование слов, взятых из нашего мира, может привести к неправильному истолкованию.

Поэтому в Торе существует строгий запрет: «Не сотвори себе образа». Это значит, что человеку запрещено представлять духовность и Творца в какой-либо материальной форме. Этот запрет существует не потому, что человек, находящийся в нашем мире, сможет причинить какой-либо вред Творцу или духовности, а потому, что нарушив этот запрет, человек никогда не сможет правильно понять, что такое в действительности духовное!

Поэтому человек должен быть очень осторожен с основными понятиями в Каббале: «место», «время», «движение», «вечность», «тело», «части тела», «совокупление», «поцелуй», «объятия» и т.д. Человек во время изучения должен все время напоминать себе, что здесь речь идет не о материальных объектах, пока он не начнет правильно ощущать внутренний смысл этих понятий.

Тому, кто хочет правильно изучать Каббалу, мы можем посоветовать следующее.

1) Не читать никакие книги по Каббале кроме: «Зоар», книг АР"И, книг Бааль аСулама (рав Йегуда Ашлаг) и книг РАБА"Ш (рава Баруха Ашлага).

2) Не обращать внимания на «каббалистов», которые утверждают, что если в каком-либо месте написано «тело», то речь идет о нашем физиологическом теле. Например, что в правой руке человека заключена категория милосердия, а в его левой руке – духовная категория «гвура». Такой подход как раз является прямым нарушением запрета Торы и каббалистов – «Не сотвори себе образа».

Почему же эти «каббалисты» объясняют Каббалу именно так?

- Потому что они понимают Каббалу именно таким образом, другого объяснения они никогда не слышали, а сами они в духовные миры не вышли, Каббалу они знают только понаслышке.

- Если, как они утверждают, есть связь между духовными силами и физическим телом человека, то тогда можно «научить» человека, как преуспеть в этом мире, можно «лечить» тело человека, и, главное, можно получить хорошую плату за такого рода «каббалистические» услуги.

Всех людей на первых порах притягивает к Каббале надежда преуспеть. Ведь мы все сделаны из одного теста – желания получить удовольствие. Мы надеемся получить с помощью Каббалы некие сверхъестественные силы, которыми мы потом будем пользоваться по нашему усмотрению.

Однако тот, кто правильно учит Каббалу, оставляет эти свои первоначальные заблуждения и выходит в духовные миры, сливается с Творцом, оставаясь в физическом теле, а тот, кто учит Каббалу неправильно, живет иллюзиями, что постигает что-то духовное.

Тот, кто учит Тору, понимая ее как исторический рассказ, тоже заблуждается, забывая, что вся Тора – это Имена Творца. В Торе речь идет исключительно о духовных мирах, о событиях, происходящих в нашем мире, там не сказано ни строчки.

Все имена и названия в Торе святы, даже такие слова, как «фараон», Билам, Балак и имена других грешников. Например, тот, кто поднимается к свитку Торы в синагоге и целует ее, не обращает внимания на то, что, может быть, он поцеловал слово «фараон» или «Лаван». В книге «Зоар» про все эти имена сказано, что это разные духовные ступени: фараон соответствует малхут, а Лаван – парцуфу высшей хохмы.

Сначала мы думали построить эти уроки по стройной логической схеме, согласно причинно-следственной связи, как Творец создал Творение, без каких-либо отступлений. Однако существует опасность, что наши ученики неправильно поймут Каббалу, что они воспримут ее как некий чертеж, таблицу или техническую формулу, не обращая внимания на «сердце человека», а ведь именно чувства человека могут воспринять духовное и ощутить Творца! Поэтому мы вносим определенные вставки в эти уроки.

РЕШИМОТ

Для того чтобы сделать правильное действие, человек должен:
1) точно знать, чего он хочет достичь;
2) знать, как он может достичь того, что он хочет;
3) у него должны быть силы достичь того, что он хочет.

Но если человеку непонятно, чего он хочет, и что он должен делать для того, чтобы достичь желаемого, или у него нет сил для этого, то он не сможет достичь желаемого. Это справедливо и для духовного, и для материального миров, потому что на самом деле единственное отличие между ними заключается в способе использования желания получать удовольствие.

Кроме Творца в реальности существует только единственное Творение – желание получать удовольствие. Поэтому все Творение – это или свет (удовольствие), или сосуд (желание получить удовольствие). Каждый объект, совершающий в духовном любое целостное действие, должен иметь информацию об обеих составляющих – и о сосуде, и о свете.

Это происходит потому, что, как уже было сказано, в духовной реальности всегда есть только эти две составляющие: свет и сосуд. Поэтому каждое предыдущее состояние сосуда, содержащего свет, оставляет после себя два вида «заметок», «воспоминаний», которые называются решимот.

У каждого сосуда есть два вида решимот: решимо от света и решимо от сосуда. Решимо, остающееся от света – это лишь маленькая часть света, который был в сосуде и вышел из него. Решимо сосуда – это не решимо о силе экрана, который был у сосуда, а информация о силе экрана в настоящее время.

Поэтому у каждого сосуда всегда есть:
1) решимо от света, который был внутри сосуда;
2) решимо от силы экрана, который у него есть в настоящее время.

Эти два вида решимот рассматриваются в качестве одного решимо, которое должно быть у сосуда для того, чтобы он смог совершить определенное действие. Если после предыдущего действия в сосуде не осталось решимо, то этот сосуд не будет знать, чего ему хотеть и как достигнуть желаемого. Это состояние можно сравнить с состоянием человека, больного амнезией (потерей памяти).

Весь процесс развития Мироздания – от начала и до конца – это различные состояния Малхут Мира Бесконечности. Она проходит цепь этих состояний с помощью окружающего света, который пробуждает в ней решимот, оставшиеся в ней от предыдущего состояния.

Бхина далет наполняется светом, а затем она начинает ощущать себя получающей, и в результате этого она принимает решение сократить свое получение света. Свет выходит из нее, и в ней остается решимо от этого света. После Ц"А свет снова пытается наполнить собой малхут. Малхут решает получить только такую порцию света, какую она сможет получить не ради себя, а ради Творца.

Малхут имеет следующие данные:
1) решимо от света, который у нее был в предыдущем состоянии;
2) желание получить ради Творца.

После того, как малхут проанализировала эти решимот в рош, она принимает решение, сколько света она может получить в гуф, а потом она начинает в действительности получать эту порцию света в гуф. Когда сосуд прекращает получение той части света, принять которую он решил раньше, то окружающий свет начинает давить на экран, «очищая», «утоньшая» его. В результате этого экран поднимается назад, в пэ, и свет выходит из парцуфа.

Когда экран поднимается из табура Гальгальты в ее пэ, то внутренний свет выходит из нее, оставляя после себя на экране гуфа решимо. Но решимо о силе экрана, который получал этот свет, не остается – это происходит потому, что сам экран решил прекратить получение света, запретив себе работать с этой силой. Он как бы «стирает» решимо. Поэтому решимо экрана исчезает.

Так как экран теперь снова стоит в пэ, то он ощущает высший свет, который давит на него, требуя, чтобы им насладились. В результате этого в малхут снова пробуждается желание получать свет ради Творца, но уже на новые решимот.

Итак, решимо от света – это небольшая порция света, которую свет оставляет после своего выхода из парцуфа. Это решимо является ядром и корнем для создания нового парцуфа. Таким образом, свет проходит сквозь все миры в самые нижние парцуфим. Получается, что решимо является единственным фактором последовательного развития Мироздания.

Решимот, участвующие в рождении парцуфим и миров

Мир Адам Кадмон
1. Парцуф Кэтэр – Гальгальта – решимо света – далет, решимо сосуда – далет.
2. Парцуф Хохма – А"Б – решимо света – далет, решимо сосуда – гимел.
3. Парцуф Бина – СА"Г – решимо света – гимел, решимо сосуда – бэт.
4. Парцуф З"А – М"А – решимо света – бэт, решимо сосуда – алеф. Парцуф Малхут – БО"Н – решимо света – алеф, решимо сосуда – шореш.

Парцуф Некудот СА"Г
1. Парцуф Некудот СА"Г – решимо света – бэт, решимо сосуда – бэт.

Мир Некудим
1. Парцуф Катнут – решимо света – бэт, решимо сосуда – алеф.
2. Парцуф Гадлут – решимо света – далет, решимо сосуда – гимел.

Мир Ацилут
1. Парцуф Кэтэр – Атик – решимо света – далет, решимо сосуда – далет.
2. Парцуф Хохма – А"А – решимо света – далет, решимо сосуда – гимел.
3. Парцуф Бина – АВ"И – решимо света – гимел, решимо сосуда – бэт.
4. Парцуф З"А – З"А – решимо света – бэт, решимо сосуда – алеф.
5. Парцуф Малхут – Нуква – решимо света – алеф, решимо сосуда – шореш.

Мир Брия
1. Парцуф Кэтэр – Атик – решимо света – далет, решимо сосуда – далет.
2. Парцуф Хохма – А"А – решимо света – далет, решимо сосуда – гимел.
3. Парцуф Бина – АВ"И – решимо света – гимел, решимо сосуда – бэт.
4. Парцуф З"А – З"А – решимо света – бэт, решимо сосуда – алеф.
5. Парцуф Малхут – Нуква – решимо света – алеф, решимо сосуда – шореш.

Мир Ецира
1. Парцуф Кэтэр – Атик – решимо света – далет, решимо сосуда – далет.
2. Парцуф Хохма – А"А – решимо света – далет, решимо сосуда – гимел.
3. Парцуф Бина – АВ"И – решимо света – гимел, решимо сосуда – бэт.
4. Парцуф З"А – З"А – решимо света – бэт, решимо сосуда – алеф.
5. Парцуф Малхут – Нуква – решимо света – алеф, решимо сосуда – шореш.

Мир Асия
1. Парцуф Кэтэр – Атик – решимо света – далет, решимо сосуда – далет.
2. Парцуф Хохма – А"А – решимо света – далет, решимо сосуда – гимел.
3. Парцуф Бина – АВ"И – решимо света – гимел, решимо сосуда – бэт.
4. Парцуф З"А – З"А – решимо света – бэт, решимо сосуда – алеф.
5. Парцуф Малхут – Нуква – решимо света – алеф, решимо сосуда – шореш.

Решимот силы (авиют) экрана миров
1. Мир Кэтэр – мир Адам Кадмон – авиют далет.
2. Мир Хохма – мир Ацилут – авиют гимел.
3. Мир Бина – мир Брия – авиют бэт.
4. Мир З"А – мир Ецира – авиют алеф.
5. Мир Малхут – мир Асия – авиют шореш.

Когда развитие творения достигает состояния, при котором в экране не остается ни одного решимо, т.е. окончания мира Асия, то малхут создает еще один парцуф, который называется Адам Ришон. Этот парцуф разбивается на большое количество осколков, которые падают еще ниже, чем мир Асия, в то место, которое называется «наш мир». В каждой такой частичке остается решимо, которое пробуждается и заставляет разбитый сосуд исправляться.

Самое маленькое решимо в самом маленьком сосуде называется некуда ше ба лев (точка в сердце) – это то, что человек ощущает как стремление к духовному. Эти решимот находятся в определенных людях в нашем мире, они не дают им покоя, пока человек не наполнит их светом Творца.

Если ты думаешь, что у тебя есть такое решимо, то ты сможешь постичь духовное, выйти в высшие миры и познать все Творение. Инструкция, как это сделать, находится в Каббале. Для каждого поколения есть книги по Каббале, написанные каббалистами того времени. Для нашего поколения больше всего подходят книги Бааль аСулама (рава Йегуды Ашлага) и рава Баруха Ашлага. Кроме изучения этих книг, существуют еще два условия изучения Каббалы: нужно учиться в группе и с равом-каббалистом.

Во время развития творения сверху вниз были созданы ступени, предназначенные для подъема человека снизу вверх. Поэтому каждый раз, когда человек постигает какую-либо духовную ступень, то в нем проявляются решимот более высокой ступени. Таким образом человек поднимается наверх, к Творцу.

Внутри человека, находящегося в нашем мире, проявляются решимот ближайшей к нему духовной ступени. Работая с этими решимот, человек выходит из нашего мира в мир духовный.

РОЖДЕНИЕ ПАРЦУФА

После того как бхина далет получила весь свет, она начинает называться Малхут Мира Бесконечности. Она называется малхут (царство), потому что внутри нее царствует огромное желание получать. А почему Мира Бесконечности? Потому, что она получает свет без всяких ограничений.

Малхут является единственным Творением. Ее всевозможные состояния называются оламот (миры), это название происходит от иритского слова «а-алама» – скрытие, исчезновение. Творец «скрывается» за этими мирами, это значит, что свет по мере удаления от Творца постепенно «исчезает». Малхут, из-за слабости экрана, сама принимает решение получать не весь свет, а только его определенную часть, – т.е. она сама является причиной скрытия, ослабления света – а-аламы.

Когда бхина далет получает свет, то она ощущает, что свет напрямую приходит к ней от Творца, т.е. от Дающего. Ощущение наличия Дающего вызывает у малхут осознание, что она является получателем. Малхут начинает от этого испытывать страдания настолько большие, что решает никогда больше не быть получателем.

Так как желание и свободный выбор духовного объекта (малхут) в определенном состоянии становятся непреложными законами для его последующих состояний, то даже если в будущем какая-то часть малхут вдруг захочет получить свет ради себя, то она не сможет это сделать, так как малхут уже решила не делать этого, и она будет следить за тем, чтобы этот закон всегда соблюдался всеми ее частями.

В будущем малхут примет еще целый ряд различных решений, и каждый раз ее решение будет действовать на все ее последующие состояния – сверху вниз, от Совершенного к несовершенному. Каждое новое решение принимается из-за дополнительных ослаблений экрана, что ведет к уменьшению уровня ступеней. Поэтому каждое новое решение становится дополнительным ограничением.

Малхут, находящаяся в состоянии, которое называется Мир Бесконечности, принимает решение больше не быть получателем, в результате этого решения свет выходит из нее, и малхут переходит в следующее состояние, которое называется Мир Цимцума (Мир Сокращения).

Свет вынужден подчиниться этому решению малхут, потому что желанием Творца является доставление удовольствия Творению, а в данном состоянии малхут испытывает лишь страдания от получения света. Невозможно получать наслаждение из-под палки, т.е. когда имеет место насилие над твоим желанием.

Получать удовольствие можно только тогда, когда к чему-то явное желание, стремление, идущее от самого сосуда. Поэтому существует строгий закон – «в духовном ничего не навязывается против желания». Если же мы видим, что в материальном мире кто-то навязывает свое желание другому, то это исходит не от святости!

После Ц"А в малхут остаются следующие решимот:
1) от света наслаждения, который в ней был до этого;
2) от ощущения страданий, которые заставили ее изгнать свет.

После Ц"А свет снова возвращается к малхут, он снова пытается наполнить малхут, ведь желание Творца доставить Творению удовольствие неизменно. Это желание действует во всех частях Творения, даже если нам кажется, что это не соответствует окружающей нас реальности.

Малхут, стоящая в пэ, понимает намерения Творца, подобно тому как гость понимает намерения хозяина в нашем примере. Малхут чувствует, что если она не будет получать свет Творца, то она, в отличие от Творца, не сможет ничего дать Ему.

Вследствие этого малхут решает получать – для того чтобы своим получением доставить удовольствие Творцу. Малхут может точно рассчитать, сколько она может получать ради Творца, с помощью решимот. Решимо о ранее полученном удовольствии называется решимо дэ-итлабшут.

На это решимо малхут делает зивуг, в результате которого рождается рош нового парцуфа. Так как это решимо является только решимо от света, находившегося раньше в малхут, а сейчас у нее нет достаточной силы экрана для того, чтобы получить этот свет, то этот рош называется рош дэ-итлабшут, согласно названию решимо.

После этого делает зивуг на решимо дэ-авиют (сила экрана). В результате этого рождается второй рош, который называется «рош дэ-авиют». Именно из этого рош свет распространяется в гуф, т.е. свет входит в сосуд, в малхут. Малхут сравнивает это решимо с силой экрана, которая у нее есть сейчас. Но основании этого она решает, сколько удовольствия она сможет получить таким образом, чтобы получение этого удовольствия было только ради Творца.

Та часть малхут, которая принимает решение, сколько света она может получить ради Творца, называется рош. После принятия решения в рош, малхут получает данное количество света внутрь себя, внутрь парцуфа. Этот свет называется таамим. Когда эта порция света вошла внутрь гуфа, то получающий экран прекращает поступление света.

Экран больше не дает свету войти внутрь сосуда, так как малхут приняла решение о получении ради Творца максимальной на данный момент порции света. Если она получит больше, то это уже будет получение ради собственного удовольствия.

В том месте, где экран прекратил получение света, малхут снова начинает ощущать давление света, требующего, чтобы малхут получила его. Это место называется табур. Как уже было сказано, если малхут получит еще свет, то это уже будет получение ради собственного удовольствия. Поэтому у малхут не остается выбора, кроме как изгнать свет из себя.

Все решения малхут принимает только в рош парцуфа и лишь потом осуществляет их в гуф. После того, как в рош было принято решение прекратить получать свет, экран поднимается из табура в пэ, изгоняя света из гуф парцуфа. Экран прибывает в пэ со следующими данными:

1) решимо от света, наполнявшего парцуф;
2) решение больше не работать с данной силой экрана.

В результате взаимодействия со светом в рош парцуфа, в экране снова пробуждается желание получать свет ради Творца. Поэтому в нем проявляется новое решимо от Малхут Мира

Бесконечности. Экран делает зивуг на это решимо и на решимо от внутреннего света, оставшееся от предыдущего парцуфа. В результате этого возникает новый парцуф.

В любом парцуфе есть два экрана: экран, который отталкивает свет, и экран, который получает свет. Экран, который отталкивает свет, постоянно стоит в пэ парцуфа. Он отталкивает весь свет, который хочет войти внутрь парцуфа – этим он выполняет условие Ц"А.

После того как первый экран отразил весь свет назад и парцуф уверен в том, что он больше не получит свет для себя, и что теперь он будет получать только ради Творца, то тогда подключается к работе второй экран, который получает свет. Второй экран подсчитывает, какую именно порцию из всего высшего света он может получить ради Творца.

После принятия решения экран начинает получать свет – он опускается из пэ вниз, и свет вслед за ним входит в парцуф. Когда количество света, о получении которого было принято решение, вошло в парцуф, то экран прекращает опускаться. Это происходит потому, что экран дэ-гуф всегда выполняет только приказы и решения экрана дэ-рош.

Когда экран дэ-гуф возвращается в пэ, то он содержит в себе решимо от света, побывавшего внутри парцуфа. После того, как он сливается с экраном, стоящим в рош парцуфа, он снова начинает ощущать удовольствие от высшего света, который стоит в рош парцуфа.

В результате этого в нем снова пробуждается желание получать. Кроме того, экран ощущает на себе давление со стороны Творца, который требует, чтобы парцуф получил весь свет, приготовленный Творцом для творения. Экран чувствует, что существует Дающий, который хочет, чтобы творение получило.

После Ц"А малхут приняла решение, сколько света она может получить, получила его и затем прекратила получать. Сейчас, с помощью решимо, оставшегося от внутреннего света (таамим), она принимает решение, сколько света она может получить второй раз. Во время изгнания света в предыдущем состоянии она уже решила не получать свет на авиют далет, поэтому сейчас она вообще не ощущает этот авиют. В данный момент она чувствует только авиют гимел.

Поэтому, согласно решимо, оставшемуся от света, который в ней был (авиют далет), и согласно решимо авиют гимэл она принимает решение, какую порцию света она теперь может получить ради Творца.

Этот подсчет происходит в экране дэ-рош, но так как величина авиют (силы экрана) меньше предыдущей, то экран относительно предшествующего парцуфа стоит не в пэ, а в хазе (груди). Вообще, величина авиют далет соответствует пэ, гимэл – хазэ, бэт – табур, алеф – есод, а авиют шореш – окончанию парцуфа.

После того, как экран поднялся из табура в пэ, то он там получает желание сделать новый зивуг, он опускается в хазэ и там делает расчет, сколько света он может получить. Этот расчет создает рош второго парцуфа. После того, как решение принято, экран начинает спускаться от пэ вниз, вплоть до места, в которое было решено получить свет. Это место будет табуром второго парцуфа. Все сосуды, которые остались пустыми, находятся в пространстве от табура до окончания парцуфа. Пэ всегда является местом нахождения экрана, под словами «экран стоит в хазе» имеется в виду хазе предыдущего парцуфа.

Окончания второго и всех последующих парцуфим не могут быть ниже табура первого парцуфа, потому что ни у одного из них нет экрана с авиют далет.

После того, как возник второй парцуф, и он получил ту порцию света, которая была ему предназначена, в его экране в табуре тоже произошло ударное столкновение внутреннего и окружающего светов. Экран снова понял, что он не сможет продолжать стоять в табуре, потому что у него нет возможности получить больше, чем раньше и, следовательно, он не сможет продвигаться к Цели Творения.

Поэтому экран решает уменьшить свою авиют. Он поднимается в пэ и изгоняет свет из парцуфа. В нем, как и в предыдущем случае, остается решимо от света, побывавшего внутри парцуфа. Когда экран поднимается в пэ и сливается со стоящим там экраном, то в нем снова пробуждается желание получить свет ради Творца. В нем проявляется решимо от бывшей малхут – решимо авиют бэт.

Так как это решимо меньше предыдущего, то экран опускается на уровень хазэ второго парцуфа, делает там зивуг и получает свет. Порция света, которую получил экран, создает третий парцуф. После того как этот парцуф возник, в нем в свою очередь происходит ударное столкновение внутреннего и окружающего светов. Его экран поднимается в пэ, затем опускается в хазе и создает следующий парцуф с величиной авиют алеф.

Этот экран тоже наполняется светом, создавая парцуф. Когда он останавливает распространение света, то в результате ударного столкновения он тоже принимает решение уменьшить свой авиют. Экран возвращается в пэ и авиют шореш. Так как у экрана больше нет силы кашиют для того, чтобы получить свет, то больше парцуфим рождаться не могут.

ЦЕЛЬНОСТЬ МИРОЗДАНИЯ

После того как произошел Цимцум, с помощью экрана в малхут возникает целая серия парцуфим. С помощью экрана, у которого есть сила получать на авиют далет, возникает парцуф Гальгальта. С помощью экрана, у которого есть сила получать на авиют гимел, возникает парцуф А"Б.

С помощью экрана, у которого есть сила получать на авиют бэт, возникает парцуф СА"Г. С помощью экрана, у которого есть сила получать на авиют алеф возникает парцуф М"А. На экране, у которого есть сила получать на авиют шореш, возникает парцуф БО"Н.

Названия парцуфим зависят от количества и качества света, который их наполняет. Так как малхут является единственным Творением, которое возникло в результате пяти действий света, то она после своего создания получает свет от всех предыдущих стадий своего развития, приобретая их свойства.

Поэтому у Малхут Мира Бесконечности тоже есть пять бхинот. Бхинот – это желания: от самого маленького желания – бхины шореш, до самого большого желания – бхины далет. Малхут Мира Бесконечности получает свет без каких-либо ограничений. После Ц"А малхут решает получать свет только ради Творца. Так как этот вид получения противоречит ее природе, то она теперь не может получать свет без ограничений.

Теперь она не может получить все, что у нее было до Ц"А, за один прием. Поэтому она решает получать свет маленькими порциями, чтобы в конце концов наполниться светом и выполнить этим Цель Творения, т.е. желание Творца.

Как и вся малхут, так и каждая ее часть содержат в себе пять частей желания получать, так как это желание не может существовать, не пройдя четыре этапа развития. Поэтому каждый парцуф, каждый сосуд, где бы он ни находился в высших мирах, имеет пять уровней авиют: шореш, алеф, бэт, гимел, далет, которые называются сфирот: кэтэр, хохма, бина, З"А и малхут, которые соответствуют буквам (отиёт): точка буквы йуд, йуд, хей, вав и хей.

Малхут Мира Бесконечности делится на пять основных частей, которые называются миры: Адам Кадмон, Ацилут, Брия, Ецира и Асия. Каждый мир делится на пять парцуфим: Атик, Арих Анпин, Аба ве Има, Зэир Анпин и Нуква. В каждом парцуфе есть пять сфирот: кэтэр, хохма, бина, З"А и малхут.

Получается, что во всех пяти мирах, от нашего мира до Мира Бесконечности, есть 5 х 5 = 25 парцуфим, а так как в каждом парцуфе есть пять сфирот, то во всех мирах есть 25 х 5 = 125 сфирот, или ступеней, которые должна пройти каждая душа, для того чтобы достигнуть слияния с Творцом.

Каждая ступень, парцуф, мир – это часть Малхут Мира Бесконечности с определенным экраном, который соответствует желанию получить свет. Каждая, даже самая маленькая часть малхут состоит из пяти частей желания получать и соответствующего экрана. Поэтому все части Творения отличаются друг от друга только величиной экрана. Эта величина определяет вид и количество получаемого света.

Отличия между парцуфим похожи на различия между нашими телами в материальном мире – в каждом теле есть те же органы, но кто-то может быть выше, кто-то ниже, у кого-то какой-либо орган может быть больше или меньше. У духовных объектов есть все те же пять частей, отличие заключается только в их наполнении – милуй.

Пять отиёт – точка буквы йуд, йуд, хей, вав и хей составляют Имя Творца, потому что именно по этой матрице Творец создал Творение. Согласно тому, как Творение наполняется светом согласно тому, как оно ощущает свет, оно дает имена этому свету, т.е. Творцу.

Поэтому название каждого сосуда зависит от того, насколько он ощущает Творца. У каждой ступени, начиная с нашего мира и вплоть до Мира Бесконечности, есть свое собственное название. Души людей поднимаются по этим ступеням. Самой низкой ступенью является наш мир. Каждый раз, когда душа поднимается на следующую ступень, она получает свет, соответствующий этой ступени.

Это и называется, что душа получает название этой ступени. Поэтому и говорят, что каждый человек обязан быть как

Моше Рабейну. Это значит, что каждый человек должен достичь ступени в духовных мирах, которая называется Моше. Теперь мы сможем понять то, что мы отметили раньше – все имена в Торе и других священных книгах – это названия ступеней в духовных мирах.

Вообще, все, что написано в священных книгах, является инструкцией – как достигнуть слияния с Творцом. Поэтому и говорят, что вся Тора – это имена Творца, включая имена фараона, Билама, Балака и т.д. Название ступени определяется светом, наполняющим парцуф, т.е. отиёт йуд, хей, вав и хей. Например, сосуд, наполненный светом хохма, символом которого является буква «йуд», будет называться так:

יוד-הי-ויו-הי

Так как каждая буква ивритского алфавита имеет свое числовое значение, то получается, что числовое значение букв этого имени будет А"Б:

(10+5)+(6+10+6)+(10+5)+(4+6+10)=72=ע"ב

Поэтому парцуф хохма называется А"Б.

Парцуф, который получает свет хасадим, называется СА"Г:

ס"ג=63=יוד-הי-ואו-הי

Таким же образом получают названия ступени во всех мирах. Зная, как обозначается каждый вид света, мы сможем узнать, что обозначают названия всех парцуфим. Читая Тору, мы теперь сможем понять, о каких духовных действиях и о каких ступенях в духовных мирах идет речь.

Как уже было сказано, в Торе ничего не говорится о нашей животной жизни или истории, короче, о нашем материальном мире. Не говорится в ней и о том, как лучше устроиться в материальной жизни. Все священные книги – это инструкция, как достигнуть Цели Творения еще в этой жизни, чтобы не нужно было потом еще и еще раз перевоплощаться, страдать.

Парцуф – это десять сфирот: кэтэр, хохма, бина, З"А и малхут. Им соответствуют буквы: йуд – хохма, хэй – бина, вав – З"А, хей – малхут. Но вид парцуфа, его нэфеш, руах, нэшама, хая и ехида, не описываются четырехбуквенным Именем йуд, хей, вав и хей. Так как эти буквы – это только каркас любого парцуфа, они описывают состояния сосуда, когда он пуст от света.

Размер сосуда определяется величиной его экрана. Экран наполняет десять сфирот каркаса парцуфа светами. Экран может наполнить его светом нэфеш, или руах, или нэшама, или хая, или ехида. Свет, находящийся в сосуде, определяет место расположения сосуда в духовных мирах.

В принципе, существуют только два вида света: свет хохма и свет хасадим. *(На самом деле существует только один, единый и неделимый, свет Творца, но сосуд, творение, в зависимости от своих духовных свойств, получает от света разные виды удовольствия, называя их разными светами.)* Буквой йуд обозначают свет хохма, а буквой хей – свет хасадим.

1. Для того чтобы обозначить уровень сосуда ехида (парцуф кэтэр), пишут просто:

י-ה-ו-ה

5+6+5+10=26 (без наполнения).

2. Уровень хая (парцуф хохма) – это י-ה-ו-ה с наполнением «йуд»:

יוד-הי-ויו-הי

(10 + 5) + (6+10+6) + (10+5) + (4+6+10) = 72, или А"Б

3. Уровень нэшама (парцуф бина) – это частичное заполнение י-ה-ו-ה буквой «йуд». Буква «вав» этого парцуфа наполняется буквой «алеф»:

יוד-הי-ואו-הי

(10 + 5) + (6+1+6) + (10+5) + (4+6+10) = 63, или СА"Г.

4. Уровень руах (парцуф З"А) – это вся י-ה-ו-ה наполняется буквой «хэй», только буква «вав» наполняется буквой «алеф»:

יוד-הא-ואו-הא

(1 + 5) + (6+1+6) + (1+5) + (4+6+10) = 45, или М"А.

5. Уровень нэфеш (парцуф малхут) – это вся י-ה-ו-ה наполняется буквой «хей», только буква «вав» остается без наполнения:

יוד-הה-וו-הה

(5 + 5) + (6+6) + (5+5) + (4+6+10) =52, или БО"Н.

ЦИМЦУМ БЭТ
(ВТОРОЕ СОКРАЩЕНИЕ)

Некудот СА"Г опустились вниз, под табур Гальгальты, и наполнили там пустые сосуды окончания Гальгальты светом хасадим. Они почувствовали, что в этих пустых сосудах Гальгальты есть решимот от света, который наполнял этот парцуф до того как он опустел.

Свет, наполнявший окончание Гальгальты, это свет хасадим с небольшой добавкой света хохма. После него остались решимот: решимо от света далет (4) и решимо от экрана гимэл (3). Эти решимот похожи на свет, находящийся в Некудот СА"Г. Поэтому Некудот СА"Г смешиваются с окончанием Гальгальты и наполняют ее пустые сосуды. По своим желаниям Некудот СА"Г и окончание Гальгальты тоже похожи – они не хотят получать свет.

В результате смешения Некудот СА"Г с окончанием Гальгальты, первые получили решимот, оставшиеся в окончании Гальгальты. Так как решимот от Гальгальты намного больше, чем величина экрана Некудот СА"Г, то Некудот СА"Г начинают хотеть получить то же удовольствие, что и Гальгальта, но, в отличие от нее, не ради Творца, а ради себя. Это соответствует закону, гласящему, что если удовольствие, ощущаемое желанием получать, больше, чем сила экрана, то сосуд начинает хотеть получить его ради себя.

Все миры и парцуфим – это части Малхут Мира Бесконечности. Эта малхут сделала цимцум (Ц"А) и решила больше никогда не получать ради себя. Поэтому сейчас, когда в парцуфе Некудот СА"Г вдруг пробудилось желание получать ради себя, то Малхут Мира Бесконечности, которая в свое время сделала Ц"А и которая сейчас стоит под окончанием Гальгальты, поднимается вверх, в то место, начиная с которого Некудот СА"Г хотят получить свет ради себя.

Каждый парцуф состоит из десяти сфирот: кэтэр, хохма, бина, хэсэд, гвура, тифэрэт, нэцах, ход, есод и малхут. Некудот СА"Г – это парцуф бина. Бина, подобно бхине бэт, делится на две части.

1. Верхняя часть бины – сфирот кэтэр, хохма, бина, хэсэд, гвура и тифэрэт. Эти сфирот совершенно не хотят получать, они хотят только отдавать.
2. Нижняя часть бины – сфирот нэцах, ход, есод и малхут. Эти сфирот, в принципе, к бине не относятся. Функция этих сфирот в бине заключается в том, чтобы получить свет и передать его дальше, в З"А. Это значит, что у этих сфирот есть желание получить свет и есть экран получать этот свет не ради себя, а для того чтобы передать его дальше.

Однако если этот экран исчезает, то эти сфирот немедленно начинают желать получить свет для себя, не передавая его дальше.

Например, человек привык постоянно получать определенную сумму денег для того, чтобы передать ее нуждающимся. Неожиданно он получил сумму большую, чем обычно. Человек начинает ощущать, что он не сможет передать эту сумму дальше, потому что он, не выдерживая искушения, хочет взять эти деньги себе.

Все то время, когда удовольствие от денег не превышало величину его экрана, он мог противостоять искушению забрать деньги себе, так как удовольствие от того, что он раздавал деньги нуждающимся, превышало удовольствие от присвоения денег себе. Но когда удовольствие от присвоения стало больше, чем удовольствие от помощи бедным, человек немедленно захотел забрать эти деньги себе.

Так же действует желание получать в каждом человеке, в каждом Творении, ведь единственным материалом, из которого создано Творение, является желание получать. Если же мы делаем какие-либо действия ради других, то это только потому, что мы чувствуем, что эти действия могут принести нам больше пользы, чем простое получение.

То же самое произошло и в парцуфе Некудот СА"Г – в той части парцуфа, которая получала свет для того, чтобы передать его дальше, удовольствие от получения превысило силу экрана, и немедленно экран исчез, и парцуф захотел получать для себя. Желание получать для себя пробудилось в парцуфе Некудот СА"Г, начиная со сфиры тифэрэт и ниже, так как вышестоящие сфирот вообще не хотят получать.

Сфирот кэтэр, хохма и бина – это сфирот рош. Сфирот хэсэд, гвура и тифэрэт по своим духовным свойствам подобны первым трем сфирот (рош), это как бы кэтэр, хохма и бина дэ-гуф. Хэсэд подобен кэтэру, гвура – хохме, тифэрэт – бине. Получается, что сфира тифэрэт – это бина дэ-гуф парцуфа.

Каждая сфира, в свою очередь, состоит из своих собственных десяти сфирот. Поэтому сфира тифэрэт тоже делится на свои десять сфирот. Кроме того, так как тифэрэт – это бина дэ-гуф, то она, как и любая бина, (вспомним, что весь парцуф Некудот СА"Г это тоже бина), делится на две основные части:

1) сосуды, которые не получают, – верхняя часть бины, т.е. сфирот кэтэр, хохма, бина, хэсэд, гвура и тифэрэт;
2) сосуды нижней части бины, которые получают свет для того, чтобы передать его дальше, т.е. сфирот нэцах, ход, есод и малхут.

Следовательно, если мы делим весь парцуф бина, т.е. Некудот СА"Г, на сосуды, которые не получают свет, и на сосуды, которые его получают, то получается, что линия разграничения будет проходить под частной сфирой тифэрэт сфиры тифэрэт парцуфа Некудот СА"Г. Это место называется хазе (грудь) парцуфа Некудот СА"Г.

Поэтому малхут, сделавшая Ц"А, поднимается именно в это место, не давая свету пройти ниже. Эта граница распространения света называется парса. Подъем малхут в хазэ Некудот СА"Г с целью ограничить распространение света называется Цимцум Бэт (Ц"Б).

Ц"А запрещал получать свет хохма ради себя. Ц"Б запрещает вообще получать свет хохма, даже с намерением получать ради Творца. Это происходит потому, что уже у парцуфа Некудот СА"Г не было сил получать свет ради Творца.

Так как желание высшего парцуфа становится непреложным законом для нижнего, то все парцуфим, возникающие после Ц"Б, подчиняются его правилам. Это значит, что в них парса не дает свету пройти через нее вниз. Все эти парцуфим возникают как бы разделенные на две части.

Следствием этого является разделение всего пространства под табуром Гальгальты на части.
1) Место мира Ацилут, где еще может светить свет хохма.
2) Место мира Брия, которое находится под парса, и там уже не может появляться свет хохма. Там светит только свет хасадим.
3) Место мира Ецира, которое находится ниже места мира Брия.
4) Место мира Асия, которое находится ниже места мира Ецира. В окончании мира Асия оканчивается святость (кдуша).
5) Барьер (махсом) между духовным и материальным, отделяющий мир Асия от точки «этого» мира (олам а-зе).
6) «Этот» мир.
7) Наш мир.

МИР НЕКУДИМ

Весь процесс спуска Некудот СА"Г вниз, под табур Гальгальты, смешение их желаний с желаниями окончания Гальгальты и последующий Ц'Б произошли во время подъема экрана от табура до пэ в парцуфе СА"Г. Поэтому, когда этот экран поднялся в пэ, на нем уже были решимот о том, что произошло в Некудот СА"Г, выше и ниже табура Гальгальты.

После выхода света из табура Гальгальты на экране оставалась пара решимот: решимо далет (4) от света, прежде находившегося в Гальгальте (итлабшут), и решимо экрана гимэл (3 – авиют). После выхода света из парцуфа А"Б на его экране тоже осталась пара решимот: гимэл итлабшут и бэт авиют.

Но после выхода света из парцуфа СА"Г на его экране, поднявшемся от табура в пэ, есть вместо одной – три пары решимот, и экран делает зивугим на все эти решимот, согласно их важности.

1. Первый зивуг происходит на решимот итлабшут бэт и авиют алеф. В результате этого зивуга возникает следующий по порядку парцуф с уровнем З"А (СА"Г, как известно, парцуф бина), который называется М"А Элион (Высший М"А).

2. После этого экран в рош СА"Г делает зивуг на следующую по значению пару решимот – решимот из той части гуфа СА"Г, которая была под табуром Гальгальты, это тоже решимот итлабшут бэт и авиют алеф, но с дополнительной информацией о Ц'Б, произошедшем в Некудот СА"Г под табуром Гальгальты.

По требованию этих решимот экран гуфа СА"Г, который поднялся из табура в пэ, поднимается дальше, в место, которое называется никвей эйнаим – граница между ГА"Р дэ-бина (верхними, неполучающими сосудами) и ЗА"Т дэ-бина (нижними, сосудами получения) в рош СА"Г, и делает там зивуг на эти решимот.

Это происходит потому, что в этих решимот содержится информация о запрете пользоваться получающими сосудами, поэтому свет может распространяться только до хазе в каждом парцуфе, в каждой сфире, так как над хазе в каждом парцуфе находятся альтруистические сосуды. Ниже хазе в парцуфе располагаются сосуды получения.

В результате этого зивуга возникает парцуф, в котором свет наполняет только альтруистические сосуды. Сосуды же получения остаются пустыми. Так как парцуф может пользоваться только частью своих сосудов, то он называется маленький (катан).

Почему по требованию решимот экран поднимается из пэ в никвей эйнаим и делает там зивуг? Потому что если решимот требуют сделать зивуг только на отдающие сосуды, то экран должен подняться на границу между ГА"Р дэ-бина и ЗА"Т дэ-бина, где заканчиваются отдающие сосуды рош. Решимот, поднявшиеся из-под табура Гальгальты, требуют сделать зивуг только на отдающие сосуды.

Но может ли существовать парцуф, состоящий только из отдающих сосудов? Парцуф может состоять только из десяти сфирот, не бывает парцуфим без сосудов получения. В каждом Творении есть десять сфирот. Но может быть парцуф, который не пользуется частью своих желаний, т.е. сфирот. Поэтому рош СА"Г должен создать парцуф, чьи сосуды получения не действовали бы.

К сосудам получения относятся ЗА"Т дэ-бина, З"А и малхут. Для того, чтобы эти сосуды не действовали в парцуфе, экран СА"Г должен создать этот парцуф таким образом, чтобы с самого начала было невозможно пользоваться сосудами получения. Для этого экран должен сделать зивуг только на отдающие сосуды рош.

Сосуды рош называются:
• кэтэр – гальгальта;
• хохма – эйнаим (глаза);
• бина – ознаим (уши);
• З"А – хотем (нос);
• малхут – пэ (рот).

Сосуды кэтэр, хохма и верхняя часть бины (ГА"Р дэ-бина) вместе называются гальгальта ве эйнаим (Г"Э), или отдающие, альтруистические сосуды. Верхняя часть бины относится к отдающим сосудам потому, что она полна светом хохма, и поэтому она ничего не хочет получать, она желает только свет хасадим. Но нижняя часть бины (ЗА"Т дэ-бина) уже хочет получить свет, для того чтобы передать его вниз, в З"А.

Парцуф Некудот СА"Г – это парцуф бина. Нижняя часть этого парцуфа, т.е., начиная со сфиры тифэрэт – это сосуды получения. Поэтому эта часть парцуфа Некудот СА"Г приобрела у окончания Гальгальты желание получать ради себя.

Нижняя часть бины хочет получить свет для З"А. З"А хочет получить свет хасадим и немного света хохма. Поэтому ему нельзя участвовать в зивуге на свет хохма. Малхут же хочет получить свет хохма во всей его полноте.

Место, где находится экран, определяет форму будущего парцуфа – если экран хочет создать парцуф, который будет получать свет во все его десять сфирот, то экран должен делать зивуг в пэ. Кашиют (жесткость, сила сопротивления) экрана определяет размер будущего парцуфа, т.е. сколько процентов из всех его пяти сосудов он будет использовать.

Если же экран хочет создать парцуф, который будет получать свет только в свои отдающие сосуды, то экран должен стоять не в пэ рош, а в никвей эйнаим. Когда экран стоит в никвей эйнаим, то в будущем парцуфе будут использоваться только верхние две с половиной сферы каждой бхины.

Парцуф, рожденный таким образом экраном рош СА"Г, называется катнут (маленькое, неполное состояние) мира Некудим. После того, как на решимот бэт/алеф с информацией о Ц"Б в рош СА"Г произошел зивуг, то вновь возникший парцуф спустился под табур Гальгальты, т.е. в то место, откуда поднялись эти решимот. Его первый рош (рош дэ-итлабшут) называется «кэтэр», его второй рош (рош дэ-авиют) называется Аба ве Има, а его гуф называется ЗО"Н.

Все части этого парцуфа – и рошим, и гуф, и все их частные сфирот – разделены на две половины – Г"Э и АХА"П (ознаим, хотем и пэ). Г"Э всегда являются отдающими сосудами, и ими всегда можно пользоваться, ведь цимцум произошел только на свет хохма. АХА"П всегда являются сосудами получения. Ни в одном из парцуфим, возникших после Ц"Б, нет сил и возможностей получить свет хохма в сосуды АХА"П ради Творца.

3. Третья пара решимот, которые поднялись с экраном в рош СА"Г – это решимот, которые остались в окончании Гальгальта после того, как из нее вышел свет, и которые Некудот переняли у Гальгальты во время их смешения. Это решимот итлабшут далет и авиют гимел. Эти решимот требуют получения света хохма.

После того, как парцуф катнут мира Некудим спустился на свое место, т.е. в пространство от табура Гальгальты и до парсы, то рош СА"Г передал ему решимот далет/гимел. Поэтому, согласно требованию этих решимот, экран, стоявший в никвей эйнаим рош АВ"И, опустился в пэ этого парцуфа и сделал там зивуг на эти решимот.

В результате этого зивуга свет хохма спускается в гуф, достигает парсы и проходит через нее. Когда рош АВ"И делал расчет света на эти решимот, то он думал, что сосуды, находящиеся под парсой, хотят получать свет ради Творца, а не ради себя. Поэтому АВ"И сделали зивуг на эти решимот и передали свет хохма вниз.

Парцуф, рождающийся в результате зивуга на решимот далет/гимел, называется гадлут – большое, полное состояние парцуфа. Но АВ"И не поняли, что парса – это ограничение, создаваемое самой Малхут Мира Бесконечности, т.е. внешней для мира Некудим силой.

Когда свет хохма начинает проходить сквозь парсу, то сосуды начинают разбиваться, так как сосуды, находящиеся под парсой, хотят получить свет ради себя, а не ради Творца. А поскольку отдающие сосуды, находящиеся над парсой во время гадлут, составляют с сосудами получения одно целое, то и они разбились.

Малхут – это желание получать ради себя. Это желание после Ц"Б начинает властвовать и над сосудами тифэрэт, нэцах и ход, вплоть до парсы. Когда сосуды Г"Э соединились с сосудами АХА"П, то желание получать малхут входит и в отдающие сосуды гуфа парцуфа, которые находятся над парсой. Получается, что теперь малхут властвует над всеми сфирот и над всеми желаниями гуфа мира Некудим.

Когда рош АВ"И сделал зивуг на решимот далет/гимел, то свет хохма спустился из этого парцуфа в гуф Некудим. Свет прошел через Г"Э и хотел пройти парсу и войти в АХА"П дэ-гуф. Сосуды АХА"П немедленно начинают получать свет хохма ради себя. Когда гуф Некудим получил свет хохма, то он разделился на восемь частей, которые называются восемь мелахим («царей»).

Мелех – это от слова малхут, которая внесла в них свое желание получать ради себя, *т.е. теперь мелахим это как бы малхут*. В каждой такой части есть пять бхинот: кэтэр, хохма, бина, З"А и малхут. Каждая бхина содержит десять своих собственных сфирот.

Поэтому в общей сложности получается 8 x 4 x 10 = 320 частей (*кэтэры не считаются*). Гематрия этого числа (ША"Х), так как «шин» = 300, а «хаф» = 20. Поскольку разбиение сосудов произошло в каждой сфире, то каждая сфира включает в себя элементы всех остальных сфирот. Таким образом, каждая разбитая частица содержит 320 частичек.

Работа по исправлению заключается в выбирании каждой частицы из осколков сосудов. Сначала из всех 320 разбитых частиц выбираются частички, относящиеся к малхут, из-за которой, собственно, и произошло разбиение. Малхут – это одна из десяти сфирот, следовательно, 320/10=32 частицы – относятся к малхут.

Отбор частей малхут происходит с помощью света хохма – когда свет хохма светит всем 320 осколкам, то он может быть воспринят только осколками, относящимися к девяти первым сфирот, т.е. 288 осколками.

Таким образом, происходит выбирание только малхут, которая является «плохой», мешающей частью в парцуфе, из-за которой свет не может светить в парцуфе и которая не дает человеку выйти в духовные миры. Одной из основных черт нашей природы является стремление уйти, убежать от плохого.

Поэтому человек начинает ненавидеть зло. Так как в духовном ненависть разделяет один объект от другого, то человек отделяется от своего зла, т.е. от желания получать для себя (от малхут).

Таким образом, после выбирания 32 частей малхут остаются 288 разбитых частей, относящиеся к первым девяти сфирот разбитого ЗО"Н мира Некудим. Затем выбирают отдающие сосуды, Г"Э. Из этих сосудов создают ЗО"Н мира Ацилут.

МИР ИСПРАВЛЕНИЯ

После разбиения мира Некудим:
- **света**, которые наполняли парцуф гадлут мира Некудим, поднялись наверх, в рош парцуфа Некудим;
- **решимот**, которые остались на экране, – поднялись в рош парцуфа Некудим, затем в рош СА"Г;
- **нецуцим** (искры), частицы отраженного света, или частицы разбившегося экрана – остались внутри сосудов, потерявших экран;
- **сосуды**, так как сосуды потеряли экран и снова стали желать получить свет ради себя, то это называется, что они упали под парсу, в место миров Брия, Ецира и Асия.

Есть разница между выходом света из парцуфа в результате утоньшения экрана после взаимного соударения внутреннего и окружающего светов, и выходом света из парцуфа в результате разбиения. После разбиения сначала нужно исправить сосуды, и лишь потом делать на них зивугим для создания новых парцуфим.

Рош мира Некудим намеревался получить весь свет ради Творца, наполняя им окончание Гальгальты. Если бы это произошло, то это привело бы к полному заполнению Малхут Мира Бесконечности.

Поэтому когда исправляют последствия разбиения сосудов, то этим исправляют практически все сосуды получения, т.е. речь идет о Полном Исправлении (Гмар Тикун). Однако Малхут Мира Бесконечности при этом была бы исправлена не полностью. Были бы исправлены только ее первые четыре бхинот. Бхина далет этой малхут, которая как раз и является единственным Творением, по-прежнему была бы не исправлена.

Как уже было сказано, первые четыре бхинот малхут являются лишь стадиями ее развития, т.е., по сути, они представляют собой желание Творца. Творением называется только то желание, которое полностью самостоятельно от Творца. Только бхина далет бхины далет, которая является желанием получать ради получения (т.е. ради себя), ощущает себя самостоятельной. Поэтому только она совершает Ц"А на свое желание получать.

После Ц"А происходит заполнение светом всех частей опустевшей Малхут Мира Бесконечности, но уже с другим намерением – с намерением получать ради Творца, это происходит с использованием экрана и отраженного света. Все миры и парцуфим заполняют собой первые четыре бхинот этой малхут: шореш, алеф, бэт и гимел, но не бхину далет бхины далет.

Возникает вопрос – если нужно исправлять как раз бхину далет бхины далет, то почему получают света в первые четыре бхинот? Желания, относящиеся к этим бхинот, не являются желаниями Творения, это еще проявления Творца, с помощью которых Он управляет Творением, т.е. бхиной далет бхины далет. Эти проявления силы Творца называются малахим (не путать с мелахим), которые наполняют собой духовные миры. К ним относятся все духовные объекты, находящиеся в высших мирах, исключение составляют человеческие души.

Все зивугим, которые делаются после Ц"А, происходят на желания, относящиеся к первым четырем бхинот. В результате этих зивугим возникают по порядку сверху вниз все парцуфим, миры и их обитатели (кроме человеческих душ). Все пять миров, каждый из которых состоит из пяти парцуфим, образуют лестницу между дающим Творцом и получающим творением. Ступени этой лестницы – это степени сходства желаний творения с Творцом.

Развитие парцуфим и миров сверху вниз создает скрытия света Бесконечности. Каждый парцуф, получая положенную ему порцию света ради Творца, скрывает эту порцию от нижестоящих парцуфим. Получение света ради Творца является естественной, природной чертой всех парцуфим, им не нужно преодолевать свое желание, и этим они отличаются от человека, который поднимается по этим ступеням снизу вверх.

Поэтому мы можем представить все миры и парцуфим как листья луковицы, точнее, как концентрические сферы, находящиеся одна внутри другой. Самая внутренняя из них больше всех скрывает свет Мира Бесконечности. В центральной точке всех этих сфер находится самая темная точка.

Для того чтобы предоставить творению максимальную свободу действий, Творец создал Мироздание таким образом, что Творение рождается в этой темной точке. У творения должна быть свобода выбора, оно само должно захотеть сблизиться, слиться с Творцом.

Рождение в темной центральной точке дает возможность творению развиваться, подниматься из наиболее удаленного от Творца состояния на уровень самого Творца. Творение должно само захотеть исправить свои желания. Из-за первоначальной слабости творения исправление происходит постепенно.

Для этого приготовлена лестница: пять миров, каждый из которых состоит из пяти парцуфим, каждый парцуф состоит из пяти сфирот. Итак, между первоначальным состоянием творения и его окончательно исправленным состоянием существуют 125 ступеней.

Таким образом, миры выполняют две функции:
1) они постепенно, поэтапно скрывают, ослабляют свет Бесконечности. Это происходит при создании миров сверху вниз. Эти ступени скрытия называются мирами – оламот от слова а-алама – скрытие, исчезновение;
2) миры предоставляют Творению (душам) возможность исправления. С помощью миров, по ступеням, образованным ими, можно подниматься снизу вверх. Каждая ступень – это парцуф, который возник во время создания миров сверху вниз, от Творца к творению. Для того чтобы подниматься по духовным ступеням, творение должно получать помощь от той ступени, на которую он хочет подняться.

Когда творение получает эту помощь, то оно приобретает экран и поднимается на эту ступень. Когда творение поднимается на эту ступень, то оно начинает именоваться так же, как и эта ступень, потому что оно приобретает те же духовные свойства.

Итак, все миры и все, что их составляет, представляет собой лестницу, которую Творец приготовил для того, чтобы человек мог подняться к Нему. Когда человек поднимается по этим ступеням, то все миры поднимаются вместе с ним. Ведь все миры и все, что в них находится, на самом деле находятся внутри человека. Поэтому кроме постигающего человека – творения, существует только Творец!

Единственное, что есть вокруг человека – это простой, неразделимый высший свет, который никогда не меняется. Человек ощущает Творца согласно степени сходства его свойств с главным свойством Творца – с желанием отдавать.

Если свойства, желания человека полностью противоположны Творцу, то человек вообще не ощущает Творца, это состояние называется «этот мир». Если человеку удается изменить какое-либо свое желание таким образом, что оно становится похожим на желание Творца отдавать, то это называется, что человек поднялся на вышестоящую ступень, приблизился к Творцу.

Все изменения происходят только внутри человека, в его сосудах получения, и зависят они только от степени исправления экрана внутри человека. Кроме человека существует только высший свет, в котором никаких изменений не происходит.

Тем, что человек постигает часть высшего света, он постигает и начинает ощущать часть самого Творца и, согласно этому ощущению, он сам дает названия проявлениям Творца, так, как он их ощущает: «Творец милостив», «Творец добр», «Творец, вызывающий трепет» и т.д. Так как вся Тора – это только ощущения человека, постигшего духовные миры, получается, что вся Тора – это Имена Творца.

Человек, который постиг Тору, постиг часть света. Ступени постижения света называются согласно названиям сфирот, парцуфим и миров, или согласно названиям светов, которые он получил (НаРаНХа"Й). Так как вне человека есть только Творец, то все, что человек ощущает, видит, хочет в нашем мире, на самом деле является его ощущениями Творца.

Между самой нижней точкой, от которой человек начинает подниматься, приближаясь к Творцу, и до того места, где человек достигает полного сходства своих свойств с Творцом, находятся 620 ступеней, которые называются «613 заповедей Торы» и «7 заповедей мудрецов».

Заповедь (мицва) – это зивуг с высшим светом на экране. Свет, который человек при этом получает, т.е. внутренний свет, свет таамим, называется Тора. Поэтому каббалисты говорят: «Попробуйте, и вы увидите, как хорош Творец!» «Попробуйте» – на иврите – «тааму», от слова «таам» – вкус, т.е. получите свет **таамим**.

Бхина далет бхины далет исправляет свое желание получать, она добавляет к нему намерение – получать ради Творца, т.е. получать для того, чтобы доставить этим удовольствие Творцу. Это исправление происходит постепенно, по частям, при этом творение поднимается со ступени на ступень в духовных мирах.

Это исправление желания получать – очень тяжелый и сложный процесс, потому что оно противоположно природе творения. Поэтому Творец разделил весь путь на 620 маленьких ступеней, а само Творение – на 600 000 маленьких частей (человеческих душ). Когда все души объединяются в одно целое, это называется «Общая душа» или «Адам аРишон».

Однако работа по исправлению желания получать начинается раньше, еще в нашем мире, т.е. еще до выхода в духовные миры. В нашем мире частички творения находятся в бессознательном состоянии, без ощущения духовного, Творца. Они могут только верить в то, что им говорят о существовании Высшей Силы, которая называется Творец.

Все рождаются в этом состоянии, когда есть только желание насладиться теми удовольствиями, которые находятся перед нашими глазами. Весь наш мир управляется законами слепой природы. Человек, как и другие части творения – неживая природа, растения, животные – выполняет только приказы своего желания получать.

Но Творец в каждом поколении «всаживает» некуда ше ба лев (точку в сердце), т.е. желание ощутить, познать Его, в небольшое количество людей. Человек, имеющий такое желание, начинает метаться в поисках чего-то такого, что бы могло удовлетворить это его новое желание. Но он еще не знает, что на самом деле он ищет Творца, и удовлетворить это желание можно только с помощью высшего света.

Все духовные миры, возникшие после разбиения сосудов, называются Мир Исправления. Все действия Творца, от начала творения и до его конца, были определены и запрограммированы заранее, поэтому все, что происходит, происходит неслучайно.

Все, что происходит, направлено на исправление творения, сосуда, для того чтобы творение смогло ощутить совершенство действий Творца и насладиться тем, что Творец приготовил для него. Поэтому и разбиение сосудов, произошедшее в мире Некудим, которое называется «разбиение сосудов в мирах», и разбиение Адам аРишон, которое называется «разбиение сосудов в душах» – оба должны произойти в творении.

В результате разбиения сосудов в мире Некудим все осколки сосудов перемешались. Сосуды получения перемешались с отдающими сосудами. Это привело к тому, что каждая из 320 разбившихся частей содержит в себе желания остальных 320, т.е. каждое желание содержит в себе все остальные.

В результате этого:
1) с помощью смешения свойств отдающих сосудов с сосудами получения происходит исправление последних;
2) каждое из желаний теперь ощущает намного больше разновидностей удовольствия в свете, так как разбиение намного увеличило каждое желание у всех;
3) без этого смешения у получающих сосудов не было бы никакой возможности получить свет, так как они отделены парсой от того места (Ацилут), где может распространяться высший свет. Теперь появляется возможность поднять в Ацилут частички желания получать («АХА"П дэ-алия») и наполнить их там светом.

Разбиение сосудов в мире Некудим называется «разбиение сосудов в мирах» потому, что Малхут Мира Бесконечности состоит из пяти частей, и первые четыре части, распространяясь сверху вниз, создают миры и всех их обитателей, кроме человеческих душ, которые были созданы из бхины далет бхины далет (малхут дэ-малхут), т.е. из истинного, самостоятельного желания получать, которое полностью отделено от желания Творца отдавать.

Поэтому только человек является Сущностью творения. Все миры, парцуфим, словом, все духовное Мироздание было создано ради него. Все остальные части творения не являются самостоятельными и являются частью желания Творца, так как Творец определяет и направляет их действия и поведение.

Они действуют автоматически, подобно тому, как в нашем мире существуют неживая природа, растения, животные и подавляющее большинство людей. Желания этих людей в нашем мире так же не является самостоятельными, как и желания животных, растений и т.д.

Хотя желания людей намного превосходят желания животных, тем не менее, качественно эти желания от желаний животных не отличаются. Только человек, у которого есть частичка желания Адам аРишон, называется на языке Каббалы Человек (Адам). То есть только бхина далет бхины далет, когда она начинает исправлять себя с помощью экрана и приобретает желание получать ради Творца, становится самостоятельной, становится истинным Творением.

Этот мир состоит из четырех основных групп: неживая природа, растения, животные и человек.

- **Неживая природа** имеет возможность произвести из себя растения, животных и человека.
- **Растения** обладают общей способностью приблизить полезное и оттолкнуть вредное для него.
- **Животные** обладают индивидуальной для каждой особи способностью приблизить полезное и оттолкнуть вредное для него. Но эта способность ограничена временем и местом. Животные не ощущают прошлое и будущее, они ощущают только настоящее, и они ощущают только то место, в котором они находятся в данный момент.
- **Человек** обладает чувствами и разумом. Благодаря науке, он не ограничен пространством и временем, он может быть связан со всей реальностью во все времена. Поэтому его способности приблизить полезное и оттолкнуть вредное безграничны.

Как природа вообще, так и человек в этом мире должны пройти эти четыре стадии (бхинот): неживая природа, растения, животные и человек. Это происходит для того, чтобы с их помощью достичь Цели, которая является совершенным удовольствием. Поэтому все человечество, в течение тысяч лет своего существования, проходит естественным путем стадии развития желания получать, от стадии «неживая природа» до стадии «человек». Это, в сущности, развитие поколений, которое мы знаем из истории. Подобно тому, как человечество проходит четыре стадии развития в течение истории, так и каждый человек проходит четыре стадии развития, которые являются частями желания получать.

«**Большинство народа**» – соответствует уровню неживой природы. С помощью страстей, которые есть у «большинства народа», происходит дальнейшее развитие желания получать к следующей ступени – «богатые».

«**Богатые**» – соответствует растительному уровню. С помощью стремления к почету (власти), которая есть у «богатых», происходит дальнейшее развитие желания получать к следующей ступени – «герои».

«Герои» – соответствует животному уровню. С помощью стремления к знаниям, мудрости, которая есть у «героев», происходит дальнейшее развитие желания получать к следующей ступени – «мудрые».

«Мудрые» – соответствует уровню «человек». На этой стадии развития желания человека не ограничены временем и пространством. Человек может завидовать кому-либо в прошлом, в будущем, в любом месте земного шара, он может завидовать даже себе самому. На этой стадии желание получать развивается с помощью того, что человек видит то, что есть у других, и начинает хотеть получить то же самое. Так как теперь человек может безгранично увеличивать свое желание получать, то он может достичь Цели Творения.

Если Творец дает такому человеку точку в сердце, то у него начинает пробуждаться желание найти Творца и корень (шореш) своей души. Порядок исправления – снизу вверх. Человек поднимается снизу вверх согласно величине исправленного желания получать. Желание человека определяет его духовное состояние.

- Желание получать ради получения (ради себя) – «наш мир».
- Желание отдавать ради получения – «этот мир».
- Желание отдавать ради отдачи – миры БЕ"А.
- Желание получать, чтобы отдавать (ради Творца) – мир Ацилут.

Вся система Мироздания достигает окончательного исправления с помощью мира Ацилут, поэтому он называется Мир Исправления.

ПРИЧИННО-СЛЕДСТВЕННОЕ РАЗВИТИЕ
(Краткое повторение)

Четыре стадии развития прямого света

Из Сущности Творца вышел свет, который является желанием Творца доставить удовольствие творениям, которые Он хочет создать. Этот свет называется бхина (стадия) шореш.

Свет (бхина шореш), осуществляя желание Творца доставить удовольствие творениям, создает бхину алеф, которая является желанием получить этот свет и насладиться им.

Бхина алеф, ощутив себя получающей, решает не получать больше свет. Это новое желание называется бхина бэт.

После того, как бхина бэт остается совершенно пустой от света хохма, она начинает чувствовать недостаток этого света. В результате этого она принимает решение получить немного света хохма в дополнение к свету хасадим, превращаясь в бхину гимел.

Бхина гимел, получив свет хохма и свет хасадим, решает получить весь свет, превращаясь в бхину далет, которая называется малхут. Она имеет не только то желание, которое имела бхина алеф, но и добавочное желание. Новый сосуд называется иштокекут (страстное желание).

Это дает сосуду ощущение, что его желание самостоятельное, исходящее от него самого. Бхина далет получает весь свет без ограничений и поэтому называется Мир Бесконечности. Свет всегда является дающим, мужским началом (захар), а сосуд – получающим, женским началом (нэкева).

Цимцум Алеф

Бхина далет делает Ц"А. Сократившая себя бхина далет называется Мир Цимцума.

Работа экрана

Бхина далет называется малхут. Малхут решает получать свет в те свои бхинот, которые относятся к желанию отдавать, т.е. в бхинот шореш, алеф, бэт, гимел, но не в бхину далет, которая является желанием получать.

Парцуф Гальгальта

Малхут с помощью экрана с решимот далет/далет делает зивуг со светом Мира Бесконечности. Экран решает, сколько света он может получить ради Творца. Экран спускается в гуф, пропуская внутрь это количество света. Света, которые вошли внутрь парцуфа, называются таамим.

Место, в котором экран останавливается и прекращает получение света, называется табур. На экране, стоящем в табуре, происходит столкновение внутреннего и окружающего светов, которые хотят ликвидировать эту границу, не дающую свету распространиться внутрь парцуфа.

Экран решает не пользоваться решимо далет дэ-авиют, что приводит к утоньшению экрана. Экран поднимается из табура в пэ, и внутренний свет выходит из парцуфа. Света, которые выходят из парцуфа, называются некудот. Весь парцуф, от начала зивуга и до выхода света, называется Гальгальта.

Парцуф А"Б

Экран гуфа Гальгальты, который поднялся в пэ, сливается с экраном, который постоянно стоял там, включаясь в постоянный зивуг. Экран хочет получить часть света, согласно решимот далет/гимел, так как последнее решимо (далет) исчезло. Затем экран спускается из пэ вниз, и света таамим входят внутрь нового парцуфа.

Подчиняясь решению, принятому в рош, экран останавливается, образуя табур. На этом экране тоже происходит столкновение внутреннего и окружающего светов, которые хотят ликвидировать эту границу.

Экран решает уменьшить свою авиют, решимо гимэл исчезает, и экран поднимается из табура в пэ. Света, которые при этом выходят из парцуфа, называются некудот А"Б.

Парцуф СА"Г

Экран гуфа А"Б, который поднялся в пэ, сливается с экраном, который постоянно стоял там, включаясь в постоянный зивуг. Экран хочет получить часть света, находящегося в рош. Экран согласно решимо дэ-авиют опускается вниз, в хазе парцуфа А"Б, и делает там зивуг со светом на решимот гимел/бэт.

Подчиняясь решению, принятому в рош, экран останавливается, образуя табур. На этом экране тоже происходит столкновение внутреннего и окружающего светов, которые хотят ликвидировать эту границу, т.е. экран внутренней части (тоха) парцуфа. Экран решает уменьшить свою авиют, и экран поднимается из табура в пэ.

Некудот СА"Г

Света, которые выходят из парцуфа, называются некудот. Некудот СА"Г имеют решимот бэт/бэт, эти решимот соответствуют чистой бине. Поэтому эти света могут находиться в любом месте, в любом желании.

Света некудот опускаются под табур Гальгальты, заполняя ее окончание (соф). Окончание Гальгальты и Некудот СА"Г смешиваются между собой. Решимот, которые остались в соф Гальгальты после выхода света, влияют на парцуф Некудот СА"Г, который в результате этого хочет получить эти света ради себя.

Желание получать ради получения, ради себя, становится частью парцуфа Некудот СА"Г, которая расположена ниже его хазе. Появление желания получать ради себя в части парцуфа Некудот заставляет малхут, которая сделала Ц"А, подняться из самой нижней точки окончания Гальгальты в хазе Некудот СА"Г и ограничить получение света в пространство, расположенное ниже хазе.

Цимцум Бэт

Подъем малхут, сделавшей ранее Ц"А, в хазэ парцуфа Некудот СА"Г называется Цимцум Бэт. Все процессы, которые проходят в Некудот СА"Г, происходят во время подъема экрана гуфа СА"Г из его табура в рош. Экран продолжает подниматься в рош парцуфа СА"Г, и с ним поднимаются решимот с информацией о произошедшем Ц"Б.

М"А и БО"Н,
находящиеся над табуром Гальгальты

Когда экран гуфа СА"Г поднимается в пэ, то он осуществляет зивуг на следующие по порядку решимот бэт/алеф, которые остались от светов таамим СА"Г, находившихся над табуром. В результате этого зивуга возникает парцуф М"А Элион (Высший М"А), который располагается между пэ парцуфа СА"Г и табуром Гальгальты. После утоньшения его экрана возникает парцуф БО"Н Элион, расположенный между пэ парцуфа М"А и табуром Гальгальты.

Катнут мира Некудим

Экран гуфа парцуфа СА"Г, который поднялся в пэ парцуфа СА"Г, поднимает вместе с собой решимот бэт/алеф, которые находятся под табуром Гальгальты. Эти решимот прошли Ц'Б. Поэтому экран после своего подъема в пэ парцуфа СА"Г поднимается из пэ в никвей эйнаим рош СА"Г, т.е. теперь экран стоит между отдающими сосудами, кэтэр и хохма, и сосудами получения в рош СА"Г. Экран теперь делает зивуг только на бхинот кэтэр и хохма, находящиеся над ним.

Положение экрана в рош СА"Г
для создания мира Некудим

Парцуф Некудим распространяется в пространство, находящиеся ниже табура Гальгальты, т.е. в то место, откуда поднялись решимот с информацией о Ц'Б. Название «Некудим» происходит от слова «Некудот» – этим подчеркивается, что он возник в результате зивуга на решимот Некудот СА"Г. Парцуф Некудим состоит из рош итлабшут, которая называется кэтэр, рош авиют, которая называется Аба ве Има, и гуфа, который называется ЗО"Н (Зэир Анпин ве Нуква). В каждой из этих частей фактически используют только отдающие сосуды. Их сосуды получения находятся внутри Г"Э (отдающих сосудов) нижестоящей ступени.

Гадлут мира Некудим

После возникновения мира (парцуфа) Некудим в состоянии катнут, экран, стоящий в рош СА"Г, под воздействием решимот далет/гимэл опускается из никвей эйнаим в пэ СА"Г, и там происходит новый зивуг.

В результате этого зивуга свет хохма появляется в кэтэр Некудим и в Аба ступени Аба ве Има. В Име этот свет пока не появляется, потому что Има – это сфира бина, которая не хочет получать свет хохма.

Этот свет светит из рош Некудим в окончание Гальгальты, и оттуда в ЗО"Н мира Некудим, вызывая у них желание обратиться к парцуфу Аба ве Има с просьбой перевести ЗО"Н в состояние гадлута, т.е. фактически они просят свет хохма. В результате этой просьбы Аба ве Има немедленно делают зивуг и предоставляют ЗО"Н свет хохма.

Разбиение сосудов

Свет хохма идет из рош АВ"И и входит в ЗО"Н, проходя сквозь Г"Э ЗО"Н, он достигает парсу. Когда свет хохма пытается пройти сквозь парсу, то он встречает на своем пути желание получать. В результате этого свет выходит из парцуфа, а сосуды Г"Э и АХА"П разбиваются и падают вниз, под парсу.

Так как в гуф мира Некудим были восемь частей, каждая из которых состоит из четырех букв Имени АВА"Я, каждая из которых в свою очередь состоит из десяти сфирот, то получается, что существуют 8х4х10=320 разбитых частей. Гематрия числа 320 называется ША"Х. Каждая из разбитых частей содержит в себе свойства всех остальных 319 разбитых частей.

Что нужно исправлять?

В результате разбиения отдающие сосуды (Г"Э) перемешались с сосудами получения (АХА"П). Таким образом, возникли четыре типа сосудов.

1) Г"Э – из них впоследствии возникли Г"Э ЗО"Н мира Ацилут.
2) Объединение Г"Э с АХА"П – из него впоследствии возникли миры БЕ"А.
3) Объединение АХА"П с Г"Э – из него впоследствии возникли АХА"П дэ-алия.
4) АХА"П – из них возникли клипот, т.е. желания получать ради себя, эти желания не могут получать свет. Они называются малхуёт – 320 частей, которые невозможно

исправить и получать в них ради Творца. Число малхуёт: 8 x 4 = 32, гематрия этого числа «ламед-бэт» – лев (сердце). Поэтому они называются лев а-эвен – каменное сердце. Их исправление заключается в том, что их нужно отделить от остальных разбитых частей и не использовать их.

Остальные 320 – 32 = 288 частей, которые присутствуют в каждой разбитой части, можно исправить, так как они не являются частями малхут, они представляют собой части первых девяти сфирот. Часть из этих сосудов относятся к разбитым Г"Э ЗО"Н, для исправления достаточно только извлечь их из смешения с другими сосудами. Ведь Г"Э ЗО"Н являются, по сути, отдающими сосудами. Из всех этих частей создается катнут (Г"Э) ЗО"Н мира Ацилут.

Возникновение мира Ацилут

Экран с решимот поднимается в рош Некудим, и оттуда в рош СА"Г. Экран выбирает из этих решимот самую чистую, самую возвышенную пару (алеф/шореш) и делает на них зивуг. В результате этого зивуга возникает парцуф кэтэр, который называется Атик.

Для этого зивуга экран поднимается из пэ сначала на границу с кэтэром, а потом еще дальше – в бину кэтэра. Теперь экран стоит после частных сфирот кэтэра КАХА"Б ХАГА"Т (тифэрэт, как известно, является биной гуфа).

Получается, что над экраном находятся только отдающие сосуды кэтэра, т.е. относящиеся к авиют шореш. Это место называется мэцах (лоб). Экран делает зивуг с высшим светом. Парцуф, возникший в результате этого зивуга, называется убар (зародыш), так как у него есть только отдающие, альтруистические сосуды с авиют шореш. Это самая маленькая ступень.

После зивуга этот парцуф спускается в то место, откуда поднялись решимот – в пространство, находящееся под табуром Гальгальты. Когда возникший парцуф спустился под табур, то в нем пробуждаются решимот далет/гимел, которые требуют перехода парцуфа в состояние гадлута. Экран делает зивуг с высшим светом на эти решимот, и вместо убара появляется парцуф с уровнем гадлут.

Этот парцуф распространяется вниз, в пространство между табуром Гальгальты и парсой. Этот парцуф называется Атик, от слова «нээтак» – «отделенный», он так называется потому, что он отделен от всех остальных парцуфим, возникающих после него. Это означает, что нижележащие парцуфим не могут постичь его.

Начиная с этого парцуфа, появляется новая серия из пяти парцуфим, которая называется мир Ацилут. После того как парцуф Атик перешел в состояние гадлута, рош СА"Г передает ему все решимот, которые после разбиения сосудов поднялись в рош СА"Г.

Атик выбирает из всех решимот самые чистые, делает на них зивуг и рождает новый парцуф. Сначала он создает парцуф хохма с уровнем убар, после этого он делает зивуг, создающий гадлут этого парцуфа. В результате этого зивуга парцуф хохма, который называется Арих Анпин (А"А), распространяется от пэ Атика до парсы.

После того как возник гадлут парцуфа А"А, Атик передает ему все решимот, оставшиеся после разбиения сосудов. А"А выбирает из всех решимот самые чистые и делает на них зивуг, в результате которого возникает парцуф бина мира Ацилут. Этот парцуф тоже сначала возникает в состоянии убар, переходя потом в состояние гадлут. Этот парцуф распространяется от пэ А"А до парсы.

После того как возник гадлут парцуфа АВ"И, А"А передает ему все решимот, оставшиеся после разбиения сосудов. АВ"И выбирает из всех решимот самые чистые, делает на них зивуг, в результате которого возникает парцуф З"А мира Ацилут, сначала катнут, затем гадлут. Этот парцуф распространяется от пэ АВ"И до парсы.

После того, как возник катнут парцуфа З"А, АВ"И передают ему все решимот, которые еще не были исправлены предыдущими парцуфим. Парцуф З"А выбирает то, что ему подходит, и создает парцуф малхут мира Ацилут с тем же уровнем, какой у нее был в мире Некудим. Этот уровень состоит всего лишь из одной сфиры, и поэтому он называется некуда (точка).

На этом заканчивается исправление решимот катнута мира Некудим, которые после разбиения сосудов поднялись в рош СА"Г.

Возникновение миров БЕ"А

В результате разбиения сосудов в мире Некудим отдающие сосуды, которые находились между хазе и парсой, смешались с получающими сосудами, находившимися под парсой. Вследствие этого смешения все сосуды переняли свойства друг друга таким образом, что в каждом из 320 разбитых осколков есть четыре вида сосудов:

1) отдающие сосуды;
2) отдающие сосуды, которые смешались с получающими сосудами;
3) получающие сосуды, которые смешались с отдающими сосудами;
4) получающие сосуды.

Сначала выбирают только отдающие сосуды (1) из всех 320 частей, согласно порядку их авиют – от самого возвышенного, чистого, к более грубому. На эти сосуды делают зивугим. Экран, спускающийся из рош СА"Г, рожает все парцуфим мира Ацилут, сначала катнут, затем гадлут. Катнут мира Ацилут соответствует катнуту мира Некудим.

После этого ЗО"Н мира Ацилут поднимаются на уровень АВ"И мира Ацилут, таким образом, что З"А становится как Аба, а малхут становится как Има, так как нижний парцуф, поднявшись на уровень высшего, становится как он.

Так как малхут приобрела уровень бины, то она теперь может сделать зивуг со светом хохма и создать новые парцуфим. Ведь парцуф – это получение света хохма с помощью экрана, находящегося в сосуде. Таким образом, если есть решимот и сила экрана, то можно родить новые порции получения света.

Когда малхут мира Ацилут поднялась в Има, то она выбирает из всех 320 разбитых частей отдающие сосуды, которые смешались с получающими сосудами (2), согласно их авиют – от возвышенного, чистого, к более грубому.

Согласно этому порядку, малхут мира Ацилут создает новые парцуфим: в результате выбирания отдающих сосудов (Г"Э), которые упали в часть бины, находящуюся ниже парсы (эти сосуды называются Г"Э, которые смешались с авиют бэт АХА"П), и последующего зивуга на них, возникли пять парцуфим: кэтэр – Атик, хохма – А"А, бина – АВ"И, З"А – З"А, малхут – Нуква мира Брия.

Устройство духовных миров

В результате отбора отдающих сосудов (Г"Э), которые упали в З"А, находящийся под парсой (эти сосуды называются Г"Э, которые смешались с авиют гимэл АХА"П) и последующего зивуга на них, возникли пять парцуфим: кэтэр – Атик, хохма – А"А, бина – АВ"И, З"А – З"А, малхут – Нуква мира Ецира.

В результате отбора отдающих сосудов (Г"Э), которые упали в малхут, находящуюся под парсой (эти сосуды называются Г"Э, которые смешались с авиют далет АХА"П), и последующего зивуга на них, возникли пять парцуфим: кэтэр – Атик, хохма – А"А, бина – АВ"И, З"А – З"А, малхут – Нуква мира Асия.

Так как малхут мира Ацилут делает эти зивугим, находясь на уровне Има (бина), то созданный ею мир Брия находится прямо под нею – т.е. на уровне З"А мира Ацилут. Мир Ецира, рожденный малхут мира Ацилут следом за миром Брия, занимает место ниже мира Брия, т.е. место 4 сфирот малхут мира Ацилут и 6 сфирот места мира Брия. Мир Асия, рожденный малхут мира Ацилут следом за миром Ецира, занимает место ниже мира Ецира, т.е. пространство от хазе места мира Брия и до хазе места мира Ецира.

Получается, что нижней границей распространения всех миров является хазэ места мира Ецира. Это происходит потому, что из всех разбитых частей выбираются отдающие сосуды и отдающие сосуды, смешавшиеся с сосудами получения, это соответствует хазе места миров БЕ"А, где оканчиваются их Г"Э. Ниже хазе мира Ецира начинаются АХА"П места БЕ"А, место получающих сосудов, которые смешались с отдающими сосудами (3), и место получающих сосудов (4).

Исправление сосудов получения, которые смешались с отдающими сосудами (3), добавило в мире Ацилут получающие сосуды (АХА"П). В эти сосуды распространяется свет хохма, и мир Ацилут переходит в состояние гадлута. Свет хохма распространяется только в настоящие сосуды получения.

В мире Ацилут есть лишь получающие сосуды, которые смешались с отдающими сосудами во время разбиения сосудов в мире Некудим. Поэтому в мире Ацилут распространяется не обычный свет хохма, а только свечение света хохма.

Для того чтобы в мире Ацилут не произошло разбиение сосудов, в его рош действуют специальные исправления. В рош парцуфа А"А есть ограничение, действующее на все парцуфим, начиная с А"А, которое запрещает делать зивуг на малхут. Теперь зивуг можно делать только на сочетание малхут со сфирот, находящимися над ней (т.е. желанием отдавать).

В результате этого мир Ацилут возникает в состоянии катнут, когда каждый парцуф состоит только из отдающих сосудов (Г"Э). Сосуды же получения (АХА"П) находятся под парсой. Однако теперь невозможно соединить АХА"П и Г"Э и сделать зивуг на все десять сфирот, как это произошло в мире Некудим, что и привело к разбиению сосудов.

Поэтому любое прибавление сосудов получения в мире Ацилут происходит только за счет того, что из-под парсы небольшими порциями поднимают только сосуды получения, смешанные с отдающими сосудами. В результате этого в мире Ацилут оказываются не настоящие сосуды получения, а только их сочетание с отдающими сосудами.

Итак, осколки сосудов поднимаются из-под парсы и вовлекаются в исправление в мире Ацилут. Это происходит по порядку – от более чистого, более возвышенного, к более грубому. Постепенно все сосуды, подлежащие исправлению (т.е. «получающие сосуды, которые смешались с отдающими сосудами» (3)), поднимаются в мир Ацилут.

Исправление «лев аЭвен» – только светом Машиаха

В результате этих процессов, в БЕ"А остаются только получающие сосуды (4), которые называются лев аЭвен (гематрия «32», каменное сердце). Так как эти сосуды не смешались с отдающими сосудами, то их невозможно исправить с помощью экрана.

Исправление этих сосудов происходит за счет того, что их «выбирают», «извлекают» из остальных 288 осколков. Каждый раз, когда используют какой-либо из 320 осколков, то снова и снова принимают решение не использовать ту его часть, которая относится к лев аЭвен.

В конце исправления сверху придет особый свет хохма, который называется Машиах, который и исправит эти сосуды с помощью экрана, и этим закончится исправление всей Малхут Мира Бесконечности. Такое состояние Малхут называется Окончательное Исправление (Гмар Тикун).

Все сосуды, находящиеся в мирах БЕ"А (кроме лев аЭвен), исправляются согласно правилу – «от более чистого, более возвышенного, к более грубому». Так как в каждом мире происходят 2000 зивугим исправления, которые называются «годы», или ступени, то всего в трех мирах БЕ"А есть 6000 ступеней («лет»). Эти 6000 ступеней называются «шесть будничных дней».

После того, как все миры БЕ"А и лев а-эвен будут исправлены, то мир Ацилут распространится вниз, вплоть до точки нашего мира. Такое состояние называется «Седьмое Тысячелетие». После того, как миры АБЕ"А поднимутся в парцуф СА"Г, наступит состояние, которое называется «Восьмое Тысячелетие».

После того как миры АБЕ"А поднимутся в парцуф А"Б, наступит состояние, которое называется «Девятое Тысячелетие». После того как миры АБЕ"А поднимутся в парцуф Гальгальта, наступит состояние, которое называется «Десятое Тысячелетие».

Это значит, что, пройдя полное исправление, Малхут Мира Бесконечности наполнится светом, как и до Ц"А. Кроме того, она поднимется на бесконечный уровень, на уровень желания Творца отдавать. Однако так как Каббала рассказывает нам только то, что касается нашего исправления, только то, что мы должны делать, то мы не изучаем состояния после Гмар Тикуна.

Адам аРишон

Во время всех вышеперечисленных исправлений малхут дэ-малхут не получала свет. Потому что все, происходившее раньше: Ц'А, Ц'Б, разбиение сосудов, исправление сосудов – относилось к девяти первым сфирот малхут, а не к самой малхут, т.е. бхине далет бхины далет.

Ведь именно на нее произошел цимцум, запрещающий получать свет внутрь малхут, т.е. в желание получать, и все, что получают после Ц"А, получают только в отдающие сосуды, т.е. в те сосуды Малхут Мира Бесконечности, которые приобрели желание света отдавать.

Малхут дэ-малхут будет исправлена и наполнена светом хохма, как и до Ц"А, только после того, как в эту малхут войдут желания отдавать и смешаются там с желаниями получать самой малхут. В результате разбиения сосудов в мире Некудим малхут смешалась с предшествующими ей девятью сфирот. Это привело к исправлению самой малхут.

Как можно вызвать смешение девяти первых сфирот с малхут, для того чтобы ее исправить? После рождения миров БЕ"А, малхут мира Ацилут находится в месте Има, она делает зивуг катнут на сочетание отдающих сосудов с бхиной далет бхины далет.

В результате этого зивуга возникает парцуф в состоянии катнут – Г"Э его собственные, а его АХА"П – это сама бхина далет бхины далет. Поэтому этому парцуфу нельзя использовать свои получающие сосуды, его АХА"П. Этот парцуф называется Адам аРишон, ему запрещено есть плоды с Эц аДаат, т.е. делать зивуг на получающие сосуды, на его АХА"П.

Во время рождения Адама аРишон миры БЕ"А распространялись до места хазэ мира Ецира. После этого из Мира Бесконечности пришел свет, который называется иторерут ми-лемала (пробуждение свыше).

Этот свет поднял все миры на одну ступень, в результате этого мир Асия поднялся из места хазэ мира Ецира в хазэ мира Брия. После этого из Мира Бесконечности снова пришел свет и поднял все миры еще на одну ступень, так, что окончание мира Асия поднялось над парсой.

В этом состоянии все миры БЕ"А, и Адам аРишон внутри них, оказались в месте мира Ацилут. Поэтому Адам аРишон считал, что он способен получить ради Творца весь свет в свои получающие сосуды, т.е. в свои АХА"П, являющиеся бхиной далет бхины далет!

Однако подобно случаю с разбиением сосудов, он потерял экран, а это как раз и называется разбиение. Все его «тело» (парцуф) разбилось на 600 тысяч частей, которые называются «органы», которые упали в клипот, т.е. приобрели желание получать. Каждая часть в отдельности и все части вместе взятые упали еще ниже – так, что появился человек в нашем мире, в котором есть часть парцуфа Адам аРишон.

Человек ощущает в себе эту часть, т.е. желание подняться и соединиться, слиться со своим источником, который был в Адам аРишон. Этот источник называется «Корень (шореш) человеческой души».

Все Творения, т.е. все души, являются частями парцуфа Адам аРишон. Поэтому они все должны исправить разбиение этого парцуфа. В результате этого исправления они не только возвращаются в состояние, которое было до его «грехопадения» (разбиения), но и приобретают дополнительное слияние с Творцом, так во время этого исправления выбирают из клипот все упавшие туда части.

Поэтому каждый человек обязан достичь корня своей души, еще находясь в материальном мире, т.е. в течение своей «земной» жизни. Если же этого не происходит, то он перевоплощается вновь и вновь, каждый раз возвращаясь в наш мир, пока не выполнит Цель Своего Создания.

Введение к комментарию «Сулам»

рав Й.Ашлаг
(Бааль Сулам)

ОГЛАВЛЕНИЕ

Десять сфирот	565
Почему тифэрэт состоит из ХаГа"Т НеХ"И	566
Свет и сосуд	566
Рош, тох, соф. Пэ, табур, сиюм реглин	567
Хазе (грудь)	569
Обратная зависимость между светами и сосудами	570
Подъем малхут в бину	572
Разделение каждой ступени на две половины	572
Спуск малхут из бины на свое место	574
Время катнут и время гадлут	574
Как нижний поднимается к высшему	575
Катнут и гадлут ИШСУ"Т И ЗО"Н	575
Если бы малхут не поднялась в бина, то ЗО"Н не смогли бы получить гадлут	576

ДЕСЯТЬ СФИРОТ

1. Прежде всего нужно знать названия десяти сфирот: Ка-Ха"Б ХаГа"Т НеХИ"М (кэтэр, хохма, бина, хэсэд, гвура, тифэрэт, нэцах, ход, есод и малхут). Эти десять сфирот представляют собой десять скрытий Высшего Света, которые существуют для того, чтобы творения смогли получить этот Свет. Ведь на Солнце тоже невозможно смотреть без темного закопченного стекла, которое ослабляет солнечный свет, делая его пригодным для зрительного восприятия.

С соответствующими поправками это можно сравнить с получением света духовными объектами (творениями), для которых Высший Свет Творца тоже является слишком сильным, и который можно получить только с помощью этих десяти скрытий. Следует отметить, что чем ниже находится скрытие (сфира), тем больше оно ослабляет Свет Творца.

2. Эти десять сфирот соответствуют десяти Священным Именам Творца, которые приводятся в Торе («Зоар», «Ваикра», пп. 156 – 177):
- Имя אהיה (Эке) соответствует сфире кэтэр.
- Имя יה (Йя, произносят «Ко») – сфире хохма.
- Имя יהו"ה (Авая) с огласовкой «Элоим» – это бина.
- Имя אל (Эль) – это хэсэд.
- Имя אלהים (Элоим) – это гвура.
- Имя יהו"ה (Авая) с огласовкой шва-холам-камац – это тифэрэт.
- Имя צבאות (Цваот) соответствует двум сфиротам: нэцах и ход.
- Имя שדי (Шадай) – это есод.
- Имя אדני (Адонай) – это малхут.

3. Десять сфирот соответствуют пяти бхинот (уровням). Четвертая бхина, которая называется Зэир Анпин (З"А), или тифэрэт, содержит в себе шесть сфирот: хэсэд, гвура, тифэрэт, нэцах, ход и есод. Причины этого подробно разбираются в книге «Зоар» (см. «Акдамат Сэфэр Зоар», «Марот аСулам», с. 5). Таким образом, пять бхинот называются: кэтэр, хохма, бина, тифэрэт (или З"А) и малхут (см. также «Птиха ле Хохмат аКаббала», пп. 1 – 7).

Абсолютно все духовные объекты (душа человека, духовные миры, парцуфим) состоят из этих пяти бхинот. Если расматривать все духовное Мироздание как единый духовный объект, то бхина кэтэр соответствует миру Адам Кадмон (А"К), хохма – миру Ацилут, бина миру Брия, З"А – миру Ецира и малхут соответствует миру Асия. Вообще, влюбом духовном объекте, и в самом большом, и в самом маленьком, «голова» (рош) соответствует бхине кэтэр, пространство от рош до груди (хазе) соответствует хохме, от хазе до табура – бине, от табура и вниз – З"А (тифэрэт) и малхут (см. также «Птиха ле Хохмат аКаббала», пп. 6 – 10).

ПОЧЕМУ ТИФЭРЭТ СОСТОИТ ИЗ ХАГА"Т НЕХ"И

4. Каждая из этих пять бхинот, КаХа"Б Ту"М, в свою очередь, состоит из своих собственных пяти бхинот КаХа"Б Ту"М. Однако в бхине тифэрэт уровни сфирот уменьшились относительно уровня ГА"Р, поэтому в тифэрэт сфирот называются не КаХа"Б Ту"М, а ХаГа"Т На"Х (хэсэд, гвура, тифэрэт, нэцах и ход), а сфира есод, объединяет их всех.То, что бхина тифэрэт содержит шесть сфирот, вовсе не говорит о том, что эта бхина выше и лучше, чем кэтэр, хохма или бина.

Наоборот, из-за того, что в бхине тифэрэт нет света ГА"Р, ее пять сфирот КаХа"Б Ту"М получили новые названия – ХаГа"Т На"Х. Сфира хэсэд соответствует сфире кэтэр, гвура – хохме, тифэрэт – бине, нэцах – тифэрэт, а ход – малхут. К ним добавляется сфира есод, которая не является принципиально новой бхиной, а представляет собой смесь всех предыдущих бхинот. Еще тифэрэт называется ВА"К – «вав кцавот» (шесть концов) – это значит, что речь идет о шести сфирот.

СВЕТ И СОСУД

5. Не бывает света без сосуда. Что такое духовный сосуд, объясняется в «Птиха ле Хохмат аКаббала» в пунктах 3 – 4.

Сначала существовал только один сосуд – малхут. Когда мы говорим, что существуют пять бхинот КаХа"Б Ту"М, то это значит, что эти бхинот представляют собой части малхут, которая называется бхина далет. Эти бхинот по сути являются стадиями развития сосуда, а окончательной стадией развития этого сосуда является малхут (см. «Птиха ле Хохмат аКаббала», пункт 5).

После Первого Сокращения (Цимцум Алеф, Ц"А) сосуд малхут выставляет экран (масах), который не дает свету войти внутрь нее. Когда Высший Свет пытается войти в малхут, происходит его ударное столкновение с экраном, в результате которого свет отражается назад. Этот процесс называется зивуг дэ-акаа (ударное совокупление) высшего света с экраном, выставленным сосудом малхут. Свет, который при этом отражается, называется «десять сфирот отраженного света», потому что этот свет отталкивается назад, поднимаясь снизу вверх, и одевается на десять сфирот Высшего Света, которые называются «десять сфирот прямого света».

РОШ, ТОХ, СОФ.
ПЭ, ТАБУР, СИЮМ РЕГЛИН

6. Вследствие появления новых сосудов отраженного света, в каждом парцуфе возникают три части, которые называются рош, тох и соф. Как уже было сказано, в результате силы экрана, задержавшей получение света внутрь малхут, произошло ударное совокупление (зивуг деакаа) с этим светом. Созданные этим зивугом десять сфирот отраженного света «оделись» на десять сфирот прямого света, который содержится в высшем свете. И эти десять сфирот прямого света и десять сфирот отраженного света вместе образуют десять сфирот дэ-рош. Однако эти десять сфирот отраженного света, которые поднимаются вверх от экрана и одеваются на десять сфирот прямого света, еще не являются настоящими сосудами.

Потому что слово «сосуд» указывает нам на определенную «авиют» – величину желания получать. Это значит, что сила категории суда, запрета, которая есть у экрана, не дает свету войти внутрь малхут. Существует правило, согласно которому сила запрета действует только вниз *(но не вверх)* от места расположения этого запрета. Так как десять сфирот отраженного света поднимаются вверх над экраном, то на него не распространяется сила запрета, поэтому он не может быть настоящим сосудом.

Десять сфирот отраженного света называются рош. Под этим подразумевают, что эти десять сфирот отраженного света, рош, еще не являются настоящими сосудами. Малхут, над которой стоит экран, осуществляющий зивуг дэ-акаа, называется «пэ» (рот). Подобно тому, как из материального рта в результате зивуга деакаа выходят обозначаемые буквами звуки, так и из духовного рта в результате зивуга дэ-акаа возникают десять сфирот отраженного света, которые называются пять бхинот КаХа"Б Ту"М. Эти сфирот являются сосудами для прямого света, и эти сосуды называются буквы (отиот). Таким образом, мы выяснили, что такое десять сфирот дэ-рош.

7. Десять сфирот прямого света и десять сфирот отраженного света вместе распространяются под экран, и тогда десять сфирот отраженного света становятся настоящими сосудами для получения света, которые одеваются на десять сфирот прямого света. Это происходит потому, что экран, создавший отраженный свет, уже властвует над ним с помощью своей авиют. Эти десять сфирот, которые теперь являются настоящими сосудами, называются тох и гуф, это значит, что они составляют внутреннюю часть парцуфа.

Малхут дэ-тох называется табур. Табур – это значит центр, что указывает на то, что малхут дэ-тох является главной, центральной малхут, это из ее отраженного света созданы настоящие сосуды дэ-гуф. Еще можно сказать, что табур (טבור) состоит из тех же букв, что и слова טוב-אור («тов-ор», хороший свет). Это указывает на то, что свет хорош, когда он находится в сосудах, пригодных для получения его. Итак, теперь мы выяснили, что такое десять сфирот дэ-тох до табура.

8. Итак, в малхут дэ-рош есть две бхины: 1) малхут а-месаемет (заканчивающая), т.е. экран, находящийся в этом месте, не дает высшему свету войти в сосуд малхут; 2) малхут а-миздавегет – та малхут, которая делает зивуг. Если бы высший свет не соударялся с экраном (зивуг деакаа), поднимая отраженный свет, то не было бы сосудов получения для высшего света, и вообще не было бы никакого света, потому что не бывает света без сосуда.

В малхут дэ-рош эти бхинот существуют только в качестве «шорашим» – источников, зачатков. Малхут а-месаемет, дэ-рош является зачатком малхут а-месаемет, заканчивающей всю данную ступень. Малхут а-миздавегет дэ-рош является причиной вхождения света в сосуды. Оба эти действия в действительности происходят только в гуф парцуфа, т.е. в пространстве, находящемся от пэ до табура, в котором царствует малхут а-миздавегет, и высший свет входит в сосуды.

В пространстве же, находящемся от табура и вниз, властвует малхут а-месаемет, создавая десять сфирот дэ-сиюм (окончания парцуфа), и каждая из этих сфирот содержит только свечение отраженного света, высший свет в них не входит. Когда дело доходит до сфиры малхут дэ-сиюм, парцуф заканчивается, потому что эта малхут, которая не получает ничего, как раз и является малхут а-месаемет, на ней-то и заканчивается распространение сосуда парцуфа. Еще эту малхут мы называем малхут дэ-сиюм реглин (окончания ног), которая отрезает свет и ограничивает парцуф.

Эти десять сфирот дэ-сиюм, которые распространяются от табура и вниз до сиюм реглин, называются десять сфирот дэ-соф, все они являются частями малхут дэ-соф и дэ-сиюм. То, что мы говорим, что внутри этих сфирот есть только отраженный свет, не означает, что в них вообще нет прямого света, это означает, что небольшое свечение прямого света там есть, но оно считается ВА"К бли рош (см. «Птиха ле-Хохмат а-Каббала» пп. 50 – 53).

ХАЗЕ (ГРУДЬ)

9. До сих пор мы говорили о парцуфим мира Адам Кадмон (А"К). Однако в парцуфим мира Ацилут, в десяти сфирот дэ-тох, добавляется новое окончание. Это происходит потому, что малхут дэ-тох, которая называется табур, поднялась в бину десяти сфирот дэ-тох и ограничила там десять сфирот уровня тох, и это новое окончание называется «хазе». Там находится парса.

На языке Торы эта граница называется «небосвод» (ракия) – граница, отделяющая высшие воды, т.е. кэтэр и хохма, которые остаются на уровне тох, от сосудов бина, З"А и малхут «нижние воды»), которые спустились с уровня тох и стали на один уровень с соф. В результате этого десять сфирот дэ-тох разделились на две ступени – пространство от пэ до хазэ по-прежнему считается тох и Ацилутом, ГА"Р дэ-гуф. Пространство, находящееся ниже хазе и доходящее до табура, считается десятью сфирот дэ-соф и уровнем Брия, а также уровнем ВА"К бли рош, как десять сфирот дэ-соф.

ОБРАТНАЯ ЗАВИСИМОСТЬ МЕЖДУ СВЕТАМИ И СОСУДАМИ

10. Всегда существует обратная зависимость между светами и сосудами. Это происходит потому, что в парцуфе первыми растут высшие сосуды. Сначала возникает сосуд кэтэр данного парцуфа, потом хохма, бина, тифэрэт (З"А) и малхут. Поэтому мы называем сосуды КаХа"Б Ту"М. То есть сверху вниз, согласно порядку их проявления в парцуфе.

Со светами же все происходит наоборот – потому что сначала самые нижние света входят в парцуф. Первым входит свет нэфэш, потом руах, нэшама, хая и ехида. Таким образом, нэфэш, которая является светом, соответствующим сфире малхут, т.е. самым маленьким из всех светов, входит в парцуф первой, в то время как самый большой свет – ехида, свет, соответствующий сфире кэтэр, входит в парцуф последним. Поэтому мы всегда называем света НаРаНХа"Й, т.е. согласно их появлению внутри парцуфа.

11. Получается, что когда в парцуфе есть только один, высший сосуд – кэтэр, который проявляется первым, то в него сначала входит не соответствующий ему на самом деле свет ехида, а самый слабый свет – нэфеш. Когда же в парцуфе проявляется и второй сосуд – хохма, то в парцуф входит второй свет – руах. Свет нэфеш в этот момент опускается из кэтэр в хохма, а свет руах одевается в кэтэр.

После возникновения третьего сосуда – бины, свет нэфеш опускается из хохмы в бину, руах переходит из кэтэра в хохму, а в кэтэр входит свет нэшама. После появления четвертого сосуда – З"А, свет нэфеш опускается из бины в З"А, свет руах спускается из хохмы в бину, свет нэшама из кэтэр переходит в хохму, а в кэтэр входит свет хая. После появления пятого, последнего сосуда – малхут, все света в парцуфе становятся на свои места – свет нэфеш занимает свое место в малхут, руах опускается из бины в З"А, свет нэшама из хохмы в бина, свет хая переходит из кэтэра в хохму, а в кэтэр входит свет ехида.

12. Получается, что пока не возникли все пять сосудов – КаХа"Б Ту"М, света не находятся на своих местах. Кроме того, они находятся в обратной зависимости, так как пока в парцуфе не будет сосуда малхут, который является самым маленьким, самый большой свет – ехида не сможет войти в парцуф. Если в парцуфе не будет доставать двух нижних сосудов – З"А и малхут, то в парцуф не смогут войти два высших света – ехида и хая и т.д.

13. Когда говорят, что в результате подъема малхут в бину, каждая ступень (парцуф) оканчивается после хохмы, и что в парцуфе остались две сфиры – кэтэр и хохма, а бина, З"А и малхут опустились на нижестоящую ступень (см. далее, пункт 17), то речь идет только о сосудах. Со светами же все обстоит наоборот – света нэфеш и руах остались на своей ступени, а света нэшама, хая и ехида «вышли» из парцуфа.

14. В книге «Зоар», в некоторых местах написано, что в результате подъема малхут в бину из пяти букв Имени אלהים (Элоким) две буквы מ"י остались на той же ступени, а три буквы אל"ה опустились на нижестоящую ступень (см. «Акдамат Сэфэр Зоар», с. 20). В других же местах «Зоар» сказано, что в результате этого подъема, наоборот, две буквы א"ל остались на своей ступени, а три буквы ה"ים опустились на нижестоящую ступень (см. «Зоар», главу «Берейшит 1», пункт 59).

Дело в том, что пять букв Имени אלהים представляют собой пять сфирот КаХа"Б Ту"М или пять светов НаРаНХа"Й. При подъеме малхут в бину на данной ступени остаются два высших сосуда – кэтэр и хохма, которые обозначаются буквами א"ל, а три буквы ה"ים опустились на нижестоящую ступень. Со светами же все происходит наоборот – две последние буквы מ"י соответствуют двум нижним светам – нэфеш и руах. Они остаются на своей ступени, а три первые буквы אל"ה, которые соответствуют светам ехида, хая и нэшама, опустились на нижестоящую ступень.

Согласно этому, в «Зоар» в главе «Акдамат Сэфэр Зоар», сказано, что из пяти светов НаРаНХа"Й, обозначаемых пятью буквами Имени אלהים, две буквы מ"י остались, а три другие буквы – אל"ה опустились со своего уровня. В другом же разделе

«Зоар» – главе «Берейшит 1», говорится о пяти сосудах КаХа"Б Ту"М, обозначаемых теми же пятью буквами Имени אלהים. Поэтому в этом разделе написано, что, наоборот, буквы א"ל остались на своем уровне, а три буквы ה"ים опустились на нижестоящую ступень. Это стоит запомнить и всегда обращать внимание на то, говорится ли в данном случае о сосудах или о светах, и тогда отпадут многие кажущиеся противоречия.

ПОДЪЕМ МАЛХУТ В БИНУ

15. Следует уделить пристальное внимание исправлению малхут в бине. Это понятие является корнем, источником всей Каббалы. Потому что малхут является категорией суда (запрета). Мир, Духовное Мироздание не может быть построено только на основе суда (запрета), поэтому Творец поднял малхут (суд, запрет) в сфиру бина, которая является категорией милосердия.

Сказано мудрецами, что сначала мир был создан только с помощью категории суда (запрета), т.е. малхут, но потом Творец увидел, что такой мир не может существовать, и смешал категорию суда (мидат а-дин) с категорией милосердия (мидат а-рахамим), т.е. малхут и бину. В результате подъема в бину, малхут приобретает ее свойства, т.е. категорию милосердия. После этого малхут начинает управлять миром, используя эти свои новые качества. Этот процесс подъема малхут в бину происходит на всех уровнях, во всех сфирот, от рош мира Ацилут и до соф малхут мира Асия, потому что абсолютно все ступени, все миры, все парцуфим состоят из десяти сфирот – КаХа"Б ХаГа"Т НеХИ"М.

РАЗДЕЛЕНИЕ КАЖДОЙ СТУПЕНИ НА ДВЕ ПОЛОВИНЫ

16. Известно, что все сфирот, все ступени заканчиваются сфирой малхут. Это значит, что малхут внутри каждой ступени не дает свету войти внутрь себя. Это происходит в силу Ц"А (сокращения), который запрещает малхут получать высший свет. Поэтому свет в каждой ступени распространяется только до сфиры малхут, не входя внутрь нее. Свет доходит до экрана, стоящего в малхут, и там останавливается.

На этом экране происходит зивуг деакаа (ударное совокупление) со светом. Поэтому, когда малхут в каждой ступени поднялась в бину, она начала ограничивать свет на новом месте, там, где она теперь находится, т.е. в середине бины. Нижняя часть бины, З"А и малхут оказались теперь ниже ограничивающей малхут. Получается, что они как бы вышли за пределы данной ступени, создав этим вторую половину ступени.

Итак, в результате подъема малхут в бину произошло разделение каждой ступени на две части. Это произошло таким образом, что кэтэр, хохма и половина бины остались на уровне своей ступени, а нижняя половина бины, З"А (который включает в себя ХаГа"Т НеХ"И) и малхут превратились в нижестоящую ступень. Новое окончание, которое было создано малхут в середине бины, называется парса.

17. Как известно, на каждой ступени должны быть пять светов, которые называются ехида, хая, нэшама, руах и нэфеш, которые находятся внутри пяти сосудов – кэтэр, хохма, бина, З"А и малхут. После подъема малхут в бину на каждой ступени остались только два полных сосуда – кэтэр и хохма, а бина, З"А и малхут там отсутствуют.

Поэтому в каждой ступени остались только два света – нэфеш и руах, которые теперь находятся внутри сосудов кэтэр и хохма. Три света – нэшама, хая и ехида в ней отсутствуют, так как нет соответствующих им сосудов. На языке Каббалы этот процесс описывается так: буква ' (йуд) входит в слово «אור» («ор», «свет»). В результате, слово, «אור» превращается в слово «אויר» («авир», «воздух»). Это означает, что подъем малхут в бину приводит к тому, что каждая ступень утрачивает свои три первых света, которые называются ор – свет.

У нее остаются только света нэфеш и руах, которые называются авир, воздух. Второй способ описания этого процесса осуществляется с помощью пяти букв Имени «אלהים», которые разделились на две половины – מ"י אל"ה, таким образом, что две буквы מ"י соответствуют двум светам нэфеш и руах, которые находятся в двух оставшихся на данном уровне сосудах – кэтэр и хохма. Остальные три буквы אל"ה соответствуют трем сосудам – бина, З"А и малхут, которые спустились на нижестоящую ступень.

СПУСК МАЛХУТ ИЗ БИНЫ НА СВОЕ МЕСТО

18. В результате подъема МА"Н (просьбы, молитвы) нижестоящими парцуфим, сверху, от парцуфим А"Б и СА"Г (хохма и бина), спускается высшее свечение, которое приводит к выходу малхут из бины, и к возвращению ее на свое место. Теперь буква י выходит из слова «אויר» авир, воздух, превращая его в слово «אור» ор – свет.

Сосуды бина, З"А и малхут снова возвращаются на свою ступень. Теперь каждая ступень снова имеет пять сосудов КаХа"Б Ту"М и пять светов НаРаН Ха"Й. «Авир» снова превратился в «ор», свет, потому что вернулись три высших света, ГА"Р, которые и называются ор – свет.

ВРЕМЯ КАТНУТ И ВРЕМЯ ГАДЛУТ

19. В результате подъема малхут в бину каждая ступень стала переживать два периода – период катнута и период гадлута. После подъема малхут в бину ступень заканчивается под сфирой хохма, а бина, З"А и малхут этой ступени опускаются на нижестоящую ступень. На ней остаются только сосуды кэтэр и хохма с находящимися в них светами руах и нэфеш.

Это состояние называется катнут. Когда же, в результате подъема МА"Н нижестоящими парцуфим, из мира А"К спускается свечение хохмы и бины (свет А"Б-СА"Г), то малхут спускается из бины и становится на свое место, и это приводит к тому, что сосуды бина, З"А и малхут, которые до этого находились на нижестоящей ступени, возвращаются на свое место, на свою ступень.

Таким образом, на каждой ступени снова оказываются пять сосудов – кэтэр, хохма, бина, З"А и малхут, и пять соответствующих им светов – нэфеш, руах, нэшама, хая и ехида. Такое состояние называется гадлут. Итак, состояние без ГА"Р, без трех высших светов, называется катнут, когда же в результате возвращения трех сосудов – бины, З"А и малхут возвращаются и света ГА"Р, то такое состояние называется гадлут.

КАК НИЖНИЙ ПОДНИМАЕТСЯ К ВЫСШЕМУ

20. В результате подъема малхут в бину возникает возможность для каждого нижнего объекта подняться на уровень вышестоящего объекта. Существует правило, согласно которому высший парцуф, спустившийся на нижестоящую ступень, приобретает ее свойства и, наоборот, нижестоящий парцуф, поднявшийся на вышестоящую относительно его ступень, становится как верхний.

Таким образом, во время катнута, т.е. во время подъема малхут в бину, приведшего к спуску бины, З"А и малхут на нижестоящую ступень, эти бина, З"А и малхут становятся такими же, как и нижняя ступень. Во время же гадлута, т.е. когда малхут возвращается на свое место, то бина, З"А и малхут, до этого момента находившиеся на нижней ступени, фактически составляя с ней единое целое, поднимаются на свою ступень.

При этом они поднимают на свой уровень нижестоящую ступень, внутри которой они находились до этого. В результате этого нижняя ступень получает все те света, которые находятся на вышестоящей ступени. Итак, мы выяснили, каким образом в результате подъема малхут в бину возникает связь между ступенями, приводящая к тому, что даже самая нижняя ступень может подняться на уровень самой высшей.

КАТНУТ И ГАДЛУТ ИШСУ"Т И ЗО"Н

21. После того, как мы выяснили, что такое подъем малхут в бину в общем, во всех ступенях миров АБЕ"А, выясним теперь, как это происходит в деталях. Возьмем для примера две ступени в мире Ацилут, которые называются ИШСУ"Т и ЗО"Н. В результате подъема малхут дэ-ИШСУ"Т в бину дэ-ИШСУ"Т во время катнута, три сфиры – бина, З"А и малхут спустились на нижестоящую ступень – ЗО"Н. Эти три сфиры во время своего присутствия в ЗО"Н приобрели их свойства.

Во время гадлута, когда малхут опустилась на свое место, бина, З"А и малхут вернулись на свою ступень, в ИШСУ"Т. При этом они подняли с собой и ЗО"Н (точнее, кэтэр и хохма ступени ЗО"Н), с которыми они фактически составляли одно целое. В результате этого ЗО"Н тоже стали ИШСУ"Т, т.е. приобрели их свойства и получили соответствующие света.

ЕСЛИ БЫ МАЛХУТ НЕ ПОДНЯЛАСЬ В БИНА, ТО ЗО"Н НЕ СМОГЛИ БЫ ПОЛУЧИТЬ ГАДЛУТ

22. Следует подчеркнуть, что ЗО"Н сами по себе вообще не могут получить свет гадлут, потому что они относятся к пространству, находящемуся под табуром мира А"К. Под табуром властвует малхут в категории запрета, которой управляет сила Цимцума (Сокращения), не дающая ей получить высший свет. Однако сейчас, во время гадлута, когда бина, З"А и малхут дэ-ИШСУ"Т подняли ЗО"Н вместе с собой, и ЗО"Н фактически превратились в ИШСУ"Т, то теперь они, как и ИШСУ"Т, могут получить высший свет гадлута.

23. Теперь мы сможем понять, что имели в виду наши мудрецы под словами: «Сначала Творец создал мир в категории суда». ЗО"Н мира Ацилут называются «мир». Под словом «мир» подразумевается и наш мир, который получает из ЗО"Н мира Ацилут. Все, что было получено в ЗО"Н мира Ацилут, может быть получено людьми в нашем мире.

И наоборот, все то, чего не было в ЗО"Н мира Ацилут, не может прийти в наш мир. Как уже было сказано, «шорешем», «корнем», источником ЗО"Н мира Ацилут является пространство, находящееся под табуром мира А"К, где властвует малхут в категории запрета, поэтому ЗО"Н не могут получить высший свет и, следовательно, не могут существовать. Тем более наш мир, находящийся намного ниже и получающий от ЗО"Н мира Ацилут, не смог бы существовать.

Именно про это сказано: «Потом Творец увидел, что такой мир не может существовать, и поэтому смешал категорию милосердия с категорией суда». Это значит, что Творец на каждой ступени поднял малхут, которая является категорией суда, в бину, которая является категорией милосердия. В частности, малхут дэ-ИШСУ"Т поднялась в бину дэ-ИШСУ"Т, в результате чего бина, З"А и малхут дэ-ИШСУ"Т опустились на нижестоящую ступень, т.е. ЗО"Н. При этом происходит приобретение ими свойств нижестоящей ступени, фактически спустившиеся сфирот и ЗО"Н становятся единым целым.

Поэтому во время гадлута дэ-ИШСУ"Т, когда малхут спускается из бины и возвращается на свое место, то эти три сосуда – бина, З"А и малхут – тоже возвращаются на свое место, на уровень ИШСУ"Т. При этом они поднимают на свою ступень и ЗО"Н, с которыми они теперь составляют одно целое. В результате этого ЗО"Н поднимаются на один уровень с ИШСУ"Т. Это означает, что они могут получать теперь те же света, что и ИШСУ"Т. При этом они передают эти света в наш мир, теперь мир может существовать.

Однако, если бы не было смешения категории суда и категории милосердия, т.е. если бы не было подъема малхут дэ-ИШСУ"Т в бину дэ-ИШСУ"Т, приведшего к спуску бины, З"А и малхут на нижестоящую ступень, в ЗО"Н, то никогда ЗО"Н не поднялись бы в ИШСУ"Т и не смогли бы получить высший свет для мира. Поэтому мир бы не смог существовать. Итак, мы разобрали с вами поднятие малхут в бину.

www.ingramcontent.com/pod-product-compliance
Lightning Source LLC
Chambersburg PA
CBHW051704160426
43209CB00004B/1010